教育部人文社会科学重点研究基地基金资助

古代文明

（第13卷）

北京大学中国考古学研究中心
北京大学震旦古代文明研究中心 编

上海古籍出版社
上海·2019

图书在版编目(CIP)数据

古代文明. 第13卷 / 北京大学中国考古学研究中心,北京大学震旦古代文明研究中心编. —上海:上海古籍出版社, 2019.6
 ISBN 978-7-5325-9245-6

Ⅰ.①古⋯ Ⅱ.①北⋯ ②北⋯ Ⅲ.①文化史—研究—中国—古代—丛刊 Ⅳ.①K220.3-55

中国版本图书馆 CIP 数据核字(2019)第 101993 号

古代文明(第13卷)

北京大学中国考古学研究中心
北京大学震旦古代文明研究中心　编
上海古籍出版社出版发行
(上海瑞金二路 272 号　邮政编码 200020)
(1) 网址:www.guji.com.cn
(2) E-mail:guji1@guji.com.cn
(3) 易文网网址:www.ewen.co
上海惠敦印务科技有限公司印刷
开本 787×1092　1/16　印张 22.25　插页 5　字数 474,000
2019 年 6 月第 1 版　2019 年 6 月第 1 次印刷
ISBN 978-7-5325-9245-6
K·2661　定价:118.00 元
如有质量问题,请与承印公司联系

目　　录

新世纪头十年浙江先秦时期考古的新进展 …………………… 郑建明（ 1 ）

论先秦礼器中的漆器传统 ………………………………………… 卢　一（ 28 ）

从华南所见有领璧环看夏商礼制南渐 …………………………… 张强禄（ 57 ）

试论郑州城垣形态及相关河道的变迁 …………………………… 刘亦方（ 92 ）

决拾既佽——中国玉质射护具的流与变 ………………………… 左　骏（114）

论商代的粮储设施——㐭、㐭、京 ……………………………… 曹大志（169）

商周时期的炉鼎及相关问题研究 ………………………………… 孙　明（201）

商周时期成年年龄初探 …………………………………………… 李　楠（211）

北方地区青铜文化金制品的生产与流动
　　——基于技术与艺术风格的分析 …………………………… 黄　维（217）

战国时期的成都城——兼谈蜀国的都城规划传统 ……………… 孙　华（229）

济南古城格局的复原研究 ………………………………………… 王雨晨（257）

地方祠庙中的前廊空间：晋城二仙庙宋代大殿原始格局分析 ………… 彭明浩（290）

一部"中国"诞生史的活剧——张光直《历史时期前夜的中国》述评 ……… 许鑫城（303）

谁之学派，何种考古学？
　　——20世纪90年代俞伟超与张忠培先生之争的语境再释 ………… 刘一楠（324）

新世纪头十年浙江先秦时期考古的新进展

郑建明

（复旦大学科技考古研究院）

浙江先秦时期的考古，始于公元前1900年前后钱山漾文化的结束，①终于秦始皇25年（公元前222年）秦王翦降越君、置会稽郡，②前后历时近1700年。大体上以越国立国为界可分成前后两个大的时期：前一时期包括马桥或高祭台类型文化、西周至春秋早中期文化，可以称之为越文化考古；后一时期从春秋中晚期越国立国开始，历经战国早期越国的兴盛、中期败于楚的衰落、末期的亡于秦，称之为越国考古。新世纪以来先秦时期的主要收获基本上集中在前一阶段，包括大型聚落遗址、大型城址、早期土墩墓、手工业（主要是原始瓷与印纹陶窑址）的发现、发掘与研究等几个方面。

一、越文化考古

（一）大型聚落遗址的考古学发掘与研究

从目前调查的材料来看，浙江北部的苕溪中下游尤其是东苕溪中下游包括湖州市区、余杭西南、德清及长兴东南部等在内的地区，是马桥文化时期至西周春秋时期遗址的最密集分布区之一，目前能确认的遗址当在三十处以上。2010－2011年配合"瓷之源"课题进行的东苕溪两岸狭窄范围内考古调查过程中，新发现这一时期遗址多处，并且在这一带的山坡几乎均可采集到零星的印纹陶与原始瓷片，说明这一时期该地区的人类活动相当地频繁。

2000年以来经过发掘的大型马桥文化时期的遗址主要有三处：毗山、③钱山漾、④塔地⑤等，均集中在湖州市区。这些遗址面积庞大，都在数万平方米左右，除出土包括石器、玉器、绿松石器、陶器、原始瓷器等在内的大量遗物外，还揭露了房址、排水沟、灰坑、水井、大型

---

① 浙江省文物考古研究所等：《浙江湖州钱山漾遗址第三次发掘简报》，《文物》2010年第7期；丁品：《浙江湖州钱山漾遗址第三次发掘带来的新思考》，《南方文物》2006年第4期。
② 司马迁：《史记·秦始皇本纪》，中华书局，1959年。
③ 浙江省文物考古研究所等：《毗山》，文物出版社，2006年。
④ 浙江省文物考古研究所等：《浙江湖州钱山漾遗址第三次发掘简报》，《文物》2010年第7期。
⑤ 塔地考古队：《浙江湖州塔地遗址发掘获丰硕成果》，《中国文物报》2005年2月9日第1版。

灰沟等丰富的遗迹。其中石器延续史前时期的主要有锛、斧、刀、镞、犁、破土器等,新出现戈、凹槽锛、半月形石刀等。陶器主要有夹砂红陶鼎、甗、鬲,泥质灰陶豆、盘、盆、瓿、觯等,成套的瓿觯等酒器不见于史前时期,而与中原地区有密切联系,新出现印纹硬陶瓮、罐、尊、鸭形壶与原始瓷豆、罐等器物独具本地特色。此外在毘山遗址还采集到青铜尊、鼎、铙、戈的残片,还有卜骨、卜甲、玉斧、玉璧等,其中青铜礼器与卜骨、卜甲、玉璧仅见于毘山遗址。毘山遗址位于湖州市郊毘山周边,于1957年发现,包括邱家墩、陆家湾、山西头、状元头、曹家会等村诸多地点的大型遗址,于2004年进行了两次大规模的发掘。从出土的青铜器、卜骨、玉器等遗物及遗址的大型规模看,均暗示着这是一处马桥文化时期具有较高等级、相当重要的遗址。

调查发现同类型遗址还有湖州基山、西山等多处地点,从整个太湖地区来看,这一带不仅遗址数量多、分布密集,而且等级高,因此苕溪中下溪地区是马桥文化时期至西周时期遗址的中心分布区(图一①)。

(二)大型城址的发现

浙江西北部尤其是东苕溪流域有不少以城命名的地点,如下菰城、小古城、②邱城、③花城、洪城、安吉古城及近年发现的良渚古城等。这些地点均发现有古代的遗存,部分明确为古代的城址,时代从史前一直延续到先秦时期,反映这一地区有发达的史前及先秦时期的文明。如余杭小古城有至少从良渚文化时期至马桥文化时期的文化堆积;邱城遗址从马家浜文化开始,历良渚文化,延至春秋时期;花城遗址从清理的一座木构窖穴情况来看,时代处于良渚文化至马桥文化时期。新世纪以来,考古所在安吉古城做了钻探与试掘工作,初步的考古成果表明这是一处春秋至西晋时期的城址,主体为汉六朝堆积。遗址地表尚存土筑城墙及护城河遗迹,城墙东西长600米,南北宽550米,包括护城河总面积约0.5平方公里。城墙残高6米左右,结合周边龙山、笔架山越国墓群资料分析,古城遗址应该是越国的重镇之一和秦汉时期的郡。除此之外,近年来新发现的良渚古城,是目前中国已知规模最大的史前城址。从良渚古城之后,到春秋战国之前,这一地区明确的城址一直缺失,下菰城商代城址的确定,则为这一地区先秦时期城址考古的重大突破。

下菰城,位于湖州市南郊10多公里处云巢乡窑头村一个自北向南倾斜的山坡上,北靠和尚山,东南临东苕溪。现存内外两重城垣,平面不规则,近圆角三角形,内城位于外城的南侧中部,并利用外城南城墙中段作为南城墙。城墙保存基本完好,一般墙高9米、上部宽5-6米、底部宽30米左右,城墙外有护城河,南城墙外的护城河较宽,30米左右,东西两城墙无论是内城墙还是外城墙,仅在南半边有保留,北半边情况不明(图二)。城址总面积约68万平方米,其中内城面积约18万平方米。内城南低北高,南边低洼处约占面积三分之一,北边为高台地,低地与高地落差在1米左右。

---

① 本图的制作得到湖州市博物馆陈云先生的大力支持,深表感谢。
② 《余杭文物志》编纂委员会:《余杭文物志》,中华书局,2000年。
③ 芮国耀:《湖州市邱城马家浜文化与马桥文化遗址》,《中国考古学年鉴1993》,文物出版社,1995年。

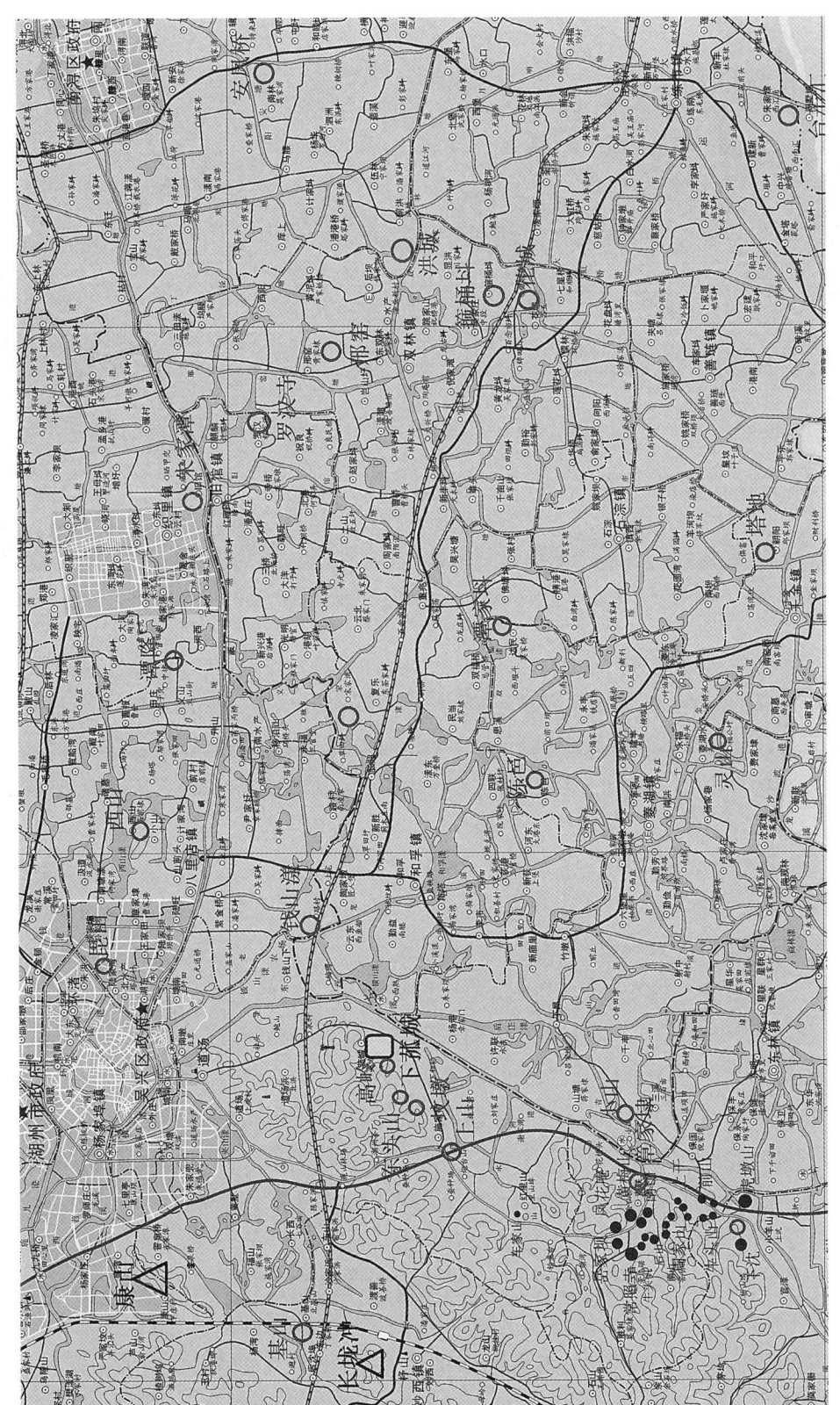

图一 东苕溪流域下孤城及周边商周遗迹分布图
●：先秦窑址 ○：遗址 ▲：土墩墓 □：城址

图二　内城东墙及南部护城河

宋人叶廷珪《海录碎事·地部·菰城》："乌程县乃古菰城,楚以封春申君,今俗呼下菰城,而旧经谓之五菰城。"《太平寰宇记》等亦有类似记载。此一说法几乎沿袭至今,而少有人怀疑。《史记·春申君列传》对于春申君的封地有很明确的记载:"考烈王元年,以黄歇为相,封为春申君,赐淮北地十二县。后十五岁,黄歇言之楚王曰:'淮北地边齐,其事急,请以为郡便。'因并献淮北十二县,请封于江东。考烈王许之,春申君因城故吴墟,以自为都邑。"关于这一点《浙江通志·古迹·湖州府》亦考证认为:"因城吴故墟以为都邑,在今姑胥城内西北隅,吴兴非所封。"此言甚确。因此根据《史记》的记载可以确定春申君的都邑在吴故都即今苏州一带,下菰城当另有人所居。

2010年,浙江省文物考古研究所"瓷之源"课题组在邻近的南山窑址发掘之际,对下菰城进行调查,在内城采集到的标本均为商代的印纹陶与夹砂陶、泥质陶片,而基本不见春秋战国时期的标本,因此怀疑此城的时代可能比较早。2011年"瓷之源"课题组借东苕溪流域古窑址调查之机,对城址进行了复查和内城小范围的勘探并取得重要成果。

村民在内城墙东南角挖开一个狭窄的缺口,以作为由城外向城内水田引水灌溉的渠道,断面基本横贯墙底,形成一个理想的地层剖面,以此为基础,略做清理,结合南边的小范围钻探与试掘,城墙和城内地层初步弄清(图三)。

内城东南角缺口处城墙主体分成两部分,中心人字形部分以大量直径约10厘米的鹅卵石为主体堆筑而成,斜坡状人字形,底部较平坦,并有一薄层红烧土块层。石块层上为纯净的黏土堆筑,从城内解剖部分来看,堆筑层自石块层底缘开始,宽超过10米,厚超过2米,硬质黄色黏土层,纯净而有极强的黏性,按土质土色的细微差别共可分成5层,堆积厚

图三 下菰城城墙剖面

度不一,并由东向西倾斜。土层中夹杂有少量红烧土粒、陶片、原始瓷片及石器,数量不多。陶片主要为印纹硬陶、夹砂红陶和泥质灰陶等,印纹硬陶片纹饰有长方格纹、梯格纹、菱形状云雷纹、席纹和折线纹等。器形主要为罐,一件修复器物为敞口、球腹、凹底,通体拍印菱形状云雷纹。原始瓷主要是豆与罐,豆为敛口状、浅盘、喇叭形高把,足尖无缺口。夹砂红陶有鼎、三足浅盘、袋足鬶等。泥质灰陶有罐和圈足器。石器有小型石锛等。根据陶片与原始瓷的器形、纹饰,可判定其时代为商代(图四)。

图四 下菰城内城东城墙出土部分陶片

城墙的外侧未做相关工作，具体情况不明。

在此剖面及试掘点南面约20米处的城墙顶部，有一沿城墙方向因开垦形成的横向断面，在此剖面上城墙修筑痕迹清晰可见：为分段版筑，每段长约2.4米，夯土层厚薄不一，分层清晰可见，这种分层现象在北边城墙上亦存在（图五）。在内城西墙中部略偏南有一个村民进出的豁口，底部有大量的鹅卵石，大小与东城墙试掘处中心部位的石块层相近，其分布走向与村民行走的小径一致，因此性质应该与石块层相似，是城墙的中心部分（图六）。根据三个地点的调查，可以初步判定内城墙的修筑方法基本是一致的：底部是石块层，其上用纯净的黄色黏土分段夯筑。从底部有大量红烧土存在情况分析，在筑城时可能举行过某种仪式。

图五　内城南段顶部版筑痕迹

内城内有丰富的堆积与遗迹存在。在西南部剖面上可以看到大面积的堆积层，中南部低洼地通过钻探也可以确定地层的存在，中北部采集到同一时期的标本，东南部近城墙断面处小试掘沟内地层不厚，约30厘米，但遗迹相当丰富，密布大小不一的灰坑。城内无论是采集还是试掘出土的标本与城墙内出土标本一致，为同一时期的遗物。

无论是内城城墙还是城内地层中出土的陶片，其时代没有晚于商代的标本，因此可以初步判定下菰城开始使用的年代不会晚于商代。

在城外高地上分布着几个包含有先秦时期遗存的遗址：高岭、戈山、东头山、吴十坟

图六　内城西墙中部城墙

墩等,可能与城址有较紧密的联系。从整个区域来看,紧邻下菰城东北面是钱山漾、基山、毘山等大型遗址,东边开阔的河网区是大量的中小型遗址,西南边不远处是青山原始瓷窑址群,而苕溪西岸的低山上分布着大量的土墩墓。下菰城几乎处于区域内各种类型遗址的中心位置,不同区域按其地理环境而有不同的功能分区,这种功能分区显然是经过精心规划并严格布局的。

下菰城在许多方面与处于东苕溪中上游的良渚古城具有许多相似性:两城均处于东苕溪畔,紧邻苕溪布局;两城规模均处于同一地区遗址规模的顶端,并处于同一地区遗址群的中心位置;周边分布着密集的遗址、墓葬等遗迹,其密度与等级均超过周边地区。良渚古城是公认的整个良渚文明的政治中心,是良渚文明发展的最高成就,而下菰城可能具有相似的政治地位。

(三) 土墩墓的发掘与早期土墩墓的发现

"七十年代末,在江山峡口肩头弄和王村、地山岗等地的清理,拉开了土墩墓探索的序幕。本所(浙江省文物考古研究所)建立后,将土墩墓作为探索浙江商周时期文化面貌的主要突破口,相继开展了较大规模的调查与发掘"。[①] 因此土墩墓考古一直

---

① 陈元甫:《二十年来浙江商周时期考古工作的主要收获》,见浙江省文物考古研究所编:《纪念浙江省文物考古研究所建所二十周年论文集》,西泠印社,1999年。

是浙江先秦时期考古的重点课题,也是目前材料最丰富、最新、最卓有成效的考古工作。从历年的发掘情况来看,浙江先秦时期土墩墓基本遍及全省各地,通过长兴便山、石狮、①德清独仓山②等墓地的发掘,基本建立了从西周到战国早期的较完整的编年序列。

2000年以来的土墩墓发掘工作仍主要集中在浙江北部的长兴、德清与安吉一带,长兴在配合合溪水库的建设中清理了一批土墩墓,③包括抛渎岗、窑岗岭、西山头等地点,时代从西周早期开始,一直延续到春秋战国时期,墓葬类型多样,其时代、类型、出土器物与1982年发掘的长兴便山土墩墓群近似。④ 这一时期较重要的收获为德清小紫山土墩墓群的清理发掘。

德清小紫山土墩墓群位于武康镇三桥村光华小区的北边东西向小紫山上,山势不高,西边1号墩所在位置最高,海拔44.4米,依次由西向东缓慢下降。

此次发掘共清理先秦时期土墩14座,共计50多座墓葬,除第13号墩外,其余土墩均位于小紫山的东西向山脊线上,排列相当密集。出土大量各种类型的原始瓷与印纹硬陶等文物。

商代早期的马桥时期土墩墓及商代中晚期墓葬的发现,是此次考古发掘的最重大收获。以往的考古发掘资料表明,富有南方特色的土墩墓出现在西周早期,清理过零星的商代末期墓葬,一般仅随葬少量的泥质或夹砂陶,独立的商代土墩则未发现过。此次考古发掘集中清理了一批商代墓葬,其中夏商时期墓葬2座(图七),商代中晚期墓葬9座,并明确商代土墩的存在(图八)。商代早期两座墓葬均在基岩上开凿而成,长方形竖穴岩坑,规模较小,形制规整,随葬少量陶器,胎质较硬,介于硬陶与软陶之间,处于硬陶的起源阶段,具有相当的原始性(图九)。9座商代中晚期墓葬有两种形制,一种是传统的土墩墓,不挖坑,平地掩埋;另外一种沿袭商代早期的形制,在基岩上开凿长方形竖穴墓坑。随葬品也有两种类型:一种仅随葬原始瓷(图十),一种仅随葬印纹硬陶(图十一)。分别与湖州青山商代窑址群与德清龙山商代窑址群的产品相当。这是首次在商代土墩墓中正式发掘出土原始瓷器。小紫山商代土墩墓为目前南方正式发掘的最早土墩墓,处于土墩墓的早期阶段,为探索土墩墓的起源,提供了重要资料。德清与湖州所在的东苕溪流域,是中国原始瓷窑址的唯一分布区,其产品可分成德清龙山类型与湖州青山类型两种,而此次发掘不仅两种类型产品均有出土,且与窑址相应地独立存在,这对于探索商代原始瓷窑址产品流向、原始瓷的使用均具有十分重要的价值。

---

① 浙江省文物考古研究所:《浙江长兴县便山土墩墓发掘报告》,见浙江省文物考古研究所编:《浙江省文物考古研究所学刊(1980-1990)》,科学出版社,1993年。
② 浙江省文物考古研究所等:《独仓山与南王山》,科学出版社,2007年。
③ 孟国平:《长兴县西山头商周汉六朝时期土墩遗址》,《中国考古学年鉴2008》,文物出版社,2009年。
④ 浙江省文物考古研究所:《浙江长兴县便山土墩墓发掘报告》,见浙江省文物考古研究所编:《浙江省文物考古研究所学刊(1993年)》,科学出版社,1993年。

图七　德清小紫山马桥文化时期墓葬

图八　德清小紫山商代晚期土墩

图九　德清小紫山马桥文化时期墓葬出土器物

图十 德清小紫山商代中晚期墓葬出土原始瓷

图十一 德清小紫山商代中期墓葬出土印纹硬陶

小紫山土墩墓群墓葬结构相当丰富，有土墩墓、石室土墩墓、石床型土墩墓、土坑墓、岩坑墓等。墓葬形制可分成两种：平地掩埋型与土坑型。不挖坑而平地掩埋的墓葬形式被认为是江南先秦时期土墩墓的最主要特征之一，此次发掘不仅发现了商代土墩墓中挖坑埋葬的岩（土）坑墓形式，而且此种葬式完全与土墩墓相始终：西周、春秋、战国各个时期的土墩墓除在土墩外围有器物平地掩埋外，还在土墩的中部普遍发现有长方形的基岩坑（图十二），如此普遍地挖坑埋葬的情况，在两周时期的江南土墩墓考古发掘中尚属首次。部分西周土坑墓发现于堆筑的商代熟土墩上，亦为其他地区所少见（图十三）。这对于更全面的认识土墩墓的墓葬形制，具有重要价值。因此商周时期土坑型土墩墓的普遍发现是此次考古发掘的第二大收获。

图十二 德清小紫山春秋时期岩坑墓

图十三 德清小紫山西周时期大型土坑墓

小紫山土墩墓群不仅出现时期早,而且延续时间相当长。从商代早期到商代中晚期、西周早期、西周中期、西周晚期、春秋早期、春秋中期、春秋晚期、战国时期的各个时期,序列相当完整,部分土墩规模庞大,埋葬有各个时期的墓葬,延续时间相当长。如D4共埋葬12座墓:其中商代墓葬5座,三座为平地掩埋,两座为岩坑墓;西周墓葬4座、春秋墓葬2座、战国墓葬1座,基本上纵跨整个商周时期,为探索土墩墓演变提供了宝贵材料。

小紫山土墩墓群规模大小不一,少量墓葬规模庞大,构筑考究,建筑费时费工,多数墓葬规模小,结构简单,显示社会分化到了较高的程度。大型土墩如D1为石室土墩,长近16米,高2米多,均用大块石块砌筑而成,部分条石重量超过1吨,高耸于小紫山之巅,颇为壮观。D13M1为长方形岩坑墓,墓室长5米,墓道长6米,在深近2米的基岩坑内再用石块构筑石室,巨石盖顶与封门,墓道填白膏泥。

随葬器物以富有江南商周特色的原始瓷与印纹硬陶占绝大多数,每个土墩均有原始瓷器出土。原始瓷主要以豆为主,包括罐、尊、盂、碟、碗等,许多器物器形大、质量高,胎质细腻坚致,青釉极佳,施釉均匀,胎釉结合好,玻璃质感强。印纹硬陶以罐、坛类大型器物为主,纹饰繁缛,装饰复杂,通体拍印云雷纹、回字纹、曲折纹、方格纹等。

因此小紫山土墩墓群出现时期早、年代跨度大、墓葬结构复杂、随葬文物丰富多样,特别是商代墓葬、商代原始瓷随葬品、商周诸时期土坑(岩坑)墓葬的发现,对于探索商周时期江南土墩的起源、墓葬制度的发展、原始瓷与印纹硬陶的制作工艺等方面,具有重要意义。

苕溪中下游地区处于东部一马平川的环太湖河网平原与西部高峻的莫干山脉的过渡地带，其流经的区域既有连绵起伏的低缓山丘，也有较开阔的水田与纵横的河流，是古代人类理想的栖息之地，从历年调查材料来看，这一带是先秦时期土墩墓的最重要分布区：其数量庞大、分布密集，其中仅在长兴县一地目前即已发现329个地点共计2 840多座土墩，①在苕溪两岸的许多低缓山头上，均可见隆起的土墩墓封土；出现时代早、序列完整、种类齐全，最早从夏商之际的马桥文化时期出现，历商代晚期、西周、春秋、战国各个时期，包括平地掩埋型、土坑型、石床型、石圹型、石室型等所有类型的土墩墓。从目前的材料来看，这一带应该是江南土墩墓的起源地，也是中心分布区。

（四）原始瓷与印纹陶窑址的调查与发掘

原始瓷窑址考古进展与收获是新世纪以来浙江先秦时期考古上的最大突破。

浙江是瓷窑址的最重要分布省份之一，中国先秦原始瓷与汉六朝成熟青瓷窑址几乎都集中在浙江。浙江瓷窑址的出现最早可以上溯至夏商时期，延续至明清，其整个发展过程可以划分成四个大的阶段：先秦时期的原始瓷、汉六朝时期成熟瓷器的产生、唐宋时期的越窑、宋元明时期的龙泉窑。其中制瓷史上的两个里程碑式技术跃进：原始瓷的起源与成熟青瓷的出现，均发生在浙江，浙江不仅在夏商时期发明了原始瓷，而且在东汉时期成功烧造出了成熟青瓷，同时这一伟大的技术成果造就了先秦与汉六朝时期浙江作为全国乃至全世界制瓷中心的地位，而唐至明代，其制瓷技术亦处于全国的领先水平。因此浙江先秦及汉六朝时期的瓷窑址考古是解决世界瓷器起源与早期发展史的重要手段。探索瓷器的起源尤其是先秦原始瓷的起源及其发展与成熟的"瓷之源"课题，是浙江省文物考古研究所新世纪以来重点实施的课题之一。2007年以来，"瓷之源"课题组先后对德清火烧山西周至春秋时期窑址、②德清清子桥、③长山战国时期窑址、湖州南山④夏商时期窑址进行了发掘，并对东苕溪中游两岸完成了窑址的初步调查工作，取得了丰硕的成果：新发现了大量的窑址，将原始瓷最早出现时间上溯至夏商时期，并建立从夏商时期到战国时期基本完整的原始瓷起源与发展序列；出土大量的原始瓷标本与揭露丰富的窑炉、作坊等遗迹，为恢复先秦时期窑业积累了大量的资料；确立以德清为中心的东苕溪流域在中国瓷器起源史上的重要地位。

以德清为中心的东苕溪流域先秦时期窑址具有以下几个方面的特征：

1. 出现时间早、持续时间长

本窑区从夏商时期开始出现窑址，历经西周、春秋，至战国时期，连绵不绝，基本不曾间断，是目前国内已知出现时间最早、持续时间最长的先秦时期窑区。

---

① 李刚：《长兴县土墩墓调查报告》，见林华东、季承人主编：《中国柯桥越国文化高峰论坛文集》，浙江人民出版社，2011年。
② 浙江省文物考古研究所等：《德清火烧山原始瓷窑址发掘报告》，文物出版社，2008年。
③ 浙江省文物考古研究所等：《德清亭子桥战国原始瓷窑址发掘报告》，文物出版社，2011年。
④ 郑建明等：《浙江东苕溪中游商代原始瓷窑址群的调查与发掘》，《考古》2011年第7期。

2. 窑址密集、生产规模大

从目前已掌握的材料来看,这一地区商周时期窑址已超过100处,数量相当庞大,这是其他任何一个地区所无法比拟的。许多窑址如亭子桥窑址,分布面积超过1 500平方米,堆积层厚,出现了晚期窑址中常见的纯瓷片层堆积,产量已达到了相当的规模。

3. 产品种类丰富

除生产日用的碗、盘、碟类器物外,还大量烧造象征身份与地位、具有特殊意义的仿青铜礼器和乐器,这些礼乐器包括作为礼器的鼎、卣、簋、豆、壶、罍、罐、瓿、盘、盆、鉴、三足盘、镂孔瓶、提梁壶、提梁盉、匜、钵,以及作为乐器的甬钟、钩镰、錞于、悬铃、悬鼓座。而这些大型礼乐器的生产,目前仅见于东苕溪流域。

4. 产品质量高

原始瓷的发展,有几个里程碑式的跃进。第一个跃进发生在夏商时期,原始瓷在几千年陶器发展基础上终于发明成功,并且一出现即体现了强大的生命力,但这一时期的原始瓷进化无论是胎还是釉均不是十分稳定,处于发展的初期(图十四);第二个跃进是西周时期,这一时期不仅胎釉完全成熟,胎质较细,施釉均匀,玻璃质感强,而且迎来了发展的第一个高峰,出现了大量各种形态的礼器与日用器,包括盉、尊、罐、盂、瓶、盘、碟等(图十五);第三个跃进是战国早中期,这一时期许多产品体形硕大、制作规整、胎质坚致细腻、

图十四 湖州南山商代窑址出土原始瓷

釉色青翠匀润、施釉均匀、玻璃质感强,几乎可以与东汉以来的青瓷相媲美,不仅标志着原始瓷已完全成熟,也是原始瓷发展的最高峰(图十六)。

图十五　德清火烧山窑址西周晚期至春秋早期原始瓷
1. 钵　2. 鼎　3. 簋　4. 筒形卣

图十六　德清亭子桥战国时期窑址出土原始瓷
1. 鼎　2. 罐　3. 镂孔瓶　4. 提梁壶　5. 悬鼓座　6. 甀　7. 甬钟　8. 尊

5. 龙窑成熟，窑具形态各异，装烧工艺成熟

在夏商时期的湖州瓢山、南山窑址出现了最早烧造瓷器的龙窑，但仍具有相当的原始性，处于龙窑发展的起源阶段，其中保存较好的南山窑址，窑炉整体较短，仅7米左右，坡度达到20多度，底部不铺细砂而较为不平，火膛几乎占据了窑炉的三分之一（图十七）。经过西周春秋时期的发展，到了战国时期的亭子桥窑址，龙窑已完全成熟：长近10米，坡度为10多度，并且为了更好地利用窑温而前后坡度有一定的差异，窑底使用很厚的细砂层，火膛作横长方形，宽不足1米，与窑床的比例相当合理（图十八）。在窑具的使用上，春秋时期大量出现作为间隔具的托珠，形体小、制作精细，可有效地保护釉面。战国时期则大量涌现各种支烧具：有直筒形、喇叭形、托盘形和浅盘形等多种形式。不同的器物使用不同的窑具，成功解决了甬钟、钩镶类器物的装烧方法，装烧工艺相当成熟（图十九）。

图十七　湖州南山商代窑址窑炉遗迹

图十八　德清亭子桥战国时期窑址窑炉遗迹

图十九　战国时期的窑具及其装烧方式
1. 钩镶装烧方式　2. 窑具(1)　3. 窑具(2)　4. 窑具(3)　5. 窑具(4)　6. 窑具(5)　7. 甬钟装烧方式

6. 独立窑区的形成

自商代开始,本地区即形成独立的窑区而不再依托于遗址,并且已有相当的规模,说明制瓷业已完全作为一个独立的手工业门类存在。进入西周晚期,各窑址基本纯烧原始瓷,这也是目前其他同时期的窑区所无法比拟的。

因此以德清为中心的东苕溪流域的先秦时期原始瓷窑址群,无论是从生产时间、窑址规模,还是窑址产品种类、产品质量、装烧工艺等方面,在全国都是独一无二、一枝独秀,在中国陶瓷史上占有非常重要的地位,是中国制瓷史上的第一个高峰,为汉代成熟青瓷的出现打下了坚实的技术基础。它具有以下几个方面的重要学术价值。

(1) 为探索瓷器的起源及其发展成熟提供了重要的实物依据

南山窑址最早地层可到商代早期甚至更早。无论是产品的胎、釉、成型技术,还是窑炉的装烧工艺,既有成熟性,又有原始性,具有瓷器早期形态的特征,是真正意义上的"原始"瓷,为探索瓷器起源和中国瓷器发展史提供了重要实物资料。东苕溪流域商代大规模原始瓷窑址群的发现,充分证明这一地区是中国瓷器的重要起源地。

(2) 为各地出土的部分原始瓷产品找到了产地

江南及北方包括殷墟地区、周原等地出土原始瓷器,无论是器形还是胎、釉等特征,均与东苕溪流域窑址产品相近,可初步确定是本流域产品。因此,东苕溪流域系列窑址的调查与发掘,为探索出土原始瓷器的产地问题提供了极为重要的资料。在殷墟、周原等商周都城区发现本流域的窑址产品,不仅证明原始瓷在先秦时期是一种象征身份与地位的高等级器物,而且进一步证明北方原始瓷极可能是南方生产。

(3) 为建立太湖地区先秦时期原始瓷编年提供了丰富的实物资料

东苕溪流域先秦时期原始瓷窑持续时间长,器物演变脉络清晰,从夏商时期开始,一直延续到战国晚期,可基本建立太湖地区完整的先秦时期原始瓷编年序列。在本区域内遗址发掘不多、编年材料不丰富的情况下,可反证遗址的年代,有助于建立本区域内更加详细的先秦考古学文化编年。

(4) 充实了太湖地区商周考古学文化的研究

使用原始瓷礼器而非青铜器随葬是越国墓葬的最重要特征之一,因此原始瓷在越及先越文化中具有极其重要的地位,其意义类似于中原地区的青铜器,是使用者身份与地位的象征。先秦时期原始瓷的规模生产,表明当时原始瓷制作不再依托遗址而是形成独立窑区,是探索当时社会分工的重要依据;大量原始瓷礼器、乐器、工具、兵器、农具等的出现,反映本区域内有自身独特的礼器制度;本窑区产品在殷墟、周原等都城区的出现,为探索中原与太湖地区交往提供了重要线索。

除原始瓷以外,印纹硬陶的生产与使用也是本地区最具特色的文化因素。其出现的时间可能较原始瓷还要早,在毘山遗址第三阶段(夏末—商中期)主要是大量的窑址废弃物堆积和大量的窑渣块,以及少量的硬陶片,器形基本为高领罐与鸭形壶两大类,但未见窑炉等遗迹现象。从窑址位于遗址区的情况来看，这一时期印纹硬陶的生产尚处于较低的发展层次。

纵观印纹硬陶的整个使用过程，西周早中期是其发展的最高峰：产品种类最丰富、大量礼器的使用，器形巨大、制作规整，纹饰复杂多样，包括各种精美的云雷纹等。通过多年的野外努力，在长兴牌坊沟发现了这一时期的窑址，这也是浙江先秦时期考古的另外一大突破。[①] 牌坊沟窑址位于林城镇石英村牌坊沟自然村，龙山东北坡，地面有明显的隆起，从雨水冲刷出的水沟剖面来看，隆起部分为大量的陶片与红烧土块等窑址废品堆积，在堆积的上方，陶片明显较少但红烧土块更加密集，推测为窑炉所在。从陶片的散落及隆起的分布来看，窑址面积当在2500平方米以上。从试掘情况来看，本窑址文化层丰厚，最厚处超过1米，地层叠压清晰，至少可分成四个大的文化层。各个文化层印纹陶胎基本一致，紫红色与深灰色为主，部分胎心呈紫红色，内外表呈青灰色，偶见少量生烧呈土黄色的陶片。器形、纹饰方面，三层差别较大。第四文化层也即最底下一层器形主要是坛与罐两类器物，坛多为直口或侈口高领，平底但底腹间转角呈圆角状，罐器形较小，大平底外凸，部分呈极矮的圈足状，印纹单一，以回字纹占绝大多数，少量曲折纹，回字纹细密、浅平，回字的内外框基本平齐，部分呈菱形状，拍印较杂乱，曲折纹亦细、浅，排列杂乱。第三文化层器多呈红褐色，陶片不多，说明这一时期产量仍旧不高，产品单一，仍旧以坛与罐两类器物为主，口沿外侈，底与第一期相似，包括平底圆角与大平底外凸两种，已不见浅圈足器物，纹饰仍旧以回字纹为主，少量曲折纹，但发生明显变化：回字纹不见菱形状，均为方正的回字形，内框外凸，外框弱化而明显低于内框，纹饰较粗大，排列整齐；曲折纹亦变得粗大整齐。第二文化层为红褐色土，夹杂有大量的陶片与红烧土块，几乎接近于纯陶片堆积，说明产量在这一时期有巨大的提高；器形纹饰丰富多样，达到了印纹硬陶的鼎盛时期。器形以坛、罐、瓿类器物为主，包括少量的尊、瓮、罍等，纹饰粗大清晰，排列整齐，主要有回字纹、云雷纹、叶脉纹、重菱形纹、曲折纹，流行回字纹上间以一道或几道粗大的云雷纹或重菱形纹等纹饰。多数器物体形巨大、造型规整、纹饰繁缛，代表了印纹硬陶制作的最高水平（图二十）。在这一文化层中还发现了少量的原始瓷残片，器形主要为豆，灰白色胎

图二十　长兴牌坊沟西周印纹陶窑址出土标本

---

① 郑建明等：《浙江长兴发现龙山西周早期印纹陶礼器窑址》，《中国文物报》2010年12月17日第4版。

质细腻坚致，通体施釉，青釉施釉均匀，胎釉结合好，玻璃质感强，是西周早期为数不多的几处烧造原始瓷的窑址之一。第一文化层器类又回归单一，以小型罐为主，纹饰基本为回字纹，回字内外框平齐，线条较细而浅，但单个纹饰较第四文化层为粗大，排列更加整齐规则，常见肩部饰一条菱形纹带。

结合江南地区土墩墓的分期及本窑址的地层叠压关系，牌坊沟窑址的时代为商代晚期至西周中晚期，其中西周早中期为鼎盛时期。它代表了印纹陶制作的最高水平，也是越地印纹硬陶文化的集中代表。江南地区包括浙江、江苏、安徽等地土墩墓出土的器物，无论是器形还是纹饰均与本窑址产品十分接近或完全一致，许多器物可以确定是本窑址的产品。西周印纹陶的编年，更多是依据土墩墓中出土器物的类型学排比，而缺少地层学上的依据，本窑址的地层堆积一方面验证了原先的分期，另一方面做了进一步的细化，在商周之际建立了过渡期，使其文化序列更加完善。

（五）小　　结

综合近几年来遗址、城址、土墩墓、窑址等的考古新进展，这一地区的考古面貌已较为清晰，结合环太湖地区的考古基本情况，可以初步确定这一带是良渚文化之后，越国形成之前，包括钱山漾文化时期、马桥文化（或高祭台文化）时期、西周时期诸文化的中心分布区，其政治中心很可能在下菰城一带，其邻近及东部的河网平原是生活与生产区域，西南青山一带的低山缓坡上是最具本地特色、具有显赫物品特征的原始瓷生产区，而苕溪两岸的低缓山坡是其墓葬区。苕溪作为沟通南北的大动脉，孕育了从史前到这一时期的灿烂文明。这一阶段文化地位的确立，对于探索本区域内良渚文化的去向、越国的形成具有重要的学术价值，是构建浙江先秦时期历史的重要一环，具有承上启下的重大意义。

二、越 国 考 古

无论是根据文献记载还是文物出土情况，尤其是高等级墓葬的分布情况来看，越国的政治中心，无疑是在今天的绍兴市。建筑于古城之上的现代绍兴城不仅对越国都城带来毁灭性破坏，而且使现代考古步履维艰，因此多年来越国都城考古一直乏善可陈。早期都城的考古学探索，基本处于停顿状态，学术界倾向于认为是埤中古城的诸暨阮市一带山丘，已几乎被石矿所淹没。

在遗址的聚落考古上，值得关注的是2003年发掘的绍兴袍谷遗址。[①] 该遗址位于绍兴市北约4公里，是一处纯战国时期的大型遗址。地层中出土大量陶瓷器和板瓦与筒瓦类建筑构件，以及少量的青铜器与铁器。原始瓷甬钟、骹部带"王"字铭文的青铜矛和大量建筑构件的出土及众多水井的存在，显示该遗址不是一般的居住遗址，而是战国时期大

---

① 绍兴县文物保护管理所：《浙江绍兴袍谷遗址发掘简报》，《考古》1989年第9期；陈元甫等：《绍兴袍谷战国大型聚落遗址的发掘》，见浙江省文物考古研究所编：《浙江考古新纪元》，科学出版社，2009年。

型的高等级聚落(图二十一)。由于发掘范围有限,遗址的整体面貌并不清晰,更无法揭示遗址的功能布局,这有待以后更多考古工作的开展。众多墓葬与遗址的发掘材料表明使用原始瓷或硬陶而非青铜礼乐器是越国文化的一个最显著特征,近年来发掘的众多越国贵族墓葬包括无锡鸿山邱承墩越国高等级墓中仍不见青铜礼乐器,证明这一推断是基本可信的。

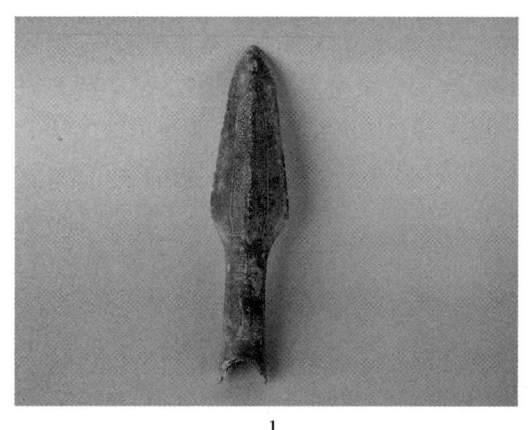

图二十一　绍兴袍谷战国遗址出土器物
1. 带"王"字铭青铜矛　2. 原始青瓷甬钟

图二十二　桐乡董家桥遗址出土青铜鼎

2003年位于浙北平原的桐乡董家桥遗址春秋战国地层中除了出土较常见的小件青铜矛、镞、刀、镰、锸、鱼钩外,还罕见地出土了一件青铜小鼎(图二十二)。① 桐乡接近于吴文化分布区,著名的吴越分界线"御儿"即在其境内,而董家桥遗址出土陶器中的陶鬲和梯格纹印纹硬陶片明显为吴文化因素,因此不能排除青铜鼎北来的可能性。此外,亦不能排除越国虽然在墓葬中不使用青铜礼乐器,但在生活中仍有少量青铜器的存在。但越国青铜的使用情况,仍有待更多遗址材料的发掘。

越国时期考古的最大进展主要集中在两个方面:一是东苕溪流域原始瓷窑址考古;二是一批绍兴之外,等级并不是很高,但属于越国贵族墓葬的发掘与整理。前者在第一部分的越文化考古的瓷窑址部分中已提及,此不再赘述。除东苕溪流域之外,春秋晚期到战国时期,新出现了一个以萧山东南部进化镇一带为中心的浦阳江流域窑址群,分布比较密

---

① 田正标等:《桐乡董家桥良渚至春秋战国时期遗址的发掘》,见浙江省文物考古研究所编:《浙江考古新纪元》,科学出版社,2009年。

集,在绍兴县与诸暨市有少量的分布。① 这一地区的窑址有三个基本特点:一是普遍原始瓷与印纹陶合烧,基本不见纯烧原始瓷的窑址,印纹硬陶占据了相当大的比例,许多窑址以烧造印纹硬陶为主;二是时代出现比较晚,延续时间不长,一般出现在春秋中晚期,延续至战国早中期;三是产品较为单一,档次较低,主要生产日用的碗、盘、碟类器物,不见礼器与乐器类高档产品。② 这应该是越国以生产日用器皿为主的窑场,伴随着越国形成后需求的增加而出现,与德清一带以生产礼乐器为主的窑场明显存在分工上的差异,说明这一时期越国的窑业生产已相当发达,并有着严格的分工。

从目前考古调查发掘资料来看,越国最高等级的墓葬多集中在绍兴地区,除已发掘的印山越王陵外,2002年冬季的调查中,在绍兴城外围确定了一批封土长度在60米以上的特大型越国墓葬,除少量分布在绍兴西南部的漓渚镇外,主要集中分布在绍兴县南部的平水至上灶一带。③ 2009年,笔者在对平水镇会稽村与下灶村汉六朝墓葬进行抢救性发掘中,分别清理了两座战国时期较大型甲字形岩坑墓,长方形墓室长近15、宽约6米,因严重被盗仅残留零星的玉玦、石戈等残件,④无论从墓葬规模还是从残存的器物来看,这两座墓葬均具有一定的等级,属于越国贵族墓葬。在如此小的区域内接连发现较大规模的战国墓葬,说明这一地区此类墓葬密度之高,反映了这一带就是越国的王陵和显贵墓葬区。

从全省及整个江南地区原始瓷出土的情况来看,绍兴地区历年清理出土的战国时期原始瓷数量最多、种类最齐全、质量最高:包括盖鼎、兽面鼎、盂形鼎、盆形鼎、大小豆、罐、瓿、壶、鉴、匜、盘、盆、甗、烤炉、大杯、镇、盅、碗、碟、甬钟、钩鑃、缶等,⑤几乎囊括了目前已知的所有原始瓷种类与器形,许多器物器形庞大,造型规整,胎质细腻,釉色青翠匀润,火候高,胎釉结合佳,代表了原瓷制作的最高水平(图二十三)。相应地,使用这些器物的人当是处于越国发展的顶端,可能是越国王室及其他高等级的贵族。但绍兴地区高等级越国墓葬的考古工作一直阙如,因此对于其墓葬等级结构、随葬器物面貌至今较为模糊。

在绍兴之外,2000年以来先后清理了一批较高等级的战国墓葬,包括:长兴鼻子山、⑥安吉龙山、⑦安吉笔架山、东阳前山、⑧嵊州小黄山等。其中以鼻子山墓葬规模较大、

---

① 绍兴县文物管理委员会:《浙江绍兴富盛战国窑址》,《考古》1979年第3期;高军等:《绍兴吼山和东堡两座窑址的调查》,《考古》1987年第4期。
② 王士伦:《浙江萧山进化区古代窑址的发现》,《考古通讯》1957年第2期;浙江省文物考古研究所等:《浙江萧山前山窑址发掘简报》,《文物》2005年第5期;沈岳明:《萧山区安山春秋战国窑址》,《中国考古学年鉴2006》,文物出版社,2007年;王屹峰:《浙江原始瓷及印纹硬陶窑址群的调查与研究》,见中国古陶瓷学会编:《中国古陶瓷研究》第十二辑,紫禁城出版社,2006年。
③ 陈元甫:《越国贵族墓葬制葬俗初步研究》注7,《东南文化》2010年第1期。
④ 浙江省文物考古研究所发掘资料。
⑤ 周燕儿:《绍兴出土越国原始青瓷的初步研究》,《考古与文物》1996年第6期;浙江省文物考古研究所:《古越瓷韵》,文物出版社,2010年。
⑥ 浙江省文物考古研究所等:《浙江长兴鼻子山越国贵族墓》,《文物》2007年第1期;浙江省文物考古研究所等:《浙江越墓》,科学出版社,2010年。
⑦ 浙江省文物考古研究所等:《浙江安吉龙山越国贵族墓》,《南方文物》2008年第3期;浙江省文物考古研究所等:《浙江越墓》,科学出版社,2009年。
⑧ 浙江省文物考古研究所等:《浙江东阳前山越国贵族墓》,《文物》2008年第8期。

图二十三 绍兴地区出土的越国原始瓷器
1. 瓿 2. 鼎 3. 缶 4. 壶 5. 鉴 6. 矛 7. 兽面鼎 8. 提梁盉 9. 填彩镇

等级较高,随葬大量高质量的原始瓷礼乐器。通过这批墓葬的发掘,我们对越国贵族墓葬的结构、随葬品组合等特征有了初步认识,其具有以下几个方面的基本特征:封土底部呈长方形,四面斜坡状向上收,顶部平坦,这种长方形覆斗状土台是越国贵族墓葬最显著的地面标志;一般在墓室外墓葬方向的左侧设有放置陶瓷器的陪葬器物坑;随葬品不使用青铜礼乐器,而以陶瓷质同类器物代替;墓葬规模越大、等级越高,随葬陶瓷质礼乐器的数量越多,大型墓葬通常成组成套随葬各种礼乐器(图二十四)。[1] 这一认识,尤其是对陪葬器物坑存在的认识,是越国考古方面近几年来最重大的收获。

---

[1] 浙江省文物考古研究所等:《浙江越墓》,科学出版社,2009 年;陈元甫:《越国贵族墓葬制葬俗初步研究》,《东南文化》2010 年第 1 期;陈元甫:《越国贵族墓随葬陶瓷礼乐器葬俗探论》,《文物》2011 年第 4 期。

图二十四　安吉笔架山战国墓葬结构

三、问题和思考

在越文化考古中，根据城址、遗址、墓葬、窑址等的调查发掘成果，苕溪中下游地区夏商及西周时期文化在江南地区考古学中的中心地位已初步凸现，但这只是一个初步的判定，文化的整体面貌并不清晰。

（一）首先是文化的发展水平问题

本区域内以良渚文化为代表的史前文明，在距今5 000-4 000年左右达到了顶峰，庞大的古城遗址、宏伟的莫角山宫殿建筑、随葬大量精美绝伦玉器的贵族墓葬，无不昭示着这是一支同一时期国内最发达的古代文明，中华大地文明的第一缕曙光在此冉冉升起。在距今4 000年左右，随着复杂社会的崩溃，象征身份与权力的显赫物品等高度发达的文明物化形态不复存在，这种状况在钱山漾文化中表现得尤其突出，[1]不仅不见高等级的建

---

[1] 郑建明：《环境、适应与社会复杂化》，上海人民出版社，2008年。

筑、墓葬和大型中心聚落,而且几乎不见作为显赫物品的玉器出土,社会重新进入相对平等的状态。夏商及西周时期,随着下菰城等遗址的出现,标志着社会再次进入复杂化的上升进程,昆山遗址采集到的卜骨、玉器、青铜礼器等遗物表明该遗址具有较高的等级,社会有了相当程度的分化。但是考古学上社会分化的物化形态包括礼仪性建筑、墓葬、显赫物品、大型中心聚落及分层的聚落群在目前的考古学上并不清晰,更没有构建相对完整的等级化社会结构,这需要大量的考古工作来支撑。从目前各种苗头来看,下菰城址与昆山等遗址是今后一段时间内的工作重心。理清下菰城的布局及使用者的身份,对于了解这一时期历史具有重要意义;确立中心遗址基本面貌及其与周边遗址群的等级差异,是构建社会复杂化结构的主要内容。

(二) 其次是文化源与流问题

关于马桥文化的来源,至少有四种主要的观点:第一种观点认为浙江西南部的肩头弄类型文化是其重要的源头,特别是肩头弄第一单元,是马桥—肩头弄文化的源头,而可以排除本地区良渚文化作为源头的可能性;①第二种观点认为"马桥文化的主要来源有两个,一个是太湖地区的良渚文化,另一个是浙南闽北地区以江山肩头弄第一单元遗存为代表的文化,在马桥文化的发展过程中,还程度不同地接受了来自中原地区夏商文化和山东半岛岳石文化的影响";②第三种观点根据肩头弄文化与马桥文化在陶器和石器群上巨大的差别而排除前者作为后者来源的可能性,如作为马桥文化典型器物的鼎、甗、鬶、觚等在肩头弄文化中基本不见,而肩头弄文化的着黑陶在马桥文化中极少见,马桥文化很可能主要是外来北方文化因素与环太湖地区原有的文化的混合变化体,在文化的形成过程中,也接受了来自南方的一些影响;③第四种观点通过对石器、陶系、纹饰的统计以及陶器形态的比较,认为太湖地区自崧泽、良渚文化乃至此后广富林遗存以来逐步形成的地域传统在马桥文化中大量延续并成为马桥文化的主要内涵,从而也决定了马桥文化的土著性质,而来自南、北方的文化因素比较少。④

环太湖地区的史前考古,近几年的一个重大收获是钱山漾或广富林文化作为一支单独文化从良渚文化中独立出来,使本地区的文化谱系更加完善。⑤ 该文化主要由良渚文化发展而来,是本区域内史前文化的最后一个环节。而钱山漾文化与其后的马桥文化,从

---

① 陆建方:《初论马桥—肩头弄文化》,《东南文化》1990年第1期。
② 宋建:《马桥文化探源》,《东南文化》1988年第1期;上海市文物管理委员会:《马桥》,上海书画出版社,2002年。
③ 焦天龙:《论马桥文化的起源》,《南方文物》2010年第1期。
④ 曹峻:《马桥文化再认识》,《考古》2010年第11期。
⑤ 丁品:《浙江湖州钱山漾遗址第三次发掘带来的新思考》,《南方文物》2006年第4期;广富林考古队:《广富林遗存的发现与思考》,《中国文物报》2000年9月13日第1版;宋建:《王油坊类型与广富林遗存》,《华夏文明的形成与发展》,大象出版社,2003年;翟杨:《广富林遗址广富林文化的分期和年代》,《南方文物》2006年第4期;陈杰:《广富林文化初论》,《南方文物》2006年第4期。

目前分布的初步材料来看,两者在考古学面貌上有许多联系:在整个社会的发展层次比较低,不见良渚文化时期的高度分层结构,不见各种绚丽夺目的社会分层的物化形态,其中包括大量使用精美玉器现象的消失;良渚文化时期普遍的高土台遗址在钱山漾遗址中得到了延续;陶系均以泥质陶与夹砂陶为主;器形中均有大量侧扁足鼎,马桥文化标志性的凹圜底器在钱山漾文化晚期已出现;印纹硬陶的拍印技法与部分纹饰在钱山漾文化晚期已出现,并且陶质硬度明显较高。然而两者的差异也是不言而喻的:陶器无论是陶系、器类、器形还是在装饰上均存在着巨大差异,墓葬习俗迥异,这些差异哪些是由前期文化发展而来,哪些是新的文化因素,需要做深入的分析。钱山漾文化的考古材料目前并不是很丰富,更深入的比较研究,特别是许多定量的分析,需要更多的考古工作及更详细考古报告发表。此外,马桥文化中的其他文化因素,如中原文化因素等,也需要做定量的分析。

从独具特色的原始瓷、印纹硬陶等器物的器形与纹饰等的演变来看,马桥文化的去向应该是本地区的西周文化,[①]然而这一时期的文化面貌,除了土墩墓较为丰富之外,遗址及其他材料屈指可数。西周与以后的春秋战国时期,在墓葬形制、随葬器物上一脉相承,许多器物前后演变规律清晰,很难将它前后截然分开。区域内以下菰城为中心的夏商时期文化,转向以绍兴为中心的越国的出现,在地域上存在着重大的转移,这一过程中本地区的西周春秋时期文化扮演了何种角色?越国政权的出现是苕溪流域向宁绍平原的简单转移?还是类似于中原的三代文明,是两者自身的消长和代替?本区域内的社会复杂化进程如何?

在遗址保存不理想、聚落考古材料欠缺的情况下,原始瓷是衡量本区域内社会复杂化进程的理想物化形态。原始瓷作为瓷器的早期形态,与陶器有着重大的区别,其发明和利用,不仅是一种技术上的重大突破,同时可能也反映了社会结构的变化。原始瓷自其出现伊始,除一部分日用器外,即有礼器的存在,这种礼器类器物的生产,在西周早期达到了第一个高峰,胎、釉、成型、装烧等工艺完全成熟,造型复杂;在西周晚期与春秋早期达到了第二个顶峰,许多器物器形巨大,并出现了与青铜器几乎相同的造型;到了战国早中期,除礼器以外,还大量生产乐器、兵器、工具、农具类产品,达到了原始瓷生产的第三个顶峰也即鼎盛时期。这种原始瓷的礼乐器,其功能应该与本地区内良渚文化的玉器、中原地区夏商周时期的青铜器相同,是一种显赫物品,也即象征权力与身份地位的物品。而本区域内这种显赫物品生产的三大高峰,作为以原始瓷的生产、使用为自身独特文化特征的越文化来说,这可能反映了其社会复杂化进程的几个高峰,也即伴随越国三个社会高度复杂化,原始瓷的生产亦进入相应的发展高峰。

---

① 宋建:《马桥文化的去向》,见中国考古学会编:《中国考古学会第九次年会论文集》,文物出版社,1997年。

（三）再次是文化的分区问题

越国出现之前,浙江先秦时期的文化,从目前的考古材料来看,至少可分成三个地区与类型：环太湖与宁绍平原的浙北地区、金(华)衢(州)盆地的浙西地区、丽(水)台(州)温(州)山区的浙东南地区。

浙江北地区是马桥文化的分布区,钱塘江南北可能略有差别,但总体面貌基本一致。① 浙西地区属于肩头弄文化类型,这一支文化主要分布于浙江西南、福建西北部,可能也包括江西东北地区,代表性的遗址有浙江江山肩头弄、②福建光泽马岭、③武夷山葫芦山、④邵武斗米山、⑤浦城猫耳弄⑥与管九⑦等,时代为距今4 000－3 500年左右,以着黑陶为特征,并有大量的印纹硬陶与少量原始瓷,墓葬为无墓圹平地掩埋或不规则浅坑形。

浙东南地区情况较为复杂,这里早期是好川文化的分布区,先后发掘过遂昌好川墓地、⑧温州老鼠山⑨等重要遗址。老鼠山遗址早期地层中陶器以夹砂陶、泥质陶、硬陶、印纹硬陶为主,绳纹、条纹常见,着黑陶数量不多。器形主要有夹砂陶鼎或釜、硬陶瓮和印纹硬陶罐。晚期地层中夹砂陶与泥质陶明显减少,条纹着黑陶占大多数,且有少量云雷纹。该遗址并发现了居址与墓葬等遗迹。肩头弄与好川文化在分布上有部分重叠、年代略有交错,两者文化面貌差异显著,是两支不同的文化类型,然而两者又有紧密的联系。特别是印纹硬陶与着黑陶,两者可能存在着一定的渊源关系,好川文化在相当于良渚文化末期的第二期开始出现印纹硬陶的萌芽,并在以后的三期文化中比例逐步提高。好川文化可能提供了探索印纹硬陶起源的重要线索。温州南边的飞云江流域的夏商时期文化与肩头弄有更紧密的联系。⑩

进入西周时期,这一地区是浙江目前发现青铜器最集中的地区,重要的有黄岩小人尖与温州杨府山。台州黄岩小人尖山顶在1990年发现的一座西周中晚期土墩墓中,共出土器物78件,除土墩墓中常见的原始瓷豆、罐等陶瓷器外,还出土了青铜尊、短剑、

---

① 宋建：《马桥文化的分区和类型》,《东南文化》1999年第6期。
② 牟永抗、毛兆廷：《江山县南区古遗址古墓葬调查试掘》,见浙江省文物考古所编著：《浙江省文物考古所学刊》,文物出版社,1981年。
③ 福建省博物馆、光泽县文化局文化馆：《福建光泽古遗址古墓葬的调查与清理》,《考古》1985年第12期。
④ 杨琮等：《葫芦山古陶窑窑址发掘的初步认识》,《福建文博》1993年第1、2期；《武夷山发掘商代居址和窑群》,《中国文物报》1991年12月8日第1版；杨琮：《论福建史前时代的陶瓷及陶瓷业的发展》,《东南亚考古论文集》,香港大学美术博物馆,1995年。
⑤ 福建省博物馆：《邵武斗米山遗址发掘报告》,《福建文博》2001年第2期。
⑥ 郑辉等：《福建浦城县仙阳镇猫耳弄山发现商代窑群》,《中国文物报》2006年5月31日第001版。
⑦ 福建博物院等：《福建浦城县管九村土墩墓群》,《考古》2007年第7期。
⑧ 浙江省文物考古研究所等：《好川墓地》,文物出版社,2001年。
⑨ 王海明：《温州市老鼠山新石器时代和青铜时代遗址》,《中国考古学年鉴2003》,文物出版社,2004年；王海明：《温州市老鼠山先秦遗址》,《中国考古学年鉴2004》,文物出版社,2005年。
⑩ 浙江省文物考古研究所等：《浙南飞云江流域青铜文化遗存》,见香港中文大学中国考古艺术研究中心等编：《东南考古研究》第二辑,厦门大学出版社,1999年。

戈、殳端、矛、镞、锥、斧、锛、枓、牌饰、柄形器等青铜器，①2003年温州瓯海杨府山顶发现一座西周土墩墓，平地直坟，不挖坑，属于典型的土墩墓，但出土随葬品83件均为玉器与青铜器，不见陶瓷器，这在浙江土墩墓中仅见，有青铜鼎、簋、铙3件大型礼器与乐器，青铜器有短剑和戈各3把、矛49件、青铜镞数十件。玉石器共22件，有镯、玦、柄形饰、蝉形饰、鱼形饰、喇叭形饰、管形饰、绿松石串饰、绿松石纽扣形饰等各种饰品（图二十五）。② 2009年在杨府山南侧山腰又发现了青铜鼎等器物。③ 这种传统显然与浙江其他地区格格不入。

三个地区的文化系统，在探寻各自的文化谱系、建立详细的编年系统后，其文化的来龙去脉才会比较清楚，而各个文化之间的比较才会更有意义。而这一切，随着今后考古工作的逐步开展，相信都会逐步得到解决。

图二十五　温州瓯海西周土墩墓

附记：本文所用之图二十一、二十二、二十四、二十五引自《浙江考古新纪元》一书，图二十三引自《古越瓷韵》，图四由陈元甫先生拍摄，其余均由作者拍摄。

---

① 浙江省文物考古研究所等：《黄岩小人尖西周时期土墩墓》，《浙江省文物考古研究所学刊》，科学出版社，1993年。
② 浙江省文物考古研究所等：《浙江瓯海杨府山西周土墩墓发掘简报》，《文物》2007年第11期。
③ 温州市瓯海区文博馆：《温州瓯海杨府山出土三件西周青铜鼎》，《东方博物》第三十六辑，浙江大学出版社，2010年。

论先秦礼器中的漆器传统

卢 一

（北京大学考古文博学院）

关于先秦礼器，特别是夏商周三代礼器的研究，一直是先秦考古研究的重要课题。然而，前人的研究主要聚焦于青铜器和玉器，仅有少数学者对漆礼器进行过简单讨论。[①] 近些年随着考古发现的增加，礼器中的另一条线索，即漆器传统的线索，正逐渐清晰。

先秦礼器中的漆器传统，主要表现在，自新石器时代末期礼制萌芽起直至战国时代，先秦礼器系统中，一直存在相当一部分的漆礼器。此外，先秦时期的铜礼器，也受到了当时漆木器的影响，部分铜礼器的形制纹样，直接来自对漆木器的借鉴与模仿。

一、先秦时期的漆礼器

（一）考古所见先秦时期的漆礼器

判断一件漆器是否具有礼器功能，本文的依据主要有三：第一，出土背景，即漆器出土墓葬的等级，漆器在墓葬中的摆放位置，及与其他礼器的位置关系；第二，器物的材质与形制，即是否使用特殊材质，漆器的器形和纹样是否与已知的礼器类相同；第三，器物组合，即考察漆器本身，或漆器与铜器之间，是否构成已知的礼器组合关系。[②]

需要说明的是，下文梳理的仅是考古发掘出土的基本可确认为漆礼器的例子。实际上，这只是先秦漆礼器的冰山一角。漆木器由于其自身材质原因，很难保存。我们仅能从极少部分保存较好、器形基本可辨的器物中，寻找漆礼器的线索。

[①] 殷玮璋：《记北京琉璃河遗址出土的西周漆器》，《考古》1984年第5期；王巍：《关于西周漆器的几个问题》，《考古》1987年第8期；高炜：《陶寺龙山文化木器的初步研究——兼论北方漆器起源问题》，《中国考古学研究》编委会：《中国考古学研究——夏鼐先生考古五十年纪念论文集》（第二辑），科学出版社，1986年。

[②] 本文的讨论对象为先秦时期的漆礼器，因此材料基本只涉及认为是礼器或具有礼器作用的漆器，对于一般日用器等并不予讨论。本文使用的礼器定义，按以往在青铜器、玉器研究中使用的约定俗成的礼器概念，指在祭祀、礼仪等活动中使用，不仅仅具有日用功能的器物。需要说明的是，礼仪仪仗类的器物，如殷墟侯家庄M1001、M1500等大墓中出土的抬舆、虎杆、鸟牙等，发掘者认为属于仪仗用器，不在本文讨论范围之内。乐器，如鼍鼓等，本文亦暂不讨论。

1. 新石器时代末期

中国目前发现时代最早的漆器，出土于浙江杭州跨湖桥遗址，年代约距今八千年。① 其后的河姆渡文化、马家浜文化等新石器时代遗址中，都有漆器的发现。② 从目前考古发现可知，至迟在距今四五千年的新石器时代末期，某些漆木器在出土背景、工艺形制方面，已迥异于一般器物，可视为漆礼器之开端。

在此阶段，一些陶器、玉器、漆木器，制作精美、耗时，造型独特，虽未完全丧失实用功能，但开始脱离一般日用品而被少数显贵人物占有并被赋予特殊用途和特定意义。③ 它们一般仅随葬于少数大型、较大型墓中，成为一种社会地位和等级的标志物，并且许多与商周时期的礼器有密切的联系，应被认为是礼器，由于这些礼器并非青铜制作，但与青铜礼器的社会功能无二，因此可称为"前铜礼器"。④

漆木器作为"前铜礼器"中的重要门类，在良渚文化中已初见端倪。

漆觚，是良渚文化中新出现的漆器类别，也是目前所见良渚文化中最具备礼器特征的漆器种类。漆觚的形制，与后代铜觚已十分相似，喇叭形敞口，束腰，凹底，整体口大底小，一般外髹红漆，也有的外髹黑漆（图一）。⑤

在良渚文化中心区域的良渚遗址群中，漆觚既发现于瑶山 M9、⑥反山 M22⑦这些高等级贵族大墓中（报告中定名为嵌玉漆杯，后辨认应为嵌玉漆觚⑧），亦见于卞家山墓地、文家山墓地⑨低

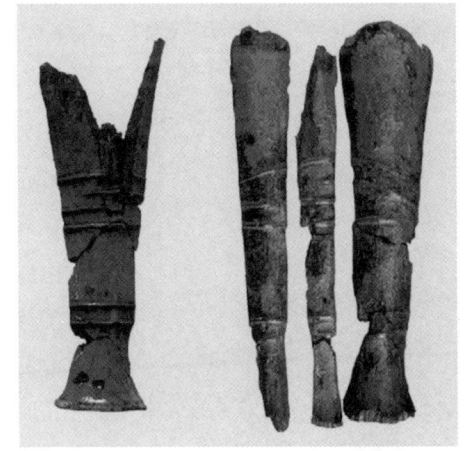

图一　卞家山遗址出土漆觚

等级墓葬及卞家山这类一般聚落遗址中，是良渚遗址群中较普遍的漆器。但随葬在瑶山、反山大墓中的漆觚，或嵌有环形玉附件，或器表装饰有玉粒，与卞家山等低等级墓葬（遗址）中所见仅髹漆、彩绘的漆觚迥异，等级差异显著。

---

① 浙江省文物考古研究所、萧山博物馆：《跨湖桥》，文物出版社，2004年，第202页。报告中将其定名为木弓，在弓柎（抓手）部位外的其他部位，捆扎一层树皮，多有脱落。后经日本学者进行检测，确定其上髹涂有天然生漆。2013年"第四届跨湖桥文化国际学术研讨会"中首次正式公开发布此件漆弓的检测结果。
② 河姆渡遗址考古队：《浙江河姆渡遗址第二期发掘的主要收获》，《文物》1980年第5期；胡昌序、王蜀秀、温远影：《河姆渡出土木胎碗涂料研究》，《植物学通报》1984年第2期。
③ 许宏：《礼制遗存与礼乐文化的起源》，《古代文明》第3卷，文物出版社，2004年，第94页。
④ "前铜礼器"的概念，由高炜提出，见其在"中国文明起源学术座谈会"上的发言，详见《中国文明起源座谈纪要》，《考古》1989年第12期。
⑤ 浙江省文物考古研究所：《卞家山》，文物出版社，2014年。
⑥ 浙江省文物考古研究所：《瑶山》，文物出版社，2003年。
⑦ 浙江省文物考古研究所：《反山》，文物出版社，2005年。
⑧ 赵晔：《良渚文化漆觚的发现和研究》，《中国考古学会第十四次年会论文集》，文物出版社，2011年，第107页。
⑨ 浙江省文物考古研究所：《文家山》，文物出版社，2011年。

而在远离良渚中心区域的江苏江阴高城墩墓地 M11①及浙江桐庐小青龙墓地②中，漆觚则似乎仅见于高等级墓葬中。以小青龙墓地为例，发掘清理的 44 座良渚文化墓葬中，北区西部的墓葬等级明显较高，其中 5 座墓葬随葬有漆觚，同时有玉钺出土。

此外，在与良渚文化关系密切的浙江遂昌好川文化好川墓地中，亦发现有漆觚，③在这里漆觚成为墓葬等级的标识之一。墓地清理的 80 座墓葬中，23 座随葬有漆器，其中有近 10 座墓葬出土有漆觚（另有 6 座墓葬可能随葬有漆觚，但因保存原因，无法确认）。漆觚，可分为嵌玉片漆觚、嵌饰片漆觚及无镶嵌漆觚三类。随葬嵌玉片漆觚的墓葬，在墓坑规模上属好川墓地第一、二等级墓葬，且多随葬有玉钺。有嵌石片漆觚出土的墓葬，在墓坑规模上没有明显特征，但均未见有玉钺出土。随葬无镶嵌漆觚的墓葬，在墓坑规模上均属第三等级，亦未有玉钺出土。由此可推测，嵌玉片漆觚与嵌石片漆觚及无嵌漆觚，在使用上应有等级高低的差异。

除漆觚外，良渚文化中其他种类的漆器亦可能作为礼器使用。如反山、瑶山墓地数座高等级墓葬中，出土有多件精美的杯状、盘状、囊形嵌玉漆器（图二）。④ 这些嵌玉漆器，显然也与普通日用器不同，有学者指出，"从嵌玉、漆绘等精致程度来看，显贵墓葬中的髹漆木器或嵌玉漆木器可能也是一种礼器"。⑤

由此可见，无论在良渚文化的中心还是远离中心的区域，亦或在与良渚文化有千丝万缕关系的好川文化中，漆器的使用都开始表现出等级上的差异，初具"明贵贱，辨等列"的意义。

在时代更晚的陶寺文化中，漆礼器的发现，在种类和功用上，都比前代有所发展。

1978－1985 年发掘的陶寺遗址陶寺墓地，是陶寺文化早期漆木礼器最集中的发现，主要器类包括案、俎、觚、豆、高柄豆、仓形器等。⑥

图二　良渚反山 M12 出土嵌玉漆杯

---

① 南京博物院、江阴博物馆：《高城墩》，文物出版社，2009 年。
② 浙江省文物考古研究所、桐庐博物馆：《浙江桐庐小青龙新石器时代遗址发掘简报》，《文物》2013 年第 11 期。
③ 浙江省文物考古研究所、遂昌县文物管理委员会：《好川墓地》，文物出版社，2001 年。
④ 浙江省文物考古研究所：《反山》，文物出版社，2005 年；浙江省文物考古研究所：《瑶山》，文物出版社，2003 年。
⑤ 赵晔：《初论良渚文化木质遗存》，《南方文物》2012 年第 4 期。
⑥ 陶寺遗址陶寺墓地漆木器的详细介绍，参见中国社会科学院考古研究所、山西省临汾市文物局：《襄汾陶寺：1978－1985 年考古发掘报告》，文物出版社，2015 年。原报告认为从这批木器上大部分朱绘或彩绘颜料层所表现的物理性状来看，与习见的漆器有区别，缺乏漆器表面的光泽及漆皮的韧性，因此称它们为"木器"或"彩绘木器"，根据报告中"器表彩绘修饰"一节可知，除少数木器素面无彩外，多数经过朱绘或彩绘，而在髹饰工序描述中也指出许多木器遍涂黑色物质，经成分分析应属生漆一类物质，可知许多木器乃是髹涂生漆为底后再上朱绘、彩绘。此外，一些木器器表彩绘层剥落呈卷状，有一定的韧性、弹性，很像漆皮，应是经过髹饰的漆器。因此，陶寺墓地出土的彩绘木器，有相当一部分漆器，但可能工艺尚属于不成熟的阶段。其他只着彩绘的木器，其形制与功用与髹漆木器无明显区别，因此本文对陶寺墓地的这批木器、彩绘木器，统一以"漆木器"称之，一并讨论。中国社会科学院考古研究所山西工作队、临汾地区文化局：《1978－1980 年山西襄汾陶寺墓地发掘简报》，《考古》1983 年第 1 期；高炜：《陶寺龙山文化木器的初步研究——兼论北方漆器起源问题》，《中国考古学研究》编委会：《中国考古学研究——夏鼐先生考古五十年纪念论文集》（第二辑），科学出版社，1986 年，文中已认为这批漆木器是作为礼器存在的。

案：出土于一、二类墓葬（即大型墓、高等级中型墓）中，①置于头端，出土时案上多陈设陶斝、木觚、高柄豆、陶罍等酒器。案的形制，分无足与有足两类。无足案，仅为简单的一块长方形或圆角长方形的厚木板。有足案，案面呈长方形、圆角长方形或亚腰形，形制多样，案面下皆连三边形支架。M2001出土的案，案面长方形，下有三边支架，案面及支架遍涂红彩，案面四周边沿及内侧，用白彩绘内、外两重长方形边框，并在两重边框之间绘有繁复的几何纹图案（图三）。②

觚：出土于一、二类墓葬中，基本位于头前、棺前，半数以上的觚放置于漆木案上，余者也与陶酒器同出。觚形制为大敞口或喇叭口，平底，与良渚文化漆觚有别。

俎：出土于一、二类墓葬中，基本都位于墓内右侧偏下，通常与炊器和盛食器放置一处。俎上皆放有石刀，有的俎上发现有猪的牲体。个别俎上还放置有木匣，匣内再放牲体。俎的形制，分无足与有足两类。无足俎，造型简单，仅为一块木板。有足俎，是典型的俎的形制，板面下接竖立的长方体足（图四）。

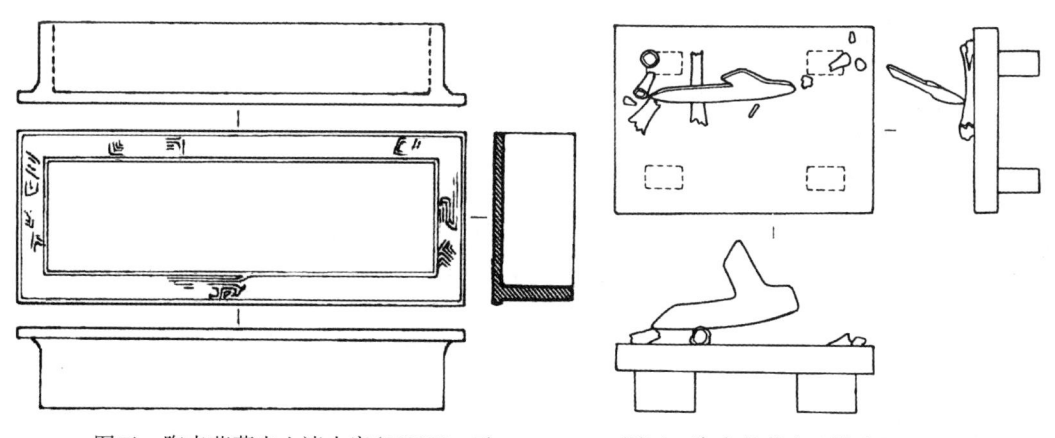

图三 陶寺墓葬出土漆木案（M2001:7）　　图四 陶寺墓葬出土漆木俎（M2168:12）

大型木豆：出土于一、二类墓葬中，墓中仅随葬一件，一般位于墓内右侧中部或偏上、偏下，多与木俎或盆形陶罍、陶盆邻近，是一种盛置肉食或菜肴的器物。豆盘盘径一般大于40厘米，通高20-28厘米。

豆：只出于一类墓中，一般成组放在墓内左侧近头端位置，有的与成组陶豆共存。形制上分双耳与无耳两类，双耳豆在盘沿、盘面和耳部位置有精美彩绘（图五），在唯一未被扰动的一类墓M2001中，彩绘双耳豆共9件，形制相同，大小相若，是一套完整的组合。

高柄豆：成组出土于一、二类墓葬中，但二类墓中出土的高柄豆，数量少且器形较小。在随葬有高柄豆的两座一类墓中，皆置于头端右侧，与成组"仓形器"左右对称布置。高

---

① 发掘者将陶寺墓地墓葬按墓的规模和内涵分为六大类，其中一类墓即通常所称的"大型墓"，仅6座；二类墓，规模和等级仅次于一类墓，是中型墓中等级最高的，数量也较少，共30座。
② 陶寺墓地内大、中型墓葬的墓室许多经过后期扰动或毁坏，特别是一类大墓，保存完好者仅M2001一例，因此仅能根据现有遗存和未被扰动的墓葬，对漆器的随葬特征和形制进行讨论。

柄豆形制特殊,高柄,上有小浅盘,底座为实心圆础状,器表一般有朱绘或彩绘,器形很高但豆盘很小,实用性低,更可能是一种礼仪用器(图六)。目前这类形制的漆木器仅见于陶寺文化墓葬中。

仓形器:出土于一、二类墓中,随葬位置固定,皆位于头端左侧,每件仓形器上通常置骨匕1件,在一类墓中往往多件成组出现。仓形器形制特殊,下部为一圆柱体,上有伞形顶盖,柱体周围有3或4个凹进的龛,龛后壁作弧形,龛与龛之间互不连通,外壁施红彩(图七)。发掘者从出土位置及器盖上附骨匕推测,这类器物可能是某种食器模型。仓形器仅见于陶寺文化墓葬中。

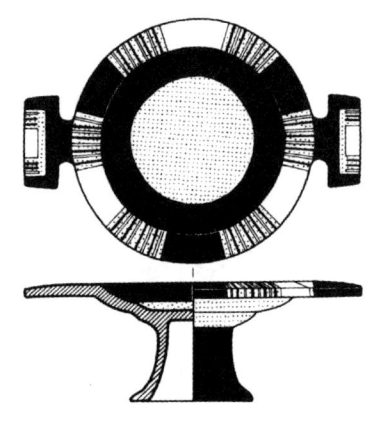

图五　陶寺墓葬出土彩绘漆木豆(M2001:24) 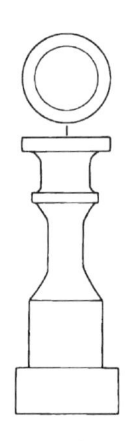　　图六　陶寺墓葬出土高柄豆(M2001:77) 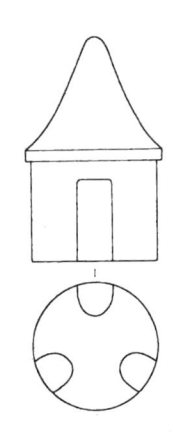　　图七　陶寺墓葬出土仓形器(M2001:14)

此外,陶寺墓地还出土有盆、圆案、盘、斗等漆木器类别,但数量少,仅见于一座或两座墓葬中。

在陶寺墓地1 300余座墓葬中,仅27座墓中发现有漆木器,共计156件。漆木器基本仅发现于一、二类墓葬,即大型墓及高等级中型墓中,①墓主身份一般认为是方国首领、王室成员和高等级贵族。在这些高等级墓葬中,漆木器的种类相对固定,在墓中的摆放位置也呈现出规律性:棺前(头前)置案,其上放置木觚(或陶觚)、陶鬹等;头端左侧置彩绘仓形器,其上放骨匕;墓室右侧置木俎,一般与石厨刀相配套,有的木俎上放置有牲肉;彩绘木豆、高柄豆作为盛食器一般成组随葬于墓中,且数量多为奇数(图八)。

而在一、二类墓葬之间,漆木器的随葬也明显存在等级差异:从保存较好的墓例中可知,尽管器物类别相似,但一类墓中随葬漆木器的数量明显较二类墓更多,一类墓中的M3015(被扰动)和M2001(未被扰动)中即分别出土漆器26和29件;同种器物(如案、俎),

---

① 除一、二类墓葬外,有漆木器发现的墓葬仅有M2156、M3372及M2083。这三座墓中随葬漆木器的情况,与一、二类大墓中迥异:M2156属五类墓,等级很低,无葬具,仅随葬一件红彩木碗和一件骨笄,木碗显然是作为普通日用品随葬的,不具有礼器含义;等级规模属于三类墓的M3372中出土有两件不明用途木器,从随葬位置和痕迹看,发掘者推测可能为盾牌一类遗物,与一、二类墓葬中随葬的各类漆木容器性质也不同;M2083因后期扰动,无法分类,随葬品仅有不明器形的木器3件。

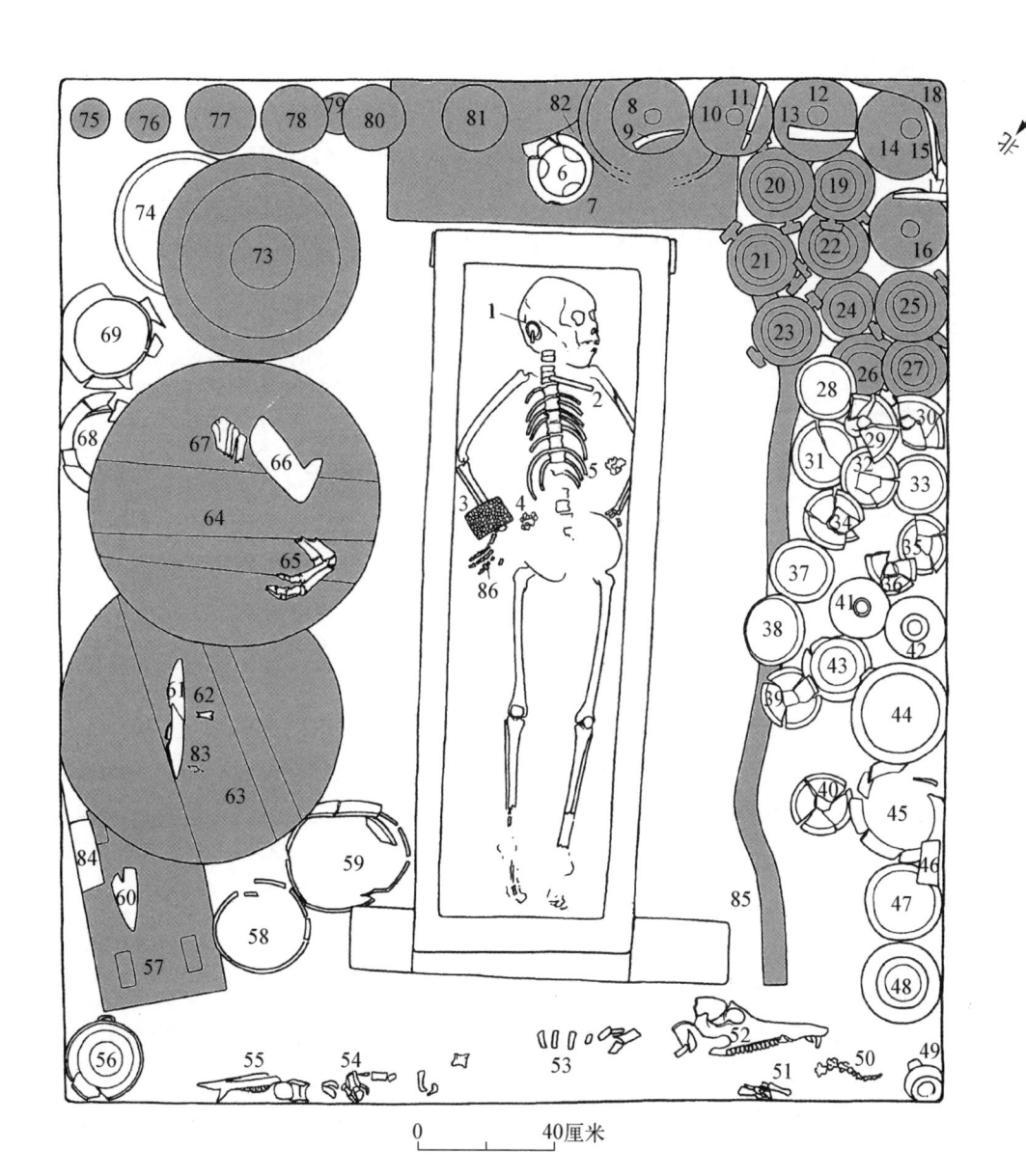

图八 陶寺 M2001 出土漆木器位置图（图中标灰色的器物为漆木器）

1、2. ⅠA型玉骨组合头饰1组 3. 腕饰 4. 腰饰 5. 臂饰 6. Ⅱ型1式折腹斝 7. Ⅲ型木案 8、10、12、14. 2式仓形器 9. Ⅰ型骨匕 11、13、15. Ⅱ型骨匕 16. 3式仓形器 17. 骨匕（残） 18、82、85. 木器（器形不明） 19 – 27. Ⅰ型木豆 28、31 – 36、39、40. Ⅱ型5式陶豆 29、30. Ⅰ型高柄陶豆 37、38. Ⅱ型4式陶豆 41. Ⅳ型3式陶壶 42. ⅤA型陶壶 43. Ⅲ型陶尊 44、45、68. Ⅰ型7式大口罐 46. 彩绘条痕 47. 2式陶盂 48. Ⅰ型2式小口高领折肩罐 49. Ⅰ型5a式陶瓶 50. 猪尾椎骨 51、54、65. 猪肢骨 52、55. 猪头骨 53、62、67. 猪肋骨 56. Ⅰ型2式陶灶 57. Ⅱ型木俎 58、59. 7式盆形斝 60、61. ⅥB型石刀 63、64. 圆木案 66. ⅤB型石刀 69. Ⅰ型8式大口罐 70. Ⅱ型2式单耳夹砂小罐 71. Ⅱ型高柄陶豆 72. Ⅰ型3式陶尊 73. Ⅰ型木盆 74. Ⅱ型4式龙纹陶盘 75 – 77、79 – 81. Ⅱ型1式高柄木豆 78. Ⅱ型2式高柄木豆 83. Ⅴ型骨镞 84. 彩绘痕迹 86. 蚌指环2枚（70、71、72压在64号圆木案下）

一类墓中随葬的体量更大、形制更复杂;一类墓中彩绘漆木器更多,而二类墓中除个别有彩绘外,基本都为朱绘;多件成组的豆、仓形器,只见于一类墓中,而二类墓中未见豆,仓形器也均仅随葬一件。

由此可知,陶寺文化早期阶段,漆木器被"垄断"于高等级贵族墓中,且随葬漆木器的种类、功能及摆放位置都相对固定,初具规范化的"制度"。而同时,在高等级贵族内部,漆木器的使用也在数量、规格、精美程度等方面形成了明显的等级划分。这些都反映出在陶寺早期墓葬中,漆木器已经具有礼器含义。它们与彩绘陶器、玉石器一起,构成了陶寺早期礼器的主体。①

囿于考古发现与材料发表的状况,陶寺文化中期漆木礼器的使用情况,目前尚不清晰。但从陶寺大墓ⅡM22中可以看到,俎、豆、觚等器类此时仍在使用。同时,可能由于漆器制作技术的成熟,墓葬中漆器的数量与彩绘木器相比占优,与早期彩绘木器占大宗的情况不同。因此发掘者认为,"早期大墓习见的世俗陶器群和木、陶、石礼器群不见于ⅡM22,ⅡM22改而崇尚玉器、漆器和彩绘陶器,它们都有可能扮演着新礼器群的角色"。②

2. 二里头文化时期

二里头文化时期的漆器主要出土于二里头遗址的墓葬中,其中以漆觚数量最多,已发现十余件,③基本都出于二里头遗址等级最高的一、二级墓葬中,④有的漆觚上,还保存有清晰的兽面纹。⑤

在二里头遗址的墓葬中,常见的酒礼器组合是爵、鬶或爵、盉,有时加配觚。而在高等级墓葬中,我们可以看到,漆觚加入了酒礼器之中,与爵、盉相配套,形成完整组合,⑥如2002年发掘的M3中漆觚与陶爵、盉构成酒器组合。⑦ 而在二里头三期铜酒器出现后,漆觚与铜爵、陶盉的组合成为二里头遗址第一等级墓中最基本的酒礼器组合形式,⑧有时组合中还加入斝,如二里头遗址1984年发掘的M9中出土的漆觚,与铜爵、铜斝、灰白陶盉,

---

① 高炜:《陶寺龙山文化木器的初步研究——兼论北方漆器起源问题》,《中国考古学研究》编委会:《中国考古学研究——夏鼐先生考古五十年纪念论文集》(第二辑),科学出版社,1986年,文中对陶寺墓葬中出土的各种漆礼器进行了详细论证。
② 中国社会科学院考古研究所山西队、山西省考古研究所、临汾市文物局:《陶寺城址发现陶寺文化中期墓葬》,《考古》2003年第9期,第6页。
③ 目前二里头文化中发现的可大致判断器形的漆器种类还有匣、豆、盒、钵、匕、勺、瓢状器等,但数量极少,应该并不作为礼器使用,仅为普通日用器。
④ 二里头文化墓葬等级的划分,参见李志鹏:《二里头文化墓葬研究》,《中国早期青铜文化——二里头文化专题研究》,科学出版社,2008年。
⑤ 中国社会科学院考古研究所二里头工作队:《1980年秋河南偃师二里头遗址发掘简报》,《考古》1983年第3期;中国社会科学院考古研究所:《中国考古学·夏商卷》,中国社会科学出版社,2003年,第117页。
⑥ 许宏:《礼制遗存与礼乐文化的起源》,北京大学中国考古学研究中心、北京大学震旦古代文明研究中心编:《古代文明》(第3卷),文物出版社,2004年;许宏:《最早的中国》,科学出版社,2009年,第179页。
⑦ 中国社会科学院考古研究所:《二里头(1999-2006)》,文物出版社,2014年,第998页。
⑧ 李志鹏:《二里头文化墓葬研究》,《中国早期青铜文化——二里头文化专题研究》,科学出版社,2008年,第68页。

共同构成酒器组合;①在等级较高的二级墓中,漆斝也与陶礼器形成组合。②

在时代相当于二里头文化时期的内蒙古赤峰市敖汉大甸子墓葬中,也发现有漆斝,③它们都随葬在规模较大的高等级贵族墓中,与典型二里头文化风格的陶爵和陶盉组合,构成了一套礼器组合,这显然是受二里头文化影响。由于内蒙古赤峰地区,位置偏北,并不适宜漆树的生长,我们甚至可以推测,大甸子墓葬中出现的漆斝,可能并非本地产物,而是直接来自二里头遗址的产品。

3. 商时期

商代漆器尽管发现较多,但多保存不好,几乎未见完整器。不过从目前保存下来的漆器残片中,我们仍可推测漆礼器的存在。

商代早期的漆器,目前几乎未有发现。时代属商代中期的河北藁城台西遗址房基和墓葬中,出土有精美的漆器残片。④ 这些漆器的制作工艺复杂,同时使用雕刻、镶嵌绿松石、贴金箔(金箔上镶嵌绿松石,并刻有纹样)等多种工艺。保存较好可辨认的漆器纹饰有兽面纹、夔纹、雷纹、圆点纹和蕉叶纹(图九)。尽管藁城台西遗址出土的漆器,器形为盘、圆形带盖盒,并不是典型的礼器种类,但其复杂的制作工艺、特殊的镶嵌绿松石、贴金箔的工艺,皆显示出其等级与功能的特殊性,不排除其为礼器的可能。

图九 河北藁城台西出土漆器残片

商代晚期的漆礼器,发现较少,或因保存原因及盗掘破坏,此时期漆礼器的使用情况,不甚明晰,殷墟等遗址出土有一些残片,但保存不好,可辨认器形有豆、俎等。此时也出现了铜漆木复合容器。

---

① 中国社会科学院考古研究所二里头工作队:《1984年秋河南偃师二里头遗址发现的几座墓葬》,《考古》1986年第4期。
② 李志鹏:《二里头文化墓葬研究》,《中国早期青铜文化——二里头文化专题研究》,科学出版社,2008年,第68页。
③ 中国社会科学院考古研究所:《大甸子——夏家店下层文化遗址与墓地发掘报告》,科学出版社,1998年。
④ 河北省文物研究所:《藁城台西商代遗址》,文物出版社,1985年,第86页,图引自彩版二。

殷墟侯家庄王陵区 M1001 椁顶端，出土有 7 件漆豆，放置在一圆形带圈足器物之上，是目前所见晚商时期保存较好的例子，与漆豆同出的，还有一些仪仗类漆木器，暗示漆豆亦作为礼器下葬。① 7 件漆豆形状、大小一致，豆盘外壁及豆柄都雕刻有纹饰，但每件纹饰并不相同，有兽面纹、夔纹、三角叶纹等，值得注意的是多件豆盘外壁有一周圆涡纹装饰（图十）。②

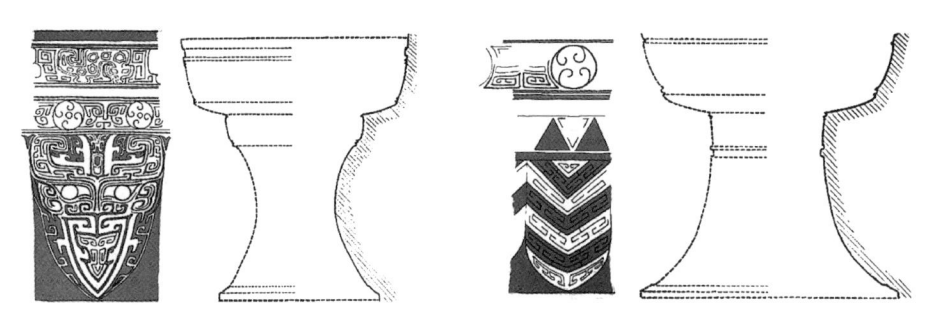

图十　殷墟侯家庄 M1001 出土漆豆复原

河南罗山天湖晚商墓地 M15 中，出土有 3 件漆豆，墓中仅随葬 1 件铜爵、4 件陶器及小件玉器，墓葬等级不高，可能是晚商小贵族使用漆礼器的例子。同墓地 M18，墓葬等级更高，墓中亦出土 3 件漆豆，漆豆仅在盘壁饰凸弦纹，形制明显比殷墟侯家庄 M1001 中随葬漆豆简单。③

漆俎目前仅见于殷墟小屯 M186 中，板面长方形，其上置一铜刀，面板下似有足，因保存原因，不甚清楚。④

殷墟榕树湾小区墓葬 M1 中，出土了一件铜漆木复合壶，是目前发现年代最早的铜漆木复合容器。出土时木胎痕迹仍存，铜器部分保存完好，计有盖、口部、腹扣及圈足，从形状推测应为壶（图十一）。⑤ 此件铜扣木壶，与 2 件铜觚、2 件铜爵、1 件铜觯、1 件铜斝、1 件铜罍、1 件铜尊、1 件铜卣、2 件铜鼎、1 件铜甗一起放置在棺椁之间。

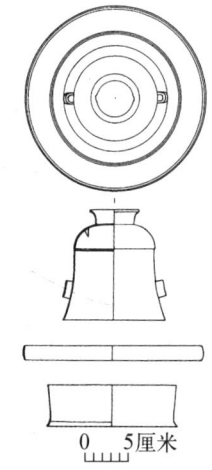

图十一　殷墟榕树湾小区墓葬 M1 出土铜漆木复合壶（M1∶10）

---

① 梁思永未完稿、高去寻辑补：《侯家庄第二本·1001 号大墓》上册，中研院历史语言研究所，1962 年，第 64 页。
② 图片引自梅原末治：《殷墓发见木器印影图录》，京都便利堂，1959 年。
③ 河南省信阳地区文管会、河南省罗山县文化馆：《罗山天湖商周墓地》，《考古学报》1986 年第 2 期。其中 M18 未见墓葬详细资料发表，仅知墓葬规模为一棺一椁的中型墓。
④ 石璋如：《小屯第一本·遗址的发现与发掘·丙编·殷虚墓葬之四·乙区基址上下的墓葬》，中研院历史语言研究所，1976 年，第 63 页。中国社会科学院考古研究所：《殷墟的发现与研究》，科学出版社，1994 年，第 408 页。
⑤ 安阳市文物考古研究所：《安阳殷墟徐家桥郭家庄商代墓葬——2004-2008 年殷墟考古报告》，科学出版社，2011 年，第 106 页。

4. 西周时期

考古发掘出土的西周漆器数量与前代相比,明显增多。目前已有 200 多个西周墓葬、遗址内出土有漆器残片,且漆器的分布广泛,可以说在西周王朝统治区域内,几乎都有漆器的发现。漆器保存稍好的出土地点有北京琉璃河燕国墓地、①河南洛阳北窑墓地、②陕西宝鸡强国墓地、③西安张家坡墓地、④山西翼城大河口墓地、⑤湖北随州叶家山曾国墓地⑥等,特别是大河口墓地和叶家山墓地的几座墓葬,其漆器保存较好,为我们讨论西周时期漆礼器的器类、形制等提供了难得的材料。

目前已知的西周漆器,器类丰富,主要有豆、盘、俎、匕、觚、罍、壶、杯(爵)、牺尊、禁、盒、碗、屏风、俑和器座等。其中,既包括盒、碗等属于日用器的一类,也包括大量明显具有礼器功能的漆礼器,这些漆礼器,基本与同类的青铜器形制相似,在功能上,亦可分为酒器和食器两类。

(1) 酒器

A. 觚

漆觚是西周时期发现最多的一类漆酒礼器,保存较好,器形可辨的漆觚见于北京琉璃河燕国墓地、河南洛阳北窑墓地、⑦湖北随州叶家山曾国墓地等。漆觚的形制较一致,大喇叭口,觚体较细,喇叭状高圈足。

通过对保存较好的漆觚的观察,我们可以了解漆觚的纹样,以及其与铜觚在纹样上的一致。随州叶家山 M28 出土的漆觚(图十二),经室内发掘,可知其圈足一周装饰有 3 个雕刻的变形龙纹,线条精细,阴刻部分髹红漆,阳文部分髹黑漆,变形龙纹上部,是弦纹与圆点纹的组合。⑧ 这件漆觚的变形龙纹,与同出铜觚的变形龙纹完全一致,圆点纹也与铜觚相应部位的纹样相似(图十三)。同样纹样主题及布局的漆觚,也见于琉璃河墓地 M1043,此漆觚还使用金箔与绿松石装饰(图十四)。我们难以确切地论断这种变形龙纹

---

① 王巍、黄秀纯:《1981-1983 年琉璃河西周燕国墓地发掘简报》,《考古》1984 年第 5 期;北京市文物研究所:《琉璃河西周燕国墓地》,文物出版社,1995 年。

② 洛阳市文物工作队:《洛阳北窑西周墓》,文物出版社,1999 年。

③ 卢连成、胡智生:《宝鸡强国墓地》,文物出版社,1988 年。

④ 中国社会科学院考古研究所沣西发掘队:《1967 年长安张家坡西周墓葬的发掘》,《考古学报》1980 年第 4 期;中国社会科学院考古研究所:《张家坡西周墓地》,中国大百科全书出版社,1999 年。

⑤ 中国社会科学院考古研究所文化遗产保护研究中心、山西省考古研究所翼城大河口考古队:《山西翼城县大河口西周墓地 M1 实验室考古简报》,《考古》2013 年第 8 期;山西省考古研究所、山西博物院、首都博物馆:《呦呦鹿鸣——燕国公主眼里的霸国》,科学出版社,2014 年。

⑥ 湖北省文物考古研究所、随州市博物馆:《湖北随州叶家山西周墓地发掘简报》,《文物》2011 年第 11 期;湖北省文物考古研究所、随州市博物馆:《湖北随州叶家山 M65 发掘简报》,《江汉考古》2011 年第 3 期;湖北省文物考古研究所、随州市博物馆:《湖北随州叶家山 M28 发掘报告》,《江汉考古》2013 年第 4 期。

⑦ 洛阳北窑墓地 M155 东北角,有一处喇叭形的漆器痕迹,应为漆觚痕迹,M174 墓室北壁处,也出土一漆器痕迹,从出土位置及其与玉柄形器的关系判断,此亦为一件漆觚。

⑧ 笔者在参加叶家山曾国墓地出土器物的整理时,有幸参加了 M28 出土漆器的室内清理工作,得以了解漆器形制、纹样等细节,在此特别感谢叶家山墓地发掘领队黄凤春老师提供的信息。有关叶家山漆器更详细的介绍,等待今后相关考古报告的发表。

搭配圆点纹的纹饰设计,在铜觚漆觚之间的模仿关系。但目前已知的两件漆觚都为此类纹样,而使用同样纹样的铜觚,数量很少,暗示着此类纹样的铜觚,可能与漆觚有某种特定的组合关系。

图十二　叶家山漆觚出土状态(M28∶175) 　　图十三　叶家山觚及圈足部位变形龙纹拓片(M28∶170) 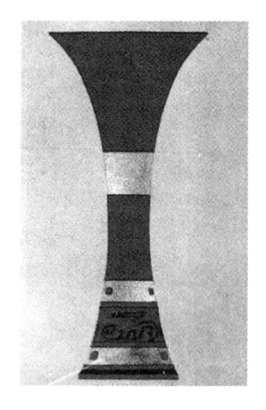　　图十四　琉璃河 M1043 出土漆觚复原

在器用组合方面,我们也可以找到漆觚作为礼器使用的证据:漆觚加入铜酒器组合中,与铜酒器共同构成一套完整的礼器组合。最典型的例证,见于湖北随州叶家山 M28 曾侯墓。M28 二层台东北部,出土一组酒器,包括 1 件铜盉,2 件铜尊,2 件铜卣,2 件铜爵,1 件铜觯,1 件铜觚,与这些铜酒器同出的,还有 1 件漆觚,它们共同放置在一漆木案(即"禁")上(图十五)。毫无疑问,漆觚与其他铜酒器共同构成了这套高等级的酒器组合,且 1 件铜觚与 1 件漆觚,在数量上也与 2 件铜爵相配。又如北京琉璃河燕国墓地 M1043 中,仅出土铜爵,未出土铜觚或觯,而墓中出土漆觚数量与铜爵一致,说明漆觚与铜爵构成一套组合。①

目前所见西周时期的漆觚,皆出土于西周早期墓葬中,这也为我们提供了一个新的认识。以往学者认为,在西周早期,铜觚锐减,与周人重食轻酒之风有关。而通过对西周早期漆觚的研究推想,这种现象可能也与漆觚在酒器组合中的使用有关。

B. 罍

商代墓葬中曾出土形似罍的漆器残片,因保存状况不佳,难以判断。目前保存较好,基本可复原形制的西周漆罍,数量不多,仅见于北京琉璃河燕国墓地 M1043(图十六)和山西翼城大河口霸国墓地 M1(图十七)中。两处墓葬出土的漆罍,经清理复原,漆罍器盖、肩部、上腹部,都有一周蚌泡圆涡纹。琉璃河墓地出土漆罍的圆涡纹,由数枚蚌片组合而成,大河口墓地出土漆罍的圆涡纹,则直接为带彩绘的圆形蚌片。除圆涡纹外,琉璃河

---

① 王巍、黄秀纯:《1981-1983 年琉璃河西周燕国墓地发掘简报》,《考古》1984 年第 5 期;王巍:《关于西周漆器的几个问题》,《考古》1987 年第 8 期。

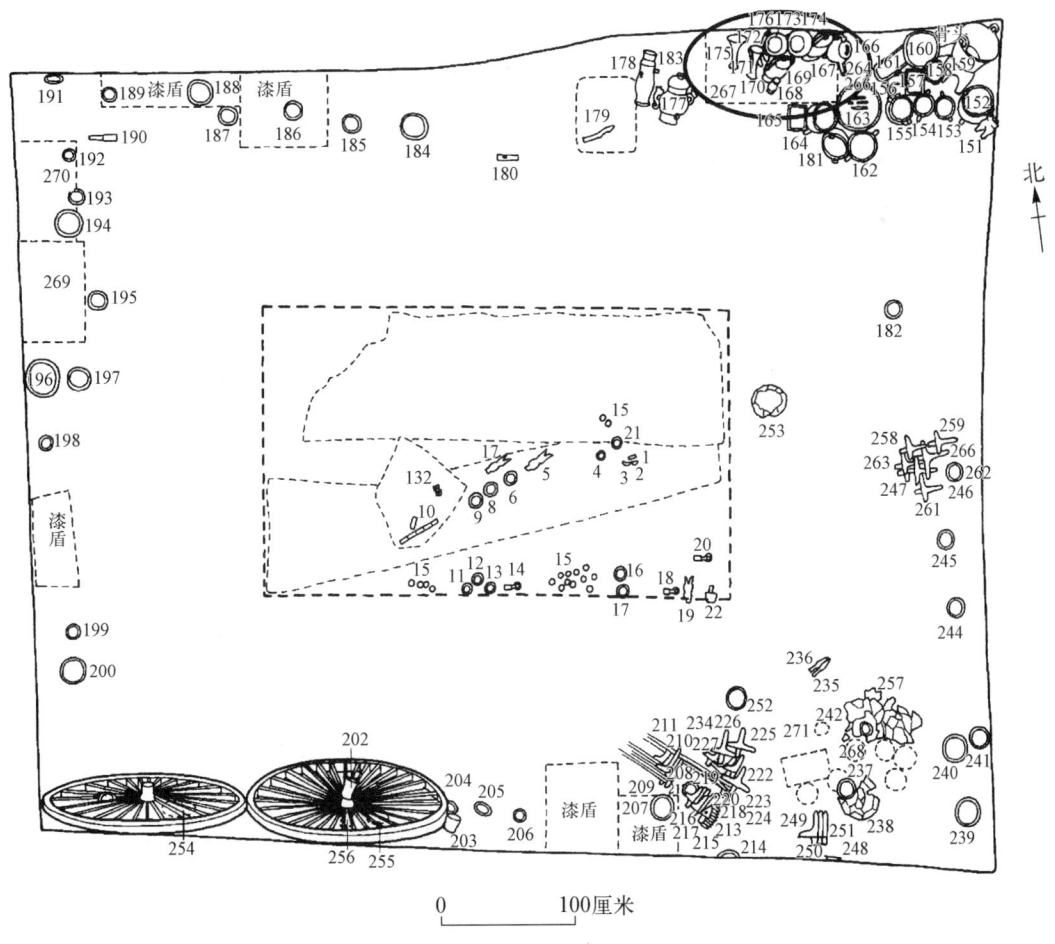

图十五　叶家山 M28 墓葬平面图（圆圈内为一套酒礼器，其中 175 号为漆觚）

M1043 出土漆罍的下腹部，还装饰有蚌片和漆绘组成的大兽面纹，大河口 M1 出土漆罍颈部、下腹部，也绘有两两相对的凤鸟纹。这样的纹样布局，与晚商西周时期常见的一类肩部圆涡纹、腹部兽面夔龙纹铜罍十分相似（图十八）。

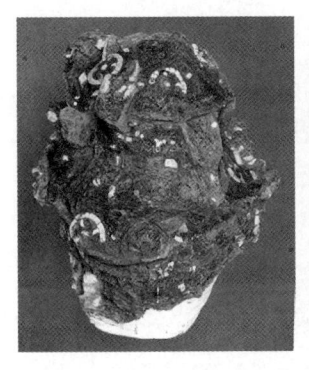

图十六　琉璃河 M1043 出土漆罍

图十七　大河口 M1 出土漆罍

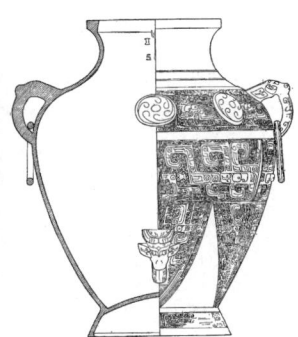

图十八　琉璃河 M1043 出土铜罍

这两座墓中出土的漆罍,无疑是作为礼器随葬的。首先,从随葬位置看,琉璃河 M1043 出土的漆罍与铜罍同出,以致漆罍盖被压在铜罍下。大河口 M1 出土的两件漆罍,放置在 2 号壁龛中。大河口 M1 墓葬的 11 个壁龛中出土的皆为精致陶器、象牙器、仿铜陶礼器、漆器等高等级随葬品,多数具有礼器性质。其次,从器物组合看,罍在西周大墓中一般随葬偶数件,而琉璃河 M1043 中 1 件漆罍与 1 件铜罍同出、大河口 M1 中随葬 2 件漆罍,都符合礼制的数目。

C. 壶

目前可以确定器形的西周漆木壶,均为铜漆木复合器:壶主体为漆木质,在盖、口部、腹部和足部,有铜构件,因此也有报告称其为铜扣漆壶。按形制分,铜漆木复合壶分普通贯耳壶和十字背带纹壶两类,以普通贯耳壶为多(图十九、二十)。出土铜漆木壶的墓葬,包括陕西西安张家坡墓地 M61、山西北赵晋侯墓地 M113、①山西洪洞永凝堡 NM9、②河南鹿邑太清宫长子口墓、③湖北随州叶家山墓地、北京琉璃河燕国墓地 M253、山东滕州前掌大商周墓地等。④

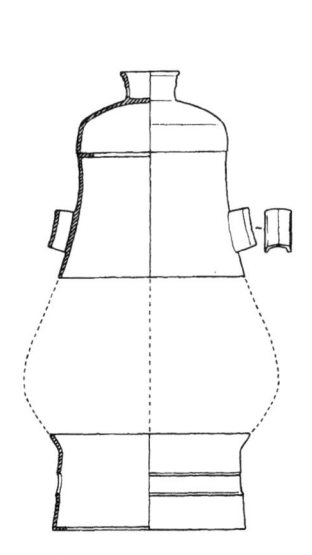

图十九　河南鹿邑长子口墓出土铜漆木复合壶铜扣部分(M1:14、52、53)

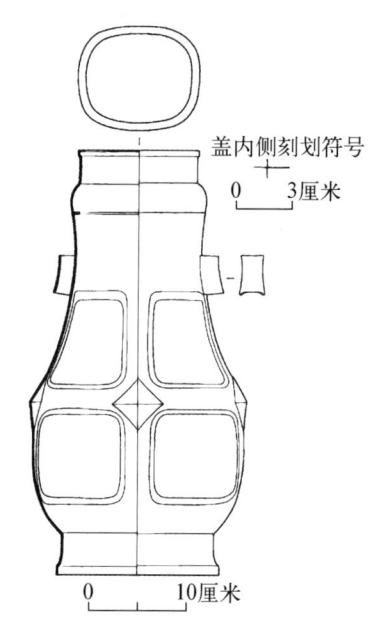

图二十　湖北叶家山 M65 出土铜漆木复合壶铜扣部分(M65:27)

铜漆木复合壶的随葬位置,可分为两类。一是与其他铜礼器共出,如河南鹿邑长子口墓中,铜漆木壶出土于北椁室东部,这里是放置重要礼器的地方。器物组合上,铜漆木复

---

① 北京大学考古文博院、山西省考古研究所:《天马——曲村遗址北赵晋侯墓地第六次发掘》,《文物》2001 年第 8 期。
② 山西省文物工作委员会、洪洞县文化馆:《山西洪洞永凝堡西周墓葬》,《文物》1987 年第 2 期。
③ 河南省文物考古研究所、周口市文化局:《鹿邑太清宫长子口墓》,中州古籍出版社,2000 年。
④ 中国社会科学院考古研究所:《滕州前掌大墓地》,文物出版社,2005 年。

合壶在一些墓葬中,与铜壶及其他铜器共同构成一套完整的器物组合。如琉璃河燕国墓地 M253 中,1 件铜漆木贯耳壶与 1 件铜贯耳壶、1 件铜尊、2 件铜卣、1 件铜觯、2 件铜爵同出,构成一套酒器组合(图二十一)。

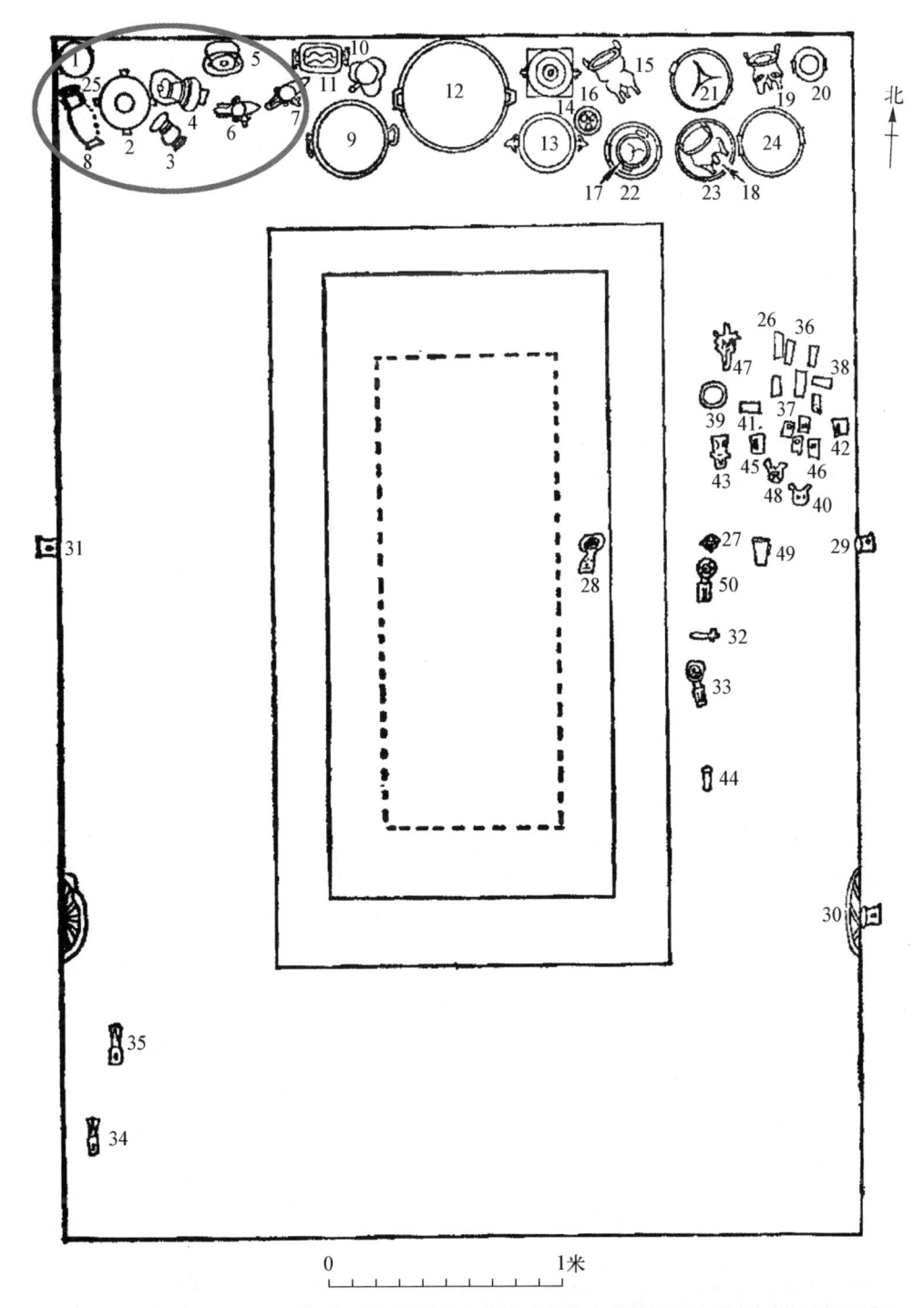

图二十一　琉璃河 M253 墓葬平面图(圆圈内为铜漆木复合壶及其他铜酒器构成的酒器组合)

在个别墓葬中,铜漆木壶也与其他铜礼器分开放置,而与其他漆器(漆盘一类)及原始瓷器放置一处,这表示此类铜漆木壶与原始瓷器、漆器共同构成另外的器用组合,这类组合是否具有礼制功能,尚待探讨(图二十二)。目前所见,放置在此类位置上的铜漆木壶皆为普通贯耳壶形制。

图二十二　叶家山 M27 铜漆木复合贯耳壶与其他漆器、原始瓷、陶器

墓葬中随葬铜漆木壶的数量也很有规律。西周墓葬中出土铜壶多为 2 件,目前各墓葬中出土的铜漆木壶数量,有的为 2 件,有的则与墓葬中同出的另一件铜壶构成 2 件的组合,①这也再次说明铜漆木复合壶与铜壶具有相同的地位。

D. 禁

先秦文献中称承放酒器的器物为禁,郑玄注《仪礼·士冠礼》言:"禁,承尊之器也,名之为禁者,因为酒戒也。"在西周高等级的墓葬中,经常会发现尊、卣、觚、爵等铜酒器集中放置在一件漆案上,这种漆案,就是文献中所记的"禁"。目前比较明确的漆禁,发现于陕西西安张家坡墓地 M170,宝鸡竹园沟弓鱼国墓地 M4、M7、M13,河北翼城大河口墓地 M1,湖北随州叶家山曾国墓地 M28、M65 等墓葬中。竹园沟弓鱼国墓地 M13 中出土的漆禁,其上放置酒器一组,包括:铜尊 1 件,铜卣 2 件,铜觚、铜爵、铜觯、铜盉、铜斗、铜瓒各 1 件(图二十三)。叶家山曾国墓地 M28 出土的长方形漆禁,其上放置酒器一组,包括铜尊 2 件,铜卣 2 件,铜爵 2 件,盉、觯、觚各 1 件,及漆觚 1 件。大河口 M1 的 2 号壁龛中出土的漆禁,其上则放置有一对漆罍。这些都与文献中记载禁承载酒器的功用十分吻合。

叶家山曾国墓地 M28 出土的漆禁,可以帮助我们了解西周漆禁的形制纹样。漆禁长方形,通体髹黑漆,案面雕刻并朱绘两周长方形框,漆禁四侧板皆雕刻并朱绘中心对称的

---

① 西安张家坡墓地 M61 被盗,因此随葬品数量无法确定。山西永凝堡 M9 为一中小型墓葬,铜容器仅随葬 1 鼎 1 簋,与其他随葬有铜漆木壶的高等级墓葬有所差别。

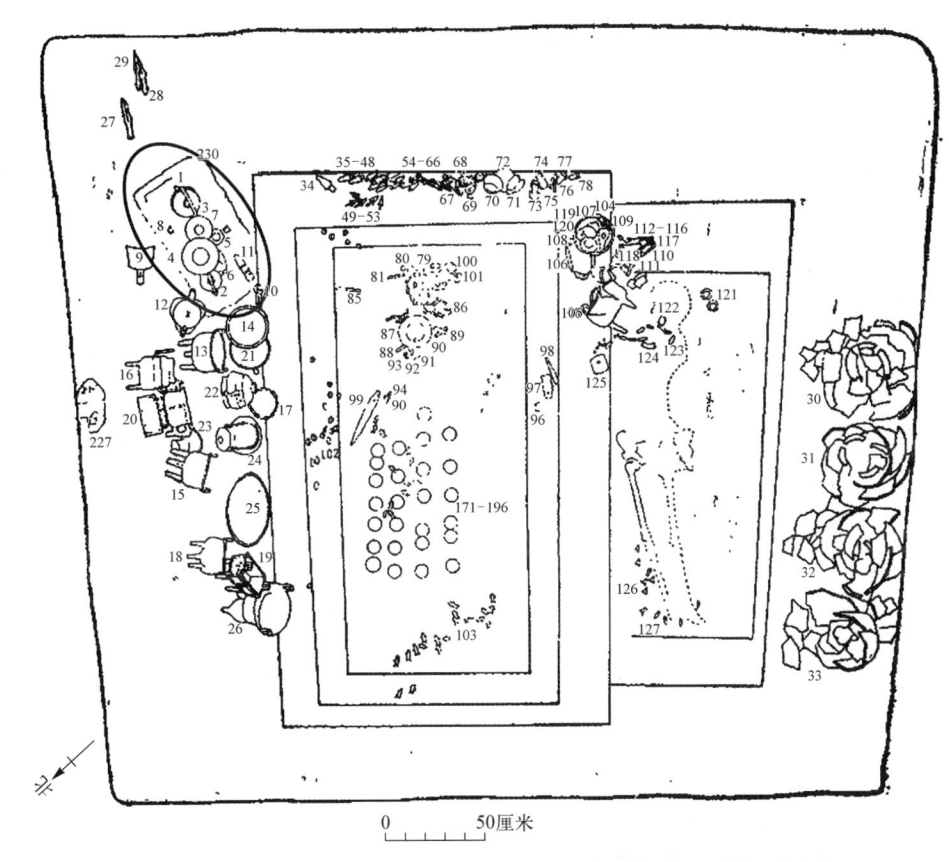

图二十三　宝鸡竹园沟 M13 墓葬平面图（圆圈内为漆禁及其上的一套铜酒器）

回首龙纹，夔龙阔嘴，有冠，曲体，卷尾。回首龙纹的纹样题材，同样见于宝鸡戴家湾、石鼓山出土的铜禁上（图二十四）。①

图二十四　宝鸡戴家湾出土铜禁（现藏于纽约大都会艺术博物馆）

---

① 陈昭容主编：《宝鸡戴家湾与石鼓山出土商周青铜器》，中研院历史语言研究所，2015年。

由于禁本为承放成套酒器的器物,西周高等级墓葬中理应有更多的发现,因此我们甚至可以推想,在有成套酒器集中出土的高等级西周墓葬中,许多可能亦有漆禁,只是囿于保存条件,难以发现。

E. 其他酒器

除上文提到的觚、罍、壶、禁等器类外,另有其他种类的漆酒礼器发现,但数量很少,目前基本都是个例:

① 爵

此处的漆爵,并非一般认为的三足爵。陕西宝鸡扶风黄堆云塘窖藏中,曾出土一对西周晚期的曲柄杯状器,曲柄上有铭文,自名为"爵"。[1] 山西翼城大河口墓地西周中期墓葬M1 的 8 号壁龛中,也出土一件形制十分相似的漆杯(图二十五),这类漆杯可能就是漆爵,也是一种酒器。

② 尊

山西翼城大河口墓地 M1 的 6 号壁龛中,出土了一件形制特殊的"牺尊",器形为一个趴伏的小兽背部驮一鼓腹小罐(图二十六)。这种器形在西周漆器中还是第一次见到。不过,这种动物形象背部驮一器皿的器形,在青铜器中已有发现,如晋侯墓地 M8 中出土的兔尊,就是在趴伏的兔子背部起尊,与大河口墓地出土的这件漆牺尊相似。

图二十五　大河口 M1 壁龛 8 出土漆爵

图二十六　大河口 M1 壁龛 出土漆牺尊

③ 方彝

与漆牺尊同出于大河口墓地 M1 的 6 号壁龛中。盖似四面坡状,顶端有钮。身近长方形,装饰有蚌片组成的兽面纹及朱绘三角雷纹。

④ 卣

朱凤瀚先生在《叙器与鲁国早期历史》[2]中,曾发表一件提梁套盒,后经吴镇烽先生发

---

[1] 陕西周原考古队:《陕西扶风县云塘、庄白二号西周铜器窖藏》,《文物》1978 年第 11 期。
[2] 朱凤瀚主编:《新出金文与西周历史》,上海古籍出版社,2011 年。

文更正,其应为两件铜漆木复合材质的直筒提梁卣①(图二十七)。铜直筒提梁卣,主要见于西周早期,如甘肃灵台白草坡西周墓地 M1、M2 出土的四件直筒提梁卣。② 这两件铜漆木复合卣,也是目前仅见的西周漆卣,丰富了西周漆礼器的种类。

(2) 食器

A. 豆

漆豆是目前已发现的西周漆礼器中,数量最多、分布最广的器类。③ 其形制延续了晚商漆豆的作风,最典型特征是豆盘外壁有圆形或圆涡纹蚌泡(图二十八),有的还在豆柄处装饰有蚌片。

按文献记载,豆是周代各类祭祀、宴饮等仪式场合最常使用的器类之一。《周礼·天官·醢人》中记载"醢人,掌四豆之实"。四豆即祭祀时使用的朝事之豆、馈食之豆、加豆与羞豆。⑤《尔雅·释器》中记,"木豆谓之豆,竹豆谓之笾,瓦豆谓之登"。先秦时漆器多以木为胎,先秦文献中"木器"与"漆器"区分并不严格,文献中所记"豆",应主要就是指漆豆。目前在西周墓葬中少见铜豆的出土,并不意味着豆这类器物在西周时期少见,而是因其主要为漆木材质,难以保存。

图二十七　铜漆木提梁卣复原④

图二十八　西周漆豆(左:琉璃河 M1009 出土漆豆复原;右:大河口墓地 M1 出土漆豆)

---

① 吴镇烽:《叔作漆木铜件直筒提梁卣复原》,发表于复旦大学出土文献与古文字研究中心网站(http://www.gwz.fudan.edu.cn/Web/Show/1780)。
② 初仕宾:《甘肃灵台白草坡西周墓》,《考古学报》1977 年第 2 期。按器盖的套盒方式,此类直筒提梁卣应为壶,但根据器形大小,及在白草坡 M1、M2 中皆与尊组成一尊大小卣的情况来看,定名为卣是合适的。
③ 明确出土漆豆的地点有北京琉璃河燕国墓地、陕西西安张家坡墓地、宝鸡強国墓地、扶风云塘西周墓葬、山西天马曲村遗址墓地、翼城大河口墓地、绛县横水墓地、湖北随州叶家山墓地、山东栖霞吕家埠西周墓地等。
④ 图引自吴镇烽:《叔作漆木铜件直筒提梁卣复原》,复旦大学出土文献与古文字研究中心网站(http://www.gwz.fudan.edu.cn/Web/Show/1780)。
⑤ 吴十洲:《两周礼器制度研究》,五南图书出版股份有限公司,2004 年,第 222 页。

漆豆在墓葬中的摆放位置,也显示了其礼器地位。墓葬中出土的漆豆,常与青铜礼器摆放在一处。陕西宝鸡弓鱼国墓地茹家庄 M1 甲室,2 件漆豆与 5 件铜鼎、4 件铜簋,同出于头端椁室,报告中认为"这两件漆豆显然是加入青铜礼器组合的"。① 又如弓鱼国墓地竹园沟 M4,二层台右侧是摆放礼器的空间,包括青铜酒器、水器及食器,而两件漆豆,就位于这个"礼器空间"的右上角。

B. 俎

"俎,几也。"《左传》隐公五年"不登于俎"条下杜预注:"俎,祭宗庙器。"在祭祀时,牲肉在鼎中煮熟,承放在俎上,因此,俎作为切肉、放肉的几案,在祭祀中作为礼器使用。

陶寺墓葬中出土的漆木俎,显然已具有承放肉食的功能。殷墟墓葬中也有漆俎的发现。西周时期,漆俎数量稍多,陕西西安张家坡墓地 M115、宝鸡扶风庄李西周墓、②齐家墓地 M17,③山西翼城大河口西周墓地 M1、湖北随州叶家山西周墓地等地点均有出土。庄李西周墓葬中出土的漆俎,其上放置有铜刀、骨筷,齐家墓地 M17 出土的漆俎,其上放有牲体(猪),大河口墓地 M1 的 6 号壁龛中出土的漆俎,其上放置有数个漆木浅盘,用于盛放食物,这些皆与俎的承食功能吻合。

目前考古所见漆俎的形制比较统一,俎面长方形,足部侧视呈"几"字形,一般装饰有由蚌片组成的纹饰,有的形似兽面纹(图二十九)。对比辽宁义县花尔楼铜器窖藏中出土的铜俎(图三十),④可以发现其形制、高度一致。

图二十九 大河口 M1 壁龛 11 号出土漆俎

---

① 卢连成、胡智生:《宝鸡弓鱼国墓地》,文物出版社,1988 年,第 281 页。
② 周原考古队:《陕西扶风县周原遗址庄李西周墓发掘简报》,《考古》2008 年第 12 期。
③ 周原考古队:《1999 年度周原遗址ⅠA1 区及ⅣA1 区发掘简报》,《古代文明》第 2 卷,文物出版社,2003 年。
④ 辽宁义县文物保管所:《辽宁义县发现商周铜器窖藏》,《文物》1982 年第 2 期。图片引自《中国青铜器全集》编辑委员会:《中国青铜器全集 6》,文物出版社,1995 年,图一八。

图三十　辽宁义县花尔楼铜器窖藏出土铜俎

C. 簠

漆簠出土于北京琉璃河燕国墓地，但未有详细材料发表。发掘者指出，出土一件漆簠的墓葬中出土有一件铜簠，二者相加恰好与同墓出土的两件性质不同的铜鼎，构成两套一鼎一簠的礼器组合。①

D. 盨

目前发现比较明确的漆木盨，仅见于西安张家坡墓地 M152 井叔墓中，是铜漆木复合器，共 3 件，主体为髹漆木胎，已朽，仅存残漆片和铜构件部分（铜圈足及镶在器盖内的长方形有铭铜板），铜板上有铭文共五行四十字，自铭为"盨"。而从圈足形状推测，原器可能为圆形，更似一般定名中的簋。

总之，西周的漆礼器，与早期相比大大丰富，包括了酒器和食器两大类，并初步具备了比较完备的礼器种类（表一）。酒器以新石器时代延续下来的漆觚为中心，包含了酒礼器系统中除温酒器外的主要大类，即盛酒器、饮酒器和承尊器。而温酒器的缺失，显然与漆木器自身属性有关。食器，以漆木豆为中心，具备了食礼器系统中除烹煮器外主要的类别。②

表一　西周漆礼器的分类

酒　器			食　器	
盛酒器	饮酒器	承尊器	盛食器	切肉器
壶、罍、尊、彝	觚、爵	禁	豆、簠、盨	俎

5. 春秋时期

目前考古发现保存较好的春秋漆礼器，数量较少，主要出土于湖北当阳赵巷 M2 和

---

① 王巍：《关于西周漆器的几个问题》，《考古》1987 年第 8 期。
② 酒器和食器的分类，参照朱凤瀚《中国青铜器综论》中对青铜器功能的分类。

M4、①河南光山黄君孟夫妇墓、②陕西凤翔秦公一号墓③等,主要器类包括豆、簠、俎、壶、爵(有报告也称为"攒"、"斗")等。

湖北当阳赵巷 M4 出土一组漆礼器,包括 6 件漆豆、6 件漆簠与 2 件漆壶(图三十一),组成墓中礼器组合的一部分。因此墓曾被盗,铜器所剩无几,发掘者推测,从保留下的 6 件漆簠来看,原来墓中应随葬有 7 件铜鼎,与 6 件漆簠、6 件漆豆、2 件漆壶共同构成以 7 鼎 6 簠为核心的一套礼器。

图三十一　当阳赵巷 M4 出土漆豆、漆簠、漆壶

春秋时期的漆礼器,在西周漆礼器的基础上有所损益,器类上基本都是对西周时期的继承,但从中也可以看到一些新的变化:漆簠多件成组出现,成为食器组合中的重要部分,漆壶也成对出现构成组合。

此时期漆礼器的纹样,虽然大多与同时期铜器纹样相同,使用窃曲纹、蟠螭纹、几何纹样等,但也出现了纹样形式更加生动自由的动物纹等,与漆绘这种更流畅自由的纹样绘制方式相适应(图三十二)。同时,黄君孟夫妇墓出土的漆豆,与西周漆豆形制相异,豆盘外壁、豆柄处的漆绘纹样,则与战国时期楚地流行的漆豆形制相似,开战国豆之先河(图三十三)。

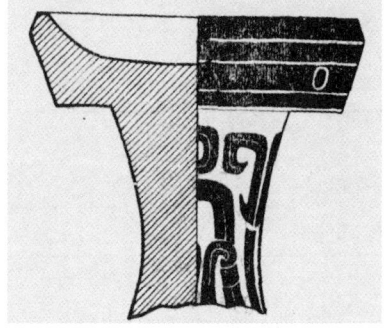

图三十二　当阳赵巷 M4 出土漆俎　　图三十三　黄君孟夫妇墓出土漆豆

---

① 宜昌地区博物馆:《湖北当阳赵巷 4 号春秋墓发掘简报》,《文物》1990 年第 10 期;宜昌地区博物馆:《当阳赵巷楚墓第二次发掘简报》,《江汉考古》1991 年第 1 期。
② 河南信阳地区文管会、光山县文管会:《春秋早期黄君孟夫妇墓发掘报告》,《考古》1984 年第 4 期。
③ 《中国漆器全集》编辑委员会:《中国漆器全集1》,福建美术出版社,1997 年,图三二、三三、三七。

此时期另一个漆木礼器的变化是开始出现明确的仿铜木礼器。这些仿铜木礼器，制作粗糙简陋，容器是由整木制成的实心器物，仅是一种明器。如山东烟台海阳嘴子前春秋墓葬中出土的木簋、木壶、木匜、木俎，[①]及当阳赵巷楚墓 M2 中出土的木壶。

6. 战国时期

通过梳理可以发现，夏商西周至春秋时期，漆礼器种类较多，甚至可能多于日用漆器的种类。然而，至迟从战国早期开始，漆器系统发生了一个重大的转变，漆礼器的种类、数量减少，而漆日用器种类与数量激增。

除镇墓兽等专门的丧葬用器外，战国时期漆礼器的主要种类只有漆豆、俎、禁、案等，在此之前看到的多种具有礼器功能的食器、酒器，在战国时期迅速减少。而日用漆器种类，则包括了耳杯、樽、扁壶、盂、卮、勺等饮食用器，案、床、枕等居室用器，盒、奁等盛装用器，梳篦等梳妆用器以及扇柄等杂器，种类和数量都大大超过漆礼器，成为战国漆器的主流。

战国墓葬中出土的遣策，为我们辨认漆礼器提供了更加直接的证据。湖北江陵包山二号墓中出土的遣策中，"大兆之器"下包括了"金器"和"木器"两组。"金器"组内有楚国常见的青铜礼器，"木器"组则记录有榼、房、钵、皇豆、合豆、瓒、祈等十个种类的漆木器。[②] 大兆，即大祭，由此可知，这些漆木器，当用于祭祀之时。

豆仍是此时期最常见的漆礼器种类。张闻捷在《略论东周用豆制度》中，辨认出楚系墓葬中出土的皇豆和会豆，并认为楚墓中随葬的皇豆与合豆的数量之和，遵循《礼记·礼器》"天子之豆二十有六，诸公十有六，诸侯十有二，上大夫八，下大夫六"的记载。文中认为，合豆即有盖的豆，皇豆即一种无盖、直壁浅盘的漆木豆，盘外壁一般等距离镶嵌三颗白色石子或绘方块纹，豆柄粗短，上绘纹饰（图三十四）。[③] 皇豆豆盘外壁镶嵌的白色石子，让人很容易联想到西周时期流行的盘外壁饰有圆形蚌泡的漆豆，两者之间很可能具有传承关系。

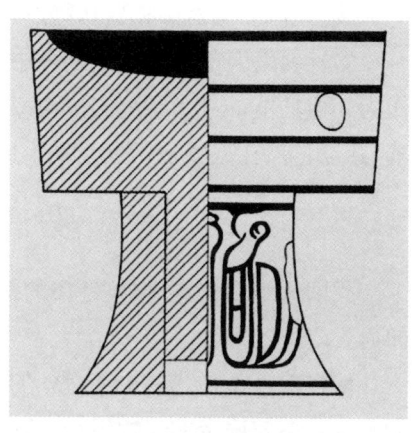

图三十四　天星观皇豆（M2∶111）

遣策中的"大房"、"小房"，学者一般认为是俎。战国时期漆俎在楚墓中发现较多，形制也较统一。有的漆俎仅在木胎上髹一层薄漆，具有明器化的倾向。

---

① 烟台市博物馆、海阳市博物馆：《海阳嘴子前》，齐鲁书社，2002 年。
② 对遣册中所记大兆之木器，不同学者的释读略有差别，可参看湖北省荆沙铁路考古队：《包山楚墓》，文物出版社，1991 年；李家浩：《包山 266 号简所记木器研究》，《著名中年语言学家自选集·李家浩卷》，安徽教育出版社，2002 年。
③ 张闻捷：《略论东周用豆制度》，《考古与文物》2011 年第 1 期。

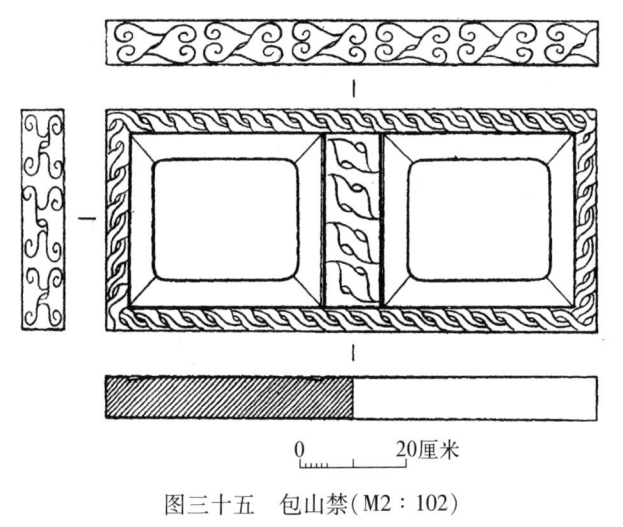

漆禁在战国时期也有发现。战国漆禁基本延续西周以来的形制，长方形或正方形，有足、无足者皆有，其标志特征就是禁面上雕刻或绘制的方框，与同时期的铜禁十分相似（图三十五）。

这些漆木器的礼器功能，从随葬位置中可得到进一步证明。如湖北江陵望山M1，未被盗掘，随葬品摆放非常有规律。① 头箱是随葬礼器的位置，铜礼器、仿铜陶礼器都放置在这里，而头箱中出土的漆器，主要包括漆豆、俎、案、镇墓兽等，无疑也是作为礼器随葬的。而边箱则主要随葬铜兵器、车马器，与之同出的漆器，也为生活用器和兵器等。

图三十五　包山禁(M2∶102)

值得注意的是，在战国中期漆礼器中，有一个特例：湖北枣阳九连墩M2中出土一套仿铜漆礼器，包括漆木质的升鼎、簠、簋、敦、盒等器物，显然是用漆礼器来凑足礼制需要的数目。②

战国晚期，漆器的礼器功能进一步削弱，这一点集中表现在漆豆的急剧减少上。目前有漆器资料发表的战国晚期墓葬中，只有7座墓中有漆豆出土。漆豆的消失，暗示着漆器作为礼器功能的进一步削弱。与漆豆的消失相呼应，长期以来存在的具有礼器功能的漆禁、几、俎等，在战国晚期也几乎不见。可以说，自此以后，漆器开始走向了纯日用器之路。

（二）先秦时期漆礼器的器用组合

我们分辨出先秦时期存在的漆礼器后，需要回答一个问题，即漆礼器的组合关系如何。

从目前所知的考古材料看，在"前铜礼器"时代的陶寺文化的高等级墓葬中，漆木礼器本身具有较固定的器物组合：案（即"禁"）与觚搭配，但这个组合中，一般会加入陶折腹斝，构成完整一套陈设酒器组合；俎，作为食器，一般与石厨刀搭配；豆，不论彩绘豆还是高柄豆，都是作为盛食器多件成组；仓形器亦多见成组。这些漆木礼器组合，在一类墓中，一般种类齐全，而二类墓中漆礼器组合的种类，则缺少成组的豆与成组仓形器。

而二里头文化中，目前尚未见到漆礼器单独构成组合的现象，而是与铜、陶的爵、斝、盉，共同构成一套礼器组合。晚商时期漆木器的考古材料更少，但仍可看到，漆豆作为此

---

① 湖北省文物考古研究所：《江陵望山沙塚楚墓》，文物出版社，1996年。
② 王红星：《九连墩楚墓与荆州楚墓的异同》，楚文化研究会编：《楚文化研究论集》（第八集），大象出版社，2009年，第280页；湖北省博物馆编：《九连墩：长江中游的楚国贵族大墓》，文物出版社，2007年。

时期发现最多的漆礼器,一般是多件成组出现的。

从现有的考古材料看,西周时期的漆礼器组合与陶寺文化相似,多件漆豆成组随葬,仍是西周墓葬中最常见的漆食器组合,漆俎也常加入食器组合。但除此以外,其他食器器类及漆酒器,并不具有特定的组合,亦不能独立成套,它们是与其他铜器共同构成礼器组合。如叶家山 M65 曾侯墓中,1 件铜漆木复合壶与 1 件铜壶相配,与漆觚、其他铜酒器及 1 件漆案,共同构成一套酒器组合。这种漆礼器与铜礼器相组合的现象,在高等级墓葬特别是侯及侯夫人一级墓中,表现得最为明显。使用多种材质的礼器,获得更丰富的视觉表现(金色的铜器,黑色或红色的漆木器,甚至包括青白色的原始瓷器),可能是西周时期高等级贵族的一种有意的追求。

春秋时期,由于例证较少,无法确知漆礼器的组合情况,但以湖北当阳赵巷 M4 为例,漆礼器与铜礼器相配互补,组成一套完整的礼器系统。战国时期,漆礼器的组合基本没有变化,豆多件成组是普遍的组合,俎仍是食器的重要组成。

总体而言,在铜容器出现以前的陶寺文化时期,漆木礼器可基本独立成组,构成丰富的食器、礼器组合。而在铜器诞生以后,除漆豆的多件组合一直延续外,漆礼器大多是与铜礼器搭配构成器物组合,不再独立成组。

当然,以上有关漆礼器组合关系的讨论尚很初步,仅是基于现有的考古发现而言。先秦时期的漆礼器组合关系,肯定比我们现在看到的更加丰富,这些只能依靠日后更多的考古发现及更细致的室内发掘才能做进一步的探索。

(三)先秦时期漆礼器的时代发展脉络

新石器时代末期良渚文化中出现的漆觚,概可算先秦漆礼器的萌芽,只是此阶段,我们只能大致看到漆觚及其他嵌玉漆器,在使用上开始具有等级的区分。而在年代更晚的陶寺文化中,漆木礼器得到了迅速的发展,不仅器类与数量增多,在高等级墓葬中有较普遍的发现,且种类、随葬位置都相对固定,说明此时漆木礼器的使用已日趋规范化,甚至可以隐约看到有"制度"的萌芽暗含其中。

更重要的是,一些三代流行的漆礼器,在此时期已经出现,且其器物造型、组合及功能,与商周时期同类器基本相同,说明商周时期的某些礼器,有非常久远的传统与来源:在好川墓地中,漆觚常与一种棍状器物同出,棍状器有时插在漆觚中,这种觚与棍状器配套使用的方式,在商周时期的铜觚中也可见到,[①] 而叶家山曾国墓地 M28 中发现的漆觚,出土时也有一漆棍状器与其相配,洛阳北窑 M155 随葬的漆觚,也与一复合柄形器相配,学者一般认为,觚与棍状器(或柄形器)的配套使用,与裸瓒有关;陶寺文化的漆案,在案面上绘制边框的做法,与陕西西安张家坡墓地 M170、湖北随州叶家山墓地 M28 出土的西周漆禁相同,而案上陈设觚、斝、杯等酒器的使用方式,也与两周时期漆禁、铜禁承放酒器

---

① 方向明:《好川和良渚文化的漆觚、棍状物及玉锥形器》,《华夏文明》2018 年第 6 期。

的功能一致;陶寺大墓中成组规律摆放漆豆做法,与后世漆豆的使用一致;陶寺文化出土漆俎的形制,也与目前所见西周漆俎基本相同,其上放置厨刀、牲体的功用组合,更与商周墓葬中出土的漆俎一致。因此可以说,虽然新石器时代末期,漆礼器尚处于萌芽阶段,但已开三代漆礼器之先河,特别是陶寺文化中的一些礼制观念与礼器使用,可能直接对三代的礼制产生了影响。

二里头文化时期,漆觚成为漆礼器的核心。漆器与铜器、玉器、陶器共同组成礼器群,构成了二里头文化礼器制度的重要特征。① 而更值得注意的是,随着二里头文化影响范围的扩大,漆礼器与其他二里头文化礼器及用器观念一起,传播到远离中原中心的夏家店下层文化中。

商代漆礼器的发展情况虽然不甚明晰,但可以知道漆豆、俎等传统器类,仍在使用。而新出现的铜漆木复合壶,代表了此时期漆礼器的发展。

进入西周时期,漆礼器的发展达到鼎盛,无论在数量上还是种类上,都达到新的高峰,形成了较完备的酒器和食器系统,漆礼器的分布,也比前代大大扩展,在西周王朝疆域内,北至燕国、南到汉江流域的曾国、西至周原、东到河南、山东,都有发现。而自春秋时期开始,漆礼器的种类、数量及分布,都大大缩减,开始走向衰落,战国早中期,仅保留有豆、俎、禁等少数几类漆礼器,战国晚期,自新石器时代末期起即已存在的漆礼器器类已基本消失不见,漆器最终走上了日用器之路。

通过梳理我们不难发现,漆礼器在先秦时期萌芽、发展、鼎盛直至衰落的过程,其实与铜礼器的发展历程基本同步,它们共同反映了先秦礼制的发展阶段。

二、铜礼器对漆木器的借鉴与模仿

先秦礼器中的漆器传统,不仅体现在漆器本身具有礼器功能,也表现为铜礼器对漆木器的借鉴。前文已述在铜容器出现以前的"前铜礼器时代",许多漆木器、陶器已经初具礼器意义,其器物形制、功能已发展到较成熟的阶段,晚期的铜器模仿已有漆木器的形制与纹饰,顺理成章。

首先,在铜礼器出现的早期,器物上的某些纹饰应是受到了漆木器的影响。二里头时期及商代早期的铜爵、斝上装饰的弦纹、乳钉纹带,是最早出现在铜器上的纹样之一。这种纹样,可能就来自对漆木器的模仿。虽然因材料保存情况,我们很难确知早期漆木器的形制细节,但从后代的各类木器我们可知,圆形、方形漆木器具上常使用皮质的箍及包边包角,并钉有木质(后来多有铁质)铆钉,对漆木器起到加固和装饰的双重作用。时至今日,在一些漆木器上,仍能看到这种带铆钉皮箍(木箍)的木器(图三十六)。早期铜器上这类凸弦纹加小乳钉的纹样,可能就来自对当时漆木器上这种皮质条带及铆钉的模仿(图三十七、三十八)。郑州商城窖藏中出土的数件早商时期大方鼎,四面各边饰有微微凸起的宽带,其上饰成排

---

① 李志鹏:《二里头文化墓葬研究》,《中国早期青铜文化——二里头文化专题研究》,科学出版社,2008年。

乳钉纹,这样的纹样风格,更是完全复制自方形木器上的包边及铆钉(图三十九)。此外,早商铜器上流行的联珠纹,可能也源于对漆木器上成排小铆钉的模仿。①

图三十六　现代木箱上的包边及成排铆钉

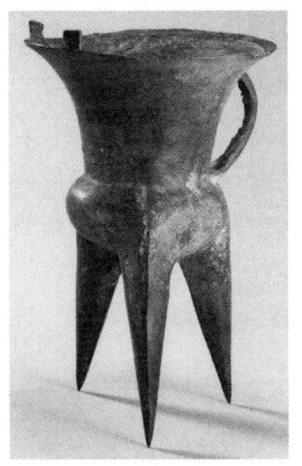

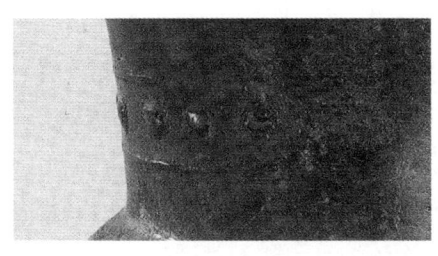

图三十七　二里头晚期铜斝及纹饰细部（上海博物馆藏）

图三十八　早商铜斝及纹饰细部（郑州白家庄 M3∶4）

---

① 联珠纹及早商大方鼎上的乳钉纹纹样来源于对漆木器上包边及铆钉的模仿的观点,最早在与徐天进老师谈话时,由徐老师提出。后来徐良高先生在论文中,也提及早商铜方鼎上流行的乳钉纹纹样,可能来源于对木器铆钉的模仿,参见徐良高:《由叶家山墓地两件文物认识西周木胎铜釦壶及相关问题》,《江汉考古》2017 年第 2 期。

图三十九 早商方鼎(郑州商城张寨南街窖藏出土)

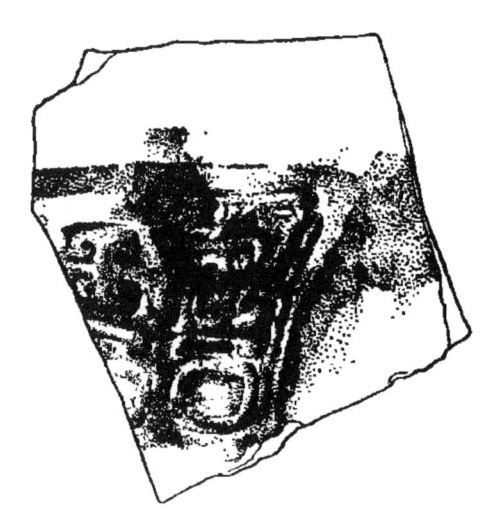

图四十 二里头遗址出土漆觚上的兽面纹

商代早期开始,兽面纹成为铜器重要的纹样题材,而早期铜器上的兽面纹,可能也来自对漆木器的借鉴。早在二里头时期,漆器就以雕刻兽面纹为饰,这样的纹样题材,很可能直接影响到铜器纹样(图四十)。而且就装饰工艺而言,漆木器可以直接在木胎上雕刻纹饰、镶嵌绿松石和蚌泡,而商代前期铜器常以阴阳线条表现纹饰,并突出兽面纹圆眼的艺术风格,就是在模仿这种雕刻与镶嵌的效果(图四十一)。

图四十一 藁城台西遗址出土漆器残片纹样与同遗址出土铜器纹样对比

铜器对漆木器的借鉴,更重要的表现在某些铜器的形制,直接来自对漆木器器形的模仿。其中,最明确的例证是觚。漆木觚,最早见于良渚文化中晚期,陶寺文化中已作为成组漆木礼器中的一类,作为酒器较多地见于高等级墓葬中。二里头时期,漆觚多与铜(陶)爵、陶盉、铜斝相配,一同构成二里头文化的典型礼器组合。而铜觚的出现,要晚至二里岗上层时期(据闻在二里头遗址四期遗存中发现有铜觚,但未见实物)。就时代而言,漆觚出现及作为礼器使用的年代,都明显早于铜觚。觚的自名,也表明这类器物始于漆木材质。近年新发现的"内史亳丰同"铭文中出现了觚这类器物的自名——"同","同"字写法为 ,下半部分的"口"为后添加的意符,除去"口"以外的部分,形为截竹而成的筒状器物,古人用这种筒状器物饮水饮酒,是为"觚"(同)的初形。① 由此可知,觚这类器物,最初只是竹木材质的日用器。在新石器时代末期,漆木觚开始具有了礼器的功能,而在商代早期(或二里头文化晚期),出现了模仿其形状与功能的铜觚,并逐渐取代漆觚,成为觚这类器物的主流。但漆觚并没有随着铜觚的流行而消失,尽管目前尚未发现明确的商代漆觚的例子,但西周时期,漆觚发现很多,是漆酒器中数量最多的一类。

铜豆,可能也是源于对漆木器的模仿。过去,学者多认为铜豆来自对陶豆的模仿。但从目前材料来看,至少有一部分铜豆,是来自对漆豆的直接模仿。商代晚期大墓中出土的漆豆,盘外壁装饰有一周圆涡纹,而在西周时期,目前所见的漆豆几乎都在盘外壁饰圆涡纹样的蚌片,这说明这类饰圆涡纹的漆豆,是晚商西周时期漆豆的典型形制。而晚商至西周时期,铜豆的典型形制之一,就是豆盘外壁饰一周圆涡纹(图四十二),且铜豆的发现数量远少于本就较难保存的漆豆的数量,这说明,铜豆应是模仿漆木豆而来的少数特例。②

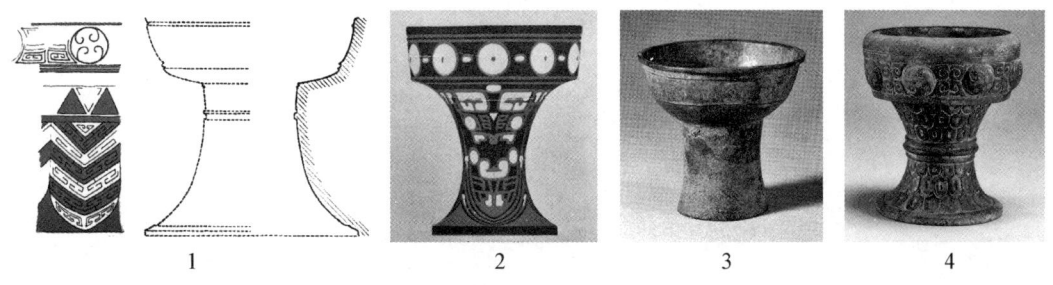

图四十二 商周时期漆豆与铜豆形制比较
1. 殷墟 M1001 出土漆豆 2. 琉璃河燕国墓地漆豆复原 3. 冀敔豆(晚商) 4. 珥生豆(西周晚期)

---

① 王占奎:《读金随札——内史亳同》,《考古与文物》2010 年第 2 期;吴镇烽:《内史亳丰同的初步研究》,《考古与文物》2010 年第 2 期。

② 目前看来,商西周时期铜器上常见的圆涡纹,有可能来自对漆木器上镶嵌的圆涡纹状蚌泡(片)的模仿。铜器上出现圆涡纹,最早见于早商时期,多件铜斝上的圆涡纹作略凸起状,暗示其可能来自对漆木器上贴饰蚌泡的模仿。而商代晚期,这种圆涡纹状蚌泡(片)见于大墓出土的漆木器上,是晚商漆木器主要装饰手法之一。而同时期的铜器(特别是铜豆)上也常见圆涡纹,可能来自对这种蚌泡的模仿。不过目前尚未发现属早商时期的圆涡纹形蚌泡,因此这种推测是否属实,暂时难以论断。

商代晚期的铜豆出土很少,而豆盘外壁饰有圆涡纹的铜豆,是其中最常见的形制,这种圆涡纹,正是来自对漆豆盘外壁装饰的圆形蚌泡的模仿。这种蚌泡(片)圆涡纹在商代晚期常见,不仅见于漆豆上,也见于其他种类漆木器上,是晚商漆木器主要装饰手法之一,成为铜器(不仅限于豆)常见纹样——圆涡纹的来源。不过由于晚商之前的蚌泡资料很少,暂时难以论断。

类似的例子,还有铜禁和铜俎。通过前文的梳理我们可知,漆木禁自陶寺文化起已作为承放酒器的礼器使用。两周时期,漆禁亦在高等级墓葬中发现数例。而铜禁出现的时代则要晚至西周早期,且迄今为止发现数量很少。而器物形制上,陶寺文化、西周时期和战国时期的漆木禁虽然时代相隔很久,但一致的特点是禁面板上都绘有长方形框,而这个形制特点,完全被铜禁借鉴(图二十四)。此外,从湖北随州叶家山出土漆禁及陕西宝鸡戴家湾、石鼓山出土铜禁可知,铜禁上装饰的回首龙纹,与同时期漆禁几乎完全一样。以上都说明了,铜禁也是模仿漆木禁而来的少数特例。

　　铜俎的情况与铜禁类似。漆木俎与铜俎相比,出现年代早,且在商周时期一直都有发现,数量较多。目前仅见的几件铜俎,只是模仿漆木俎的个例(图二十九、三十)。

　　漆木器由于其材质特性,很难保存至今。但仅从少数保存较好、可辨形制的漆木器中,我们不难看到,先秦时期漆木器,特别是漆木礼器的器类、形制、纹饰,直接影响了铜器,为铜器所借鉴。

　　先秦礼器中的漆器传统,源远流长。在青铜容器出现以前的新石器时代末期,漆木器已是礼器中重要的门类。铜器出现之后,对漆木器的模仿,成为早期铜器形制及装饰风格的重要来源。同时,尽管铜礼器迅速发展,铜器也并未完全取代漆器的礼器功能,漆礼器的使用,一直伴随着先秦礼器制度相始终。当我们讨论先秦礼制及礼器时,漆木器与铜、玉器一样,具有不可忽视的作用。

　　由于漆器难以保存,田野发掘中亦不易提取,目前我们对先秦漆礼器的了解十分有限。但这条逐渐明晰的线索提醒我们,在今后的田野工作中,漆木器的清理与记录,可能与铜器、玉器的发掘与记录同样重要。只有这样,我们才能更多地认识到先秦礼器中的漆器传统,也只有这样,我们才能更全面地理解先秦用器之礼。

从华南所见有领璧环看夏商礼制南渐

张强禄

(广州市文物考古研究院)

一、前　言

　　有领环平面形状为圆形穿孔，孔周缘凸起成领，断面呈"T"字形，多为玉石质地，具有礼仪或佩饰用意，在形制上有时候与有领璧不太好区分，二者当有渊源关系。学界对其称谓目前还不太统一，有"有领环"、"T字形环"、"凸缘环"、"凸唇环"、"有领镯"、"凸唇璧"、"凸好郭璧"等等。吉开将人、孙华、杨建芳等几位先生曾于上世纪九十年代就有领璧环的起源和传播做过专文论述，[①]笔者近期也结合牙璋的发现讨论过有领璧环的起源及其与夏文化的关系。[②] 吉开将人先生在《中国与东南亚的"T"字形环》中谈道："研究中国考古学的人从来就称之为'玉璧'，给予一种作为'礼玉'的印象强烈的名称。相反，研究东南亚考古的人却给予类似装饰品的名称。"[③]本文即想在补充了新发现和新材料、融合了新观点的基础上，结合有领玉石璧环与牙璋的伴出现象，来讨论有领璧环从中原肇始，随着夏商周王朝的更替自北而南渐次传播，尤其是向岭南地区的传播过程，进而窥探中原夏商礼制如何波浪式地浸润岭南，推进岭南中国化的历程。

　　《尔雅·释器》有"肉倍好谓之璧，好倍肉谓之瑗，肉好若一谓之环"的解释，但对应纷繁复杂的现实情况来考察，《尔雅》的这个解释想必这是周礼用玉制度基本形成之后的规范用语，商周时期的礼玉制度中未必会有这么明确的区分，本文讨论所涉及的华南地区商周阶段先民的意识中更不会有如此泾渭分明的区分了。所以，为便于论述，本文去繁从简，用"有领璧(环)"来统称之。其中肉部(边宽)大于好部(孔径)的名为"璧"，好部(孔径)大于肉部(边宽)的名为"环"，两者的外径(直径)都在7厘米以上，璧的尺寸通常都会大一些，多在9厘米以上，用料会多，功能和规格等级相应也高一些。根据尺寸大小和墓

　　[①]　吉开将人著，陈德安译，石应平校：《中国与东南亚的"T"字形环》，《四川文物》1999年第2期；吉开将人：《论"T"字玉环"》，香港中文大学中国考古艺术研究中心编：《南中国及邻近地区古文化研究》，中文大学出版社，1994年；孙华：《凸好郭器的渊源》，《中国文物报》1993年11月14日第3版；杨建芳：《略论有领环的起源、传播与用途》，《中国文物报》1994年1月9日第3版。

　　[②]　拙作：《再论有领玉石璧环的起源》，《华夏考古》待刊。

　　[③]　吉开将人著，陈德安译，石应平校：《中国与东南亚的"T"字形环》，《四川文物》1999年第2期，第95页"注释②"。

葬中的出土位置分析，"环"多是可以戴在手上或脚上的，而"璧"显然是作为仪仗、祭祀或殓葬的礼玉而非腕饰来使用的。参照殷墟妇好墓有领璧环的情况，本文把有领璧分为两型：A型，小孔或中孔宽缘，妇好墓报告定为Ⅱ式璧（图一，1、2）；B型，大孔宽缘，妇好墓报告定为Ⅱ式环（图一，3）。把有领环分为四型：A型，大孔宽缘，妇好墓报告定为Ⅱ式瑗（图一，4），与B型璧接近；B型，大孔窄缘，妇好墓报告亦定为Ⅱ式瑗（图一，5、6），本文尤指肉部窄细的大孔有领璧；C型，大孔窄缘，仅一面有矮领（图一，7）；①D型，筒状或箍形（图一，9）。②

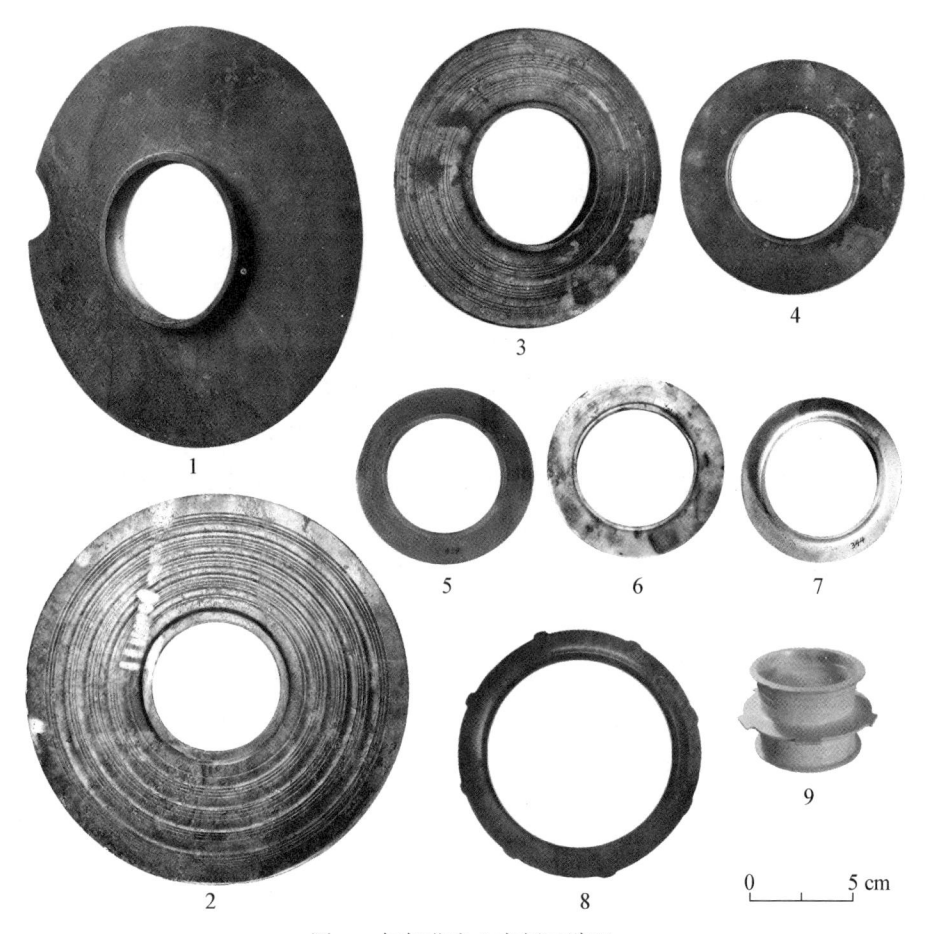

图一 妇好墓出土有领玉璧环

---

① 指孔缘一面凸起、一面平的大孔玉石环。妇好墓报告里称之为"器座形器"，《玉华流映：殷墟妇好墓出土玉器》和《妇好墓玉器》图录中分别称其为"玉器座"和"玉器座饰"。见中国社会科学院考古研究所编著：《殷墟妇好墓》，文物出版社，1980年，第193页；杜金鹏主编：《玉华流映：殷墟妇好墓出土玉器》，中国书店，2017年，第90页；中国社会科学院考古研究所、广东省博物馆编：《妇好墓玉器》，岭南美术出版社，2016年，第105页。

② 妇好墓报告中的分类，A型璧宽多与孔径略等或稍小，仅1件略大于孔径的二分之一，直径15.2–18.9、孔径6–7.5、孔壁高1.3–2.4厘米；B型璧，边宽多小于孔径的二分之一，仅3件大于孔径的二分之一，直径9.3–12.8、孔径5.1–5.8、孔壁高0.8–1.4厘米；A、B型环，边宽多小于孔径的三分之一，直径7.2–8.8、孔径4.7–5.6、孔壁高0.7–1.5厘米。

介绍清楚本文的命名原则,有必要简单陈述一下笔者对有领玉璧环起源的看法。"有领璧的起源与发展是古玉研究中难解的谜题",①邓淑苹先生认为陕北石峁方国的先民可能从套叠式腕饰发展出有领璧。② 朱乃诚先生认为素面有领玉璧起源是在陶寺文化,二里头文化时期有领玉璧的形制已经十分规范了,殷墟妇好墓出土的同心圆线纹有领玉璧是在素面有领玉璧的基础上施刻同心圆线纹发展起来的。③ 杨建芳先生提出有领环源于东方的大汶口文化,④这与牙璋起源于山东龙山文化的观点有契合之处。笔者则赞同牙璋和有领环起源于夏族发祥地的豫西晋南,与陶寺文化和河南龙山文化有着密切的关系,是夏文化的产物,尤其是牙璋,在夏代礼玉中占据着重要地位,成为权力甚至国家制度的精神象征而传播四方。有领璧环虽然在中原出现的时间早,但不同于牙璋"是夏部族发明的在祭祀活动与其他意识活动中使用的祭器与仪仗用具",⑤它自夏代到殷商都未获此尊贵的礼遇,直到晚商才比较多的出现在殷墟的王室贵族墓葬中,尤以妇好墓所见最多,各类有领玉璧环(包括旧器改制的玦、璜类)多达29余件,或有可能是受到了川西平原三星堆文化和赣江流域吴城文化的影响。

吉开将人先生在《中国与东南亚的"T"字形环》文中把中原及至东南亚发现的此类器物做了分类统计和比较研究,得出几点重要的结论:① "T字形玉环"的分布,从中国河北省至马来西亚半岛前端附近;② 到公元前二千年纪后半期,"T字形玉环"发现的数量迅速增加,分布范围也急剧扩大到了越南北部;③ 在华北与长江下游地区,到公元前六世纪以后再也见不到"T字形环",而在华南边缘地区和东南亚,"T字形环"则一直延续到公元前一千年纪后半期;④ 从"T字形玉环"的功能看,在中国南方与东南亚部分地区,其主要是作为"手镯"使用的。⑥ 时间过去二十余年,吉开将人先生早年的这些看法多还是言之凿凿,经得住考验。而今,随着牙璋研究的深入和新材料的不断增多,再次系统梳理有领璧环自中原向华南乃至越北的传播则十分有必要,作为夏商礼玉的一个成员,从有领璧环的流传可以看到夏商礼制向南的浸透。

二、淮河流域和长江中游地区发现的有领玉石璧环

离开黄河中游夏商文明核心区往南便进入了淮河流域(图二),安徽阜南的台家寺遗址和河南正阳闰楼商墓及罗山后李商墓都是必须要提及的。阜南台家寺遗址是一个商代

---

① 邓淑苹:《万邦玉帛——夏王朝的文化底蕴》,中国社会科学院考古研究所编:《夏商都邑与文化(二):纪念二里头遗址发现55周年学术研讨会论文集》,中国社会科学出版社,2014年,第207页。
② 邓淑苹:《杨家埠、晋侯墓、芦山峁出土四件玉琮的再思》,山东博物馆、良渚博物院编:《玉润东方:大汶口—龙山、良渚玉器文化展》,文物出版社,2014年。
③ 朱乃诚:《蛰伏升华·推陈出新——殷墟妇好墓出土玉器概论》,《妇好墓玉器》。
④ 杨建芳:《略论有领环的起源、传播与用途》,《中国文物报》1994年1月9日第3版。
⑤ 朱乃诚:《牙璋研究与夏史史迹探索》,《夏商都邑与文化(二):纪念二里头遗址发现55周年学术研讨会论文集》,第292页。
⑥ 吉开将人著,陈德安译,石应平校:《中国与东南亚的"T"字形环》,《四川文物》1999年第2期。

早中期淮河流域商文化系统的高等级聚落,年代自早商晚期延续到晚商早期,洹北商城时期是其最为发达的阶段,发现了南方地区规模仅次于三星堆和盘龙城的大型宫殿建筑、铸铜作坊、大量铜容器陶范等,证明了台家寺遗址是淮河流域青铜文明的中心,这是长江中下游地区仅次于盘龙城的第二大都邑,也应该是目前所知商王朝向在东南方向发展的最为重要的桥头堡。① 台家寺遗址考古发掘的详细材料尚未公布,是否有本文所关注的有领玉璧环或玉玦等尚不知晓,但相信它会是学界认识商文化向东南乃至华南地区传布的重要节点。

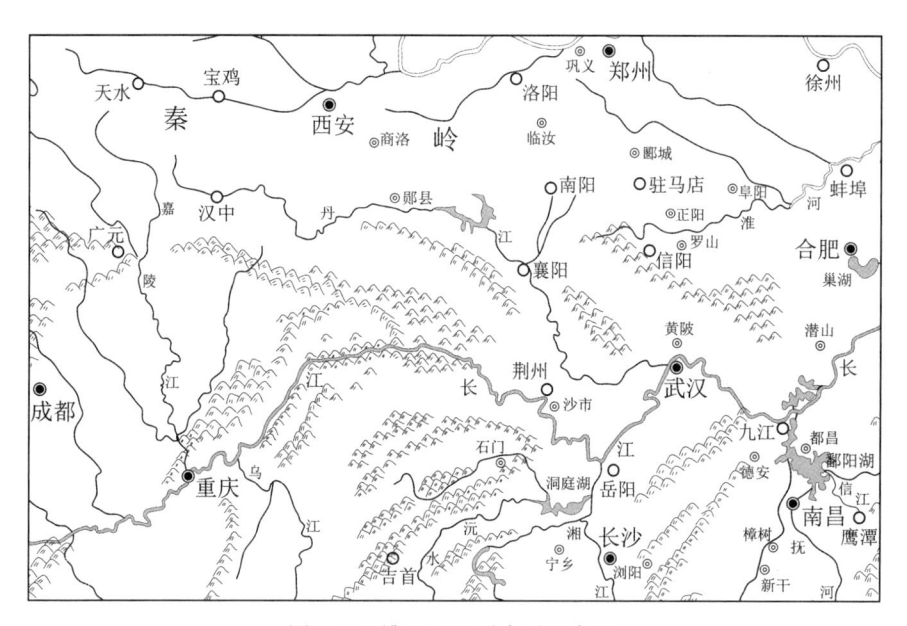

图二 江淮地区山形水系示意图

正阳闰楼墓地是豫南地区一处重要的商代晚期贵族墓地,文化面貌与中原商王朝文化基本一致,又具有一些地方特点,当属商王朝淮河上游流域的一个重要方国。已发掘的中型墓均设有二层台、腰坑,并且有殉狗 4-6 只,随葬铜礼器和玉器,M117 出土 1 件刻有同心圆线纹的 B 型有领玉璧(图三,4)与殷墟商墓中所见几乎完全相同,可见其与殷商王朝保持有密切的联系。② 信阳罗山蟒张后李商墓 M12 出 1 件 A 型有领玉环(M12:19)(图三,2),M11 出有 2 件由 B 型有领玉环改制的玉璜(M11:17)(图三,3),两墓年代约在殷墟二期,比妇好墓年代稍晚;③相当于殷墟四期的 M43 出土 1 件由 A 型有领玉环改制

---

① 武汉大学历史学院、安徽省文物考古研究所:《安徽阜南县台家寺遗址发掘简报》,《考古》2018 年第 6 期。
② 刘文阁等:《河南正阳闰楼商代墓地》,《2009 年中国重要考古发现》,文物出版社,2010 年,第 44-48 页。
③ 信阳地区文管会、罗山县文化馆:《罗山县蟒张后李商周墓地第二次发掘简报》,《中原文物》1981 年第 4 期;《罗山天湖商周墓地》"图二十五-18"、"图二十六-13",《考古学报》1986 年第 2 期。有领玉环(M12:19)简报中称"玉镯",报告中称"环形器",尺寸稍有不同。

的牙璧(M43∶6),直径9.7、孔径5.7厘米(图三,1)。① 后李商代墓葬未见有用尺寸大、规格高的有领玉璧随葬,当然也无此规格的无领玉璧,用玉等级比国都殷墟所见要低,也不见同心圆线纹的加工工艺,但用玉制度还是秉承殷墟的礼制。有改制以前的有领玉环的现象,一方面说明玉料的匮乏,另一方面也反映出礼玉制度的不固定。

李伯谦先生和郑杰祥先生推断后李墓地"应是商代晚期息国贵族的墓地。由甲骨刻辞可知,早在武丁时期,息国就是商朝之重要与国,息族且与商王室通婚,双方关系是相当密切的"。② 并认为息国地处晚商王朝的南部边缘地带,向南通过大隧关穿越大别山脉即可达长江流域,是中原文化与南方文化相互交汇融合的地区之一,随葬漆木器、几何印纹硬陶等都是商周时期长江中下游地区的作风。

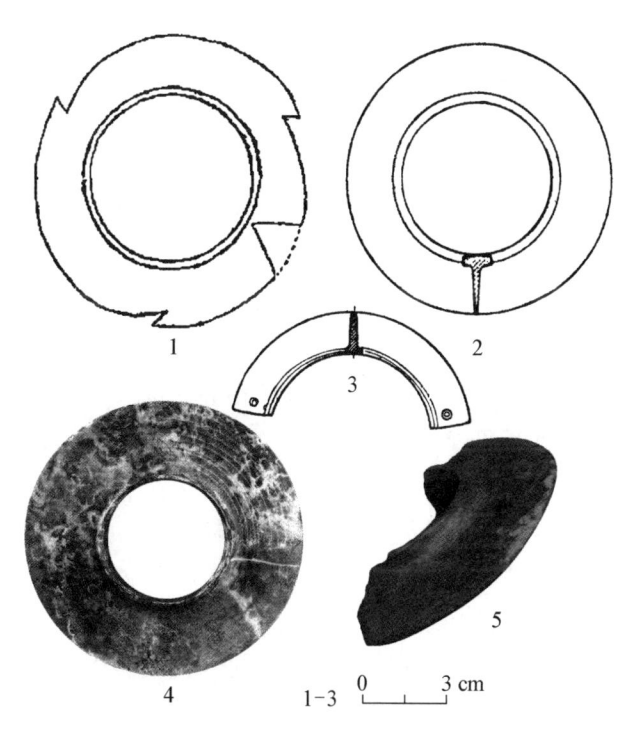

图三 罗山天湖商墓、正阳闰楼和郧县中台子遗址出土玉石有领璧环

1. 天湖商墓有领牙璧(M43∶6) 2. 天湖商墓有领玉环(M12∶19) 3. 天湖商墓有领玉环改制的玉璜(M11∶17) 4. 闰楼遗址有领玉璧 5. 中台子遗址有领玉环

信阳往南就进入了湖北地界,荆州沙市观音垱汪家屋场遗址发现有2件牙璋和1件璧形戚,③属于征集品,推测是出于瓮棺当中,年代估计在石家河文化晚期,距今约4 200～4 000年,时代与陶寺文化相当,应是外来文化影响的产物。鄂西北位于汉水北岸的郧县中台子遗址石家河文化遗存的灰坑当中,发现1件A型有领石环残件,周缘呈细齿轮状(图三,5),非常少见。④ 牙璋和有领璧环都不是石家河文化的传统礼玉,或许是来自到丹江上游的陕南商洛东龙山文化。⑤

长江中游江汉平原的盘龙城遗址是一座早商到中商的城址,以盘龙城为代表的文化是早商二里岗文化南下的产物,是商人为控制或获取长江沿岸的铜矿资源而设立的一个

---

① 信阳地区文管会、罗山县文管会:《罗山蟒张后李商周墓地第三次发掘简报》"图二-8",《中原文物》1988年第1期,简报中称"环形玉饰"。
② 李伯谦、郑杰祥:《后李商代墓葬族属试析》,《中原文物》1981年第4期,第34页。
③ 荆州博物馆:《湖北荆州观音垱汪家屋场遗址的调查》"图二-2、3,图四、图五",《文物》1999年第1期,第18页。
④ 黄文新:《湖北郧县中台子遗址》,《中国考古新发现年度记录2009》,中国文物报社,2010年,第233页,文中称"石璧形器"。
⑤ 陕西省考古研究院等:《商洛东龙山》,科学出版社,2011年。

军事据点。施劲松先生从盘龙城的筑城技术和布局、丧葬习俗、用玉制度等诸多方面分析,认为无论是知识体系还是价值体系都说明盘龙城的青铜文化属于二里岗文化。① 与本文讨论有关的玉器也是如此,盘龙城的玉器都是二里岗文化的常见器类,形制是商代早中期的特点。最新的考古发现中有施刻同心圆线纹的有领玉璧,直径22.2、领高约7.5厘米,这件有领玉璧的年代在二里岗文化时期,是目前见到的年代明确、体量最大,也是最早的施刻同心圆线纹的有领玉璧。② 盘龙城遗址目前还没有看到牙璋这类夏文化尊贵礼玉的身影,似乎在商文化占主导地位的盘龙城遗址,这类带有夏王朝统治阶层强烈意识形态的礼器并不受待见。③《玉汇金沙:夏商时期玉文化特展》中有1件杨家湾17号墓出土的"玉璋"(编号01931),"仅存援尾和内部。直内,内中部近援处有单面钻圆孔,援中部起棱",残长33.2、宽11.9、厚0.7厘米。④ 但看图版和文字描述似为"戈",若为"璋",当两面平,中部不应起棱。

盘龙城遗址虽不见牙璋这类夏文化典型礼玉的身影,但到了盘龙城废弃后的商代晚期,在黄陂中分卫湾M1中又见到玉牙璋的出现,伴出的还有有领玉环,作为随葬品使用。⑤ 中分卫湾牙璋(M1:3)通长39.2、刃宽20厘米;有领玉环(M1:4)形制属A型,直径11、孔径6厘米,两面各饰四周同心圆线纹,与殷墟所见同类有领玉璧形制和工艺非常接近。中分卫湾M1不仅是牙璋的随葬令人瞩目,有领玉璧在商代晚期商文化墓葬中的伴出现象同样让人深思。调查简报没有发表墓葬线图,不清楚当时具体的随葬位置,但二者作为随葬的玉礼器同时出现在商代晚期墓葬中,这是目前所见分布位置最北的一例,值得深究。

"在二里岗文化时期,商人和商文化到达了长江以北,殷墟时期商文化虽然被认为大规模收缩,像盘龙城这样的中心城址也被废弃,但商人的活动或商文化的影响仍见于江汉平原,而且越过长江到达了湘江流域"。⑥ 不独湘江流域,江汉平原东部的安徽沿江平原西部、赣江流域等都明显看到盘龙城文化的影响。但与二里岗商人据点的盘龙城不同,这些地区的青铜文化都只是受以盘龙城为代表的商文化影响的区域文化。从文化面貌来看,安徽沿江平原西段商时期遗存虽受到商文化盘龙城类型因素的影响,但主体仍以本地文化因素为主,豆海锋先生建议将该类遗存称为"薛家岗遗存",⑦ 这是受商文化盘龙城类

---

① 施劲松:《盘龙城与长江中游的青铜文明》,《考古》2016年第8期。
② 成都金沙遗址博物馆、中国社会科学院考古研究所编:《玉汇金沙:夏商时期玉文化特展》,四川人民出版社,2017年,第218页。
③ 裴安平先生在《中原商代"牙璋"南下沿海的路线与意义》文中提到盘龙城李家嘴M2出土牙璋,但查阅发掘报告只有玉戈、玉璋(PTZ:0328)和柄形器,并无凹刃、竖向形的牙璋。参见裴安平:《中原商代"牙璋"南下沿海的路线与意义》,《南中国及邻近地区古文化研究》,第74页;湖北省文物考古研究所编著:《盘龙城——1963-1994年考古发掘报告》,文物出版社,2001年,第437页"图三二〇-9","彩版四八-5"。注:发掘报告中所认为的"玉璋(PTZ:0328)",从形制和穿孔位置上判断应为"玉刀",《玉汇金沙》中亦名为"刀",见《玉汇金沙》第62页,说明中"铜家嘴"似为"童家嘴"之误。
④ 《玉汇金沙》,第71页。
⑤ 熊卜发:《湖北孝感地区商周古文化调查》"图三-6",《考古》1988年第4期,文中把牙璋称为"铲",有领环称为"环"。
⑥ 施劲松:《江汉平原出土的商时期青铜器》,《江汉考古》2016年第1期,第66页。
⑦ 豆海锋:《试论安徽沿江平原商代遗存及与周边地区的文化联系》,《江汉考古》2012年第3期,第73页。

型影响的地域文化，也不见使用有领玉璧环和玦的风俗。① 虽然早于良渚文化的含山凌家滩遗址曾出土过玉玦，但到了这个时期，无论是皖东还是长江下游地区，佩戴玉玦的风俗均已不见，有领玉璧环更不见踪影。相当于良渚文化晚期或略晚，"江淮及整个长江下游地区的兴旺发达的新石器时代用玉传统逐渐发生衰落和中断"。② 目前所见有领玉璧环和牙璋从新石器时代晚期直至商代都不曾出现于长江下游地区，③这从中原礼制南渐的层面上如何诠释，是值得认真思考和梳理的课题。

反观长江以南的湘江流域频现有领玉石环，更有牙璋的踪影（图四）。傅聚良先生注意到青铜器和玉器方面，湘江流域的宁乡与赣江流域的新干商代大墓所表现出的一些相同之处，其中就包括有领玉环。④ 喻燕姣女士曾梳理过湖南境内出土的商代玉器，⑤宁乡、石门、衡阳、双峰、新宁等地都零星出土过商代玉器，除新宁县飞仙桥的玉环出自墓葬外，其余均出自窖藏，下限应在商代晚期，其中尤以宁乡地区出土最多，黄材王家坟山青铜提梁卣内满贮各种玉器 330 件，包括玉玦 64 件、有领玉环 14 件，有领玉环直径 6.8–10.8 厘米，均刻有同心圆线纹；黄材三亩地一椭圆形坑内出土 1 件云纹大铙，铙的附近有 70 件精美玉器，包括 10 件玉玦、5 件有领玉环，有领玉环直径 7.2–10.2 厘米，有 1 件刻有同心圆线纹（图五，1）。石门县皂市桅岗村官山 M1 商代墓葬随葬品中有 4 件玉器，⑥其中的石璋尤其引人关注，经常被作为夏礼南渐的物证被引述，⑦朱乃诚先生认为此牙璋的制作年代不会晚于二里头文化第四期。⑧ 衡阳市郊杏花村一青铜提梁卣出土时内装 170 件玉器，其中玉玦、带齿有领玉环、有领玉环各 1 件，有领环刻有同心圆线纹（图五，2、3）。⑨ 喻燕姣女士文中介绍新宁县飞仙桥乡商墓中出土 1 件素面有领环直径 7.7、边宽 1 厘米，与宁乡黄材三亩地所出玉环形制一样。这些有领玉环尺寸都不很大，按边宽来看基本都属 B型，但刻同心圆线纹的工艺与殷墟、新干商墓相同。喻燕姣女士分析认为当时湖南地区用玉还不普遍，这一时期的玉器多集中在商代遗址周围或殷人经过的地方，表明只是受到商

---

① 安徽省文物考古研究所编著：《潜山薛家岗》，文物出版社，2004 年。
② 田名利：《略论皖西南地区的新石器时代玉器》，《江汉考古》2002 年第 1 期，第 64 页。
③ 此为笔者所见，当不全面。方向明先生在"毘山遗址考古成果报告会"上所做的"毘山遗址与浙江先秦考古"报告中提到 2004 年曾在浙江毘山采集到有领璧和玉琮，并提出是否有牙璋的问题。见闾凯凯：《浙江毘山遗址考古成果报告会实录》，"浙江考古"官方微信，2019 年 4 月 28 日。
④ 傅聚良：《盘龙城、新干和宁乡——商代荆楚青铜文化的三个阶段》，《中原文物》2004 年第 1 期，有领玉环在文中称为"凸边玉环"。
⑤ 喻燕姣：《略论湖南出土的商代玉器》，《中原文物》2002 年第 5 期，文中称"T"字形环。
⑥ 杨建芳：《从玉器考察成都平原与外区的文化交流》，张忠培、徐天冀主编：《玉魂国魄：中国古代玉器与传统文化学术讨论会论文集（三）》，北京燕山出版社，2008 年，第 63 页。喻燕姣女士经观摩发现质地实为石器，是仿玉石器，见喻燕姣：《略论湖南出土的商代玉器》，《中原文物》2002 年第 5 期。照片参阅《南中国及邻近地区古文化研究》"彩版 10–1"。
⑦ 裴安平：《中原商代"牙璋"南下沿海的路线与意义》，《南中国及邻近地区古文化研究》；邓聪、栾丰实、王强：《东亚最早的牙璋》，《玉润东方：大汶口—龙山、良渚玉器文化展》。
⑧ 朱乃诚：《牙璋研究与夏史史迹探索》，《夏商都邑与文化（二）：纪念二里头遗址发现 55 周年学术研讨会论文集》，第 292 页。
⑨ 插图分别引自喻燕姣：《略论湖南出土的商代玉器》"图二、图六"；郑均生、唐先华：《湖南衡阳发现商代铜卣》"图五–1、2，彩版三–3"，《文物》2000 年第 10 期。

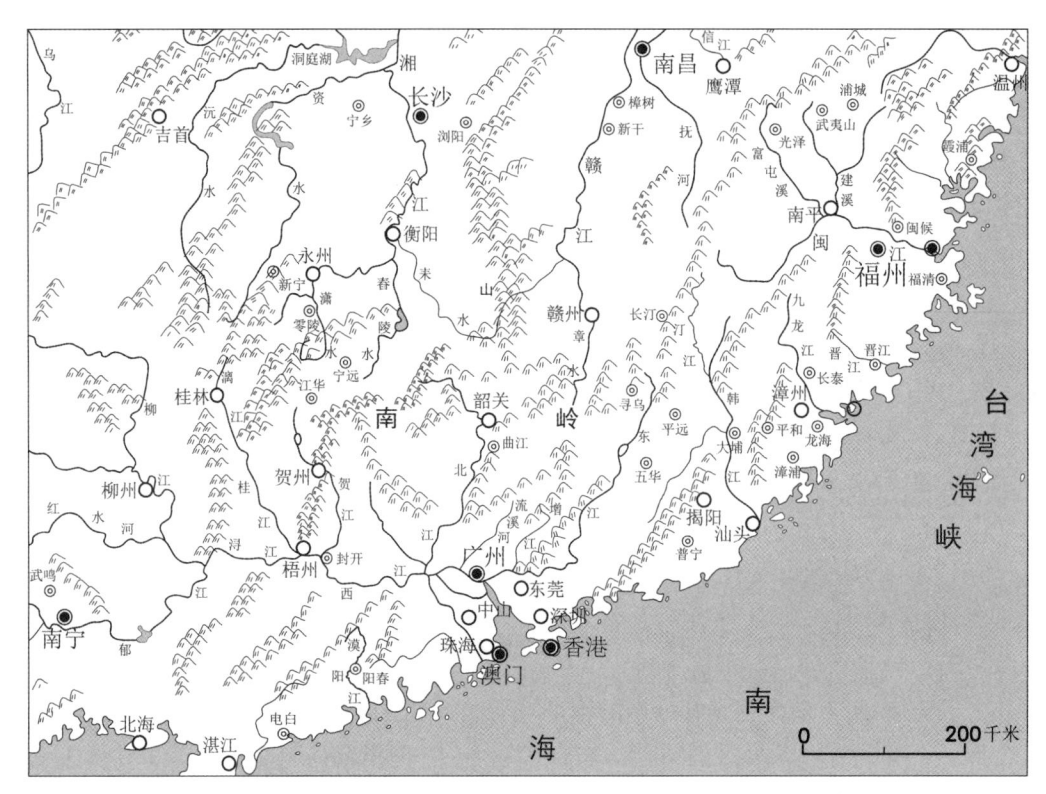

图四　长江以南出土牙璋和有领璧环区域山行水系示意图

图五　湘江流域出土有领玉环
1. 宁乡三亩地　2、3. 衡阳杏花村

文化影响较强的地区才有玉器出土。同傅聚良先生认为宁乡地区青铜文化的年代为商晚期后段相同,她也认为上述玉器下限应在商代晚期。但从黄材镇炭河里城址与墓葬的发掘情况看,[①]部分玉器的年代下限估计要到西周,起码是西周早期。向桃初先生结合炭河

---

① 湖南省文物考古研究所、长沙市考古研究所、宁乡县文物管理所:《湖南宁乡炭河里西周城址与墓葬发掘简报》,《文物》2006 年第 6 期。

里城址的发现推断宁乡铜器群最大可能是在商末周初周人灭商和开发汉水流域的背景下,商遗民及江汉地区土著势力南逃进入湖南时带来和来本地后铸造的。①

除了湘江流域,湖南境内还有潇水流域也发现有商周阶段的有领玉石环。潇水位于湖南省南部的南岭北麓,是湘江两大源头之一。2009年发掘的永州市零陵区望子岗遗址年代属新石器时代晚期到西周时期,清理出多组建筑遗迹和21座古越族人的墓葬,不仅是首次在湘江流域发现商周墓葬群,而且是湖南境内目前发现最早的古越人聚居地。望子岗一期遗存出土1件有领石环残件(T5⑦:10)(图六,1),二期遗存出土2件有领石环(T3⑤:29,T5⑤:14),另有1件疑似(图六,2、4、3);宁远县官家岩遗址出土1件有领石环(T16①:4)(图六,5);江华县拱门山遗址二期遗存出土1件有领玉环(T2②:42),直径5.9、孔径4.4厘米(图六,6)。② 潇水流域发现的这些有领玉石环形制都属B型有领环,时代跨度比较大,望子岗一期遗存为新石器时代晚期,应该相当于中原地区的二里头文化时期,二期遗存约为商代前期;官家岩遗址第一期年代为西周时期,第二期大约为春秋时期,环类石器形态与制作工艺与珠江三角洲地区具有一定的相似性;拱门山遗址一期遗存年代约在商代,二期遗存年代约为西周至春秋。上述5件有领环,其中3件属夏商时期,2件属两周时期,而且唯一1件玉环不仅尺寸小,年代甚至晚到春秋。潇水流域相当于中原夏商至春秋阶段的遗存中目前不见玉石玦的出土,可能也不是偶然现象。这里发现的有领玉石环数量比湘江流域更少,年代跨度也大,能归入夏商阶段的有领环都是形制较为简单的B型有领石环,这从另一个侧面反映出商人南进对湘赣青铜文化影响力的递减态势。

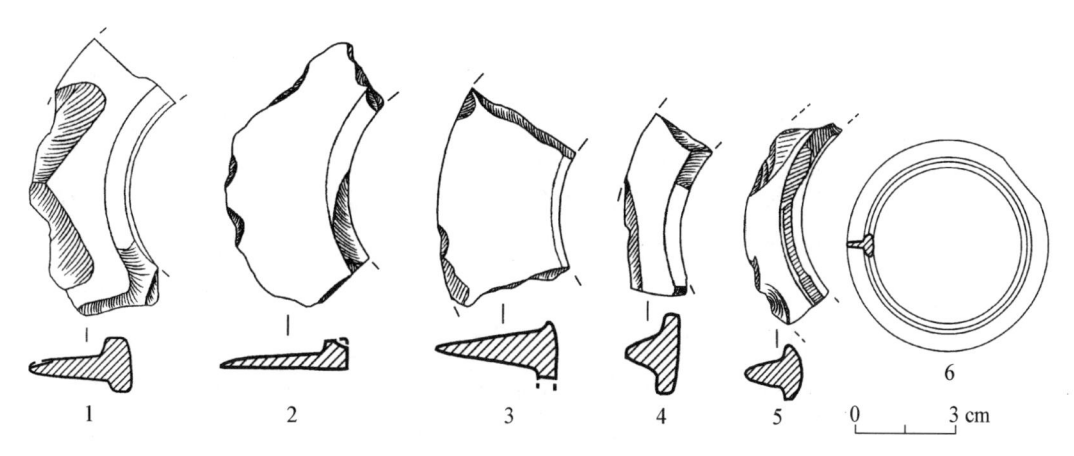

图六　潇水流域出土商周有领玉石环

1-4. 望子岗(T5⑦:10,T3⑤:29,T5⑥:4,T5⑤:14)　5. 官家岩(T16①:4)　6. 拱门山(T2②:42)

---

① 向桃初:《炭河里城址的发现与宁乡铜器群再研究》,《文物》2006年第8期。
② 湖南省文物考古研究所编著:《坐果山与望子岗:潇湘上游商周遗址发掘报告》,科学出版社,2010年,"图一四〇-1,图版六三-4""图一七九-3、2,图版七三-1、6""图二六二-10,图版九九-11""图三六五-2,彩版二六-2,图版一一九-13"。

二里岗时期商文化强势南进的主要目的并非攻城略地,拓疆扩土,而是奔着南方的资源来的。盘龙城是这时期商王朝控制长江中游地区稀缺矿产资源最重要的军事据点,以此为依托,商文化往西南借助商文化另一军事据点——江汉平原西部的荆州荆南寺为跳板继续南下,对长江南岸澧阳平原的石门皂市遗存产生重要影响,①往东南则顺江而下挺进到洞庭湖东北部的岳阳铜鼓山,形成了至少是目前所知的石门皂市遗存和岳阳铜鼓山一期遗存这两个长江南岸的次一级军事据点,"此时期商文化在控制鄂南荆门一带的基础上,不断向江陵地区推进,并最终跨江到达了湘北的洞庭湖附近。从目前商文化控制最南端的石门皂市和岳阳铜鼓山遗址的情况看,其中虽然有一些土著因素的存在,但其还应是以商文化为主体的遗存,这点也得到了多数学者的认同。但是就在石门皂市遗址以南,往东到岳阳南一带,分布着一批明显以土著因素为主导的遗存"。②

　　二里岗时期,湘江流域除了被认为属于商文化盘龙城类型的石门皂市和岳阳铜鼓山一期遗存之外,其他都是以土著因素占主导的区域文化,夏商文化越往南影响因素越小。如分布于湘江下游的樟树塘类遗存和湘江中上游的山门脚类一期遗存,时代约与铜鼓山一期遗存时代相当,总体文化面貌都与本地新石器时代晚期文化有较密切的关系,只是前者由此前南迁的夏文化残部与本地土著文化结合而成,而位置偏南的后者则很少受到来自中原地区夏商文化的冲击,土著特色保持得更为强烈;商代中期以后,商文化大规模收缩,盘龙城废弃,长江南岸的商王朝据点也消失不见,本地的土著文化又占上风,洞庭湖东岸地区兴起的费家河文化被认为是由来鄂东南、赣西北地区的地方势力与本地土著文化融合的结果,湘江中上游的山门脚类二期遗存也受其影响发生转变;商周之际,费家河文化消亡,炭河里文化兴起,但如前所述,虽然湘江下游出现前所未有高度发达的宁乡青铜器,甚至筑有区域中心的炭河里城址,炭河里文化依旧是外来文化与本地土著文化高度融合形成的区域青铜文化,是商末周初中原地区王朝更替、文化迁徙的结果。③ 潇水流域和资水流域零星出现的商周文化的影子,更是说明这个时期中原文化在湘南的传播是通过夏商移民的迁徙来实现的,并很可能是以民间的人口流动而非军事征服的方式缓慢推进的。

　　施劲松先生通过对樟树吴城遗址和赣江东岸新干大洋洲商代大墓的分析,认为"吴城文化的青铜器、玉器等制作技术与商文化最相近,建筑技术则有一定差别。相比于知识体系,吴城文化的价值观与盘龙城和商文化差别较为明显,说明吴城文化更多的是在技术层面接受了商文化的影响,但价值观念并不相同"。④ 在吴城遗址城垣和房屋建筑的构筑技术和新干大墓葬俗上能反映出这种价值观念与盘龙城和商文化的不同,尤其在葬俗上:"虽然随葬铜器、玉器、陶器等,但数量众多且时代不尽相同的器物被埋葬于同一墓中,这种现象不见于商墓。……其他小墓也不具备有腰坑、殉人和殉犬、朱砂等商系墓的特征",⑤以及不随葬

---

① 豆海锋:《试论湖南澧阳平原商时期考古遗存的发展阶段》,《江汉考古》2016 年第 3 期。
② 曹斌:《从商文化看商王朝的南土》,《中原文物》2011 年第 4 期,第 31 页。
③ 向桃初:《湘江流域商周青铜文化概说》,《湖南大学学报(社会科学版)》2007 年第 5 期。
④ 施劲松:《江汉平原出土的商时期青铜器》,《江汉考古》2016 年第 1 期,第 83 页。
⑤ 施劲松:《江汉平原出土的商时期青铜器》,《江汉考古》2016 年第 1 期,第 82 页。

觚、爵、斝,却将大量青铜工具和农具与礼乐器一样用于随葬,也不见商系大墓中的圆陶片等等明显有别于商人葬俗的特点。马承源先生曾指出:"这些大量埋存的商器,所表现的并不是商代'重酒'的礼制,而器物布局的执行者,也不会是殷人。"①所以说墓主人可能是葬于殷墟中期的土著首领或其家族的推论是不误的。② 还有学者将新干大墓与妇好墓比较,提出随葬大量非实用的青铜农具和工具,以实物材料证实了《吕氏春秋》中有关越人的农具殉葬习俗的记载。③ 此外,竖穴、浅坑、窄长方形,墓口长宽比超过2:1,这种越人墓的典型特点也体现在新干大墓上:东西向,狭长方形,长8.22、宽3.6米,墓口虽遭破坏,但就保存现状看不会很深;而妇好墓南北向,宽长方形,长5.6、宽4米,深达7.5米。显然二者的丧葬观念是不同的,但在随葬品上有一个突出的共同点是有领玉璧环的大量随葬。

新干大墓出土9件有领玉璧环,多刻有同心圆线纹,其中A型有领玉璧2件,直径16.8-18.4、孔径7.2-7.5、孔壁高2.4厘米;A型有领玉环3件,似成一组,直径10-11.5、孔径6.5-7.1、孔壁高0.8-1.5厘米;B型有领玉环4件,似成一组,直径7.8-8.9、孔径5.5-6.6、孔壁高0.5厘米(图七)。④ A型有领玉璧如何使用还不好说,但新干大墓成组的有领玉环大小递减,作为佩饰的手镯来用应该是说得通的。同样作为装饰佩戴用途的玉玦在新干大墓中也出土不少,共19件,多成对出土,大小尺寸依次递减。邓聪先生注意到其中扁薄玦饰以江西及湖南等地发现较多,在盘龙城则迄今未见,但在商时期的环珠江口地区一度流行。⑤ 此现象是否暗示两地至少是权贵阶层的族属来源不同,即南下的商人和土著的越人习俗不同。

以吴城遗址为代表的吴城文化是赣鄱流域分布最广、势力最强的区域青铜文化,吴城遗址从二里岗上层一期延续殷墟四期早段,周广明等先生认为其最早来源于中原商文化,可能是商时期夏遗民的一支,盘龙城衰落后,其中可能又有一支人群沿着长江顺流而下进入赣江流域的吴城地区,与吴城文化融合发展,从而推动吴城文化成为赣鄱流域最强大的青铜文明。在比较了陶器和青铜器的特征后,他们倾向于新干大墓的年代在吴城文化三期早段(相当于殷墟三期)的范畴,其与吴城遗址的相异性正表明了新干青铜器和吴城文化不是一个文化体系,而是与约3公里外赣江东岸的牛城遗址一起构成一个新兴的文化体取代了吴城,成为商末至西周区域文明中心,这或与殷末周人经略江南"太伯奔吴"事件有关。⑥ 虽然从陶器、青铜器等具体特征上能看出新干大墓与吴城遗址文化属性的差异,包括有领玉璧环和玉玦在吴城遗址阙如的现象,但笔者认为目前还都无法将新干大墓

---

① 马承源:《新干大洋洲青铜器参观随笔》,《中国文物报》1990年11月22日。
② 江西省文物考古研究所、江西省博物馆、新干县博物馆:《新干商代大墓》,文物出版社,1997年,第203页。
③ 彭适凡、彭明瀚:《新干商墓与殷墟妇好墓的比较研究——兼论新干商代大墓的文化性质》,《南方文物》1992年第2期。
④ 《新干商代大墓》,第141-145页,报告中将A类称为"璧",C、D类称为"瑗"。插图引自"图七五"。
⑤ 邓聪:《从〈新干古玉〉谈商时期的玦饰》,《南方文物》2004年第2期。
⑥ 周广明、赵建鹏:《传播、变异、创新——殷商时期赣鄱流域文明演进模式初探》,中国社会科学院考古研究所编:《夏商都邑与文化(一)》"夏商都邑考古暨纪念偃师商城发现30周年国际学术研讨会"论文集,中国社会科学出版社,2014年。

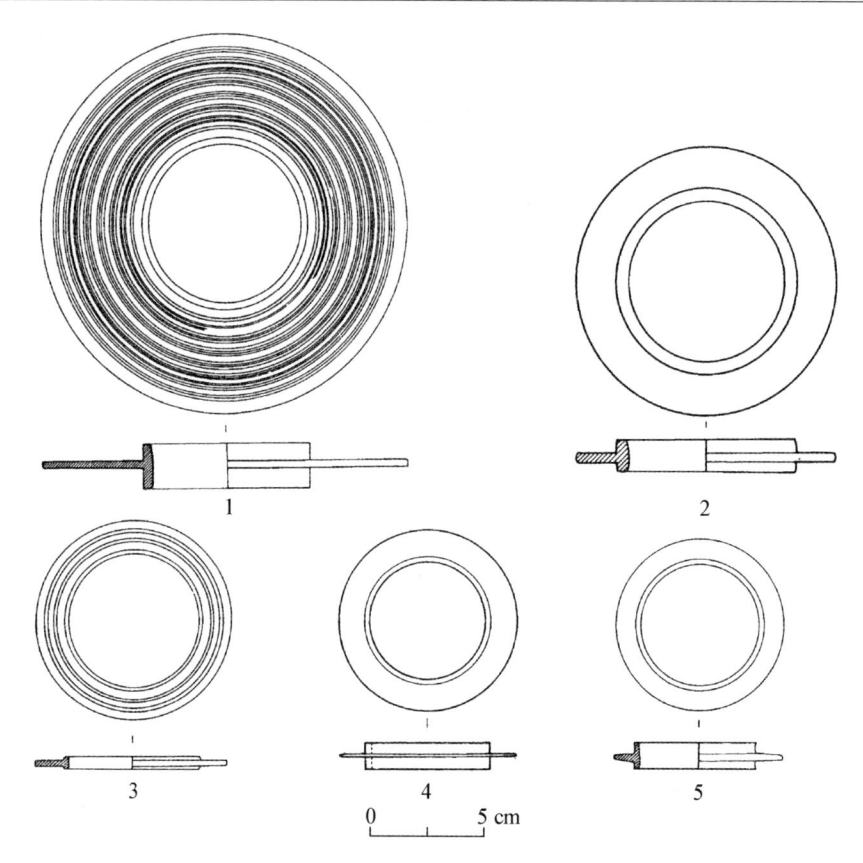

图七　新干大墓出土有领玉璧环
1. A型有领玉璧（XDM∶651）　2、3、4. A型有领玉环（XCM∶678，XDM∶681，XDM∶658）
5. B型有领玉环（XDM∶680）

剥离于吴城文化的体系之外，毕竟特定时段的一个高等级墓葬所反映出的真实信息与一个延续时间近四百年的城址不能相比。社会的发展不断有新鲜血液注入，焕发蓬勃生机，与推倒重来、改朝换代的剧变，在物质文化上的体现还是不同的，正如"后羿代夏"和"盘庚迁殷"不足以说明夏商王朝的灭亡一样，所以本文的讨论还是将新干大墓放在吴城文化这个大的文化体系当中。

商时期赣鄱流域的考古学文化主要有：赣北地区的九江神墩、龙王岭遗址、德安石灰山等遗址为盘龙城商文化类型；赣西是以吴城遗址为代表的吴城文化；赣南以赣州竹园下遗址为代表的遗存，陶器以釜、尊为主要文化因素，与粤境商文化浮滨类型具有一定的亲缘关系；赣东分布于抚河、信江、乐安江流域的商时期文化统称为万年文化，包括鹰潭的角山窑址和都昌的小张家遗址等，社会文明程度显然比吴城文化要低。[①] 赣境这些商文化遗存，除了新干大墓有数量不少的有领玉璧环和玉玦之外，其他遗存均不见，更无牙璋的踪影，愈发显得新干大墓的特立独行。

---

① 彭明瀚：《吴城文化与周边诸考古学文化之间的关系》，浙江省博物馆编：《东方博物》第十八辑，浙江大学出版社，2006年。

三、闽粤地区所见牙璋和有领璧环

吴城文化向东南方向的影响是通过万年文化传递的，闽北以光泽白主段墓葬为代表的白主段类型文化和闽东以闽侯黄土仑遗址为代表的黄土仑类型文化，都能看到与万年文化的相似之处。隔武夷山脉与江西相接的闽北地区无疑是中原文化经长江中游—赣鄱流域，再穿越武夷山脉进入闽江流域的重要节点，其中闽西北光泽县的池湖商周遗址①尤其需要特别关注。

光泽县是闽江上游三大支流中富屯溪的发源地，素有闽赣咽喉之称。池湖村地处富屯溪上源的北溪（大乾河）东岸，1995年秋分别在积谷山、粮库后山和外罩山发现商周时期的墓葬，均竖穴土坑墓。积谷山是一列南北走向由三个小山包组成的低缓山丘，中部山包上南北并列分别2座墓葬（编号为M8、M9）。M8为长方形，方向300°，墓圹长4、宽2.6、残深1.3米；M9位于山顶，西部近中有墓道，平面略呈"凸"字形，方向290°，墓圹长6-6.3、宽3.9-4.1、深1.1-1.15米，随葬原始瓷器、陶器和玉石器共80件（套），以印纹硬陶器为主，有1件B型有领玉环（M9∶9），直径8.5厘米（图八，1）。② 外罩山是由一列东北—西南走向的低缓山丘组成，M1是其最重要发现，位于山顶与东坡交接处，平面呈长方形，墓圹长7.1-7.6、宽3.4-4.2米，北端宽于南端，残深0.2-0.66米，随葬原始瓷、陶、玉石器共93件（套），亦以印纹硬陶器为主。池湖遗址M1和M9至目前为止都是福建境内规模最大的商周墓葬，在墓室中发现有柱洞和沟槽等遗迹，其建造方法和构筑形式均属福建省首见。参考黄土仑的碳测年代，M1被推断为商代中期或中期偏晚阶段，M9年代相当于商代晚期。发掘领队林公务先生把池湖商周遗存归为"白主段类型"，认为这是闽北地区青铜时代文化的代表，闽江上游的建溪和富屯溪流域是其分布的中心区域，它同闽江下游的黄土仑类型、赣东北的万年以及浙西南的江山等文化类型最为密切，有可能同属于一个大的文化系统内，但在小区域范围内又自成体系。白主段类型与黄土仑类型的年代应相当，上限接近距今3500年。白主段类型和黄土仑类型的源头，应分别是新石器时代末期的马岭类型和黄瓜山类型（亦称庄边山上层类型），距今约4000-3500年，相当于中原的夏及商代早期。③

光泽马岭遗址M1、M2④为代表的马岭类型，以施黑衣或褐衣陶器群和几何印纹陶为特征，核心分布区域也是富屯溪流域和建溪流域。⑤ 罗汝鹏先生认为马岭类型的年代或

---

① 福建博物院：《福建光泽池湖商周遗址及墓葬》，厦门大学人文学院历史系考古教研室、香港中文大学中国考古艺术研究中心编：《东南考古研究》第三辑，厦门大学出版社，2003年，第1-35页。
② 福建博物院：《福建光泽池湖商周遗址及墓葬》"图八，1"，《东南考古研究》第三辑，第8页。
③ 福建博物院：《福建光泽池湖商周遗址及墓葬》，《东南考古研究》第三辑，第27页；林公务：《福建光泽先秦陶器群的研究——兼论"白主段类型"》，《东南考古研究》第三辑，第187-191页。
④ 福建省博物馆、光泽县文化局文化馆：《福建省光泽县古遗址、古墓葬的调查和清理》，《考古》1985年第12期。
⑤ 黄运明：《马岭文化的初步分析》，中国百越民族史研究会、广东省文物考古研究所等编：《百越研究》第四辑，厦门出版社，2015年。

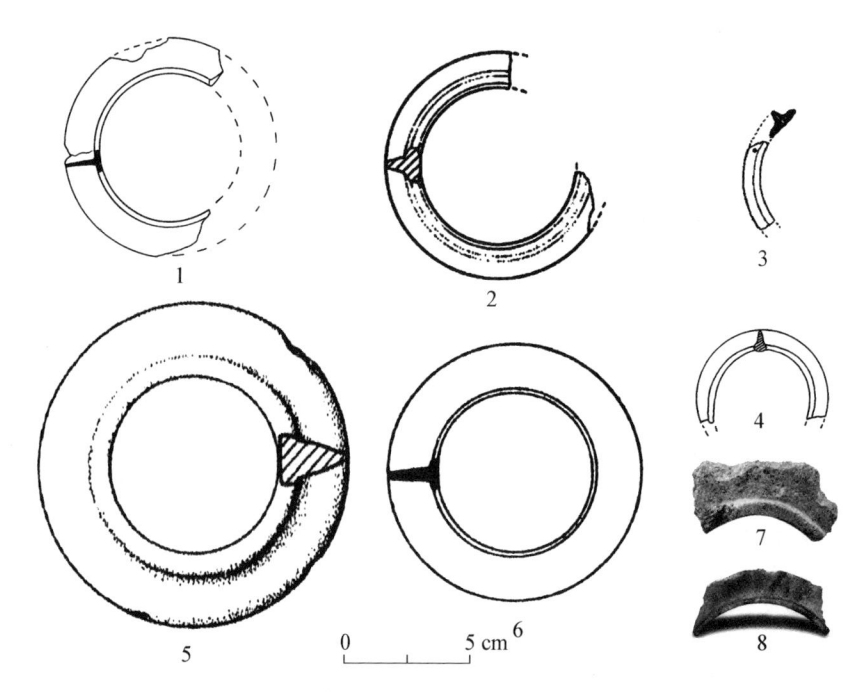

图八　福建粤东商周遗存出土玉石有领环

1. 积谷山(M9∶9)　2. 庵山遗址(2009TS10W6⑥∶2)　3. 东张遗址(T59∶4)　4. 鸟仑尾遗址(018)
5. 龟山遗址(M2∶3)　6. 斜背岭遗址(M20∶19)　7. 平宝山遗址　8. 庵山遗址

相当于中原地区的二里头文化时期,①这与林公务先生的观点接近,笔者亦赞同马岭类型的绝对年代相当于中原的夏代,下限可能到早商时期。目前在马岭类型遗存中没有发现有领玉石璧环和牙璋,对马岭类型有深远影响的好川文化和马桥文化也不见有领璧环和牙璋的身影。所以,白主段类型池湖M9的有领玉环可以理解为武夷山以西的商文化东渐的结果。光泽县崇明古陶瓷博物馆中陈列有3件完好的B型有领玉环和2件玉牙璋柄部残件,傅建明馆长还展示了他收藏的1件残断但完整修复的凹刃玉牙璋和1件完好的有领玉环(亦为B型),且告知牙璋和有领环同出于光泽县西南方向的止马镇。② 如崇明古陶瓷博物馆牙璋和有领玉环出处无误的话,结合池湖M1、M9的规模形制和池湖遗址原始青瓷的出现,以建溪和富屯溪流域为核心的闽西北地区在商周时期作为区域中心的地位就赫然显现出来。

池湖M1和M9不仅是规模大,结构形制也比较特殊:在墓室中发现有柱洞和沟槽等遗迹,而且M9墓坑上方周边也散布一些柱洞,还发现有河卵石平铺地面、灰坑等遗迹现

---

① 罗汝鹏:《闽北地区先秦时期的考古学文化与崇明古陶瓷博物馆藏陶器》,北京大学中国考古学研究中心、福建崇明古陶瓷博物馆编者:《闽北古陶录:崇明古陶瓷博物馆藏品集粹》第1册,文物出版社,2017年,第14页。
② 2018年8月28日笔者有幸随同广东省文物考古研究所和中山大学人类学系同仁参观了崇明古陶瓷博物馆,承蒙傅建明馆长慨允观摩了馆藏文物,并做了深入而细致的交流,对重新认识光泽地区商周文化的重要性给予了更多的启发。从表面特征判断崇明古陶瓷博物馆所藏牙璋和有领玉环均为玉质,且为相同材质。傅建明馆长介绍与文中所述完整牙璋同出的还有2件满饰小方格纹的带兽首流的单把鸭形硬陶壶。

象，有可能是M9的地面建筑遗存。此建筑遗存不禁让人联想到殷墟妇好墓墓口之上的一号房基，"我们认为，这座房基应是有意识地建筑在墓上的，其营建时间可能在墓主人入圹后不久。……由此推测，五号墓上的房屋可能就是为祭祀墓主而建的"。① 而且，与妇好墓宽长方形的墓圹形状接近，池湖M1、M8、M9墓圹长宽比都小于2∶1，亦呈长方形或宽长方形。往长江中游看，盘龙城遗址最大的殉人墓——李家嘴PLZM2，墓圹口南北长3.67、东西宽3.24米，接近正方形，残深1.21米，随葬器物达77件。② 三地高等级墓葬墓口的宽长方形特征显现出丧葬习俗的核心理念或底层文化属性的一致性，这与竖穴、浅坑、窄长方形（墓口长宽比超过2∶1）的百越族系的墓葬形制有明显差异，这一点可从闽江下游的黄土仑遗址③和赣江流域的新干大墓④得以佐证。同时，黄土仑遗址和新干大墓出土的玉玦饰，也与池湖遗址和盘龙城遗址玉玦饰的阙如形成鲜明对比。

池湖遗址和崇明古陶瓷博物馆所见白主段类型的原始瓷器，如双折肩尊、高领球腹罐等器类，仅见于中原商人腹心地区的中心遗址，以及商文化向长江中游地区扩张的军事据点盘龙城遗址、荆南寺遗址等，更是凸显出闽北地区在商代南中国区域中的显赫地位，⑤以及盘龙城作为商王朝早中期的军事据点和物资中转站向中原腹地输送印纹硬陶和原始瓷器的可能性。⑥ 从这个角度去认识闽北尤其闽西北地区在夏商礼制南渐闽粤的中枢作用，对于玉石有领环和牙璋在闽南粤东"浮滨文化"遗存中的出现就有了合理解释。而这中间，闽江下游的黄土仑类型约承担了桥梁作用。黄土仑类型的年代约距今3500－3000年之间，相当于中原商代中晚期，下限可能已进入西周初年，段天璟先生认为其年代上限应不早于商代前期，它的鬶形壶与马桥文化鸭形壶的特征酷似，暗示两者之间存在着文化交流。⑦ 除了黄土仑遗址，还有闽侯古洋遗址、福清东张上层遗存、昙石山遗址上层遗存等亦可归入黄土仑文化类型。⑧ 其中东张上层遗存中出土1件B型有领石环残件（T59∶4），一端有孔，磨制精细，但尺寸较小（图八，3）。⑨ 黄土仑类型中发现了较多的刻划陶文符号，⑩也有使用玉石玦的习俗，均值得关注。

浮滨文化是指分布在粤东、闽南及闽西地区的以长颈大口尊、圈足豆、带流壶、釉陶器和直内无阑石戈、凹刃石锛等组合为特征的文化遗存，⑪主要见于榕江、韩江、九龙江、晋

---

① 《殷墟妇好墓》，第6页。
② 《盘龙城——1963－1994年考古发掘报告》，第152－157页。
③ 福建省博物馆：《福建闽侯黄土仑遗址发掘简报》，《文物》1984年第4期；《福建光泽池湖商周遗址及墓葬》中提到黄土仑遗址最大的墓坑长3.9米、宽1.35米。
④ 新干大墓长8.22、宽3.6米，墓口虽遭破坏，但就保存现状看不会很深。
⑤ 参考罗汝鹏：《闽北地区先秦时期的考古学文化与崇明古陶瓷博物馆藏陶器》。注：不同于罗汝鹏先生，笔者赞同盘龙城遗址和荆南寺遗址是商文化因素占主导地位的观点，而非"受商文化影响深厚"。
⑥ 参阅黎海超：《商周时期印纹硬陶和原始瓷器研究》，待刊；引自徐天进《闽北古陶录：崇明古陶瓷博物馆藏品集粹》"序言一"。
⑦ 段天璟：《珠江三角洲二里头文化时期遗存的辨识与性质》，《边疆考古研究》第12辑，科学出版社，2012年。
⑧ 中国社会科学院考古研究所编著：《中国考古学·夏商卷》，中国社会科学出版社，2003年，第638－641页。
⑨ 福建省文物管理委员会：《福建福清东张新石器时代遗址发掘报告》"图八，4"，《考古》1965年第2期。报告中文字描述石环18件，但统计表中为8件，其中5件为上层所出。
⑩ 陈龙、林忠干：《闽侯古洋遗址调查》，《福建文博》1994年第1期。
⑪ 《中国考古学·夏商卷》，第655页。

江等流域,粤东榕江流域和闽南九龙江流域遗址分布尤为密集,上限大约相当于商代中期,下限相当于商代晚期或已进入西周初年,与该地区的后山类型文化关系密切,有可能是在后者基础之上发展而来的。晋江庵山沙丘遗址 2007 年发掘出土 1 件 B 型有领玉环(图八,8),2009 年发掘出土 9 件石玦和 1 件 B 型有领石环(TS10W6⑥:2)(图八,2),①庵山遗址年代相当于商代中晚期至西周时期,发掘者认为此类遗存是闽南、粤东滨海地区青铜时代土著文化的代表之一,可将此类遗存暂命名为"庵山类型",②笔者认为其仍属浮滨文化的地方类型。闽南九龙江流域的鸟仑尾遗址二期与狗头山遗址也属浮滨文化范畴,墓葬中发现少量玉石玦,玦饰的加工流程与珠江口地区沙丘遗址相同,说明两地在玦饰制作工艺上存在渊源关系,鸟仑尾遗址采集的 1 件 B 型有领石环残件(018)(图八,4)也指向这种交流的存在,③闽南龙海市与平和县考古调查采集的 B 型有领玉环,其制作年代可能并非周代,④多半会是商代中期至西周初期,应属浮滨文化的装饰礼玉。而且从九龙江下游长泰后厝山商代晚期浮滨文化石器制造场的考古发现判断,⑤有领玉石环多半不是闽南本地的制造,来自闽北、粤东甚至珠江口区域的可能性都有。

浮滨文化遗存最引人瞩目的考古发现是石牙璋的出现。漳州虎林山遗址第三期出土玉石器有锛、戈、璋、矛、钏、玦等,以锛为大宗,有两件石璋(M13:1;M19②:4),均出在设有腰坑的高等级墓葬中;⑥漳浦眉力遗址也曾采集到 1 件石璋(58MB:1);⑦粤东榕江流域的揭阳仙桥浮滨类型遗址中也发现有 2 件石质牙璋。⑧ 对于浮滨文化牙璋所代表的中原二里头文化礼制南渐的考古学观察,已有很多学者讨论多,⑨随着对牙璋认识的深入,浮滨文化遗存中比较多见的有领环也逐渐受到学者关注。

广东省大埔县枫朗镇斜背岭浮滨文化墓葬 M13 出土 1 件 B 型有领玉环,M20 共土 4 件 B 型有领玉环(图八,6),斜背岭墓葬还出土有不少玉玦和石戈,玉玦皆为环形,质地为

---

① 福建博物院等:《晋江庵山沙丘遗址考古发掘收获》,《福建文博》2008 年第 3 期;福建晋江流域考古调查队编著:《福建晋江流域考古调查与研究》,科学出版社,2010 年;福建博物院、晋江市博物馆:《福建晋江庵山青铜时代沙丘遗址 2009 年发掘简报》"图一五,3",《文物》2014 年第 2 期。插图引自《福建晋江庵山青铜时代沙丘遗址 2009 年发掘简报》"图一五,3";福建博物院编:《21 世纪初福建基建考古重要发现》"玉环",福建人民出版社,2009 年,第 30 页。
② 福建博物院、晋江市博物馆:《福建晋江庵山青铜时代沙丘遗址 2009 年发掘简报》,《文物》2014 年第 2 期。
③ 福建博物院文物考古研究所、漳州市文物管理委员会办公室编著:《鸟仑尾与狗头山——福建省商周遗址考古发掘报告》,科学出版社,2004 年,第 90 页"图七二-9","彩版九-2"。
④ 吴春明:《福建先秦玉器初探》"图 31.1-9",《东亚玉器》第 1 册,第 301 页。龙海步文云岩洞 1 件残,孔径 4 厘米;平和斜坑 1 件,直径 11.8、孔径 6.4 厘米。
⑤ 林壹、吴春明:《福建长泰后厝山商周时期石器制造场》,《中国考古新发现年度记录 2010》,中国文物报社,2011 年。
⑥ 福建博物院等:《福建漳州商周遗址发掘报告之——虎林山遗址》,海潮摄影艺术出版社,2003 年。
⑦ 曾凡:《福建漳浦新石器时代遗址调查》,《考古》1959 年第 1 期。
⑧ 揭阳工作队:《揭阳市古遗址调查报告》,《揭阳考古(2003-2005)》,科学出版社,2005 年。
⑨ 曾凡:《关于福建和香港所出牙璋的探讨》,裴安平:《中原商代"牙璋"南下沿海的路线与意义》,载《南中国及邻近地区古文化研究》;徐心希:《从牙璋看我国商周时期东西部文化的交流》,《殷都学刊》2007 年第 4 期;曾骐:《浮滨文化的考古新发现》,《岭南文史》2007 年第 4 期;石荣传:《从闽南、粤东浮滨文化玉(石)器看中原夏商文明的南渐》,《江汉考古》2016 年第 5 期等等。

青玉或高岭玉质,该墓地陶器上的刻划符号同样也值得关注。① 上世纪五、六十年代考古人员在调查试掘工作中,于粤东北的大埔、梅县、兴宁、紫金,珠三角北缘的清远滃江河支流等地都发现有玉石有领环,②推测年代也应属浮滨文化时期。兴宁加地凹山遗址调查采集 1 件上端残断的"琢制戈",柄部有穿孔,残长 30 厘米。③ 该"琢制戈"笔者疑为石璋半成品,此次考古调查中采集石器中"戈类"有 16 件,最大的长 28.5 厘米,"剑类"(应为戈)3 件,最大的长 32 厘米,型式均与该"琢制戈"不同,尺寸亦不及后者,故为"璋"的可能比较大。

粤东闽南地区早于浮滨文化的遗存是以普宁池尾后山遗址为代表的后山类型遗存,④普宁龟山遗址第二期遗存出土 3 件黑色板岩质地的 B 型有领石环(图八,5),龟山二期遗存的时代被认为处于后山文化较晚阶段,具有向浮滨文化过渡的特点。⑤ 普宁平宝山遗址包含虎头埔文化、后山文化和浮滨文化三个时期的文化内涵,浮滨文化遗存中发现 1 件无阑 V 形刃牙璋,与揭阳仙桥山前村出土牙璋相似,但柄部无穿孔,尺寸也略小,长 17.1、宽 2.8－4.0 厘米;还有 1 件 B 型有领石环残件,残长 5.5、边宽 2.4 厘米,质地都是灰色板岩(图八,7)。⑥ 粤东闽南后山文化类型的遗存中普遍不见玉石牙璋,有领环、戈、玦也不多见。吴城文化、万年文化、浮滨文化中陶器上常见的刻划符号在后山遗存中也基本看不到。显然,浮滨文化当中这些礼制层面的因素不是来自后山类型。石荣传先生认为珠江三角洲地区的牙璋是经由成都平原转折而来的二里头文化的影响因素,闽南粤东浮滨文化的璋又有可能是同珠江三角洲文化互动的结果,但浮滨文化中以戈、凸缘环等为代表的商文化因素是经由长江中游直接或间接进入闽南粤东地区,而不单纯是来自珠江口的影响。⑦ 审视这一观点正确与否,不仅要着眼于珠江三角洲新石器时代晚期到商时期的文化因素,还要追溯赣南粤北的文化渊源。

赣南,史称"南抚百越,北望中洲,据五岭之要会,扼赣闽粤湘之要冲"(顾祖禹《读史方舆纪要》),自新石器时代以来就与闽粤地区有着密切的文化交流,商时期考古学文化以章水流域的赣州竹园下遗址早期遗存为代表,⑧包括寻乌小布牛坪岌商周遗址、于都罗坳石尾遗址、仙鹅颈遗址等。⑨ 竹园下早期遗存的年代与吴城遗址第三期和石峡遗址中

---

① 广东省博物馆等:《广东大埔县古墓葬清理简报》"图一〇,4",《文物》1991 年第 12 期,简报中称"凸缘环"。
② 黄玉质等:《广东梅县大埔县考古调查》,《考古》1965 年第 4 期;莫稚、杨豪:《广东东部地区新石器时代遗存》,《考古》1961 年第 12 期;李始文:《广东紫金县在光顶遗址的试掘》,《考古》1964 年第 5 期;莫稚:《广东清远县滃江河支流新石器时代遗址调查发掘简报》,《文物资料丛刊》1956 年第 11 期。简报中多称"丁形"环。
③ 莫稚、杨豪:《广东东部地区新石器时代遗存》"图三-23",《考古》1961 年第 12 期。
④ 广东省文物考古研究所、普宁市博物馆:《广东普宁市池尾后山遗址发掘简报》,《考古》1998 年第 7 期。
⑤ 广东省文物考古研究所、普宁市博物馆:《广东普宁龟山先秦遗址 2009 年的发掘》"图二三:1",《文物》2012 年第 2 期。
⑥ 广东省文物考古研究所等编:《岭外遗珍——广东省文物考古研究所基建考古成果选萃》,广东高等教育出版社,2014 年,第 39、40 页"图 1-70、图 1-72"。
⑦ 石荣传:《从闽南、粤东浮滨文化玉(石)器看中原夏商文明的南渐》,《江汉考古》2016 年第 5 期。
⑧ 江西省文物考古研究所:《江西赣州市竹园下遗址商周遗存的发掘》,《考古》2000 年第 12 期。
⑨ 赣州市博物馆:《寻乌小布牛坪岌商周遗址发掘报告》,《南方文物》2001 年第 4 期;韩振飞:《于都发现商代遗址》,《江西文物》1989 年第 3 期。

文化层的年代相当,即商代后期至西周初期,陶器组合以釜、尊、罐等为主要器类,与粤东浮滨文化也有一定的相似性,但玉石牙璋、有领环、戈、玦及陶器上的刻划符号等代表夏商礼制文化的因素不见或极少。同样的情况也出现在浮滨文化"特殊地方类型"的闽西汀江流域,研究者认为"这表明社会礼制还处于较低的发展阶段,社会等级结构的分化远不如中原地区严重,同时也不及低处平原的九龙江流域"。① 这估计也是赣南地区缺乏高等级礼制物证的主要原因。

南岭山脉虽然横亘于赣粤之间,但南岭支脉大庾岭和九连山之间呈东北—西南走向的谷地作为赣粤文化交流的通道一直都未曾中断过,这从新石器时代晚期赣江中下游的樊城堆文化与粤北石峡文化的交流即可看得出。到了石峡第三期文化阶段,与赣江流域的吴城文化交流同样频繁。石峡第三期文化遗存早期相当于中原夏代或夏商之际,中期相当于商代中期,晚期到了商代晚期至西周初。② 中期Ⅱ段是石峡三期遗存的繁荣阶段,有肩有段石锛、厚身石锛、无阑石戈、石矛、牙璋③和有领陶环(图九,2、4、5)等,都应是岭北中原夏商文化辗转南下的产物;晚期墓所出的周边透雕"山"字形或"C"字形凸饰的玉玦(图九,1),与湘南新邵栗山春秋初年的越人墓中所出带齿有领玉环④造型相似,二者之间前后是否有交集,还是因有共同的来源还不得而知,但均非本地文化自然发展的结果,包括石峡四期遗存发现的 B 型有领玉环残件(T82②A∶1)(图九,3),⑤都有可能是三期文化的遗物。对于赣南地区不曾见到这些礼制文化因素,却在商代中晚期的粤北石峡三期遗存中出现,个中原因须在珠江三角洲夏商考古学文化发展的大背景下去理解。

傅宪国先生把珠江三角洲相当于中原夏商时期的遗存大致分为以珠海东澳湾遗址为代表的沙丘遗址和以东莞村头遗址为代表的贝丘遗址两大类,⑥两类遗存时代大体相当,约为夏至商代中期,聚落形态虽不同,但文化属性的差异并不突出,还是属于同一考古学文化,不同遗址年代有早晚差别。该区域考古工作起步很早,做的工作相对也多,尤其是进入本世纪以来,有不少可喜的发现,包括广州市文物考古研究院于 2016 年秋季在增城墨依山发掘的相当于浮滨文化时期的墓地,⑦出土的玉牙璋和有领环引起学界关注。此

---

① 张闻捷、范雪春等:《浅论闽西山地的浮滨文化——以长汀河田镇赢坪、山塘坑遗址墓葬资料为中心》,《百越研究》第四辑,第 285 页。
② 广东省文物考古研究所、广东省博物馆、广东省韶关市曲江区博物馆编著:《石峡遗址——1973-1978 年考古发掘报告》"第七章",文物出版社,2014 年。
③ 粤北所见牙璋均为石质,相关资料可见谌小灵、李岩、王亮:《关于岭南所见牙璋的分布及相关认识》,《华夏考古》2016 年第 4 期。
④ 新邵县文物管理所:《湖南新邵栗山发现一批青铜器和玉器》"图二-5,图八",《湖南考古辑刊》第 9 集,岳麓书社,2011 年,第 75 页,文中称"有领玉璧"。
⑤ 插图引自《石峡遗址——1973-1978 年考古发掘报告》"图四三七-1、2、3,图四六〇-1、2,图四八七-3",文中称"T形环"。
⑥ 《中国考古学·夏商卷》,第 645-651 页,"第十节 闽、粤、桂地区"。
⑦ 张希、朱海仁:《广东广州增城区墨依山先秦遗址》,国家文物局主编:《2017 中国重要考古发现》,文物出版社,2018 年,第 40-43 页;广州市文物考古研究院:《广州增城墨依山遗址两座出土玉牙璋的商代墓葬》,《东南文化》2018 年第 3 期。

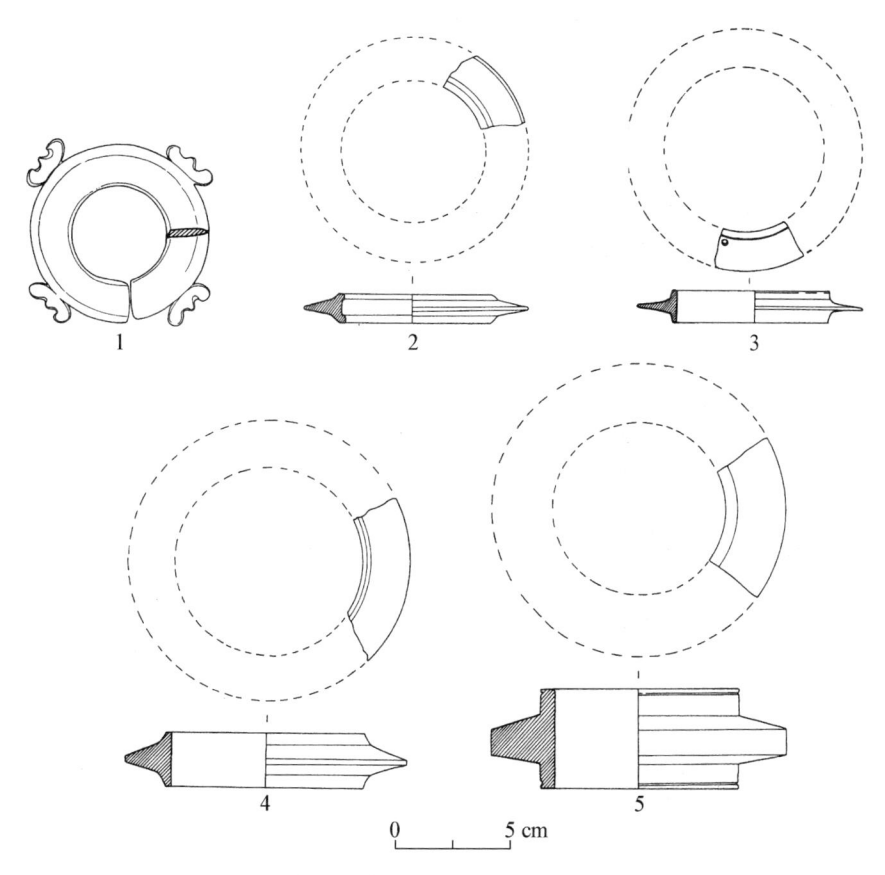

图九　石峡三期和四期文化遗存出土玉玦和有领陶环、玉环

1. 玉玦（M113∶4）　2、4、5. 有领陶环（T36②B∶9，T5C②B∶11，T5B②B∶11）　3. 有领玉环（T82②A∶1）

区域也是岭南所见玉石牙璋、有领环、玦等最多的地方。

前文提到过，许多学者在从牙璋出发考察夏商礼制南渐时都曾述及珠江口地区所出牙璋，还有学者著文专门讨论岭南所见牙璋的礼制意义，①其中李岩先生从年代、形制、文化属性等方面系统梳理福建、广东、广西出土的玉、石、骨质牙璋，得出的一些精辟见解对于本文有领璧环的讨论启发不少。著名的香港大湾 M6 出土的牙璋（DWM6∶10），李岩先生认为属于浮滨文化范畴，与虎林山遗址的情况类似。因为没有伴出的陶器，以往对它的年代把握还不十分确定，但从增城墨依山浮滨文化墓葬的发现来看，大湾牙璋无疑属于浮滨文化，年代至少要到商代中期。大湾遗址同时出土的刻纹长条形玉器（Ⅲ区 D12.L2）（图十，5），②A 型和 B 型有领玉环（Ⅲ区 C10.L2、M10）（图十，2、3）以及玉玦等，也都应该

---

① 杨式挺：《浅说粤港"牙璋"及相关器物——夏商周文化南传迹象探微》，《南中国及邻近地区古文化研究》；肖一亭：《岭南古牙璋研究述评》，《南方文物》1998 年第 3 期；谌小灵、李岩、王亮：《关于岭南所见牙璋的分布及相关认识》，《华夏考古》2016 年第 4 期。

② 《南中国及邻近地区古文化研究》中刊登的简报和相关图版称为"残玉器"或"戈"，但笔者认为此器有可能同石门椰岗商墓所出者相同，为横置的刻纹长条形玉器，见《南中国及邻近地区古文化研究》"彩版 10‑1"所示。

是这个时期的遗物,A 型有领玉环上还有同心圆线纹。① 简报介绍大湾遗址玉器均出自墓葬,质地主要是高岭岩,这也与增城墨依山墓葬发掘情况相同,而且牙璋在墓葬中的出土位置也基本一致。大湾有领玉环虽然不是和牙璋同出于一墓,但共见于同时期的同一墓地,所以其间的伴生关系还是明显存在的。商志醰先生在《香港考古学叙研》中介绍,芬戴礼先生在 1932 年至 1936 年的调查发掘中也发现有领玉环,②大湾遗址还出土不少的玉玦,这是环珠江口区域新石器时代晚期至商周非常流行的装饰玉器。③

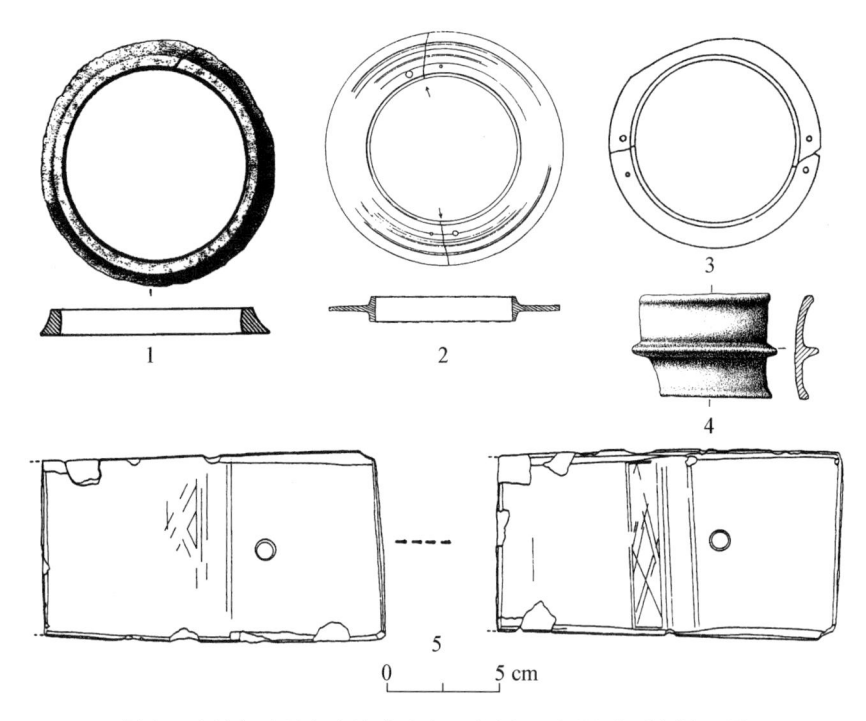

图十　东湾仔遗址和大湾遗址出土有领玉石环和条形刻纹玉器
1. 东湾仔遗址 C 型有领环　2. 大湾遗址 A 型有领环　3. 大湾遗址 B 型有领环
4. 东湾仔遗址 D 型有领环　5. 大湾遗址条形刻纹玉器

施戈斐吕与安特生 1937 年在香港大屿山东湾遗址调查发现了几何印纹软陶、玉戈、玉有领环、砂岩青铜范等文物,施戈斐吕同年进行了发掘,有 6 座墓葬,其中 M1 出土有领石环 1 件。④ 陈公哲先生于 1938 年在东湾遗址调查发掘又获璋、有领环、玦、环等玉器,其中有领环直径 11.6 厘米,⑤肉部较宽,属 A 型有领环,大小与大屿山蟹地湾遗址和大湾遗

---
① 区家发、冯永驱等:《香港南丫岛大湾遗址发掘简报》。插图引自《香港南丫岛大湾遗址发掘简报》"图 26 - 8∶1、9"和《越南冯原遗址与香港大湾遗址玉石器对比试释》"图 28",均载《南中国及邻近地区古文化研究》。
② 商志醰、吴伟鸿:《香港考古学叙研》"图五-4",文物出版社,2010 年,第 31 页。
③ 黄韵璋:《环珠江口玦饰制作工艺探讨——以香港白芒遗址为例》,厦门大学硕士论文,2009 年。
④ 参见《香港考古学叙研》,第 37 页。
⑤ 陈公哲:《香港考古发掘》"图版陆,4",《考古学报》1957 年第 4 期,文中称"凸唇玉环"。

址出土的有领玉环接近(图十一,2、1),①从材质来看也相似,再结合东湾遗址伴出部分陶器②和蟹地湾遗址伴出的大口陶尊,③其年代也应该与大湾遗址相当,即商代中期前后,应当都是出自墓葬。④ 蟹地湾遗址还出土1件C型有领石环,直径6.5厘米,⑤应与有领玉环为同时代遗物。

1997年发掘的香港马湾岛东湾仔遗址分布于沙堤上的墓葬,是目前岭南地区最能说明有领玉环使用的案例。⑥ 这些墓葬随葬品以石器为主,有锛、镞、矛头和砺石等工具和武器,以及玦、环、镯和管等玉石质装饰品,其中C67为单人侧身曲肢葬,人骨保存较为完好,经鉴定为5-8岁小孩,随葬品有石玦、残石环、石臂环及打制尖状石器各1件;C1082人骨保存不好,仅见人头骨和极零碎的一点体骨,经鉴定墓主为一女性,年龄在15-17岁之间,在墓西侧随葬有领石环1件。这与殷商墓葬出土有领璧环的情况相同,都是作为装饰用玉而非祭祀礼玉来使用的,而与川西平原三星堆文化和十二桥文化瘗埋礼玉祭祀神灵的风俗决然不同,至少从功能上说明岭南地区所见有领璧环不是古蜀文明影响下的产物。东湾仔墓葬出土1件D型有领石环(SF14)和1件C型有领玉环(SF68)(图十,4、1),都属于东湾仔第二期遗存,发掘者归为珠江三角洲第四期文化,即新石器时代晚期后段,大约在公元前2200－前1500年之间。但就其陶器特征来看,笔者认为大体相当于中原夏末商初阶段,而第三期遗存出长颈鼓腹圈足壶和双流壶(鸡形壶)的浮滨文化墓葬(C1044),年代放在商代中期偏早阶段是比较合适的。

深圳大梅沙村黄竹园沙丘遗址商代中期墓葬M8出土1件B型有领石璧(M8:2),直径14.7、孔径6.5厘米(图十一,3),⑦形式与殷墟妇好墓及新干大墓同型器一样,只是没有同心圆线纹,反映出材质和工艺上的落后性;另一座相当于早商时期的墓葬M16出土1件玉玦和4件绿松石玦。环珠江口区域商时期遗存中比较常见的还是有领环,尤其

---

① 香港博物馆:《岭南古越族文化论文集》,香港市政局,1993年,第216页"152.有肩石环";《东亚玉器》第1册,第207页"图299"。
② 陈公哲:《香港考古发掘》"图版贰",《考古学报》1957年第4期。
③ 广东省博物馆编:《岭南印记——粤港澳考古成果展》,岭南美术出版社,2014年,第83页"大口陶尊"。
④ 吉开将人先生引述B.Williams先生1979年刊布的材料,说蟹地湾遗址H区一墓葬中出土两件"T字形玉环",与"大型夔纹陶罐"同出,但因未附图版,陶罐纹饰、型式均不明。吉开将人先生据"夔纹陶罐"推测"T字形玉环"年代在公元前七世纪前后,见《中国与东南亚的"T"字形环》,第87页。此"T字形玉环"即为《岭南古越族文化论文集》著录的"有肩石环",但据《香港考古学叙研》介绍,蟹地湾遗址1968-1979年的五期发掘几度易主,加上是水平深度发掘,所有出土文物只测量其埋藏深度,并没有发现墓葬开口,发掘水平和研究成效均不高。所以,B.Williams所述"大型夔纹陶罐"与有领玉环同出肯定有误,据目前所见考古发掘材料,夔纹陶罐与有领玉石环在墓葬当中未见伴出案例。蟹地湾夔纹陶罐与有领玉环当属不同遗迹单位,有领玉环的年代自然也不会晚至春秋。
⑤ 参见广东省博物馆编:《岭南印记——粤港澳考古成果展》,内刊资料,正式出版物中未刊布。
⑥ 香港古物古迹办事处、中国社会科学院考古研究所:《香港马湾岛东湾仔北史前遗址发掘简报》,《考古》1999年第6期。
⑦ 深圳市博物馆等:《广东深圳市盐田区黄竹园遗址发掘简报》"图一三,7",《考古》2008年第10期。另见深圳市文物管理委员会:《深圳文物志》,文物出版社,2005年;古方主编:《中国出土玉器全集·广东福建卷》,科学出版社,2005年,第24页"有领玉璧"。注:《深圳文物志》和《中国出土玉器全集》记"大梅沙墓葬"或"大梅沙"出土,孔径为14.5厘米;简报则称"黄竹园遗址",直径为14.7厘米,本文以简报为准。图录中称玉璧,简报中未言明材质,但看照片当为石璧更妥。

是 B 型有领石环。深圳向南村遗址出土 3 件石英岩质的 B 型有领石环残件,其中 T4③:98,直径 12、边宽 2.8 厘米;T10③:58,残长 4.6、边宽 1.3 厘米(图十二,6、2)。① 东莞虎门村头遗址出土 1 件"有肩陶环"残件(T1614 居:29),细砂灰陶,直径 8.4 厘米(图十二,1),与石峡三期遗存中期Ⅱ段出土的 B 型有领陶环(T5C②B:11;T5B②B:5)极为相似,年代也接近;还有 1 件"有肩石环"(T1018③:5),边宽 1.8 厘米,有一对钻的小孔(图十二,5)。② 早于村头遗址或与村头遗址最早年代相衔接的惠阳窝尾坳遗址出土石器中除了梯形锛、有肩有段锛、凿、戈、柳叶形镞等,也发现有领环。③ 佛山南海鱿鱼岗贝丘遗址相当于夏商之际的第二期遗存也发现有领陶环和石环残件,但形制都不规整。④

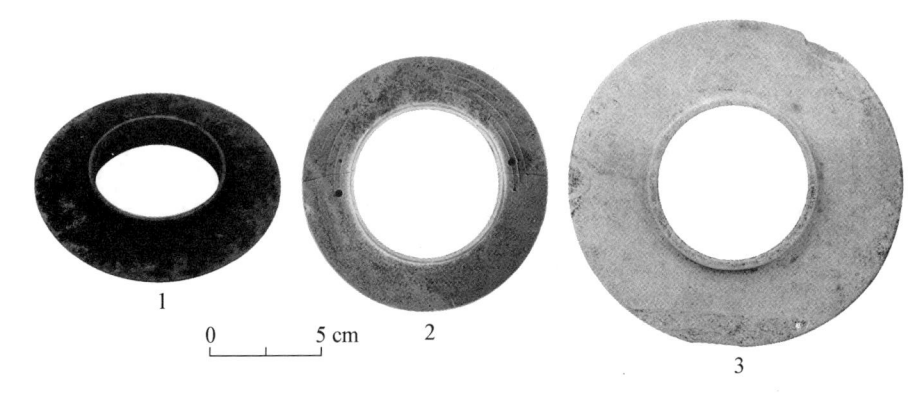

图十一　大湾、蟹地湾和大梅沙遗址出土有领玉环和有领石璧
1. 大湾遗址 A 型有领环　2. 蟹地湾遗址 A 型有领环　3. 大梅沙遗址 B 型有领璧

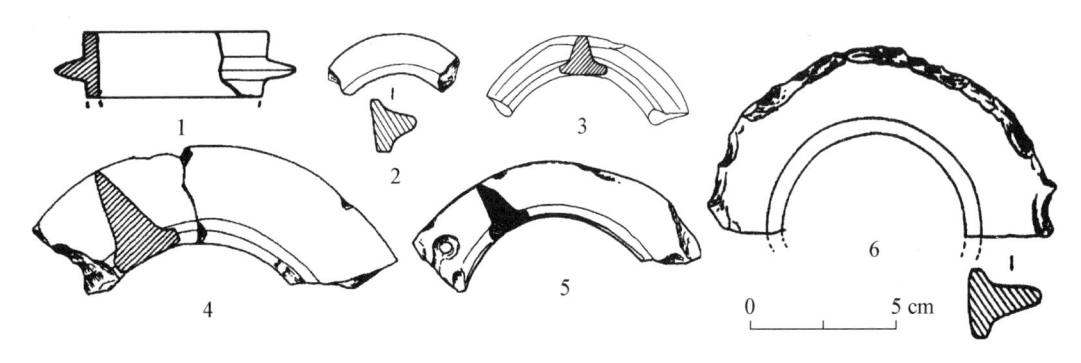

图十二　珠江口地区商时期遗址出土有领环
1. 村头遗址陶环(T1614 居:29)　2、6. 向南村遗址石环(T10③:58,T4③:98)　3、4. 棠下环遗址石环(ⅠK5③:5,ⅠT22⑥:1)　5. 村头遗址石环(T1018③:5)

---

① 深圳市文管会办公室、深圳市博物馆、南山区文管会办公室:《深圳市南山向南村遗址的发掘》"图七,7"、"图八,8",《考古》1997 年第 6 期。
② 广东省文物考古研究所、东莞市博物馆:《东莞村头遗址第二次发掘简报》"图一二:6,图一三:9",《文物》2000 年第 9 期。
③ 《2006 年度南方地区考古新发现》,《南方文物》2007 年第 4 期,第 29 页。
④ 广东省文物考古研究所、北京大学考古系实习队:《广东南海市鱿鱼岗贝丘遗址的发掘》,《考古》1997 年第 6 期。

广州南沙鹿颈遗址商代早中期的地层当中出土1件磨制精细的有领玉环残件（图十三，1）和1件上部残断的石璋。①向南村遗址虽然处在蛇口半岛的连岛沙堤上，但文化层堆积中包含大量的蚌壳、动物、鱼、龟鳖类骨骼，遗址堆积形态与村头遗址和鹿颈遗址相似。这三处遗址不仅规模大，包含物丰富，文化内涵也基本相同，而且均有B型有领环出土，村头遗址和鹿颈遗址更有牙璋出土。珠江口以北属东江水系的增江流域也是历年来出土牙璋和有领石环比较多的地方，1959年在增城红花林山岗采集到1件斜凹刃牙璋；②增城博物馆藏有1件平刃石璋，采集于增江，原件上部残断，后经改制成平刃，现长20.6、宽10厘米，按比例原件要超过30厘米，尺寸算是比较大的；③新塘镇排墩岭商时期遗址的地层中发现1件石璋，④型式和材质与鹿颈遗址所出者相同；朱村街墨依山浮滨文化墓葬中玉牙璋和有领环（图十三，2、3）同出，这是浮滨文化墓葬集中分布最靠西的墓地，反映出商时期浮滨文化从闽南粤东发源地向珠江三角洲强势扩张的态势。流溪河上游的从化吕田狮象遗址也出土1件残石璋，型式和材质与鹿颈遗址所出者基本相同，⑤这是广州北部流溪河流域目前所见的唯一1件石璋，也说明牙璋向珠江三角洲腹地的传播主要不是自北，而是自东、自东北传入的。南沙鹿颈遗址以南的珠江口西岸目前不见有牙璋出现，不过珠海宝镜湾遗址新石器时代晚期遗存中出土的石圭，长28、宽4.3－4.7厘米，⑥磨制精细，型式与平刃璋接近，肯定也是充当"礼玉"的职能。平沙棠下环遗址报道出土3件有领石环，直径分别为9.5、12.8、7厘米（图十二，3、4），磨制不甚精细，时代约在商早中期。⑦宝镜湾遗址和棠下环遗址都发现数量不少的玉石玦，这也是珠江口地区夏商时期沙丘遗址的一个显著特点之一。

玉石璋、有领环以及戈等，在环珠江口区域的频繁出现，展现出这一地区商时期遗存文化面貌的趋同性，以及夏商礼制南渐对该区域的青睐。如果再往前追溯，新石器时代中期来自湘西沅水流域的高庙文化、洞庭湖地区的汤家岗文化和大溪文化中的白陶和彩陶，⑧也比较集中地出现在这一区域，说明长江中游湖湘地区的考古学文化因素向珠江三角洲的传播与渗入早在新石器时代中期就开始了，同时也表明环珠江口区域有其独到的

---

① 广州市文物考古研究所编：《铢积寸累：广州考古十年出土文物选萃》，文物出版社，2005年，第275页、274页。插图引自第275页"图268"。
② 此据杨式挺先生《浅说粤港"牙璋"及相关器物——夏商周文化南传迹象探微》获知，文图见《南中国及邻近地区古文化研究》"图23－1∶12"，第177页、180页；《岭南印记——粤港澳考古成果展》图录刊布的广东省博物馆藏1件凹刃石璋，长21.3、宽4.2厘米，说明出土于增城梅花林，图见第93页。笔者疑二者实同1件，"梅花林"当为"红花林"之误。
③ 《铢积寸累：广州考古十年出土文物选萃》，第266页。
④ 发掘资料现存广州市文物考古研究院，待刊。图见广州市文物考古研究院：《广州增城墨依山遗址两座出土玉牙璋的商代墓葬》"图一二∶4"，《东南文化》2018年第3期，第37页。
⑤ 广州市文物考古研究所2002年发掘，资料现存广州市文物考古研究院，待刊。
⑥ 《东亚玉器》第1册，第147页。
⑦ 广东省文物考古研究所、珠海市沙文化科：《珠海平沙棠下环遗址发掘简报》"图一三∶8、10，图一三∶5"，《文物》1998年第7期，文中称"有肩环"。澳门路环岛黑沙遗址1977年的发掘中也出土1件似"T"字形的石环，但具体年代不明，参见杨式挺：《从考古材料看澳门历史文化与中国内地的关系》，《岭南文物考古论集续集》，岭南美术出版社，2011年，第55页。
⑧ 深圳市文物考古鉴定所编著：《深圳咸头岭——2006年发掘报告》，文物出版社，2013年，第269－273页。

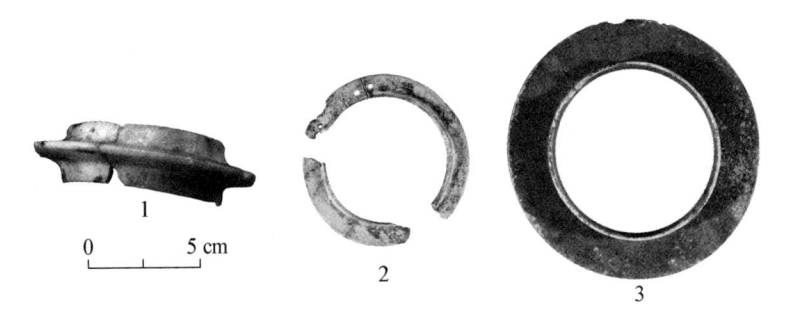

图十三　广州商时期遗址出土有领玉环
1. 南沙鹿颈遗址（T1608⑩A∶47）　2、3. 增城墨依山遗址 M70（M70∶4、M70∶3）

地理人文优势，能让岭北先进的考古学文化在此驻足并得以发展；而往后看，以广州为中心的珠江三角洲又是春秋战国时期南越族群的活动范围，秦汉时期更成为岭南的政治文化中心，这应该也是同夏商礼制文化对该区域的熏陶和浸润分不开的。

新石器时代中期，由沅水过桂东北、桂东，达西江后向珠江三角洲推移，是湖南境内考古学文化对咸头岭文化影响的一条重要通道。① 但自新石器时代晚期之后，此通道并未继续在大跨度的文化往来中起过突出的作用，商文化在东线是从盘龙城顺长江而下进入鄱阳湖和赣江，再经广东始兴、南雄一带山口谷地传入岭南的，其中赣鄱流域的吴城文化起到了重要的中间作用。② 朱乃诚先生推测"福建、广东沿海及香港一带的牙璋，可能与湖北、湖南的牙璋有关，可能通过中南地区传播过去的"③观点大概也支持这条传播路径的存在。也有学者认为岭南地区玉石璋绝大部分与成都平原出土玉璋极为相似，应该不是由长江中游转折而来，而极可能是由成都平原直接经长江支流乌江或沱江进入云贵高原，之后进入红河流域或珠江水系，到达沿海一带甚或东南亚大陆地区。④ 这种看法笔者是不赞同的，其理由将在后文分析越南北部牙璋来源时再展开。不过，"与以璋为代表的二里头文化因素不同，浮滨文化中以戈、凸缘环等为代表的商文化因素是经由长江中游直接或间接进入闽南粤东地区"⑤的观点，则同本文分析的结果基本一致。

珠江三角洲以西的粤西、桂东、桂北地区，通常被认为是春秋战国时期西瓯族活动的范围，大致以珠江中游的西江流域和珠江支流的桂江流域为中心，其西南则主要是骆越族的势力范围，大致在桂南和越北地区的左右江流域和越南北部的红河流域。如果从牙璋和有领玉石环来考察这两个区域，粤西桂东北一带商周时期的青铜器发现不少，其中不乏一些重要的青铜礼器，但不见牙璋的踪影，有领环发现相对也少。粤西贺江支流之一的封开杏花河流域调查和试掘中发现有 20 件有领石环，简报中介绍器形厚重、

---

① 《深圳咸头岭——2006 年发掘报告》，第 274 页。
② 裴安平：《中原商代"牙璋"南下沿海的路线与意义》，《南中国及邻近地区古文化研究》。
③ 朱乃诚：《牙璋研究与夏史史迹探索》，《夏商都邑与文化（二）：纪念二里头遗址发现 55 周年学术研讨会论文集》，第 295 页。
④ 石荣传：《从闽南、粤东浮滨文化玉（石）器看中原夏商文明的南渐》，《江汉考古》2016 年第 5 期。
⑤ 石荣传：《从闽南、粤东浮滨文化玉（石）器看中原夏商文明的南渐》，《江汉考古》2016 年第 5 期，第 66 页。

孔径大,根据突起领部的高低和宽窄可分为四式,其中佛子岗遗址的两件,直径分别为12厘米和14厘米,领高2.4厘米和3.4厘米;苦稔岗有1件,直径15.2、孔径7.4、领高4.2厘米。① 粤西南目前只是在阳春市合水镇漠阳江东岸的白寨遗址②和茂名市电白区的铜锣墓岭遗址采集到有领石环。③ 这与湘江流域不见牙璋、湘南潇水和资水流域少见或不见有领玉石环的现象吻合,由此亦可佐证牙璋和有领环向岭南的传播不是经由这一方向实现的。

广西境内有明确出土地点的商时期牙璋和有领环目前只见于桂西南的那坡县感驮岩遗址,在它的二期后段遗存中出土1件形制比较简陋的微型骨质牙璋,同出的还有粉砂岩的有领环和玛瑙玦,有领环(BT01②:6)为B型,边宽1.35厘米(图十四,2)。感驮岩遗址二期后段遗存年代约相当于中原晚商时期,④牙璋和有领环出现的时代要晚于环珠江口和粤东闽南地区。⑤

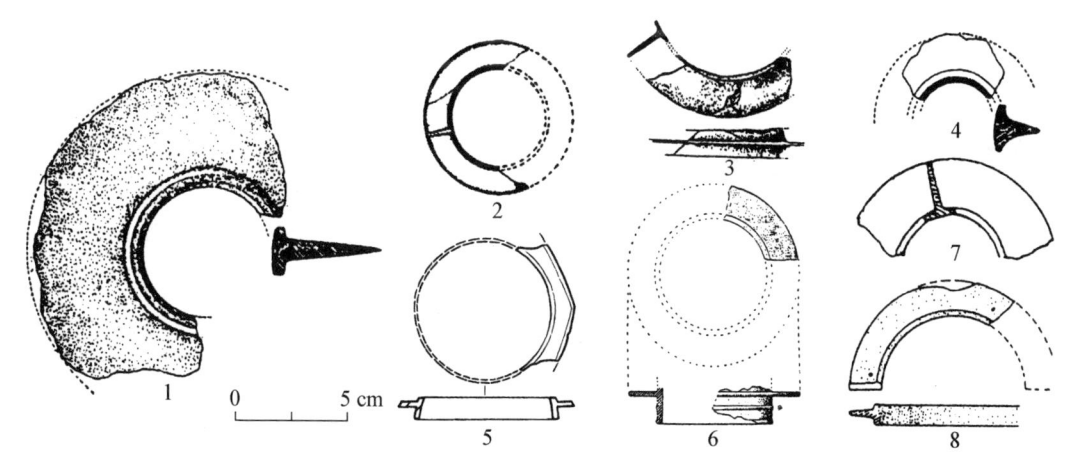

图十四 桂西南和越北出土有领玉石环

1. Phu Loc 2. 感驮岩 3. Lung Hoa 4. Hoa Loc 5. 义立 6. Phung Nguyen 7. Thanh Den 8. Trang Kenh

---

① 杨式挺、邓增魁:《广东封开县杏花河两岸古遗址调查与试掘》,《考古学集刊》第6辑,中国社会科学出版社,1989年,文中称此型器为"磨轮",《广东先秦考古》中名其为"凸唇环",但均未刊布图或照片,参杨式挺、邱立诚、向安强著:《广东先秦考古》,广东人民出版社,2015年,第702-705页。
② 1978年冬,白寨村女青年黎清燕主动将她在村后石山脚下屋背、后龙公、土主公三个地点多次采集到的石器、陶器等文化遗物,送给正在发掘独石仔遗址的广东省博物馆工作人员。随后,广东省博物馆会同阳春县文化馆对遗址进行了调查和试掘,发现不少陶片、石器、动物骨骼牙齿等,认为有新石器时代晚期至商代和西周至战国时期两个阶段的遗存,参邱立诚:《阳春白石岩古文化遗存调查简报》,广东省博物馆:《广东文物考古资料选辑》第一辑,1989年。"阳春热线"网站中的"阳春百科·文物古迹·白寨古人类居住遗址"有介绍。笔者2017年10月底参观阳春博物馆,"白寨遗址"有专柜陈列,根据同柜陈列的石戈、双肩石斧、石锛等判断,有领石环(展品说明为"突唇环")的年代放在商时期为宜。
③ 铜锣墓岭采集的有领石环资料为广东省文物考古研究所刘长博士于2018年1月30日年度业务总结汇报会上得知。
④ 广西壮族自治区文物工作队、那坡县博物馆:《广西那坡县感驮岩遗址发掘简报》"图二〇,7",《考古》2003年第10期;韦江:《广西那坡县感驮岩遗址出土牙璋研究》,《四川文物》2002年第1期。
⑤ 百色市右江民族博物馆陈列有1件斜刃牙璋和1件形制规整的T形石环,年代标注为商周时期。《百色文物珍品》图录说明为"殷商时期,通长25、宽6.5、厚0.7厘米",见黄霖珍主编:《百色文物珍品》,广西美术出版社,2013年,第28-29页。

四、越南北部所见牙璋和有领璧环

岭南地区牙璋和有领玉石环的集中出现,除了环珠江口地区就是越南北部的红河平原。据彭长林先生的统计,截至2010年以前公布的材料,在越北冯原文化中共出土8件玉石质牙璋,除1件为发掘出土外,其他均为采集品,推测都可能出自墓葬。冯原遗址出土3件,其中1件伴出的还有7件耳玦、1件指环、1件直径达18.5厘米的大石璧;仁村遗址出土5件,其中,发现于1975年的2件,同出的遗物还有1件突沿石镯和一些软玉管珠,发现于2006年的2件,同出的遗物有4件突沿石镯、20件石镯残件、120件以上的软玉管和管珠以及1件陶釜、1件小石斧。① 从上述越北冯原文化牙璋和有领环的出土现象来看,有三点与环珠江口区域非常相似:① 多数都出自墓葬,尤其是完整器,当属尊贵的礼玉用以陪葬;② 与有领环伴出的现象很常见;② ③ 也比较多地使用玉石玦作为装饰品。

关于越北冯原文化的牙璋,学者论述很多,其内涵甚至被升华为华夏早期文明的礼制象征,"二里头牙璋在南中国地区的复制,可被视为原生国家向次生国家波及的一种表现。政治制度是国家形成的必要条件,其出现并非理所当然。牙璋可被视为东亚地区国家政治制度形成的一种物质标志"。③ 对其来源,多数学者认为源于川西平原的三星堆文化,④也有一部分学者肯定越北牙璋是由川西平原传入的,但也受到岭南牙璋的影响。⑤ 牙璋来源这一复杂问题暂且搁置不议,先看看有领玉石环在越北的出现情况。

相较于牙璋,有领玉石环作为次一等级的礼玉在越北冯原文化发现的数量要多很多,前述彭长林先生的统计资料中,冯原遗址和仁村遗址都有出土。从邓聪先生和吉开将人先生刊布的图中可以看出,越北出土玉石有领环璧的型式丰富,有与深圳黄竹园沙丘遗址接近的B型有领璧(Phu Loc遗址),有A型有领环(Thanh Den遗址),数量最多的还是B型有领玉环(Lung Hoa、Trang Kenh、Trang Kenh、Xom Ren等遗址),B型有领陶环(Hoa Loc遗址)、C型(Trang Kenh遗址)和D型(Phung Nguyen、Mai Dong等遗址)有领玉环也都有

---

① 彭长林:《越南北部牙璋研究》,《华夏考古》2015年第1期,文中称有领石环为"突沿石镯"。
② 越南《考古学》杂志2007年第3期第27页刊布的冯原文化遗址出土牙璋和有领玉环的照片,摆放位置与增城墨依山浮滨文化墓葬几乎完全相同。
③ 邓聪、王方:《二里头牙璋(VM3∶4)在南中国的波及——中国早期国家政治制度起源和扩散》,《中国国家博物馆馆刊》2015年第5期,第21页。
④ Higham, C. F. W., "Lingnam and Southezst Asia in Prehistory",《东南亚考古论文集》,香港大学美术博物馆,1995年;邓淑苹:《万邦玉帛——夏王朝的文化底蕴》;朱乃诚:《牙璋研究与夏史史迹探索》,《夏商都邑与文化(二):纪念二里头遗址发现55周年学术研讨会论文集》;四川省文物考古研究院、陕西省考古研究院、越南国家历史博物馆:《越南义立——冯原文化遗存发掘报告》,文物出版社,2016年。
⑤ 江章华:《牙璋传播的东西两线说》,张忠培、徐光冀主编:《玉魂国魄:中国古代玉器与传统文化学术讨论会文集(三)》,北京燕山出版社,2008年;彭长林:《越南北部牙璋研究》,《华夏考古》2015年第1期;还有其他文章,不一一叙述。

发现(图十四、十五)。① 海防长睛遗址(Trang Kenh 遗址)出土的 B 型有领玉环残件,复原直径 9 厘米,两端有钻孔,让人联想起香港大湾和增城墨依山浮滨文化墓葬出土的有领玉环;长睛遗址 C 型有领玉环与香港东湾仔遗址同类器(SF68)也几乎完全一致,由此可见越北冯原文化在有领环方面表现出的与环珠江口区域的高度一致性。当然,我们也不能忽视它与川西平原三星堆遗址同类器的相似性(图十六),②尤其表现在形制方面,如形制相对特殊的箍形有领玉环。

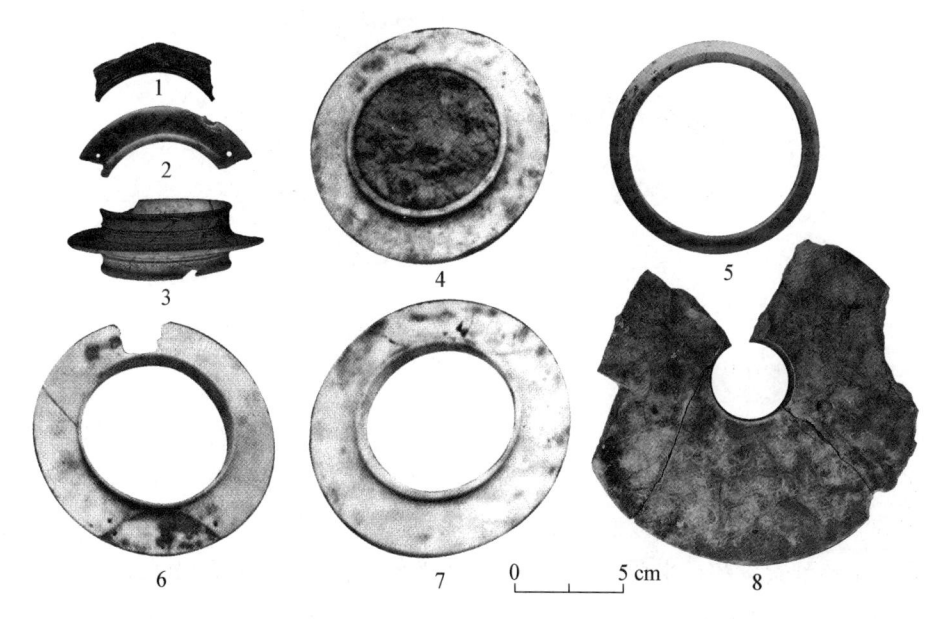

图十五　越北出土有领玉环和石璧
1. 义立　2. Trang Kenh　3. Mai Dong　4、6、7. Xom Ren　5. Trang Kenh　8. Phung Nguyen(冯原)

永富省义立遗址出土 1 件平面呈菱形的有领石环为其他地区所不见,以孔径和边宽的尺寸(直径 6.5、边宽 1 厘米)来看,可归为 B 型有领环(图十四,5,图十五,1),时代属冯原文化中期偏早阶段,距今约 3700－3500 年。义立遗址是四川省文物考古研究院与陕西省考古研究院会同越南国家历史博物馆联合发掘的,发掘报告的编写以四川省文物考古研究院的学者为主,三星堆文化对冯原文化的影响自然会受到比较多的关注:"冯原文化中出土的玉戈、玉璋、T 字形玉环、玉璧等礼仪性用具就与三星堆遗址出土的同类器物非常相似。越南义立遗址出土的陶器虽多表现为土著文化因素,但一些玉石礼器和遗迹现

---

① 插图十四引自邓聪:《越南冯原遗址与香港大湾遗址玉石器对比试释》"图 28"、吉开将人:《论"T"字玉环》"图 32－3、61、67、64、62",均载《南中国及邻近地区古文化研究》;还引自《越南义立——冯原文化遗存发掘报告》第 153 页"图九〇:2"。插图十五引自《越南义立——冯原文化遗存发掘报告》"彩版八五:2";《东亚玉器》第 3 册第 224 页"图 314、313"、第 226 页"图 319"、第 212 页"图 303";越南《考古学》杂志(《Khao co hoc》)2007 年第 3 期封面。上述出土有领环的遗址,其年代和文化属性参照了吉开将人《论"T"字玉环》和邓聪《从〈新干古玉〉谈商时期的玦饰》。

② 插图引自《东亚玉器》第 3 册第 202 页"图 295"、第 203 页"图 296";广东省博物馆编:《贞石之语——先秦玉器精品展图集》,岭南美术出版社,2006 年,第 110 页"图 134";江聪编著:《三星堆精粹》,中国旅游出版社,2005 年,第 52 页"图 85"。

图十六 三星堆遗址出土有领玉环
1. 三星堆遗址 D 型有领环　2、4. 三星堆遗址 A 型有领环　3. 三星堆遗址 B 型有领环

象,如 T 字形玉环、石璧形器以及方形灰坑等则体现出与三星堆文化的某些相似性和一致性。"①这目前是学术界占主流的观点,在彭长林先生的越北牙璋研究中也有同样的表述:"因此,冯原文化中的突沿镯出现时间相比岭南要更早一些,其来源也只有三星堆文化,此后更一直向南传到泰国和马来西亚。玉石璧在冯原文化中也多见,岭南只在石峡文化中有少量发现,到石峡中文化层以后消失不见,珠三角极少发现,而三星堆文化中大量出土玉石璧,中兴乡燕家院子和真武仓包包台都发现埋藏大量大小依次递减的成组玉石璧的器物坑,它们之间也应有传承关系。"②但笔者在兼顾牙璋传播的基础上,对华南所见有领环做此番相对系统的梳理之后,得出的认识却并不支持这种主流观点,反而倾向于来自粤港沿海地区的非主流观点。③

首先,从时代来说,玉石牙璋和有领环在环珠江口和越北地区出现的时间都不晚,起码在商代中期偏早阶段,无论是闽南粤东和环珠江口的浮滨文化,还是越北的冯原文化,牙璋和有领环出现的年代都不会晚于商代中期。而从传播路线来讲,从环珠江口至越北的沿海交通的便捷性丝毫不亚于甚至是超过自川西平原穿越云贵高原抵达越北的陆路交通的便捷性(图十七),这种自东南沿海达珠江三角洲及至北部湾地区的文化交流早在新石器时代晚期就存在,由此形成的交通网络自商周以后更是被频繁地利用,这已由诸多的考古发现所证实。

---

① 《越南义立——冯原文化遗存发掘报告》,第 153 页。
② 彭长林:《越南北部牙璋研究》,《华夏考古》2015 年第 1 期,第 68 页。
③ 持此观点者如,吉开将人:《论"T 字玉环"》,《南中国及邻近地区古文化研究》;杨建芳:《云贵高原古代玉饰的越文化因素》,《考古》2004 年第 8 期。

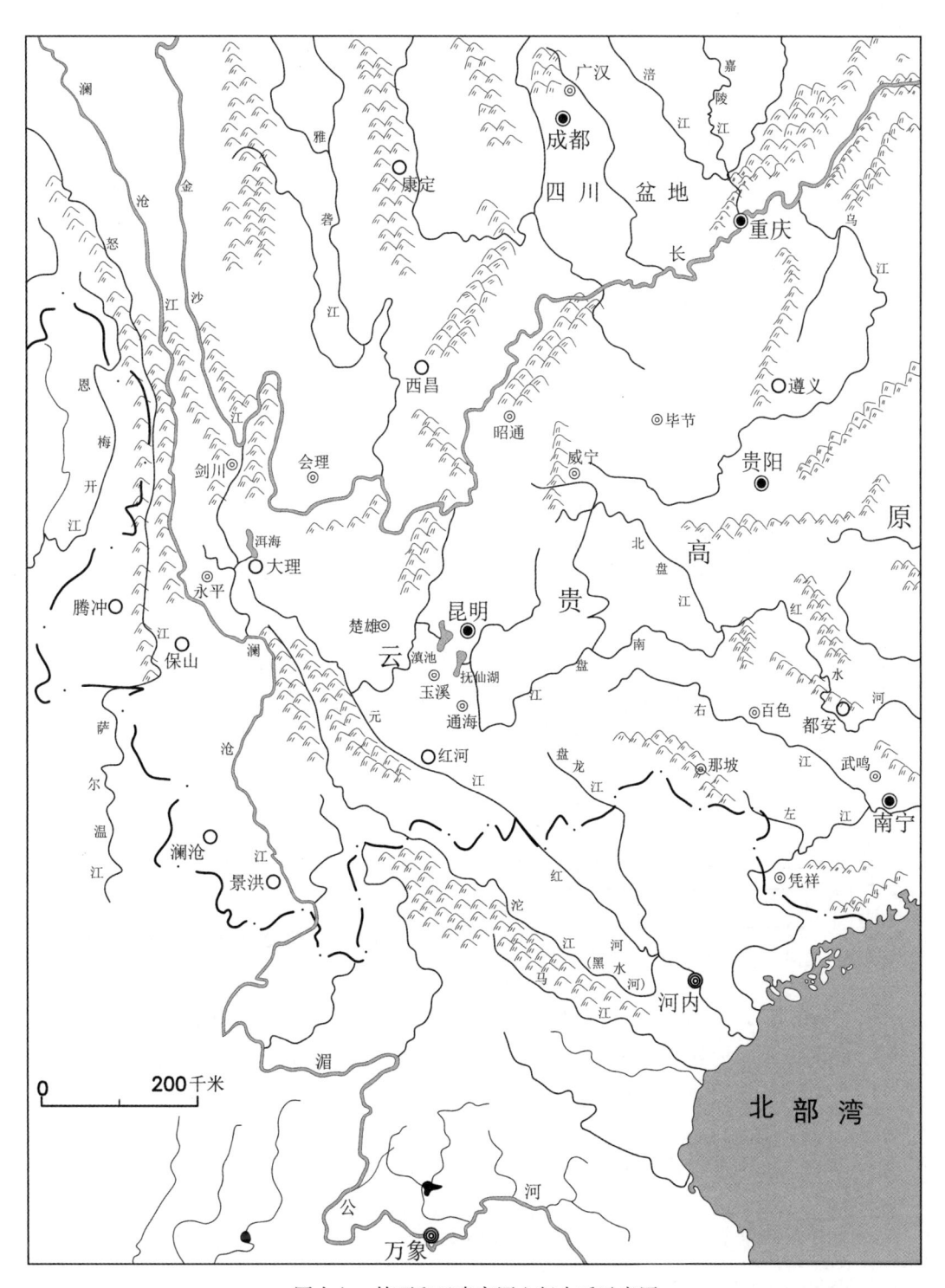

图十七 桂西和云贵高原山行水系示意图

其次，在形制和数量上，目前所见牙璋和有领环在环珠江口一带发现不少，形式多与越北同类器相同或相似。只是闽粤地区的牙璋、有领环及戈等，以石质者为多，玉质者少，这或同当地的玉料匮乏有关。越北发现的玉石作坊不少，①川西平原的玉料来源则有可能与汶川龙溪乡一带的玉矿有关，②两地看似都有比较丰富的玉矿资源，尤其是后者。所以三星堆文化和十二桥文化才能够制作出大量质地精美、加工细腻的玉石器，并作为祭器以瘗埋的方式挥霍性地使用。而且，越北冯原文化使用玉石玦为装饰品的习俗，同见于环珠江口地区及闽南粤东的浮滨文化，是百越文化的典型特征之一，迥异于川西平原，而三星堆文化发达的青铜文化，也是在百越文化系统中是看不到的。说明从文化体系上来说，越北和川西平原是两个完全不同的文化系统，亦如邓聪先生所言："……很难想象越北冯原文化的玦饰与西南四川间的交流关系。冯原文化玦饰传统来源的探索，毋宁将视线转移到岭南甚或长江中游方面去考虑。看来越南冯原文化玉器的来源可能并不是单一的，远比我们过去的估计更为复杂"。③

再者，从牙璋和有领环的出土情况来看，越北、闽粤和中原地区是基本一致的，而与川西平原有明显的差异。二里头遗址第三期文化遗存VM3两件牙璋首尾相向出土于墓坑中部（图十八）；④香港大湾遗址和增城墨依山遗址牙璋和有领玉环也是出在墓坑中部（图十九、图二十），只不过1座墓只出1件牙璋；⑤越北冯原文化松仁（Xom Ren）遗址一大一小两件牙璋首尾相向出土于1座墓的墓坑中部，伴出的还有3件有领玉环，牙璋和有领环的出土位置似在腰部两侧手臂处（图二十一），⑥其与二里头遗址VM3牙璋出土位置的高度相似性让人不禁感叹礼制文化传播的穿透力之强。

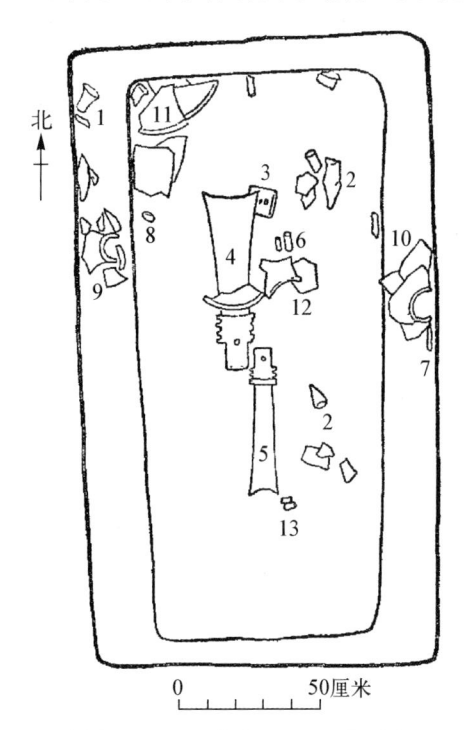

图十八　二里头遗址VM3平面图

从中原腹地的二里头遗址、安阳殷墟和郑州商城，到江淮流域的正阳闰楼、罗山后李、沙市汪家屋场、黄陂钟分卫湾，或经湘江流域的宁乡与赣江流域的新干抵达闽粤和红河三

---

① 参见邓聪、阮金容：《越南海防长睛遗址的考古发现》，《东南考古研究》第三辑，第66–70页。
② 王方：《金沙遗址出土玉器的初步研究与认识》，《玉魂国魄：中国古代玉器与传统文化学术讨论会文集（三）》，第42页。
③ 邓聪：《从〈新干古玉〉谈商时期的玦饰》，《南方文物》2004年第2期，第9页。
④ 中国社会科学院考古研究所二里头队：《1980年秋河南偃师二里头遗址发掘简报》，《考古》1983年第3期，第202页"图七"。
⑤ 插图引自《东亚玉器》第1册第205页；广州市文物考古研究院：《广州增城墨依山遗址两座出土玉牙璋的商代墓葬》"彩版四，4"，《东南文化》2018年第3期。
⑥ 插图引自Han Van Khan, "Xom Ren, mot di tich khao co", 越南《考古学》2007年第3期，第27页"Ban anh 7–4"。

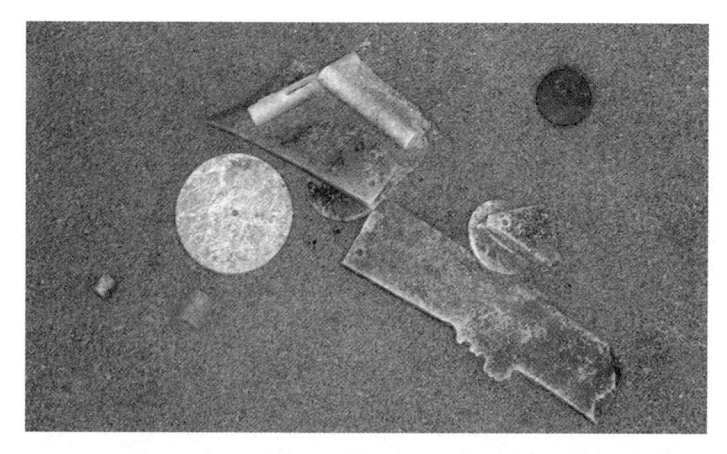

图十九　大湾遗址牙璋出土情况

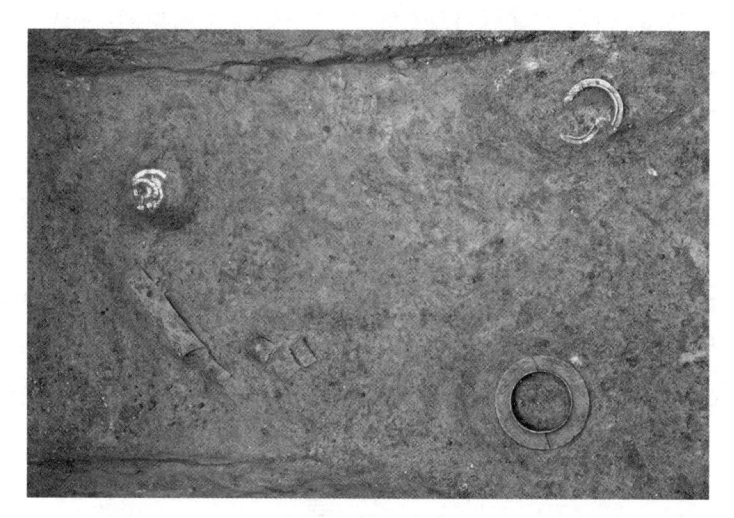

图二十　墨依山遗址 M70 牙璋和有领玉环出土情况

图二十一　Xom Ren 遗址牙璋和有领玉环出土情况

角洲,无论是有领璧环还是牙璋,形制完整、做工精细者均出自墓葬,且以岭南、越北所见,牙璋和有领璧环经常伴出,说明使用者或拥有者赋予它们的文化内涵是基本相同的,这与陕北石峁遗址、川西平原三星堆遗址和金沙遗址玉石牙璋、有领璧环大量出现于祭祀遗迹中明显不同,反映出物质背后的理念和思想有差异。

最后,从云贵高原发现的商周时期的有领玉环来看越北冯原文化有领玉璧环的来源,滇中杞麓湖盆地的兴义二期遗存无疑是最重要的节点。玉溪市通海县的兴义遗址是滇中高原湖泊型贝丘遗址,文化层厚8.2－9.4米,从早到晚分为海东类型、兴义二期遗存和滇文化遗存三个时期。兴义二期遗存年代推测相当于商至西周时期,是滇文化的源头之一,出土有领石环、有肩有段石锛和孔雀石、炼渣、石范及小件青铜器等。① 现公布的材料显示兴义二期遗存有领石环型式为本文所列的 B 型(图二十二),这是云南目前所见最早的有领环,它不是最早出现于滇西北苍洱地区的大理银梭岛文化和剑川海门口文化中,② 而是滇中杞麓湖盆地,说明有领石环和有肩有段石锛一样,其来源应与岭南有关,不一定同川西平原有直接的关系。川西南最早见有领玉环是凉山州会理县粪箕湾土坑墓(图二十三,3),时代已到了战国阶段,文化内涵更接近云贵高原西南夷的范畴,与川西平原的蜀文化差异很大。③ 贵州境内最早的有领玉石环也是发现于黔西北的威宁中水盆地,属于鸡公山文化的鸡公山遗址、④吴家大坪遗址⑤等都发现有"突沿玉镯",即有领玉环(图二十三,1、2、4)。从测年数据看,吴家大坪和鸡公山遗址最早年代距今约 3 300 年,最晚距今约 3 000 年,相当于中原地区的商代中晚期至西周早期。⑥ 此地有领玉石环出现的年代要早于三星堆文化,但要晚于环珠江口和越北地区。而且,发掘简报披露的吴家大坪遗址有领玉环均为残件,出土于 G1 当中;鸡公山遗址是一处以祭祀活动为主而形成的山顶聚落遗址,但祭品几乎均为陶器,不见有用玉石器祭祀的报道,不同川西平原的做法。发掘者认为鸡公山遗址中出土少量带有东南百越文化和成都平原三星堆文化因素的器物,⑦笔者倾向于有肩有段石锛、有领玉石环等,都是来自岭南越文化的因素。

---

① 《2016年度全国十大考古新发现终评入围项目之八:云南通海兴义遗址》,中国文物报社官方微信"文博中国"2017年4月11日;朱忠华 杨杰:《云南通海兴义贝丘遗址》,《2016中国重要考古发现》,文物出版社,2017年,第50－55页。

② 参阅肖明华:《云南剑川海门口青铜时代早期遗址》,《考古》1995年第9期;云南省文物考古研究所等:《云南剑川县海门口遗址第三次发掘》,《考古》2009年第8期;云南省文物考古研究所等:《云南大理市海东银梭岛遗址发掘简报》,《考古》2009年第8期;闵锐:《剑川海门口遗址综合研究》,《学园》2013年第15期;万娇:《苍洱地区史前文化》,文物出版社,2013年。

③ 会理县文物管理所、凉山彝族自治州博物馆、四川省文物考古研究所:《四川会理县粪箕湾墓群发掘简报》"图十三-9",《考古》2004年第10期。

④ 贵州省文物考古研究所、四川大学历史文化学院考古系、威宁县文物保护管理所:《贵州威宁县鸡公山遗址2004年发掘简报》,《考古》2006年第8期,简报中未注明有有领玉出土,但《试论鸡公山文化》中说出土有有领玉镯,参见张合荣、罗二虎:《试论鸡公山文化》,《考古》2006年第8期。

⑤ 贵州省文物考古研究所、四川大学历史文化学院考古系、威宁县文物保护管理所:《贵州威宁县吴家大坪商周遗址》"图十九-2、4、5",《考古》2006年第8期。

⑥ 张合荣、罗二虎:《试论鸡公山文化》,《考古》2006年第8期。

⑦ 贵州省文物考古研究所、四川大学历史文化学院考古系、威宁县文物保护管理所:《贵州威宁县鸡公山遗址2004年发掘简报》,《考古》2006年第8期。

图二十二　云南通海兴义遗址出土有领玉石环

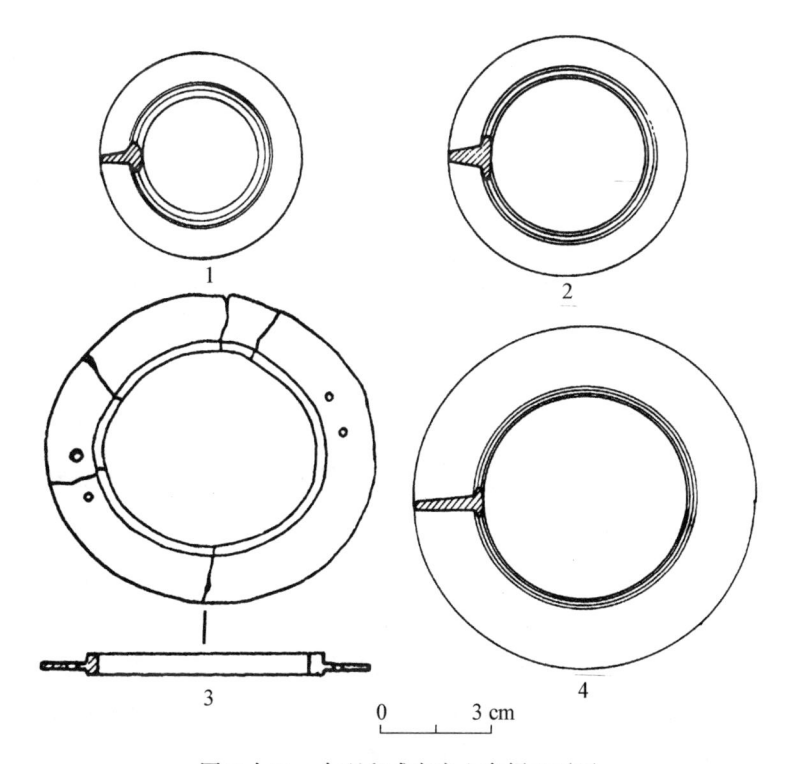

图二十三　会理和威宁出土有领玉石环
1. 会理粪箕湾土坑墓(M3∶3)　2、3、4. 威宁吴家大坪遗址(ⅢG1③∶5;ⅢG1③∶4;ⅢG2①∶4)

云贵高原目前还没有发现商周时期的牙璋,以牙璋作为文化交流的媒介,越北和川西平原是否存在直接的交流,交流的路径和前后顺序是怎样,目前尚未形成较为清晰和统一的认识。但从有领玉石环的发现情况和出现时间来看,有领玉石环从桂西、越北传向云贵高原的可能性要远大于由川西平原经云贵高原传向越北的可能性。从文化传统来看,包括越北在内的岭南地区与云贵高原,一个属百越文化圈,一个属百濮文化圈,二者本身就存在很深的文化渊源,相互间的认同感远超它们与古蜀文化的认同感。所以,中原夏商礼制经湘赣逾武夷山和南岭至华南,再沿海陆两线辗转抵达越南北部的红河平原,其传播路径不论是从时间、交通便捷性还是文化属性方面,都更具说服力。

五、结　　语

　　无论是牙璋,还是有领玉石环,都是不会说话的"物件",考古的贡献首先在于发现这些"物件",然后是通过理解和研究去诠释它们背后的文化内涵,透物见人,从"小物件"来看"大历史"。许倬云先生在《说中国》书中有这样一段话:"从夏后氏比较笼统的霸权,经过商人同心圆布局的统治机制,最后到西周的封建网络,这三个阶段的发展促使'中原'成为中央政权的基地,而又以同心圆的方式扩散其势力于各处。整个中国是一个'天下','天下'没有边,也没有界限,只有向远处扩散而逐渐淡化的影响力。而且,这种影响力不一定是统治的权力,而是通过文化交融而构成的一个新文化,其中包含了各种地方文化。将各种地方文化吸纳入中原文化,使'天下'的文化多元而渐变,共存而不排他。这样一个核心,加上其放射的影响力,终于形成了后世的'中国'。"[1]有领玉石璧环伴随着牙璋在商代中期前后,渐次出现在环珠江口、闽南粤东和越南北部地区,反映出中原礼玉文化向南中国地区的传播和浸润,借此传递以中原为核心的多元一统的"天下"观,通过夏商礼制文化的南渐,潜移默化地推进岭南"中国化"的进程。

　　《汉书·地理志》注引臣瓒曰:"自交趾至会稽,七八千里,百越杂处,各有种姓。"包括越南北部在内的岭南地区,背靠五岭、面向南海相对独立的地理环境,虽然没有相应的文化积淀形成自己的"夏→商→周",但也在岭北先进文化的引领或者刺激下,逐渐完成着自己的"春秋→战国"时代。互不相属、好相攻击的百越族群,在先秦历史发展的长河中,通过不断的文化交融在做自身的整合,大时空的地区统一性也逐步在增强,这当中肯定有夏商以来中原礼制文化甚至王权统治的观念和思想在起作用,虽然我们无法用"物件"来证实。

　　岭南地区这种循序渐进或者说按部就班的整合和一统,后来被"六王毕、四海一"的秦始皇打断了。公元前221年,由屠睢率领,发兵五十万,分五路越五岭进军岭南,最终于三十三年(前214年)统一岭南,置南海、桂林、象等三郡,第一次将岭南纳入中国的政治版图。三郡之一的象郡郡治所在到底是在越南北部还是在广西南部,目前尚无定论,但其管辖范围,即秦的势力范围已达越北地区,亦无异议。秦置岭南三郡,把越南北部囊括在内(且不论其实效的管辖领域有多大),说明越北与两广文化的趋同性已达一定程度,秦始皇或秦军统帅认为其固为一体,自然要纳入一统;另一方面,估计秦征岭南之前或之初,已对越北地区有了或多或少的了解,当有一定的华夏基因沉淀于此,固有必要将其纳入"四海归一"的秦帝国当中来。而与之形成对比的是海南岛和云贵高原,都是在汉武帝的时代才真正地被纳入统一帝国中。显然,秦始皇的时代,西南夷聚集的云贵高原,在中原王朝的眼界中,文明礼制还未达到被认可的程度,因而亦无充分的动因去统一它。云贵高原包

---

[1]　许倬云:《说中国》,广西师范大学出版社,2015年,第45页。

括其边缘地带,有领玉石环出现的年代比岭南地区晚,至今也不见牙璋出土,在历史长河的大背景下去理解,或许更为明晰。

附记:本文的写作得益于与广东省文物考古研究所李岩先生的长期研讨,文中的部分观点表达了我们对岭南先秦考古学文化的共同认识。另,广州市文物考古研究院王斯宇提供了内容提要的英文翻译,部分插图的绘制和排版由广州市文物考古研究院范德刚和郑立华完成,特此致谢!

试论郑州城垣形态及相关河道的变迁

刘亦方

(北京大学考古文博学院)

在现今郑州旧城范围存在有包括郑州商城在内相互沿用的几座古代城址,但有关这些城址空间形态历时性变迁的研究并不多。本文对这些古代城址进行逐层剥离,并结合文献记载和考古发现,探讨郑州城址及其南北两侧金水河、熊耳河河道空间格局的变迁趋势及相互关系。二里冈早商时期,郑州商城的形态大体为内外两重城垣。当时城址的东北及东部区域存在有湖沼,内城城垣东北部的拐折应是与周邻的湖沼分布有关,而郑州商城外郭城及城壕的修建主要是为了抵挡洪水并起到分流的作用。此时人们已经开始将发源于城址西南部丘陵岗阜的河流引入城区,郑州商城内部至少应存在南北两大给排水系统,但其位置与现今流经该区域的金水河、熊耳河道均存在一定的差别。汉唐以来,早商时期的湖沼大部分已经消失,郑州城址的规模也向南缩减,形态为横长方形,直至近代未有大变。现今流经郑州旧城南部的熊耳河应与汉唐以来郑州城址南部的城防用水有关。而金水河早晚变动较大,其变迁的关键地点在今京广铁路东侧二七路附近的"老坟岗"。

一、绪　　论

郑州城址指的是,在现今郑州市区郑州旧城所在区域发现的二里冈早商城址(即郑州商城)以及被后世沿用的古代城址。其中,郑州商城于20世纪50年代发现,一直是三代历史与考古研究关注的重点,而目前有关郑州城址的研究绝大多数都与之相关。迄今为止,关于郑州商城的研究方法和目的可大体概括为以下两个趋向:一是以考古学文化分期及文化因素分析为基础,以考证遗存与历史文献记载的城邑及族群之间的对应关系;[1]二是以聚落结

---

[1] 这一类研究自郑州商城发现之初就得到学界的普遍关注,其基本研究思路是以考古学文化分期、文化因素分析为基础,力图与历史文献记载的古代族群和城邑地望相对应。经典的著作包括邹衡:《试论郑州新发现的殷商文化遗址》,《考古学报》1956年第3期(后收入《夏商周考古学论文集》,文物出版社,1980年);邹衡:《试论夏文化》,《夏商周考古学论文集》,文物出版社,1980年;邹衡:《论成汤都亳及其前后的迁徙》,《夏商周考古学论文集》,文物出版社,1980年;安金槐:《试论郑州商代城址——隞都》,《文物》1961年第4、5期合刊;安金槐:《关于郑州商代二里岗期陶器分期问题的再探讨》,《华夏考古》1988年第4期;刘绪:《从墓葬陶器分析二里头文化的性质及其与二里冈期商文化的关系》,《文物》1986年第6期;栾丰实:《试论岳石文化与郑州地区早期商文化的关系——兼论商族起源问题》,《华夏考古》1994年第4期;李伯谦:《对郑州商城的再认识》,《文明探源与三代考古论集》,文物出版社,2011年等。

构及区域聚落为基础,以图对商代早期国家及社会组织形态进行研究。① 尽管关于郑州商城的一些具体问题还存在争论,但其作为商代早期都城的观点基本得到了学界的认可。同时,以郑州商城出土遗存为代表的二里冈文化作为殷墟晚商文化的主要来源之一也被学者们所接受。

根据上述研究趋向的总结,我们可以看到以往的考古发掘与研究工作都将精力集中于早商时期的都城形态及文化面貌上,对于商城出土反映环境变化的遗存分析较为欠缺,②而对其衰落之后的文化遗物及聚落形态的变化明显关注不够。除了考证其所在区域行政区划的沿革外,③并未真正对城址本身进行考察。此外,从考古材料对郑州历代城址形态所反映的人地关系变迁研究也不多。既有研究较全面的,当推陈隆文先生的《郑州历史地理研究》、徐海亮先生的《郑州古代地理环境与文化探析》。在区域选择上,陈氏及徐氏所言"郑州"都基本囊括了现今郑州市所管辖的所有行政区划,并非完全围绕郑州商城为基础形成的历代郑州城址来叙述;而时间选择上,两者的时间跨度基本从史前延续至明清。研究内容上,陈氏的研究主要以文献考证郑州的区域沿革为主,对于相关河道水系与城市的关系的研究涉及不多。④ 徐氏则主要侧重从地质、地貌的角度,分析郑州所在区域的自然环境和水系变迁,并对《水经注》所记载的相关河流进行了详细的考证。⑤ 总体上,关于郑州地区历史地理研究多属于郑州商城形成及之前阶段广域范围内的宏观论述,缺乏对历代郑州城址本身的微观考察。

不可否认的是,城址形态的变化很大程度上受到社会历史因素的影响,而其所在区域水系的变迁对城址(尤其是城垣形态)的影响也不能被忽略,两种因素往往交织在一起,难以分别。因而本文试图从城址形态入手,对不同时期的郑州城址进行逐层剥离,并在此基础上,以金水河、熊耳河的演变为主要的考察对象,大体勾勒出郑州古代城址及相应水系空间格局变迁及相互关系。

需要说明的是,郑州市区的考古发掘与钻探工作受限于地表硬化以及城市化进程,很难进行大规模的系统发掘,历次考古工作也较为分散。同时,由于早年的研究及认识水平有限,发表材料提供的信息多不全面且现阶段无法重新检验。再者除地方志外,有关郑州城址的文献记载均较简略,先秦时期更是语焉不详,学者对汉代之前郑州城址的沿革及相

---

① 关于这类问题的研究主要到了21世纪,伴随当代中国考古学由物质文化史逐步转向对古代社会的研究这一学术发展历程而逐渐展开的。同时,国外学者对这一问题也多有关注。较为经典的相关著作主要包括:Bruce G. Trigger, "Shang Political Organization: A Comparative Approach", *Journal of East Asian Archaeology*, vol. 1, no. 1-4 (1999), pp. 43-62;刘莉、陈星灿:《中国早期国家的形成——从二里头和二里岗时期的中心和边缘之间的关系谈起》,《古代文明》(第1卷),文物出版社,2002年;孙华:《商代前期的国家政体——从二里冈文化城址和宫室建筑基址的角度》,荆志淳、唐际根等编:《多维视域——商王朝与中国早期文明研究》,科学出版社,2009年;侯卫东:《郑州商代都邑地位的形成与发展》,北京大学博士研究生学位论文,2014年;Wang Haicheng, "China's First Empire? Interpreting the Material Record of the Erligang Expansion", *Art and Archaeology of the Erligang Civilization*, Princeton University in association with Princeton University Press, 2014。
② 宋国定、姜钦华:《郑州商代遗址孢粉和硅酸体分析报告》,《环境考古研究》(第二辑),科学出版社,2000年。
③ 耿晓洁:《郑州地区行政区划的变迁及其规律》,郑州大学硕士研究生学位论文,2010年。
④ 陈隆文:《郑州历史地理研究》,中国社会科学出版社,2011年。
⑤ 徐海亮:《郑州古代地理环境与文化探析》,科学出版社,2015年。

关地望说法不一。① 因而本文暂不对有关地望、城址性质与内部结构、相关河道的具体细节展开过多讨论。

二、郑州古代城址城垣的空间形态变迁

（一）城址概况及地貌条件

郑州城址经过漫长的历史进程，各时期城址内部的相关建筑设施等早已不存，至今仅有部分古代城垣遗迹还保存于地表之上。这些不同时期城址的城垣遗存主要包括：东北部的紫荆山、中西部的三角地公园、南顺城街与城南路交叉地段，以及大体沿城东路西侧成南北向延伸的残垣和沿城北路、熊耳河的两段东西向城墙。在这些残垣的南北或东西向延长线上大都发现有湮没于地表以下的城垣遗迹。这些城垣圈定的城址形态有两种：一种大体呈纵长方形，可追溯到二里冈早商时期；一种则为横长方形，叠压于前者之上且占据前者南部约三分之二的部分，即是现在的郑州旧城②（图一）。

与郑州城址发生密切关联的河流主要有两条，即流经城北部的金水河以及城南部的熊耳河。由于整个郑州市的西部和南部是由登封经新密和荥阳延伸的嵩山余脉进入郑州市区后所形成的丘陵高地，因而郑州旧城所在区域的地势亦为西、南高，东、北低；而市区的东、北部则属于相对低洼的地带③（图二）。从现存的一些地名及其分布来看，郑州市西部及南部显然存在一系列的岗阜，如"二里冈"、"老坟岗"、"杜岭"、"胜岗"、"岗杜"等，这与上述郑州市的整体地势是相符合的。穿流市区的金水河与熊耳河亦都源自郑州市西南，大体自西南而东北穿过郑州旧城。就河流与城垣的位置关系而言，熊耳河的位置恰位于旧城南墙之外，并与之平行流淌了一段距离后，紧贴城墙东南拐角朝东北方向流出。金水河河道则位于旧城的北部，且横穿了上述紫荆山一带的古代城垣而东流。

由于郑州旧城在古代一直得以沿用，但不同时期城址的规模及形态结构都有所不同，不能一概而论。我们用"郑州城址"来统称包括郑州商城在内历代沿用的郑州城址，而在

---

① 这主要涉及西周初年分封管国及管城的位置问题，大体可分为两种意见：第一种认为西周时期的管城就在今郑州旧城一带，这是自文献记载以来历代史家均秉持的看法；第二种意见则根据郑州旧城范围内的考古发现罕见西周遗存，认为周初的管城应位于有丰富商周遗存的今郑州西北郊。参见陈隆文：《关于商周管邑地望问题》，《陕西师范大学学报》（社哲版）2003年第2期；程平山、周军：《商周管邑地望考略》，《中原文物》2000年第4期；李维明：《试论郑州隞、亳、管之地望》，《中国历史文物》2007年第4期等。笔者认为，尽管郑州旧城所在的区域罕见西周时期的遗存，但这并不能说明周初封管的地望不在当地。文献记载管叔在受封之后便因参与武庚叛乱而被诛，这其间不过几年光景（最多不超过七年），很难形成一定范围和深度的文化堆积，加之考古文化遗存的年代分辨率也是有限的，因而郑州旧城罕见西周遗存，并不能完全推翻史家对于管城地望的传统看法，目前积累的材料事实上是无法确切回答周初封管的地望问题的。

② 河南省文物考古研究所：《郑州商城：1953－1985年考古发掘报告》，文物出版社，2001年，第178－179页。

③ 徐海亮：《郑州地区地貌、水系演变与人文崛起初探》，《郑州古代地理环境与文化探析》，科学出版社，2015年，第26页。

需要提到某一阶段的城址状况时,将明确指明城址被使用的年代,如唐宋时期郑州城等。另外,学界惯用"郑州商城"这一名称来指代二里冈早商时期的郑州城址,本文在接下来的叙述中亦使用这一专名。

图一 郑州旧城及郑州城址城垣现状
(改自郑州市文物局,2013)

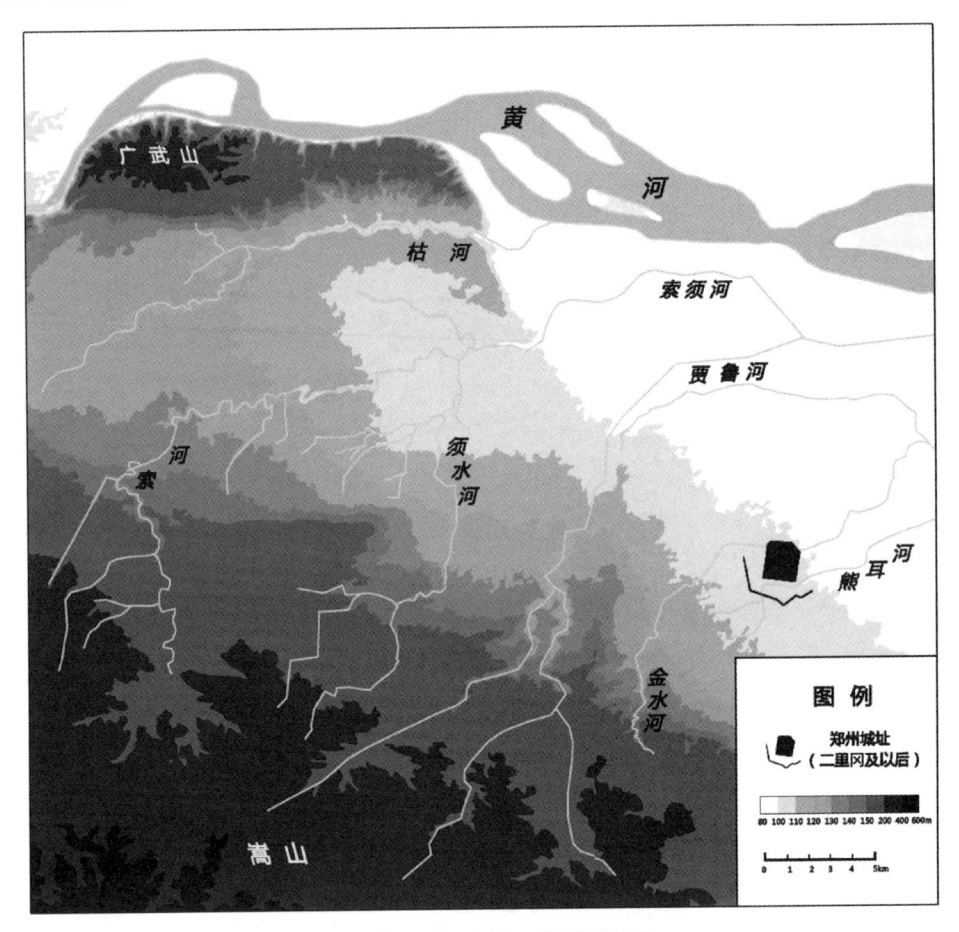

图二　郑州城址所在区域地形地势

（二）郑州城址城垣形态变化

根据现有的考古材料,古代郑州城址城垣形态的变化大体经历了三个阶段:第一阶段为二里冈早商时期,即郑州商城阶段。此时,郑州商城大体为内城外郭的形态布局,郑州商城的内城为郑州旧城所叠压,但实际范围远大于郑州旧城,其形态大体呈纵长方形,并且在其外围还存在一道外郭城墙,对内城形成半包的态势。第二阶段为战国:早商时期的内城城垣存在不同程度的修补,似乎还在继续利用,[①]而早商时期的外郭城墙却未见有增修补筑的现象,应该已废弃。第三阶段为汉代以后直至近代:不仅早商时期的外郭城不见修筑,就连早商时期的内城也有所改造——在原郑州商城内城中部偏北的位置重新修筑一道北城墙,城垣的形态由纵长方形变为了横长方形,并为郑州旧城所继承

[①] 早年考古工作者声称在对郑州商城内城城垣进行解剖发掘时,发现在城垣外侧存在战国时期补筑的夯土,但对于这一时期城址的性质和功能还需结合城址内外遗存的属性和空间分布状况、相关文献记载等进行具体分析。参见河南省文物考古研究所:《郑州商城:1953-1985年考古发掘报告》,文物出版社,2001年,第952-955页。

（图三）。由于郑州城址北部曾先后修筑过两道城墙，对于不同时期的城址而言都是北城垣，为了叙述方便，我们把郑州旧城以北紫荆山沿线现存的二里冈城垣称为"先秦北墙"或"郑州商城内城北墙"。由于汉代以后在郑州商城内城中部修建北城垣的年代尚不能完全确定，我们暂且采用目前通行的观点，将其称为"汉北墙"。①（图一）。

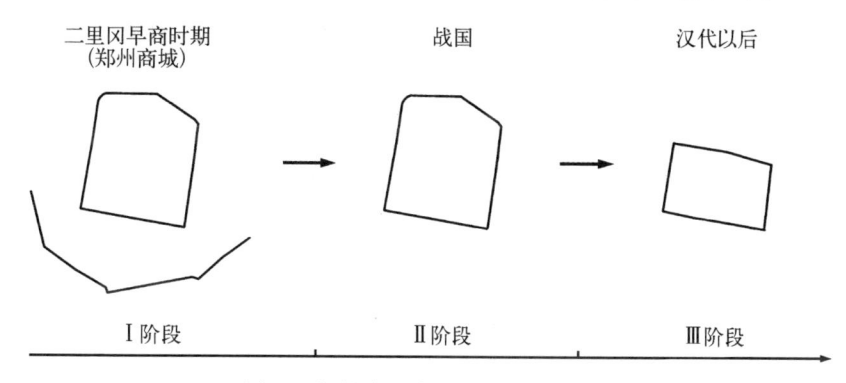

图三　郑州城址城垣变迁阶段示意图

综上所述，郑州商城外郭城的废弃以及汉北墙的修建是历代郑州城址形态变化的两个关键时间点。战国以来至现今郑州旧城主要是在郑州商城的内城基础上形成的，而汉代以后新建北墙，郑州城址的城垣形态基本稳定为现今郑州旧城的状态。因此，从城垣形态的稳定性角度出发，历代郑州城址的城垣形态变迁可以分为如下三个时期：

一、两重城垣的郑州商城时期。其时间相当于二里冈早商文化阶段，是历代郑州城址规模最大的阶段。

二、从郑州商城外郭城废弃到新建北墙的过渡阶段。这一时期，郑州城址城垣形态不断变化且呈缩小的趋势，其时间自郑州商城废弃后直至汉代。

三、城垣形态为较稳定的横长方形时期。这一时期主要指汉代以后直至近代，在此期间郑州城址城垣形态基本上就是后来的郑州旧城。

结合各时期遗存以及相关河流的分布，我们可以发现两个现象值得关注：1. 郑州商城内城的南城垣自早商时期确立以来鲜有改变，而现今熊耳河恰紧贴城南墙而流，显然是作为南城垣外的城河；2. 如果郑州城址北侧的金水河的位置早晚没有变化，其在早商及战国时期必然横穿先秦北墙。对于上述第一点，我们推测南城墙与熊耳河的这一位置关系很可能是在营建城垣时有意设计的结果，那么这就涉及熊耳河有没有改道的问题。而第

---

① 当地考古工作者在对这道城墙进行解剖时发现城墙最内芯部分的夯土层中包含有瓷片、小砖、布纹瓦等遗物，并将城墙的年代判断为东汉。河南省文物研究所郑州工作站：《近年来郑州商代遗址发掘收获》，《中原文物》1984年第1期。

上述判断显然有些问题：若出土的瓷片是商周原始瓷，上述现象只能说明城墙修筑的时间不早于汉代；而若出土的瓷片属于通常意义上的瓷器残片，这道城墙的年代就不得早于瓷片年代；无论哪一种情况，似乎都无法确切得出城墙修筑于东汉的结论。从已发表材料的描述看，这道城墙修建的年代很可能不早于东汉。由于现有的材料并未公布出土瓷片的状况，并且除此之外也没有其他关于这道城墙的考古材料发表，因而关于该城墙的修建年代仍然存在较大的疑问。谨慎起见，本文暂时笼统地将郑州城址城垣发生这一变化的年代大体归为汉代以后，笔者还将就此问题另行讨论，在此不再展开。

二点则可能存在两种情况：第一种，郑州商城时期在修建这道城墙时就曾有意将河流引入城内，但在濒临金水河的南北两岸，目前的考古工作均未发现同时期与引水入城相关的工程遗迹。① 第二种情况的可能性应该更大，即现在流经郑州旧城北部的金水河水道并不是在郑州商城阶段形成的，而是在随后的时段中发生了改道。近代资料显示二十世纪三四十年代郑州市对城区北部金水河实施改道工程，改道后的金水河河道才大体是现在的状态，也就是横穿先秦北城墙。② 那么在此之前以及更早时期金水河的状况如何，其与不同阶段郑州城址城垣形态的关系经历过哪些变迁，都是值得关注和探讨的问题。为此，我们必须在城址形态的基础上对相关河道进行历时性的考察。

三、相关河道与郑州城垣形态的关系

作为古今沿用的城市，旧城所奠定的基本格局对于后期的城市影响深远，如果不是大规模的改造旧城，我们仍可以从晚期的城址形态和布局上寻找到有关旧城的蛛丝马迹。③ 一般而言，时代越早的古代城址保存及揭露的状况较晚近的城址都更加不易。对于古今沿用型城市的形态变迁研究，从现存的旧城出发，按照由近及远、从晚到早的顺序进行揭示要更为便利。郑州城址也是这样一座古今沿用型的城址，因此我们将采取倒叙的手段探讨郑州城址与熊耳河、金水河的位置关系。

在郑州城址形态发展变化的各个阶段中，有关战国至汉代过渡阶段的各类历史文献相对来说较为欠缺，而郑州商城虽然没有文献记载，但相应的考古材料却最为丰富，因而我们主要针对郑州城址发展稳定且形态相对清楚的时期展开讨论，依照由晚及早的顺序分近代（明清及民国初年）、④汉代以后至唐宋、二里冈早商三个阶段来展开分析。

（一）近　　代

将现存的嘉靖三十一年（1522年）、康熙三十二年（1693年）、乾隆十三年（1748年）方志中的州（县）城图与民国五年《郑县志》中实测的郑州城区图进行对比，我们可以发现，明清至民国时期的郑州城址就是汉北墙以南所圈定的郑州旧城，期间城垣、城内主要街道及建置的格局变化不大，并一直保持到二十世纪六十年代。⑤ 现今郑州旧城内，除了

---

① 位于郑州古城内金水河沿岸的发掘点主要有河南省博物院、紫荆山百货大楼、黄委会科学研究所等。在上述这些地点均未发现先秦时期有关引水入城的工程遗迹。河南省文物研究所郑州工作站：《近年来郑州商代遗址发掘收获》，《中原文物》1984年第1期。
② 河南黄河河务局：《河南黄河大事记》，黄河水利出版社，2013年，第130页；政协郑州市委员会、文史资料委员会：《郑州文史资料》（第19辑），1998年，第163－174页。
③ 宿白：《现代城市中古代城址的初步考查》，《文物》2001年第1期。
④ 一方面为了表述方便，一方面也考虑到郑州城址本身的发展演变状况，此处把明代也算作近代历史阶段中，而不是按照传统观点将鸦片战争以后的时期称为近代。下文提到的近代郑州城址，皆是包括了明、清及民国初年的状况。特此说明，不再另注。
⑤ 二十世纪五十年代至六十年代的郑州市区航空照片显示的旧城城垣及旧城内部格局与明清以来的记载大体近似。

二十世纪末新开辟的紫荆山路取代了原先北大街,成为城内主要的南北向交通干道以外,东西大街、管城街—南关街(即旧城南大街)等城内主要街道均保持不变(图四)。其中,嘉靖《郑州志》卷一《舆地志》记载紫荆山在"距州北一里之地",①而这一距离与先秦北墙距汉北墙的实际距离大体相当。清代地方志中对紫荆山是古代城墙的记载也符合现今的考古发现。② 此外,考古工作者在今东大街以北、今市第一人民医院发掘了开元寺宋代塔基,③其与方志中对当时城内开元寺位置的记载也基本一致(图四)。至于流经城垣的熊耳河与金水河河道的相关记载,有以下内容值得注意:

1. 熊耳河

地方志一般专门辟有章节记述境内的河流和山脉,但郑州现存的地方志在相关条目下却都不记载熊耳河,这应该与其为季节性河流且是护城河的性质有关。

将现今熊耳河流经旧城的位置与民国初年实测的郑州城图进行比较,可知郑州城址城垣外应存在两重防护设施——紧贴城墙的城壕以及其外侧的护城河,城垣、城壕及护城河间的间距基本相等。南城垣外的护城河即为现今的熊耳河,并且城图中显示当时的熊耳河为一条干河。乾隆《郑州志》记载乾隆三年曾对南城垣外侧城河上的桥进行重修(此时称"熊耳桥",明嘉靖时称"广通桥"),而该桥又在乾隆四年,因水涨而冲塌。④ 由此可见,熊耳河的水量并不稳定,在雨季降水充沛或是河道内蓄积的水量达到一定程度时,就可以形成规模较大的洪水沿河宣泄,显然属季节性河流。又,熊耳河作为郑州城址外的护城河属于人工河道,时人也就不再将其作为常流河予以专门的记载了。现今熊耳河在很大程度上承担了郑州城市南部排污以及季节性泄洪的功能,因而我们可以推断明清时期熊耳河在作为护城河的同时,也有可能起到了泄洪的作用。

2. 金水河

除了三四十年代的金水河改道工程外,金水河在汉北墙以北的区域仍然有过人为改道,其变道的关键地点位于城外西关外的"回回墓"(即今"老坟岗"一带)。明清两代应该都是在此处将金水河引入汉北墙外的护城河,而金水河正流的位置则应位于紫荆山所在的先秦北墙以北区域,清代方志中将改入城壕之前的金水河称为"旧渠",说明这一时期金水河的河道就已经渠化。

康熙、乾隆《郑州志》对金水河的记载如下:"金水河……在城西关外一里,乃郑水之西派也。源出梅山北黄龙池,东北流经黄冈寺、耿家河,渐至郡西,如金带,以其来自金方,

---

① (明)徐恕(修)、王继洛(纂):《郑州志》,嘉靖三十一年(1522年)刻本。
② 二十世纪五十年代,考古工作者对郑州商城夯土城垣进行钻探追踪,就发现夯土城墙延伸至紫荆山下。对已暴露城垣的试掘则确定城墙是人工修筑而成的,又在后期进行过加筑。这说明紫荆山就是早期的城垣遗存。而清人早就认识到了这一点,康熙《郑州志》明确记载"紫荆山乃北门外崇圣寺后旧城址,日久积沙而渐厚者也,不可谓山……",乾隆《郑州志》则沿用该说。河南省文物考古研究所:《郑州商城:1953-1985年考古发掘报告》,文物出版社,2001年,第182-193页;(清)何锡爵(修)、黄志清(纂):《郑州志》卷二《舆地志》,康熙三十二年(1693年)刻本。
③ 郑州市博物馆:《郑州开元寺宋代塔基清理简报》,《中原文物》1983年第1期。
④ (清)张钺(修)、毛如诜(纂):《郑州志》卷三《建置志》,乾隆十三年(1748年)刻本。

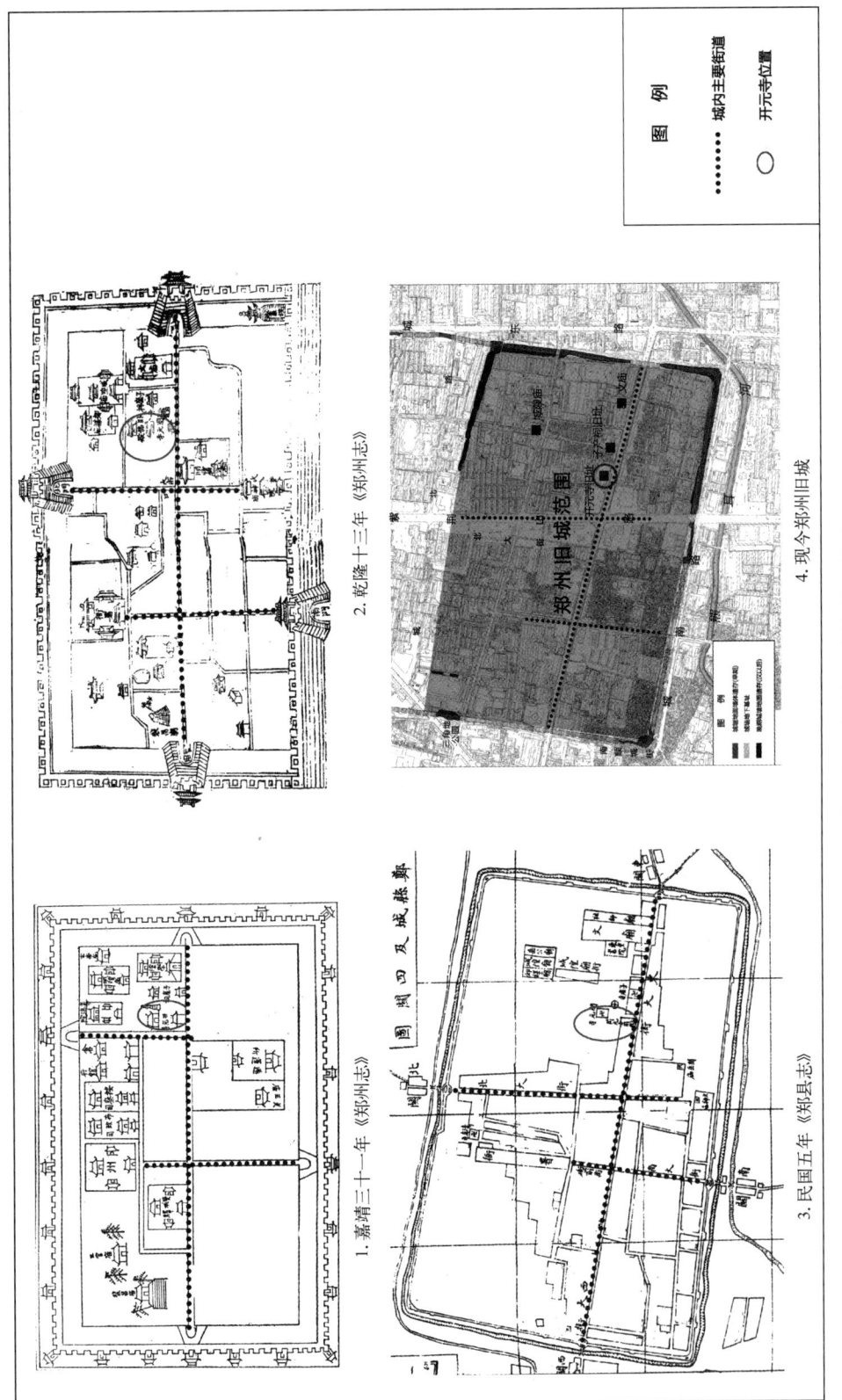

图四 近代地方志城图与现今郑州旧城对比
（原图有删减）

1. 嘉靖三十一年《郑州志》
2. 乾隆十三年《郑州志》
3. 民国五年《郑县志》
4. 现今郑州旧城

图 例
城内主要街道
开元寺位置

故名金水。旧渠自回回墓东北绕旧城与祭城水合,总名郑河。后知州赵鼎臣申请自西关改入城壕,遂弃旧渠。然水性未顺,每遇泛涨,犹必溢入旧渠焉。(按金水河今自西关至北关,有黑朱、郭村等庄,抵姚家桥入贾鲁河)"

民国初年《郑县志》中也记载了引入城壕后的金水河流经的地点以及水流变化:"今金水河……至林山寨之东又折而东流,越京汉铁路,经回回墓之南至西关,又折而东北流,归入城壕之内。由北关东流,水势颇小,河身与平地无上下别。"

综合上述信息,"回回墓"所在地是金水河发生变道的重要地标。回回墓,相传为元明之际在当地推广伊斯兰教的回族"真人"的墓葬。清咸丰二年(1852年)蓝煦《天方正学·郑州真人墓志》记载该墓位于"州城之西门外,大道之北",①对比可知现今郑州旧城西关外的默穆都哈墓即为原址。"回回墓"所在的地方即为现今二七路一带的"老坟岗"(图四)。根据清乾隆及民国方志《舆地志》"岗阜"条下的记载:郑州城址西南隅有"野鸡岗","旧与城外岗相连,为土脉入城处,明季,因濬濠凿断……"。② 由此可知,野鸡岗、老坟岗均应属于城址西、南侧绵延岗地的一部分,而城址西南部也属于这片岗地的延伸范畴。明代也曾将金水河引入城壕,其引水改道的地点也应在"老坟岗"。而在改入城壕之前,金水河主要是经"回回墓"(老坟岗)北侧而东流,并绕过紫荆山一带的先秦城墙。③ 因此,明代方志绘制的是金水河"旧渠",其位置在紫荆山南侧的"崇圣寺"以北地区;而清代方志中为引水入壕后的金水河"新渠",则在"崇圣寺"以南(图五)。在郑州城址汉北墙以北、紫荆山以北区域,考古工作普遍发现有这一时期的黄沙淤积层,基本也与上述金水河的变化情况相符。

(二)汉至唐宋

这一时期,传世文献虽然对郑州城址及周邻河流有所记载,但较明清方志仍显粗疏。已有的考古材料虽然较为零碎但可以提供一些与城址及河道变迁的信息,并可以与传世文献进行对照。就城址本身而言,自汉北墙修建以后,郑州城址城垣形态基本就是近代以来的郑州旧城。④ 根据考古发现可知,这一时期墓葬的分布状况符合择高地而葬的一般规律,大体沿京广铁路及陇海铁路分布于郑州城址的西、西北以及南部,⑤这些区域至今大都是地势较高的岗地(图六)。现今紫荆山一带的先秦北墙在这一阶段不见增筑,但

---

① (清)蓝煦:《天方正学》,清真书报社,1925年。
② 乾隆《郑州志》、民国《郑县志》记载均相同。
③ 康熙《郑州志》卷二《舆地志》"山川"条:"紫荆山乃北门外崇圣寺后旧城址,日久积沙而渐厚者也。不可谓山,故删置冈阜内。"说明清代人们对紫荆山是当地早期城址的城墙十分清楚,而紫荆山日久积沙,也应是河流淤沙所致。
④ 河南省文物考古研究所:《郑州商城:1953－1985年考古发掘报告》,文物出版社,2001年,第6页;河南省文物研究所郑州工作站:《近年来郑州商代遗址发掘收获》,《中原文物》1984年第1期。
⑤ 这一阶段的墓葬主是集中于现今郑州旧城西侧,大体沿京广铁路分布,并包括南关及二里冈一带。参见管城回族区文物局:《管城回族区文物志》,中州古籍出版社,2012年;郑州市文物工作队:《郑州地区发现的几座唐墓》,《文物》1995年第5期;郑州市文物考古研究所:《郑州宋金壁画墓》,科学出版社,2005年,第8－16页;郑州市文物考古研究院:《郑州市老坟岗商代遗址发掘简报》,《中原文物》2009年第4期;信应君、刘青彬:《郑州华润印象城仰韶文化及商代遗址》,《中国考古学年鉴2011》,文物出版社,2012年。河南省文物工作队第一队:《郑州市古遗址、墓葬的重要发现》,《考古通讯》1955年第3期;宋国定:《1985－1992年郑州商城考古发现综述》,河南省文物研究所编:《郑州商城考古新发现与研究1985－1992》,中州古籍出版社,1993年等。

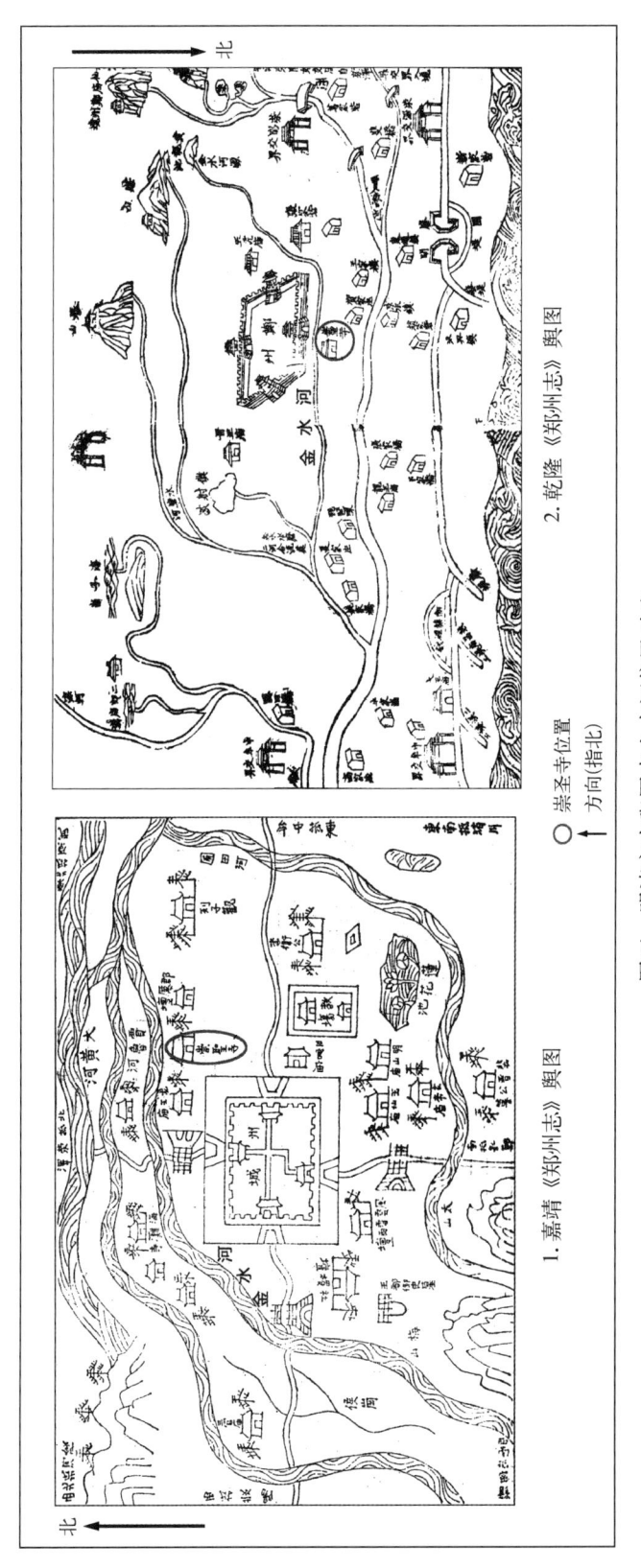

图五 明清方志舆图中金水河位置对比

1. 嘉靖《郑州志》舆图
2. 乾隆《郑州志》舆图

○ 崇圣寺位置
↑ 方向（指北）

仍保存于地表,并且应比近代保存更为完整。① 根据考古及文献记载,时人已经对现今的熊耳河、金水河加以利用,而已有材料对其与城垣的位置关系也有所揭示。

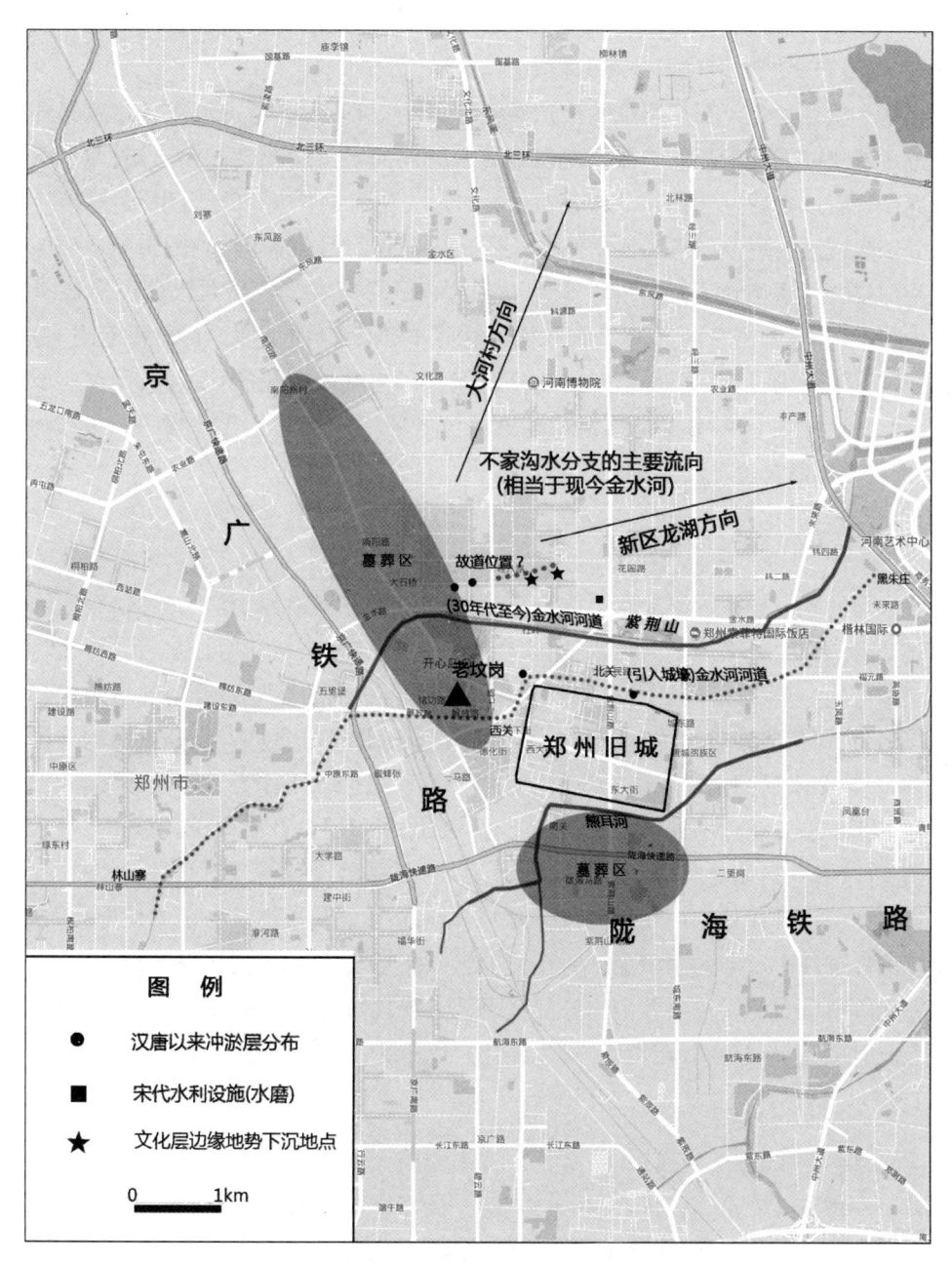

图六 汉代以来郑州城址及相关河流位置示意图
(底图来自 google 地图)

---

① 《汉书·地理志》河南郡"中牟"下,班固自注:"有筴叔邑。"而《史记·周本纪》"封弟叔鲜于管",《正义》、《括地志》云"郑州管城县外城,古管国城也"。说明对于唐代人而言,先秦北墙与汉北墙之间的空间是相对于汉北墙以南区域的外城,并且就是西周初期的管城。

1. 熊耳河

汉唐以来的传世文献中不见有相关的记载，这一时期熊耳河的状况很可能与近代大体相同，应是郑州城址南城垣外侧的护城河。

已知今熊耳河流经郑州城址的河道距南城垣约 100 米，而考古工作者在紧邻郑州城址西南角外侧以及城东南角外侧都发现有唐宋时期的淤土层或含砂淤土层，两者均距城墙约 50 米，应该是城垣外侧的城壕遗存。① 如果将两者沿南城垣进行串联，则形成的城壕恰处于南城垣与现今的熊耳河中间的位置，这与近代绘制的郑州城图中显示的城壕与护城河的位置关系相同。而在今熊耳河以南、陇海铁路以北的区域是汉唐以来墓葬（地）的集中分布区之一，当时的熊耳河应该绕过这些墓葬（地）而东流。尽管没有更多材料，但我们可以推断当时人很可能已经将熊耳河作为郑州城址南侧的护城河；而汉唐以来包括《水经注》在内各地理书中都不记载这条河流的原因应该与近代一样——熊耳河并非常流河，且在当时已经被人工渠化了。

2. 金水河

金水河的状况较熊耳河复杂。首先，根据传世文献记载并结合考古发现，金水河流经郑州城址时应存在若干分支河沟，而唐宋代时期人们应该也是利用金水河的分支将水引入城壕并可能引入城内。其次，唐宋时期沟通洛阳与汴梁的运河系统对区域内的河流都会加以利用，郑州地处洛汴之间当然也不例外。② 金水河即源自宋代金水河的开凿。而在宋代以前，金水河的前身是为《水经注》中的"不家沟水"，或称为"郑水"或"管水"。

在汉北城墙以北的区域发现有较多汉唐以来的淤积层以及质地较纯净或与流水冲积相关的黄沙层，而目前能够确认与当时金水河有关的遗迹现象有以下几处。

第一处位于城址外侧西北方向，具体在今金水路以北优胜路及省图书馆旧址一带，考古试掘均发现汉唐以来的淤积层。而在其东部今经七、经六路及健康路等地，考古钻探显示这些地段所分布的文化层北侧地势都有明显下沉且都存在淤积层。③ 上述现象说明这些地段此时应有水域分布，有可能与《水经注》中记载的不家沟水有关。《水经注》（卷二十二）《渠水》云：

> 渠水又东，不家沟水注之，水出京县东南梅山北溪……其水自溪东北流，径管城西……俗谓之管水。又东北，分为二水。一水东北流，注黄雀沟，谓之黄渊，渊周一百步。其一水东越长城，东北流，水积为渊，南北二里，东西百步，谓之"百尺水"，北入圃田泽，分为二水。一水东北径东武强城北……又东北流，左注于渠，为不家水口也。

---

① 河南省文物考古研究所、郑州市文物考古研究所：《郑州商代铜器窖藏》，科学出版社，1999年，第4、81-82页。
② 《隋书》（卷三）《炀帝纪》记载隋炀帝开大运河"自板渚引河通于淮"，《宋史》（卷九十四）《河渠志三》记载北宋初年"（建隆二年）导索水自旃然，与须水合入于汴"，这些均说明唐宋时期的洛汴间的运河都利用了现今郑州境内的河流。
③ 河南省文物考古研究所：《郑州商城外郭城的调查与发掘》，《考古》2004年第3期。

一水东流,又屈而南转,东南注白沟也。

可见在金水河渠形成之前,其水流经郑州城址时被称为管水,随后向东北流分为两支,其中支流汇入黄雀沟(大体相当于现今贾鲁河的上游部分);而干流则继续向东流入圃田泽后最终汇入渠水(即蒗荡渠,鸿沟),被称为不家沟水。有学者考证该水与黄雀沟汇流的位置在现今大河村一带,干流向东则主要流经今郑东新区龙湖的郑河村一带。[①] 考古发现的淤积层及地势下沉的区域大体与文献描述不家沟水东流主干的空间分布基本相符,说明当时河流流经这些地段的可能性很大。值得注意的是,考古发现有淤积层的位置大体位于现今金水河在郑州市区由西南向东转弯处(相当于"老坟岗"北部)偏北不远。前文分析也表明,明清金水河正流及其改入城壕的地点也是在"老坟岗"附近。由此我们推测,汉唐时期,现今"老坟岗"一带应该是河道变化的关键地点。

第二处位于今城北路一带,此处发现有与汉北墙大体平行、唐宋时期的黄沙层,这应属于当时的护城河遗迹。结合上文中关于汉唐以来淤积层的分布以及近代引金水河入城壕的情况,我们有理由推断,发现的唐宋时期的北护城河应该也是引水入壕形成的,其具体作业也很可能与近代类似甚至相同。除此以外,文献记载唐宋时期还曾将水引入城内。

第三处是在今紫荆山路与金水路交叉口西侧、先秦北墙的北部,这里发现有较大规模的池沼以及与之相连的宋代水磨遗存。[②] 根据考古简报的描述,已发现这些遗迹现象应属于同一水利设施的不同组成部分,是为调蓄水量的小型水库,其位置应濒临水流。[③] 此处水利设施与明代郑州舆图中所描绘的金水河"旧渠"流经郑州城址北郊的位置大体相合,后者应该指的是宋代金水河渠,由此可知宋代开凿金水河流经郑州城址的位置应该就在该遗迹所处区域范围内。同时,考古发现的宋代水磨遗存与先秦北墙的距离和南外城壕与南城垣的距离大体等同,因而我们推测,宋代的这一水利设施以及相关金水河渠的开凿可能利用了先秦北墙外的护城河遗迹。

至于现今金水河的称谓,《水经注》中记载该河流流经郑州城址时被称为"管水",其分支与京水的支流"黄雀沟"相汇(京水与黄雀沟均相当于现今贾鲁河的上游部分),而主流最终注入渠水被称为"不家沟水"。《隋书·地理志》"管城"条下有"郑水"。[④] 宋初,《太平寰宇记》"管城县"条下记载"郑水,一名不家沟水"。[⑤] 这些文献说明"不家沟水"、"管水"、"郑水"三种名称应是一脉相承的,其中后两者主要指的是流经郑州城址时的中上游河道,而"不家沟水"则主要指代该河流下游的河道。《宋史·河渠志》云"金水

---

① 徐海亮:《〈水经注〉中的郑州水系笔记之一——河水、济水、渠水》,《郑州古代地理环境与文化探析》,科学出版社,2015年。
② 郑州市文物工作队:《郑州宋代水磨遗迹发掘简报》,《中原文物》1989年第2期。
③ 对于这种调蓄水量的水利设施及水磨,现存的明代农书记载较详。《农政全书》(卷十八)《水利》云"……凡水陆之地,如遇高阜形势或隔田园聚落不能相通,当于穿岸之傍或溪流之曲,穿地成穴,以砖石为圈,引水而至……",又载"水磨……必当选择用水,地所先尽水岸,擗水激转,或别引沟渠,掘地栽木,栈上置磨……又有引水置闸筑为峻槽。槽上两傍植木架以承水激轮轴……",考古发现的这处水利设施与文献描述大体相同。
④ (唐)魏征等(撰):《隋书》(卷三十)《地理志》,中华书局,1973年,第835页。
⑤ (宋)乐史(撰):《太平寰宇记》(卷九)《河南道》,中华书局,2007年,第167页。

河……本京水,导自荥阳黄堆山,其源曰祝龙泉。太祖建隆二年春……引水过中牟,名曰金水河……"。① 北宋中期《元丰九域志》"管城"条下记载变为"有梅山、金水河、郑水、圃田泽、广仁陂"。② 到明清时期,地方志则记载"金水河,乃郑水之西派也"。由此可见,由于宋代金水河渠引用的京水本就与不家沟水相连,因而人们便将不家沟水(郑水或管水)与京水汇合的分支都称为"金水河",明清地方志中"金水河,乃郑水之西派也"一句就很好地说明了上述缘由,现今金水河的名称即源自这一变化。

此外,《水经注》中的"渠水"大体演变为唐宋时期通济渠(汴河),至元代人们治理汴河以及所经区域的河流水道,将原来的京水及其支流等汇入汴河的水道统称为"贾鲁河",当地的水系发生了较大变化,原不家沟水(郑水或管水)及其与京水汇合的支流等已湮没,"金水河"虽然得以延续,但相对于原来的不家沟水(郑水或管水)而言,从空间分布上更近似于东流汇入圃田泽并最终与渠水汇合的这一支。

(三)二里冈早商时期

早商时期的郑州商城比后来的郑州城址规模更大,且形态也不同。郑州商城所处区域的水系环境与汉唐以来存在差异,而相关水流的状况及其与城垣的关系与后代也有一定差别,现有材料表明二里冈时期人们对于这些水系的利用与后代既有相似之处,但也存在很大不同。这一阶段,当地存在较多的积水域或湖沼,加上河流在自然或人为作用下的改道及形成洪水等变化,这些因素直接影响了郑州商城内外城垣的形态及功能。当时的人们已经通过开挖沟渠等措施将河流引入城内以方便城区供水。

郑州商城有内外两重城垣,内城的东、南、西三面城墙的位置与郑州旧城相同或位于其北部延长线上,内城北城垣即为今紫荆山先秦北墙。而外郭城呈不规则的半弧形,分布于内城外侧的西南部,基本上与今京广铁路和陇海铁路平行。具体而言,其大体自今解放路、铭功路一带,沿现在的一马路呈西北东南走向,跨过陇海路后继续向东延伸,穿过二里冈,直到现今东明路、未来路附近的凤凰台,在此多有拐折③(图七)。内外城垣形态皆有特殊之处:一是内城北墙与东城墙相连形成一个较大的抹角而非直角。二是已经确认的外郭城垣及城壕的形态十分特殊并且似乎并没有组成封闭的城圈,考古工作者曾沿着外郭城的位置向东、向北都未能再发现相应的夯土城墙,虽然在紫荆山以北的区域发现几段断续的夯土,④但相应简报中对于这些夯土的性质也多属推测,并不能肯定与城墙有关。这些特殊现象应该与当时郑州商城所在区域的水系条件有着密切关联。

---

① (元)脱脱:《宋史》(卷九十四)《河渠志四》,中华书局,1977年,第2340页。
② (宋)王存撰:《元丰九域志》(卷一)《京西路·北路》,中华书局,1984年,第31页。
③ 河南省文物考古研究所:《郑州商城外夯土墙基的调查与试掘》,《中原文物》1991年第1期;河南省文物考古研究所:《郑州商城外郭城的调查与发掘》,《考古》2004年第3期;刘彦锋等:《郑州商城布局及外廓城墙走向新探》,《郑州大学学报》(哲社版)2010年第5期。
④ 河南省文物考古研究所:《郑州商城外郭城的调查与发掘》,《考古》2004年第3期;刘彦锋等:《郑州商城布局及外郭城墙走向新探》,《郑州大学学报》(哲社版)2010年第5期。

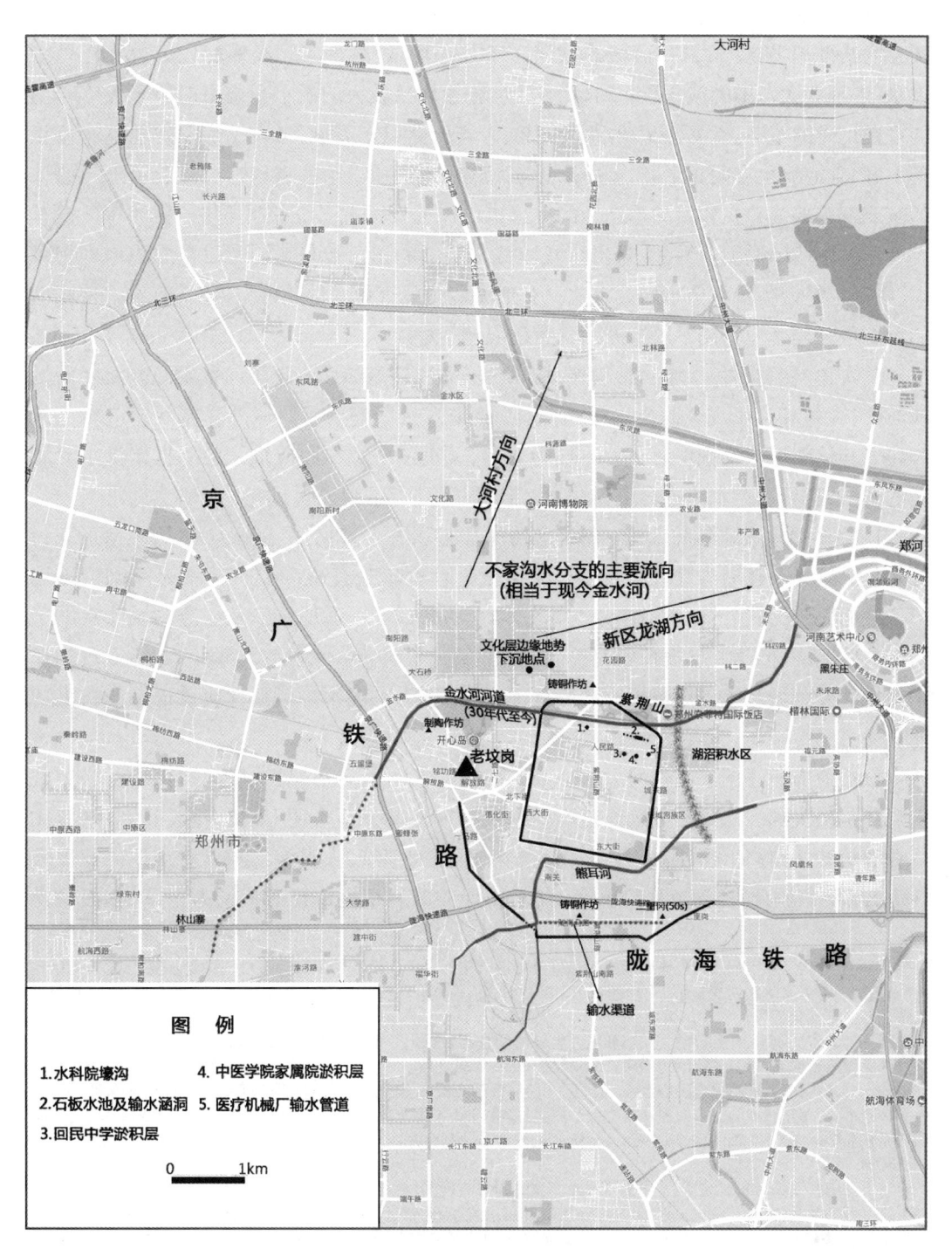

图七 郑州商城遗存及供水渠道分布示意图
(底图来自 google 地图)

首先，当代地质勘查的结果显示在今京广铁路以东、陇海铁路以北地区普遍存在有晚更新世至全新世中晚期的河湖相沉积，①二里冈早商时期的考古材料则基本与这一地质调查的结果相吻合：在郑州商城的东部，大体自南部凤凰台向北经棉麻厂至白家庄一线以东，发现有大范围的淤积层，②学者多认为这片规模较大的淤土区很可能属于极盛时期的古圃田泽的范畴。③ 而在郑州商城东北、今花园路以东区域，考古钻探发现地下水位显著上升，且地势也有明显下降，④显然也是一处积水区域。这些钻探情况反映了郑州商城的东北及东部是存在较多湖沼洼地的。这也可以解释考古工作者在郑州商城的东侧没有发现外郭城墙的原因。另外，郑州商城内城北墙上的拐角恰与花园路以东的积水区相对应，应该也是因为水域分布的关系才没有把城墙修成直角。由此可见，郑州商城内外城垣的形态很大程度上受到了周边湖沼分布的限制（图七）。

其次，除受湖泊积水域的影响外，从郑州商城所在区域西南丘陵岗阜发源并流经商城的河流（大体相当于现今的金水河和熊耳河）则直接影响到了商城外郭城及相应城壕的修建。其外郭城垣及城壕形态为不规则弧形，关键的一点原因应该是为了抵御洪水对城区的威胁，起到了对水流进行阻、导的作用。以下几点可做说明：

1. 将城墙建成弧形的做法一般在北方平原地区并不多见，但在南方地区，聚落形态为圆弧状的城址及普通居址自新石器以来乃至近代都较为普遍，⑤这一方面是受到当地地形条件的限制，另一方面则是出于防水和排水的考虑——弧形城垣及相应的城壕有助于水流从两侧绕开，比方形直角城垣更能够抵抗洪水的冲击，不易造成垮塌。而已发现的郑州商城的外郭城基本正对着现今的熊耳河，其形态为不规则的半弧性应该也是与防洪功能有关。

根据前文所述近代熊耳河上的桥梁还曾被洪水冲塌，⑥可见熊耳河一旦暴发洪水，其水势还是很大的。郑州商城采集植物孢粉和植硅体的分析表明，早商时期当地气候应比现在温暖湿润得多，且降雨量大；而作为早商时期的都城，人类活动频繁对当地的植被破坏也较多。⑦ 因此，当河流暴发洪水，其对城址的威胁很可能比近代更为严重，在面对洪

---

① 王荣彦：《郑州东区灰色地层的工程性状及对策措施》，《岩土工程界》2006年第11期；徐海亮：《郑州地区地貌、水系演变与人文崛起初探》，《历史地理》2013年第28辑；徐海亮：《郑州市境水系变化的三个重大问题》，《郑州古代地理环境与文化探析》，科学出版社，2015年。

② 河南省文物考古研究所：《郑州商城外郭城的调查与发掘》，《考古》2004年第3期；刘彦锋等：《郑州商城布局及外廓城墙走向新探》，《郑州大学学报》（哲社版）2010年第5期。

③ 自考古发现商城东部存在较大范围的淤积层，有学者提出其应该是古圃田泽，随后这一观点逐渐被学界所认。杨育彬：《郑州商城的考古发现和研究》，《中原文物》1993年第3期；袁广阔、曾晓敏：《论郑州商城内城和外郭城的关系》，《考古》2004年第3期；郑杰祥：《郑州商城的定名及其存在的年代》，《考古学研究》（六），科学出版社，2006年，第156页等。

④ 河南省文物考古研究所：《郑州商城外郭城的调查与发掘》，《考古》2004年第3期。

⑤ 例如澧县城头山、蒙城尉迟寺、良渚古城等都是南方新石器时代的圆形或椭圆形城址或一般聚落的代表。进入历史时期以来也存在不少圆形城址的例子。如东吴时期镇江的铁瓮城、宋代以来的宁波城以及近代的上海城等都是城墙为弧形或近似圆形的城址。

⑥ 乾隆《郑州志》中记有城南门外有"熊耳桥"，为乾隆三年张钺重修，又称"四年，水涨冲塌"。（清）张钺修、毛如诜纂：《郑州志》，乾隆十三年（1748年）刻本。

⑦ 宋国定、姜钦华：《郑州商代遗址孢粉和硅酸体分析报告》，《环境考古研究》（第二辑），科学出版社，2000年。

水来临的方向上修建弧形的外郭城墙和城壕,其防洪及排水的作用显然不能忽视,城墙的东半部城垣上还较平均分布有两处拐角,可能是和减缓水势有关。同时,在外郭城垣外侧均不见有同时期的居住遗存,很大程度上也是由于墙体外侧为泄洪区的缘故。

2. 由已发现的外郭城墙的西北端再向北,发现有几段断续的夯土城墙,但这几段夯土城墙并不在同一直线上且曲度也不一样。① 这样一来,外郭城自西北端延伸就发生了分叉。最近有学者指出分叉的外郭城墙可能存在误判,但商城外郭城墙的确在此存在变化,地点就在"老坟岗"一带(图七)。这一区域是汉唐至近代,金水河改道并被引入护城河的关键地段,现今金水河基本也是在这一附近发生拐折的。由此可见,这些不同曲度的夯土墙及相应城壕的设置,应该与后代对城址西侧河流(现今金水河)的利用有明显的关联。

3. 除了防洪的功能外,在外郭南城墙上还发现有引水入城的通道,并有相应的沟渠与之相连。引入城内的水流则与内城所发现的沟渠设施一并构成了一个较为完善的给排水系统:

(1) 郑州商城南部及外郭城南段

在郑州商城外郭南城垣上有一段没有发现夯土城墙,②现今熊耳河也正是由此穿流而过。这些现象表明其间应该存在早商时期引水入城的通道,而在郭城内部确实发现有沟渠通向该缺口。③ 考古工作者早年在南关外铸铜作坊遗址发现有东西向延伸的壕沟,④并在其东侧的二里冈附近也发现有一段壕沟,并有方形水池类遗迹及纵横交错的小壕沟与之相连。⑤ 两者皆位于现今陇海路以南且基本处于同一东西延长线上,说明其应属于同一引水沟渠的不同段落。而这一沟渠向西延伸至外郭城的位置应该就是引水入城的通道所在,且其恰好就位于上文所提到的缺口范围内。后者还发现的水池以及小型壕沟,很可能属于城内给排水系统的一部分,起到分流的作用。

这条供水渠道应该是当时郑州商城南部的供水主干道,现今地表已不存,其位置显然要比现今的熊耳河流经城址的位置更加偏南。就二里冈早商时期而言,现今熊耳河流经城址南部的河道很可能是后期才形成的;而若是二里冈阶段就存在,那么其应该是从上述供水干渠分出的一支。这一点从已知的考古发现可以证明:在今郑州南关一带的熊耳河曾出土有早商时期的青铜器,⑥结合郑州商城青铜器埋藏地点的特征可知,发现铜器的地

---

① 刘彦锋等:《郑州商城布局及外郭城墙走向新探》,《郑州大学学报》(哲社版)2010年第5期。
② 河南省文物研究所:《郑州三德里、花园新村考古发掘简报》,河南省文物研究所编:《郑州商城考古新发现与研究(1985－1992)》,中州古籍出版社,1993年。
③ 至于外郭城垣这段缺失夯土的距离可达500米,则是因为郑州商城衰落之后,外郭城墙不再被后来人维护,原通道两侧存在的相关设施以及墙体受到流水长年累月的任意侵蚀,早已不见踪迹,而城墙相应的缺口也因此逐渐扩大。考古发现商城外郭城墙不见有后期修补的痕迹,而汉唐以来文化层及墓葬都存在叠压、打破外郭城的现象,都可以说明外郭城垣在商城衰落之后,基本上是一种存者自存,废者自废的状态。参见河南省文物研究所:《郑州三德里、花园新村考古发掘简报》,河南省文物研究所编:《郑州商城考古新发现与研究(1985－1992)》,中州古籍出版社,1993年;河南省文物考古研究所:《郑州商城外郭城的调查与发掘》,《考古》2004年第3期。
④ 河南省文物考古研究所:《郑州商城:1953－1985年考古发掘报告》,文物出版社,2001年,第317－318页。
⑤ 河南省博物馆:《郑州南关外商代遗址的发掘》,《考古学报》1973年第1期。
⑥ 二十世纪五六十年代熊耳河就有铜器出土,已发表有1件铜爵及1件铜盉。见《河南出土商周青铜器》编辑组编:《河南出土商周青铜器(一)》,文物出版社,1981年。

方应该至少存在一座早商时期的墓葬。现今的熊耳河冲毁了早商时期的墓葬,才会致使其中埋入的铜器发现于河流之中。上述现象的形成过程大体应该是在郑州商城衰落之后,后世人们对于城址南部水流的利用,主要考虑的是城池防御的功能,现今熊耳河河道在此基础上得以确立,二里冈时期的供水干渠便逐渐废弃。伴随熊耳河河道逐渐加宽并不断侵蚀两岸,最终破坏了埋在附近的二里冈时期墓葬。综上,早商时期流经商城南部的主要水道与现代意义上的熊耳河相去甚远。

(2)郑州商城北部及外郭城北段

在郑州商城北部区域、内城的内外两侧都发现有与引水有关的遗迹现象。首先来看内城外侧的区域:根据前文对于宋代水磨及相关遗迹的推断,我们认为宋代水磨所在的位置可能是此时郑州商城内城北墙外侧的城壕,考虑到后期引水入城壕的具体操作形式,推测这一时期城壕内水流也应来自当时商城西侧金水河分流出的一支。而在内城以外北部区域由西向东还分布有制陶、铸铜作坊区,生产均离不开水源供给。尽管目前考古工作尚未发现与输水相关的遗存,但两者都应该具备相应的供水设施且其水源很可能也是来自当时的金水河,上文推测的先秦北城墙外侧的城壕也很可能是与这些手工业作坊的供水密切关联。其中,制陶作坊位于今铭功路,基本就是今"老坟岗"向西北方向延伸的位置,属于历代金水河发生改道的地区,因而二里冈早商时期此处可能建有相应的水利设施以便于利用当时的金水河。

其次,郑州商城内城的供水也很可能来自城外的金水河。目前能够较为确认的内城供水设施有以下三处:

1. 在今紫荆山路西侧、顺河路北侧的黄委会水利研究院内曾发现一条呈东西向的壕沟。① 在该壕沟以东,在今黄河医院发现了石板水池遗迹及与之可以相连的石筑水管道涵洞,②这三处遗存不仅大致处于同一条西北—东南向的直线上,并且三者的使用年代也大体相当(二里冈下层二期至二里冈上层一期)。三者很可能应该是同一供水设施的不同组成部分。

2. 大体位于上述发现的石板水池的南部,在今回民中学、省中医学院家属院发掘点均发现有河相堆积层,并在其上部还发现有自然石头堆积带,应是起到了加固作用。③ 根据发表材料的描述,两者的位置大体处于同一直线上,且均被所谓二里冈下层时期的夯土基址叠压,出有二里头晚期的陶片遗存,故而推测两者的主要使用年代可能属于二里头晚期到二里冈下层阶段。由此可见,这两处地点发现的淤积层可能属于郑州商城内城时代较早的一条水道,但由于发掘范围有限,具体情况还应结合这一范围其他地点的情况综合分析。

---

① 河南省文物考古研究所:《郑州商城:1953－1985 年考古发掘报告》,文物出版社,2001 年,第 238－239 页。
② 曾晓敏:《郑州商代石板蓄水池及相关问题》,河南省文物研究所编:《郑州商城考古新发现与研究(1985－1992)》,中州古籍出版社,1993 年。
③ 河南省文物研究所:《1992 年度郑州商城宫殿区发掘收获》,河南省文物研究所编:《郑州商城考古新发现与研究(1985－1992)》,中州古籍出版社,1993 年。

3. 在贴近内城东墙的今医疗机械厂内发现有一条二里冈阶段的灰沟,并在沟壁上贴有陶管残片,[①]应该也是条输水管道,但由于揭露面积有限,尚不知能与该水沟相连通的水渠及其他可能的输水设施的位置。

尽管上述输水设施都未得到全面的揭露,但我们基本可以确定这些供水渠道的水源都应来自距离相对较近的金水河,而排水的终点则应该就是城东侧的湖沼区。

综上所述,二里冈早商时期郑州商城的水系格局与汉唐以来差别较大,城址周边湖泊及河流的走向直接影响到城垣的形态。这一阶段外郭城墙及相应城壕修建的主要目的则是为了防洪和分流。人们将城址西南方向的水流引入城内并修建沟渠,由此形成了商城南部的主要供水渠道,其在商城衰落之后被废弃,汉唐以后郑州城址南侧的熊耳河与之相去甚远。在商城北部地区,"老坟岗"一带仍然是早商时期人们利用金水河及其支流的关键地点,外郭城墙在这一区域发生变化,可能与阻、导水源有关。而引入城区的水流一方面可以作为内城外侧的护城河,一方面则能够为郭城及内城用水提供水源,其中内城还发现有相应供水设施。郑州商城周边的河流、湖泊以及外郭城和内城的沟渠设施,共同形成了当时郑州商城的给排水系统。

四、结　语

通过上文的分析,我们可大体勾勒出郑州历代城址形态及相关水系自早商至近代时期的变化及相互关系的发展过程:

1. 二里冈早商时期,郑州商城的形态大体为内城外郭,城址的规模也是历代郑州城址中最大的。这一时期,郑州商城的东北及东部存在大面积的湖泽,可能与古圃田泽有关。湖沼的分布影响到了郑州商城内城东北部城垣的形态,使其被迫建成抹角而不是直角的形状。由于自然地势的原因,郑州商城所在区域内的河流均大体呈西南而东北的态势流经城址。时人在大体正对水流的方向修建呈不规则半弧形的外郭城和城壕,很大程度上是出于防范洪水以及对周临水系进行有效利用的目的。

这一阶段,在外郭城南垣上应开辟有将水流引入城内的通道,在郭城南区确实发现有当时的供水干渠,而现今熊耳河流经城址南部地区的河道则是在这一时期城南部的沟渠系统基础上逐渐形成的。二里冈早商时期人们对于金水河的开发则充分利用了城址西侧的岗地形势,现今的"老坟岗"一带在当时乃至后来一直都是人们将河流引入城区的关键地点。在郑州商城郭城以及内城应存在相应的供水设施与引入内城区的水流以及城东部的湖沼区共同形成一个完善的给排水系统。目前在内城已经发现有沟渠、水池、输水涵洞等遗迹,即为这一阶段商城给排水系统的一部分。

2. 汉唐以来,原郑州商城的外郭城墙已经不再被利用,而城内相应的沟渠系统也大

---

① 河南省文物研究所:《郑州医疗机械厂考古发掘报告》,河南省文物研究所编:《郑州商城考古新发现与研究(1985-1992)》,中州古籍出版社,1993年。

都废弃。这一阶段的郑州城址新建了汉北墙,该城墙的修建基本确定了此后郑州城址北界,而现在的郑州旧城基本就是汉唐以来郑州城址的规模。汉北墙以北区域的先秦北墙以及二里冈时期东、西城墙的北段则基本处于存者自存状态,并未见到加固和补筑的现象,但当时的文献对先秦时期的城墙仍有记载,并认为其应该是周初封管的地望所在。

这一阶段,二里冈早商时期逼近城区的湖沼范围已经缩减和消失。《水经注》中则明确记载了郑州城址西部有不家沟水(或称郑水、管水)流经,此河流大体上相当于现在的金水河。然而由于宋代修建通往东京汴梁的金水河利用了与不家沟水相连的京水,加之元代及以后重新治理当地河流,原不家沟水(或称郑水、管水)的主要河道一再变化,河道的名称也随之改变,并最终为现今金水河奠定了基础。这一时期金水河流经先秦北墙之外,然而人们有意识地将水流导入城壕,并引入城内,其引水的地点应该还是在城址西侧的"老坟岗"。此时,熊耳河应该已被作为城址南部的护城河,而又因其本身并非常流河,因而不见诸当时及以后的文献中。

3. 近代时期的郑州城址就是现今郑州旧城,先秦时期的城垣此时大体只保存了城北紫荆山一段。将现在流经郑州旧城的河流与地方志进行对比可知,现在的熊耳河此时即作为城址外侧的护城河,其河道已经较为固定。这一阶段,时人仍然将金水河改引入城垣北侧的护城河,而其改道的地点仍然是现今的"老坟岗"。

综上所述,从二里冈早商时期直到近代,郑州城址周边的水系分布及变化对城址形态具有一定的影响,且主要集中于二里冈早商时期——这一阶段修建了半弧形的外郭城墙主要是为了防止城址西南方向上的洪水,而内城东北的缺角则是由于湖泊的分布所致。与此同时,自早商至近代,人们都试图利用并改造流经城址范围的河流,而将水流引入城区范围的做法早晚均有相似之处,尤其是金水河早晚变化以及将其引入城区的位置均大体属于同一地点,这应该并不是简单的巧合,当时的人们在此处引水应该是根据地形地势而有意选择的结果。但总体上,现今意义上的金水河和熊耳河流经郑州城址的水道并非在郑州城址建立之初就是如此,而是经历了长期的演变及渠化过程。

需要说明的是,由于文献材料和考古资料较少,我们目前对于战国时期的郑州城址及相关河流的状况并不是十分清楚。就现有材料看,原郑州商城的内城的四面城垣存在有补筑的现象而外郭城则不见增修,说明内城垣在战国时期可能得以沿用,外郭城则可能已经废弃。从目前考古发掘的情况看,汉北墙与先秦北墙之间发现有战国时期的遗存,而汉北墙以南区域战国时期遗存分布情况并不是十分清楚。除居址类遗存外,城垣内还发现有战国偏晚阶段的瓦棺及瓮棺墓等。[1] 此外,在城垣外围地区也分布有一定数量的战国遗存。[2] 上

---

[1] 河南省文物考古研究所:《1992年度郑州商城宫殿区发掘收获》,河南省文物研究所编:《郑州商城考古新发现与研究(1985-1992)》,中州古籍出版社,1993年;河南省文物研究所:《郑州黄委会青年公寓考古发掘报告》,河南省文物研究所编:《郑州商城考古新发现与研究(1985-1992)》,中州古籍出版社,1993年。

[2] 在城北的经五路与纬三路交叉口、城南的南关外以及城西的北二七路和张寨街交叉口附近等地均发现有战国时期的遗物或文化堆积。

述状况更多是由于考古发掘的区域选择造成的,尚难以说明这一时期的城址内部格局以及聚落形态。战国时期的墓葬一般多分布于城址外侧的南、西北两个方向,①这与汉唐以来的墓葬埋葬规律大体一致,也从侧面也反映了郑州城址所在区域的地形地势为西、南高而东、北低。特别需要提醒注意的是,在先秦北墙以外以及先秦北墙与汉北墙之间的区域都发现有两周时期的淤积层,②则表明在城内外仍可能存在这一时期的积水甚至有流水冲淤的情况,这一方面可能与输水渠道有关,但更可能与郑州商城外郭城废弃后,难以对当时的金水河河道进行有效控制而造成河水漫流的状况有关。加之两周尤其战国时期为战争频繁的时期,而郑州城址的位置对于先后相继的郑、韩两国而言,均是与周边强国(春秋时期的晋国以及战国时期的魏国等)交界的地带。诸侯国之间反复争夺的情况下,对河流的管理和控制显然不能与稳定时期相提并论。

此外,从目前的考古发现看,郑州城址的发展历程是在二里冈早商时期达至顶峰之后,在随后的历史阶段中基本均处于衰落的状态。具体表现为:汉代以后,郑州城的规模明显缩小,具有政治等级意义的宫殿建筑、贵族墓葬及大型手工业作坊等遗存消失不见。这恰与这一时期有关郑州城的文献记载较少相对应。唐宋及以后文献中有关郑州城的记载则明显多于前代,唐宋两代均设置郑州这一行政区划,其行政等级分别为"雄州"和"辅州",③其下以郑州城(即当时的管城县城)作为州治首县,属"望县"。尽管考古发现的这一阶段的郑州城址规模似乎并不算大,但上述文献表明自二里冈早商时期直至唐宋,郑州城址的政治地位以及城市功能等方面仍然存在一定变化,而唐宋时期恰为中国历史上漕运交通较为发达的时期,这可能对郑州城的地位变迁有着重要的影响。总体上,这些现象对于理解郑州城址的发展历程及其区域地位变迁具有重要意义,目前本文仅就有关郑州城址城垣形态及水系之间的关系变迁进行了大致梳理,相关研究仍需进一步考察城址内部的空间结构、不同阶段社会政治格局及行政区划的沿革、城市区位条件的变迁等因素。

---

① 目前已知距离城址较近的战国时期墓葬主要集中分布于二里冈、南关外以及城址西北部距离稍远的岗杜一带。

② 河南省文物研究所:《1992年度郑州商城宫殿区发掘收获》,河南省文物研究所编:《郑州商城考古新发现与研究(1985-1992)》,中州古籍出版社,1993年;郑州市文物考古研究院:《郑州黄河路109号院殷代墓葬发掘简报》,《中原文物》2015年第3期。

③ 《唐六典》(卷三)"户部尚书"条下云"凡天下知州、府三百一十有五……京兆、河南、太原为三都……陕、怀、郑、汴、魏、绛为六雄州……",《元丰九域志》(卷一)"京西路"条下云"辅,郑州,荥阳郡,奉宁军节度"。又自注"景祐元年升奉宁军节度……元丰八年复置。治管城县……"。

决拾既佽
——中国玉质射护具的流与变

左 骏

(南京博物院)

　　伴随着文明礼制的加强，在商周时期使用弓箭的行为已从相对单一的狩猎或战争行为逐步上升到"礼"的层面。自晚商开始，王与群臣的射艺已广泛涉及娱乐庆典、军事活动等诸多方面；此后周人将"射"正式纳入典制当中，出土金文或是传世文献均表明"射"时下已承载更高层的礼制作用。而与之伴随的是玉质射护具——夬（玦、韘即护指）和拾（韝即护臂）从无到有的凸显和改进。正如"决拾既佽，弓矢既调"（《诗经·小雅·车攻》）描述的那样，它们已逐渐成为射礼、田猎娱乐中不可或缺乃至吸睛的明星器具。

　　本文即是从中国商周时期玉质护指与臂韝的出现、器用出发，来探索先秦至两汉乃至此后这两种护具在伴随着射礼兴衰、弓体改进的大背景下的型式变化与功能改进；并将探讨秦汉时期从实用性玉夬到装饰性韘形玉佩（玦）的分化、"韘-韝"组合、中西亚坡形护指出现发展，以及辽金时期"鹰架猎韝"辨析等问题。

一、缘　　起

　　青铜器铭文明确记录了自中国商晚期开始，商王与臣僚的射艺已广泛涉及娱乐庆典、军事活动等诸多方面。如近年被国家博物馆入藏的商晚期"作册般鼋"青铜器，器上铭文记述了商王在洹水流域类似田弋的活动。[①] 通过学界进一步研究，认为这是一件纪念和宣扬商王射艺武功的纪念器，同时明确反映出商代晚期存在射礼的事实，并推测这样的射礼也是孔子所谓"殷礼"的一部分。[②] 此后周人将"射"引入国家典制礼仪当中，迄今出土或传世的两周金文、历代传世的资料文献中均表明所谓特定"射"的活动已承载更高层的礼制作用，如此一直延续到后世。

---

① 李学勤：《作册般铜鼋考释》，《中国历史文物》2005年第1期，第4页；朱凤瀚：《作册般鼋探析》，《中国历史文物》2005年第1期，第6页；王冠英：《作册般铜鼋三考》，《中国历史文物》2005年第1期，第11页。
② 袁俊杰：《作册般鼋所记史事的性质》，《华夏考古》2006年第4期，第39页；李凯：《试论作册般鼋与晚商射礼》，《中原文物》2007年第3期，第46页；李学勤：《从两条〈花东〉卜辞看殷礼》，《吉林大学学报（人文社会科学版）》2004年第3期，第1页；宋镇豪：《从新出甲骨金文考述晚商射礼》，《中国历史文物》2006年第1期，第10页；韩江苏：《从殷墟花东H3卜辞排谱看商代弹侯礼》，《殷都学刊》2009年第1期，第15页。

随着"射"象征意义日益上升的同时,不仅射礼的制度和形式在逐步繁杂化,①配合活动中的器具——弓、箭、靶(侯)的设计及制作都有了严格的规定和区分,②甚至弓射者佩用的弓射护具——护指(夬或韘)、护臂(拾或韝)也从无到有地凸显起来,逐渐成为有关"射"活动中不可或缺的实用性保护器具(下文简称"护具")。以此后两类护具的发展演变来看,玉质和贵金属制作的射护具等级最高、制作也相当精美。且这两类弓射护具出现显然是东西文化交流的成果,并伴随着弓体的演进,型式与功用也随之变化。

玉护指是最早被学者关注的护具,上世纪八十年代末杨建芳先生对此进行了考察,此后卢兆荫先生研究了汉代"韘形佩"的演变发展,均明确指出"韘形佩"玉护指的演变,该器由此进入研究者的视野。③ 之后有江荣宗、朱华彦先生,黄曲、许晓东女士等学者对玉护指演变和名称进行了细致排比与考辨;④又有徐汝聪女士以梁带村芮国墓地金玉护指组合、楚地各类护指的细致观察;⑤井中伟、魏凯先生从东、西亚文化交流的大视角出发,辨析了商周时期的护指、护臂的演变;⑥李春桃、刘钊先生从古文字学出发,并结合出土文物揭示了夬与韘、臂韝的正名问题。⑦ 近年来随着考古发现的丰富,护具护臂(韝)的情况也逐步清晰,严辉、杨润诚先生对曹魏墓中一件玉护臂做了功用蠡测及释名;徐汝聪、杨蕾女士也将历年发现的东周至两汉护臂做了详细的梳理考证。⑧

上述学者对中国商周至两汉护具研究打下了丰厚基础,却尚有若干不足。如较为单一学科的探究,致使产生视野局限;集中讨论两周特别是战国时期的类型,忽略护指、护臂的起源演变,乃至形制随弓体的变化因素而不断改进的过程;缺乏弓射的实验复原,导致对器具使用方式的误判等等。

---

① 杨宽:《"射礼"新探》,《古史新探》,中华书局,1965年,第330页;王龙正、袁俊杰、廖佳行:《柞伯簋与大射礼及西周教育制度》,《文物》1998年第9期,第59页;胡新生:《西周时期三类不同性质的射礼》,《文史哲》2003年第1期,第112页。
② 有关商代弓射器具的研究,参考石璋如:《小屯·殷墟墓葬之一·北组墓葬》,"中研院"历史语言研究所,1970年,第130页;岳洪彬、岳占伟:《殷墟的镞与甲骨文中的"矢"和"射"字》,《文物》2009年第8期,第46页。两周弓箭制造参考姜广义:《周代弓箭制造文化之考述》,《兰台世界》2016年第24期,第117页;刘雨:《西周金文中的射礼》,《考古》1986年第12期,第1112页。
③ 杨建芳:《玉韘及韘形玉饰——一种玉器演变的考察》,《中国文物世界》1989年第7期,第109页;卢兆荫:《玉觿与韘形玉佩》,卢兆荫著:《玉振金声——玉器与金银器考古学研究》,科学出版社,2007年,第51页。
④ 江荣宗:《从"江苏南京仙鹤观东晋墓"出土之心形佩论玉韘、韘形佩之正名与型制演变》,杨建芳师古玉研究会编著:《玉文化论丛(1)》,文物出版社,2006年,第238页;朱华彦:《说韘》,《无锡文博》2012年第3期;黄曲:《浅论"韘"及"韘形佩"》,《考古与文物》2011年第2期;许晓东:《韘、韘式佩与扳指》,《故宫博物院院刊》2012年第1期,第49页。
⑤ 徐汝聪:《韘及韘佩——以梁带村芮国墓地M27出土韘为例》,陕西省考古研究院、上海博物馆:《两周封国论衡——陕西韩城出土芮国文物暨周代封国考古学研究国际学术研讨会论文集》,上海古籍出版社,2014年,第221页;徐汝聪:《夬与韘》,湖南省博物馆:《纪念马王堆汉墓发掘四十周年国际学术研讨会论文集》,岳麓书社,2016年,第534页。
⑥ 井中伟、魏凯:《商周时期的"扳指"》,吉林大学边疆考古研究中心、边疆考古与中国文化认同协同创新中心编:《边疆考古研究(第18辑)》,科学出版社,2015年,第195页。
⑦ 李春桃:《说"夬"、"韘"——从"夬"字考释谈到文物中的扳指命名》,《吉林大学社会科学学报》2017年第1期,第175页;刘钊:《说"韝"(上)》,吉林大学边疆考古研究中心:《新果集:庆祝林沄先生七十华诞论文集》,科学出版社,2009年,第670页。
⑧ 严辉、杨润诚:《洛阳西朱村曹魏大墓出土玉器释名》,《大众考古》2017年第4期,第70页;徐汝聪、杨蕾:《射韝》,《江汉考古》2017年第4期,第83页。

笔者基于对弓射护具材料的搜集与实物观察,并得益于积极参与当下传统弓社活动,对于弓具、护具使用略有心得体会。在此不揣浅陋,寄望小文对当前中国传统护具的研究有所裨益。

二、流变与认知

1. 护指(夬或韘)

1.1. 晚商殷墟时期(始现)

考古所见最早可确定为护指的器具,是著名的妇好墓玉护指,墓葬时代在殷墟武丁晚期。① 虽出土于墓底棺内浑浊的泥浆内而失去具体位置,但因其形制构造成熟,弦槽转角处光润,可认定曾是一件经常佩用的实用器具②(图Ⅰ-1-1,1)。另一件则是河南安阳西北岗1311号墓出土的一件青铜护指,因打破武丁王陵(西北岗M1001号大墓北墓道),而被学者推断是大墓的殉葬墓,时代大约比武丁略晚。该护指为素面,一侧带弦槽的筒状制式与妇好墓相同③(图Ⅰ-1-3,2)。另有一件近乎相同的铜护指收藏于加拿大皇家安大略博物馆。④ 除此以外的传世玉器中,可确定为商代玉护指的尚有若干件。如早年由傅忠谟先生收藏的三件玉护指,其中两件现藏于北京故宫博物院,台北故宫博物院另外还典藏一件。⑤ 故宫所藏两件为典型上窄下宽的筒形、底面一侧开弦槽、另一侧双勾起阳线兽面纹,与妇好墓相同;傅忠谟先生所藏另一件形制及台北故宫博物院藏品皆与妇好墓相同,仅周身素面,故四件均可判定同为商代殷墟武丁时期前后或稍晚(图Ⅰ-1-1,2、4、5)。

在此前研究者对早期护指形制的归纳总结里,圆筒状、器形较高及在较高的一侧下端开弦槽均是共识。不过某些细部特征,如井中伟等观察到妇好护指中部穿孔顶部偏大、底部偏小是此前所忽略的。而筒状形态从功用来看,妇好墓发掘者对其使用的复原甚为正确,

---

① 有关妇好墓时代,有武丁晚期或祖庚早期二论,本文取前者,见王宇信、张永山、杨升南:《试论殷墟五号墓的"妇好"》,《考古学报》1977年第2期,第1页;李学勤:《论"妇好"墓的年代及有关问题》,《文物》1977年第11期,第32页。

② 中国社会科学院考古研究所编著:《殷墟妇好墓》,文物出版社,1980年,第12页;微痕图见杜金鹏主编:《玉华流映——殷墟妇好墓出土玉器》,中国书店,2017年,第142、143页。

③ 梁思永、高去寻:《侯家庄(第二本)1001号大墓》插图三,"中研院"历史语言研究所,1962年;朱凤瀚先生认为其时代或等同于殷墟二期偏晚段的1001号大墓,约祖庚至祖甲时期,见朱凤瀚:《由殷墟出土北方式青铜器看商人与北方族群的联系》,《考古学报》2013年第1期,第1页。

④ 台北故宫博物院:《武丁与妇好——殷商盛世文化艺术特展》图Ⅳ-1,台北故宫博物院,2010年;另,承蒙黄铭崇先生转告,经过入库检视,推测此件铜护指可能为怀履光在河南安阳附近所购。

⑤ 故宫博物院编:《故宫博物院藏品大系:玉器编(2)》图115、116,安徽美术出版社、紫荆城出版社,2011年;傅忠谟著:《古玉精英》图14,中华书局(香港)有限公司,1990年;其中一件最早见于(清)黄濬:《尊古斋金石集拓》,黄濬:《尊古斋古玉图录》图一九五,上海古籍出版社,1990年;第三件参见傅忠谟:《古玉掇英》图76,中华书局(香港)有限公司,1995年;台北故宫博物院藏品见邓淑苹主编:《敬天格物——中国历代玉器导读》图5-5-20,台北故宫博物院,2011年。

决拾既佽

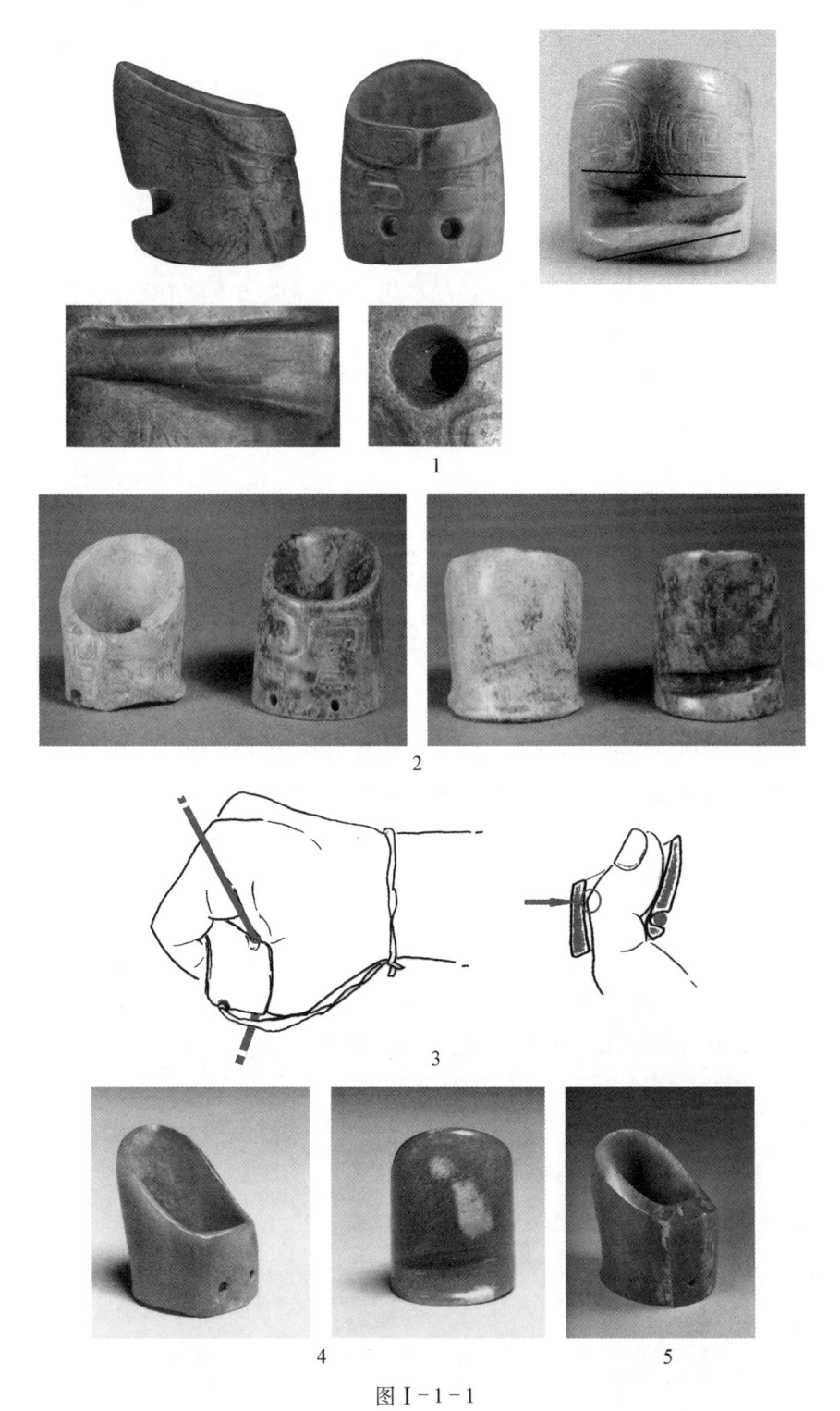

图 I-1-1
1. 安阳殷墟妇好墓(《玉华流映》第142、143页图合并)　2、5. 傅仲谟藏品(《古玉精英》图14、《古玉掇英》图76)　3. 筒形护指的使用示意图(笔者制)　4. 台北故宫博物院藏品(《敬天格物》图5-5-20)

适合目前所谓典型"蒙古式撒放"的技法。① 使用方式是将其套入射手右手拇指,因拇指构造为近节指骨偏细、远节指骨上肉垫宽厚,护指的内孔构造可正适合拇指的肌肉曲线。使用时扣箭括于弦,左手推弓,用右拇指勾箭括下部弓弦后引,此时弓弦势必与引弓点造成夹角,这也是所见商护指弦槽均有一侧刻意下倾的原因(图Ⅰ-1-1,3)。

从实际使用来看,筒形护指形却有诸多不便:右拇指引弦发力时,为确保引弦平稳安全,食指、中指与无名指均需同时弯曲压制拇指,此时拇指的近节指骨和远节指骨必定自然弯曲,筒形形体会造成拇指关节及软组织不适;再者将弦扣入槽内后引再撒放,槽浅易滑弦,理论上槽深易卡弦,却不利于撒放(也是后世罕见带槽护指的原因)。所以妇好玉护指扩大了较矮槽口(戴入拇指后此端朝上)的开口,目的显然是为了便于弓弦回弹滑出。总之,目前所见这批商晚期护指似乎是保留了护具演变中的某些早期形态,但尚不成熟。

在此笔者认为护具的出现与商代弓体的改进密不可分,因此需探讨一下殷墟时期的弓体类型。韩江苏先生曾对《花东》H3 第 37 版商代卜辞的研究中发现,至少有三种不同的弓在商代使用:即"疾弓"、"迟彝弓"和"恒吉弓",经过梳理并认为其中的"恒吉弓"便如周时所谓"唐、大之弓",而进一步推测此弓为强弓之属。② 虽然商代考古发掘中尚未见保存较好的弓体痕迹,因甲骨文中"弓"、"弜"、"射"等字中"弓"均做三曲内凹形,形象地将中部把手的"弣"部表现出来,其中"弜"还常做弛弓反曲状态,复合弓的弓体特征非常明显(图Ⅰ-1-2,1)。因此目前学界多认为至少在殷墟时期,弓体已经由石器时代"弦木为弧,剡木为矢"的原始弓体,③发展成利用筋、角类材料制作复合弓体,④复合弓相较此前竹木质的单体弓而言,显然是一类蓄能更多的强弓。国内目前所见年代最早的复合弓出土于新疆吐鲁番盆地洋海墓地的 B 类墓葬,时代为公元前十世纪前后,从残存的部分形态来看为三曲复合弓⑤(图Ⅰ-1-2,2)。

世界范围的考古发现来看,复合弓最早流行于中西亚北部的以畜牧业为主体的民族。⑥ 它不仅弓体短小便于携带,且因其分体复合结构可以蓄能高具有弹性强、拉距大等优势。⑦ 在公元前二十世纪之初,自里海北部的早期雅利安人(Aryan)向四方迁徙,形成

---

① "蒙古式撒放"简而言之是使用大拇指引弦的引弓技法,因普遍见于东亚及蒙古地区得名,其适合韧性较好、拉距大的复合性软体弓,即引弓过程中拉力均衡的弓;相对而言,盛行于欧洲的"地中海式撒放"使用食指和中指勾弦引弓,适合单体拉距短的硬弓体类,即单一木质削磨而成的单体弓。
② 韩江苏:《殷墟花东H3卜辞中"迟弓、恒弓、疾弓"考》,《中原文物》2011年第3期,第36页。
③ (魏)王弼注,(唐)孔颖达疏:《周易正义》,李学勤主编:《十三经注疏》,北京大学出版社,1999年,第301页。
④ 杨泓:《中国古兵器论丛(增订本)·捌·弓和弩》,中国社会科学出版社,2007年,第259页。
⑤ 新疆吐鲁番学研究院、新疆文物考古研究所:《新疆鄯善洋海墓地发掘报告》图一四:4,《考古学报》2011年第1期,第99页。
⑥ 欧亚草原公元前十世纪之前的弓具情况尚不清晰,复合弓出现在约距今五千年前的中亚地区,其继承者斯基泰人(Scythians)便是以弓箭武备闻名于世,参考 Patterson.W.F., *Archery in Moghul India*, The Islamic Quarterly, Vol.16, London, 1973, p81。
⑦ 张文玲:《黄金草原——古代欧亚草原文化探微》第三章,上海古籍出版社,2014年;St John Simpson and Svetlana Pankova, *The BP exhibition Scythinas warriors of ancient Siberia* by The British Museum, Thames & Hudaon Ltd, London, 2017, p208.

图 I-1-2

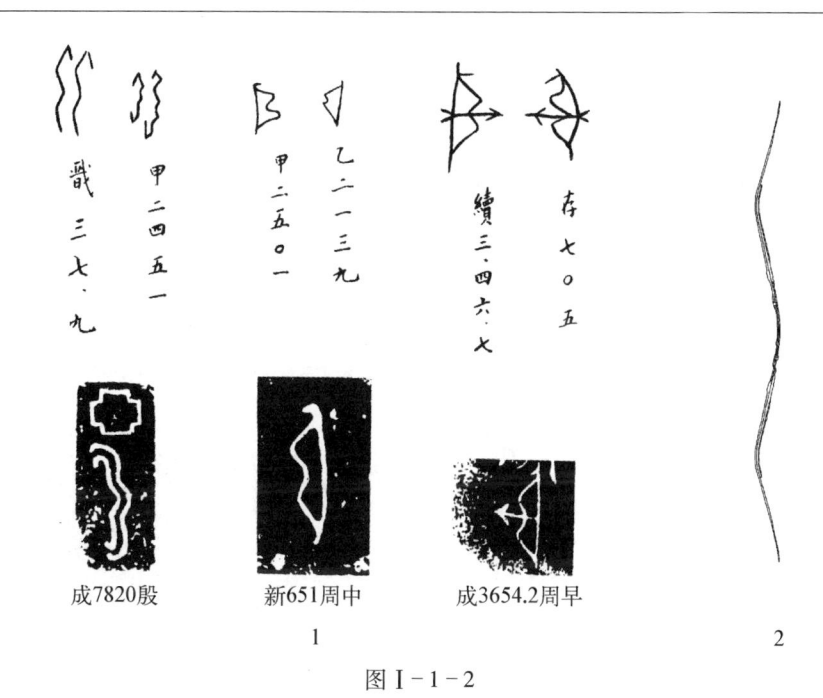

1. 商周甲骨文、金文中的弓(《甲骨文编》卷五：一九、一二、二一,《商周图形文字编》第549、551页)　2. 洋海墓地复合弓复原推想(据《新疆鄯善洋海墓地发掘报告》图一四：4复原)

各自独特的文化类型。其中向东的族群至天山北麓形成安德罗诺沃文化(Andronovo Culture)、继之南西伯利亚一带发展为卡拉苏克文化(Karasuk culture),①其在公元前十四世纪至十二世纪(殷墟时期)南下的过程中与商人有过强烈互动,②带来诸如马车驾驭制造技术(含马具)、兽首刀、套管铜斧等北方文化因素,③学术界将组合称为"殷墟北方式青铜器"。上述1001大墓殉葬墓M1311中未见生活容器,仅随葬銎内戈两件,弓形器、铜策、驼首刀、骨觿各一件,镞若干(图 I-1-3,1)。单从该墓的随葬品分析墓主身份似乎颇为特殊,可能是兼驭手及守卫、射手功能于一身的来自北方族群的特殊扈从。那件素面铜护指无疑就是墓主生前所使用的实用器,而墓中的"觿—镞"搭配,被看做是一类标准弓射器具的组合。④ 玉、铜较为成熟的实用性硬质护具出现的时间节点为武丁中后期,这和商人与北方民族的互动必然有关。不过目前在安德罗诺沃文化及卡拉苏克文化中尚未甄别出对应器具,所以并不能排除抑或是黄河流域因外来技术导致弓体的突然升级改良,本地文化而相应出现了硬质护具的可能。但在吐鲁番洋海墓地B类墓葬中(公元前十世纪前后),曾发现过软体(皮质)护指与复合弓组合并出,此现象值得研究者注意。⑤

---

① 杨建华、邵会秋、潘玲:《欧亚草原东部的金属之路——丝绸之路与匈奴联盟的孕育过程》第二章,上海古籍出版社,2017年,第46页。
② 朱凤瀚:《由殷墟出土北方式青铜器看商人与北方族群的联系》,《考古学报》2013年第1期,第1页。
③ [苏]吉谢列夫:《C.B.吉谢列夫通讯院士在北京所作的学术报告》,《考古》1960年第2期,第45页。
④ 黄铭崇:《弓末器及其相关问题》,《故宫学术季刊》2003年第二十卷第四期,第45页。
⑤ 新疆吐鲁番学研究院、新疆文物考古研究所:《新疆鄯善洋海墓地发掘报告》图一八：10,《考古学报》2011年第1期。

图 I-1-3

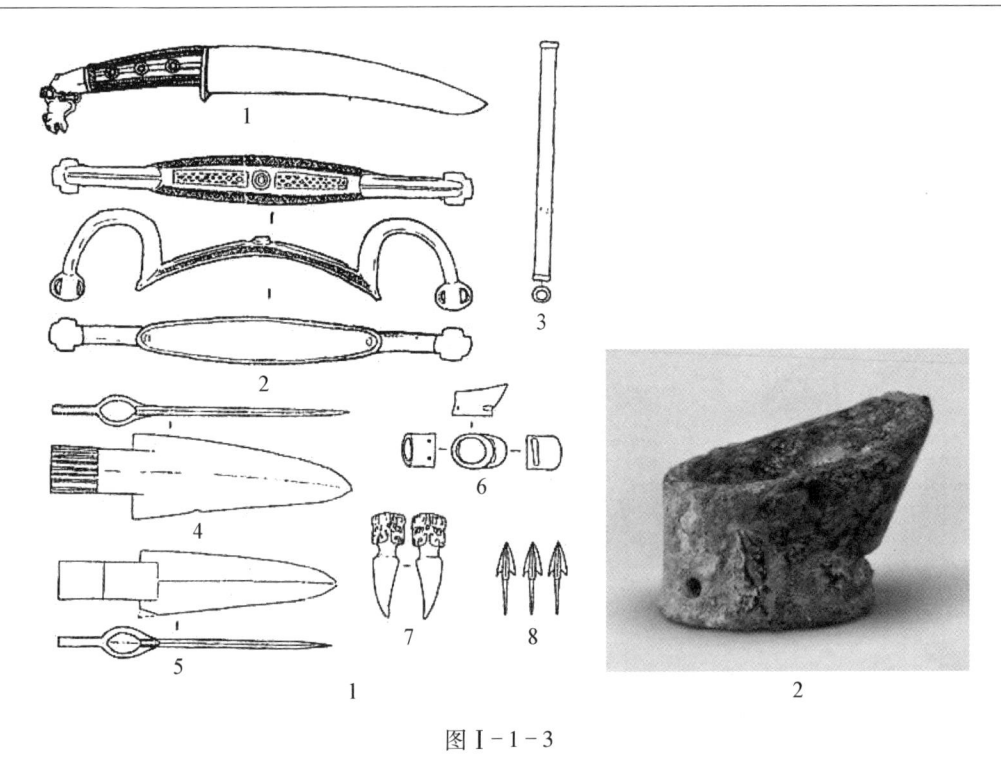

1. 安阳西北岗1311号墓出土器物组合（据《由殷墟出土北方式青铜器看商人与北方族群的联系》图一三）
2. 1311号墓出土铜护指（《武丁与妇好》IV-1）

1.2. 两周时期（演进、繁荣）

西周晚期至东周不仅护指的数量激增、形制演变显著，材质上也出现多样的选择，是中国护指发展的黄金时期。这一时期出土的青铜器铭文和传世文献里，有关护指的文字开始铸造在吉金之上、被史官记录在笔下，确凿地流传于世。在这个大时空演进中，护指的发展又可被划分为两阶段，一为变革期——西周晚期至春秋早期；另一是繁荣期——春秋至战国时期。特别在后一阶段里，明确出现了对持弓的手臂护具——拾（韝），并与护指组合使用。

第一阶段变革期中，按考古出土单位所见、时间早晚大致可排序为：周厉王时期三门峡虢国墓地虢仲墓（M2009），宣王时期曲沃北赵晋燮侯墓（I11M8）、三门峡虢国墓地虢季墓（M2001）（图 I-2-4，3、4），幽王时期周原北吕周人墓地（VM25）（图 I-2-4，1），西周与春秋之交的曲沃羊舌晋侯墓（M1），春秋早期的韩城芮桓公墓（M27）①（图 I-2-4，6、

---

① 北京大学考古学系、山西省考古研究所：《天马——曲村遗址北赵晋侯墓地第二次发掘》彩色插页壹、图一八，《文物》1994年第1期；宝鸡市周原博物馆：《北吕周人墓地》图版五〇：6，西北大学出版社，1995年，第127页；图见刘云辉：《周原玉器》图三四，中国文物学会，1996年；河南省文物考古研究所、三门峡文物工作队：《三门峡虢国墓地（第一卷）》图一八、一九、一四一、图版七五：4、5，文物出版社，1999年；山西省考古研究所、曲沃县文物局：《山西曲沃羊舌晋侯墓地发掘简报》图五、一三，《文物》2009年第1期，第4页；陕西省考古研究院、渭南市文物保护考古研究所、韩城市文物旅游局：《陕西韩城梁带村遗址M27发掘简报》，《考古与文物》2007年第6期，第3页；三件韘彩图参见孙秉君、蔡庆良合著：《芮国金玉选粹——陕西韩城春秋宝藏》图55、56、57，三秦出版社，2007年。

图 I-2-4

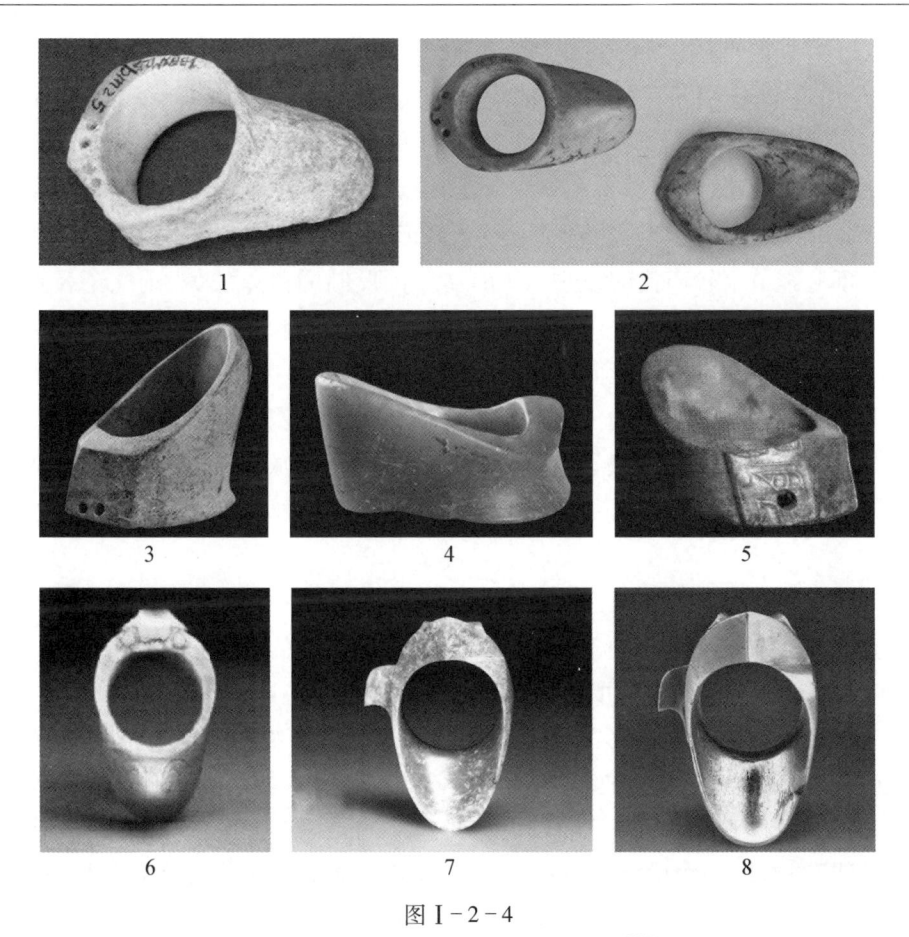

1. 北吕周人墓地 VM25（《周原玉器》图三四） 2. 加拿大皇家安大略博物馆藏（《加拿大皇家安大略博物馆藏中国古代玉器》第 167 页） 3、4. 三门峡虢季墓（M2001）（《虢国墓地出土玉器·壹》第 136、135 页） 5. 曲沃羊舌墓地 M1（山西曲沃羊舌晋侯墓地发掘简报）图一三） 6、7、8. 韩城芮国墓地 M27（《芮国金玉选粹》56、55、57）

7、8）。从出土的位置情况看，曲沃晋麬侯墓出土两件护指，分别置于墓主左右两手处，均为舌形。北吕墓地所见一件，外形为前高后低的扁舌形，穿系孔位于大穿孔扁舌对应的缘侧。三门峡虢季墓共发现两件，一件出自内棺上层，另一件位于棺内墓主右手位置，以示实用性。内棺上层发现的为扁舌形，与北吕墓地相同，内棺中的玉护指形制则是不带弦槽的前高后低斜筒状。曲沃晋侯墓主（据信为晋文侯）左右手各持一件，其右手为筒形；左手是舌形，一侧下半部分还残留有商代兽面纹，足以说明此护指为商代制作，后经晚期改磨成舌形（图 I-2-4,4）。① 韩城芮桓公共计三件，右手处见玉质镶金、纯金护指各一，左手处放置玉质一件；右手处两件中金镶玉者为扁舌形、金护指虽整体作舌形而侧出一鋬，与左手玉质形制完全一致。另在三门峡虢国墓地虢仲墓也见有扁舌形玉护指，墓葬时代为厉王时期。② 传世品里可见由怀履光（White W. C.）上世纪于洛阳所购得一件舌形护

---

① 该墓两韘一为舌形、另一为筒形，出土分布与形态，承蒙吉琨璋先生见告，在此感谢。
② 承蒙三门峡虢国博物馆常军先生见告，虢仲墓共出土四件玉护指。

指,材质、形制与北吕玉护指的相同①(图Ⅰ-2-4,2)。

由上,如将上述单位出土护指按时代依次排列,可得到西周晚期至春秋早期的演变大致序列(表一)。以外观造型来看,本阶段的护指可约分为三类:第一类是筒形斜面,第二类是矮体扁舌形,第三类是矮体扁舌形侧带錾。第一类因尚未在西周早期墓葬中发现,不过形制显然是直接延续晚商殷墟筒形,大体可视为西周早期护指应无疑问。稍做观察可见细节上较商代的改进:如前高后低形制的落差加大,前文论及拇指关节受护指内孔壁的阻挡问题似乎得以解决,曲沃晋侯护指将商代筒形后部改制降低也是因此;高侧的一端向前倾凸,横向接触面相应增大,便于拇指指垫舒适按压;前倾凸出又形成内凹的夹角,这类护指明显摒弃了商时开有斜向的弦槽,利用拇指回勾弓弦,并将弦控于夹角的凹面内,改弦"槽"为"面"的关键是便于撒放时弦的回弹,从指法上更利于引开强弓;穿孔方式由商护指的筒侧2横穿孔改为筒侧下端与大孔缘侧的4个"L"形穿孔。

第二类矮体扁舌形,从侧面来观察已近扁平,是舌形偏高一侧进一步前突的结果。如三门峡护指,其右拇指按压面更大,又因护指形体变矮、夹角面完全消失,取而代之的是借用舌形面上凸起的小台面成为扣弦接触点。②

第三类护指可以说是舌形的改进完善版,最显著的变化是在舌形护指一侧加有钩形的侧錾,原本的"L"穿孔四孔改为横"V"字形两孔;细微处变化在于:舌面凸起的压弦处形成近圆形的固定小平面,内穿孔的两端除内凹的舌面上翘外,穿孔一侧边缘双收上翘,有錾的一侧的边缘微微下凹。春秋早期时期芮桓公金镶玉护指,其原为舌形,后将4个边缘"L"穿孔以金填实并铸成外凸横"V"字形孔,还将玉护指一侧破坏纹样琢开方孔,目的固然是另置凸出錾的卯孔(图Ⅰ-2-5)。

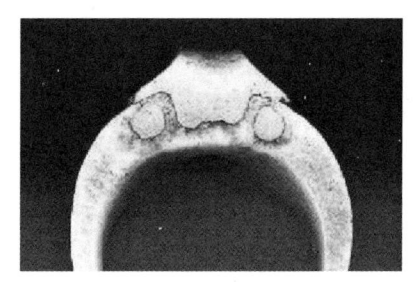

图Ⅰ-2-5 芮国墓地M27金玉改制护指(《芮国金玉选粹》56)

---

① White W. C., *Tombs of Old Lo-yang*, Shanghai: Kelly & Walsh, Limited, 1934, 337ab;彩图近年发表,参见沈辰、古方:《海外博物馆藏中国玉器图集之一:加拿大皇家安大略博物馆藏中国古代玉器》,文物出版社,2016年,第167页。

② 有关"斜坡扳指"在下文会谈及。需要补充说明的是,元明之际莫卧儿帝国及明清时期朝鲜半岛所流行的"斜坡形扳指"虽与第二类舌形扳指在结构上类似,却应属物质文明发展中的再生相似性。

表一

时代 \ 出土地点	三门峡虢国墓地	北赵晋蒦侯墓	北吕周人墓	羊舌晋侯墓	韩城芮桓公墓
西周厉王	（虢仲墓）				
西周宣王	右① / 棺盖（虢季墓）	右 / 左			
西周幽王			不明		
西周晚期 春秋早期				右 / 左	
春秋早期					右　右 / 左

---

① 表一中"左"、"右"表示"左手"、"右手"。

表一中显示舌形似乎更早,但从时代序列来看,以西周晚期的宣幽时期为主要流行时段。特别是芮桓公那件被改制的舌形玉护指,按上琢典型纹样来锁定原件制作时代应为西周晚期。① 总之,这类舌形护指仅流行在西周偏晚期。虽在上述表格中舌形比筒形排列偏早,但筒状造型比舌形更近商代护指。目前已发现的几例西周筒形护指来看,高低差加大、高侧外前倾、缘侧4个"L"形穿孔与商护指相异,这均是西周中期甚至更早玉护指的特征。在三门峡虢季墓与羊舌晋侯墓中西周中期的筒形、晚期舌形护指均有并存现象,有趣的是晋侯两件护指舌形置于右手、筒形在左手,似乎是表明了舌形在西周晚期出现后更具实用。春秋早期亦是护指演化的重要阶段,压弦台面在此时被人们发现和加以完全利用,早前舌形护指本身显然还存在着不少缺陷,故出现以芮国金镶玉护指为代表的改制品,也更说明护指的实用性是首要考虑的因素。

西周时期硬质护指的材料,多用透闪石的玉料琢制,另有贵金属的纯金质,而北吕墓地目测为类玉的白石质,②其形体均规整匀称,光洁莹亮,器具周身弧线也表现出特殊的视觉张力,尽显器具的造型美。以珍贵的料质与精密的工艺,足以彰显出等级。从发现的墓葬等级看除北吕墓地一例尚不明了,其他以公侯高等级墓葬为主体,如虢、芮、晋都是周的畿内同姓诸侯,尤以三门峡两位虢公位列上卿,身处西周晚期政治的核心,地位仅次于周王;芮、晋也都在周王朝担任重要职位,特别是晋、芮两国国君均是参与护卫周平王东迁成周的重要人物,地位显赫。分布地域情况看,以靠近关中周原京畿的黄河流域为中心的四邻分布,如由关中平原向东北延伸的临汾盆地上有韩城芮桓公墓、曲沃北赵晋燮侯墓、羊舌晋侯墓三处;出潼关向东延伸的三门峡盆地有虢国墓地的两座大墓(图Ⅰ-2-6)。

在西周时期青铜器铭文中,开始出现与护指相关的文字。最著名即是上海博物馆藏西周恭王时期(西周中期)"十五年趞曹鼎",鼎内侧铸有铭文,记载了周王在周原新宫射箭场举行的一次射礼活动③(图Ⅰ-2-7,2)。其内容不仅有助于对西周中期射礼的研究,铭文还详细记载有活动结束后的赏赐品,近年有学者研究其中便有有关西周护指名谓的线索。该鼎铭文中一字"▨"与赏赐的弓、矢并列,字形如人之右手拇指戴环状物形象,④并通过与传世文献的比对,从而隶定为"夬",而以玉为之即是"玦",或为"决"、"抉"等。实际上甲骨文"▨"曾被释为"夬",亦作手中持环状物品,从字形看尚不

---

① 整理者认为该件韘"原始制作年代为西周晚期的主因,在于器身下端纹饰为排列有序的逗点纹样,这是西周晚期典型的纹饰单元;此外器身上端略具弧特征的双阴线,以及线条弯转的处理手法,皆是西周晚期的风格特征,可知本器的初始制作年代为西周晚期",见孙秉君、蔡庆良合著:《芮国金玉选粹——陕西韩城春秋宝藏》图56,三秦出版社,2007年。
② 该墓地报告中描述为"青玉,局部带有玉皮,半透明,玻璃光泽",《周原玉器》公布彩版并描述"汉白玉,通体磨光,局部有透明感",笔者目测认为是汉白玉质的白石类。
③ 陈佩芬:《夏商周青铜器研究·西周篇·上》,上海古籍出版社,2004年,第232-235页。
④ 李春桃:《说"夬"、"韘"——从"夬"字考释谈到文物中的扳指命名》,《吉林大学社会科学学报》2017年第1期,第175页。

图 Ⅰ-2-6　西周晚期出土护指地点示意图（笔者制）

能确定为护指。① "玦"在现代被通俗地认定为一类环形有缺口的饰耳玉器，前经学者梳理证实，环形缺口玉器可能与先秦的"瑱"或其他类耳部装饰器相对应，②"夬"则特指为护指③（下文即以"夬"代替"护指"）。又《周易·夬》卦中载"《彖》曰：夬，决也，刚决柔也"，④大概是以硬质"夬"引弓的柔弦，比喻"以刚应柔"的卦象。

西周射礼是殷墟商射礼的继承与发展，奠定了后世射礼的仪轨基础，而夬在西周射礼活动中扮演有重要角色，目前西周金文涉及射礼铭文有近十余篇，内容有关当时的大射、燕射、宾射等问题。⑤ 除上文引述"十五年趞曹"鼎铭文中提及外，"夬"字在平顶山应国墓地（M242）柞伯簋铭文中也有发现。⑥ 该器铭文记载周王在宗周（镐京）举行大射礼时，王命臣僚准备好夬——"敬又夬"，方始习射（图 Ⅰ-2-7,1）。至于柞伯簋的年代，学界一般

---

① 有学者认为所持环状物即像两手持环而有缺的"玦"形，见徐中舒主编：《甲骨文字典》，四川辞书出版社，1990年，第二八五至二八六页；聂富博：《〈说文解字〉之从"夬"字研究》，《湖北职业技术学院学报》2013年第1期，第55页。
② 邓淑苹：《瑱与耳饰玦》，《故宫文物月刊》1985年第三卷，总第六期，第77页；王仁湘：《玉中三玦：耳饰之玦》，《大众考古》2017年第10期，第50页。
③ 林巳奈夫著，杨美莉译：《中国古玉研究》，台北艺术图书公司，1997年，第102页；王仁湘：《玉中三玦：扳指之玦》，《大众考古》2017年第11期，第35页。
④ （魏）王弼注，（唐）孔颖达疏：《周易正义》，李学勤主编：《十三经注疏》，北京大学出版社，1999年，第180页。
⑤ 袁俊杰：《两周射礼研究》第二章，科学出版社，2015年，第127页；刘雨：《西周金文中的射礼》，《考古》1986年第12期，第1112页。
⑥ 河南省文物考古研究所、平顶山文物管理局：《平顶山应国墓地Ⅰ》图六七，大象出版社，2012年。

图 I-2-7
1. 柞伯鼎及铭文(《平顶山应国墓地 I》图版二三、图六七)　2. "十五年趞曹"鼎及铭文
(《夏商周青铜器研究·西周篇·上》图二九六)

认为属西周早至中期的康王到穆王时代。① 西周早期至中期射礼注重竞技结果,故而重视器具的完备;至西周中晚期,射礼转型而更着眼于礼制行为过程,以及仪轨完成后的褒奖。柞伯簋与趞曹鼎正好处在上述两个阶段,均可说明在西周时期由周王主持的射礼中,夬已是不可或缺的重要弓射器具。

夬为实用器具,前两类夬使用方法大致与妇好玉夬使用相同,此处不再赘述。有关第三类夬的使用,目前学术界争议最大。其讨论的焦点即是新出现钩形錾的功用之辨,而目前又以食指套夬、再用錾勾弦的复原观点最为流行。② 该使用复原的提出,在造型上看似解决了的新出现錾的功用,但从实用角度简而言之:仅依靠单用食指及绑缚于手腕的绳具,无法发力正常引开复合弓,回勾式的弦扣(錾)也绝不利于撒放。再者以器物类型学的演化逻辑观

---

① 有关柞伯簋时代考证,参见王龙正、姜涛、袁俊杰:《新发现的柞伯簋及其铭文考释》,《文物》1998年第9期,第53页;李学勤:《柞伯簋铭考释》,《文物》1998年第11期,第67页。
② 徐汝聪女士认为这是周人的对商代韘的改变,并提出"周韘"的概念,见徐汝聪:《韘及韘佩——以梁带村芮国墓地M27出土韘为例》,陕西省考古研究院、上海博物馆:《两周封国论衡——陕西韩城出土芮国文物暨周代封国考古学研究国际学术研讨会论文集》,上海古籍出版社,2014年,第221页。

察，上文第一类至第三类造型演化过程并无间断，即从造型至功用也即可推想三类大体一致。为此笔者在2008－2010年间，曾制作模型进行模拟复原实验，在诸多爱好弓射的网友共同协助下，以实验结果来证明春秋时期出现的新型夬极具人体工程力学的合理性。①

通过模拟复原实验可知，新型带銎夬使用时步骤如下：按"蒙古式撒放"技法（左手持弓），拇指竖直先从较小穿孔穿入，拇指自然弯曲，以指肚贴合夬上凸出舌面内侧；左手持弓弣前推，箭架于左手拇指关节，弦扣入箭括（尾）；戴夬右拇指内曲，以夬内侧小台面扣住箭括下的弓弦，食指、中指及无名指同时包压拇指指背，銎上部侧缘的尖拱恰可与食指第一指节曲度契合，下舌面沿的小型凹缺，可使较长的食指和无名指更方便、舒适地将整个夬包压在手中；②此时夬侧銎的功用显现，銎勾的凹面正好可以压住箭括（尾）位置，这项设施首要功用显然是避免箭杆从弦上滑落。在"蒙古式撒放"中，控弦用手通常会以逆时针方向拧弦（横向施力），即和銎抵压箭括的方向一致，加之箭杆前端架箭于弓弣右侧，前后左右的作用力均可将箭稳定固定于弓与弦之间。撒放时，只要将抱紧的食指至无名指放开，拇指和夬在弓弦回弹的巨大反作用力下伸直，弦此时从扣弦的台面上滑出，释放出动能的同时将箭射出③（图Ⅰ-2-8）。为防止在巨大回弹力的作用下，夬从射手拇指上脱落，需要穿绳系佩在手腕，有学者曾对周边伴出器物观察后认为，芮桓公墓中几件夬穿绳上均有"鞢—勒—管"的串佩组合。④ 若诚如所言，这个组合更可视作始自殷墟时期的

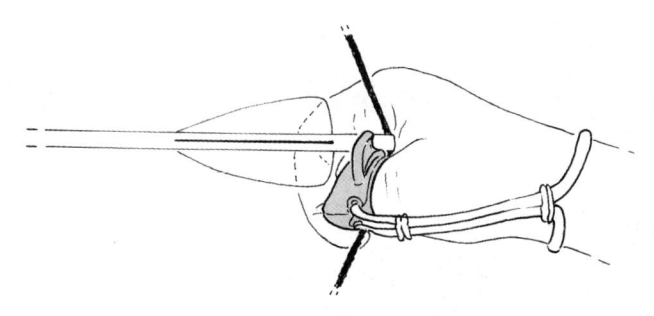

图Ⅰ-2-8 带銎夬使用示意图（笔者制）

---

① 在此要感谢东北传统弓箭制作大师高翔先生，2008年用精湛技艺按笔者提供的图纸制作了第一件牛角带銎护指，带銎护指功用问题均迎刃而解，后经高翔先生在相关弓社论坛撰文普及各类护指用法，带銎护指功用也逐步为国内使用传统弓的弓友所熟知，笔者（论坛名：妙法莲华）继以"手工劳动——石质鞢（扳指）"一文做了复原（网址 http://www.archerysalon.com/forum.php? mod = viewthread&tid = 18668&extra = page%3D9，最后访问时间2018年5月7日）；此后弓友叶诚（水替土心）从工程学角度复原分析，发表了《由〈关于玉鞢演变的探讨〉帖，探讨春秋时期"小钩扳指"的用途》《由春秋战国时期玉鞢推想"汉法"》（网址 http://blog.sina.com.cn/shuiti，最后访问时间2018年5月7日）。

② 拇指引弦时手背朝上，基本与地面平行，从运动生物力学和解剖学来讲，引弦手姿势属于内旋用力，有利于引弓时臂肩关节的准确到位和后背肌群的用力（直线用力），此时手腕肌群属于放松状态，有助于完美撒放，见徐开才：《射艺》，广西师范大学出版社，2015年，第26页。

③ 现代弓术中，撒放是精准的关键性技术环节，从引弓至撒放是一气呵成的连贯动作，尤其是不同扣弦姿态不但会影响到撒放后箭发生左右偏差，还会影响弓力的释放，撒放工具对弓弦的摩擦系数更会加剧弓弦的滚转（参见于慧、吴逢波：《射箭撒放技术的研究》，《四川体育科学》2013年12月第6期，第86页）。由此看来，西周人将筒形带弦槽改造成舌形的关键目的是，利用护具保护拇指的同时，降低撒放时护具对弓弦的影响，增加命中率。

④ 徐汝聪：《鞢及鞢佩——以梁带村芮国墓地M27出土鞢为例》图八至图一三，陕西省考古研究院、上海博物馆：《两周封国论衡——陕西韩城出土芮国文物暨周代封国考古学研究国际学术研讨会论文集》，上海古籍出版社，2014年。

"夬—(勒、管)—觽—镞(及弓)"组合的延续。① 这类自春秋早期出现的新式带鋬夬型,直至战国实用型硬质夬的衰落的近五百年间,虽有细部和装饰纹样的增减,但结构上却未曾改变,更能说明其结构的实用合理性。

春秋中晚期出土夬的几处代表性地点有:安徽蚌埠双墩钟离君柏墓出土一件、河南辉县琉璃阁甲墓(卫君墓)出土一件、河南桐柏月河养君墓出土一件、山西太原金胜村赵卿(赵鞅)墓出土两件②(图Ⅰ-2-9,1、2、3、4)。五件玉夬各有特色,钟离君柏、琉璃阁卫

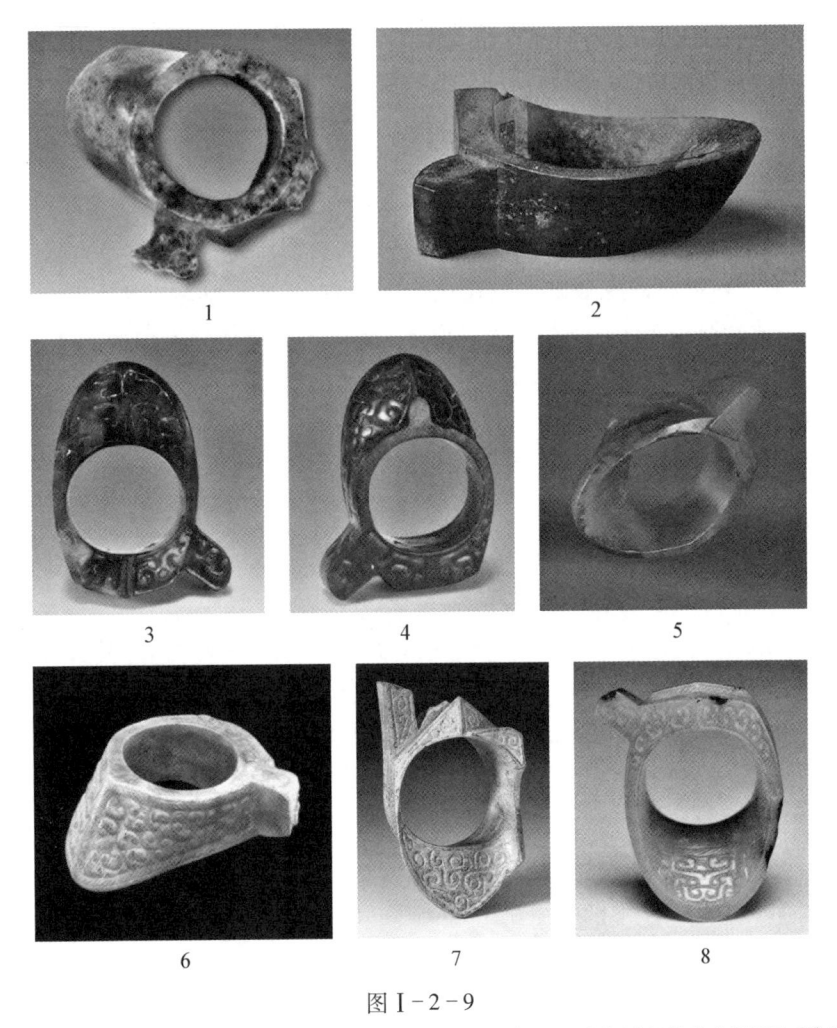

图Ⅰ-2-9

1. 钟离国柏君墓(《钟离君柏墓》图版一四八:6) 2. 辉县卫君墓(《辉县琉璃阁甲乙墓》图191) 3. 桐柏月河养君墓(《南阳古玉撷英》图104) 4. 太原赵卿墓(《晋国赵卿墓》图68右) 5. 北京故宫博物院藏品(《中国传世玉器全集1—新石器时代·商·西周·春秋·战国(3)》第192页) 6、7. 台北故宫博物院藏品(《春秋玉器》图146,《敬天格物》图5-5-21)

---

① 黄铭崇:《弓末器及其相关问题》,《故宫学术季刊》2003年第二十卷第四期,第45页。
② 安徽省文物考古研究所、蚌埠市博物馆:《钟离君柏墓》图一一七、图版一四八,文物出版社,2013年;河南博物院:《辉县琉璃阁甲乙墓》图191,大象出版社,2003年;南阳市文物研究所、桐柏县文管办:《桐柏月河一号春秋墓发掘简报》,《中原文物》1997年第4期,第8页。图参见南阳市文物考古研究所:《南阳古玉撷英》图104,文物出版社,2004年;山西省考古研究所、太原市文物管理委员会:《太原晋国赵卿墓》图八四:15、图版109:1,2,文物出版社,1996年。

君墓虽为素面却有着独特的造型设计,养君墓通体琢有典型的春秋中期盛行的蟠虺纹,而又以时代最晚的赵卿墓两件玉夬最为简素。馆藏和传世品里可依据所琢纹样定为春秋时代的玉夬有:北京故宫博物院收藏的一件、台北故宫博物院收藏的三件①(图Ⅰ-2-9,5、6、7)。

钟离君柏玉夬出土于器物坑,从其南部不远处放置呈束状的大量箭镞来看,为弓射器具集中摆放场所。此夬设计颇具新意,錾作类羊首形,按蒙古式戴入右手拇指,羊首凸起的前端可压箭括。另外在夬体伸出斜面的两缘,作不同起伏弧面设置,如有錾一侧为两边缓斜的单尖,相对一侧作圆凸和单尖两个设置。当右手食指中指无名指弯曲包压拇指时食指和中指正在两边的缓斜面上,两指指缝正卡于尖顶部;当三指整体包压住夬体止于夬的另一侧,食指中指按压在圆凸和凹弧面上,无名指搭在单尖的另一侧,如此设置完全符合拇指扣弦蒙古式撒放的人体工程学原理(图Ⅰ-2-10,1)。江苏苏州真山战国晚期楚墓(D3M1)出土有结构类似的玉夬,从该件造型和纹样综合判断是典型春秋晚期至战国早期的制品。② 在其錾缘所对应的另侧亦凸出有伸出的勾状小坡面,实物经笔者检视,是更加合理的搭指设置,并非"花拳绣腿"的装饰(图Ⅰ-2-10,2、3)。如此正如《列女传·晋

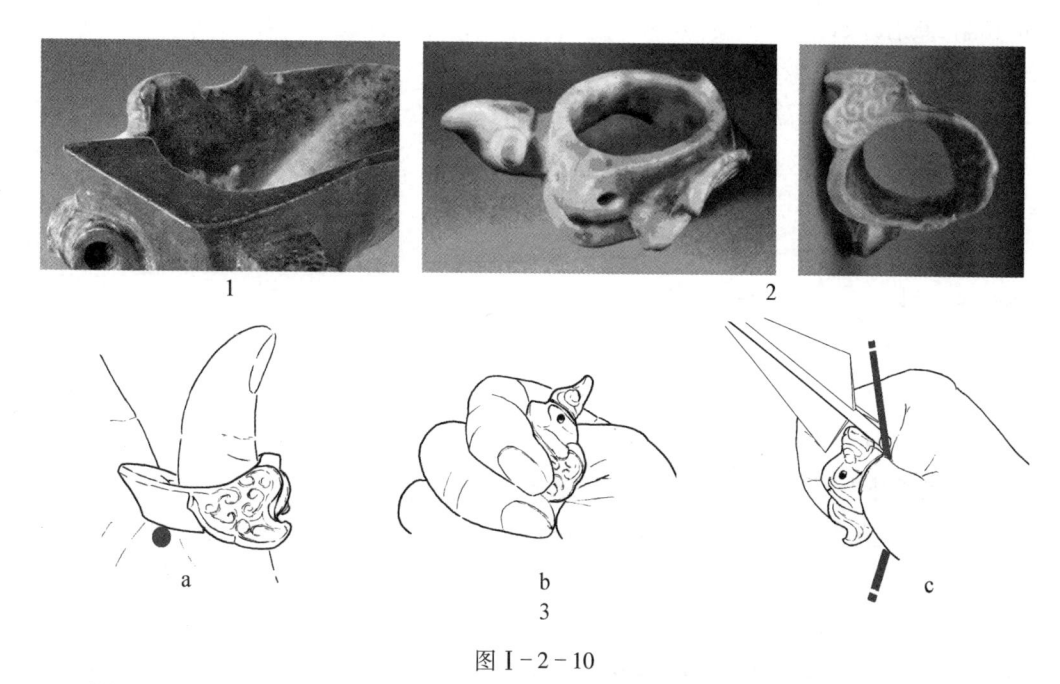

图Ⅰ-2-10
1. 钟离国柏君墓(《钟离君柏墓》图版一四八:4) 2. 苏州真山楚墓(《苏州文物菁华》第44页) 3. 真山玉夬使用示意图(a图圆点标示挂弦的横截面,笔者制图)

---

① 古方主编:《中国传世玉器全集1—新石器时代·商·西周·春秋·战国(3)》,科学出版社,2010年,第192页;该院藏发表两件:故玉2209(邓淑苹主编:《敬天格物——中国历代玉器导读》图5-5-21,台北故宫博物院,2011年)、购玉416(震旦文教基金会编辑委员会:《春秋玉器》图146,震旦文教基金会,2010年),另一件尚未公布;另,海外私藏参见震旦文教基金会编辑委员会:《春秋玉器》图147、148,蓝田山房藏两件(邓淑苹:《蓝田山房藏玉》图59,财团法人年喜文教基金会,1995年;邓淑苹:《群玉别藏续集》图220,台北故宫博物院,1999年)。
② 苏州博物馆:《真山东周墓——吴楚贵族墓地的发掘与研究》图八八:1,文物出版社,1999年;详图见《苏州文物菁华》编委会:《苏州文物菁华》,古吴轩出版社,2004年,第44页。

弓工妻》所谓"左手如拒石,右手如附枝,右手发之,左手不知"①的手部动作,其中的"右手如附枝"形象地描述了引弓时右手抱圈、长指包压拇指的引弦状态。②

琉璃阁卫君墓玉玦光素无纹,仅保留玦的基本设置,其余结构与春秋早期芮桓公墓中带錾玉玦雷同,在出錾对应的一侧缘改尖凸为凹弧斜坡面,同样是为了方便三指的包压。金胜村赵卿墓两件玉玦一改繁琐蟠虺纹而光素简洁,仅保留斜凸的錾,其结构均简略,也开创了战国时期更为实用简素款玦的源流,且该墓也是最显著护指与护臂的组合单元,意义十分重大。

从春秋中至晚期玦的分布可看出,射护具的使用已经影响到黄河中下游区域(卫君墓),更有迅速沿淮河流域的中南部江淮诸国(如养君墓)、东南部徐夷(如钟离君柏墓)进发的趋势。以墓葬等级看,此时玉玦使用群体明显由此前大国国君转而普遍集中于中小国君、大国国卿层级。考虑中国历史的大背景里,也正符合步入春秋后礼制的重大变革,伴随着周王室的衰微,王室射礼也随之衰落,此时早期大国的诸侯公室也同时卑微,各国卿室地位上升。与之同时,早期盛行刻意追求礼制观念的射礼被动摇,代之宣扬武功、军事的田猎、武射开始盛行。③ 正如《诗·小雅·车攻》篇中描述的那样"决拾既佽,弓矢既调",④便是将一系列的弓射器具整装排列起来,这同样也是武力的炫耀。春秋时期各国间战争频发,各国国君为了提高弓射杀伤力,更注重弓体的效能,穷尽所能使用优质材料制备复合弓。上文引《列女传·晋弓工妻》载晋平公为弓不能穿甲片而将怒杀弓匠,其妻为夫申冤而言之国君,告知引弓姿势训练也是必要技能,由此较为低廉材质(骨、皮质)的玦作为弓射护具已开始大量装配至军队。所以在春秋之后的墓葬中,骨、木材料的硬质玦频繁地被发现。

做为实用性器具的玦,至少在春秋早期已具有多种衍生含义。《左传·闵公二年》(前660年)记狄人伐卫国,临危之际卫懿公将玦赐予石祁子、将矢与宁庄子,以示出征可决断兵事。⑤ 同年(晋献公十七年),献公令太子申生征伐东山皋落狄,赐与"偏裻之衣,佩之金玦",太子仆人听闻后认为国君赐两物意义在于:玦"告之以离心,而示之以坚忍之权"、偏裻衣是"狂夫阻之衣也";将领里克则认为这是表示国君赐权。⑥ 无论玦、矢配或是玦、偏衣(可能即为半袖射服)搭配,均是与弓射有关的器具组合形式,尤以献公所赐金玦"以金铣者"奕奕光彩,联想到芮桓公墓中所见金玦,应并无二致。更值得关注的是在这两则事件中,玦在某种程度上已被引申为"决断"或"断绝"两类含义。正是由于西周至春

---

① (汉)刘向撰:《丛书集成初编:古列女传(宋本影印)》卷六·晋弓工妻,中华书局,1985年,第157页;同为春秋中期齐国景公时期有类似故事,见(汉)韩婴撰,许维遹校释:《韩诗外传集释》,中华书局,1980年,第297页。
② 周初明先生通过综合分析唐人《射经》中手法的差异认为,所谓"汉法"即蒙古式撒放与扳指有密切关系,参见是氏:《古代射箭手部动作考略》,《东方博物》2007年第22辑,第6页。
③ 袁俊杰:《两周射礼研究》第三章"春秋时期的射礼",科学出版社,2015年,第357页。
④ 汉人郑玄认为,前两句说的是射手们的手指、手臂一个接一个的排列起来的样子,见(汉)毛亨注,(汉)郑玄笺,(唐)孔颖达疏:《毛诗正义》,李学勤主编:《十三经注疏》,北京大学出版社,1999年,第763页。
⑤ 杨伯峻编著:《春秋左传注》,中华书局,1981年,第265页。
⑥ 徐元诰撰,王树民、沈长云点校:《国语集解》,中华书局,2002年,第266-268页。

秋时期夬已开始广泛使用于各类弓射活动,社会各类阶层对此已不陌生。又,当引弓至撒放的刹那间,是射手决断的时刻,不容丝毫优柔寡断、应当机立断,故《庄子·田子方》中也被引申为"儒者授佩玦者,事至而断"。① 弦由自夬中放出,并将箭快速射出,可引申为决离之意,即所谓《荀子·大略》中的"绝人以玦,反玦以环"②应是指此。

战国时期由早至晚玉质实用夬的发现数量增加,出土地点也从周文化域内向周文化的影响区域扩散。早期依然零星集中在较高等级的国君、士卿墓葬里,例如洛阳中州路东周墓(M2717)、黄河下游的鲁国墓地、江汉地区的曾侯乙墓、东南的地区大型吴越土墩墓等③(图Ⅰ-2-11,1、2、3、4、5)。战国早期的夬趋于简素,除无锡鸿山越墓(邱承墩)所见琢有纹饰外,其余几例皆素面。按河南桐柏月河养君墓玉夬无论从造型及纹样均与洛阳中州路、邱承墩夬及台北故宫传世藏品④一致,可知中州路、邱承墩玉夬实则春秋晚期遗留品。因战争频发弓射训练实战的普及,此时硬质夬的质料表现出多样化,如中州路发现春秋时期的骨质夬,这大概即《逸周书》所谓"象玦";⑤因保存环境特殊,曾侯乙墓中发现

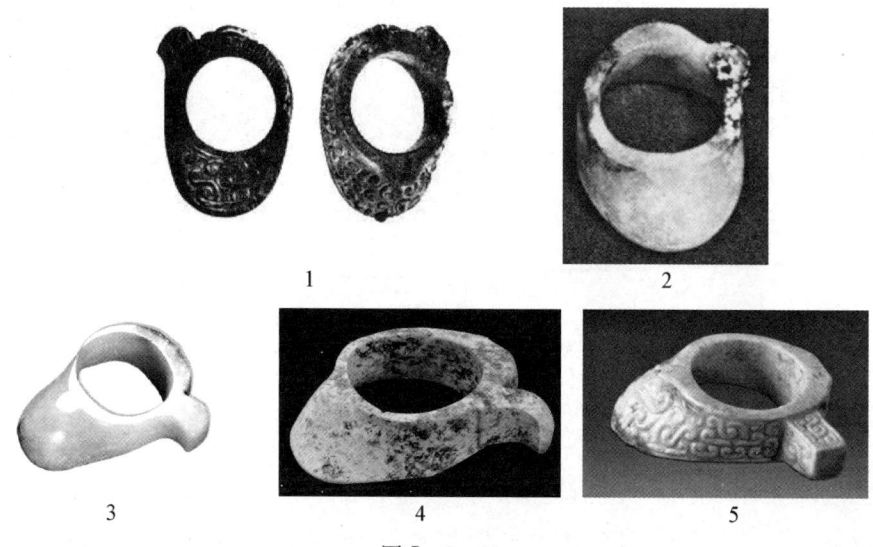

图Ⅰ-2-11
1. 洛阳中州路(《洛阳中州路》图版柒贰:4) 2. 曲阜鲁国故城(《曲阜鲁国故城》图版壹零四:9) 3. 随县曾侯乙墓(《曾侯乙墓2007》) 4. 安吉龙山越墓(《中国出土玉器全集8·浙江》第165页) 5. 无锡鸿山越墓(《鸿山越墓发掘报告》图版一五一)

---

① 郭庆藩辑:《庄子集释》,中华书局,1961年,第718页。
② 王先谦撰,沈啸寰、王星贤点校:《荀子集解》,中华书局,1988年,第487页。
③ 中国科学院考古研究所:《洛阳中州路》图八二:9、图版柒贰:4,科学出版社,1959年;山东省文物考古研究所:《曲阜鲁国故城》图一二三,图版壹零四:9、一一三:1,齐鲁社,1982年;湖北省博物馆:《曾侯乙墓》图版一五四:1,文物出版社,1989年;南京博物院、江苏省考古研究所、无锡市锡山区文物管理委员会:《鸿山越墓发掘报告》图二五九:2、图版一五一,文物出版社,2007年;浙江省文物考古研究所、浙江安吉县博物馆:《浙江安吉龙山越国贵族墓》图六:4,《南方文物》2008年第3期,第50页。
④ 除鸿山越墓弦台面一周为素面外,其余近乎一致,尤其是凸出舌面内侧正视龙首纹,见邓淑苹主编:《敬天格物——中国历代玉器导读》图5-5-21,台北故宫博物院,2011年。
⑤ 《逸周书·器服解》中有"象玦、朱极"和"韦素、独簟、籥捍"等弓射器具,见黄怀信:《逸周书校补注译》,西北大学出版社,1996年,第439页。

若干件保存完好硬木质的夬,或是以所谓"正王棘"材料为之①(图Ⅰ-2-12,1)。此时在未被扰乱的高等级墓葬中,频频见到夬与护臂(韝)以右、左手各一件的形式成套出土,这类配伍使用是继承春秋护具的另一普遍特征。② 有关战国时期护臂、夬与护臂的组合问题,本文将在此后两部分论述。

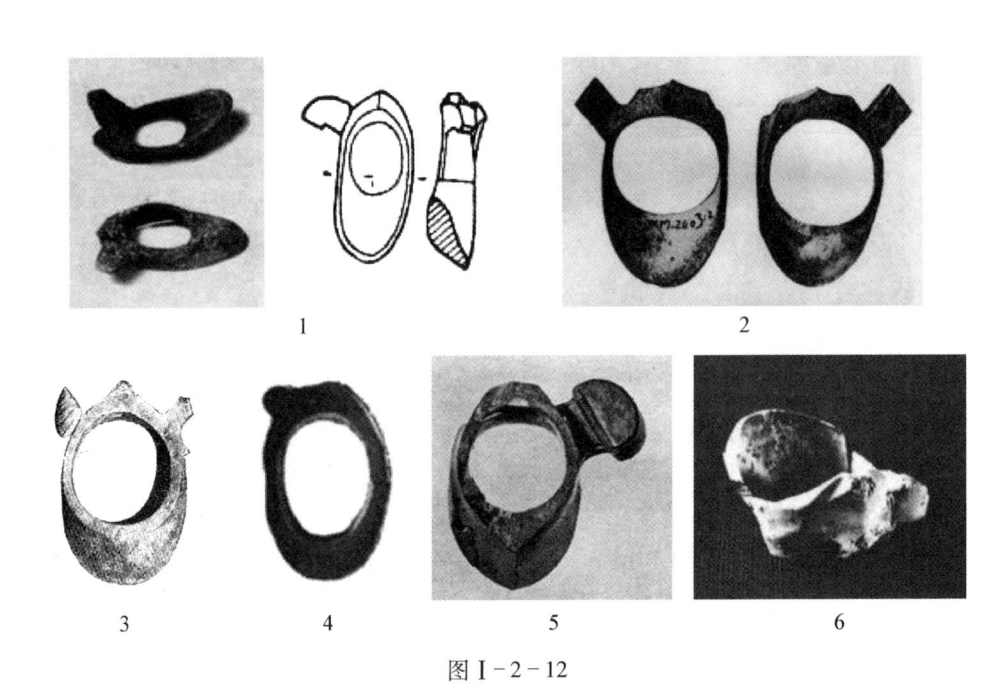

图Ⅰ-2-12

1. 随州曾侯乙墓(《曾侯乙墓》图二三九:5、图版一四四:6) 2. 洛阳中州路(《洛阳中州路》图版捌拾:10) 3. 怀履光搜集品(*Tombs of Old Lo-yang*,Plate CXXXIX) 4. 郑州二里冈(《郑州二里冈》图版贰玖:16) 5. 曲阜鲁国故城(《曲阜鲁国故城》图版壹零叁:1) 6. 三门峡东周墓(《陕县东周秦汉墓》图版六四:4)

时至战国中期夬的出土数量陡然激增,逐渐形成两个分布中心:一是以作为周天子都城的成周为中心的三晋文化区域及辐射地区,诸如以成周为中心的陕—洛—郑地区、③河北中山国、齐国临淄墓地④等;值得一提的是,骨、牙质夬便是始见于春秋晚期的

---

① "决,用正王棘,若檡棘",郑玄注"正,善也。王棘与檡棘,善理坚刃者皆可以为决",见(汉)郑玄注,(唐)贾公彦疏:《仪礼注疏》,李学勤主编:《十三经注疏》,北京大学出版社,1999年,第775页;湖北省博物馆:《曾侯乙墓》图版一四四:6,文物出版社,1989年。

② 徐汝聪、杨蕾:《射韝》,《江汉考古》2017年第4期,第83页。

③ 洛阳成周地区墓葬如:中州路M904乙、M2403、M2415(均骨质)(中国科学院考古研究所:《洛阳中州路》,图九八:7、图版捌拾:10,科学出版社,1959年),西工区的C1M3943战国墓(洛阳市文物工作队:《洛阳市西工区C1M3943战国墓》图二〇,《文物》1999年第8期),西郊小屯村四号战国墓(洛阳文物工作队:《洛阳西郊四号墓发掘简报》,《文物资料丛刊·9》,文物出版社,1984年,第141页)。传安大略博物馆藏洛阳出土玉夬,参看 White W. C., *Tombs of Old Lo-yang*. Shanghai: Kelly & Walsh, Limited, 1934, 339a。郑州二里冈战国墓中曾见骨夬,见河南省文化局文物工作队:《郑州二里冈》图版贰玖:16,科学出版社,1959年;中国社会科学院考古研究所编著:《陕县东周秦汉墓——黄河水库考古报告之五》图版六四:4,科学出版社,1994年。

④ 河北省文物研究所:《战国中山国灵寿城——1975-1993年考古发掘报告》图一六三:1、彩版三五:1,文物出版社,2005年;山东省文物考古研究所:《临淄齐墓(第一集)》图一一六:1、彩版一〇:3,文物出版社,2007年。

郑、洛地区（图Ⅰ-2-12，2、3、4、5、6）。另一中心是长江中下游的楚文化地区，得益于楚墓特殊的埋藏条件，使得骨和硬木类质夬保存完好，尤以故郢都为中心的江汉、湖湘楚墓各类质地夬出土数量最丰富。① 战国中期的硬质夬多为光素，或许正体现了战国中期硬质夬的实用功能性。

虽然在战国时期早年的礼射已完全被荒疏，但继之偏向于世俗化的实用享乐型的燕射、彰显武力的军射、娱乐活动的弋射等活动，同时简化版投壶礼对传统的射礼亦是冲击。② 旧礼制的崩塌使一般士人阶层能经常参与到这项活动中去，玉夬此时依然是使用者身份的重要标识，但各类其他硬质夬的激增，似乎证明了这类护具正随着仪式化弓射活动普及而向下层推广的事实。在此，我们也不能忽视东周时期复合弓的改进与使用。在通常被认为成书于战国时期的《考工记》中，对弓的生产各步骤有着详细的记述，这显然都是在积累和整理前代经验的基础上进行的，为研究战国时期弓体结构留下十分重要的文献材料。目前保存较为完整的战国时期弓，多在江汉一带的楚地发现，时代集中在春秋中晚期至战国。③ 弓体主要为竹、木胎的复合反曲弓，这大体与《考工记》中记载相一致，也与铸或刻于此时青铜器上图像中的弓形相一致（图Ⅰ-2-13，1、2）。因构成角片的角质蛋白、有机胶在酸碱环境中极易朽烂，少量保存相对较好的弓体在木或竹质胎体上留存胶质（疑似角质）薄片痕，再于外缠丝髹漆加以保护④（图Ⅰ-2-13，3）。一些弓体在发现时仍处在弛弓的反曲形，正如《诗·小雅·彤弓》所言"彤弓弨兮"之貌，《角弓》篇描绘以"骍骍角弓，翩其反矣"则最是形象。⑤ 弓体弛弓时长度主要集中在1.1至1.6米间，挂弦张弓反曲后会相应变短，从结构推测这类复合弓体为拉距较大的"软弓"，⑥适合以夬引弓的"蒙古式撒放"。

在此需要探讨一下战国时期楚地硬质实用夬的出现到盛行的原因。此前仅在靠近楚人活动区域的淮水上游（养国墓地）曾有出土一件，反观邻近的淅川下寺、和尚岭、当阳曹家岗等楚国大、中型墓葬中尚未流行高等级的玉质夬。⑦ 战国早期，汉水上游曾侯乙墓中护具（护指和护臂）业已完备，再至中期在楚国腹地的盛行，楚地墓葬中随葬各类材质夬

---

① 尤以楚地出土数量颇多，徐汝聪女士有过系统归纳统计，此处不再赘列，参见徐汝聪：《楚韘》，《江汉考古》2014年第5期，第46页。
② "主皮之射"及"军射"，参见李春利：《清华大学藏战国竹简"祝辞"研究》，《中国国家博物馆馆刊》2017年第5期，第61页；袁俊杰：《两周射礼研究》第四章"战国时期的射礼"，科学出版社，2015年，第418页。
③ 楚弓数量出土颇多，多保留原本的竹或木胎，保持较好的如包山楚墓 M2 等，目前的统计研究参见廖德志：《战国楚墓出土弓箭及其相关问题》，南京大学硕士研究生毕业论文，2017年；山东临沂凤凰岭春秋晚期郯君墓中木弓较特殊，木胎内贴类似material（疑似角质），这种反贴弹性结构类似复合弓内贴牛角的做法，见山东兖石铁路文物考古工作队编：《临沂凤凰岭东周墓》图版拾捌：5、6，齐鲁书社，1987年。
④ 中国科学院考古研究所：《长沙发掘报告》，科学出版社，1957年，第59页。
⑤ "弨"意为弛弓，"翩"是弛弓后挂弦稍端反曲的样子，见（汉）毛亨注，（汉）郑玄笺，（唐）孔颖达疏：《毛诗正义》，李学勤主编：《十三经注疏》，北京大学出版社，1999年，第731、1058页。
⑥ 复合弓体"软弓"概念是相对于单体弓"硬弓"而言，传统筋角复合弓具有在等同拉距中拉力均衡的特性，射手引弓过程体感更加顺畅，也符合西方所谓"胡克(R.Hooke)定律"，相关工程学研究参见仪德刚：《中国古代计量弓力的方法及相关经验认识》，《力学与实践》2005年第27卷，第86页。
⑦ 在传世品中，带有纹饰的玉夬，其上琢饰的蟠螭纹颇具楚国玉器特征，因春秋时期楚国高等级大墓发现较少，具体情况尚待今后的考古发现。

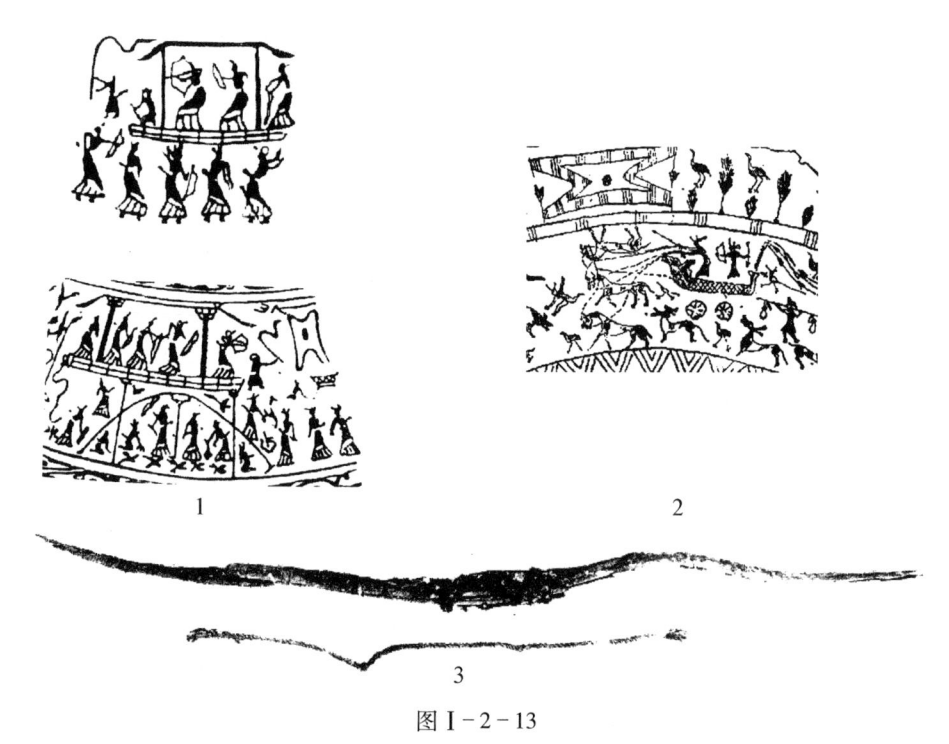

图 I-2-13
1. 成都百花潭铜壶铸纹局部(《成都百花潭中学十号墓发掘记》图版二局部) 2. 长岛王沟鎏金铜鉴刻纹局部(《山东长岛王沟东周墓群》图一二局部) 3. 长沙楚墓 M406 出土弓及弦(《长沙发掘报告》图版贰柒:4)

目前出土数量已超中原各地的总和。笔者认为这里诚然有学者所分析"楚人尚武"的因素,但纵观战国时代,崇尚武功及冷兵器的推陈出新应该是整个时代的风气;另者,除丧葬风俗因素差异,尤其是骨、木等有机质在黄河流域墓葬中不易保存,也是发现量不及楚地的重要原因。

楚作为周人重要的南部封土,虽在西周时期与中原存在战事,但步入东周以后楚人与黄河流域的交流日益密切,以青铜礼制为开始,逐步融入中原的礼制传统。不可忽视的是,楚人实崛起于淮汉之间,张闻捷先生将青铜礼器做以统计梳理后认为:楚人对江淮诸国的礼制的融合自春秋早期便已开始。[1] 此后从养、钟离和曾等楚人附庸国内硬质夬的发现,大致能推测射礼与护具向楚地南传路线中,江淮诸国可能起了重要的媒介作用。特别是春秋晚期晋楚弭兵、吴楚战争后,楚与中原腹地诸国及越人交通密切,此过程势必增进楚人与周文化的交融与本身礼制文化形成,这正是楚地陆续出现夬的首要原因。另者据笔者不完全统计,战国中期前后是楚国夬的繁盛阶段,主要发现在大、中型墓葬内。其中玉质仅发现于高级贵族的大型墓葬,如临澧九里一号墓(某封君)、新蔡葛陵(平夜君)、

---

[1] 张闻捷:《楚国青铜礼器制度研究》第九章"楚国青铜礼器制度的渊源探索",厦门大学出版社,2015年,第266页。

枣阳九连墩一号墓、襄阳陈坡十号墓等①（图Ⅰ-2-14，1、2、3、4）；中型墓葬仅见骨、硬木质，一般小型墓葬中较罕见（图Ⅰ-2-14，5、6、7）。

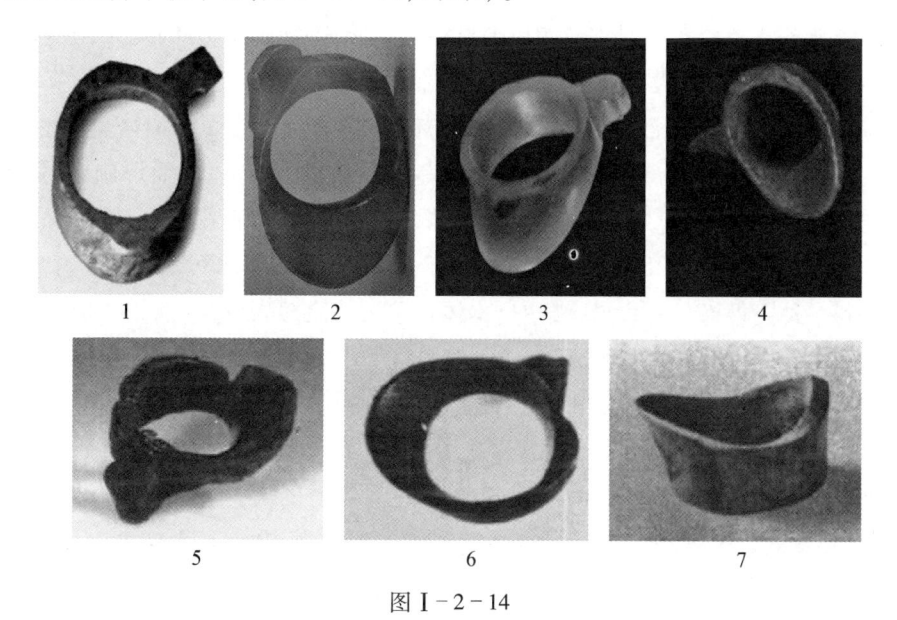

图 Ⅰ-2-14

1. 澧县九里一号墓（《湖南临澧九里一号大型楚墓发掘简报》彩图三二：右下） 2. 新蔡葛陵楚墓（《新蔡葛陵楚墓》彩版二五：2） 3. 枣阳九连墩一号墓（《九连墩——长江中游的楚国贵族大墓》第77页） 4. 襄阳陈坡十号墓（《襄阳陈坡》图版八七：2） 5. 荆门左冢楚墓 M1（《荆门左冢楚墓》图版二四：2） 6. 荆州天星观二号墓（《荆州天星观二号楚墓》图版三七：3） 7. 江陵雨台山 M212（《江陵雨台山楚墓》图版七六：3）

楚地硬质夬除一般出自墓主手旁外，有几个方面值得注意。一是其多置于象征武库的边箱，与弓、箭和战车构件同处，或表示常用于田猎（包括弋射）及征战。例如曾侯乙墓中除墓主手部玉夬一枚外，其余四枚硬木夬分别各两枚出自墓主腰间和东室中部。置于东室中部的两夬同出有木弓，附近又有集中放置的纺锤形绕线棒（磻）及圆锥镞的箭伴出。按《周礼·夏官·缮人》载："缮人，掌王之用弓、弩、矢、箙、矰、弋、抉、拾。"②楚人擅长以弱弓加"缴"弋射。③ 弋射娱乐活动重在"生擒活捉"猎物，使用圆锥镞箭与软弓（弱弓）配合高角度的抛射，④便完全可以实现引绳缠绕飞禽而不伤及生命，⑤由此来看这两件木

---

① 熊传薪：《湖南临澧九里一号大型楚墓发掘简报》彩图三二，《湖南省博物馆馆刊·第八辑》，岳麓书社，2011年；河南省文物考古研究所：《新蔡葛陵楚墓》彩版二五：2，大象出版社，2003年；湖北省博物馆：《九连墩——长江中游的楚国贵族大墓》，文物出版社，2007年，第77页；湖北省文物考古研究所、襄阳市文物考古研究所：《襄阳陈坡》图版八七：2，科学出版社，2013年。
② （清）孙诒让撰：《周礼正义》，中华书局，1987年，第2574页。
③ "楚人有好以弱弓、微缴加归雁之上者……"，语见（西汉）司马迁：《史记·楚世家》，中华书局，1959年，第1730页。
④ 弓体与箭镞配重的关系，直到明代依然遵循，如明人《武编》中记："镞重则弓软而去地远，箭重则弓硬而中甲不入。旧法，箭头重过三钱则箭去不过百步，箭身重过十钱则弓力当用一硕，是谓弓箭制。"见（明）唐顺之纂辑：《武编前集·卷五·弓制》，《钦定四库全书·子部》。
⑤ 谭白明：《曾侯乙墓弋射用器初探——关于曾侯乙墓出土金属弹簧与"案座纺锤形器"的考释》，《文物》1993年第6期，第83页；何驽先生首次将缴线轴与圆头矢对应考量，见是氏：《缴线轴与矰矢》，《考古与文物》1996年第1期，第46页；程刚：《缴射新证》，《考古与文物》2012年第2期，第56页。

夬可能即是供弋射弓专用。又如战国中晚期江陵藤店 1 号墓中有骨、木夬各一件，墓中同出木、竹两类弓体，①推测两类夬各为不同的弓体所适用。

　　二是发现了几类特殊的型式。如战国早中期江陵雨台山 M212 的骨夬，近筒形、舌凸不明显、未见侧錾，保留有早期夬的原始状态，但套孔侧缘作适合食指第一关节弯曲的尖拱状，应是实用器具。② 长沙中晚期楚墓曾见有一件玉环形器，因外形略呈上大下小、穿孔可穿入拇指，一侧略有凸起的錾，笔者判断为残料所制的玉夬，因而形制奇特。③ 尚有一类左利手护指，其錾偏于另一侧，应是为特殊人群专门制作，其在太原赵卿墓、九连墩楚墓中各发现一例，海外收藏传世品目前可见两例④（图Ⅰ-2-15，1、2、3、4）。中晚期楚墓中还能见到一种侧錾极长的骨夬，錾超过本体近乎一倍之多，共有两例。一是望山 2 号墓二十件骨夬中七件为此类：扁舌形，侧出的勾型錾上直出尖喙鸟首状⑤（图Ⅰ-2-16，1）；二是九店东周墓 M633 棺内也出土有一件同类器，只是装饰的鸟眼尚存，长鸟喙部却断失，伴出骨觿一件⑥（图Ⅰ-2-16，2）。将此类夬以錾向上摆放俯视，夬穿孔舌面放置拇指指肚面略向左偏，右侧穿孔缘较左侧高，出錾一侧缘呈尖拱状；在舌面内侧有扣弦的小平台面，可以基本断亦为实用器。射手将其戴入右手拇指使用时，夬内侧台面扣弦、侧錾抵箭括、右手向后引弦，因"蒙古式撒放"适合拉距偏大的复合弓软弓或单体弱弓，引弦至于射手耳根或耳后部的动作称为"靠"。⑦ 而若引弦偏于内侧，撒放同时即会被回弹弓弦刮伤，这对于新手或普通的女性而言更不易控制。长錾夬伸出的鸟首（圆滑头顶一面）正好可保证在弦后引的同时抵于面颊，可使弓弦与射手面部保持一定距离。望山 2 号墓、九店 M633 墓主同为中老年女性，⑧也皆未随葬弓与镞，而望山夬的附近见有釉陶管，可能是串佩构件。故笔者认为，加长錾部的夬应是专为女性（或初学者）佩用而设计。另者，尖状鸟喙的作用亦可视为夬与觿合体结构，也可见证明为实用性器具组合，无怪乎九店骨夬尖喙断失后，使用者又另外补配了一件骨觿。⑨

---

　　① 荆州地区博物馆：《湖北江陵藤店一号墓发掘简报》，《文物》1973 年第 9 期，第 7 页。
　　② 荆州地区博物馆：《湖北江陵雨台山楚墓》图版七六：3，文物出版社，1984 年。
　　③ 湖南省博物馆、湖南省文物考古研究所、长沙市博物馆、长沙市文物考古研究所：《长沙楚墓》图二六七：7，图版九九：8，文物出版社，2000 年。
　　④ 太原金胜村赵卿左手佩戴（太原市文物考古研究所：《晋国赵卿墓》图 68：左，文物出版社，2004 年）；九连墩 M1 出土一件（中华玉文化中心、中华玉文化工作委员会：《玉魂国魄——湖北枣阳九连墩楚墓玉器特展》，浙江摄影出版社，2015 年，第 127 页）；哈佛藏品图见 Loehr Max，*Ancient Chinese jades*，1975，p.308，pl.451；芝加哥艺术研究所藏一件（Alfred Salmony，PH. D，*Archaic Chinese Jades from the Edward and Louise B.Sonnenschein collection*，The art institute of Chicago 1952，PLATE XCII-11）。
　　⑤ 湖北省文物考古研究所：《江陵望山沙冢楚墓》图九四：6，文物出版社，1996 年，第 223 页；图参见山西博物院：《争锋：晋楚文明》，山西人民出版社，2018 年，第 128 页。
　　⑥ 湖北省文物考古研究所：《江陵九店东周墓》图二二九：3-4，图版一〇〇：2，科学出版社，1995 年。
　　⑦ 中国传统弓拉距分为大、中、小三种，大拉距位于耳后、中拉距在耳根、小拉距在腮旁，大拉距适合抛射（韩国射法如此），中拉距因重心垂线保持好、左右用力均衡，优势最大，见徐开才：《射艺》，广西师范大学出版社，2015 年，第 46 页。
　　⑧ 湖北省文物考古研究所：《江陵望山沙冢楚墓》附录一，文物出版社，1996 年，第 223 页；湖北省文物考古研究所：《江陵九店东周墓》附录四，科学出版社，1995 年，第 513 页。
　　⑨ 复合弓主体为有机质，不用时须解弦弛弓保养，保存原有的弹力，觿的功用在于解弦之结，参见黄铭崇：《弓末器及其相关问题》，《故宫学术季刊》2003 年第二十卷第四期，第 45 页。

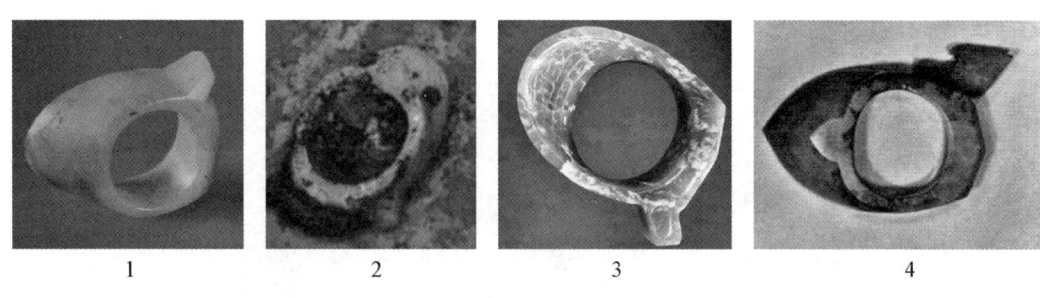

图Ⅰ-2-15

1. 太原赵卿墓(《晋国赵卿墓》图68:左) 2. 枣阳九连墩一号墓中室(《湖北枣阳九连墩楚墓玉器特展》第127页) 3. 哈佛博物馆藏品(Ancient Chinese jades, p.308, pl.451) 4. 芝加哥艺术研究所藏品(Archaic Chinese Jades from the Edward and Louise B. Sonnenschein collection, PLATE XCⅡ-11)

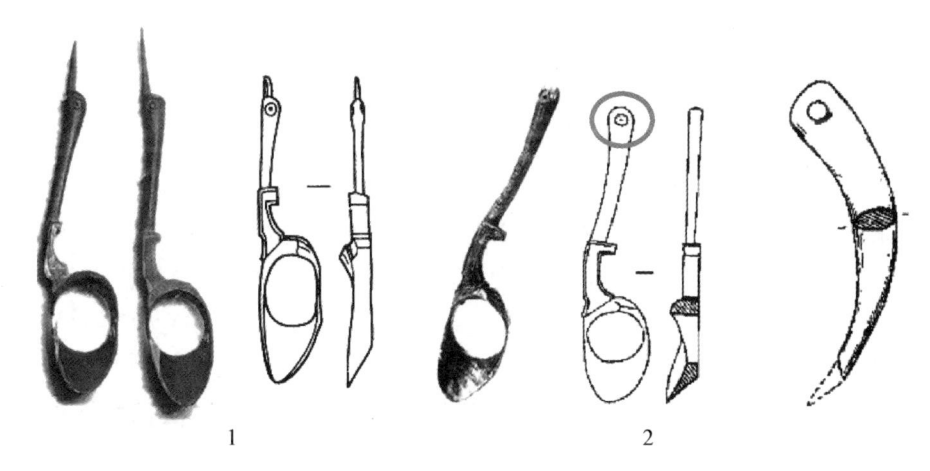

图Ⅰ-2-16

1. 江陵望山二号楚墓(《争锋:晋楚文明》第128页,《江陵望山沙冢楚墓》图九四:6合成) 2. 江陵九店M633(据《江陵九店东周墓》图二二九:3-4、图版一〇〇:2合成)

三是保存有难得的佩用形态。如江陵望山1号墓两骨夬,其与错金银铁带钩、珠饰、玉瑗同见于棺内墓主头部,似乎也是一套腰饰组佩;荆州天星观二号墓骨夬与玉环、璜、勒子、珑和料珠同置一件竹笥中,可能是组佩饰件的贮存(图Ⅰ-2-17,1);江陵杨场楚墓出土一件骨夬、琉璃珠组合佩饰,幸运的是发现时串连的组带均保存完整,上珠下夬,组带对折于夬穿中打结,殊为珍贵①(图Ⅰ-2-17,2)。以上正合《礼记·内则》对腰带右侧佩的记述:"玦、捍、管、遰、大觿、木燧。"②可以看出此处依然是"夬—管(珠)—觿"组合的继续。从一个侧面证明了此前关于《礼记》存留较多的东周礼制,并受楚制影响较大的认知。③ 遥想楚人屈原"捐余玦兮江中,遗余佩兮醴浦",毅然投玉玦江中以示与浑浊世间的诀别。④

---

① 湖北省文物考古研究所:《江陵望山沙冢楚墓》图一七(A),文物出版社,1996年;湖北省荆州博物馆:《荆州天星观二号楚墓》图一六四,文物出版社,2003年;彭浩:《楚人的纺织与服饰》图四五,湖北教育出版社,1996年,第198页。
② (汉)郑玄注,(唐)孔颖达疏:《礼记正义》,李学勤主编:《十三经注疏》,北京大学出版社,1999年,第831页。
③ 张闻捷:《楚国青铜礼器制度研究》结语,厦门大学出版社,2015年,第332页。
④ 不同版本又做"袂",见(宋)洪兴祖撰,白化文等点校:《楚辞补注》,中华书局,2006年,第68页。

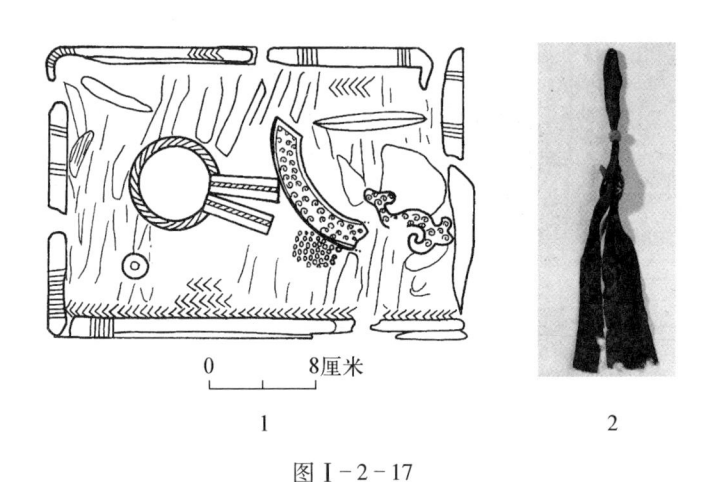

图 Ⅰ-2-17
1. 荆州天星观二号墓出土竹笥(《荆州天星观二号楚墓》图一六四)
2. 江陵杨场楚墓穿绶夬(《楚人的纺织与服饰》图片四五)

谈及文学作品,在《诗·国风·卫风·芄兰》篇中有"芄兰之支,童子佩觿"、"芄兰之叶,童子佩韘",形象描绘了将韘和觿连缀佩垂于童子腰间的文学意象。① 此后加之汉代以后经学家对先秦文献层累般注疏,已成为长久以来研究者认为"韘"即是"夬"的重要依据。古文字研究者对战国楚简遣册的梳理发现,仰天湖楚墓7号简便记有"红组之绥,又骨夬",何琳仪也曾指出典籍中"夬"亦作"抉、觖、决、玦"。② 徐汝聪女士指出清华楚简中"射"字即是"弓+矢+夬",③既是象形又含表意。李春桃先生认为,战国中期包山楚简(M2)遣册(260简)中"一紛敏袷,夬 "与射护具有关(图Ⅰ-2-18,1-3)。而清华简与包山简中的"夬"作像拇指上戴有环形物状,后一字李氏释为"韘",④其从韦、皮质,"枼"字意为薄,总之可以理解成"韘"是薄的皮质物。因拇指套入硬质裸夬后,拇指会随气温高低而产生松紧变化,其中以软体薄皮质为垫,不仅可以作为热胀冷缩的缓冲,亦可防止手汗滑脱。包山楚墓中所见骨夬(M2∶379)内孔中,恰留有以黑色丝线缝制的皮质垫,即是所谓"韘"⑤(图Ⅰ-2-18,4)。由上楚简文字考释,可知战国中期之时人们仍以"夬"称护指,且"夬"与"韘"当为两物。前者为射箭时手指所戴硬质护指,后者是以韦为之衬于护指(即夬)内的皮垫。不过"夬"与"韘"的互通,从传世典籍来看,约在战国中期之后便开始将"韘"作为"夬"的文学指代。

---

① (汉)毛亨注,(汉)郑玄笺,(唐)孔颖达疏:《毛诗正义》,李学勤主编:《十三经注疏》,北京大学出版社,1999年,第279-280页。
② 何琳仪:《仰天湖竹简选释》,《安徽大学汉语言文字研究丛书:何琳仪卷》,安徽大学出版社,2013年,第354页;田河:《出土战国遣册所记名物分类汇释》,吉林大学博士学位论文,2007年;另有包山277号简中有"骨夬",疑是骨夬专字。
③ 徐汝聪:《夬与韘》,湖南省博物馆:《纪念马王堆汉墓发掘四十周年国际学术研讨会论文集》,岳麓书社,2016年,第534页。
④ 李春桃:《说"夬"、"韘"——从"夬"字考释谈到文物中的扳指命名》,《吉林大学社会科学学报》2017年第1期,第175页。
⑤ 湖北省荆沙铁路考古队:《包山楚墓》图一七七:2-3、图版八九:3,文物出版社,1991年。

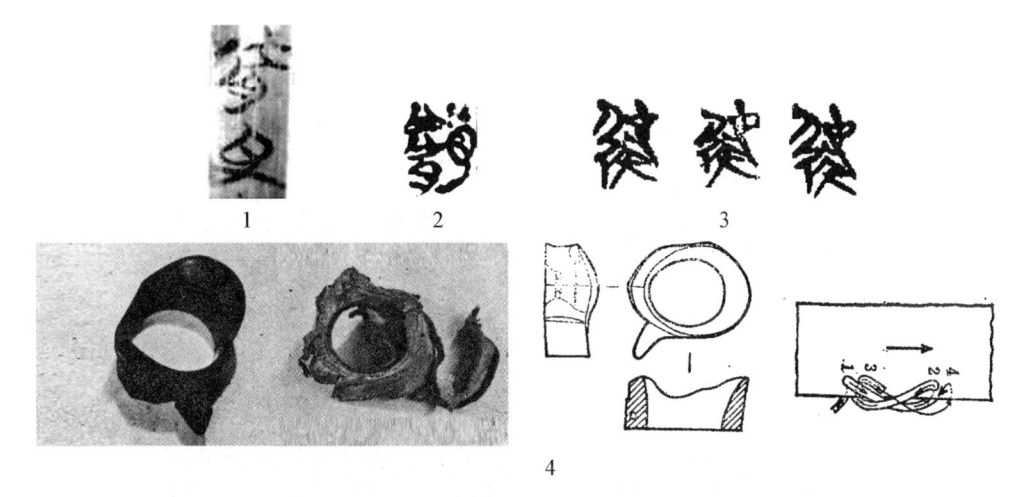

图 I - 2 - 18

1. 郴州仰天湖遣册 15 号简"骨夬"字(《长沙仰天湖第 25 号木椁墓》图版肆)　2. 荆门包山二号楚墓遣册 260 号简"夬⊙(韘)"(《包山楚墓》图版二〇三)　3. 清华简"射"(转自《夬与韘》图五)　4. 荆门包山二号楚墓骨夬及皮垫(据《包山楚墓》图一七七: 2 - 3、图版八九: 3 合成)

事实上夬(玦)之名在秦汉以后专指装饰性佩玦,这源自战国中期之后更注重夬的装饰性佩用,硬质夬的实用性则渐而式微。考古发现在战国晚期后,无论黄河流域中原地带或是淮河以南楚地,硬质实用型夬的数量已较中期大幅下降。这一现象不排除此时各国大型墓葬多被盗毁的因素;另一重要促因恐怕是自战国中期新型远射武器的出现与推广。高至喜先生对楚地出土弩具做过探究并认为,使用弩的时代集中在战国中晚期,并以考古资料判断楚国弩的设计制造技术已经相当成熟。① 再看黄河流域弩的发现,如洛阳中州路、河北易县燕下都时代也均属于战国中期至晚期。② 弩是弓的复杂化,其是利用弩臂后端的简单机械——弩机来储存引弓后的动能,并利用弩机上的"望山"、弩臂上的箭槽提高命中率。尤其是通过张弩时手脚并用,临时挂弦于弩机牙口中,彻底解放了射手使用拇指长久引弓会产生劳累弊端。从战国晚期燕下都 44 号战士丛葬坑随葬弩机、大量箭镞,再到秦始皇兵马俑中弩兵比例来看,③战国晚期至秦代,实战中弩的使用比率远大于传统弓箭,这或正是硬质实用型夬急速衰落的根本原因。

山东临淄商王村墓地 M2 所见玉夬,是战国晚期的典型代表。发现时位于墓主左手部位,同样也是一枚左利手式造型。其更为扁平状,虽舌形内凹依然保留放置拇指指肚的实用设置。通体琢饰典型战国晚期繁冗的勾连云纹,确切地指明了制作年代④(图 I - 2 - 19,1)。实用与装饰兼具的玉夬在国内外传世品中均有典藏,以纹样风格来判定年代,这些玉夬

---

① 高至喜:《记长沙、常德出土弩机的战国墓——兼谈有关弩机、弓矢的几个问题》,《考古》1964 年第 6 期,第 33 页。
② 洛阳博物馆:《洛阳中州路战国车马坑》,《考古》1974 年第 3 期,第 171 页;河北省文物管理处:《河北易县燕下都 44 号墓发掘报告》,《考古》1975 年第 4 期,第 228 页。
③ 秦始皇兵马俑博物馆编:《秦始皇帝陵兵马俑辞典》"弓弩步兵组成的方阵"条,文汇出版社,1994 年,第 78 页;游战洪:《先秦两汉时弓弩礮的制作技术和作战性能》,《清华大学学报(哲学社会科学版)》1994 年第 3 期,第 74 页。
④ 淄博市博物馆、齐故城博物馆:《山东临淄商王墓地》图四八: 10、图版五三: 1,齐鲁书社,1997 年。

多集中于战国晚期。如北京故宫所藏两件玉夬,饰战国典型的方折勾连纹与双勾云纹,伸出的錾作凤鸟形,颇具设计感;二十世纪初,洛阳金村曾出土过一件通体饰勾连云纹的玉夬,錾亦为勾嘴凤鸟状;美国弗利尔美术馆也收藏两件类似品①(图Ⅰ-2-19,2、3、4、5、6)。

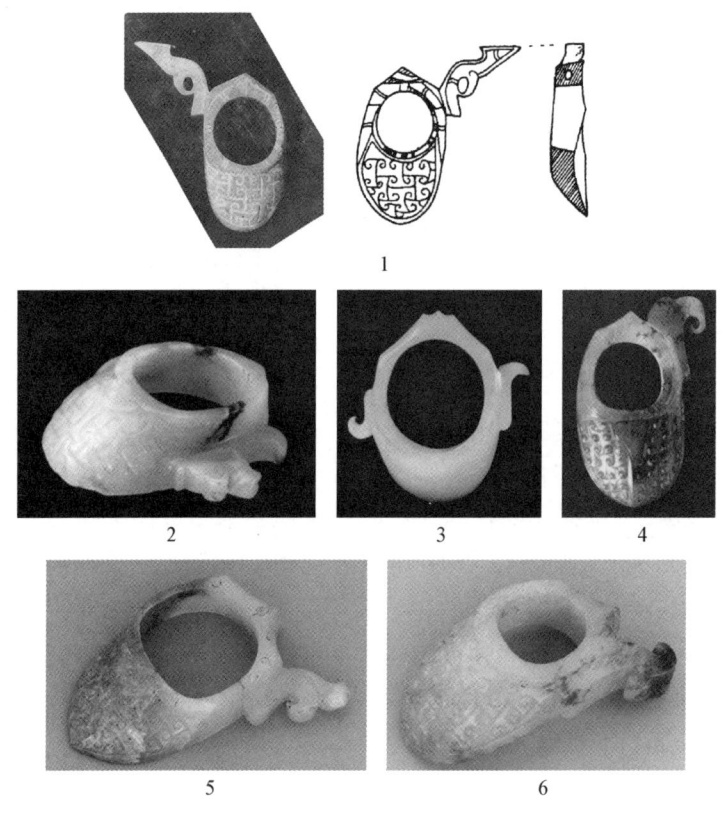

图Ⅰ-2-19
1. 临淄商王墓地 M2(据《山东临淄商王墓地》图四八:10、图版五三:1 合成)
2、3. 北京故宫博物院藏品(《中国传世玉器全集1—新石器时代·商·西周·春秋·战国(3)》图 27、28) 4. 哈佛博物馆藏品传金村出土(Ancient Chinese jades, p.308, pl.451) 5、6. 弗利尔美术馆藏品(据该馆官方网站)

纯粹脱离使用的佩夬(韘),最早可见于战国中期:如长沙楚墓 M1372 的玉夬,形制较普通实用器偏小、大孔无法穿入拇指,上穿有佩系小孔;荆门左冢 M1 北室边箱见有一件漆木夬,造型结构与长沙出土品相类,②晚清黄濬辑录玉器中两件琢纹饰的玉夬也与此

---

① 故宫两件藏品见古方主编:《中国传世玉器全集1—新石器时代·商·西周·春秋·战国(3)》图 27、28,科学出版社,2010 年;哈佛博物馆藏品见梅原末治编:《洛阳金村古墓聚英》图版第一一五:3,小林出版社,昭和十九年(1944年);弗利尔美术馆两件夬的藏品号:F1939.23、F1939.24,两件曾为张乃骧递藏,参见弗利尔美术馆官方网站(http://archive.asia.si.edu/collections/edan/object.php?q=fsg),感谢中国社会科学院考古研究所莫阳女士提供资料。另,养德堂收藏一件同类的左利手玉夬,见邓淑苹:《群玉别藏续集》图 226,台北故宫博物院,1999 年;香港关善明先生收藏的一件勾连纹玉夬时代亦为战国晚期,见杨伯达:《关氏藏中国古玉》图 167,香港中文大学文物馆,1994 年。
② 湖南省博物馆、湖南省文物考古研究所、长沙市博物馆、长沙市文物考古研究所:《长沙楚墓》图二六四:3、图版九六:4,文物出版社,2000 年;湖北省文物考古研究所、荆门市博物馆、襄荆高速公路考古队:《荆门左冢楚墓》图版三一:4,文物出版社。2006 年。

类相同,①又如北京故宫的一件玉鸟(凤)纹夬②等均是典型的装饰性玉佩夬(图Ⅰ-2-20,1、2、3、4,图Ⅰ-2-21,1)。故而原本具有前后高低变化的实用性夬,在战国晚期已演变蜕化成一类扁平的装饰性佩饰,同时玉、骨等硬质夬类也开始淡出护具的器用。此时介于实用和佩饰之间的夬类品种也丰富起来,以商王村玉夬为例,构造上具尚有实用性,而夸张的流线器形、繁缛的纹样装饰又显然可作佩饰品。弗利尔美术馆收藏三件外形呈觿形扁平式玉器,从侧出錾来看造型是佩夬与觿的合体设计,其平面部分琢有凤首纹、勾连云纹、垂花蕾如此典型战国晚期楚式纹样,靠上部又有佩挂穿孔,整体偏于觿的功能③(图Ⅰ-2-21,2、3、4)。秦汉之际与佩夬有关最著名的故事,莫过楚汉相争之际鸿门宴上"范增数目项王,举所佩玉玦以示之者三"的"玦",④想必应是战国晚期两种佩夬中的一类。

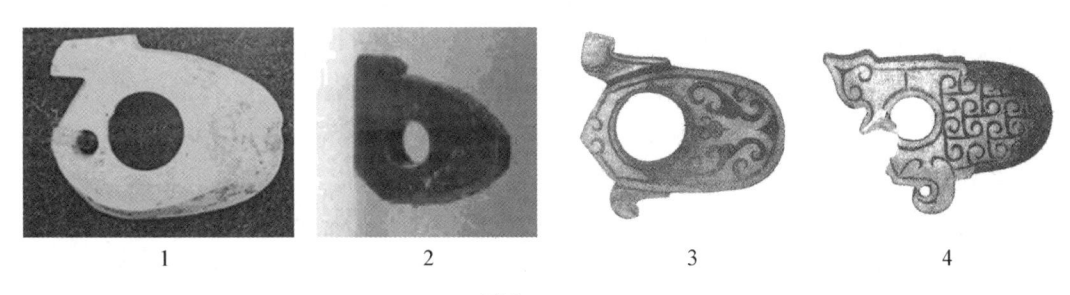

图Ⅰ-2-20

1. 长沙楚墓 M1372(《长沙楚墓》图版九六:4) 2. 荆门左冢楚墓 M1(《荆门左冢楚墓》图版三一:4) 3、4. 黄濬著录藏品(《尊古斋古玉图录》图一九五)

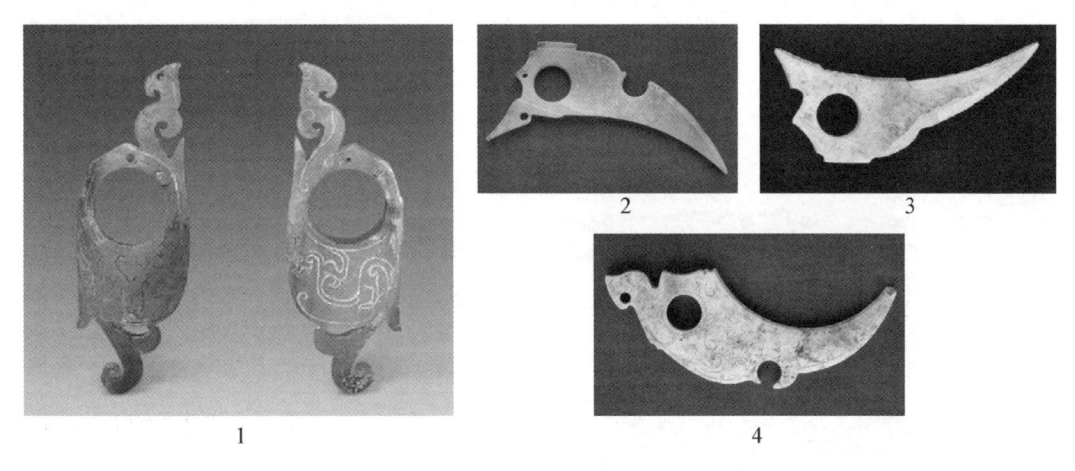

图Ⅰ-2-21

1. 北京故宫博物院藏品(《故宫博物院藏品大系:玉器编(2)》图 256) 2、3、4. 弗利尔美术馆藏品(据该馆官方网站)

---

① (清)黄濬:《尊古斋古玉图录》图一九五,上海古籍出版社,1990 年。
② 故宫博物院编:《故宫博物院藏品大系:玉器编(2)》图 256,安徽美术出版社、紫荆城出版社,2011 年。
③ 藏品号:S1987.636、S1987.714、S1987.718,参见官方网站(http://archive.asia.si.edu/collections/edan/object.php? q=fsg)。
④ (汉)司马迁:《史记·项羽本纪》,中华书局,1959 年,第 312 页。

西汉自文景时期开始,陆续出现的一类型近扁平、一侧有銎的装饰性佩玦,质地以玉常见,兼有铜、骨(部分为象牙质)甚至有机宝石类的玳瑁质①(图Ⅰ-2-22,3)。较战国玉佩玦而言,其更注重器物平面的装饰内容,特别是在銎的两侧增添繁缛的设计,具有典型的时代特征。笔者认为汉代墓葬中除所见少量战国遗留品外,②两汉时期的玉玦应该完全脱离了实用功能,在无扰乱的情况下,多见于墓主腰部偏下处,与环、觿配用,呈"环—玦—觿"组合③(图Ⅰ-2-22,1)。在《汉书·隽不疑传》中描绘其装束曰"冠进贤冠,带櫑具剑,佩环、玦,褒衣博带,盛服至门上谒",④亦可知汉时佩玦是正式谒见盛装的重要组成部分。青岛土山屯汉墓M6男性棺内出土螭虎玉鞢形佩一件,正与该棺内墨书遣册中"玉决一"相合,也是该器具首次与出土文献相对应⑤(图Ⅰ-2-22,2),指明汉代玉玦的形态即是此前学界所谓"鞢形佩",重要意义不言而喻。部分玉玦也被穿系彩绶、缀流苏张挂于帷幄羽葆之下,成为华丽建筑的点缀物⑥(图Ⅰ-2-22,4)。时至东汉,文献中常见玉玦踪影。如汉明帝赐冯鲂玉玦一件,以表彰他的孝道和正直;桓帝永兴二年(154年)在光禄勋吏舍壁下得玉钩、玉玦各一件,其中的玉玦则是"周身镂雕"。⑦三国名将孟达曾将玉玦作为征讨蜀汉的信物;钟繇赠送曹丕以"宝玦",为此兴致颇高的曹丕还歌以《玉玦赋》;曹魏政权时,还以此为外交策略实行封赐北域匈奴。⑧此前学者对两汉至魏晋玉玦(鞢佩)出土情况、演化研究已甚为详细。不过需要厘清的是,因两汉时期大量制作,玉玦在三国两晋时期仍在沿用,为数不少当属早期遗留品。⑨文献中亦有记载,譬如上述钟繇给曹丕的信中如是写道:"昔忝近任,并得赐玦。尚方耆老,颇识旧物。"明确指出此件玉玦是前朝东汉时尚方玉工所琢制。南

---

① 铜质器形一般较微小,如邯郸渚河桥西汉中期M2,发掘者认为是"带扣",见邯郸市文物保护研究所:《邯郸渚河桥汉墓发掘报告》图一〇:4,《文物春秋》2004年第6期,第61页;玳瑁质(或角质)目前仅见于河南永城黄土山二号墓,见河南省文物考古研究所、永城市文物旅游管理局:《永城黄土山与酂城汉墓》图四四:3、彩版四七:3,大象出版社,2010年;骨质(或象牙质)在雷台西晋墓有发现,发掘者认为是骨璧,见甘肃省博物馆:《武威雷台汉墓》图版拾捌:6,《考古学报》1974年第2期,第87页。

② 诸如徐州北洞山汉墓的两件,纹样与造型为典型战国晚期佩玦(徐州博物馆:《徐州北洞山汉墓》图版六〇、六一:1-2,文物出版社,2003年);巨野红土山汉墓中的一件,为侧銎断失的战国中晚期素面实用玉玦改制(山东省菏泽地区汉墓发掘小组:《巨野红土山西汉墓》图二〇:10、图版贰一:6,《考古学报》1983年第4期,第471页)。

③ 保留觿的组合,应是先秦古风的遗存,泗水国张庭盈墓中保存较为完整的组合形式,见江苏泗阳三庄联合考古队:《江苏泗阳陈墩汉墓》,《文物》2007年第7期,第39页。

④ (汉)班固:《汉书·隽不疑传》,中华书局,1962年,第3035页。

⑤ 墓葬时代为西汉晚期,参见青岛市文物保护考古研究所、青岛市黄岛区博物馆:《琅琊墩式封土墓》图四六、五四,科学出版社,2018年。

⑥ 孙机先生认为此类悬挂即是所谓"璧翣",见孙机:《几种汉代的图案纹饰》,《文物》1982年第3期,第63页。

⑦ (南朝·宋)范晔:《后汉书》,中华书局,1965年,第1149页;同书《五行志》,第3274页。

⑧ (西晋)陈寿:《三国志·魏书·钟繇传》,中华书局,1982年,第396页;(唐)欧阳询:《艺文类聚》,上海古籍出版社,1965年,第1186页;(西晋)陈寿:《三国志·魏书·文帝本纪》,第76页。

⑨ 关于三国两晋时期玉玦的分析研究,参见左骏、王志高:《中国玉器通史——三国两晋南北朝卷》第四章,海天出版社,2014年,第263页。

北朝及隋唐是佩玦的空白期,①至北宋后方在复古的浪潮中被重新加以改造,直至明清的"鸡心佩"已是成仿古玉器中重要的类型②(图Ⅰ-2-22,5、6、7)。

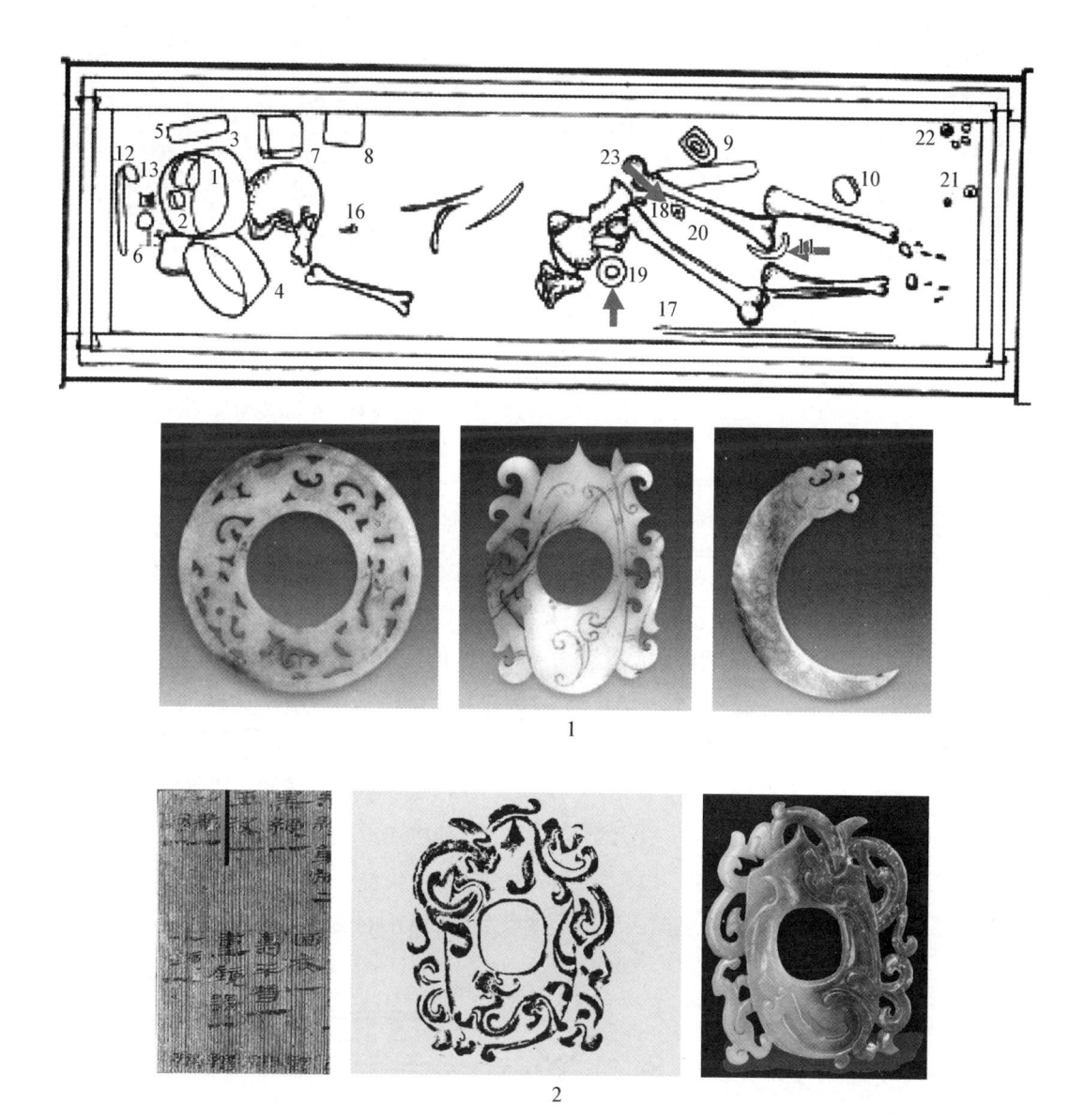

---

① 东汉至南北朝时期曾称带扣头为"鐍",至南北朝晚期又称"玦",可知玦之本意在三国两晋后已被遗忘;又如唐何家村窖藏墨书描述玉、玛瑙带的带头为"并玦"、"失玦"者,可知唐时所称"玦"即是带头(刘云辉:《唐代玉带考》,上海博物馆:《中国隋唐至清代玉器学术研讨会论文集》,上海古籍出版社,2002年,第142页),笔者推测应该是"鐍"流传中之简写;至中晚唐肃宗时,楚州刺史崔侁献定国宝玉十三件,其中一件定名为"玉玦"的国宝被描述为"形如玉环,四分缺一",可见唐人已将这类玉器误认为是"玦"的本义了,参见(五代)刘昫:《旧唐书·肃宗本纪》,中华书局,1975年,第263页。

② 有关佩玦在宋代之后的详细演化情况,参见许晓东:《韘、韘式佩与扳指》,《故宫博物院院刊》2012年第1期,第49页。

图 I-2-22

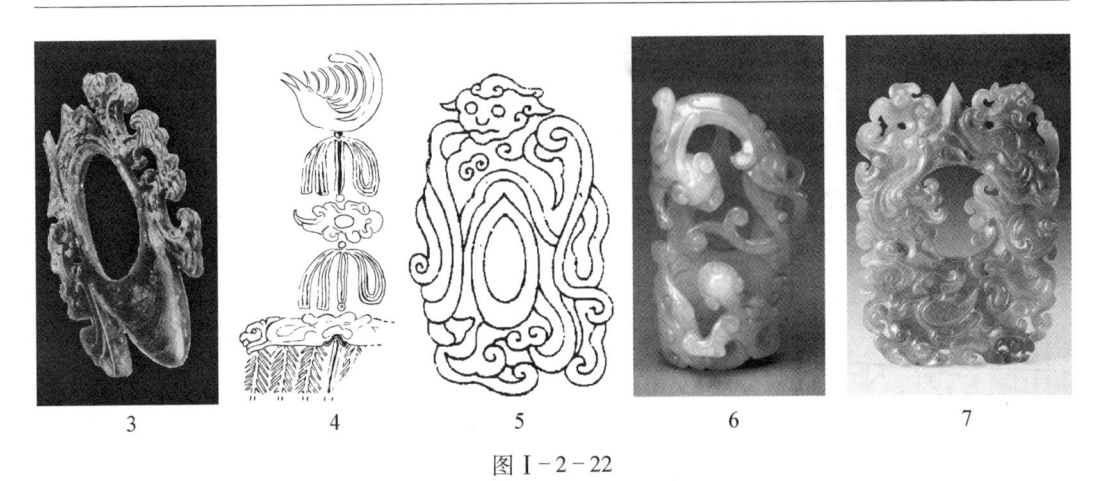

1. 泗阳泗水王陵区张庭意墓(《江苏泗阳陈墩汉墓》图四、二八、三〇、三五合成) 2. 青岛土山屯 M6 遣册木牍局部及玦(据《琅琊墩式封土墓》图四六、五四合成) 3. 永城黄土山二号墓(《永城黄土山与酂城汉墓》彩版四七：3) 4. 有玦形象的汉代刺绣织物(据《蒙古ノイン·ウラ発见の遗物》据图版第二七改绘) 5. 北宋吕大临《考古图》"瑂玉蟠螭"(《考古图》卷八) 6. 北京故宫博物院藏品(《韘、韘式佩与扳指》图二十) 7. 北京清早期黑舍里墓(《中国出土玉器全集1·北京、天津、河北卷》第 85 页)

　　东周以降，实用玦夬显然已绝少使用玉、木与骨等硬质材料，推测时下皮韦软质类在逐步兴起。此后秦汉之际的毛氏对《芃兰》篇的注释中已然是"韘，决也。能射、御则佩韘"，明确表明时人已将佩用装饰玉夬视为是否有弓射能力的标示；东汉许慎《说文》里对"韘"的解释同样认为"以象骨、韦系着右巨指"，是用以"拘弦"的器具。① 可见至两汉时期，已将"夬"意义与功用完全移植于"韘"之上。按笔者推想，两汉实用护指多应是软体的皮质，故而转谓以皮韦质的"韘"广义称之。因皮质易朽烂，两汉黄河流域的实用韘仍期待今后的考古发现。五代南唐人徐锴著《说文系传》中仍有"韘所以助钩弦，若今皮韘"②的解读。北宋初人聂崇义在《新定三礼图》一书里绘制"决"当是将正仓院"鞴"卷起使用的状态③(图 I-2-23,1)。直到明人《三才图会》中"决图"仍是皮质下系两绳，用以绑缚拇指④(图 I-2-23,2)。由此可见，至少从北朝至明代，弓射所用的皮质韘应是一脉相承。

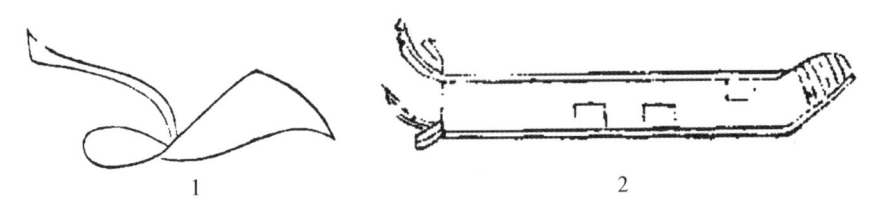

图 I-2-23
1. 北宋《新定三礼图》中"决"(《新定三礼图》卷四)
2. 明《三才图会》中"决"(《三才图会·器用》)

---

① (汉)毛亨注，(汉)郑玄笺，(唐)孔颖达疏：《毛诗正义》，李学勤主编：《十三经注疏》，北京大学出版社，1999 年，第 279－280 页；(汉)许慎：《说文解字》，中华书局影印，1996 年，第 113 页。
② (南唐)徐锴：《说文系传·卷十·韦部》，《钦定四库全书·子部》。
③ (宋)聂崇义集注：《新定三礼图》卷四，康熙十二年(1673 年)，通志堂刊本。
④ (明)王圻、王思义：《三才图会·器用》，上海古籍出版社，1988 年，第 1185 页。

表二

先秦	汉	南北朝隋唐	宋至清	功用
——玦（鐍）				带头
——玦（决）			—"鸡心佩"	装饰
夬——抉（决、玦）——韘			—扳指	实用

2. 护臂（拾或韝）

2.1. 两周时期

护臂是防止撒放后弓弦回弹击伤持弓的内侧近腕处手臂而设的护具，至今仍在射箭竞技当中使用。弓弦与弓把（弣）间称为弓档，又因复合反曲弓结构之缘故，上弦后弓弣内凹，两端梢部（箫）外斜，加之扣弦两弓臂（渊）向外弧凸，相对单体弓而言其弓档势必会窄小。如未经过长时间的尝试和撒放技巧的训练，在实际弓射中易造成打臂现象，故护臂应运而生。

按井中伟、魏凯的梳理和介绍，世界范围内的弓射护臂最早见于埃及及两河流域。在公元前十六至前十一世纪的埃及新王国时期墓葬中，曾发现过皮质护具。又如有关图特摩斯四世、图坦卡蒙（Tutankhamun）车猎的图像中，在法老左手拇指上套着引向腕后绑系的护具，这是架箭之手和护臂一体的护具；① 在西亚公元前九世纪的亚述帝国时期，有关国王萨尔贡二世（Sargon Ⅱ of Assyria）的大型纪念碑式建筑里浮雕图像亦见有同类形态的器具（图Ⅱ-1-1,1、2）。甚至在公元几世纪罗马墓碑浮雕上，研究者曾注意到有些弓手左臂依然使用护臂。②

1　　　　　　2

---

① 井中伟、魏凯：《商周时期的"扳指"》图一〇，吉林大学边疆考古研究中心、边疆考古与中国文化认同协同创新中心编：《边疆考古研究（第18辑）》，科学出版社，2015年。
② 王晓鹏：《早期罗马帝国驻不列颠辅军研究》，南开大学历史学院硕士学位论文，2010年，第28页。

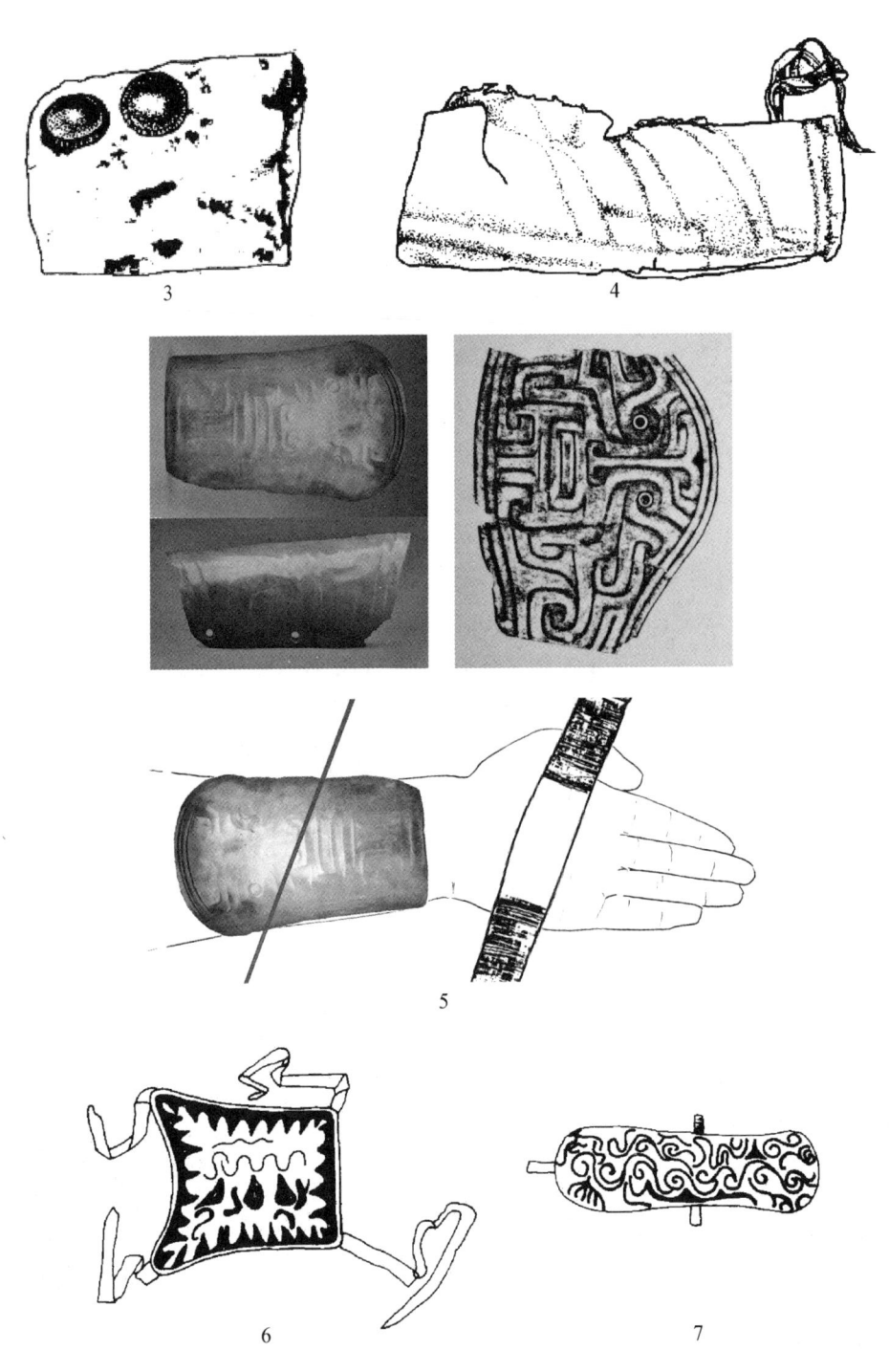

图Ⅱ-1-1

1. 埃及包金器具上图坦卡蒙(《开罗埃及博物馆》第15页) 2. 亚述萨尔贡二世 (*Assyrian palace sculptures*, cover) 3、4. 鄯善洋海墓地M21、M157出土皮质护臂(《新疆鄯善洋海墓地发掘报告》图八:21、图二〇:8) 5. 三门峡虢仲墓红山文化玉斜口残器及使用推想(《红山文化玉器鉴赏(增订本)》图42、笔者制) 6、7. 鄯善苏贝希墓地出土护臂(《新疆鄯善县苏贝希遗址及墓地》图一三:1、2)

在我国近中亚的新疆吐鲁番盆地鄯善县洋海墓地Ⅰ号台地第21、150、157、195号墓中均见皮质护具，同时出土有复合弓弓具，时代在公元前十至前八世纪。① 护臂用熟牛皮制作，作短袖筒形，一端较窄，表面压斜纹或缀两枚铜扣装饰（图Ⅱ-1-1,3,4）。而年代稍后的苏贝希Ⅲ号墓地M25，也发现有两件皮质护臂，②其一近梯形，四角系带；另一件呈长椭圆形，两边及一端中部缝缀皮鼻（图Ⅱ-1-1,6,7）。Ⅲ号墓地测年在公元前四至前三世纪。目前学界认为洋海文化属于中亚察吾呼青铜文化的东缘地区，而对苏贝希文化的来源，倾向于来自准格尔盆地南区的巴里坤地区文化的南迁，③两者存在文化的继承关系。故我国早期护臂的出现与中、西亚民族文化交流密切相关。

西周晚期三门峡虢仲墓内棺盖板上发现玉玦等随葬器具，同见有一件由红山文化斜口筒形器所改制器具，颇引人注目。④ 对此件特殊玉器，此前邓淑苹先生等对其流传、改制及兽（神）面纹样有过系统探究。⑤ 而就器具本身结构来看，其呈一端大口（斜口器上口）、一端较窄（下口）、内部弧凹以及破损处的后钻四穿系孔，所以从器形构造上说其与洋海所见皮护臂基本一致。因早年残损，该器仅存半片，仅利用内侧的弧面，适合靠戴于同样凸弧的手臂上（图Ⅱ-1-1,5）。故笔者更倾向这可能是一件西周晚期的玉护臂，同样是这件颠沛流离的玉器在被考古发现之前的最后功用。⑥

中原域内明确为弓射所用玉质护臂出现较晚，大约出现两周之交，大多时候与玉玦左、右两手伴出。据多位学者经统计并认为，春秋晚期著名的太原赵卿墓玉护臂是中国考古品中最典型、时代相对较早者⑦（图Ⅱ-1-4,1）。这样椭圆的造型类似苏贝希长圆形皮质护臂，尤其是系绳位置均安置在短径的对称两端；再者，其出现的时空节点上与苏贝希长椭圆护臂的年代大体能够相接。除椭圆形护臂之外，另有一类弧拱形玉护臂，如江苏吴县严山所见两件春秋晚期"双系拱形起脊饰"（图Ⅱ-1-2,2,3）。从早年流散海外并由海

---

① 其中21、150、157号墓发现时均于左小臂绑缚，见新疆吐鲁番学研究院、新疆文物考古研究所：《新疆鄯善洋海墓地发掘报告》，《考古学报》2011年第1期，第99页。
② 新疆文物考古研究所、吐鲁番地区博物馆：《新疆鄯善县苏贝希遗址及墓地》，《考古》2002年第6期，第42页。
③ 陈戈：《苏贝希文化的源流及与其他文化的关系》，《西域研究》2002年第2期，第11页。
④ 郭大顺、洪殿旭：《红山文化玉器鉴赏（增订本）》图42，文物出版社，2014年；有关该器出土位置，承蒙常军先生告知。
⑤ 邓淑苹：《杨家埠、晋侯墓、芦山峁出土四件玉琮的再思》图二十五，山东博物馆、良渚博物院：《玉润东方——大汶口-龙山·良渚玉器文化展》，文物出版社，2014年，第13页；邓淑苹："红山系玉器"研究的再思》，辽宁省文物考古研究所：《红山文化学术研讨会论文集》，辽宁人民出版社，2013年，第321页。
⑥ 有关更早期时代的玉护臂研究，如罗森教授（Jessica Rawson）认为牛河梁第三地点墓地弧形玉饰与哈佛大学所藏一件红山拱形玉饰正符合成人手臂的弧度，为玉护臂（广义，非弓射专用），参见 Jessica Rawson Chinese jade from the Neolithic to the Qing, Published for Trustees of the British Museum by British Museum Press, 1995, p.32. 徐汝聪女士进而认为内蒙古敖汉旗大甸子M659出土曲面玉牌、辽宁博物馆藏一件玉饰均为玉射韘，并推测二里头镶嵌松石牌饰也很有可能为射韘；有关二里头铜牌饰笔者认为其虽出土方位均偏于人体左手臂方位，笔者认为在这些"类护臂器具"尚未见与其他弓射器具同出之前，结论尚过早；而松石镶嵌不宜常受到外力撞击的原因，可暂认定为左臂装饰物，关于其作为臂饰物，黄翠梅女士有过细致的研究，参见黄翠梅：《功能与源流：二里头文化镶嵌绿松石铜牌饰研究》，《故宫学术季刊》第33卷第1期，第97页；另在中国西部地区先秦两汉时期羌、蜀地区，常见一类铜质护臂，制式上与三门峡虢仲墓斜口筒形器类似，见于左、右臂或肩部，功用上与弓射护臂似乎无关。
⑦ 徐汝聪、杨蕾：《射韘》，《江汉考古》2017年第4期，第83页。

因里希(Heinrich)曾收藏的一件弧拱形玉护臂来看,上琢饰浅浮雕的兽面、交缠的龙纹,时代可视为春秋中期①(图Ⅱ-1-2,1)。鉴于此,至公元前六至五世纪的春秋早中期时,中国的玉护臂形态大致已确定。

Ⅱ-1-2

1. 海因里希藏品(*Carved Jade of Ancient China*, PLATE XLVIII) 2、3. 吴县玉器窖藏(《吴国王室玉器》38、45)

古文字研究者梳理出土文献,其包山M2遣册(260简)中有记"一纷敏袷,夬🔲","袷"为丝帛之"拾";又包山277号简中有"一合(拾)、一骹","合"应为"拾"。上文引《车攻》篇中有"决拾既佽",又《周礼·夏官·缮人》也将"抉"、"拾"并列,东汉郑玄解释"拾谓韝扞也";《仪礼·乡射礼》则有"司射适堂西,袒、决、遂",郑玄又注"遂,射韝也,以韦为之,所以遂弦者也。其非射时,则谓之拾。拾,敛也,所以蔽肤敛衣也";《礼记·内则》说右身侧佩有"玦"、"捍",郑玄注:"捍,谓拾也,言可以捍弦也。"②由上可知,战国中期护臂即"拾",至汉代人认为"拾"、"遂"和"捍"均是护臂,只是使用环境各异而名称不同,又与"韝"类似,因软体皮质为主要材料,故称为"韝"。

按目前春秋时代玉护臂的发现,弧拱形较椭圆形稍早,两者又在春秋至战国早期并行发展。弧拱形护臂考古中另见于山西潞城县潞河M7,因内棺被捣毁,玉护臂残存大部,时代为战国早期③(图Ⅱ-1-3,1)。馆藏传世品里有:台北故宫博物院所藏玉构件满饰典型春秋晚期龙纹玉饰,北京故宫博物院藏有一件蟠虺纹玉饰,上海博物

---

① Salmony, Alfred, *Carved Jade of Ancient China*, Berkeley, Calif.: Gillick Press, 1938, PLATE XLVIII;有近乎完全一致造型和细致构图的清代或民国初年仿古件见于传世品,傅忠谟著:《古玉精英》图189,中华书局(香港)有限公司,1990年。

② (清)孙诒让撰:《周礼正义》,中华书局,1987年,第2574页;(汉)郑玄注,(唐)贾公彦疏:《仪礼注疏》,李学勤主编:《十三经注疏》,北京大学出版社,1999年,第220页;(汉)郑玄注,(唐)孔颖达疏:《礼记正义》,李学勤主编:《十三经注疏》,北京大学出版社,1999年,第831页。

③ 山西省考古研究所、山西省晋东南地区文化局:《山西省潞城县潞河战国墓》图三二:4、图版四:4,《文物》1986年第6期;图见古方主编:《中国出土玉器全集3·山西》,科学出版社,2005年,第215页。

馆所藏蛙纹玉饰,笔者认为三者均是春秋至战国早期(中期)玉护臂①(图Ⅱ-1-3,2、3、4)。这类护臂的共同特征为拱形弧度较大;皆是利用早期镯弧面或琮类弧面转角改制,原器内孔作为改器的内侧、外弧或转角处被改制后依然稍突出于器表;两端有较隐蔽的横向穿孔。

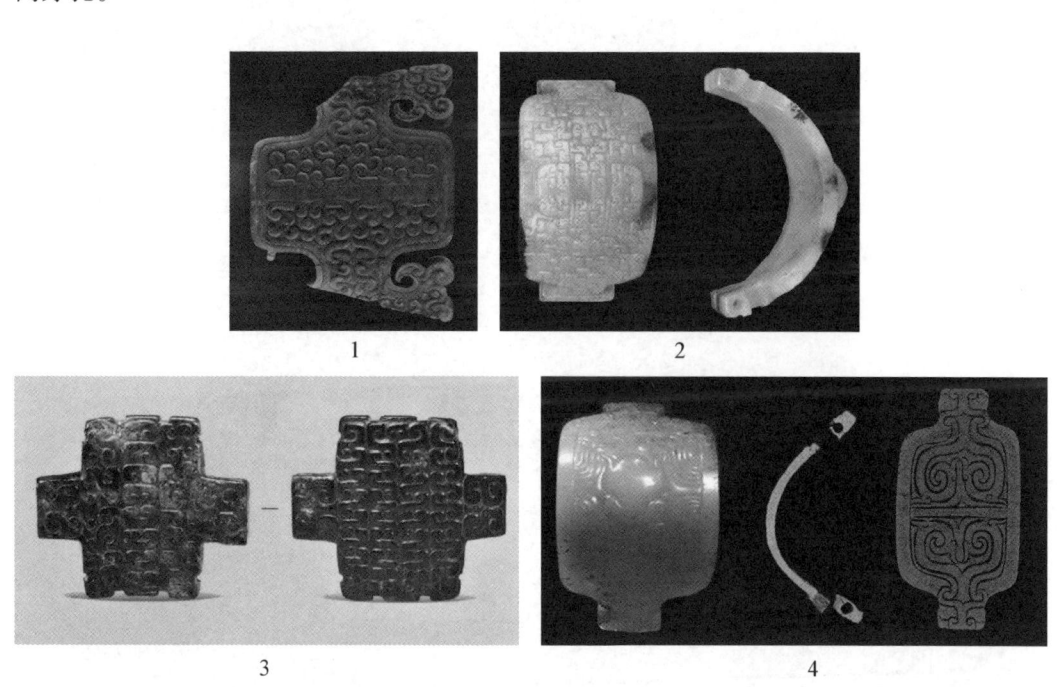

图Ⅱ-1-3
1. 潞城潞河 M7(《中国出土玉器全集3·山西》第 215 页)　2. 台北故宫博物院藏品(《敬天格物》图 5-2-8)
3. 北京故宫博物院藏品(《中国传世玉器全集1—新石器时代·商·西周·春秋·战国(3)》第 194 页)　4. 上海博物馆藏品(《上海博物馆中国古代玉器馆》第 28 页左上、《尊古斋古玉图录》第 187 页合成)

椭圆形玉护臂出现于春秋晚期,器体呈略弧形,在弧凸面琢饰的纹样以"十"字符为界四等分。春秋晚期者多内饰龙纹或简化勾云状的龙纹(如无锡鸿山越墓、太原赵卿墓、襄阳陈坡楚墓、丹江口吉家院楚墓、傅忠谟旧藏、流散于美国的藏品等)②(图Ⅱ-1-4,1-5);至战国早期饰轴对称式构图的双首双身龙纹,内侧弧面或有装饰抽象几何形卷云

---

① 邓淑苹先生最早提出这类转角构件,很可能改刀自华西(齐家)玉琮,见邓淑苹主编:《敬天格物——中国历代玉器导读》图 5-2-8,台北故宫博物院,2011 年;古方主编:《中国传世玉器全集1—新石器时代·商·西周·春秋·战国(3)》,科学出版社,2010 年,第 194 页;上海博物馆:《上海博物馆中国古代玉器馆》,第 28 页左上。

② 南京博物院、江苏省考古研究所、无锡市锡山区文物管理委员会:《鸿山越墓发掘报告》图版一三五,文物出版社,2007 年;山西省考古研究所、太原市文物管理委员会:《太原晋国赵卿墓》图八二:9,文物出版社,1996 年;湖北省文物考古研究所、襄阳市文物考古研究所:《襄阳陈坡》图版八七:3,科学出版社,2013 年;古方主编:《中国出土玉器全集10·湖北、湖南》,科学出版社,2005 年,第 117 页;傅熹年:《古玉掇英》图 74,中华书局(香港)有限公司,1995 年;Na chih liang and peterson, Harold, *Chinese Jades, Archaic and Modern*, 1977, p.120, pl.140, Plaque, Late;旧金山亚洲艺术博物馆藏品,图见《洛阳西朱村曹魏大墓出土玉器释名》"龟背形玉饰",《大众考古》2017 年第 4 期;据徐汝聪女士搜集,海外私藏一件透雕椭圆"十"字格玉护臂,时代亦为春秋战国之交,图见《射韝》图一七,《江汉考古》2017 年第 4 期。

纹、菱格纹样(如台北故宫博物院藏、美国哈佛博物馆藏等)①(图Ⅱ-1-4,6、7)。曾侯乙墓玉护臂较特殊,镂空为轴对称的双龙显示出春秋晚期特征,不过整体设计依然属椭圆形护臂结构,海外典藏也有相似品(图Ⅱ-1-4,8、9)。

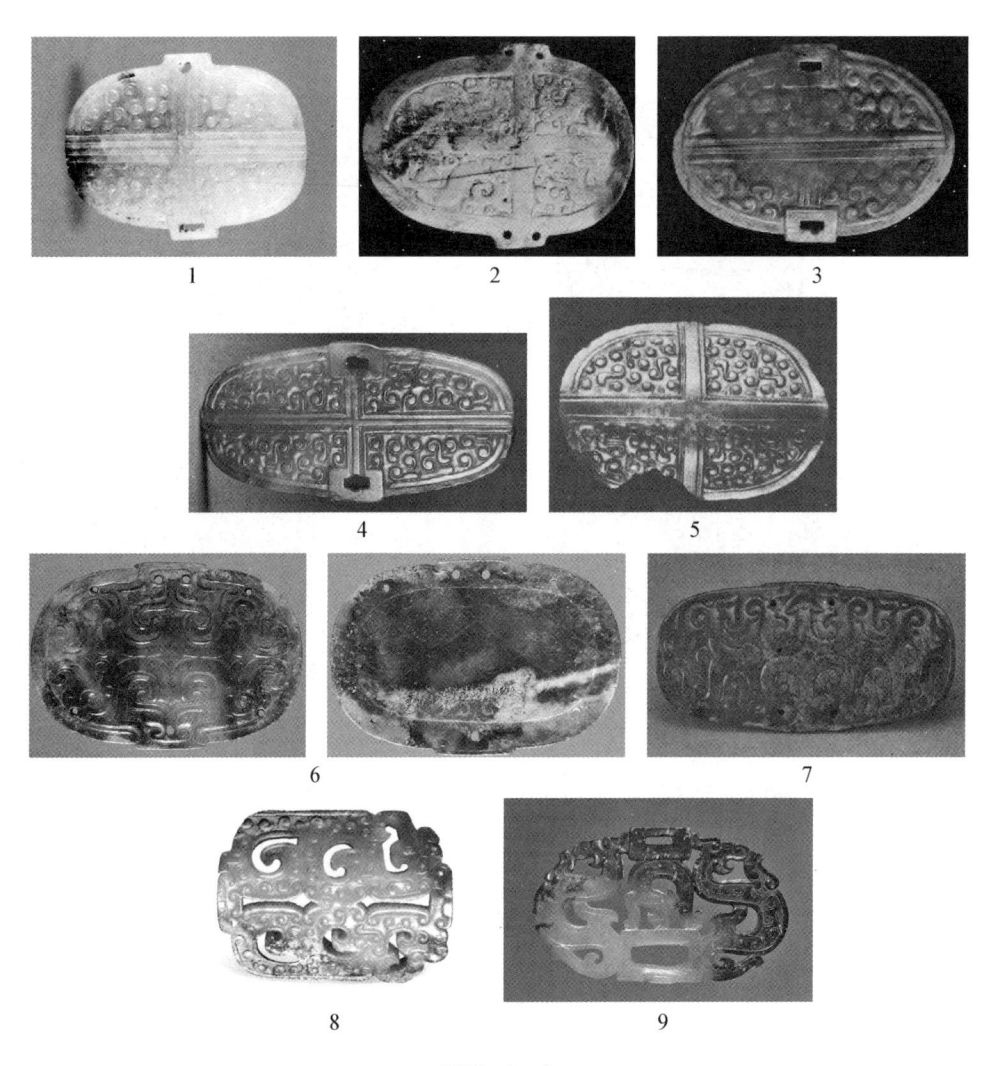

图Ⅱ-1-4

1. 太原赵卿墓(《晋国赵卿墓》图63) 2. 无锡鸿山越墓 WHDVIIM1(《鸿山越墓出土玉器》图1) 3. 丹江口吉家院墓地(《中国出土玉器全集10·湖北、湖南》第117页) 4. 傅忠谟藏品(《古玉掇英》图74) 5. 阿尔弗雷德·F·皮尔斯伯里藏品(*Chinese Jades*, *Archaic and Modern*, p.120, pl.140) 6、9. 传洛阳金村出土、哈佛大学博物馆藏品(*Carved Jade of Ancient China* PLATE XLIX、*Ancient Chinese jades*, p.342, pl.506) 7. 台北故宫博物院藏品(《故宫古玉图录》图154) 8. 随州曾侯乙墓(《曾侯乙墓2007》)

---

① 台北故宫博物院藏品图参见台北故宫博物院:《故宫古玉图录》图154,台北故宫博物院,1982年;哈佛大学博物馆收藏玉护臂传出自洛阳金村大墓,属战国中晚期,最早著录于清人黄濬的《尊古斋金石集拓》中(黄濬编:《尊古斋古玉图录》图一八二、一八三),后见于梅原末治的金村器物图集(梅原末治编:《洛阳金村古墓聚英》图版第一一五:4),二十世纪二三十年代流散美国(Salmony, Alfred, *Carved Jade of Ancient China*, Berkeley, Calif.: Gillick Press, 1938, PLATE XLIX);另有一件为龙纹镂空形,著录见于 Loehr Max, *Ancient Chinese jades*, 1975, p.342, pl.506;类似双首双身护臂在明清时期亦有仿古品,参见吴棠海:《唐宋元明玉器》图84,震旦博物馆,2013年。

2017年洛阳西朱村曹魏大墓出土一件造型特殊玉饰,经发掘者研究不仅认定为东汉时期弓射所用玉护臂,尤其是对此器的功用做了推测与复原,解决了长久以来萦绕在类似传世器具上的谜团。① 但对于年代判断上,笔者从装饰纹饰及器具的造型传统上看,更倾向为典型战国晚期制品,是出自曹魏时期墓葬的前朝遗物。整器被设计成一端略窄的长方形勾云状弧形片板状,因近窄端高浮雕卧猫,②可知凸为正面、凹为内面;凹、凸面上以顺畅的游丝毛雕饰以流云、云中穿插有兽首(半面双身双首兽)、凤首、各类毛状流苏、花蕾纹、柿蒂纹等,均是战国晚期"楚式玉器"的典型单元图式;③近四角穿孔,窄端上翘并略有伤损(图Ⅱ-1-5,1)。战国晚期墓葬中尚未发现类似器具,目前只在传世馆藏品中零

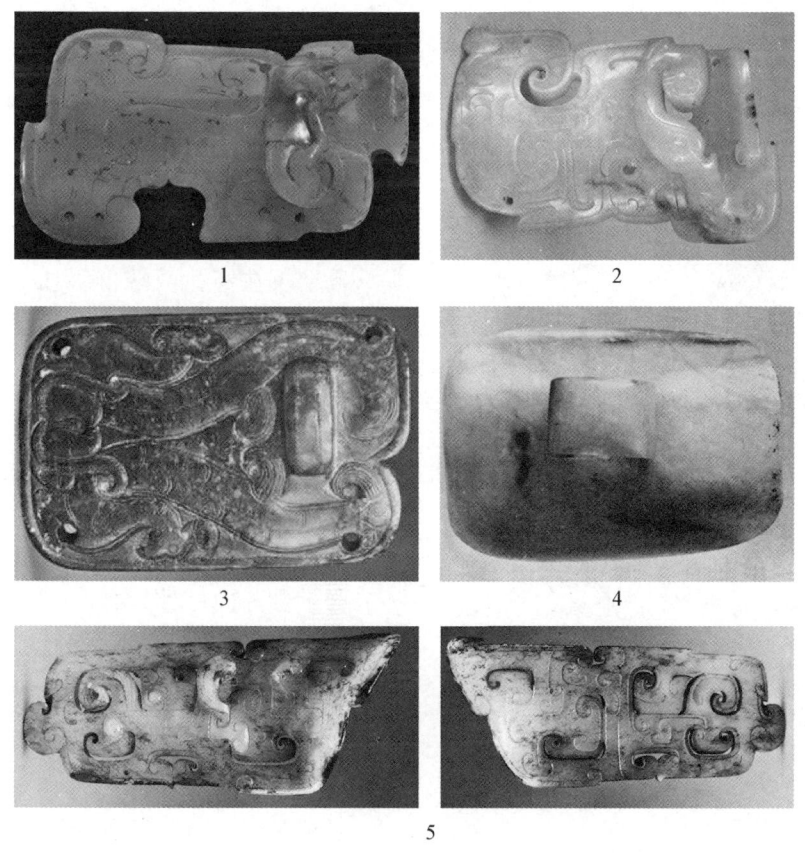

图Ⅱ-1-5

1. 洛阳西朱村曹魏墓(《洛阳西朱村曹魏大墓出土玉器释名》) 2. 台北故宫博物院藏品(《故宫古玉图录》图153) 3、5. 北京故宫博物院藏品(《故宫博物院藏品大系:玉器编(2)》图198、229)
4. 芝加哥艺术研究中心藏品(*Archaic Chinese Jades from the Edward and Louise* PLATE XCV-4)

---

① 严辉、杨润诚:《洛阳西朱村曹魏大墓出土玉器释名》,《大众考古》2017年第4期,第70页;有关该器背部情况,见告于王咸秋先生,在此表示感谢。
② 从先秦两汉猫纹样梳理研究,对比可知此侧卧动物与战汉期间狸猫形象相一致,参杨慧婷:《马王堆所见漆器狸猫纹初探》,湖南省博物馆:《湖南省博物馆馆刊》第十二辑,岳麓书社,2016年,第312页;杨慧婷:《马王堆汉墓狸猫纹漆器相关图像续探》,湖南省博物馆:《湖南省博物馆馆刊》第十三辑,岳麓书社,2017年,第323页。
③ "楚式玉器"概念由杨建芳先生提出,凤纹与柿蒂纹研究参见廖泱修:《从双凤纹至柿蒂纹》,杨建芳师生古玉研究会编著:《玉文化论丛·1》,文物出版社,2006年,第179页。

星见到。如北京故宫博物院藏两件战国玉饰：其一玉双凤纹佩，近圆角弧凸的方板形，凸面浅琢侧视的靠背双凤纹，近两凤尾部空档处有一方形凸起，四角各有穿孔；另一件玉蟠夔纹饰，近长方镂空勾云状弧形片板形，两面饰穿梭的卷云，其间有螭虎尾般的绞丝纹，凸面有一凤首形（羽翅形）凸起，有穿孔①（图Ⅱ-1-5，3、5）。台北故宫藏有一件螭纹器饰亦是同类器，亦作近长方状弧形板，镂空勾云，两端均略翘起；凹、凸面上以顺畅的游丝毛雕饰以流云，云中穿插凤鸟、各类毛状流苏、羽瓣纹，螭虎上半身圆雕起于凸面，后半身在凹面以线条琢出，如此设计表现出穿梭云际的层次与动感；近螭虎一端另有凸起的横档②（图Ⅱ-1-5，2）。在美国芝加哥艺术研究中心也收藏一件同类的素面玉构件，呈一端略窄的弧形片板状，近中部有一纽状凸起③（图Ⅱ-1-5，4）。以上述五件器具在造型结构上有共同之处，即均作近方的弧形板状、正面上有凸起设置，从装饰纹样与工艺细节上看，时代特征均指向战国晚期。该类型的玉护臂从器具功用上，承接了战国早期同类器具的发展，从实用角度来说，其结构上更为科学。

早期的弧拱形玉护臂使用方法，需穿系绳或韦于两端孔中，笔者认为甚至需要再在穿孔两端再缀加宽的布帛或皮条，使用时直接将护臂内凹贴于手臂与手腕内侧绑缚紧即可（图Ⅱ-1-6，1）。吴县严山窖藏护臂穿孔一端有残，重新打孔应是系固定绳韦，另一孔为活环，方孔较大，是方便解系专用。椭圆形护臂使用将凹面贴于臂腕内侧，长径与手臂方向一致，穿绳于短径之间，部分护臂穿孔有大、小之分，如太原赵卿墓那件，小孔为皮帛牵引的固定孔，大槽孔为方便使用时的解系。对于曾侯乙墓所见镂空类的玉护臂，有学者认为是利用透雕镂孔直接穿系，当然也不排除将其整体缝缀在皮及织物上再使用的情况。④

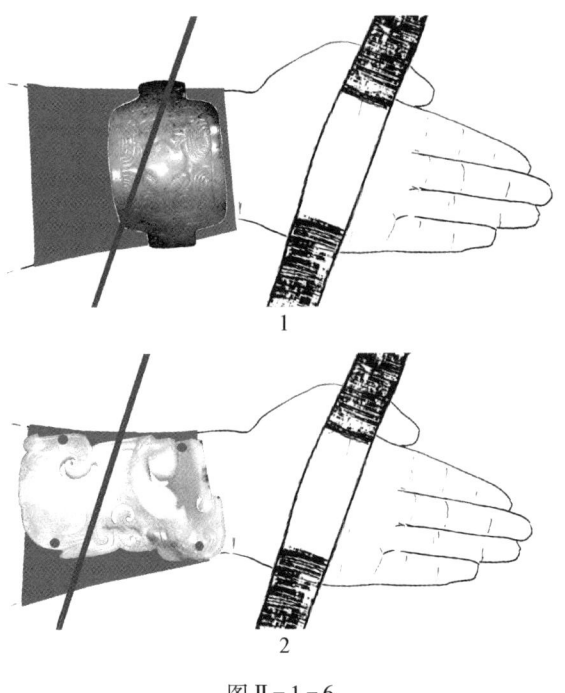

图Ⅱ-1-6

1. 拱弧形玉护臂使用状态推想 2. 战国晚期玉护臂使用状态推想（均笔者制）

---

① 玉双凤纹佩（故95213）、玉蟠夔纹饰（故84509），见故宫博物院编：《故宫博物院藏品大系：玉器编（2）》图198、229，安徽美术出版社、紫荆城出版社，2011年；玉蟠夔纹饰细节情况见告于北京故宫博物院徐琳研究员，在此致谢。

② 台北故宫博物院：《故宫古玉图录》图153，台北故宫博物院，1982年；其背面纹样见告于台北故宫邓淑苹研究员，在此致谢。

③ 该收藏机构的描述是"带环柄的不规则鞍形板块"，见Alfred Salmony, PH. D, *Archaic Chinese Jades from the Edward and Louise B. Sonnenschein collection*, The art institute of Chicago, 1952, PLATE XCV-4.

④ 徐女士通过对韘、韘附近出土物的梳理，认为春秋晚期至战国中期存在玉质的"韘-韘-钩"的器物组合，见徐汝聪、杨蕾：《射韘》，《江汉考古》2017年第4期，第83页。

战国晚期玉护臂除在背面(凹面)保留贴合臂腕的弧面外,基本上一改前期的几何平面造型制式,造型设计与纹样装饰中更多的考虑使用者的喜好、适用和舒适。如西朱村所见卧猫云气纹玉护臂(韝),经发掘者的测试:内侧弧度与正常成年人的手臂相符。笔者认为从纹样设计来看,将卧猫端横置于前,适用于前窄、后宽左手臂的构造;而靠近卧猫的前端上扬,更是方便握弓之左手腕部位的自由活动。由此推而广之,北京故宫玉双凤纹护臂将表示双凤尾部的双弧一端横置,凸起部位靠手臂前部,按此如佩用者曲臂亦可按正确角度观视双凤图案;另一件玉蟠夔纹护臂,将凸面朝上,凤首形凸起处于中部偏前端,前端被设计成斜弧略翘,同样是为不干扰持弓臂的腕部。台北故宫博物院藏品,如将其绑缚左手,凸起的螭虎前置,使用时纹样均在使用者正确的观看角度上(图Ⅱ-1-6,2)。芝加哥艺术研究中心藏品虽为光素,但窄、宽的前后设计横置,显然是符合手腕前窄后宽的生理结构。故而战国晚期玉护臂,从形制来说更符合人体工程学原理;在构造中加入凸起的设置,是为了防止撒放过程中弓弦过度回弹或是弓体脱手后对臂、腕部造成进一步伤害,可以说是玉护臂功能性的完备。另外,通过对带有纹样的几件护臂观察,其穿孔位大致均于四角,因背面(凹面)也均有纹样,利用四角孔眼缝缀皮帛,使之成为完整护具,缝缀物也不应阻碍对玉护臂背面纹样的观赏。

2.2. 秦汉以降

如同护指在战国以后多为软质载体的转变,至秦汉以后,玉质护臂业已消失,究其原因与先秦射礼式微及弩的盛行相关。由于软质护臂多为有机质,除极少量能保存并通过考古发掘发现以外,基本为通过出土图像材料以及出土文字呈现。

图像材料中最早可见于西汉早期,如马王堆一号墓黑底彩绘棺足挡上绘制的引弓神兽(40号),以左手持弓,右手引弦,细节可以看出其左裸露的手臂腕处有绑缚护臂;再以左侧面纹样中持弩神兽(48-49号间),手臂处未有绑缚相比较。[①] 由此似乎可以基本判断,40号引弓神兽左臂所绑应是深色丝织品或皮质的"韝"(图Ⅱ-1-7,1)。属西汉晚期的西安理工大学壁画墓,东壁中部绘有成组的狩猎场景,部分射手手臂持弓,臂腕间为束袖并缠有褐色、黑色软质护臂,也应是"韝"类[②](图Ⅱ-1-7,2)。东汉许慎《说文》曰"韝,射臂(沓)也",[③]按"沓"有箍、包裹的含义,即是韝使用时的状态。完好的东汉护臂出土于新疆尉犁县的营盘墓地(M15),墓葬时代处于东汉中晚期。护臂发现时系扎在男性墓主的左臂肘部,质料为较厚重的丝织品縑,正面绣蔓草纹,四角缝缀绢带,[④]为实用软体布帛韝(图Ⅱ-1-7,4)。另一件是著名的"五星出东方利中国"织锦韝,发现在新疆民丰尼雅遗址95MNI号墓地M8中,时代为汉晋之交。此护臂为圆角长方形,正面为文字织锦、两边缝缀六条白绢带。其绕系弓弦上与复合弓、箭箙等弓具一并出土,也应视为实用

---

① 湖南省博物馆、中国科学院考古研究所:《长沙马王堆一号汉墓》图一九、二一,文物出版社,1973年。
② 西安市文物保护考古所:《西安理工大学西汉壁画墓发掘简报》图三五、图六一,《文物》2006年第5期。
③ (汉)许慎:《说文解字》,中华书局影印,1996年,第113页;又因宋人《太平御览》引《说文》,知今本《说文解字》中,"决"应是"沓"误,见(宋)《太平御览·兵部八十一·射捍》,中华书局影印,1959年,第1612页。
④ 新疆文物考古研究所:《新疆尉犁县营盘墓地15号墓发掘简报》,《文物》1999年第1期,第4页。

图Ⅱ-1-7

1. 马王堆一号汉墓黑底彩绘棺足挡40号神兽（风入松拍摄） 2. 西安理工大学西汉壁画墓（《西安理工大学西汉壁画墓发掘简报》图三五） 3. "五星出东方利中国"锦护臂（《丝路之魂》第106页） 4. 尉犁县营盘墓地15号墓刺绣护臂（《新疆尉犁县营盘墓地15号墓发掘简报》封底） 5. 安阳西高穴高陵石牌（《曹操高陵新出土石刻选》第20页） 6. 乾县唐永泰公主墓彩绘射猎俑（《丝路胡人外来风》第191页）

器，笔者推测其与中原同类器具也不会有大的差异①（图Ⅱ-1-7,3）。几乎同时代的中原，在被认为是曹操高陵的安阳西高穴东汉晚期大墓里，发现了诸多刻写随葬器名谓的

---

① 新疆文物考古研究所：《新疆民丰县尼雅遗址95MNI号墓地M8发掘简报》，《文物》2000年第1期，第4页；有学者分析其随葬弓矢数量与中原"礼制"存在联系，并认为西域贵族丧葬习俗受汉代礼制影响，鞲鞴也是中原礼制的体现，见张弛：《尼雅95MNIM8随葬弓矢研究》，《西域研究》2014年第3期，第7页。

石牌,其中一件即刻有"紫臂褠二具",字面意义当是紫色布帛所缝缀的软体护臂①(图Ⅱ-1-7,5)。隋唐至宋明,文献中对护臂的描述可知大都为软体材料。新疆伊犁昭苏县五至七世纪突厥墓葬里见有袖筒形的金质护臂,是仿自软质护臂的丧葬用具。② 唐永泰公主墓第一天井东西壁龛中出土骑射胡俑十八件,人物左臂均紧束软体斜纹的护臂③(图Ⅱ-1-7,6)。日本正仓院目前还典藏着时代相当于唐时皮护臂十五件,账册记录名为"鞆",其以扇形鹿革髹漆,短径两端穿孔置绳。④ 文献图像自北宋聂崇义《新定三礼图》、明《三才图会》,乃至清乾隆《钦定仪礼义疏》、《钦定周官义疏》中均收录"褠"或"拾"。⑤ 大体均是一幅长方形软体材料,在一侧安置三个环套、另一侧对应三条绦带,使用时如明人《射史》插图"立射姿势"中,戴于持弓左臂,臂褠如绣花袖笼一般⑥(图Ⅱ-1-8,1、2、3)。直至清代,满服中马蹄袖(箭袖)"哇哈",即是软体臂褠在游猎民族服饰结构中的存留。⑦

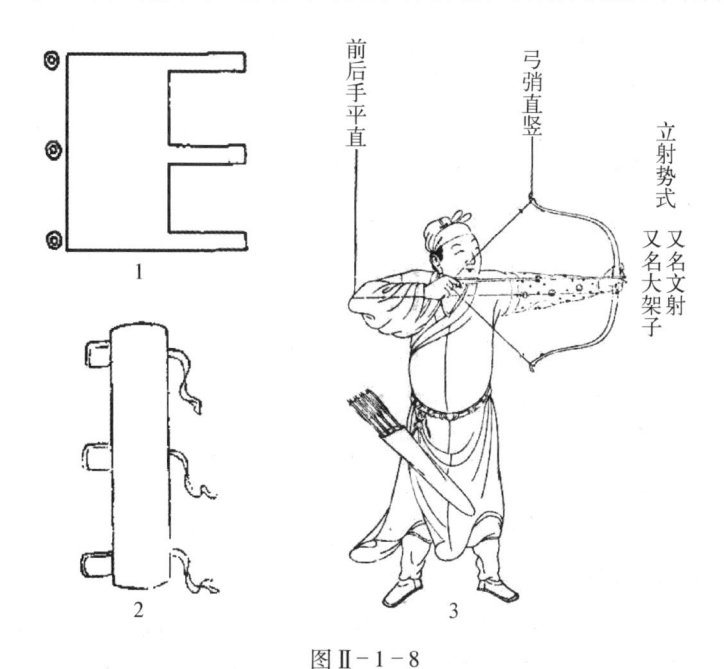

图Ⅱ-1-8
1. 北宋《新定三礼图》中"拾"(《新定三礼图》卷四)　2. 明《三才图会》中"拾"(《三才图会·器用》)　3. 明《射史》(《射史》"礼射姿势")

---

① 该件石牌出土于后室南侧室的附近,同见记有丝织衣物的石牌,可推测这两件紫臂褠应为布帛质,功用也可是架鹰之褠,见河南省文物考古研究院:《曹操高陵》图版八四:2,中国社会科学出版社,2016年。
② 安英新:《新疆伊犁昭苏县古墓葬出土金银器等珍贵文物》,《文物》1999年第1期,第4页;图参见葛嶷、齐东方:《异宝西来——考古发现的丝绸之路舶来品研究》,上海古籍出版社,2017年,第158页。
③ 陕西省文物管理委员会:《唐永泰公主墓发掘简报》,《文物》1964年第1期,第7页。
④ 帝室博物馆:《正仓院御物图录·十》第九图至第十二图,昭和三年(1928年)。
⑤ (宋)聂崇义集注:《新定三礼图》卷四,康熙十二年(1673年),通志堂刊本;(明)王圻、王思义:《三才图会·器用》,上海古籍出版社,1988年,第一一八五页;《钦定仪礼义疏》、《钦定周官义疏》《钦定四库全书·经部》,乾隆十三年(1738年)刊本。
⑥ (明)程宗猷:《射史》,赵元方捐赠崇祯二年(1629年)自刻本,首都图书馆藏。
⑦ 常馨月:《清朝马蹄袖的装饰语言及功能性探析》,《美与时代(上)》2018年第1期,第93页;房宏俊:《征战与狩猎时代的形象存留》,《上海文博》2006年第1期,第33页;王淑慧:《满族传统服装造型的结构研究》第4章"满族传统服装结构的功能性研究",北京服装学院硕士学位论文,2012年,第72页。

三、组　　合

　　考古发现里玉护指（夬）与护臂（拾）常能见相伴组合出土，由上文所列（如洋海墓地）西北地区的考古材料可推想，软质（皮质或布帛类）的组合则时代更早、更普遍。西周晚期三门峡的虢仲墓（M2009）在考古清理中，两件玉夬与前文所述红山文化玉斜口器改用的护臂同时发现于内棺盖板之上，按上文所述，笔者认为这应是中原黄河流域玉护指与护臂组合的最早实例。同样相类似的葬俗在虢季墓（M2001）内棺盖板上表现为：以一件玉夬、两件玉觿和七件兽角环的组合配伍。我们从时代相同的洋海墓地皮质护臂与后世软体"韝"的形制来看，兽角环也极有可能是软质护臂的系环（图Ⅲ-1,1），其中角环又以七计数，是否带有特殊等级意义，值得注意。① 由上述西周两位虢公墓的发现情况可知，玉护指与玉护臂的配伍组合雏形在西周晚期业已形成。

　　至春秋晚期，太原赵卿墓的玉护指与护臂两者均出自内棺。其中墓主右手戴玉夬、左手戴左利手式夬，左臂手腕处外侧置有椭圆形玉护臂，左手之夬位置在向手掌延伸处的前端，说明两者存着空间位距，反映出十分明确的功用之别（图Ⅲ-1,2）。战国早期曾侯乙墓内棺也同出组合，因主棺在下葬过程中突发事件，造成外棺倾斜置于主室底板上两千余年，棺内器具多向一侧位移集中。其中玉夬见于内棺第二层腰部，玉护臂见于第三层更近棺壁的腰部，在空间层位上表明两者原是在右手与左手的位置上（图Ⅲ-1,3）。无锡鸿山邱承墩越墓虽在墓葬年代上稍有争议，部分玉器被认定为早期沿用器却并无争议。② 玉夬和护臂出自墓室中部主棺内，按同时所见玉带钩、组佩等相对位置判断，夬与护臂在墓主左、右手相对而置（图Ⅲ-1,4）。同样在襄阳陈坡战国中晚期楚墓 M10 内棺中，在墓主腰部位置有两者组合，右手有两枚玉夬、左为"龟背形"玉护臂。前文先后论及传洛阳金村所出勾连云纹凤鸟鋬玉夬、双首双身龙纹玉护臂，因均非考古发掘品，若两者同出一墓也应该是一组（图Ⅲ-2,1）。战国中晚期河北平山县中山国 M3 王族墓发现两件"玉盖帘饰"，③ 以器形与钻孔方位来看，很可能是缝缀在皮帛上使用，同墓中发现一件素面的带鋬玉夬或能与之配伍（图Ⅲ-2,2）。据上文所论战国晚期偏装饰性实用玉夬流行的同时，另有功能性完备的玉护臂，虽目前尚未见于科学的考古发掘品，但两者间除流行时代一致、装饰风格相同以外，笔者观察到玉夬主体纹样多取凤鸟禽类，而相对的玉护臂纹样主体以螭虎等兽类偏多。两者是否存在纹样的呼应及某种图案寓意上的配伍关系，还尚待今后更多的考古发现。

---

　　① 按《周礼·春官·典命》所谓"侯伯七命,其国家、宫室、车旗、衣服、礼仪皆以七为节"（[清]孙诒让撰：《周礼正义》,中华书局,1987年,北京,第1606页）,虢季墓发掘者依此认为该虢公为七命公侯,列鼎、组佩均以七为数,该处角环数也为七,笔者看来应不是巧合,见河南省文物考古研究所、三门峡文物工作队：《三门峡虢国墓地（第一卷）》第八章"结语",文物出版社,1999年,第532页。
　　② 杨建芳：《论鸿山越墓 DVIIM1 年代、玉器文化内涵及其他》,杨晶、陶豫主编：《玉魂国魄——中国古代玉器与传统文化学术讨论会文集（七）》,浙江古籍出版社,2016年,第164页。
　　③ 河北省文物研究所：《战国中山国灵寿城》图一六五：5-6、彩版三七：3、图版一〇六：3-4,文物出版社,2005年。

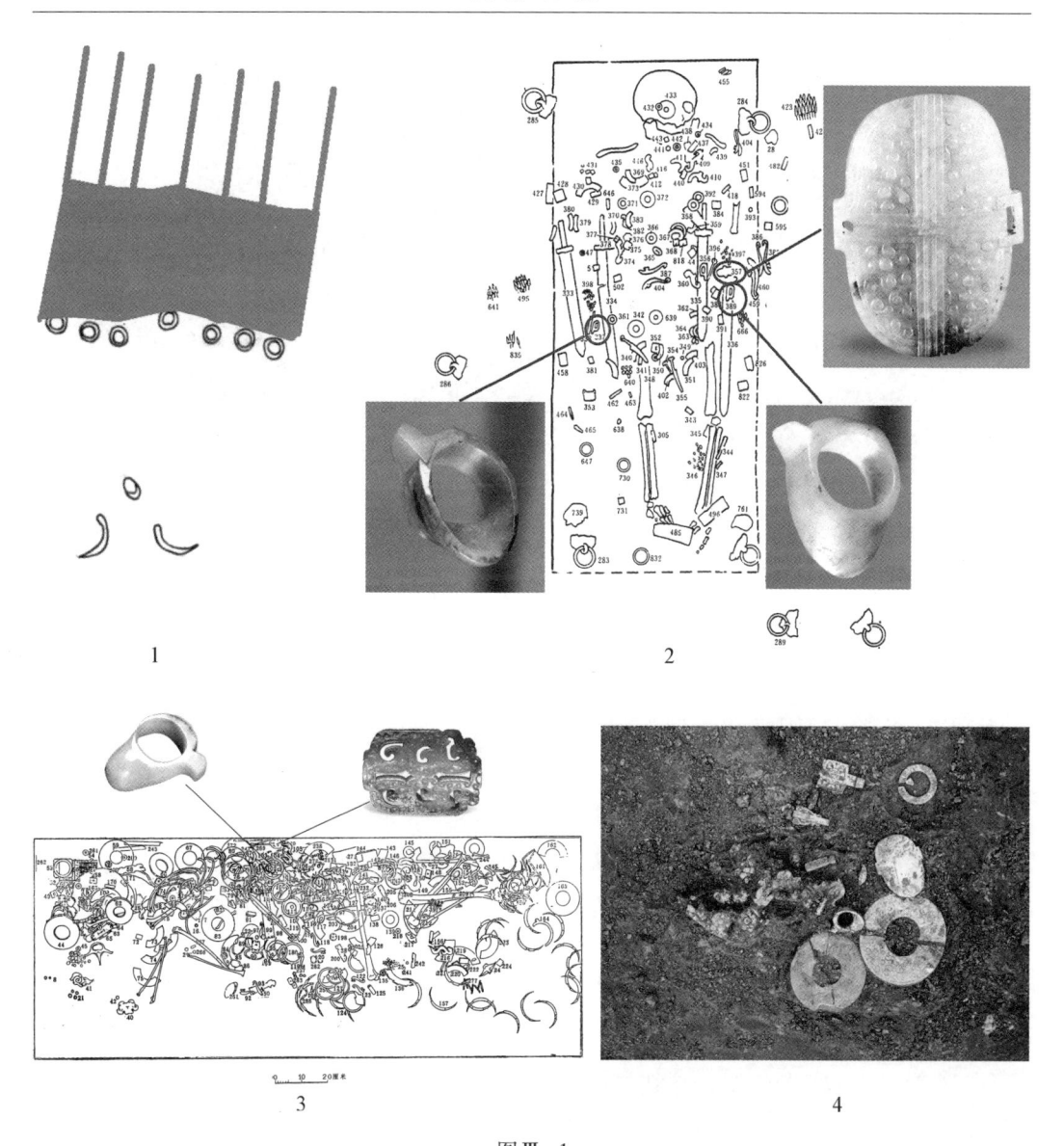

图Ⅲ-1

1. 虢季墓（M2001）内棺上层护具分布复原（据《三门峡虢国墓（第一卷）》图一八合成）　2. 太原赵卿墓护具分布示意（据《太原赵卿墓》图三，《晋国赵卿墓》图63、68合成）　3. 随州曾侯乙墓护具分布示意（据《曾侯乙墓》图三四、《曾侯乙墓2007》合成）　4. 无锡鸿山越墓 WHDVIIM1（《鸿山越墓发掘报告》图版77）

依据上文对两类护具的演化分析：秦汉以降，不仅是护指与护臂的组合回归到实用性、易腐朽的软体料质，故实物罕有，而且弩兵在实战中成为远射兵种的中坚力量。以秦始皇陵兵马俑二号坑为例，研究者推算该俑阵中弩兵人数占二号坑中步兵中的大部，比例相当之高。[①] 西汉早期的杨家湾汉俑军阵，研究者相信这是西汉主战部队的微缩版本，其

---

① 袁仲一：《秦兵马俑的考古发现与研究》，文物出版社，2014年；目前秦始皇兵马俑坑出土弓均为弩弓，参见袁仲一主编：《秦始皇帝陵兵马俑辞典》，文汇出版社，1994年，第98页。

图Ⅲ-2

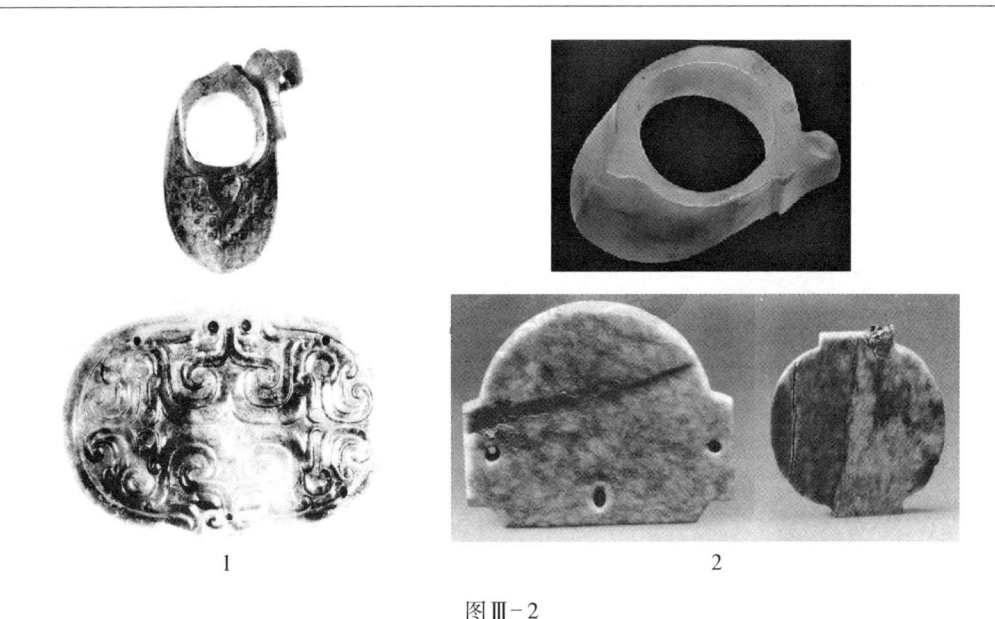

1. 洛阳金村出土(《洛阳金村古墓聚英》图版一一五：3、4)　2. 平山中山国王族墓 M3(《战国中山国灵寿城》图一六五：5、6，彩版三七：3，图版一〇六：3、4合成)

步兵和骑兵混合编组中大多均背负小型的箭囊，也被推测为弩箭匣，①在士兵左臂也并无明显的绑束护臂迹象。又如，在江苏尹湾墓葬(M6)里出土有记录西汉成帝时期东海郡《武库永始四年兵车器集簿》，上记仅弩具一项则以五十余万计，而弓存七万余张，②可见西汉晚期弩的储备数量已经非常之巨大，已从数量上完胜弓的使用规模。两汉继战国晚期之后，弩的在战争中大规模盛行，弓射护具与弓却在整个汉代社会中地位衰落，虽在日常作战守备中仍部分存在，但使用数量与规模已大幅萎缩。其余则仅仅保留在诸如特设的苑囿射猎娱乐、射礼性的活动之中。③ 这恐怕是秦汉之后大量硬质护具减少乃至消失的关键原因。

不过汉人对实用性玉夬的认知与接受，更体现在将其衍生玉饰——"玦"的继承与佩用。以上文所引证青岛土山屯出土衣物疏上的文字记录"决"，对应墓主人身侧所置的玉"韘形佩"来看：不仅可知汉人其实完全理解这类装饰玉器的象征意义，考古发现中显示汉代男女皆可佩戴，更是已将始自战国晚期"佩夬"彻底风俗化，直至三国两晋时期依然盛行不衰。

---

① 陕西省文物管理委员会、咸阳市博物馆：《陕西省咸阳市杨家湾出土大批西汉彩绘陶俑》，《文物》1966年第3期，第1页；田旭东：《略论秦汉时期军队的发展——秦俑与杨家湾汉俑军阵的比较》，《文博》1985年第2期，第76页。

② 集簿记载：乘舆弩一万一千多张、乘舆弩矢三万四千余支，而乘舆弓矢仅五百余支，间接反映出中央兵种中弓兵已显然式微，均参见连云港市博物馆、中国社会科学院简帛研究中心、东海县博物馆、中国文物研究所：《尹湾汉墓简牍》，中华书局，1997年，第一〇三页；李斌：《从尹湾〈武库永始四年兵车器集簿〉看汉代兵种构成》，《中国历史文物》2002年第5期，第30页。

③ 于鸿雁、张振华、陈燕：《汉赋中的狩猎运动分析》，《兰台世界》2013年第3期，第44页；刘朴：《对汉代画像石中射箭技艺的考察》，《体育科学》2008年第4期，第72页；袁俊杰：《两周射礼研究》"结语"，科学出版社，2015年，第541页。

四、余　　论

1. 坡形护指的复兴与筒形扳指

公元十三世纪至十八世纪，外观类似西周舌形的坡形护指盛行于中亚至南亚的莫卧儿帝国(Mughal Eupire)。其质地多样，如玉(包括镶嵌金、银及各类宝石)、珐琅、铜、骨或角质等；形制上以尖坡形为主，兼见坡形乳钉状尖者(图Ⅳ-1-1,1、2、3、4、5、6、7、8)。与

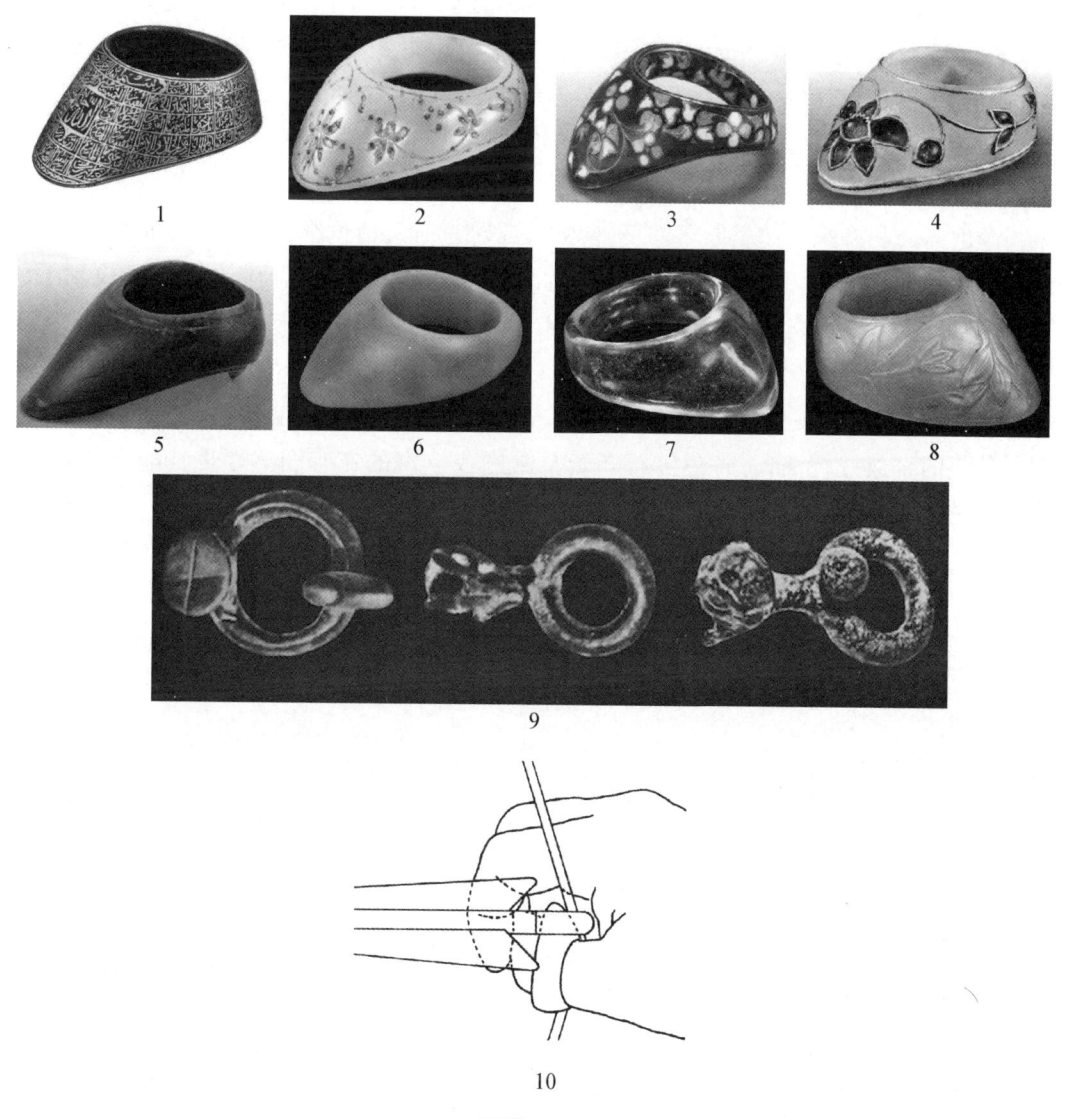

图Ⅳ-1-1

1-8. 莫卧儿帝国各类材质的护指　9. 卢里斯坦地区金属护指(*Precious Indian Weapons*, pp.361-365)　10. 莫卧儿护指的使用方式(*Precious Indian Weapons*, Cat.128、129、130、157、132、152、155、156, p.361)

中国西周舌形扳指相比,伸出的坡形较为短促,未见设置有扣弦的凸出小台面,可见虽两者使用原理相类却有不同渊源(图Ⅳ-1-1,10)。具有蒙古与突厥两种血统的莫卧儿帝国统治者来自中亚的帖木儿帝国,在中亚国土沦陷后南下占领印度半岛建立起新帝国。其与之近乎同时并具有同样伊斯兰信仰的伊朗萨非王朝(Safavid dynasty)、土耳其奥斯曼帝国(Ottoman Empire)在横跨欧亚非大陆的广阔域内,三国均将复合弓弓射文化发展至极致。① 莫卧儿人承袭了蒙古、突厥等草原民族的骑射特质,如大反曲蒙古式的"螃蟹弓"被普遍装配到军队。此后迅速在南亚和中东伊斯兰文化帝国王室成员中盛行开来,②直至当今西亚土耳其、东欧匈牙利使用传统复合弓的射手仍然使用。

不过在公元前八至七世纪时伊朗的卢里斯坦地区(Luristan),便流行一类被学者认为是方便拉开复合弓而设的指环,形态与中国先秦及十世纪后伊斯兰护指相异③(图Ⅳ-1-1,9)。所以可以确认使用坡形护并非该地区早期弓射的传统,不过目前还尚不能确定十三、十四世纪在中亚突然出现的硬质坡形护指是否与蒙古或突厥人的西进有关,④其源头尚待探究。⑤

全世界公私典藏有数量颇多的莫卧儿帝国坡形护指,传世细密画作中也常能见到贵族使用与佩戴的踪影。尤其是十六至十七世纪前半段,在伊斯兰玉器制作盛行的风潮下,依次在第三代君主阿克巴(Akbar,1556年-1605年)、第四代贾汉吉尔(Jahangir,1605年-1627年),尤其是第五代君主沙贾汗(Shah Jahan,1627年-1658年)的支助下走向极盛。⑥ 在十七世纪沙贾汗统治时期的印度,玉质坡形护指在兼顾实用性的同时,也被装添了传统的金镶嵌技法,将各色宝石和黄金镶嵌成丰富的花卉图案。将其配合莫卧儿贵族的绣金衣饰,整体视觉效果当然是精美绝伦、光彩夺目。它们不仅时常手中配用,腰间还挂有多件随行,可见一部分华丽异常的护指已脱离了实用性成为纯粹的装饰器具(图Ⅳ-1-2,1、2)。

坡形玉护指也几乎同时出现在中国。北京发现明中期(成化年十八年,1482年)万通墓出土一件短坡形玉护指,上加刻有警语"戒酒色";⑦另一件出土于指南京将军山沐氏家

---

① 吴伟苹:《印度蒙兀儿扳指及射箭文化》,《故宫文物月刊》2013年总第359期,第82页。
② 许晓东:《韘、韘式佩与扳指》,《故宫博物院院刊》2012年第1期,第49页;在西亚十四世纪的细密画中,已见有射手佩戴护指的形象,见Salam Kaoukji, *Precious Indian Weapons*, Thames & Hudaon Ltd, London, 2017, pp.361-365.
③ Andre Malraux and Georges Salles, *The Art of Ancient Iran*, by Roman Ghirshman, Golden Press, New York, 1964, p.318, pl.389.
④ 目前西北地区发现保存较好的元代墓葬中,弓射用具中并未发现护具;成书于北宋晚期《考古图》中曾著录过一件"不知所从得"的一件"玉环玦",图作环形一侧凸出舌唇,宋人认为是"带钩玦",从形态上看,类似坡形护指的正视图,加之月即别汗画像的线索,笔者推测或许与当时中亚地区民族护指使用有关,图见(宋)吕大临、赵九成撰:《考古图·续考古图·考古图释文》卷八,中华书局,1987年。
⑤ 许晓东女士认为莫卧儿的部分光素玉、玛瑙护指年代应该早于十七世纪,见是氏:《韘、韘式佩与扳指》,《故宫博物院院刊》2012年第1期,第49页;吴伟苹女士从南京沐睿墓中发现的坡形玉护指出发,推测南亚护指出现与商业交流相关的同时,也受明文化的影响。
⑥ 邓淑苹:《国色天香——伊斯兰玉器》第三章"南亚玉器",台北故宫博物院,2007年,第52页。
⑦ 承蒙邓淑苹先生告知,并惠赠该件器具参展的照片;另有关万通玉护指的报道,见张彩娟:《对馆藏万贵万通墓出土玉器的再认识》,《首都博物馆丛刊·17》,北京燕山出版社,2003年,第162页。

图Ⅳ-1-2
1. 阿克巴画像（*Precious Indian Weapons*, p.360） 2. 沙贾汗画像（《印度蒙兀儿扳指及射箭文化》图九）

族墓明晚期沐睿墓（天启七年，1627年），同样是一件坡形玉护指，形制与莫卧儿护指更为相近，仅是近大穿孔缘处有半圈打洼凹槽（图Ⅳ-1-3,1）。① 类似品在两岸故宫的清宫旧藏中亦有数件（图Ⅳ-1-3,2、3、4）；另在四川博物院也收藏一件坡形玉护指。② 清末吴大澂《古玉图考》上刊录"白玉韘"线图一件、李凤公《玉纪正误》上公布一件玉护指的侧视全形拓，均颇近似南亚玉护指的类型（图Ⅳ-1-3,5、6）。③ 上述几件晚期坡形玉护指，尤其是沐睿墓的素面器，除带沟槽的细节稍有不同。这正折射出在明中、晚期，在中亚、南亚与明帝国的经济文化交流中，中国玉工对异域伊斯兰玉器具曾有过仿制，用以首饰与赏玩。④

至于满清时期所流行的各类硬质筒形扳指，⑤是源自满族骑射活动保护手指的"fergetun"（扳指或班指），按康熙年所著《御制清文鉴》对扳指释义，原始形制是韧涩材料制作的管状具⑥（图Ⅳ-1-4,2、3、4、5）。满族在体质人类学上源于亚洲东北部的通古斯系，与蒙古系鲜卑人、突厥系突厥人同属阿尔泰语系民族，⑦这些在广袤的东北亚草

---

① 南京市博物馆：《江苏南京市明黔国公沐昌祚、沐睿墓》图一八：4，《考古》1999年第10期，第45页。
② 北京故宫藏品见许晓东：《韘、韘式佩与扳指》图二十三，《故宫博物院院刊》2012年第1期，第49页；台北故宫藏品参见吴伟苹：《乾隆皇帝与玉扳指》图三、四、五，《故宫文物月刊》2013年总第367期，第94页；四川博物院藏品见福建博物院：《博戏——中国古代体育文物展》，译林出版社、博书堂文化，2015年，第65页左图。
③ （清）吴大澂：《古玉图考》，桑之行：《说玉》，上海科技教育出版社，1997年，第667页；李凤公：《玉纪正误》，第144页左图。
④ 经许晓东女士研究，16-17世纪中国与伊斯兰玉器艺术存在造型、装饰技法上的相通之处，见许晓东：《13-14世纪中国玉器与伊斯兰玉雕艺术的相互影响》，《故宫博物院院刊》2015年第1期，第55页。
⑤ 今人所论满人扳指，多是满人入关后，特别是在乾隆年间，随火器兴起、对美玉的喜爱而逐步蜕变为男性指间的装饰性扳指，可参见杨泓：《扳指与火药袋——艺术品的前世今生》，《紫禁城》2008年第2期，第198页；吴伟苹：《乾隆皇帝与玉扳指》，《故宫文物月刊》2013年总第367期，第94页。
⑥ "将驼鹿之牙（角）做成的，戴在手指头上，射箭时用的东西"，转引自魏巧燕：《满语"fergetun"的文化语义分析》，《满族研究》2013年第1期，第80页。
⑦ ［美］朱学渊：《论欧亚草原上的通古斯族》，《西北民族研究》1999年第2期，第19页；［英］G.克劳森等：《突厥、蒙古、通古斯》，《西北民族研究》1991年第2期，第114页。

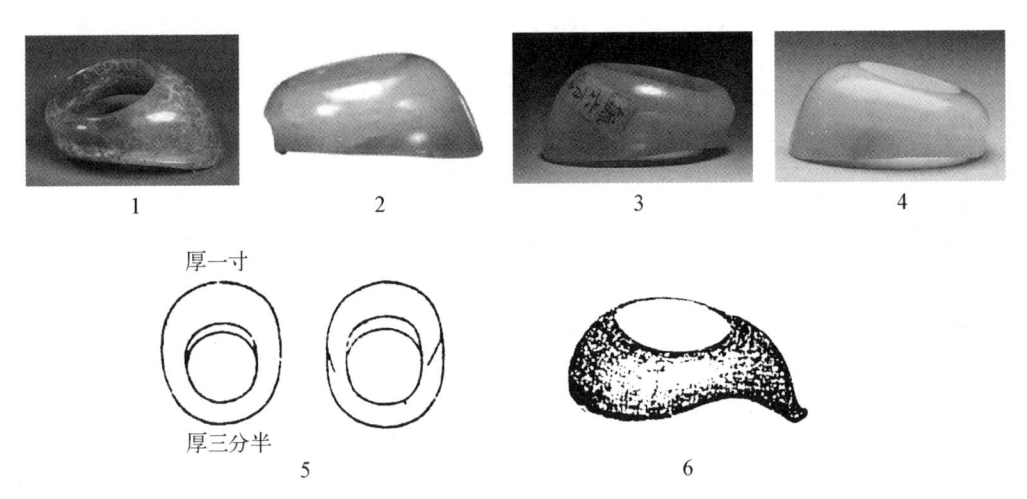

图Ⅳ-1-3

1. 南京明沐睿墓(《金与玉》第六十页左上) 2. 北京故宫博物院藏品(《韘、韘式佩与扳指》图二十三) 3、4. 台北故宫博物院藏品(《乾隆皇帝与玉扳指》图三、四) 5. 清末《古玉图考》中绘制玉韘(《说玉》第667页) 6.《玉纪正误》录全形拓韘(《说玉》第667页左图)

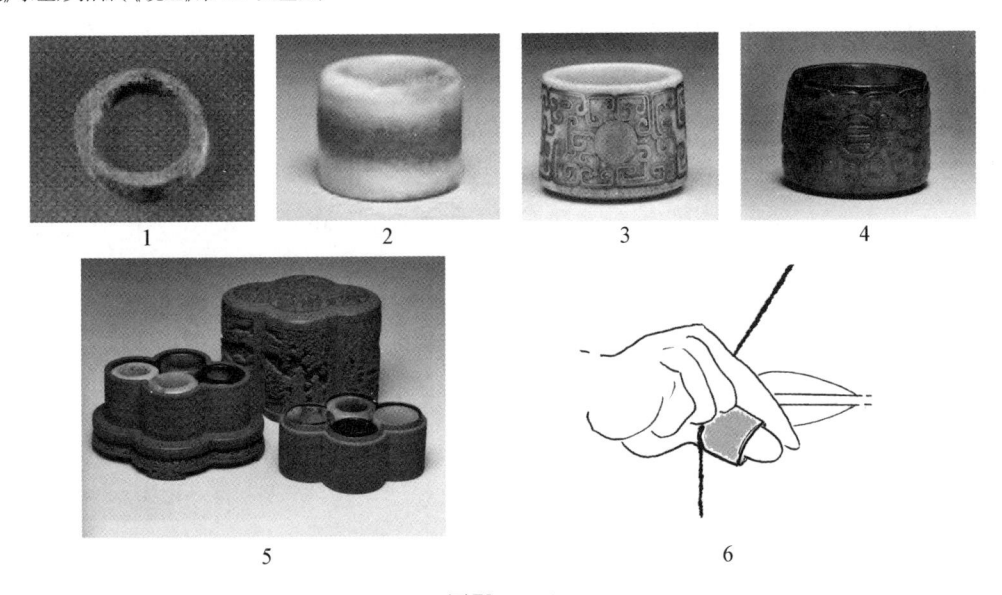

图Ⅳ-1-4

1. 大同北魏鲜卑墓葬骨管(《山西大同迎宾大道北魏墓群》图五八) 2、3、4、5. 台北故宫博物院藏品(《乾隆皇帝与玉扳指》图九,《品牌故事》Ⅲ-13、Ⅲ-14) 6. 筒形扳指使用示意图(笔者制)

原上的马背上民族游牧、游猎生活习性风俗上保留有众多的雷同。大同北魏平城时期鲜卑人的墓葬里,曾发现过复合弓体构件与一件骨环同出现象,可能即是管筒形扳指的早期形态①(图Ⅳ-1-4,1)。与中原传统偏软弓体相比,清弓属大尺寸长稍重弓,②筒形扳指

---

① 大同市考古研究所:《山西大同迎宾大道北魏墓群》图三九:7、图五八,《文物》2006年第10期,第50页。
② 王子林:《清代弓矢》,《故宫博物院院刊》1994年第2期,第86页;谭旦冏:《成都弓箭制作调查报告》,《历史语言所研究集刊》第二十三本(傅斯年先生纪念论文集)上册,1951年,第199页。

与拇指整体接触面大,能够适应拉力较大、拉距较长的弓体①(图Ⅳ-1-4,6)。朝鲜半岛弓体同中西亚大反曲弓类似,弓体相对较软,故至今仍取用的类似莫卧儿帝国的坡形护指。

2. 臂韝与猎韝辨

在契丹族所建立的辽国疆域内,墓葬考古发现及传世品中常见有一类与东周椭圆形玉护臂几乎形同的护具,却相对较为狭长,尺寸大致在十厘米以内、宽度在四至五厘米,质地取用玉、玛瑙、骨、贵金属等硬质材料。有关此类器具的功用,虽目前学术界皆名之"韝",但均认为是与北方民族架鹰风俗有关的猎韝(或鹰韝)。②

经笔者统计,该器具的发现共有九例,主要出土于辽早期至中期中型以上的贵族墓葬当中。其中有四例出土位置保存较好,是解决辽代护具功用的关键因素。内蒙古凉城水泉墓群属辽代早期墓葬,一件红色玛瑙护具出自M27男性墓主左手臂靠近腕部附近,护具凸面抛光、两侧穿孔里尚存留绑缚皮带的银片,同在侧棺内见有骨质弓弭一对,推测原本有复合弓同时随葬(图Ⅳ-2-1,1);赤峰哈喇海沟早期辽墓中,同样出土有一件玛瑙护具,凸面磨光,因墓葬被盗扰乱原位置不明确;辽宁锦州张抗村二号辽墓,属辽代早期,石棺内发现一件白玉护具,从随葬武器来看墓主为男性可能性大,该墓地三号墓出土玛瑙护具一件;辽宁彰武朝阳沟二号辽代早期墓中,男性墓主腰部近左侧附近出土双摩羯银鎏金护臂一件,殊为难得的是此件护臂扣带尚保存完整。③辽宁法库叶茂台八号辽墓,墓主可能是属辽中期的萧氏家族成员,墓葬虽被盗掘,一件硬质护具(简报名"滑石带卡")仍然置于棺床上,据发掘者描述为色泽莹润的青绿色,经过了抛光处理;辽宁朝阳前窗户村辽中期女贵族墓内棺中,见有一件玛瑙护具,但出土位置不明;内蒙古辽开泰年间陈国公主墓,白玉护具出土时尚套在合葬驸马左臂的银丝网络上,两侧穿孔用金链拴系;敖汉旗英凤沟7号辽墓,时代为辽代中期,男性墓主人左侧手臂处发现灰色玛瑙护臂,伴出可能为组合使用的红玛瑙和白玉扣饰④(图Ⅳ-2-1,2)。从上几例大体可知:该护具的主要流行于辽中、早期,晚期尚未发现;保存较好的墓葬显示其主要为男性墓主佩用,其中哈喇海

---

① 吴伟苹女士研究并检索乾隆皇帝御制诗后发现:乾隆吟诗称本朝筒形护指为圆形扳指、前朝坡形护指为椭圆形扳指,他认为坡形过于细窄、不易将劲弓拉满,比不上筒形实用(见吴伟苹:《乾隆皇帝与玉扳指》,《故宫文物月刊》2013年总第367期,第94页),实际上是在满人"蒙古式撒放"使用筒形护指时,指法与坡形护指略有不同所致。
② 许晓东:《辽代玉器研究》图五六,紫禁城出版社,2001年;孙建华:《契丹族的马具与围猎——从陈国公主墓出土文物谈起》,《内蒙古文物考古》2001年第2期,第22页;于宝东:《辽代玉器文化因素分析》,《内蒙古大学学报(人文社会科学版)》2006年第5期,第33页;徐汝聪、杨蕾:《射韝》,《江汉考古》2017年第4期,第83页;迟文萃:《古代臂韝刍论:以契丹臂韝为中心》,辽宁师范大学硕士学位论文,2014年。
③ 内蒙古文物考古研究所:《内蒙古凉城县水泉辽代墓葬》图五、图六:2、图版伍:2,《考古》2011年第8期,第13页;赤峰市博物馆、松山区文物管理所:《赤峰市哈喇海沟辽墓清理报告》图九:10,《内蒙古文物考古》2008年第2期,第10页;刘谦:《辽宁锦州市张抗村辽墓发掘报告》,《考古》1984年第11期,第990页;李宇峰、韩宝兴、郭添刚、张春宇、王庆宇:《彰武朝阳沟辽代墓地》图版拾叁:2,辽宁省文物考古研究所编:《辽宁考古文集》,辽宁民族出版社,2003年,第83页。
④ 辽宁大学历史系考古教研室:《辽宁法库县叶茂台8、9号辽墓》图七:1,《考古》1996年第6期,第41页;靳枫毅:《辽宁朝阳前窗户村辽墓》,《文物》1980年第12期,第17页;内蒙古自治区文物考古研究所:《辽陈国公主墓》图五三、图版二一(ⅩⅪ):4,文物出版社,1993年;邵国田主编:《敖汉文物精华》,北方出版社,2005年,第122页。

图Ⅳ-2-1

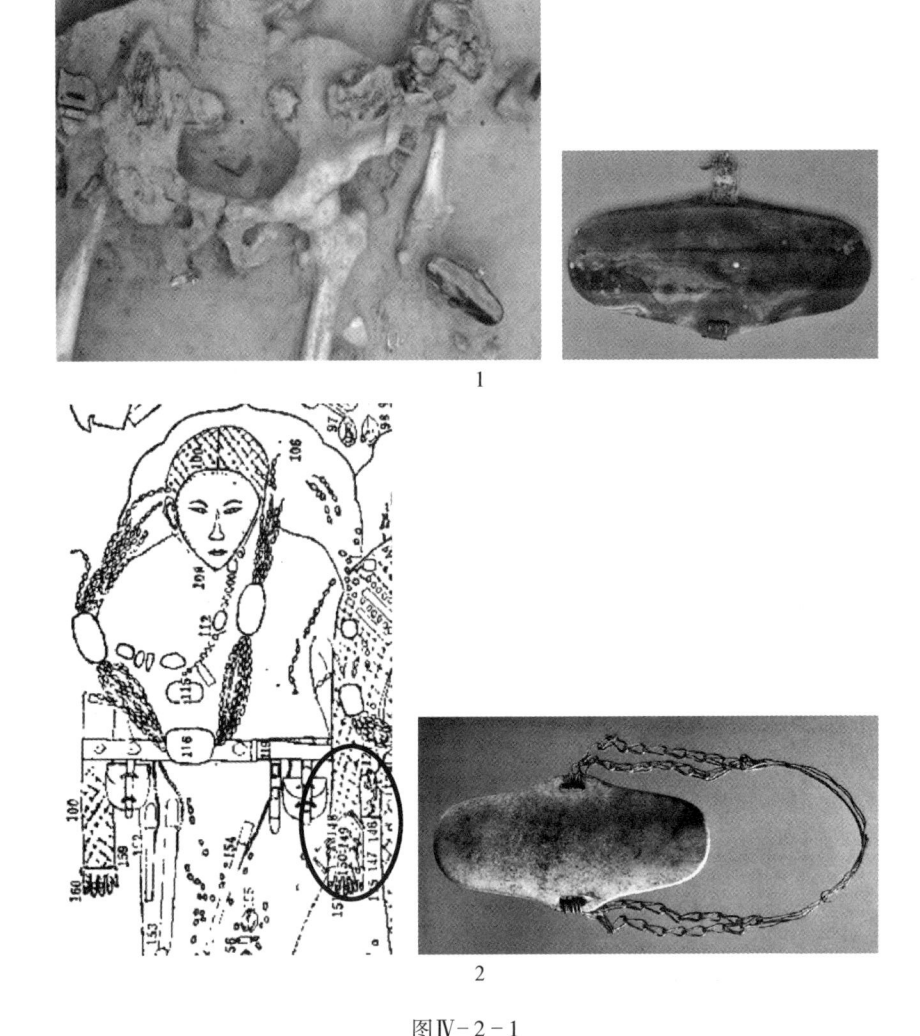

1. 凉城水泉辽墓 M27(《内蒙古凉城县水泉辽代墓葬》图版肆:3、图版伍:2合成) 2. 辽陈国公主驸马合葬墓(《辽陈国公主墓》图一三、《辽代玉器研究》图五六合成)

沟辽墓虽被盗掘,但从随葬品中有箭杆、箭镞与马具判断,墓主应该为男性;从出土位置看,护具原先无疑均置于左手手臂上。

架鹰又称举鹰、臂鹰,[①]中国架鹰图像材料目前最早可见于西北地区魏晋时期的彩绘砖画。虽然这些砖画画面表现笔法率意、动感十足,但多为生活场景的真实描绘,从中形象地反映出西北地区饲鹰狩猎活动繁盛,以及在当时社会生活中的文化内涵。[②] 如甘肃嘉峪关一号墓的"鹰犬狩猎图"、五号墓的"放鹰狩猎图"[③](图Ⅳ-2-2,1、2),图中清晰可

---

① 辽金元时期猎鹰驯养及研究,可参考彭善国:《辽金元时期的海东青及猎鹰》,《北方文物》2002年第4期,第32页。
② 郑志刚:《嘉峪关魏晋古墓砖画中的训鹰狩猎图像研究》,《敦煌学辑刊》2007年第2期,第60页。
③ 胡之:《甘肃嘉峪关魏晋一号墓彩绘砖》,重庆出版社,2000年,第22页;胡之:《甘肃嘉峪关魏晋五号墓彩绘砖》,重庆出版社,2002年,第24页。

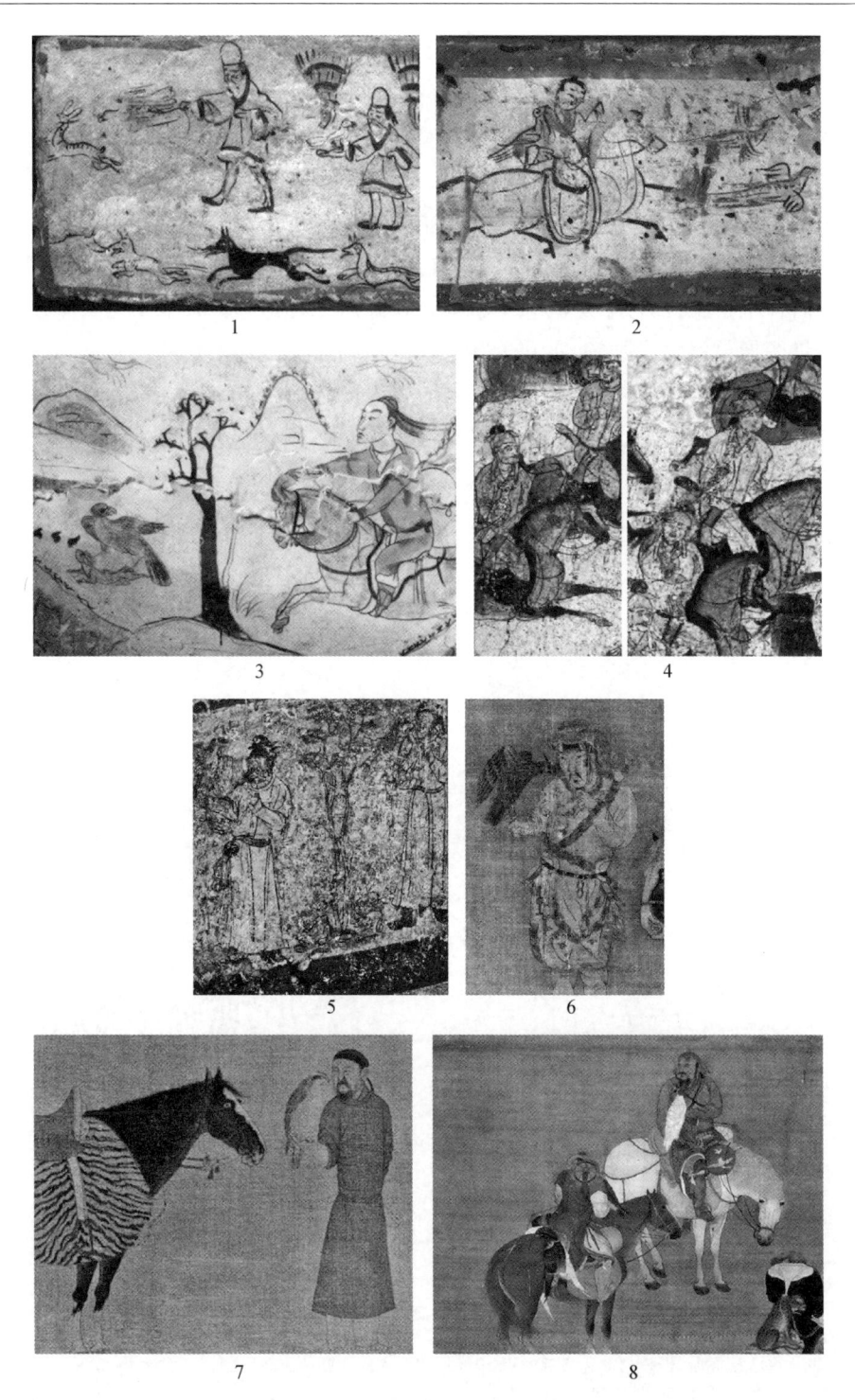

图Ⅳ-2-2

1、2. 嘉峪关魏晋画像砖(《甘肃嘉峪关魏晋一号墓彩绘砖》第22页、《甘肃嘉峪关魏晋五号墓彩绘砖》第24页) 3. 忻州九原岗壁画西墓道第二层(《山西忻州九原岗北朝壁画墓》图四二) 4. 乾县章怀太子李贤东墓道(《唐李贤墓壁画》图一) 5. 懿德太子李重润墓第二过洞东(《唐李重润墓壁画》图二〇) 6.《摹郭忠恕四猎骑图》之一(《敏行与迪哲》图九) 7.《调马图》局部(《中国艺术品经眼录》图148) 8.《元世祖出猎图》(《公主的雅集》图27)

见猎鹰均立在猎手的右手手臂。据《南史·张裕传》附《张充传》描写贵族出猎场景则是"右臂鹰、左牵狗。遇(张)绪船至,便放绁脱鞲拜于水次",①按此"放鹰狩猎图"正是对该段出猎逸游的生动图示。南北朝隋唐时期,架鹰图像材料常见于大型墓道出行壁画当中,如在忻州九原岗北朝晚期壁画墓西壁第三层"放鹰逐兔图"、陕西乾县章怀太子李贤东墓道"狩猎出行图"、懿德太子李重润墓第二过洞东壁壁画"架鹰图"②(图Ⅳ-2-2,3、4、5),均描绘激烈的放鹰逐兔、宏大的架鹰狩猎出行以及宫廷中驯鹰场景,勾勒出贵族丰富的田猎生活。若仔细辨别,图像中放鹰和架鹰也同在人们的右臂上。时至宋元明清以后,各类出土及传世图像材料颇为丰富,如传北宋《摹郭忠恕四猎骑图》中的架鹰者、南宋传陈居中《调马图》骑士右手中架有一鹰、元代刘贯道《元世祖出猎图》中左下角蓝、绿袍两侍者均右手臂架鹰(图Ⅳ-2-2,6、7、8)。辽时壁画材料中架鹰也较常见,如辽宁敖汉旗康营子辽墓内东壁绘一髡发契丹人右手臂架鹰、解放营子辽墓木椁内侧东壁有左臂架鹰侍者;凌源小喇嘛沟辽墓出猎图中,前位侍者右手臂架鹰;法库县叶茂台二十三号晚期辽墓,在甬道西侧绘侍者右手臂架鹰③(图Ⅳ-2-3,1、2)。

图Ⅳ-2-3

1. 法库叶茂台辽墓 M23(《辽宁法库县叶茂台 23 号辽墓发掘简报》图八) 2. 敖汉旗喇嘛沟辽墓(《敖汉旗喇嘛沟辽代壁画墓》图一)

---

① (唐)李延寿:《南史》,中华书局,第 811 页。
② 山西省考古研究所、忻州市文物管理处:《山西忻州九原岗北朝壁画墓》图四二,《考古》2015 年第 7 期,第 51 页;陕西省博物馆、陕西省文物管理委员会:《唐李贤墓壁画》图一,文物出版社,1974 年;陕西省博物馆、陕西省文物管理委员会:《唐李重润墓壁画》图二〇,文物出版社,1974 年。
③ 敖汉旗博物馆:《敖汉旗喇嘛沟辽代壁画墓》图一,《草原文物》1999 年第 1 期,第 90 页;康营子与解放营子材料,均见昭乌达盟文物工作站:《辽宁昭乌达地区发现的辽墓绘画资料》,《文物》1979 年第 6 期,第 22 页;辽宁省文物考古研究所、沈阳市文物考古研究所:《辽宁法库县叶茂台 23 号辽墓发掘简报》图八,《考古》2010 年第 1 期,第 49 页。

明清传世图像有关高级贵族的架鹰图像则更为丰富,此不赘述。故按上述所举序列的系列图像中,清晰地表明了东亚传统架鹰均以右手为主。近世华北地区架鹰习俗有详细的文字记录,按王世襄先生《大鹰篇》中所论驯鹰"叫遛子",便是训练猎鹰回落手臂的过程,期间从一位架鹰者至另一位架鹰者,均以右臂戴"套袖"放鹰与落鹰①(图Ⅳ-2-4,1、2)。

图Ⅳ-2-4
1. 王世襄(右)与常荣启(中)、朱勇(左)架鹰,摄于1982年　2. "叫遛子"之二、之三(《京华忆往》图24、29、30)

综上而言,以长椭圆形护具出土位置来看,均与常规传统架鹰材料所用手臂不吻合;架鹰套袖多用软厚的布帛或韦革,在防护手臂不被鹰爪抓伤的同时,还需要便于举鹰与放鹰,从此类玉护具大多质硬且凸面抛光莹亮来看更易滑脱,并无益于猎鹰的抓扣,显然不适宜于架鹰。故笔者认为,就目前现有材料如出土方位、形体大小、造型设计来判断,这种长椭圆硬质器具仍视为弓射玉护臂最为合理。

《史记·张耳传》载有"赵王袒韝蔽"、《汉书·东方朔传》同有"董君绿帻傅韝"语;唐章怀太子李贤注《后汉书·明德马皇后纪》中"仓头衣绿褠"时,认为"褠"或为"臂韝,以缚左右手,于事便也"。"韝"旁"韦"或"衣"所指应是材质有别,如"韦"旁"韝"可能即是以皮条束缚左右衣袖的护袖;而"衣"旁之"褠"在汉唐之际又可指代束套手臂的织物袖笼。"韝"也出现在有关鹰猎诗词中,如中唐诗人李端有"闻说苍鹰守,今朝欲下韝"(《送彭将军云中觐兄》);同时期元稹《酬翰林白学士代书一百韵》诗中有云"逸骥初翻步,韝鹰暂脱羁",均以猎鹰的放飞,抚慰外放为官的故人;宋人赵汝绩以诗"鹰鹯击飘风,不受锦韝绁"(《别曹松山》)抒发才遇与情怀;明人张岱《牛首山打猎》篇中"韝青骹,绁韩卢,统箭手百余人",仍借用汉代张衡《两京赋》典故来描绘江南山中田猎的激烈场景,②可知在

---

① 北京"袖套"多用紫花布缝制,内絮棉花,黑色线纳斜象眼纹,见王世襄:《京华忆往》"大鹰篇",生活·读书·新知三联书店,2013年,第185页。
② (清)彭定求等编:《全唐诗》,中华书局,1979年,第3273-3274、4519-4520页;(清)陆心源:《宋诗纪事补遗·卷九十三》,山西古籍出版社,1997年,第2191页;(明)张岱:《陶庵梦忆·卷四》,上海古籍出版社,2013年,第61页。

先秦偏向专指弓射使用护臂的"韝",两汉之后词意明显逐步扩大,在不同语境或部首下,那种软质、并能束于两手手臂上护具的实际功用皆有所指。

附记:本文资料积累肇始于2006年,因参观南京博物院的考古研究所无锡鸿山越墓发掘整理现场,其中邱承墩"玉覆面"和"玉韘形佩"的组合关系引起笔者的兴趣。2007年加入传统弓射团队的练习与交流,对中国传统弓射器具使用、制作方法才有了更为感性认识。在此要感谢台北故宫邓淑苹先生对晚辈的鞭策与对拙文的斧正;时任苏州博物馆副馆长的谢晓婷女士,为笔者提供检视真山玉护指的帮助,在此一并谢忱。

论商代的粮储设施——㐭、盲、京*

曹大志

（北京大学考古文博学院）

  以粮仓为代表的仓储建筑是住宅和宗教建筑之外一类独具特点的建筑形式。商周考古以往对宫殿、宗庙关注较多，对官方粮仓研究较少，其实自古至今官方粮仓也与国家统治关系非常密切，只是它远离现代人的日常生活，不容易使人有所感受。在过去的研究成果中，各种形式粮仓的分类定名仍存在问题；文字和发掘材料中都有一些粮仓尚未被识别；对粮仓的不同形式缺乏理解；对官仓在早期国家治理中的地位也很少讨论。本文准备以商代的甲骨、金文材料，结合新石器时代至秦汉时期丰富的考古发掘和图像材料，对上述问题进行探讨。文章按商代粮仓的形式分为㐭、盲、京三部分。①

一、㐭

（一）甲骨文中的㐭和㐭人

  甲骨文提到很多地方有存储粮食的㐭，目前所见有甲㐭（合集 893）、丁㐭（合集 3908）、陕㐭（合集 5708）、在南㐭（合集 564、9636–9639、9641）、崔㐭（合集 20485）、辜㐭（合集 858 正）。② 下引卜辞显示商的官僚会受命去省察㐭，有被强迫劳动的人从㐭逃跑，说明王室占卜记录中出现的并非私人小㐭，应是官方的㐭：

  1. 丁亥卜，殼贞：省至于㐭。   《合补》2299 典宾 B

  2. 乙亥卜，贞：令多馬亞伇遣𫑛省陕㐭，至于☒侯，从𩵋川，从☒侯。九月。一

                        《合集》5708 正宾出

  3. 庚子卜：令先省㐭。一

---

* 为了更好地说明问题，文中所引甲骨文、金文保留繁体格式。

  ① 从山西灵石旌介遗址的发现来看，商代也使用圆形的地下或半地下粮仓。东周文献称这种形式为窖。它在考古学上能够比较清楚地辨识，还没有确认相应的商代文字材料，本文不拟讨论。

  ② 甲骨文中㐭字有下加口和不加两种形体，前者主要指仓㐭，偶尔指人；后者多指人，但也指仓㐭。两者没有根本区别。

叀畢令省㐭。一
　　　叀並令省㐭。一
　　〔叀〕亘令〔省〕㐭。　　　　　　　　　　　　　　　《合集》33237 历二 B1
　4. □□卜，亘貞：王▨允■逸自羍㐭。一　　　　　《合集》858 正典宾 B

甲骨文里提到㐭时多与农事有关，有一条卜辞说：

　5. 癸巳卜：令畢省㐭。二
　　　不受禾。二　　　　　　　　　　　　　　　　《合集》33236 历二 B1

省察粮仓的情况、占卜是否会丰收，这两件事大概都是在为收获做准备。另一条卜辞显示㐭与附近的耕地配置，相距不远：

　6. ……乎藉于㐭北兆。不。四八　　　　　　　　《合集》9509 典宾 A

这是在㐭的北边藉田。《国语·周语》："廪于藉东南，钟而藏之。"在藉田的东南建廪，与在廪的北面藉田恰好是一个意思。还有一条㐭和狩猎有关的卜辞，背后仍是由于㐭和农事的关系，其辞曰：

　7. 貞：于甲㐭，獲。一二三
　　　于束。一二三
　　　穧，㞢鹿。一
　　　㞢鹿。二二告
　　　亡其鹿。一　　　　　　　　　　　　　　　　《合集》893 正典宾 A

这是占卜在甲㐭或束地狩猎是否会有猎获，缘由似乎是收获粮食（穧）时可能出现鹿。古人认为多鹿对农业是种灾害，要捕猎以保护庄稼。《春秋·庄公十七年》"冬多麋"，杜预注：麋多则害五稼，故以灾书。《礼记·月令》"孟夏之月……驱兽毋害五谷"。郑玄注："兽，麋鹿之属，食谷苗，驱之令勿害也。"西周员鼎铭文说：

　　　唯正月既望癸酉，王獸于眎廩，王令員執犬、休善，用乍父甲𪔅彝。冪
　　　　　　　　　　　　　　　　　　　　　　　　《集成》2695

其中的廩字从米、㐭、攴，参照上引卜辞，这可能是在眎地的廩附近狩猎。① 于粮仓所在地狩猎，大概是因为粮仓附近有大面积的农田（㐭和田地配置），有野生动物威胁。官方的粮仓规模较大，不是一座建筑而是一群建筑（参见下文），因此很容易变成地标，使"某廩"成为一地的代称。

　　田猎和农业的关系自古为人熟知，《白虎通·田猎》说："王者诸侯所以田猎何？为田

---

① 韩巍先生向我指出此例里的"廩"或许假借为"林"。甲骨文中尚未见廩假借为林的例子。

除害……四时之田总名为田何？为田除害也。"这是说狩猎之所以称为"田"，是因为消灭野兽乃为农垦服务，被视为治田的一部分。由于华北地区农田开辟前的自然植被经常是树林，而树林栖居着大量野生动物，所以在农田扩展、生态环境改变的过程中必然伴随着狩猎。张政烺、裘锡圭等先生在研究商代农业时对这个问题有细致的论证。① 他们举出的论据有：焚烧山林驱赶、狩猎野兽可以开辟农田；田猎区往往是重要的农业区（这点特别重要，后文我们还会谈到）；民族志材料里也可以看到秋收前后或农闲时节为了防止野兽侵害庄稼而举行围猎。具体论证读者可以参看。

除了指仓廪，亩字还有一种指人的用法，如：

8. 贞：曹其出疾。〔一二三〕四五六七八九 二告　　　　《合集》13757 典宾 A
9. 贞：呼卤比曹。〔一二三〕四
   贞：呼卤比曹。一二告 二三〔四〕五六 二告
   呼卤比曹。一〔二〕三四　　　　　　　　　　　《合集》14128 典宾 A
10. 乙丑卜，允贞令彗眔鸣以束尹比亩 ，由事。七月　《合集》5452 宾三

称"亩"的人出现在师宾间、师历间、典宾、宾一、宾三、宾出组卜辞中。丁骕曾提出第10条的"亩 乃执事之人官名而已， 为亩人也。或则亩人殷世称'亩 '，亦未可知"。② 这个观点很有价值，但他没有举出证据，所以目前学界仍普遍把亩作为一般的人名。笔者以前曾经论证第10条中与"亩 "一同执行事务的"束尹"应读为"积尹"，是管理积贮的官员。③ 积尹和亩人一同执事无疑是很合适的，则"亩 "大概是职官+私名的结构。此外，从以下两组卜辞来看，称"亩"的人与农事也有特别的联系。

11. 庚辰卜，亘贞：亩受年。二月。一二三四五六七八九十一二三四〔五〕二告〔六〕七
    贞：亩不其受年。一二三四五六七八九十一二三〔四〕五六
    　　　　　　　　　　　　　　　　　　　　　《合集》9810 正典宾 A
    王占曰："亩刘唯■……鲁。"　　　　　　　　《合集》9810 反典宾 A

这组卜辞里前两个"亩"字可有两种理解，一种理解是处所，即仓廪，贞问仓廪是否会获得好收成，意如文献里常说的"仓廪实"；另一种理解则指人，贞问称"亩"的人是否得到好收成。第三个亩是动词刈的主语，所以应该是指称为"亩"的人。商王占断说，让亩负责

---

① 张政烺：《卜辞裒田及其相关诸问题》，《考古学报》1973 年第 1 期；裘锡圭：《甲骨文中所见的商代农业》，《裘锡圭学术文集》第一卷，复旦大学出版社，2015 年。
② 丁骕：《东薇堂读契记（二）》，《中国文字》1988 年新十二期。
③ 曹大志：《甲骨文中的束字与商代财政》，《中国国家博物馆刊》2016 年第 11 期。

收割之事……会有好的收获,这条占辞可以比较《合集》10133 正"丁巳卜,殻贞:黍田年鲁",以及《史记·周本纪》"周公受禾东土,鲁天子之命"。

12. 丙辰卜,争贞:呼耤于陮,受㞢年。
    贞:呼亩归田。一二告 二三四五六七
    贞:弓呼亩归田。一二三四五六七
                          《合集》9504 正+乙 4982+乙补 6091 典宾 A

这组占卜先是问将在陮地藉田,会否有好的收成,而后贞问是否让亩返回参与田事。古代管理仓廪的官员负责粮食的进出和保管,《周礼·地官·廪人》:"廪人掌九谷之数,以待国之匪颁,赒赐稍食。"《国语·周语》"场协入,廪协出",韦昭注:"廪人掌九谷出用之数也。"粮仓除了廪给,一项重要的支出是粮种。《韩非子·内储说》记载:"韩昭侯之时,黍种尝贵甚,昭侯令人覆廪,吏果窃黍种而粜之甚多。"可见粮仓官吏管理着粮种。根据睡虎地秦简,秦国在《仓律》中规定麦种要和谷子一样收藏,各种粮食每亩地的种子发放量也有律文规定。① 陮地在开耕后必然继之以播种(裘锡圭先生认为甲骨文所说的"藉"本身就包括播种②),所以需要亩去参与。

根据这些线索,亩这种人的确应是文献中的亩人。在甲骨文里,亩人有时也参与军事行动,例如曾与积尹一起执事的亩 ⿱ 也和犬一起跟随多子族参与过征伐:

13. 贞:令多子族眔犬侯璞周,由王史。
    贞:令多子族比犬眔亩 ⿱,由王史。   《合集》6813 宾三

亩人参与征伐的记录还有一些:

14. 乙酉卜,贞:呼亩比沚伐䚵。   《合集》6937 师宾间
15. 癸巳卜,争贞:亩翦䚵。八月。   《合集》6939 宾一
16. 戊午卜,争贞:亩翦䚵。一二   《合集》6947 正宾一

在这些军事行动里,亩人可能负责组织粮草。当然,早期官员的职事不那么固定,亩人偶尔直接领导军事活动也是可能的。

(二)青铜器铭文中的亩人

商周青铜器有不少署名亩字,其辨识需要从甲骨文亩字的写法谈起。甲骨文各期组亩(㐭)的字形如下表:

---

① 《睡虎地秦简·仓律》:"种:稻、麻亩用二斗大半斗,禾、麦亩一斗,黍、荅亩大半斗,菽亩半斗。利田畴,其有不尽此数者,可也。其有本者,称议种之。仓。"(39)"县遗麦以为种用者,䉤禾以藏之。仓。"(40)
② 裘锡圭:《甲骨文中所见的商代农业》,《裘锡圭学术文集》第一卷,复旦大学出版社,2015 年。

表一　㐭的甲骨字形

典宾	典宾B	宾　出	宾三	历一A	历二B1	无名组
584 反甲	583 反	9637　9638	5451	33082	33236	屯南 2169
9642		9643　9644	6813		33237	

典宾A	典宾B	宾　出	宾一	历组	师宾间	非王圆体和劣体
13757	7596	18640	6939	怀特 1640	4870	21727
9810	2738		6941		5946	

可以看到㐭的写法主要有 几种，以典宾组的最完整，上部有表示㐭盖的小三角；宾出组有的写法以攒尖顶的形状代替小三角；宾三组和历组的最简率，省去上部的小三角。西周时免簋(《集成》4626)的㐭字加林和攴，写作 ，所从的㐭中间加两横笔，与上表无名组卜辞(《屯南》2169)的写法相同。

笔者曾经提出过去被认为是"京"的青铜器"族徽"当是"㐭"字。这个铭文的字形写作 ，与甲骨文典宾组的㐭比较，上部的小三角和下面的大三角都相对应(图一)。

图一　金文和甲骨文㐭字的比较

金文与甲骨仅有一点不同，㐭下两竖笔金文填实，而甲骨文勾廓。由于勾廓经常呈长圆或三角形，看上去和金文有些差别，但只要对比勾廓成长方形的甲骨文，就可知长圆和三角只是为了减少刻写的笔画。金文的这种"京"与㐭应该是一个字。铜器上的短铭比甲骨文更重正式、美观，甲骨文里㐭字写法多样，铜器铭文则写法单一，也是出于这个原因。

金文中也有下加"口"的▨字，《集成》5808、7184写在亚字内，建筑下部的两竖笔填实；《集成》6738、6739、7036、8279、10744等器上的▨、▨字两竖笔用勾廓写法，一方面与竖笔填实的▨显然是一个字，一方面与甲骨文竖笔较方正的▨也是一个字，可以看作甲骨和"族徽"金文的中间环节，则金文▨就是▨（亩）字，▨也就是亩字。青铜器上署名亩代表做器者具有亩人的身份。①

商代到西周的青铜器上有一个常见的"族徽"，写作▨（《集成》10511），涉及25件铜器，以往被隶定为羣或䍩，但▨既不是亯也不是京，而且这个"族徽"有写为▨的（NA1858），说明应该是亩、羊两个字。笔者认为商周铜器中的"羊"字"族徽"是一种官名，相当于《周礼·夏官》的羊人，是掌管祭祀牺牲的官："羊人掌羊牲。凡祭祀，饰羔。祭祀，割羊牲，登其首。凡祈珥，共其羊牲。宾客，共其法羊。凡沈辜、侯禳、釁、积，共其羊牲。若牧人无牲，则受布于司马，使其贾买牲而共之。""亩"字"族徽"代表廪人，在祭祀活动中也有相应职责，《周礼·地官·廪人》"大祭祀则共其接盛"，所以羊和廪头衔经常复合。汉代有一种官叫廪牺令，掌管供宗庙祭祀的谷物和牲畜。《汉书·百官公卿表上》："左内史更名左冯翊，属官有廪牺令、丞、尉。"颜师古注："廪主藏谷，牺主养牲，皆所以供祭祀也。"商代、西周的"廪羊"可能是经常性的亩人、羊人兼职，或是一个两字的官名，是汉代廪牺令的前身。

（三）亩的形制和造字本义

《说文·亩部》："亩，谷所振入。宗庙粢盛，仓黄亩而取之，故谓之亩。从入，回象屋形，中有户牖。"许慎据以分析的是小篆字形，不仅解释很牵强（例如亩字上面并不是"入"），而且说明他已不明了亩字造字的本义。又《说文·口部》："囷，廪之圜者，从禾在口中。圜谓之囷，方谓之京。"在这段话里，许慎似乎把廪作为粮仓的泛称。《说文》之后，历代注疏鲜少再分析亩的字形，而是更加关注亩本身的形制，我们把有关的说法列在下面：

高诱：圆曰囷，方曰仓（《吕氏春秋·仲秋》注）。

贾公彦：方曰仓，圆曰囷（《周礼·考工记·匠人》疏）。

张守节：圆者谓之囷，方者谓之廪（《史记·龟策列传》正义引《说文》）。

杨倞：囷，廪也。圆曰囷，方曰廪（《荀子·荣辱》注）。

郑樵：方曰倉，圜曰亩，上象其盖（《通志·六书略》）。

鲍彪：囷，圆廪（《战国策·秦策一》注）。

可见除了张守节《史记正义》误引《说文》之外，唯有《荀子》杨倞注明确主张亩是方形

---

① 曹大志：《"族徽"内涵与商代的国家结构》，《古代文明》第12卷，上海古籍出版社，2018年。

的建筑。我们知道仓为方形建筑在文献中没有异议,且有汉代有自名的图像和模型作为证据(图四,3-4),如果杨倞所说"方曰廪"是正确的,那么廪和仓就是类似的建筑。另一方面,囷是圆形建筑在文献里也没有异议,且有汉代有自名的模型作为证据(图二,3-4),如果郑樵、鲍彪所说是正确的,那么廪和囷就是类似的建筑。这两种情况哪种可能更大呢?笔者认为,从靣的早期字形和靣、囷两字的历史来看,靣应该是和囷一类的圆形建筑。

首先,甲骨金文中靣的字形与囷的形象很相似(图二,1-2)。靣字上部的 ▲ 或 ʏ 像囷顶的构造,入 像囷的圆盖(这个部件表示盖也见于"壶"字和"盖"字),ᕌᕌ 像囷很厚的墙体。为了隔热和应对大量粮食堆积对墙壁产生的压力,粮储类建筑的墙都比普通建筑要厚很多,甲骨字形特别强调了这个特点。靣的有些甲骨字形还有一个鲜明特点,表现身体的部分往往和囷的形象一样上粗下细,这是为了在下部打开仓口时粮食能更顺利地向外流,近代有些地方的农村仍能看到这样的圆形粮仓。这个特点也意味着靣是一种身体装满粮食的粮仓,由于圆形受力均匀,能承受更大的压力,这样的粮仓自新石器时代起就主要是圆形的(图二,5-6;图三,1)。

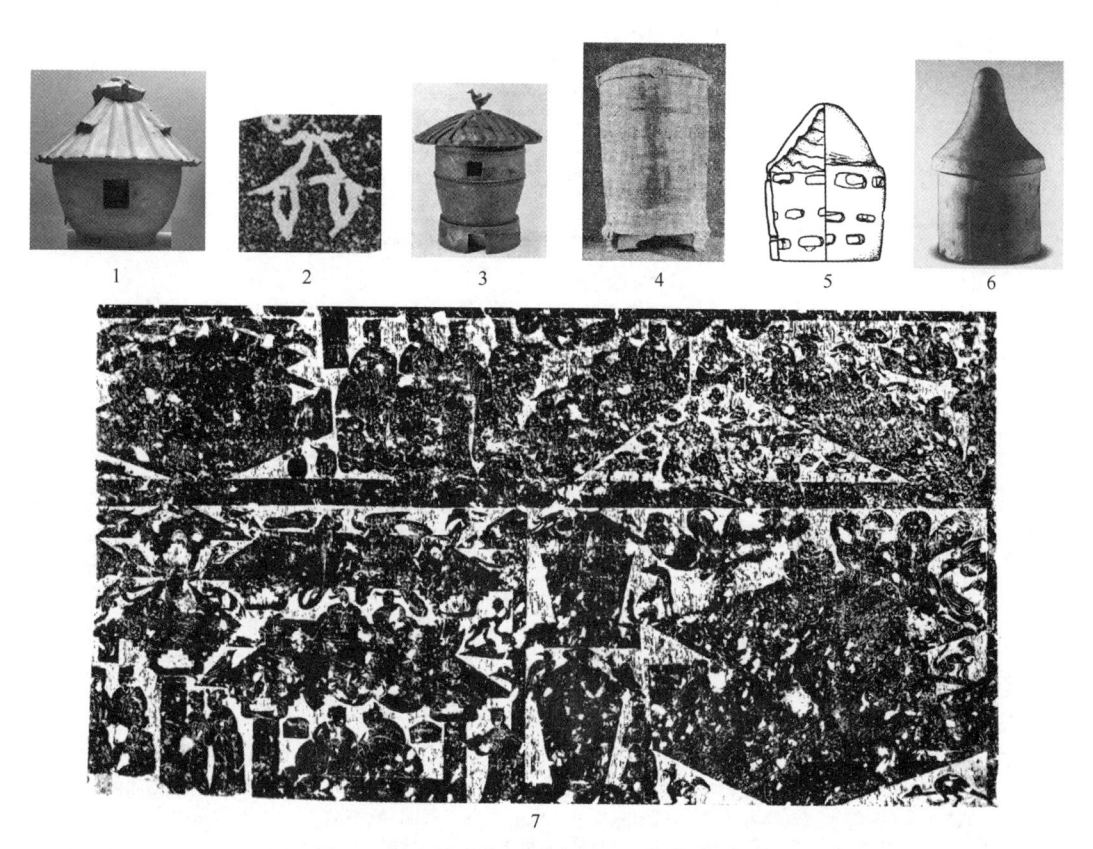

图二 新石器时代至汉代的靣、囷模型和图像

1、2. 汉代陶囷模型和甲骨文靣字的比较 3、4. 汉代有自名的两类陶囷模型(3出自江陵凤凰山167号汉墓,由墓内遣册可知为囷;4出自西安东郊洪庆村汉墓) 5、6. 新石器时代靣的模型(5出自邓州八里岗M100;6出自陶寺M2001) 7. 画像石上表现的两类囷,左上角、右下角矮圆形,中下部二筒形囷(引自傅惜华:《汉代画像全集初编》一九五)

其次,历史上主张㐭为方形的学者以为㐭和囷都是表示粮仓的常用字,必须有所不同,但他们不清楚㐭是商代就已经产生的象形字,囷则是东周才出现的抽象表意字。用㐭指一种具体的粮仓形式流行于商代、西周;用囷指一种具体的粮仓形式流行于秦汉时期。例如睡虎地秦简中㐭字出现 50 次,意思都是发给或领取;囷字出现 14 次,指一种具体的粮仓。文献中常见"仓廪"和"囷仓"的提法,却罕见"囷廪"的说法,暗示仓和廪、囷和仓是形式不同的粮仓,而囷和廪可能是完全相同的。从现有材料来看,"囷"字最早出现于《诗经·魏风·伐檀》和睡虎地、周家台等秦简。"囷"可能西部方言里的词汇。

杨倞"方曰廪"的说法直至当代在文史学者中仍有影响。日人秋山进午根据杨倞注,又结合出土文物认为㐭是有气窗的方形粮仓,孙机先生在其名著《汉代物质文化资料图说》里采用了这个观点,在考古学者中也产生了较大影响。但杨倞的说法并不可靠,秋山进午和孙机举出的模型也只是长方形的仓。①

近代以来,古文字学家没有囿于古注,而是直接根据早期字形分析㐭的形制和造字本义。徐中舒认为㐭"象两大石上架木堆积禾穗之形";②陈梦家认为㐭"象露天的谷堆之形。今天的北方农人在麦场上,作一圆形的低土台,上堆麦秆麦谷,顶上作一亭盖形,涂以泥土,谓之'花篮子'与此相似"。③ 陈先生的观点虽然正确分析了㐭的形状,但他认为㐭没有墙壁,把建筑结构设想的过于简单。发掘资料表明,圆形粮仓的结构在新石器时代就已经比较完善,到了商代,官方的圆形粮仓更是在规模、布局方面达到了高度发展的程度。在这方面,考古材料为我们揭示了文字材料无法反映的情况,具有独一无二的价值。

(四) 考古材料中的㐭

在考古发现里,目前反映商代的官㐭最充分的是夏县东下冯商城内的一群圆形建筑。考古学家在城址西南角找到 40-50 座排列整齐的圆形夯土基址,基址地面高于当时地表 0.3-0.5 米。每座建筑的直径在 8.5-9.5 米之间,中心有大立柱,外围有一周柱洞,说明有木骨泥墙。建筑不设门,内部用 0.5-0.6 米厚的木骨泥墙十字形分割为四个室(图三,2-3)。程平山和周军先生曾对建筑形制详加分析,并比较洛阳战国粮窖的布局,论证这组圆形建筑是国家的囷,很有道理,只是按照商代用语称为㐭更恰当。④

近些年来,刘莉、陈星灿等先生提出东下冯圆形建筑是存储河东解盐的盐仓。⑤ 这个观点被其他学者重申,⑥在学术界产生了很大影响。然而盐仓说的证据经不住分析,并且存在难以解释的矛盾。

---

① 参看孙机:《汉代物质文化资料图说》(增订本),上海古籍出版社,2008 年,第 244 页。
② 徐先生说见《甲骨文字典》,四川辞书出版社,1989 年。但按照这种解读,㐭没有仓体,只有基础和盖。
③ 见《殷墟卜辞综述》536 页。学者多认为陈梦家的看法是本于戴侗《六书故》所说"累禾露积为㐭"(见《甲骨文字诂林》按语、季旭升《说文新证》)。但需要指出的是,文献中一般说"露积为庾"(见《诗经·小雅·楚茨》"我仓既盈,我庾维亿"毛传),戴侗的说法比较独特。
④ 程平山、周军:《东下冯商城内圆形建筑基址性质略析》,《中原文物》1998 年第 1 期。
⑤ 陈星灿、刘莉、赵春燕:《解盐与中国早期国家的形成》,《中国盐业考古》(第二集),科学出版社,2010 年。
⑥ 田建文:《东下冯"圆形建筑基址"的用途》,《古代文明》第 9 卷,文物出版社,2013 年。

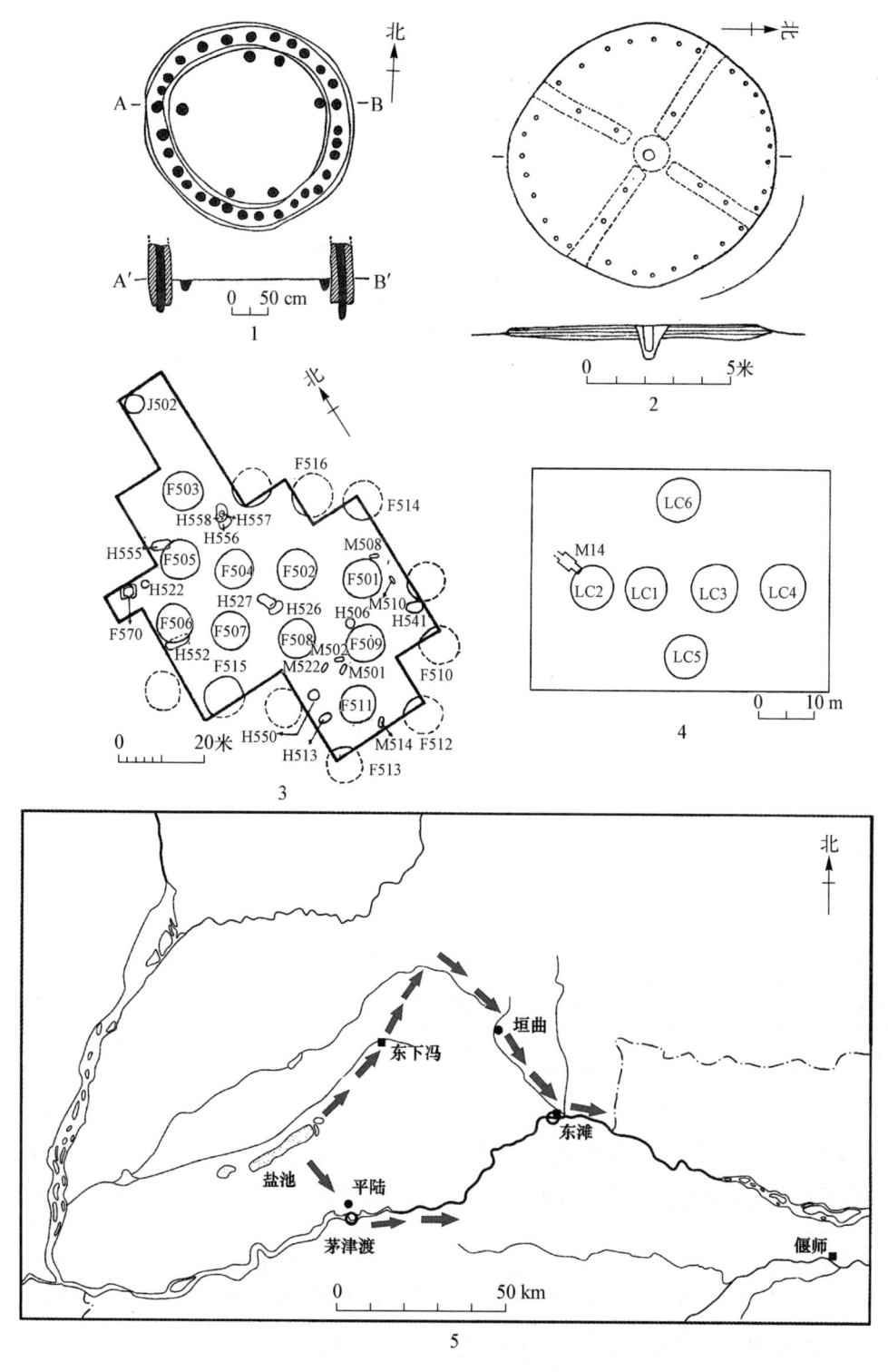

图三 考古发现新石器时代至商代晚期的粮囷、粮窖

1. 新石器时代圆形粮仓(淅川下王岗 F29)　2. 东下冯粮囷 F502　3. 东下冯粮囷分布图　4. 灵石旌介粮窖分布　5. 假想的二里岗时期运盐路线

盐仓说最主要的证据是圆形建筑的土样经过测试,发现当时地面附近的阴、阳离子浓度比上下土层的高,"可能是解盐存储于此的结果"。但是我们检查实际数据(表二),却看到几种离子的浓度只有几到几十个ppm。这是十分低的浓度,就绝对水平来说,中国北方任何地方的自然土层都可能含有这个浓度的上述几种离子①(表三);就相对水平来说,上下层几个ppm的差异根本不能证明放置过食盐。

表二 东下冯圆形建筑土样的离子浓度

样品编号	含量(mg/L)						
	Na$^+$	K$^+$	Mg^{2+}	Ca^{2+}	NO3$^-$	Cl$^-$	SO4^{2-}
最上层	6.59	2.56	2.03	12.70	2.6	3.66	25.80
A-7	12.67	3.12	3.12	17.07	7.38	9.61	30.5
B-7	11.60	2.47	2.68	16.8	18.2	11.6	42.2
A-5	12.7	2.99	2.95	15.0	9.6	12.86	33.3
B-5	10.6	2.02	2.31	16.5	17.5	14.6	35.3
最下层	9.42	1.37	1.43	7.24	5.9	7.83	21.60
盐池土样	2 090	1	4	10		190	4 670
卤水	43 990	560	32 230	120		61 000	126 000

引自《解盐与中国早期国家的形成》、《离子色谱法测定东下冯遗址土壤中的无机阴离子》。A、B为建筑地面上下土样。请注意盐池土样中的离子浓度。

表三 北方不同土壤中的离子浓度(mg/L)

	Na$^+$	K$^+$	Mg^{2+}	Ca^{2+}	NO3$^-$	Cl$^-$	SO4^{2-}
东北地区湿地土壤②	6-1 278	11-493	2-151	1-372	30-691	41-1 149	367.49
陇东地区黄土③	10-150	5-15	10-35	200-750	0-320	15-600	30-900
环渤海海滨④	284.1	16.7	38.9	115.7		281.1	246.3
环渤海内陆	178.5	13.5	40.6	113.7		137.9	233.1

盐仓说的另一项论据是《天工开物》中描绘有圆形的储盐设施,研究者认为与东下冯的圆形建筑相似。圆形的廪固然可以储盐,但圆形并不是盐仓独有的形制,古代储粮设施作圆形的也非常普遍(《天工开物》的圆形盐仓很可能正是受粮仓形制的影响),仅凭圆形

---

① 据研究我国土壤中的Cl$^-$离子浓度平均为100 mg/L,土壤中K$^+$的浓度变化范围在7.8-390 mg/L之间,Na$^+$的浓度变化范围在9.2-3 450 mg/L之间(参看卢美娇:《东北地区湿地土壤阴阳离子的时空变异及其对芦苇植硅体的影响》,东北师范大学硕士学位论文,2015年,第10、18页)。
② 卢美娇:《东北地区湿地土壤阴阳离子的时空变异及其对芦苇植硅体的影响》,东北师范大学硕士学位论文,2015年。
③ 王云权、周向阳、马金珠:《陇东黄土塬区土壤包气带水分水势特征研究》,《干旱地区农业研究》2011年第29卷第3期。
④ 周在明:《环渤海低平原土壤盐分空间变异性及影响机制研究》,中国地质科学院博士学位论文,2012年。

的相似并不能证明东下冯的仓储设施用于储盐。更重要的是,《天工开物》明确地说产地的盐不需要正式的设施存储:"凡盐见水即化,见风即卤,见火愈坚,凡收藏不必用仓廪;盐性畏风不畏湿,地下叠藁三寸,任从卑湿无伤。周遭以土砖泥隙,上盖茅草尺许,百年如故也。"而东下冯的圆形建筑有夯土台基、立柱、墙基槽,显然是很正式的建筑,与《天工开物》的记载恰是矛盾的。

盐仓说最后的论据是地理和考古背景:东下冯距运城盐池不远,早商城址是二里岗扩张至山西南部的据点,因此研究者推测二里岗国家以东下冯控制盐业生产和分配。但是在这方面,盐仓假设遇到的问题也是最多的。二里岗的核心在郑州—洛阳地区,那里是盐最主要的消费地(晋南当地是二里岗的边缘,聚落数量不多)。如果运城盐池生产的盐要运往郑州,应该从运城直接向南翻越中条山,到达平陆的黄河岸边(如茅津渡),以黄河水路或陆路向东运输(据清乾隆《河东盐法备览》,陆路至洛阳为390里)。翻山时取虞坂古道(即假虞灭虢之道),比较易行,距离只有20多公里。然而,东下冯位于运城盐池东北30多公里,如果从这个方向运输,只有先东北行50多公里后取道轵关陉进入太行山,再折向东南50多公里才能到达黄河岸边,整个路程要迂回上百公里,大部分还是山路,十分不合理(图三,4)。即使假设盐与铜可以一起运输而取道后者,在东下冯存储仍不合理。东下冯并非盐的产地,如果把它当作转运地,又与圆形仓储的性能矛盾。因为圆形的仓储设施不设门,出入不方便,只适宜散装保存,不适宜包装作中转用途。如果盐在这里转运,意味着从运城盐池包装好运来的盐要在这里拆包,倒入圆形设施保存,转运时再取出重新包装,这将令人十分费解(况且东下冯的位置并不是交通的枢纽)。总之,东下冯圆形建筑为盐仓的看法证据不足,矛盾很多。根据圆形建筑的数量和存储规模,它们最大的可能是储粮的㐭。

这群㐭最值得注意的有三点。其一,数十座排列整齐,间距相当,显然是统一规划安排的官㐭。其二,远离城址中心,偏居西南隅,这也是商周时期仓储建筑常见的位置,应是出于防火的需要,并考虑了风向的因素。① 其三,墙很厚而规模颇大。有木骨泥墙的圆形粮仓在新石器时代已经出现,但直径只有2-4米(图三,1)。② 商代官方的㐭显然在规模方面有长足发展。甲骨文中各地的㐭大概就是像东下冯商城发现的这类建筑群。根据陈星灿等先生的估算,东下冯每个设施的容积约335立方米,不同湿度的粟和黍密度分别是746.7-626.3千克/立方米和820.9-762.1千克/立方米,③则整群㐭约能存储9 400-12 400吨粮食。有意思的是,东下冯的㐭与商代晚期灵石旌介发现的圆形粮窖直径很接近,或许当时官方粮仓的大小已经有了一定规制。

对照当代的粮储知识,㐭相当于现今的矮圆仓或筒形仓,两者都属于圆形仓。圆仓的

---

① 睡虎地秦简《日书甲种》:"囷居宇西北匥,不利。囷居宇东南匥,不盈,不利室。囷居宇西南匥,吉。囷居宇东北匥,吉。"这里提到囷置于住宅西南或东北为吉,应是长期粮储实践经验的反映。

② 参看王小溪、张弛:《〈喜读《淅川下王岗》〉推定之"土仓"与"高仓"续论——汉水中游史前地面式粮仓类建筑的进一步确认》,《考古与文物》2018年第2期。

③ Subramanian, Shinoj and R. Viswanathan, "Bulk Density and Friction Coefficients of Selected Minor Millet Grains and Flours", *Journal of Food Engineering*, vol. 81, issue 1, 2007, pp.118-126.

特点是不设仓门,占地面积小,空间利用率高,隔热、防潮好,但不能自由进出,粮食只能散装,不能包装,不能混存。矮圆仓与筒形仓的差别在直径和高度的比例。筒形仓存储量更大,性能更优越,但技术要求和建造成本更高。在汉代的模型明器和画像石里,我们已能看到矮圆和筒形的两类囷(图二,3、4、7)。《诗经·周颂·丰年》"丰年多黍多稌,亦有高廪",说明周代可能已有先进的筒形仓。商代文字反映的身体上粗下细的亩不可能很高,应属于矮圆仓,是否已经发展出筒形仓,目前还缺乏材料说明。

二、亩

(一) 甲骨和金文中的亩字

商代的甲骨金文中有一个字写作下列形体:

合集 13619　　花东 502　　集成 2987　　集成 10532　　集成 2653

关于它的造字本义,以往有宗庙建筑(吴大澂《说文古籀补》、罗振玉《增订殷墟书契考释》),穴居(徐中舒《甲骨文字典》),烹饪器(朱芳圃《殷周文字释丛》、林义光《文源》)等说,但都缺乏根据。在少数词例中,它无疑是"祭享"的享字,然而在多数词例中,它相当于文献里的哪个字仍需要仔细研究。我们先按照用法将这个字的词例分类列在下面:

1. 以地名+亩的形式用在动词或介词后,应该是多地都有的一种处所或设施。在下列词例中,磬、名、凡、企、楚等都可证明为地名。

17. 己丑卜,贞:辇于□亩。二月。　　　　　　　　　　《合集》9551 典宾
18. 己卯卜,殻贞:呼雷耤在名亩,不遘。一二二告 三四五〔六〕七八二告 九十
　　勿〔呼〕雷耤在名亩,其遘。　　　　　　　　　　《醉古》372 典宾 A
19. 甲申卜……企亩……呼求……匃。一　　　　　　　《合集》19661 宾出
20. 戊辰〔卜〕:焚于宙,雨。一
　　弜焚,雨。一
　　戊辰卜:焚嬅于𠭯,雨。
　　戊辰卜:焚𡴍东,雨。
　　弜焚。
　　辛未卜:焚矢于凡亩,壬申。一　　　　　　　　　《合集》32289+29815 正历一 B
21. 甲申卜:舞楚亩。一
　　易〔日〕　　　　　　　　　　　　　　　　　　　《合集》32986 师历间

22. 甲午卜：乙未〔宜〕于磬亯，易日。兹〔用〕一

　　戊申卜：寧雨。一　　　　　　　　　　　　　　《合集》33137 历一 B

23. 丁酉卜：乙巳易日。

　　癸卯貞：酒大宜于磬亯，伐。一　　　　　　　《合集》32262 历一 B

24. 辛卯卜：于韋伐。

　　于磬亯伐。

　　〔于〕林伐。　　　　　　　　　　　　　　　《合集》33136 历一 B

2. 单独用在介词后，做动作行为发生的处所：

25. 貞：今夕其晴。在亯。五六　　　　　　　　《英藏》729 正典宾

26. ■入十。在亯。　　　　　　　　　　　　　《合集》4299 反典宾

3. 用作人称名词，出现在典宾、宾出、无名组卜辞中：

27. 丁卯亯見龜一。　　　　　　　　　　　　　《合集》17668 宾出

28. 甲子卜：其往望叀白令。

　　叀亯令。　　　　　　　　　　　　　　　　《合集》26993 无名组

29. 丁未卜，貞：令韋代亯奴牛。

　　貞：叀戲令代亯奴牛。四〔月〕。一　　　　《合补》2425 正+2427 宾出

30. 亯不肩興。允不，丙寅……丁卯亯……十月。一　《缀续》468 典宾 A

也出现在铜器做器者的署名里，涉及至少 27 件铜器，如：

2987 　　　4860 　　　7167 　　　2113 　　　10532

由甲骨的期组和铜器年代可知，这些亯应代表不同时代的人。

4. 做动词，可用在祖先名前：

31. 壬申卜：如（？）又✢伐亯妣己。兹用 一　　《合集》32227 历二 A1

32. 丁亥〔卜〕……呼……耴亯……　　　　　　《合集》19649 宾出

以上几类用法中，只有最后一类可以读为"享"，第一、二、三类看似地名、人名类的专有名词，但从第一种"地名+亯"的用法来看，它应该不是一般的地名。

更能说明这个问题的是花东卜辞中的一组占卜：

33. 亯。一
　　台。一
　　台于南。
　　于北。
　　　　　　　　　　　　　　　　　　　　　　　　《花东》502

其中的台字作🅰，从宀之声，姚萱先生释为台，十分合理。①《说文》：台，观，四方而高者；《尔雅·释宫》：四方而高曰台。先秦典籍对台的记载很多，如《左传·僖公五年》"公既视朔，遂登观台以望"；《国语·楚语上》"故先王之为台榭也，榭不过讲军实，台不过望氛祥。故榭度于大卒之居，台度于临观之高"。

台是人造的建筑，在卜辞中与台一起供选择的也应该是一种构造物。这组占卜先是卜问要建台还是建亯，在决定建台后，又卜问是建台于南还是于北。那么与台有关的亯究竟是什么建筑呢？姚萱先生根据吴大澂的旧说认为可能是宗庙一类的建筑，但缺乏证据。笔者认为从音、形、义几方面来看，商代的亯是仓的本字，祭享之享是其假借用法。

首先，仓的读音与享很接近。上古音仓为清母阳部，享属晓母阳部。《尔雅》中称七月为"相月"（相是心母阳部字），楚帛书写作"仓月"，燕客铜量和包山简（103、123 等）则写作"亯月"。②

其次，吴大澂根据"祭享"的含义认为亯的字形像宗庙，但这个看法并不可信。甲骨金文中已有表示宗庙的"宗"字，宗、室、宫、寝等比较正式的建筑都从⌂，表示有宽大的屋顶，而亯字和后面要谈的京字都从∧，可能表示狭而高的楼。在粮储建筑上，文献称这种构造为"气楼"。这个部件也见于🅱（郭）字，表示城墙上的战楼、楼橹。表一中㐭字有一个异体写作🅲，上部和亯、京一样；"陟京"的"京"字有一个异体写作🅳（《合集》28245），上部叠加了和㐭字一样的∧。这些异体说明∧和∧表示屋顶时地位相近，而㐭的顶是比较简易的。另外，亯、京、㐭字上半常有平行的横画，这种横画与仓储建筑特有的木质井干结构很相似（图七，2），宗室宫庙都没有这样的结构。笔者认为亯的字形取象于长方形的仓房，如果比较汉代的图像和模型材料，可以看出亯的形体与有气楼的平房仓很相像（图四，1-4）。③

---

① 姚萱：《殷墟花园庄东地甲骨卜辞的初步研究》，线装书局，2006 年。
② 从亯得音的敦、淳等字都在文部，似乎亯还有一个文部的读音。这些字有高大厚实、精而不杂等含义，笔者推测也与粮仓建筑和存储的粮食有关，因与本文主题关系不大，这里不拟讨论。
③ 孙华先生曾经提出，商代的铜方彝是仓的模型，这个观察很敏锐（参看《中国文物大典（上）》，大百科全书出版社，2001 年，第 63 页）。方彝整体像高大的长方形仓房，捉手像仓的气楼，四个支脚像仓底架空的结构。装饰简单的方彝可以明显的显示这些相似性（图四，5）。商代普通方彝的原型可能是贵族们的粮仓，妇好墓出土的偶方彝表现了檩头，早被学者们解读为建筑的模型，表现的可能是王室大型的粮仓（图四，6）。早在新石器时代仰韶文化早期的墓葬里就已出现了陶㐭的模型（图二，5），陶寺大墓里随葬了圆形的木㐭模型（图二，6）。粮仓代表财富和丰衣足食，不同的社会反复出现随葬粮仓模型的现象，无疑是由于它的象征含义。不过需要说明的是，西周中晚期有的方彝内置斗，似乎是盛酒的容器。商代的方彝究竟是以粮仓模型的形制盛食还是盛酒，还有赖于科技分析或特别的发现来解决。

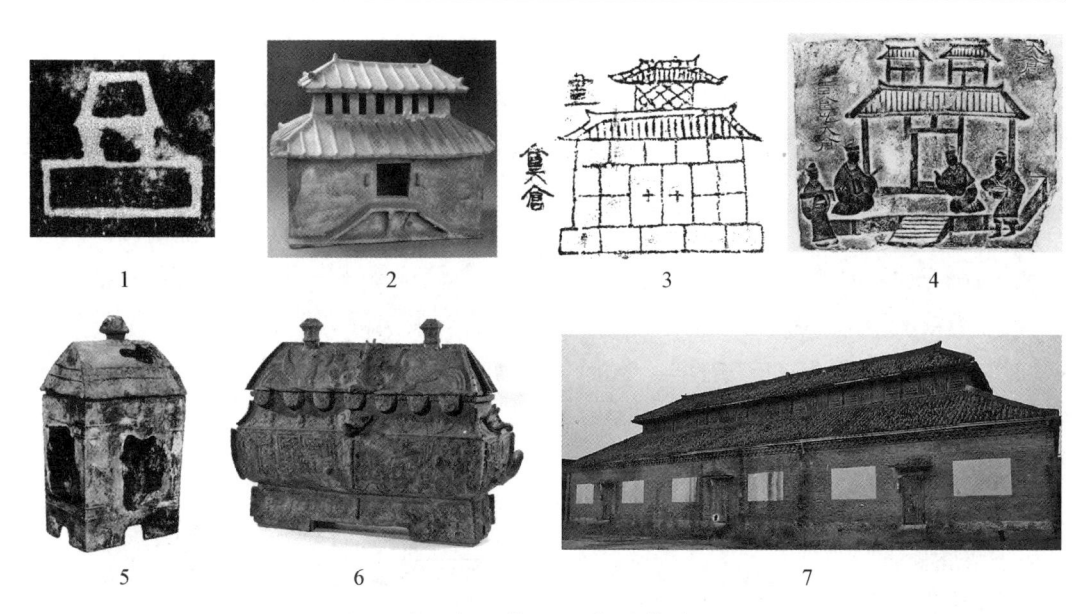

图四 仓的字形、模型、图像、实体建筑比较

1、2. 亶字形与仓形象比较　3、4. 汉代有仓铭的画像砖(3 大邑出土"食天仓"铭文画像砖;4 邛崃出土"大仓"、"皆食此大仓"铭文画像砖)　5、6. 可能是仓模型的商代方彝　7. 湖北郧县大丰仓

最后,在辞义方面,把亶当作宗庙意味着商代在名、磬、企、凡、楚等不见经传的地方有多个宗庙,上引很多卜辞也将难以讲通。而将商代甲骨金文中的亶读为仓可以很好地解释上举三类词例。下面我们逐条解释。

第 17 条中的叠字写作 ，唐兰先生释为稻。① 这个字从米从覃,覃的字形像一种大口寰底的容器,唐兰、徐中舒先生认为是罐(鐔)字的初文。在商代,小的鐔子可以用于制盐(图五,1-4),②大的鐔子被用来舂米,考古学者习称为大口缸,功能相当于陶臼(图五,6-7)。③叠字从米从覃,表示在鐔中加工米;覃古音在侵部,与稻所在的幽部有对转关系,因此覃又有表音的作用。稻字从禾、舀声,舀从爪、从臼,吴大澂说稻"象打稻之形",林义光说"象获稻在臼中将舂之形"。臼古音在幽部,也有表音的作用。"稻"和"叠"字的禾与米、臼与鐔都是义近偏旁,所以商代的叠字可以看作是西周"稻"字的早期写法。甲骨文中有很多"受叠年"的占卜,叠用作名词,指稻的作物。在第 17 条卜辞中,叠则是动词,意思是在鐔中舂米。这个意思在文献中写作"擣"。《说文·手部》:擣,手椎也;又《说文·臼部》:舂,擣粟也。稻、擣同音,声符舀、壽可换用,如《仪礼·乡射礼》"以鸿脰韬上二

---

① 唐兰:《殷墟文字记》,中华书局,1981 年,第 34 页。
② 商代专业化的制盐器皿就是一种小的鐔子,参看燕生东:《商周时期渤海南岸地区的盐业》,文物出版社,2013 年。覃、盐音近,覃又是制盐容器,所以覃也被用来表示早期的盐字,商末才加了意符"卤",参看季旭昇:《谈覃盐》,《龙宇纯先生七秩晋五寿庆论文集》,学生书局,2002 年。
③ 新石器时代的长江中下游、江淮、山东、河南等地有一种大口圜底陶缸,经常埋藏在房址附近,基本功能是舂稻米的陶臼。商代的南方地区仍大量使用陶缸,并影响到殷墟,即所谓军盉。一部分陶缸在青铜铸造业中被用作浇包,但更多的没有金属残留,可能仍用作陶臼。有观点认为大口缸是酿酒或制盐容器,都不可信。

寻",郑玄注:今文……韜为翻(《古字通假汇典》782页)。所以这条卜辞謺可读为捣。另一种理解是根据唐兰先生的意见读为稾。《说文》:稾,禾也;《集韵·号韵》"以粟为米曰稾"。后汉有稾官令,主舂御米。则稾也有加工粮食的意思。稻、道同音,《左传·襄公五年》"善道",《公羊传》、《穀梁传》作"善稻"。无论哪种读法,这条卜辞意思都是在殷历二月卜问是否于亯加工粮食。因为加工前后的粮食都于仓内存储,由仓负责加工自然最为方便。《睡虎地秦简·仓律》"粟一石六斗大半斗,舂之为粝米一石;粝米一石为鑿米九斗;九斗为毇米八斗。稻禾一石。有米委赐,禀禾稼公,尽九月,其人弗取之,勿予。仓",明确规定了粮仓加工粮食的出米率。我们在汉代的图像材料中,常可以看到于仓房前舂米的图景,也可作为这条卜辞生动的说明(图七,3)。如果把亯理解为宗庙,在宗庙加工粮食则很难理解。

图五　商代金文"覃"的字形与陶臼、制盐陶器比较
1、5. 商代金文里的"覃"字　2、3. 商代制盐用的罐子　4、8. 商代金文里的"盐"字和甲骨文里的"稻"字
6、7. 蒙城尉迟寺和偃师商城出土的大口缸(陶臼)

第18条卜辞是一组正反对贞,卜问是否令雷在名地的亯附近藉田。相关的卜辞有:

34. 贞:乎雷耤于名。〔一〕二三四二告　　　　　　　　　　　《合集》14 正典宾 A
35. ……雷耤在名,受虫年。一二三四五六七
　　雷弗其受虫年。一二〔三四五〕
　　令執比亯。一二二告 三
　　弜令執比亯。一〔二〕三　　　　　　　　　　　　　　　《合集》9503 正典宾 A

"耤于名"、"耤在名"显然与第18条"耤才名亩"讲的是同一件事。第35条里亩人再次出现在了藉田活动中。前文我们曾在"乎耤于亩北兆"的卜辞(第6条)中看到,藉田的地方与亩所在有一定关系,此处的"耤才名亩"与"耤于亩北"相似,也是在粮仓附近藉田。如果把亩理解为宗庙、在宗庙藉田则不好解释。

第19条虽是残辞,但大意尚可知,是向企地的亩,或为企地的亩求取刍藁。后世刍藁、粮食都是统一保管,如秦国以《仓律》规定刍藁的储藏要像粮食一样:"入禾稼、刍藁,辄为廥籍,上内史。刍藁各万石一积,咸阳二万一积,其出入、增积及效如禾。仓。"《效律》也说"禾、刍藁积廥",意为谷物、刍藁都存储于廥(里耶秦简里迁陵县的几个粮仓都称为"廥",廥的本义是存储刍藁的设施,《说文·广部》:廥,刍藁之藏也)。商代的仓存储一些刍藁很正常,若是宗庙则很费解。值得注意的是,下面的卜辞显示企地在亩之外还有积的设施:

36. 癸巳卜,贞:翼翌乙■(未?)延■其束企。　　　　　　　　《合集》9480 宾三

积是存储各类积贮的建筑,①《诗经·大雅·公刘》说"乃积乃仓",将积与仓并提。企地既设积又设仓也很合理。

第20条中的焚字裘锡圭先生在《说卜辞的焚巫尫与作土龙》一文中有专门研究,本条也是他举的例子之一。② 卜辞内容是焚人以求雨,在凡地的仓焚人大概是为了农业收成,给凡地求雨。

第21条是在楚地的仓舞,舞是雩祭的内容,也是为了求雨,如:

37. 贞:舞,㞢雨。　　　　　　　　　　　　　　　　　　《合集》5455 典宾 B
38. 丙辰卜,贞:今日奏舞,㞢从雨。……雨……一　　《合集》12818 师宾间—宾一
39. 戊申卜:今日奏舞,㞢从雨。　　　　　　　　　　　《合集》12828 师宾间

在楚地的仓舞,大概是为了给楚地求雨。《合集》19013 有一条师组小字的残辞说"贞:……人不……舞……亩……",似乎也是在某亩舞。

第22-24条中的"磬亩"之"亩"在有些工具书里被当作"京"的异体,这是因为甲骨文里也屡见"磬京"。但是"亩"和"京"在甲骨文里的用法并不一样(例如"亩"有指人的用法,"京"没有),卜辞的具体内容也都不相同。亩和京不是讹误,也不通用,既有"某亩"又有"某京"只是因为一地会既设亩又设京(详后文)。地名+亩的用法可以对比登封阳城遗址的"阳城仓器"陶文、居延汉简里的"居延仓"、"肩水仓"等名称,指设置在各地的粮仓。22、23 两条卜辞的内容涉及在仓的宜祭。第25条卜辞中的"今夕其晴"是在仓占卜天气会不会变晴。以上三条卜辞都关于天气,我们将在下节一起讨论。

第26条是甲背记事刻词,记录把十版龟甲入在仓。仓是主要存储农产品的设施,但

---

① 曹大志:《甲骨文中的束字与商代财政》,《中国国家博物馆馆刊》2016年第11期。
② 裘锡圭:《说卜辞的焚巫尫与作土龙》,《裘锡圭学术文集》第一卷,复旦大学出版社,2015年。

因为仓的建筑形式方便出入（详后），所以它也时常存储其他物资。在里耶秦简中，仓还存储着盐、肉、酒，饲养着猪、狗、鸡。① 考古发现中，江西新干发掘的战国粮仓，在大量炭化粮食以外还出土了4把铁斧。②

第27至30条中的亯是一些以亯为名号的人。第27条里亯献龟可以和第26条入龟甲于亯对照来看。第28条亯和伯被放在一起选择，指示亯是一种身份。这几个亯属于不同期组的卜辞，以往常把这种异代同名的人解释成族名，但从各条语句的含义分析，亯都是具体的人。以亯为名号的人最可能是仓的管理者，即文献中的仓人。《周礼·地官·仓人》："仓人掌粟入之藏，辨九谷之物，以待邦用……有余则藏之，以待凶而颁之。"前述商代铜器上署名"亯"，说明作器者有仓人的身份，管理着都城或某地的粮仓。

总之，商代甲骨金文中的亯字从形、音、义几方面来看可能是仓的本字。它之所以能用为祭享之享，一种可能仅是因为音近假借，但也存在另一种可能，即两者在意义上也有关联。对比意思相关的廪字，廪是存储粮食的地方，作动词有发给粮食的意思，也有领取粮食的意思。而仓是存储食物的地方，亯作动词有进献食物的意思，也有享用食物的意思。在里耶秦简一组祠先农的记录里，可以看到地方祭祀用的粮、肉、酒都"出"自仓（"出"是财务记录的专用术语）。③ 以往很少有资料反映享用酒食的直接出处（尽管从情理推测必然是仓），文书性质的里耶秦简揭示了这个问题。

认为 <gliph> 是仓的本字还有一个需要解决的问题：它如何演变为后来的仓字。目前确定的仓字，年代最早的为西周晚期的㝬钟，写作 <gliph>（仓仓恖恖）。④ 比较商代晚期小臣缶鼎的 <gliph>，可以看成是将亯中间有横画的部分独立出来，改造成门户的形状。相似的演变在廪字上也可以看到，商代的廪字写作 <gliph>，西周早中期廪字演变为 <gliph>（大盂鼎）<gliph>（農卣），下面的部分加横笔被改造成门户状（可能其实是井干结构的象形，如免簠 <gliph>、免簋 <gliph> 的横笔加在中间或连通）。亯的字形改造可能是由于原形经常被用为祭享的享，仓字需要与享

---

① 王勇：《里耶秦简所见秦迁陵县粮食支出机构的权责》，《中国农史》2018年第37卷第4期。
② 合集35218：肩二屯在亯（？）。亯字下部残去，也可能是京字。说明亯或京存储着牛肩胛骨。
③ 这组记录包括：1. 盐四分升一以祠先农。2. 卅二年三月丁丑朔丙申，仓是佐狗出粻，以祠先农。3. 卅二年三月丁丑朔丙申，仓是佐狗出黍米四斗以祠先农。4. 卅二年三月丁丑朔丙申，仓是佐狗出祠先农徐彻肉二斗卖……5. 卅二年三月丁丑朔丙申，仓是佐狗出祠先农徐彻肉二斗卖于大……6. 卅二年三月丁丑朔丙申，仓是佐狗出祠先农徐彻肉汁二斗卖于城旦□所……7. 卅二年三月丙申，仓是佐狗出祠先农徐彻肉汁二斗……8. 卅二年三月丁丑朔丙申，仓是佐狗出祠先农徐彻食七斗卖……9. 卅二年三月丁丑朔丙申，仓是佐狗杂出祠先农徐彻食十……10. 卅二年三月丁丑朔丙申，仓是佐狗出祠先农徐彻酒一斗半斗卖于城旦冣所，取钱一，率之一斗半斗一钱。令史尚视平，狗手。11. 卅二年三月丁丑朔丙申，仓是佐狗出祠先农徐彻酒一斗半斗卖于城……12. 卅二年三月丁丑朔丙申，仓是佐狗出祠先农徐彻豚肉一斗半斗卖于城旦赫所，取钱四。令史尚视平，狗手。13. 卅二年三月丁丑朔丙申，仓是佐狗出祠先农徐彻羊头一足四卖于城旦赫所，取钱四……14. 卅五年六月戊午朔已巳，库建龂般出卖祠窖余彻脯一朐于……参看张春龙：《里耶秦简祠先农、祠窖和祠隄校券》，《简帛》第二辑，上海古籍出版社，2007年。
④ 甲骨文有一个字写作 <gliph>（合集9645），与西周晚期的仓字字形近似，但还不能从辞例上确定是仓字。另有 <gliph> 字以往常释为仓，王子杨先生认为没有根据，应是从卝、合声的字（《甲骨文字形类组差异现象研究》272页）。

字有明确的区分。这一步大概发生在西周早中期,但目前材料还有缺环。①

(二) 考古材料中的官仓

最后,我们通过考古发掘资料来看一下官仓建筑的特点。陕西华县发掘的西汉京师仓一号仓房,平面呈长方形,东西长62.5米,南北宽26.6米。仓内由1.7米厚的隔墙纵向分为三室,三室都在东端开门。南北两室宽3.3米,中室宽7.1米,正中有一行9个大柱础。隔墙和外墙的下部都有夯土台阶,高出地面0.6米,可以放木板使仓底架空。隔墙两侧和外墙内侧都有壁柱,可能用于分割出更小的仓室(图六,3)。发掘中出土了"华仓"、"京师仓当"等文字瓦当。发掘者将这座建筑复原为高9米、带气楼的大型粮仓(图六,5)。一号仓的东面发现有夯筑地面,可能是粮食晾晒场地。附近还发掘了体量更小的2-6号仓房(长10-15米,宽9米左右,分2室)。仓区周围有夯土围墙。整个仓区则位于城西北角,应是出于防火的考虑。②

江西新干发掘的战国粮仓,平面呈长方形,长61.5米,宽11米。仓内由4条平行纵沟分为5室,沟宽0.5米,应为墙基槽;墙之间又有很多小横沟,宽0.2米,可能是用于分割更小仓室的基槽(报道者认为这些沟都是为了加强室内地下空气流通)。仓内发现大量火烧后炭化的稻米,堆积厚0.3-1.2米。这样的粮仓在1975年的工作中发现2座,位于一座战国古城内。③

山西侯马北坞古城发掘的F13、F14、F15三座建筑,大小形制相同,南北长57.5米,东西宽15.4米,内部由两排柱子纵向分割为三室,门开在南北两端。南门外有前廊和守卫房,与京师仓十分相似。整组建筑由围墙环绕,位于北坞东城的西南角。发掘者认为是"府库类建筑"。④ 根据与京师仓相似的建筑形式和北坞古城规模所需的仓储量,这应是三座粮仓。

偃师商城的Ⅱ号和Ⅲ号基址群应是目前所见最早的官仓。以揭露完整的F2004下层建筑为例(图六,1),它南北长25.8米,东西宽7.5米。四周木骨泥墙,墙外0.6-1.3米有柱洞,应是擎檐柱。建筑内纵向分三室,各室宽度大体相同,以木骨泥墙相隔;墙两侧又有成排的小柱洞,可能用于分割更小的仓室(发掘者推测与屋内设施有关),中层建筑的隔墙两侧还嵌有石片,应是为了防潮(笔者推测上部可能是木板)。从柱洞分布看,门似开在北端(F2005的门开在北端)。建筑外围有路土,四周有棋盘格状的排水明沟。这样的建筑在Ⅱ号基址群内一共有100座左右,分南北6排,每排18座整齐排列;基址群内专门设置了一个水池,发掘者推测可能用于消防。基址群周围环绕2米厚的夯土围墙。整个建筑群位于偃师商城的西南角,距离城墙只有数米(图六,4)。

---

① 西周中期的季姬方尊似乎用"牆"为"仓"(参看董珊《季姬方尊补释》,2003年周秦文明学术研讨会(宝鸡)论文),这大概是音近假借。"牆"在西周晚期师寰簋(4313)铭文中则被假借为"将"(从郭沫若说)。
② 陕西省考古研究所:《西汉京师仓》,文物出版社,1990年。
③ 陈文华、胡义慈:《新干县发现战国粮仓遗址》,《南方文物》1976年第2期。
④ 山西省考古研究所:《侯马北坞古城勘探发掘简报》,《三晋考古(一)》,山西人民出版社,1994年。

· 188 ·　　　　　　　　　　　　　　　古代文明（第13卷）

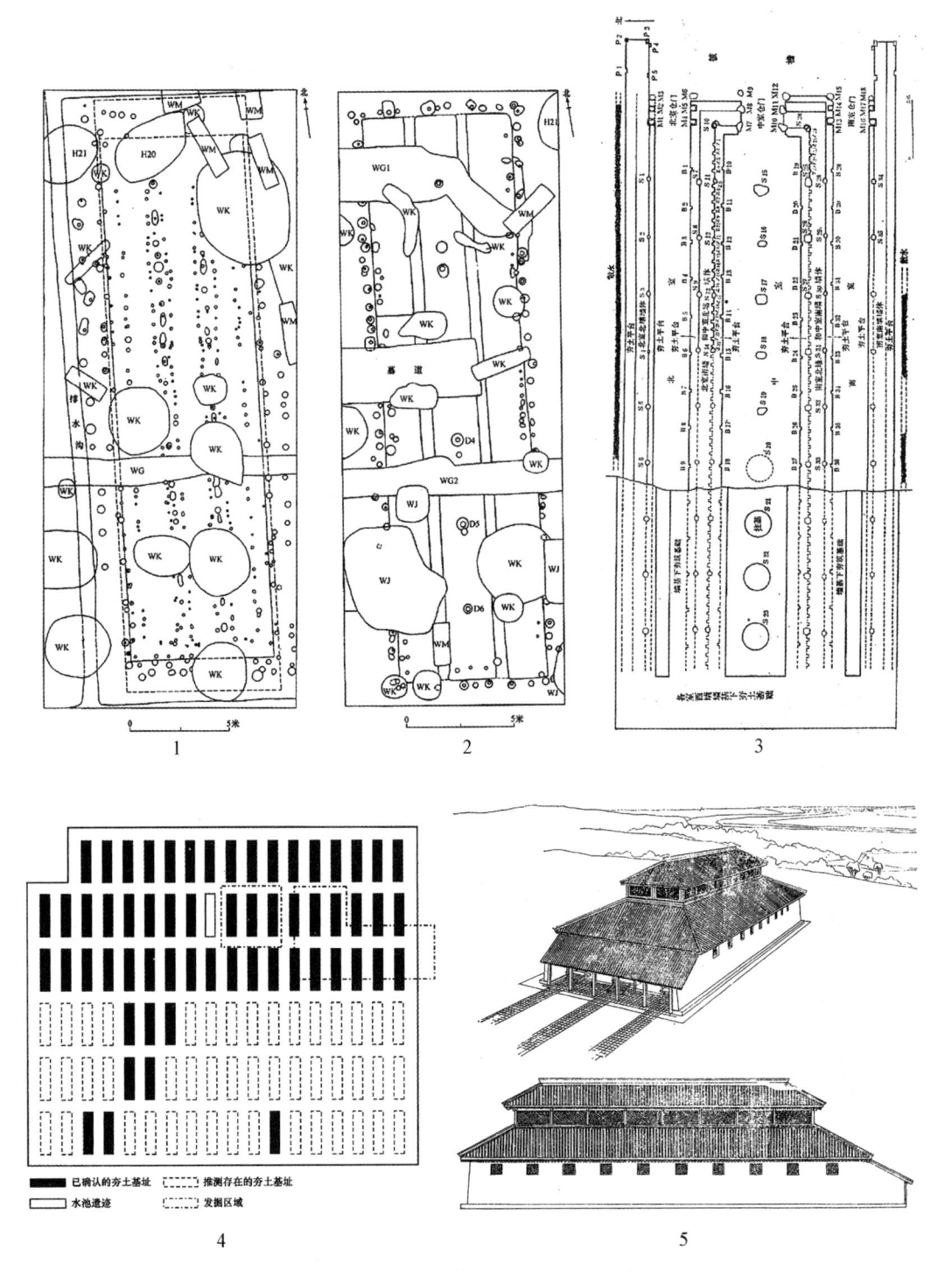

图六　考古发现的商代、汉代官仓比较

1、2. 偃师商城Ⅱ号基址群F2004、F2005（注意F2005中部也有一排大柱础，与京师仓结构相同）　3. 西汉京师仓一号仓　4. 偃师商城Ⅱ号基址群粮仓分布　5. 西汉京师仓一号仓复原图

发掘者王学荣先生将Ⅱ号基址群的建筑与京师仓进行了比较，认为前者缺乏防潮设施，室内有架子或案，所以是府库而不是粮仓。① 但Ⅱ号基址群的建筑破坏严重，早已失去了当时的地表，无法确定是否有防潮设施；而室内的架子和案只是对柱洞的一种复原推测，不是坚实的证据。时西奇、井中伟先生根据安全性、布局、少人类活动、内部结构等特点认为Ⅱ号基址群主要用于存储粮食，这是有道理的。② 笔者还可以补充一些理由，说明Ⅱ号和Ⅲ号基址群应是储粮的粮仓。其一，Ⅱ号基址群单体建筑的形制与西汉京师仓一号仓房如出一辙，与汉长安城发掘的武库则有明显不同。例如，Ⅱ号基址群的建筑和京师仓都在室内纵向分三室，门开在短边，整体长宽比在2-3，而武库是室内横向分隔，门开在长边，长宽比在6-8③。其二，Ⅱ号基址群与后世粮仓有不少相似的地方。例如，Ⅱ号基址群内有完善的排水沟，设置有水池，这些在陕西大荔清代的丰图义仓中都可以看到；Ⅱ号基址群建筑隔墙两侧的立柱可能用于把仓室分隔成更小的空间，湖北郧县保存的明代官仓大丰仓，即是用木构件隔成若干小间。其三，Ⅱ号基址群有百座左右建筑，相似的Ⅲ号基址群还有77座建筑，存储空间十分庞大，理应存储大宗物品。单位价值低、体量巨大的粮食和刍藁是合适的，而根据文献记载，府库存储的是价值较高、体量小的钱帛兵器，不会需要这么大的存储空间。

通过实际发掘的建筑遗址，我们可以看出官仓建筑的特点是比一般建筑更加高大厚重（高大可以减小仓内气温变化，厚重可以隔热、防潮、容纳更多粮食），内部多纵向分割，门设置于短边，重视防潮、防火，成群密集规划并环绕以围墙。商代的仓在现代的粮仓分类中称为房式仓或平房仓（官仓属于高大平房仓）。这种仓的优点是建造方便，存储灵活，内部可以按需要分隔，既可以散存，也可以包装，可以混存，甚至可以存储其他农产品和物资，进出方便，适宜做中转用途。缺点是密封、隔湿、隔热的效果不好，粮食容易变质。

三、京

（一）甲骨文中京的含义

商代各期组甲骨文里的京字写作如下形体：

表四　京的甲骨字形

师小字	典宾	宾	出	历　　　　组					出　组		无名组	黄组
20299	8036	10921	8040	33209	33947	33221	34412	屯南232	24400	24446	屯南108	36481

---

① 王学荣：《河南偃师商城第Ⅱ号建筑群遗址研究》，《三代考古（一）》，科学出版社，2004年。
② 时西奇、井中伟：《商周时期大型仓储建筑遗存刍议》，《中国国家博物馆馆刊》2018年第7期。
③ 参见郭明：《商周时期府库建筑初探》，《考古与文物》2016年第1期。

最常见的写法是 ⿱亠冂，它与 ⿱亠口（亯）有相似的地方，上半与亯相同，下半变 口 为 冂。屡见于历组，偶见于宾出、出组的形体 ⿱亯⼆ 值得特别注意，它上从亯、下加二或三竖笔，与亯的关系更加明显（或许最常见的写法可以看作是这种写法简省了一横画）。另外，京是见母阳部字，与晓母阳部的亯读音相近。京与亯可能是同源字。

古文字学界一般认为京字的本义是一种干栏式建筑。如李孝定说"字明象建筑物之形，今马来西亚高脚屋，下植木柱若干，构屋其上，与之绝似"。① 至于这种干栏式建筑的功能，郭沫若说"像宫观厜㕒之形，在古素朴之世，非王者所居莫属。王者所居高大，故京有大义，有高义……"，② 郭沫若认为京由高大的建筑引申而有高大之意是有道理的，但说京的功能是王者所居，典籍中京字并没有这个义项，而且按照今天的考古学知识，龙山晚期至商周时期的宫室建筑都以夯土低台为基础，没有干栏式的。干栏最利于防潮，在中国北方的环境下一般没有需要，少数的干栏式建筑当有特殊功能。

如果前文所论亯是仓的本字可信，那么上从亯、下为干栏的京字应该是一种干栏式的粮仓。⿱亠冂 的上部像仓的气楼，中间像仓室，下面像干栏（图七，4）。京有粮仓的义项在传世文献和出土文字材料中都不乏其例，如《说文·口部》"囷，廪之圆者，从禾在口中。圆谓之囷，方谓之京"；《急就篇》"门户井灶庑囷京"，颜师古注："京，方仓也。"战国齐陶文中有很多指粮仓的京字，如"陈棱左敀京区"。③ 商末周初的遽方鼎（9890）铭文说：癸未，王在圃蓳京，王赏遽贝，用乍父癸宝障。圃是场圃，《诗经·豳风·七月》"九月筑场圃"，毛传："春夏为圃，秋冬为场。"郑笺："场圃同地，自物生之时，耕治之以种菜茹，至物尽成熟，筑坚以为场。"粮仓左近经常有场，在场圃所观的"京"很可能是旁边的粮仓建筑。"蓳京"之事大概是贵族邀请王去观赏其新落成的粮仓。可以比较无名组卜辞"王其蓳宗■……"（合集30338），这是商王去观赏落成的宗庙；以及西周效卣（5433）铭文"隹四月初吉甲午，王蓳于尝公东宫。纳飨于王，王赐公贝五十朋……"，这是尝公邀请王去观赏了其东宫，向王纳飨，因而得到赏赐。

《说文·京部》"京，人所为绝高丘也"，因为不符合字形，这只能是京字的引申义。但目前学界普遍认为甲骨文中的京使用的正是这项引申义，即便是主张京本义为干栏建筑或谷仓的学者，也只是从文字层面论说，并不认为京在商代历史上是粮仓。笔者认为，仔细分析甲骨文材料，能够看出商代的京很可能是粮仓。商代在多地设置京，并以它们为核心垦殖开发一个地方，形成地方统治的中心。

京字在甲骨文里的用法与亯相似，它有时单独出现（这种情况被认为是地名），有时以前缀地名的形式出现，如磬京、義京、甘京、䰜京、阞京、爵京、⿱艹京、⿱䒑京、隍京、凡京、企京、楚京（这种情况被认为是某地有人造土丘）。在京发生的活动按内容可以分为五类。

---

① 李孝定：《金文诂林读后记》卷五，中研院史语所专刊之八十，1982年。
② 见《两周金文辞大系考释·克钟》。也有学者认为京的功能是高大的宗庙（见陈秉新：《释亯及相关字词》，《于省吾教授百年诞辰纪念文集》，吉林大学出版社，1996年），但在何尊的"京室"、矢令尊的"京宫"里，"京"应是取高、大之意的形容词。
③ 参看赵平安：《"京"、"亭"考辨》，《复旦学报》（社会科学版）2013年第4期。

1. 与农业有关的劐刍、祷禾、受年

  40. □□□：劐芻其奠于京。　　　　　　　　　《缀续》447 历二 B2

  41. 己巳贞：劐芻在󰀀奠。二

    己巳贞：劐芻其奠于京。　　　　　　　　　《屯南》1111 历二 B2

  42. 其祷禾阞京　　　　　　　　　　　　　　　《合集》28245 历无

  43. 其延祷年于阞□。　　　　　　　　　　　　《合集》28246 无名组

  44. ……其祷年于阞■。　　　　　　　　　　　《合集》28247 无名组

  45. 贞：京受黍年　　　　　　　　　　　　　　《合集》9980 典宾

  46. 贞：京受黍年　　　　　　　　　　　　　　《合集》9981 宾出

第 40－41 条的劐字义为截断，卜辞还有"劐秉"的说法。"劐芻"、"劐秉"是截断黍、粟的茎秆（《广雅·释草》"黍穰谓之秚"，"稷穰谓之䅥"）。① 将截断的刍奠置于京，可比较第 19 条向企亩求刍。亩和京作为粮仓存储一些刍藁是合适的。第 42－46 条的祷禾、祷年、受年和前文的亩受年（第 11 条）一样，盼望仓亩能得到好收成。

2. 甕田和田

  47. 癸卯〔卜〕，宾贞：〔令〕毕甕田于京。

    贞：勿令毕甕田。　　　　　　　　　　　　《合集》9473－9475 宾三

  48. 癸亥贞：王令多尹甕田于西，受禾。

    癸亥贞：多尹勿乍，受禾。

    癸亥贞：其祷禾自上甲。

    戊辰贞：祷禾自上甲，尞。

    乙丑贞：王令甕田于京。　　　　　　　　　《合集》33209 历二 B3

  49. ……尹甕田于京（？）……　　　　　　　　《屯南》102 历二 B2

  50. ……甕田于京。　　　　　　　　　　　　　《屯南》4251 历二 B3

  51. 贞：勿令毕田于京。〔一〕二二告三　　　　《合集》10919 典宾 B

  52. □卯贞：王令毕……田于京。　　　　　　　《合集》33220 历二 B2

  53. 庚寅卜：令犬延田京。二　　　　　　　　　《合补》10486 历二 B1

  54. □■卜：王令……田于京。　　　　　　　　《合集》33221 历二 B1

  55. 贞：勿令犬延田于京。　　　　　　　　　　《英藏》834 宾三

  56. 癸丑卜：王令󰀁田于京。　　　　　　　　　《屯南》232 历二 B1

关于京的卜辞，甕田于京和田于京很常见。甕田和田是农垦活动，与前文所引的在亩（第 6 条）和亩（第 18 条）附近藉田类似，是在京的所在地开垦新田，显示京和农垦有特别

---

① 参看裘锡圭：《甲骨文中所见的商代农业》，《裘锡圭学术文集》第一卷，复旦大学出版社，2015 年。

联系。只说京而不说某京的卜辞,可能是因为泛指在多个京组织雍田。王令毕、多尹、犬延等臣僚组织雍田,显然是官方的农垦活动。

3. 祷雨、焚人、雩

  57. □亥卜:祷雨……京 　　　　　　　　　　　　　《合集》33947 历二 B

  58. 甲子卜,焚〔于〕𩰖京,〔有〕从雨 　　　　　　　　《合集》1138 宾出

  59. 甲申卜:焚于⿱京(合文)娟 　　　　　　　　　　《屯南》100 历一 B

  60. 甲申贞:焚𩰖,雨。

    在◇京焚𩰖。 　　　　　　　　　　　　　　　　《合集》32299 历二 B1

  61. 贞:焚屮京……

    ……从雨。 　　　　　　　　　　　　　　　　　《合集》1134 宾出

  62. 其雩于𩰖,有雨。

    其雩于楚京,有雨。 　　　　　　　　　　　　　《屯南》108 无名组

上文已经谈到,焚人和雩都是祈雨的祭祀。与在凡亯、楚亯的焚人、雩祭一样(20-21条),这是为了某个京所在的地方求雨,保佑农业收成。如果把京理解为储粮设施是很合理的。

4. 宜祭

  63. 贞:其宜于磬京。不。

    贞:翌辛亥呼妇姘宜于磬京。 　　　　　　　　《合集》8034-8035 典宾 B

  64. ……于殷(磬)京羌三十,卯□牛…… 　　　　　《合集》317 典宾 B

  65. 丁亥宜于磬京羌〔三十〕,卯□〔牛〕…… 　　　《合集》318 典宾 B

  66. 己未宜〔于〕義京羌〔三〕人,卯十牛。左。 　　《合集》386 典宾 B

  67. 己未宜于義京羌三,卯十牛。中。 　　　　　　《合集》388 典宾 B

  68. 癸卯宜于義京羌三人,卯十牛。右。 　　　　　《合集》390 典宾 B

  (宜于義京,内容相似的卜辞还见于合集 387、389、391、392、394、396、6068。此外合集 15807:□未■……廼雨……尊宜……于磬……;合集 8033:□□〔卜〕,亘贞:……宜于磬,可能是宜于磬京或磬亯的残辞)

宜祭是把祭牲陈设到肉案上。"宜于某京"的卜辞有十余条。陈梦家先生在《殷虚卜辞综述》中已注意到卜辞之宜常常"宜于某京",并联系到后世祭社曰"宜",后来严一萍进一步得出義京是殷商大社的结论。① 其实甲骨文中宜祭既施于社,也施于祖先、河、岳,更有很多如上引的卜辞不提祭祀的对象。② 裘锡圭先生在研究焚人求雨卜辞时曾说:"占卜焚人

---

① 严一萍:《宜于义京解》,《中国文字》1988 年新 12 期。
② 参看张玉金:《殷商时代宜祭的研究》,《殷都学刊》2007 年第 2 期。

求雨之事的卜辞,常常提到举行祭祀的地点……后面将要引到的一些卜辞,还提到⚑京、◇(即⚐)京、凡京、企京等地。这类卜辞通常不举出接受祭祀的对象。卜辞常言帝令雨,可能焚人求雨一般都是以天帝为对象的。"①这个意见很有启发。大量不提祭祀对象的宜祭卜辞和天气、易日(天气改变)有关,②例如:

69. 乙丑卜,殼贞:翌庚寅其宜,不其易日。　　　　　《合集》15888 典宾 B
70. 其宜,不易日。　　　　　　　　　　　　　　　《合集》13181 师宾间 B
71. 乙未宜,允易〔日〕。　　　　　　　　　　　　《合集》1075 反典宾 B
72. 〔己〕丑卜,争贞:王气令曰:翌〔日〕庚寅宜,易日。一二《合集》5413 典宾 B
73. 贞:我受黍年。一
　　不其受黍年。一
　　贞:王左三羌于宜,不左,若。一
　　贞:王左三羌于宜,不左,若。一
　　翌乙亥啓。一
　　翌乙亥不其啓。一　　　　　　　　　　　　　　《合集》376 正典宾 A

可见商人为了有利的天气而进行宜祭,而能够左右天气的无疑是天帝。不提祭祀对象的宜祭用牲大都比较隆重,用羌和牛的数量不少,这也和祭祀天帝吻合。从第 72 组卜辞来看,宜祭是希望天晴,最终也是为了能"受黍年"。在宜于某京或某亯的卜辞里也有几条讲到了易日,如:

74. □□〔卜〕,亘贞:翌丁亥易日。丙戌雹……亥宜于磬〔京〕。
　　　　　　　　　　　　　　　《东洋文化研究所藏甲骨文字》327+《合集》7370 典宾 B
22. 甲午卜:乙未〔宜〕于磬亯,易日。兹〔用〕一
　　戊申卜:宁雨。一　　　　　　　　　　　　　　《合集》33137 历一 B
23. 丁酉卜:乙巳易日。
　　癸卯贞:酒大宜于磬亯,伐。一　　　　　　　　《合集》32262 历一 B

第 74 条的大意是,某日贞问下个丁亥日是否要变天,结果丁亥的前一日丙戌就开始下了冰雹,于是在某亥(大概是丁亥)日宜祭于磬京(或亯),希望坏天气改变。前引第 22、23 条的字体一致、历日衔接,是为一事之卜。大意是甲午日卜问,次日乙未在磬亯宜祭的话,天气会改变。根据"用词"看,确实举行了这场宜祭。但坏天气仍然持续,因为第 4 日丁酉又卜问了 8 天后的乙巳天气能否改变。至第 10 日癸卯,也就是比乙巳提前 2 日,再次卜问进行宜祭。但从第 14 日戊申的占卜推测,天气大概没有改变,一直在下雨,因为当天占

---

① 裘锡圭:《说卜辞的焚巫尪与作土龙》,《裘锡圭学术文集》第一卷,复旦大学出版社,2015 年。
② 参看陈年福:《甲骨文"易日"为"变天"说补正》,《古汉语研究》1995 年第 2 期;《释"易日"——兼与吴国升先生商榷》,《甲骨文词义论稿》,上海古籍出版社,2007 年,第 271-286 页。

卜是否要进行宁雨的祭祀。从上面这些卜辞来看，不提祭祀对象的"宜于某京"和焚、雩的祭祀一样，也是为了京所在地的天气而祭祀。前者是为了求得合适的雨量，后者是为了避免冰雹、久雨等灾害天气。张玉金先生指出殷人举行宜祭，主要是为了庄稼的收成。① 这样下引直接以宜祭求种黍、受年的占卜也就更好理解：

75. □□〔卜〕，宾贞：呼黍于辜，宜，受〔年〕。　　　　《合集》9537 典宾 B

值得注意的是，宜、焚、雩几类祭祀都会涉及具体的地名，这可能是因为古人早就认识到天气现象是区域性的。在某地为当地天气祭祀也是我国后世的传统，从来没有被在中心都城的祭祀取代。

5. 田猎

76. ……■自……延田于大……陴京，获豕□、鹿二。　　《合集》24446 出二

这是一条在陴京田猎的记录。另外，在设置了京的陴、磬、✵、阤、甗等地田猎的记录很多，只是通常不写京字，这大概意味着真正猎取动物的地方在京的外围：

77. ……贞：〔王〕其田于陴，往来亡灾。　　　　　　《合集》24453 出二②
78. 叀磬田，亡灾。吉　　　　　　　　　　　　　　《合集》28894 无名组③
79. 乙卯〔卜〕，□贞：呼田于✵，受年。十一月。　　《合集》9556 典宾
80. □□卜，宾〔贞〕：陷在✵〔麋〕。　　　　　　　《合集》10912 宾三
81. 庚辰卜，王往〔逐〕✵鹿，□……　　　　　　　《合集》10954 宾一④
82. 戊辰卜，旅贞：王其田于阤，亡灾。一　　　　　《合集》24457+23301 出二⑤
83. 叀阤散，获又大鹿，亡灾。　　　　　　　　　　28345 无名组⑥
84. 王叀今日壬射阤鹿，擒。吉　　　　　　　　　　《合集》28346 无名组
85. 王其田甗，又(?)…… 大吉　　　　　　　　　　《合集》29357 无名组

如此多的田猎记录(主要是猎鹿、麋)，仍可以从前文所述农业与田猎关系的角度去理解。例如第 83 组卜辞明确说在阤地散而获鹿，散是芟除草木、开辟农田的活动。⑦ 虽然田猎对商王来说可能更多的是游乐，但既然卜官称其为"田"，说明商人仍在名义上视其为一种治田活动。

---

① 卜辞里还有向河、岳、伊尹求农业收成的宜祭，参看张玉金：《殷商时代宜祭的研究》，《殷都学刊》2007 年第 2 期。
② 田于陴的内容还见于《合集》24454、24455、24456。
③ 田于磬的内容还见于《合集》37603+37814、37727、37728，《英藏》2291、2321。
④ 10953、10955 内容相似。
⑤ 田于阤的内容还见于《合集》28894、28904、33549、37784+37428、37785，《屯南》2726，《英藏》2321。
⑥ 散于阤的内容还见于《合集》29098，《屯南》4196，《英藏》2289、2290。
⑦ 参看裘锡圭：《甲骨文中所见的商代农业》，《裘锡圭学术文集》第一卷，复旦大学出版社，2015 年。

以上五种活动内容，反映京与农业有密切关系，占了有关京的卜辞中很大的比重，以京为一般地名或人工土丘是难以解释的，而根据文献把京当作粮储设施则较合理。也就是说甲骨文中的"某京"不是某地的高丘，而是粮仓的名字。战国时期齐国的官印、陶文中有"某某京豆"、"某某京区"、"某某京釜"、"维□京之玺"、"均京"，赵平安先生认为这些京是粮仓，很有道理。① 它们与甲骨文中的某京可以互相参证。

将甲骨文中的京看作粮仓后，其他一些辞例也比较好理解。如典宾组卜辞有一条说：

  癸亥〔卜〕，㱿贞：……于……京……萑…… 一 　　　　《合集》8080 典宾 B

因为京是高大的建筑，所以适合登临观望。另一条卜辞说：

  癸卯卜，宾贞：叚𢆶章于京。一 　　《合集》13523 正宾三 《英藏》1113 正同文

"埔于京"大概是说给京建围墙，在前述考古材料、汉代画像材料、存世建筑材料中，官仓都有围墙。有一条师组小字卜辞说：

  甲申卜，自：王令匚人日明奔于京。 　　　　　　　　　《合集》20190 师小字

匚字从啬从匚，有可能是从禾从匚之匚（委）字的异体（两字都见于师组卜辞，都是人称名词；季旭昇《说文新证》认为从啬置禾之意更明显），过去叶玉森也曾怀疑是啬之变体。姚萱联系大克鼎铭文"井人奔于量（粮）"，解释辞意为王令匚人在天明时奔走于农田所在地"京"服劳役。② 笔者猜测匚人可能是担负某种农事的人，③"京"可以直接理解为粮仓，这样文意更加通顺。

（二）图像和发掘材料中的京

下面我们依靠图像和发掘材料来看一下京本身究竟是什么样的建筑。元初王祯的《农书·农器图谱十》描绘有京的形象，它是一座平面方形、干栏做支脚的小型木构建筑（图七，1）。《三国志·魏书·乌丸鲜卑东夷传》记载"高句丽……无大仓库，家家自有小仓，名之为桴京……"。桴是编竹木而成的小筏。可能由于京也是编木而成，又用木柱架空，所以称为桴京。朝鲜半岛新罗和百济时期发现有关"椋"的木简和瓦当，表明"椋"是存储粮食、绵、铁的仓库。④ 集安麻线沟一号墓壁画中有这种桴京或椋的形象，下为干栏、墙壁用木板垒砌的井干结构表现得很充分（图七，2）。⑤ 对比这些形象，在汉代的画像砖、石材料中，干栏式的方形粮仓也颇常见，成都老官山汉墓还出土过木质的模型，应该就是

---

 ① 参看赵平安：《"京"、"亭"考辨》，《复旦学报》（社会科学版）2013 年第 4 期。楚国官玺中有"京"字三合玺，可能也是指粮仓。
 ② 叶玉森：《殷墟书契前编集释》卷六；姚萱：《殷墟花园庄东地甲骨卜辞的初步研究》，线装书局，2006 年。
 ③ 在另一条卜辞中，匚受令焚山，也和农业有关：戊戌卜，令匚焚，己……《合集》20765 师小字。
 ④ 戴卫红：《东亚简牍文化的传播——以韩国出土"椋"字木简为中心的探讨》，《文史哲》2017 年第 2 期。
 ⑤ 参看耿铁华：《高句丽古墓壁画研究》，吉林大学出版社，2008 年。

汉代文献所说的京(图七,3),也有图像铭文直接称为仓(图七,4)。汉代模型明器中有一些表现筒形仓的囷有时也自名为"京",学者往往以为这就是京的本来样貌,并认为京可以是圆形的大囷。① 但笔者认为这种囷之所以自名京,是因为它是汉代一种特别的京——囷京——的一部分。这种囷京下部为两三个囷,上面再叠加方形仓房,整体看仍像以支柱架空的京(图八,5)。②

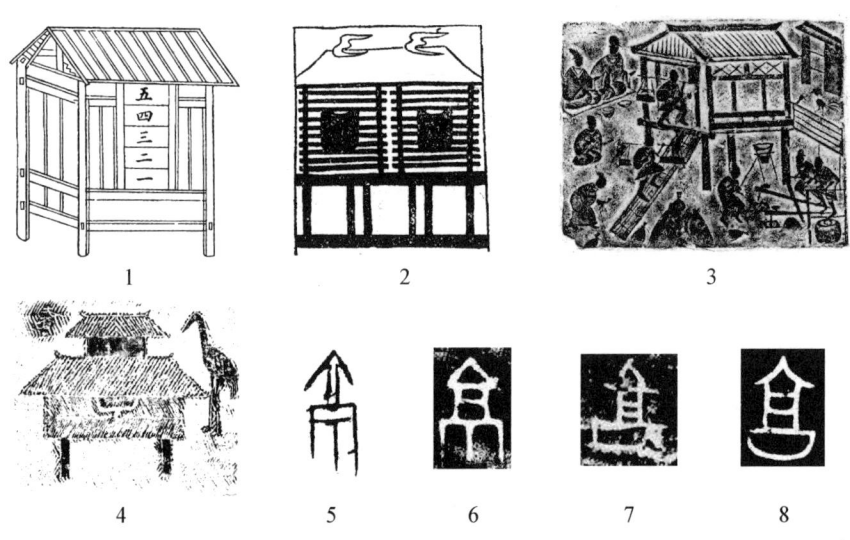

图七 "京"的图像和字形比较
1. 王祯《农书》里记载的京 2. 集安麻线沟一号墓壁画中的干栏式粮仓 3. 汉画像砖里在干栏式粮仓前春米的场景(四川邛崃出土) 4、5. 甲骨文京字和汉代石棺中干栏式仓的比较(四川简阳出土) 6、7、8. 甲骨金文中亯和京字表现的井干结构(比较本图2)

以上所举都是民间的京,现存最早的官方的京是建于8世纪中叶的日本奈良正仓院。这座建筑面阔33米,进深9.4米,高达14米。墙壁为井干结构,用三角形原木垒砌。地板高于地面2.7米,其下以4排10列密集的立柱支撑,每根柱径0.6米,柱间距3.1－3.9米(图八,1)。这座建筑虽相当于唐代,但与老官山汉墓出土的西汉模型仍非常相似。对比这样的建筑实例,我们在商代考古发掘材料中也可以看到官方的京。在偃师商城宫城2号宫殿遗址的西侧,发现有南北11列、东西5排的柱洞群,占地面积约21×11米。这些柱洞排列密集,间距只有2米左右;单个的柱径较大,一般有0.3米。柱网下没有台基,只是略高于外面的庭院,边缘也不甚整齐(图八,3)。杨鸿勋先生根据这些特点,认为这座建筑的上部荷载较大,应为楼层;下部没有围合的房间,原是干栏,并对它做出了复原(图八,4)。③ 杨先生主张这种干栏建筑即为京,建筑东侧的夯土台是祭坛,这些意见很有道理。甲骨文中"宜于某京"的祭祀或许就是在类似的场景下进行的。但他把京的功能又分为仓和社两种则没有什么根据。

---

① 孙机:《汉代物质文化资料图说》(增订版),上海古籍出版社,2008年,第242页。
② 曹大志:《囷京小考》,《古代文明研究通讯》2019年总第79期。
③ 杨鸿勋:《偃师商城王宫遗址揭示"左祖右社"萌芽》,《杨鸿勋建筑考古学论文集》(增订版),清华大学出版社,2008年,第107页。

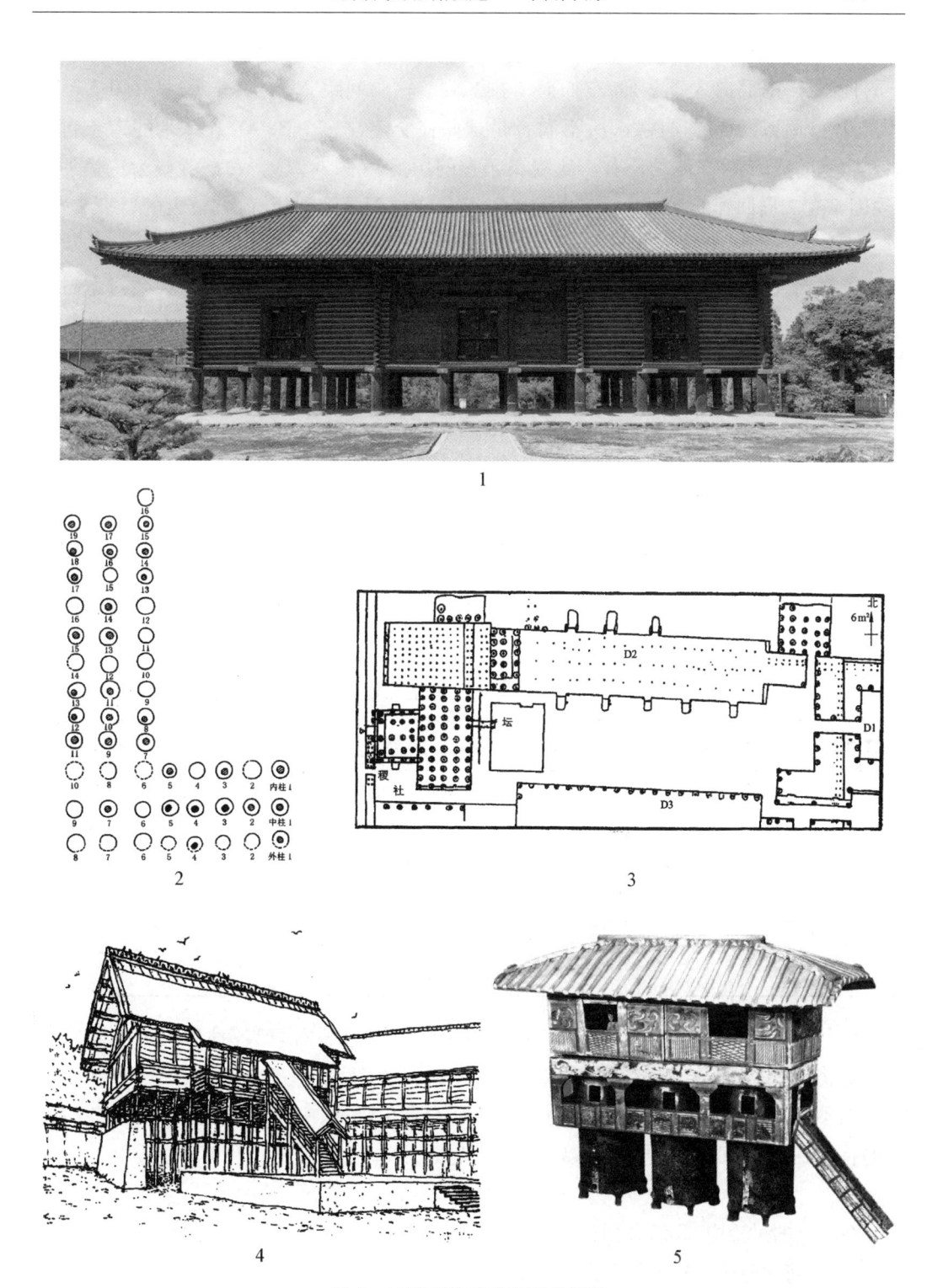

图八 京的实体建筑和囷京模型

1. 日本奈良正仓院正仓 2. 郑州商城 C8F16 3、4. 偃师商城二号宫殿西侧的干栏建筑平面和复原 5. 汉代的"囷京"（焦作出土）

郑州商城内也发现过相似的建筑。在省中医药研究院内发掘的基址C8F16,有曲尺形的柱洞群,南北向3排9列,东西向3排8列。柱洞间距2.05－2.5米,柱径0.3－0.4米,与偃师商城发现的很接近,所不同者是这些柱子建在一个38.4×31.2米的夯土台基上。台基的西南10余米处还有一块附属于它的场地①(图八,2)。发掘者认为这是一座"周围带有二周回廊的宫殿建筑夯土基址",但从它柱洞排列密集、荷载较大的特征来看,应该也是一座干栏式粮仓。

干栏式粮仓利于防潮,平时不设固定楼梯,也利于防鼠、防盗。但这种粮仓对木材的要求较高,由于承重结构的限制,也不适宜做大型粮仓。当代干栏式的粮仓在西南少数民族地区仍能见到,但在北方除了湿冷的东北地区已很罕见,元代王祯的《农书》已经谈到了这点。现在借助考古发现,我们知道干栏式的粮仓在早期的中原地区也曾流行,大型干栏式粮仓曾很重要,这是一个新的知识。

四、余　论

为使读者一目了然,我们将本文讨论的商代粮储设施的名称、形制、实例、性能、以往不同的看法列成表格:

表五　三类粮储设施比较

名称	形制	实例	性能	以往不同看法
㐭	圆形地面粮储设施	东下冯	占地小、密闭性好,只能散存、粒存、进出不便	圆仓、囷
亶	长方形高大地面建筑	偃师商城、北坞古城	存储灵活、进出方便,密闭隔热性不好	府库、㐭、宗庙
京	干栏式长方形建筑	偃师商城、郑州商城	防潮、防鼠、防盗,大型的建造要求高	人造土丘、宗庙、宫室

像其他时期一样,商代的粮储设施也有多种形式。以往常把各种形式的不同归因于存储物的种类,但古人所说的"谷藏曰仓,米藏曰廪"只是一部分因素,因为粮食的种类虽然不同,但都需要隔湿、隔热、防虫、防鼠,存储的要求是相似的。比较现代各类粮仓的特性,我们认识到粮仓之所以有多种,是因为它们都有长处和不足,适用于不同用途。

在前文的讨论中,我们看到商代在很多地方同时设置了京和亶,有的地方还有㐭或积,我们也将这些地方整理如下表:

---

① 河南省文物考古研究所:《郑州商城——1953－1985年考古发掘报告》,文物出版社,2001年,第283－285页。

表六　设置仓廪、积贮的地方

	京	亯	靣	积	田于X	焚于X	宜于X	其　他
磬	✓	✓			✓	✓	✓	
凡		✓			✓	✓		作龙于
企	✓	✓		✓		✓		
辜			✓	✓	✓		✓	黍于、大禸于、舞、省牛
甘	✓			✓				
楚	✓	✓						
丱	✓	✓				✓		
（字符）	✓				✓	✓	✓	舞、咸牛
羲	✓						✓	官员"在羲田"
甗	✓				✓			
阞	✓				✓			散、祷禾、祷年
陾	✓				✓			

这些地方大多是因为天旱求雨、商王田猎等事才得以出现在占卜记录中，可以推测商代还有更多的京、亯、靣、积。它们一部分可能与其他早期文明的皇家农庄类似，一部分的所在地可能是商代国家的地方统治中心。

粮仓在国家对一个地方的统治中具有特别重要的意义，因为要维持政治势力的存在，保证人员的驻扎都必须有粮食囤积。古人早认识到这点，《管子·牧民》说："凡有地牧民者，务在四时，守在仓廪。国多财，则远者来；地辟举，则民留处。"对粮仓的需要在国家的边缘地带表现得最为明显，如夏县东下冯和灵石旌介都位于商代国家的西部边缘，它们建有城垣或居住着贵族，是国家在当地的统治中心，两地发现了大规模的粮储设施靣或窖不是偶然的。后世也不乏类似的情况，例如汉代国家在西域屯田以增强对当地的控制，汉政府在其间建造了不少粮仓，汉简文书中留下了大量记录，也有敦煌大方盘城这样官方粮仓的遗迹。

即便是在国家的腹心地区，大型粮仓也是保证统治的战略性设施，这一点只要联想后世只有各级统治中心才设置官方粮仓便不难明白（睡虎地秦简、里耶秦简可见秦王朝在都城、县治、乡设有仓）。国家不但以粮仓为核心进行农业垦殖，也将一个地方的农业税收征取到官仓，并委派官吏（如靣人、仓人）进行管理。商周时期国家供养着各类管理和技术人员，他们"靣食"的机构正是仓靣，所以与官仓伴存的还必然有其他治理部门和人员。商代因为官仓称为"京"而使设置了官仓的地方叫"某京"，"京"字后来有统治中心和都城的意思，很可能是这样引申出来的。

从现存的甲骨文来看,商代在某京周围的农垦和田猎活动多出现在年代较早的宾组卜辞中,到了无名组、黄组卜辞,除了磬、阶等少数地方,农垦和田猎集中于一批新的地名(所谓"沁阳田猎区"),这大概说明早先设置的一批地方统治中心附近人口增殖,开发程度提高,荒地和猎物都已减少。由此我们可以看到商代国家统治的拓展。

附记: 本文在写作过程中得到了孙华、燕生东、崔剑锋、张剑葳先生的帮助,谨表谢忱。

商周时期的炉鼎及相关问题研究

孙 明

(长沙市文物考古研究所)

本文所言的炉鼎,指的是鼎腹下设置炉盘进行保温的小型铜鼎。此类铜鼎由于数量较少且分散,虽然以往曾有学者对此类铜器进行梳理,并对相关问题进行探讨,[①]但许多问题尚存争论。本文拟在前人研究基础之上,对炉鼎的类型与年代、起源与用途、使用者身份等级等方面进行梳理,以求教于学界同仁。

一、类型与年代

据不完全统计,目前所知的炉鼎有24件,其中经正规考古发掘的13件,主要出土于陕西、山西、河南、山东、江苏等地,国内外博物馆藏品12件。根据器形不同,分为两型:

A型 圆形,17件。根据炉膛形制不同,分为三个亚型:

Aa型 开放式承盘,盘下三扁足较高,12件。根据鼎耳形制不同,分为两式:

Ⅰ式 立耳,9件。比利时布鲁塞尔皇家艺术与历史博物馆收藏的"睏父丁"鼎,立耳浅腹,三扁足为夔形,足跟卷曲,口沿下饰三列云雷纹组成的兽面纹,腹内壁铸"睏父丁"三字铭文,盘上铸镂孔"羊辛卯"三字铭文,吴镇烽认为该器时代为商代晚期。[②] 陕西宝鸡茹家庄M1乙:17形制与"睏父丁"鼎相似,依然是立耳,但鼎腹更浅,三足更高,其时代应为西周早期。综合分析,该式流行时代大致为商代晚期至西周早期。

Ⅱ式 附耳鼎,3件。山西晋侯墓地出土的"晋侯"鼎(M13:103),形制为敛口,方唇,附耳,垂腹,圜底,腹部饰垂冠卷尾夔纹,下置三个卷尾凤鸟形扁足,圆形浅腹托盘,盘底有三个十字形镂孔,该墓时代大概为西周早中期之际的穆王前后。[③] 陕西西安张家坡出土的"井叔"鼎(M152:15),器形为圆形附耳,浅腹,圜底,腹部饰鸟纹,柱状短足,圆形浅腹承盘,盘底有三个十字形镂孔,下接三个扁状长足,足跟卷曲如鸟尾状,墓葬时代为西

[①] 周永珍:《西周时代的温器》,《考古与文物》1981年第4期;朱凤瀚:《中国青铜器综论》,上海古籍出版社,2009年,第109-112页;杜娟:《商周时期青铜温鼎研究》,兰州大学硕士学位论文,2015年。
[②] 吴镇烽:《商周青铜器铭文暨图像集成》(卷3),上海古籍出版社,2012年,第188页。
[③] 北京大学考古学系、山西省考古研究所:《天马——曲村遗址北赵晋侯墓地第二次发掘》,《文物》1994年第1期。

图一　A 型炉鼎

1. 比利时布鲁塞尔皇家艺术与历史博物馆收藏"眲父丁"鼎（Aa型Ⅰ式）　2. 陕西宝鸡茹家庄西周墓铜鼎（M1乙：17，Aa型Ⅰ式）　3. 山西曲沃晋侯墓地"晋侯"鼎（M13：103，Aa型Ⅱ式）　4. 陕西张家坡西周墓"井叔"鼎（M152：15，Aa型Ⅱ式）　5. 陕西宝鸡茹家庄西周墓"井姬"鼎（M2：6，Ab型）　6. 江苏丹徒谏壁王家山春秋墓铜鼎（Ab型）　7. 河南叶县旧县一号墓炉鼎（M1：10，Ab型）　8. 美国明尼阿波利斯艺术研究所铜鼎（Ac型Ⅰ式）　9. 陕西扶风庄白铜器窖藏铜鼎（76FZJ1：34，Ac型Ⅱ式）

周懿、孝时期。① 综合分析，该式流行时代大致为西周早、中期。

Ab型　开放式承盘，盘下三扁足较矮，3件，不分式。陕西宝鸡茹家庄M2：6，鼎身方立耳，盘下有三小短足，盘内正中立一圆柱，支撑鼎身，墓葬时代为西周穆王时期。② 江苏丹徒谏壁王家山春秋墓出土的炉鼎，上部为立耳、浅腹、扁足圆鼎，下部为炉

---

① 中国社会科学院考古研究所：《张家坡西周墓地》，中国大百科全书出版社，1999年，第141-143页。
② 卢连成、胡智生：《宝鸡强国墓地》，文物出版社，1988年，第407-412页。

盘,炉盘浅腹、圜底近平,无镂孔,下接三个矮小的蹄状足。① 河南叶县旧县一号墓出土的炉鼎(M1:10),带盖,深腹微鼓,附耳,平底,高蹄足,足下连铸浅腹平底盘,盘底附三个蹄状矮足,墓葬时代为战国早期。②

Ac 型　带火门的封闭式炉膛,2 件。根据形制、纹饰不同,分为两式:

Ⅰ式　上大下小,鼎腹与炉膛分界明显,1 件,现藏美国明尼阿波利斯艺术研究所收藏。该鼎为方立耳,双耳各饰一对浮雕小鸟,口微敛,鼓腹,圜底,下置三兽形扁足,三足之间置炉膛,炉膛与鼎腹连接,炉膛正面开长方形炉门,炉门下饰兽首。③ 朱凤瀚将该鼎时代定为西周早期。④

Ⅱ式　鼎腹与炉膛连为一体,中间隔开,分界不明显,1 件,1976 年 12 月陕西扶风法门寺庄白铜器窖藏出土(76FZJ1:34)。该鼎口部微敛,方立耳,腹部分为上下两层,上层为浅腹,下层为炉膛,鼎腹与炉膛无明显分界,有长方形炉门,炉膛下为三半柱足,颈部饰一周窃曲纹,下腹饰一周镂空窃曲纹,时代为西周中期。⑤

B 型　方形,鼎腹下部连接带火门的封闭式炉膛,7 件。根据耳、足形制不同,分为两式:

Ⅰ式　附耳,兽形足,5 件。陕西扶风庄白铜器窖藏出土"刖人守门鼎"(76FZJ1:25)与内蒙古宁城小黑石沟墓葬出土的铜鼎,以及《商周彝器通考》收录的"季贞方鬲"形制相似,即:腹部微垂,附耳高出器口,炉四角饰四个站立的兽形足。陕西宝鸡茹家庄西周铜器窖藏出土"刖足人守门"鼎,为斜腹,平底,四个兽形足略矮,《殷周青铜器综览》收录的铜鼎(方鼎 91)四个兽形足呈俯卧状,炉底贴近地面。陕西扶风庄白铜器窖藏出土"刖人守门鼎"(76FZJ1:25)的时代为西周中期,⑥内蒙古宁城小黑石沟墓葬的时代大致相当于西周中晚期至春秋时期。⑦ 综合分析,该式流行于西周中晚期,个别器物可能沿用至春秋时期。

Ⅱ式　无耳,平底,无足。故宫博物院与辽宁旅顺博物馆各收藏 1 件,形制、纹饰基本一致,⑧鼎腹为椭方体,敛口,无耳,垂腹,腹下连接椭方体炉膛,炉膛正面开门,左门扉有一左脚受刖刑的守门奴隶,其他三面有镂孔,可以出烟,平底。该式流行时代大致相当于西周中晚期。

---

① 杨正宏、肖梦龙:《镇江出土吴国青铜器》,文物出版社,2008 年,第 120 页。
② 河南省文物研究所、平顶山市文物管理委员会、叶县文化馆:《河南省叶县旧县 1 号墓的清理》,《华夏考古》1988 年第 3 期。
③ Bernhard Karlgren, *A Catalogue of the Chinese Bronzes in the Alfred F. Pillsbury Collection*, London: Oxford University Press, 1952, pp.28-29.
④ 朱凤瀚:《中国青铜器综论》,上海古籍出版社,2009 年,第 109-112 页。
⑤ 曹玮:《周原出土青铜器》(卷 4),巴蜀书社,2005 年,第 660 页。
⑥ 曹玮:《周原出土青铜器》(卷 5),巴蜀书社,2005 年,第 926-931 页。
⑦ 赤峰市博物馆、宁城县文物管理所:《宁城小黑石沟石椁墓调查清理报告》,《文物》1995 年第 5 期。
⑧ 杜迺松:《故宫博物院藏文物珍品大系——青铜礼乐器》,上海科学技术出版社、商务印书馆(香港),2007 年,第 40 页;徐昭峰:《刖刑相关问题探析》,《中国国家博物馆馆刊》2012 年第 1 期。

图二 B型炉鼎

1. 陕西扶风庄白铜器窖藏出土"刖人守门"鼎(76FZJ1：25，B型Ⅰ式) 2. 内蒙古宁城小黑石沟出土"刖人守门"鼎(B型Ⅰ式) 3. 辽宁旅顺博物馆"刖人守门"鼎(B型Ⅱ式) 4. 陕西宝鸡茹家庄西周铜器窖藏出土"刖足人守门"鼎(B型Ⅰ式) 5.《殷周青铜器综览》收录(方鼎91，B型Ⅰ式) 6. 故宫博物院收藏铜鼎(B型Ⅱ式)

表一 商周时期炉鼎统计表

出土地点（或收藏机构）	型式	流行时代	尺寸、容积、重量	资料出处
2008年山西翼城县大河口霸国墓地M1	Aa型Ⅰ式	商代晚期至西周早、中期	耳间距11.5、高14.2厘米	《晋南地区西周墓研究》、《霸国、倗国青铜器整理与研究》
比利时布鲁塞尔皇家艺术与历史博物馆			口径14.5、通高15.4厘米	《商周青铜器铭文暨图像集成》(卷3)，器号：01506
1974年陕西宝鸡茹家庄M1乙：17			口径12.4、腹深3.8、通高16厘米	《宝鸡강国墓地》
上海博物馆"遽从"鼎(2件)			00681：口径10.4、通高14.9厘米。00682：口径10.5、通高14.5厘米	《商周青铜器铭文暨图像集成》(卷2)，器号：00681、00682
辽宁旅顺博物馆"姬"鼎			不详	《商周青铜器铭文暨图像集成》(卷3)，器号：01803
清宫旧藏"中"鼎			口径15.7、腹深6.3、通高11.3厘米	《商周青铜器铭文暨图像集成》(卷1)，器号：00279

续表

出土地点（或收藏机构）	型式	流行时代	尺寸、容积、重量	资料出处
保利艺术博物馆	Aa型I式	商代晚期至西周早、中期	不详	《商周青铜器铭文暨图像集成》（卷3），器号：01630
美国芝加哥博物馆"长子"鼎			口径12.7、通高17.8厘米	《商周青铜器铭文暨图像集成》（卷2），器号：00690
1992年山西曲沃晋侯墓地"晋侯"鼎M13:103	Aa型II式	西周早、中期	口径16.4、通高23.7厘米	《商周青铜器铭文暨图像集成》（卷3），器号：01429
1985年陕西省西安市长安区张家坡M152:15			口径11.8、腹径11.4、腹深3.4、通高15.1厘米	《张家坡西周墓地》
1974年陕西宝鸡茹家庄M2:6	Ab型	西周中期	口径14、腹深14.5、通高15.2厘米	《宝鸡強国墓地》
1985年江苏丹徒谏壁王家山春秋墓		春秋时期	口径8.2、盘口径8.1、通高8.5厘米	《镇江出土吴国青铜器》
1985年河南叶县旧县一号墓		战国早期	口径7.6、通高13.8厘米	《华夏考古》1988年第3期
美国明尼阿波利斯艺术研究所	Ac型I式	西周早期	通高19.7厘米	A Catalogue of the Chinese Bronzes in the Alfred F. Pillsbury Collection
1976年12月陕西扶风法门寺庄白铜器窖藏76FZJ1:34	Ac型II式	西周中期	口径12.2、腹深4.8、通高16.1厘米，容积426毫升	《周原出土青铜器》（卷4）
1976年12月陕西扶风法门寺庄白铜器窖藏76FZJ1:25	B型I式	西周中期	口径9.2×11.8、腹深6.1、通高17.9厘米，容积550毫升	《周原出土青铜器》（卷5）
1988年宝鸡茹家庄西周铜器窖藏			口长22、宽14、通高18.7厘米	《宝鸡文理学院学报（社会科学版）》2006年第3期
1985年内蒙古宁城小黑石沟石椁墓			通高19厘米	《文物》1995年第5期
美国哈佛大学赛克勒美术博物馆"季贞方鬲"			高约20厘米	《商周彝器通考》
美国哈佛大学福格美术馆			通高17厘米	《殷周青铜器综览》方鼎89
辽宁旅顺博物馆"刖人守门"鼎	B型II式	西周晚期	不详	《中国国家博物馆馆刊》2012年第1期
北京故宫博物院"刖人守门"鼎			宽11.2、通高13.5厘米	《故宫博物院文物珍品大系——青铜礼乐器》

二、起源与用途

关于炉鼎的起源,学术界鲜有探讨。目前所知,时代最早的炉鼎为比利时布鲁塞尔皇家艺术与历史博物馆收藏的"䀎父丁"鼎,该鼎出土背景不详,但器形、纹饰及铭文内容皆具有商代晚期的风格,吴镇烽将其时代定为商代晚期是没有问题的。但该鼎形制规整,设计思路成熟,工艺精湛,绝非此类器物的原始形态。郑州商城和殷墟小屯为商代早、晚期都城所在,虽然目前两处遗址尚未发现此类铜器,但与中原地区商王朝存在一定交流的长江流域的江西新干商代大墓出土的1件腹下带炉膛的铜方鼎(XDM:13),①却为我们探索此类器物的起源问题,提供了重要线索。

江西新干商墓出土的铜鼎(XDM:13),形制为斜折沿,盘口,方唇,双环立耳外侈,鼎腹呈仰斗状,双层平底,中为5.5厘米高的炉膛,正面横开一门,有轴,可以启动,并有钮状插销眼,圆柱足上粗下细。新干商墓出土的青铜器具体年代早段跨度较大,时代较早者大致相当于二里岗文化上层时期,时代较晚者大致相当于殷墟文化早中期,方鼎(XDM:13)的时代大致相当于二里岗期至殷墟时期之间的过渡阶段。② 该鼎(XDM:13)在形制、纹饰方面与中原地区商文化青铜鼎基本相同,但腹下设炉的设计,带有一定的地域特色,应是吴城文化土著居民在吸收中原地区商文化青铜器形制的基础上因地制宜创造的一种独具特色的青铜器。值得注意的是,虽然新干商墓出土的这件方鼎与"䀎父丁"鼎等炉鼎在器形结构上非常相似,但该鼎口部长21.4、宽18、腹深10、炉深5.3、通高27厘米,重4.5公斤,器体尺寸和腹部容积远大于"䀎父丁"鼎(图五),因此两件器物应该具有不同的使用方式和功能。考虑到吴城文化与中原地区商文化之间存在的交流,以及新干方鼎(XDM:13)的时代略早于比利时布鲁塞尔皇家艺术与历史博物馆收藏的"䀎父丁"鼎,综合分析,"䀎父丁"鼎应该是在模仿新干方鼎(XDM:13)结构设计的基础上出现的。

对于炉鼎的用途,学术界早有探讨。朱凤瀚认为,由此类器物的构造可知其确是一种温煮食物的器具,容器部分作鼎形,只是多附置了加热的设备,其功用约相当于今日之火锅,或是为了在就食时保持食物之温度。③ 周永珍指出,此类器物通高最多二十余厘米,不会是炊器。④ 周永珍、朱凤瀚等虽然指出了此类铜器的用途,但未深入论证。笔者认为,对此类铜器用途的探讨应从器物自名、器物大小、出土背景及后代同类器物的用途入手。

第一,宝鸡茹家庄M2:6自名为"㚸鼎",晋侯墓地M13:103自名为"旅鼎",哈佛

---

① 江西省博物馆、江西省文物考古研究所、新干县博物馆:《新干商代大墓》,文物出版社,1997年,第38-45页。
② 江西省博物馆、江西省文物考古研究所、新干县博物馆:《新干商代大墓》,文物出版社,1997年,第188-192页。
③ 朱凤瀚:《中国青铜器综论》,上海古籍出版社,2009年,第109-112页。
④ 周永珍:《西周时代的温器》,《考古与文物》1981年第4期。

大学赛克勒美术博物馆收藏的季贞方鬲自名为"鎘",从"金"、"鬲"声,故称其为鬲。按照青铜器定名的规律,应该把本文所列 B 型炉鼎全部称作"鬲"而不是"鼎",但考虑到 B 型炉鼎中只有季贞方鬲 1 件器物有自名,而 A 型炉鼎中有 2 件自名为"鼎"者,以及商周青铜器代称、连称、互称的现象,这类带炉鼎形器"可能本来就称为'鼎',季贞方鬲自名为'鬲',不排除自名代称的可能性"。① 第二,此类器物器体不大,通高多在 20 厘米以下(表一),不便炊煮,容量较小,约 700 毫升,盛放的食物最多满足单人食用,不适合作为炊器,而应该是作为盛器使用的。第三,宝鸡茹家庄 M2∶6 出土时,腹底有较厚的烟炱,鼎腹内壁铸两行七字铭文:"弓鱼伯作井姬㝢鼎"(图三,3),"㝢",从穴从火,学术界一般将其释为"㝢",据此可知,此类器物在使用的时候是需要用火加热的。第四,秦汉时期有一种带炉的铜耳杯,俗称"温酒炉",其在器体结构、尺寸等方面与商周时期的炉鼎非常相似(图四,表二)。秦汉时期的"温酒炉",自名为"染炉"(《秦汉金文录》卷四),其杯自名为"染杯"(《陶斋吉金录》卷六),炉和杯配成一套,孙机等称其为染器。② 我国古代称调味品为染,《吕氏春秋·当务篇》载:"齐之好勇者……卒然相遇于涂。曰:'姑相饮乎?'觞数行,曰:'姑求肉乎?'一人曰:'子肉也,我肉也,尚胡革求肉而为?'于是具染而已(高诱注'染,豉、酱也')。因抽刀相啖,至死而止。"③按高注所言豉,乃汉人对豉和酱的混淆,先秦调味只用酱,④《论语·乡党》曰"不得其酱,不食"。⑤

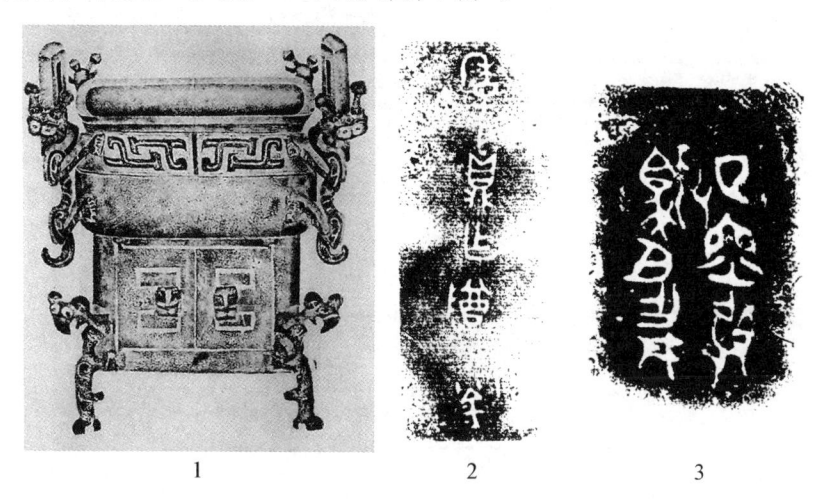

图三　炉鼎及铭文拓片

1、2. 美国哈佛大学赛克勒美术博物馆收藏的季贞方鬲及铭文　3. 宝鸡茹家庄 M2 出土"井姬"鼎(M2∶6)

---

① 王子杨:《大河口霸国墓地 M1017 出土青铜铭文材料的几点认识》,中国社会科学院历史所先秦史研究室网站(http://www.xianqin.org/blog/archives/9917.html#post-9917-footnote-17)。
② 孙机:《汉代物质文化资料图说》,文物出版社,1991 年,第 308—309 页;宁立新、杨纯渊:《四神染炉考辨》,《北方文物》1988 年第 1 期。
③ 转引自孙机:《汉代物质文化资料图说》,文物出版社,1991 年,第 308—309 页。
④ 宁立新、杨纯渊:《四神染炉考辨》,《北方文物》1988 年第 1 期。
⑤ 杨伯峻:《论语译注》,中华书局,1980 年,第 102 页。

图四 秦汉时期的"温酒炉"(染器)

1. 陕西咸阳出土"修武府"温酒炉 2. 陕西兴平出土"阳信家"温酒炉 3. 山西朔县出土四神温酒炉 4. 山西太原出土四神温酒炉 5、6. "平安侯家染炉"及铭文拓片 7. "史侯家染杯"铭文拓片

表二 秦汉时期"温酒炉"尺寸统计表

器物名称	时代	尺寸	资料出处
"修武府"温酒炉（图四,1）	秦	耳杯长15、宽12.9,炉长15、宽11.5厘米	《中国青铜器全集》（卷12），器号：14
"阳信家"温酒炉（图四,2）	西汉中期	高10.3厘米	《中国青铜器全集》（卷12），器号：76
四神温酒炉（图四,3）	西汉晚期	高12厘米	《中国青铜器全集》（卷12），器号：77
四神温酒炉（图四,4）	西汉晚期	长24、高11.5厘米	《中国青铜器全集》（卷12），器号：78《太原市尖草坪汉墓》，《考古》1985.6

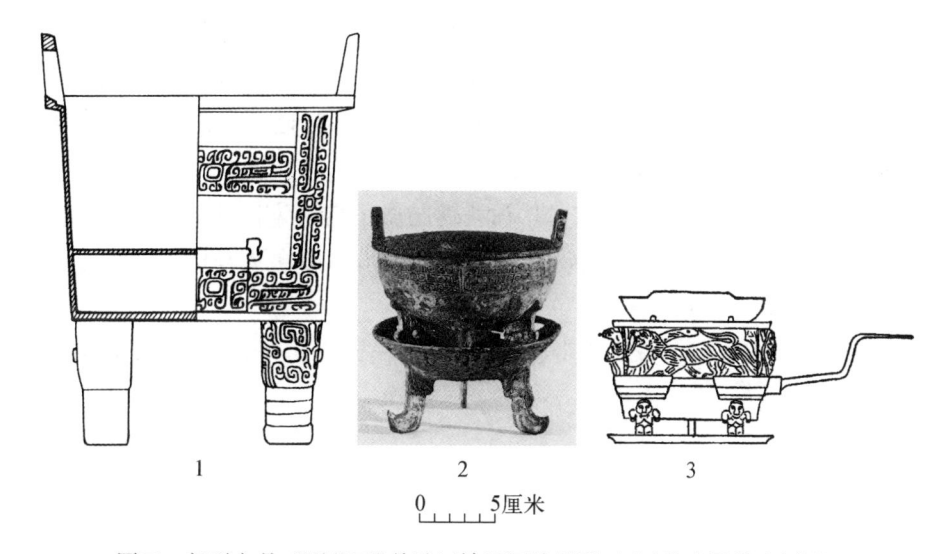

图五　新干方鼎、"眔父丁"鼎及四神温酒炉器形对比（约为同等比例尺）

1. 新干商墓方鼎（XDM：13，商代中期）　2. 比利时布鲁塞尔皇家艺术与历史博物馆收藏的"眔父丁"鼎（商代晚期）　3. 太原尖草坪汉墓出土四神温酒炉（M1：1，西汉晚期）

综合分析，此类带炉的鼎形器应该被称为"鼎"，属于一种饮食调味所用盛食器，鼎内盛汤汁酱豉，炉内放置木炭加热以保持食物温度，用餐时将食物在汤内沾染调味汤汁并适当加热，然后进食。

三、使用者身份等级

关于炉鼎使用者的身份等级，由于经正规考古发掘的并不多，同时也缺乏相关文献资料，因此只能依靠有限的墓葬资料及铜器铭文进行初步推测。

根据现有资料可知，出土炉鼎的墓葬8座，窖藏2处，即：陕西宝鸡茹家庄M1、M2，陕西省西安市长安区张家坡M152，山西曲沃县曲村北赵晋侯墓M13，山西翼城县大河口霸国墓地M1，内蒙古宁城小黑石沟石椁墓，江苏丹徒谏壁王家山春秋墓，河南叶县旧县一号墓，以及陕西扶风法门寺庄白铜器窖藏、宝鸡茹家庄铜器窖藏。

宝鸡茹家庄M1、M2墓葬均为甲字形墓，墓主人分别为弻国第四代君主弻伯及其夫人井姬。[①] 张家坡西周墓地为西周时期井叔家族墓地，M152为甲字形大墓，墓主人为40左右男性，应为一代井叔，茹家庄M2为弻国夫人井姬，井字在中央有一点，作"丼"，与井伯、井叔的井字相同，当是井氏家族女子嫁于弻伯者，可见弻伯与井叔身份等级相当。[②] 山西曲沃北赵晋侯墓地M13与M9为晋侯夫妻合葬墓，M9用七辆车殉葬，合诸侯殉车七乘的制度，应为西周穆王前后一代晋侯，M13墓主人为女性，墓中出土铜器上有晋侯作器的铭

---

① 卢连成、胡智生：《宝鸡弻国墓地》，文物出版社，1988年，第415页。
② 中国社会科学院考古研究所：《张家坡西周墓地》中国大百科全书出版社，1999年，第377页。

文，应为M9晋侯之夫人。① 山西翼县大河口为西周时期霸国墓地所在，M1墓主人为男性，从出土铜器铭文"伯作宝尊彝"（鼎M1∶4）、"伯作彝"（簋M1∶86）、"芮公舍霸马两玉金用铸簋"（簋M1∶93）②分析，墓主人应为一代霸伯。陕西扶风庄白铜器窖藏是西周微氏家族遗物，微氏家族可能出自商代子姓微国，即微子启之国，微氏烈祖微史归附西周后，武王命周公赐予土地，让他客居于岐周，礼遇与微子启及宋国一致。③ 叶县旧县一号墓多次被盗，发掘者根据墓葬形制及残存随葬器物分析，其墓主人身份可能是战国早期楚国大夫级贵族。④

由此可知，炉鼎的使用者身份尊贵，或为一方诸侯或诸侯夫人，或所属家族等级比肩诸侯。

附记： 本文写作过程中，得到导师郑州大学张国硕教授、北京大学刘绪教授的指导和帮助，在此表示诚挚谢意！

---

① 北京大学考古学系、山西省考古研究所：《天马——曲村遗址北赵晋侯墓地第二次发掘》，《文物》1994年第1期。
② 山西省考古研究所大河口墓地联合考古队：《山西翼城县大河口西周墓地》，《考古》2011年第7期。
③ 尹盛平：《西周微氏家族青铜器群研究》，文物出版社，1992年，第58－78页。
④ 河南省文物研究所、平顶山市文物管理委员会、叶县文化馆：《河南省叶县旧县1号墓的清理》，《华夏考古》1988年第3期。

商周时期成年年龄初探

李 楠

（北京大学考古文博学院）

成年年龄对我们深入理解商周时期的丧葬制度进而展开对社会问题的探讨至关重要。作为区分成年人与未成年人的一种方法，成年年龄具有生理和社会两个层面的含义。从生理角度讲，个体生长发育过程的完成即意味着"成年"。体质人类学中常以恒齿萌出及骨骺愈合作为判定成年的标志，大致在 12－20 岁之间。① 而社会层面的"成年"则更多地与个体成长中的角色转变及身份认同密切相关，不同社会中成年观念不同，界定出的成年年龄也有所差异。本文所称"成年年龄"即主要就社会层面而言。

以往有关成年年龄的研究主要来自传统史学，尤其是对冠礼、笄礼举行年龄的梳理。如文献所载周代男子行冠礼的年龄一般为 20 岁，个别提前至 15 岁；②女子行笄礼的年龄以是否许嫁有 15 岁、20 岁两种。这些记载为我们了解商周时期的成年年龄提供了重要线索，但也存在一些不足。首先，文献的成书年代往往晚至春秋战国甚至汉代以后，缺乏商代和西周同时期的记载。其次，冠和笄作为成年的标志物罕见于商周时期墓葬中，我们无法根据墓主加冠或戴笄情况判断其在社会观念中成年与否。最后，这些记载是否真实可靠也需考古材料的进一步验证。

近年来已有学者认识到，除讨论较多的族属、等级、性别外，年龄在个体能否获得最基本的身份认同上起着重要作用，成为影响商周时期墓葬规格的关键因素。③ 从《仪礼·丧服传》"丧成人者其文缛，丧未成人者其文不缛"来看，商周时期成年人与未成年人的丧葬礼仪在繁简程度上有严格区分，故可从墓葬材料出发反推当时的成年年龄。有鉴于此，我们对商周时期不同死亡年龄墓主的埋葬情况进行了初步梳理，认为大致在 12 岁个体所承担的社会角色已与年龄更长者无异，当时的成年年龄应在 12 岁附近。成年人与未成年人在墓葬方面的差异主要体现在三方面。

---

① 邵象清：《人体测量手册》，上海辞书出版社，1985 年，第 44－49 页。
② 杨宽：《"冠礼"新探》，原载《中华文史论丛》（第一辑）（1962 年），后收入《古史新探》，上海人民出版社，2016 年，第 238－259 页。
③ 林永昌：《试论东周晋系墓葬的长幼之序与男女之别》，北京大学中国考古学研究中心、北京大学震旦古代文明研究中心：《古代文明》（第 12 卷），上海古籍出版社，2018 年，第 248－267 页。

一、12岁以上个体有权埋入墓地并葬以棺椁

商周时期实行"族墓地"制度，家族成员"生相近，死相迫"，呈现出浓厚的血缘性色彩。① 从商周时期出土人骨较多且附有明确年龄鉴定的墓地如殷墟大司空、②天马曲村、③侯马上马④等来看，这种墓地在墓主死亡年龄上具有显著选择性：0－7岁的幼童极少埋入，7－12岁的少年部分埋入，12岁以上的成年则基本全部埋入。商人对0－7岁早夭的幼童除个别胎儿与母亲合葬、少数葬入祭祀坑或杀殉坑中外，大部分以瓮棺葬的形式埋于居址附近，时代从商代晚期一直延续到西周时期。以大司空地点为例，2004年共清理瓮棺葬86座，大多数夹叠在居址的夯土层或垫土层中，或分布于建筑基址周围。这些瓮棺葬多有浅浅的长方形墓圹，葬具以泥质灰陶罐为主，埋葬时先将陶质葬具打碎用大块陶片铺底，将婴孩尸体置入后再用剩余残片覆盖。死亡年龄上，瓮棺葬内孩童绝大多数为1岁左右的婴儿，少数有3－5岁者，年龄最大的个体不超过8岁。这与《仪礼·丧服》"不满八岁以下，皆为无服之殇"及《礼记·檀弓上》"以有虞氏之瓦棺葬无服之殇"两条记载恰相吻合。

与商人相比，周人对0－7岁早夭者似乎有更为特殊的处理方式。目前我们尚未看到周人有类似商人的瓮棺葬和祭祀坑，母婴合葬墓也极少，仅在一些墓地中偶见4－7岁的儿童。如少陵原M216墓主年龄在6岁左右，无葬具，随葬海贝串饰1组和陶罐1件。⑤ 天马曲村墓地641座西周至春秋墓葬中，墓主年龄小于7岁的仅有7座。上马墓地的情况与之类似，1 373座墓葬仅有15座墓葬的墓主年龄在7岁以下。考虑到商代有大量婴儿瓮棺葬及近代高达309‰的婴儿死亡率，⑥我们认为天马曲村、上马墓地等7岁以下早夭者仅有1.1%左右并非由于婴幼儿存活率高，而是周人未将早夭的婴孩埋入墓地导致的。罗西章先生曾根据《史记·周本纪》和《诗·大雅·生民》中周人始祖弃出生之后即被弃山林的记载推测，周人对婴孩尸体的处理方法可能是将其抛之荒野，让鸟兽啄食并不挖坑掩埋。⑦ 从周人墓地、居址等遗迹中均极少发现早夭幼童这一现象来看，这种推断具有相当的合理性。

与7岁以下幼童相比，7－12岁的少年在丧葬待遇上有明显提高。商人不再使用瓮棺葬而是以竖穴土坑墓的形式埋葬此类死者，埋葬地点从居址附近改为家族墓地，墓葬内开始以单棺作为葬具，并出现腰坑和殉犬。周人对夭折于这一年龄段的个体，其处理方式与

---

① 朱凤瀚：《商周家族形态研究》（增订本），天津古籍出版社，2004年，第99－120页。
② 中国社会科学院考古研究所：《安阳大司空——2004年发掘报告》，文物出版社，2014年。
③ 北京大学考古学系商周组、山西省考古研究所：《天马—曲村（1980－1989）》，科学出版社，2000年。
④ 山西省考古研究所：《上马墓地》，文物出版社，1994年。
⑤ 陕西省考古研究院：《少陵原西周墓地》，科学出版社，2009年。
⑥ 辛怡华：《天马—曲村墓地人口结构与寿命研究》，《西部考古》（第一辑），三秦出版社，2006年，第212－223页。
⑦ 宝鸡市周原博物馆、罗西章：《北吕周人墓地》，西北大学出版社，1995年。

商人差别不大,只是无腰坑和殉犬习俗。从墓葬数量来看,埋入墓地的 7－12 岁个体远远少于 12－17 岁者,以致在一些人骨保存不佳的墓地中仅可见 12 岁以上的成年个体,如张家坡墓地中 M6 墓主是年龄最小的个体,为 14－16 岁的女性,无年龄在 12 岁以下者。① 一般来说,人口分年龄死亡率具有极强规律性,即在婴幼儿期较高,14 岁以前迅速下降并达到最低点,之后平缓上升直至老年阶段迅速攀上最高值。② 这决定了群体中 7－12 岁的死亡人数应当多于 12－17 岁者,而目前所看到的现象却与之相反,说明死于 7－12 岁的少年只是部分埋入了墓地中,而 12 岁以上者则可能全部埋入。

考虑到商周时期墓地的血缘属性,限制 12 岁以下的未成年人尤其 0－7 岁早夭幼童埋入,体现了对个体社会身份的剥夺,家族并不承认这些年幼者为其成员。从汉代以后的文献来看,利益本位的生育观念及高夭折率的社会现实等催生出"小儿不为命"的思想观念,③群体既不承认儿童基本的生命权则更不可能给予其成年人一般的丧葬待遇。商周时期 7 岁以下早夭者以瓮棺埋葬或弃之荒野,年龄稍长者也很少能埋入墓地,且大多无葬具仅个别有单棺,与成年人葬俗迥异。而当墓主年龄达到 12 岁以上时,绝大部分个体都有权埋入墓地、葬以棺椁,说明较为普遍地获得了群体的接纳和认同,应当已经被视为"成年"。

二、12 岁以上个体出现明显的等级贫富分化

商周时期 12 岁以下个体死亡后无论采用瓮棺葬还是埋入墓地均以"薄葬"为特色,即无任何殉人殉牲且少有随葬品。一般而言,成年商人墓葬中常有腰坑和殉犬,随葬品多见陶器及作为口含的海贝,有些还有铜器、玉器之类具有等级色彩的物品。④ 但 0－7 岁早夭的幼童则完全不享有这些待遇,瓮棺内仅见骨骼而无任何随葬品。7－12 岁的少年墓葬中虽然个别设置了腰坑且偶有殉犬,随葬品开始出现口含、海贝和陶器,但群体内差异并不显著,我们无法据此辨识出贵族与平民。周人的情况与商人类似,只是无腰坑和殉犬习俗,且使用葬具单棺的比例更高。随葬品方面,天马曲村墓地内基本都有陶器和海贝,个别随葬少量石器、漆器和陶器,而上马墓地则基本不见随葬品。从墓葬规模来看,商周时期墓主死亡年龄在 7－12 岁的墓葬大多数均宽 50－70、长 140－160 厘米,变异程度很小。这说明决定墓葬规模的首要因素是实用性即与墓主身高有关,并不具备显示等级的作用。由此可见,成人群体中以墓葬规模标识等级的行为尚未出现在此年龄段中。整体来看,12 岁以下个体墓葬内无象征权力、财富的青铜器和玉器,墓葬规模的个体差异较小,该年龄段内群体等级分化和贫富差距并不显著。

---

① 中国社会科学院考古研究所:《张家坡西周墓地》,中国大百科全书出版社,1999 年。
② 查瑞传:《人口普查资料分析技术》,中国人口出版社,1991 年,第 73 页。
③ 越海波:《中国古代成人的婴幼儿生命观》,陕西师范大学硕士学位论文,2015 年。
④ 邰向平:《商系墓葬研究》,科学出版社,2011 年。

与之形成对比的是12岁以上成年个体的墓葬,无论在形制、殉牲、葬具还是随葬品方面都明显呈现出浓重的等级色彩,个体差异也尤为突出。例如大司空M18墓主年龄为12–15岁,墓葬有腰坑其内殉犬1只,葬具使用一棺一椁,并随葬有青铜器、陶器和蚌贝器。与棺和陶器相比,椁和铜器的等级性明显高于基本的实用性,目前所见用椁和以铜器随葬的墓主年龄最低即为12岁,而7–12岁的个体中仅见有用棺和随葬陶器,并无用椁并随葬铜器者。另外,12岁以上的人群内部分化也十分显著。以天马曲村墓地为例,死亡年龄在12岁以上者既有如M7048一样仅以单棺埋葬毫无随葬品的平民,也有如M6080一样使用一棺一椁、二层台上有殉人且随葬有青铜器、陶器、玉器、漆器和龟甲的贵族。考虑到铜器、玉器、龟甲等在精神世界中的重要作用,12岁以上个体死后得以随葬这些物品说明其生前获得了参与祭祀等礼仪活动的权力,应当已被视为"成年"。

三、12岁以上个体可随葬"性别代码"并开始结婚生子

商周时期墓葬中一些随葬品与特定性别具有高度相关性,被称为"性别代码"。[①] 在12岁以下个体的墓葬中,由于随葬品本身很少我们尚未发现与性别相关的物品,而在12岁以上个体的墓葬中则可经常看到。以天马曲村墓地为例,12岁以上的男性墓中开始随葬铜戈,[②]而女性墓中出现大口尊、三足瓮和纺轮。如M6132墓主为12–14岁男性,随葬铜戈1件且末部已被砸断,遵循了周人的"毁兵"习俗;[③]M6080墓主为14–15岁女性,随葬大口尊、纺轮各1件。以往学者对随葬此类器物的墓主性别关注较多,指出它们多见或仅见于某一性别的墓葬中,[④]而忽略了对墓主年龄的考察。根据目前所见材料,随葬有强烈性别指征的器物的墓主年龄最低即为12岁。考虑到此类物品与墓主生前从事的活动有关,我们认为商周时期12岁以上的个体应当已经完全参与到社会生产生活中,承担由性别差异所带来的不同社会分工。

另外,12岁以上的个体开始缔结婚姻,组建家庭并生育子女。商周时期家族墓地中存在夫妻"异穴并葬"的现象,商代晚期虽已有此类墓葬,[⑤]但因缺少年龄鉴定结果而无法进行更深入的探讨。从时代稍早些的大甸子墓地和稍晚些的天马曲村墓地来看,商周时期最低婚姻年龄大致在12–13岁。大甸子墓地中绝大部分为单人葬,少数合葬墓内均为成人与儿童,其关系当是父母与子女。M358墓主为20岁左右女性,而与其合葬的幼儿已

---

① 李宁利:《史前考古遗存的"性别代码"——欧美性别考古学研究进展》,《考古与文物》2010年第4期。
② 仅有一例即M6123与此不符,该墓的墓主年龄在6岁左右,却随葬了铜鬲、铜戈、铜斧等。考虑到其壁龛内还有一6岁儿童,墓葬性质较为特殊故不纳入讨论范围。
③ 张明东:《略论商周墓葬的毁兵葬俗》,《中国历史文物》2005年第4期。
④ 陈芳妹:《晋侯墓地出土青铜器所见性别研究的新线索》,《晋侯墓地出土青铜器国际学术研讨会论文集》,上海书画出版社,2002年,第157–196页。
⑤ 孟宪武:《试析殷墟墓地"异穴并葬"墓的性质——附论殷商社会的婚姻形态》,《华夏考古》1993年第1期。

有 7 岁,由此说明该女性 13 岁即已生育。另一座合葬墓 M35 中墓主为 27－30 岁的男性,合葬幼儿年龄在 11－13 岁,说明墓主最早在 14 岁即已得子。① 天马曲村墓地中 M6080 墓主为 14－15 岁的女性,M6231 墓主为 35 岁左右的男性,两墓时代均为西周早期偏早阶段,面积在 10 平方米以上并随葬有青铜器、玉石器和龟甲,等级较高且相互匹配。空间位置上,两墓东西并列相距不到 2 米,而与周围同等级墓葬间空白地带较多。由此,我们认为两墓应是一组夫妇并穴合葬墓,则 M6080 墓主在 14 岁以前即已结婚。

从文献来看,冠礼和笄礼之所以被视为"成年礼"是因为行礼后的权力义务及个人生活发生了显著改变。《礼记·冠义》记载冠礼后"孝弟忠顺之行立,而后可以为人,可以为人,而后可以治人也",即贵族成年后才享有统治人民的权力。相应的,个体成年后也需要承担服兵役等义务,即《盐铁论·未通》所言"二十冠而成人,与戎事"。而在个人生活方面,冠礼和笄礼与婚姻、生育密切相关,《礼记·乐记》云"婚姻冠笄,所以别男女也",男性冠礼后才可娶妻生子,如《左传·襄公九年》记载鲁襄公"国君十五而生子,冠而生子,礼也"。而女性举行笄礼的年龄更是根据是否许嫁而有所不同。《礼记·内则》曰"十有五年而笄,二十而嫁",郑玄注:"女子许嫁,笄而字之,其未许嫁,二十则笄。"以商周时期墓葬材料而言,随葬"性别代码"类物品的墓主最低年龄与婚姻生育最低年龄均集中在 12－15 岁之间,基本相互吻合,说明个体在社会生产和私人生活层面同时发生了重大转变,这一年龄阶段当是社会普遍认同的成年年龄。

根据以上三点现象我们认为,商周时期的成年年龄大致在 12 岁,不会如文献所载晚至 20 岁。在商周时期个体成年过程中,7 岁和 12 岁是两个重要的年龄节点。这既有生理方面的原因也有社会因素的影响,现从这两方面再对此问题加以论述。

从生理角度看,现代儿童一般 6－7 岁开始换牙,12－16 岁逐渐性成熟,女性发育早于男性 1－2 年。② 古人也认识到这两个节点对生长发育的意义,如《黄帝内经·素问》中有"岐伯曰:女子七岁,肾气盛,齿更发长;二七而天癸至,任脉通,太冲脉盛,月事以时下,故有子……丈夫八岁,肾气实,发长齿更,二八肾气盛,天癸至,精气溢泻,阴阳和,故能有子"的记载。《大戴礼记·本命》也记载"男以八月而生齿,八岁而龀,一阴一阳然后成道;二八十六,然后情通,然后其施行;女七月生齿,七岁而龀;二七十四然后化成"。所谓"齿更"、"龀齿"即乳齿脱落恒齿萌出、恒齿替代乳齿的过程,"天癸至""肾气盛"等则是两性性成熟的标志。从墓葬材料看,7－8 岁对商周时期人群而言确实是一个重要的年龄分界点,7 岁以下者可能并未被视为"人"故而死后不入兆域,8 岁以上者则部分具备了"人"的资格。至于商周时期的性成熟情况我们无法从墓葬中得知,但参考民族学和人类学研究,世界各地区各民族的成年礼多以性成熟为标志导致年龄范围集中在 12－15 岁。③ 商周时期 12 岁以上个体已经开始享有成人葬礼待遇,说明其社会身份发生了重要转变,这当与

---

① 中国社会科学院考古研究所:《大甸子——夏家店下层文化遗址与墓地发掘报告》,科学出版社,1996 年。
② 中国学生体质与健康研究组:《2005 年中国学生体质与健康调研报告》,高等教育出版社,2007 年。
③ 王一前:《从人类学的视角看成年礼及其文化意义》,延安大学硕士学位论文,2016 年,第 25－27 页。

其性成熟过程有关。

　　从社会层面看,成年过程中要求个体心智不断成熟、掌握生产生活技能并能够遵循社会行为规范。《大戴礼记·保傅》云"古者年八岁而出就外舍,学小艺焉,履小节焉",《礼记·内则》也有"八年,出入门户及即席饮食,必后长者,始教之让"的记载,说明儿童在7－8岁时已经逐步具备独立生活的能力,贵族儿童开始接受技能及礼仪方面的教育,而平民儿童很可能已经承担起部分体力劳动。另外,商周时期人口的平均预期寿命仅有30岁左右,若将大量未葬入墓地的婴幼儿考虑在内则会下降到20－25岁。① 鉴于当时医疗水平低下,婴幼儿夭折率较高且生育又有年龄限制,女性只有早婚早孕才能维持人口正常的更替。男子虽不用早婚但因生产力低下、个人寿命有限,为保证社会财富的增加也必须尽早参与到生产活动中。从居延汉简相关记载可知,西汉时期官方认定的年龄分层是大男和大女,年龄在15岁以上;使男和使女,年龄在7－14岁;未使男和未使女,年龄在2－6岁。② 所谓"使"可理解为具有了基本劳作能力,③即西汉儿童7岁已经开始从事劳动到15岁时已完全成年。考虑到商周时期较汉代生产力更为低下,对大多数平民而言12岁以上个体已经被事实上视为成年人。文献所记男子二十而冠、冠而后娶,女子十五而笄、二十而嫁可能只在少数贵族中实行,或只是一种理想状况,不能认为是商周时期社会的普遍情形。

　　成年年龄作为一种社会年龄,与生产力水平、社会分工、婚姻制度、丧葬习俗、观念信仰等密切相关,是深入探讨古代社会的重要切入点。但是由于以往发掘的商周墓葬大都未经性别、年龄鉴定,此次研究所能利用的原始材料有限,在许多细节方面有待补充。例如,我们观察到商周时期成年年龄存在性别差异,女性似稍早于男性;而时代变迁方面,战国时期的成年年龄似乎要稍大一些。另外,战国晚期出现了未成年人集中埋葬的现象,表明人们对未成年人的社会观念发生了重大改变。然而由于样本量不足我们还无法确证这些现象并对其展开更为深入的研究,希冀后来者能有更多创见。

---

① 李楠:《"区域模型生命表"在古人口学研究中的应用》,《人类学学报》2019年第1期。
② 彭卫、杨振红:《中国风俗通史(秦汉卷)》,上海文艺出版社,2002年,第354页。
③ 王子今:《两汉社会的"小男""小女"》,《清华大学学报》(哲学社会科学版)2008年第1期。

北方地区青铜文化金制品的生产与流动
——基于技术与艺术风格的分析

黄 维

(中国钱币博物馆)

  中国北方地区的青铜文化,以出土数量较多的各类动物纹样金银器为显著标志之一。在新疆、甘肃东南部、内蒙古中南部、陕西西北部、河北北部等地,考古发现有各类金制品,这些黄金制品的产地、艺术风格的文化来源等相关问题,一直以来都是学术界关注的重点。近些年来,随着研究的深入,北方地区青铜文化金制品的生产地点、制作技术及其与欧亚草原文化的交流问题,也取得了一些新的认识。比如以往认为的具有典型游牧文化风格的金属器,就很可能是中原工匠制造的,[①]其关键证据是西安北郊秦工匠墓出土的动物纹饰陶模,[②]以及金银器上的铭文与衡制;[③]而王辉更进一步推测,甘肃东南部马家塬墓地出土的铜器和一部分北方草原文化风格的器物可能产于关中平原。[④] 最近对鄂尔多斯青铜文化金银器的成分分析,认为马家塬墓地、西沟畔2号墓、碾房渠及石灰沟出土的金银制品,是使用相同的金属原材料制作的。[⑤] 这一结论无疑推进了对北方草原及其邻近地区金银制品制作问题的深入认识,但对于金银原材料的具体来源,制作加工地点以及产品的分配等细节问题,未能予以明确的阐述,特别是西沟畔2号墓5件金泡饰中铜的测试值在4.6－5.9%,而且银含量一致地占到约41%,明显与其他金饰件不同,原文认为可能是混入的青铜表面附着物。其实,对于这些数据的内涵不仅有更为细致解读的必要,而且需要对更为广阔地域范围的金器成分、制作工艺进行综合考察。首先,对新疆、内蒙古、甘

---

  ① 罗丰:《中原制造——关于北方动物纹金属牌饰》,《文物》2010年第3期,第56－63页。
  ② 陕西省考古研究所:《西安北郊战国铸铜工匠墓发掘简报》,《文物》2003年第9期,第4－14页;还可参见陕西省考古研究所:《西安北郊秦墓》,三秦出版社,2006年,第120－128页及彩版。
  ③ 定居民族存在为游牧民族定做金器的现象,如黑海北部斯基泰墓葬出土的金器很可能都是出自希腊工匠之手(有的斯基泰金器可能是希腊工匠与斯基泰人共同合作完成),斯基泰贵族曾向黑海沿岸的希腊殖民地订制黄金制品,可参见: Ljubow Kločko, "Das nőrdliche Schwarzmeergebiet, im 1. Jahrtausend vor Christus, nach archäologischem Material und Beschreibungen von Herodot", in: *Gold aus Kiew*, Wien 1993, p.24. 内蒙古鄂尔多斯西沟畔出土数件具有铭文的金银器,其中金牌饰铭文中的"两"、"半"二字与秦文字相同、衡制相似,可能就是秦地制造的,银节约上的铭文写法和衡制与三晋相似,可能是赵国制造的;河北易县辛庄头燕国贵族墓出土了数量较多的北方草原文化风格的金银动物纹牌饰,其上的铭文表明它们可能是赵国官府制作的。
  ④ 王辉:《张家川马家塬墓地相关问题初探》,《文物》2009年第10期,第76页。
  ⑤ 王志浩、小田木治太郎、广川守、菊地大树:《对鄂尔多斯北方青铜文化时期金银器的新认识》,《草原文物》2015年第1期,第113－124页。

肃、陕西等地春秋战国(或至西汉)时期出土的、经过成分分析的金器进行介绍和分析。

一、金制品的成分特征比较

新疆阿勒泰地区哈巴河东塔勒德墓地,年代在春秋晚期至西汉时期,①金器的成分主要有金、银、铜,金含量在66.3－99.4%,铜元素含量变化不大,约占2%,其余主要为银。② 新疆哈密巴里坤西沟遗址1号墓,年代为战国晚期至西汉早期,③出土金器的成分有如下特点:④金含量在71－98%,银含量在1.6－28%,铜含量在0－3%之间,其中焊料的铜含量明显偏高,在2－7.8%。⑤ 需要特别注意的是,巴里坤西沟遗址1号墓金器,使用了铜含量在3%以上的焊料,成分有别于金器主体成分,显然是人为配加的铜。⑥

内蒙古鄂尔多斯地区出土的战国时期金器,经王志浩等检测,⑦绝大多数金含量分布在64－92%,银含量2－21%,铜含量0.1－1.8%;西沟畔2号墓5件金泡饰的成分,含金52－54%、银40－42%、铜4.6－5.9%,与西沟畔和碾房渠的其他金器明显有别。有2件碾房渠的带孔金饰牌,其实含银占多数,应为银饰牌,分别含银85.9%、金11.7%、铜1.7%,银63%、金34.8%、铜1.8%。西沟畔和碾房渠的银器,绝大多数含银94－99.5%,铜含量除有一件为2.7%外,其余均在2%以下,有2件天鹅形铅饰件,银、铅、铜含量分别为88.8%、81.4%,10.3%、17.2%,0.5%、1%。

甘肃天水马家塬战国墓地出土的金制品纯度在64－94%之间(绝大多数含金量在90%以下,检测的金制品中仅有5件含金量在90－94%之间),含有较多的银(银含量主要分布在5－18%之间)和少量铜杂质(3%以下);银制品并非由纯银制作而成,可分为含金的银与不含金的银,纯度主要分布在87－98%之间(银含量多数在90%以上,以纯度在95%以上的居多),金含量主要在6%以下(少数样品含金约10%、20%),铜含量均在4%以下。⑧

陕西宝鸡、凤翔等地的春秋战国时期墓葬,出土了大量秦人的金制品,经检测,这些金器不是纯金,纯度在67－90%,含银量在6－22%之间不等,铜含量都在1%以下。⑨

---

① 新疆文物考古研究所:《新疆哈巴河东塔勒德墓地发掘简报》,《文物》2013年第3期,第13页。
② 于建军、马健:《新疆哈巴河东塔勒德墓地初步研究》,《文物》2013年第3期,第56页。
③ 西北大学文化遗产学院、哈密地区文物局、巴里坤县文物局:《新疆哈密巴里坤西沟遗址1号墓发掘简报》,《文物》2016年第5期,第30页。
④ 谭盼盼、纪娟、杨军昌、王建新、马健:《新疆哈密巴里坤西沟遗址1号墓出土部分金银器的科学分析》,《文物》2016年第5期,第85－91页。
⑤ 其中有一件喇叭形金坠饰(M1:43)的主体经检测含铜6.7%,应是受到主体与小金珠颗粒之间焊料部分较高铜含量所致。
⑥ 关于出土金器与自然金在铜含量上的差别及其区分,详见黄维、陈建立、王辉、吴小红:《马家塬墓地金属制品技术研究——兼论战国时期西北地区文化交流》,北京大学出版社,2013年,第59－61页。
⑦ 王志浩、小田木治太郎、广川守、菊地大树:《对鄂尔多斯北方青铜文化时期金银器的新认识》,《草原文物》2015年第1期,第122－124页。
⑧ 黄维、陈建立、王辉、吴小红:《马家塬墓地金属制品技术研究——兼论战国时期西北地区文化交流》,北京大学出版社,2013年,第35－145、265－266页。
⑨ 黄维、陈建立、王辉、吴小红:《马家塬墓地金属制品技术研究——兼论战国时期西北地区文化交流》,北京大学出版社,2013年,第161－163页。

表一 北方地区早期金银制品金属成分分布范围比较表

地域		金制品(质量百分比)			银制品(质量百分比)			
		Au	Ag	Cu		Ag	Au	Cu	Pb
新疆阿勒泰		66-99	0-34	2					
新疆哈密		71-98	1.6-28	0-3					
新疆哈密金焊料				2-7.8					
内蒙古鄂尔多斯	类型Ⅰ	64-92	2-21	0.1-1.8	类型Ⅰ	94-99		0-2、2.7	
	类型Ⅱ(金泡)	52-54	40-42	4.6-5.9	类型Ⅱ	81、88		0.5、1	10、17
					类型Ⅲ	85、63	11、34	1.7、1.8	
甘肃马家塬		64-94	5-18	0-3		87-98	0-6、10、20	0-4	
陕西宝鸡与凤翔		67-90	6-22	0-1					

通过对上述四大区域金器成分的比较发现(见表一),金器的纯度分布在64%-99%的广阔区间,纯度较高的金器则在新疆,有不同于其他地区的、纯度在95%以上的金制品。金制品中银含量分布在0-28%的范围,甚至高达34%,铜含量则主要在3%以下,这些成分特征说明当时主要是利用自然金为原材料。从金、银含量的分布范围来看,内蒙古鄂尔多斯、甘肃马家塬、陕西宝鸡与凤翔这三个区域较为接近,在这些地区,存在大量本地可以利用的金、银矿产资源,[①]由于金制品与当地金矿所产自然金的成分范围很难准确对应,因此,从技术上来说,不易通过制成品的成分特征来判断其原材料上的差异或联系。

需要注意到的是,在更靠近草原地带的新疆哈密与内蒙古鄂尔多斯,发现金制品的成分有较高的铜含量,而这种现象在甘肃马家塬、陕西宝鸡与凤翔还未见。前者高铜含量(4%以上)的金制品,分别见于焊料与金泡,这在先秦两汉金器的成分中极少见。新疆哈密出土的金颗粒饰件,所用高铜含量的焊料,其工艺有可能来源于西方,这种技术可能是采用了铜盐还原法,即将铜的化合物——孔雀石,通过粘接剂(混有木炭粉作还原剂)将金珠粘在一起,在还原气氛下加热至约800℃,[②]铜被还原出来扩散进入金珠从而将其连接在一起。[③] 使

[①] 古文献记载和现代地质勘探资料表明,在甘肃平凉、天水、秦安、清水、肃北蒙古族自治县,陕西略阳、安康、勉县有银矿;甘肃河西、肃北蒙古族自治县、成县、康县、安西、礼县,内蒙古乌兰察布市、包头、赤峰,陕西略阳、凤县、蓝田、安康、汉阴、勉县,宁夏中卫等地有自然金、银金矿及含金的次生矿,见章鸿钊:《古矿录》,地质出版社,1954年;《中国矿床发现史》,地质出版社,1996年。这些地方大量金银制品的出土,很可能与本地矿产资源的分布有关。

[②] Duval, A.R., C. Eluère, L.P. Hurtel and M. Menu, "The use of scanning electron microscopy in the study of gold granulation", In Archaeometry, Proceedings of the 25th International Symposium, ed. Y. Maniatis, Elsevier. Amsterdam, 1989, pp.325-333; Higgins, R.A, *Greek and Roman Jewellery*, Methuen, London, 1961, pp.20-21.

[③] 焊接小金珠颗粒还有其他方法,如合金焊料,使用金、银、铜合金的碎片,用粘接剂先将金珠粘好,然后加热使焊料熔化而实现小金珠颗粒的焊接;直接熔结焊接,不使用任何焊料,将小金珠颗粒加热灼烧,在连接处的表面熔融状态下,金珠自然地粘接在一起。这种方法需要精确的温度控制,如果加热温度过高,会使金珠发生较为严重的形变,见 La Niece, Susan and Meeks, N, "Diversity of goldsmithing traditions in the Americas and the Old World", in *Precolumbian gold: technology, style and iconography*, Edited by McEwan Colin, 2000, pp.220-239; Diane Lee Carroll, "A Classification for Granulation in Ancient Metalwork", *American Journal of Archaeology*, Vol. 78, No. 1, 1974, pp.33-39; Diane Lee Carroll, "On Granulation in Ancient Metalwork", *American Journal of Archaeology*, Vol. 87, No. 4, 1983, pp.551-554.

用铜盐还原法,连接处的含铜量要比金珠高,在经过科学检测的伊特鲁里亚、①、②伊朗、③古希腊、④克里特、⑤哥伦比亚⑥和秘鲁⑦的金饰件中,都有发现这种工艺。

先秦时期,中原及北方地区金制品的含铜量极少超过3%,较高铜含量的金制品,在先秦两汉时期中原及邻近地区的青铜文化中是没有的,目前为止仅在北方地区发现一例,即新近报道的鄂尔多斯含铜量在4.6%-5.9%之间的金泡饰。而在西方,从大不列颠群岛至俄罗斯西伯利亚,都有发现金铜合金。在古埃及和美索不达米亚,金铜合金一直被广泛使用。⑧ 欧亚大陆古代金银制品的合金成分,⑨大不列颠群岛中期至晚期青铜时代就有较多含铜量在4%-13%的金银铜合金,两河流域约公元前3000年的乌尔王陵中发现有含铜10%的金-银-铜合金矛头,古巴比伦阿契美尼德王朝(公元前550-330年)的金耳环含铜9.8%,约公元前400年的西西伯利亚有含铜量达7%的金箔;金铜合金的使用到了罗马时期更为普遍,有的金器含铜高达13%,甚至在金、银币中使用较多的铜代替金而造成货币贬值。

从先秦时期中西方高铜含量金器的分布来看,鄂尔多斯较高铜含量的金泡,与中原文化的金器原料明显有别,根据对世界范围内大量自然金、先秦两汉时期中国与欧亚大陆早期金制品成分的比较,⑩铜的加入是人为因素,在经过检测的马家塬墓地出土的大量金制品,即使与青铜共出或附着在一起,只要检测方法得当,也没有测出含铜4%以上,除非是贴金铜器或可能X射线穿透而触及青铜本身,而在与金泡饰一起检测的其他鄂尔多斯金制品中,也没有发现铜含量超过4%的器物,而且这5件金泡中的银含量高达40%-42%,也是其他金器中很少见的。因此,可以推测,鄂尔多斯金制品的生产,存在有别于其南部

---

① Paolo Parrini, Ediberto Formigli, Emilio Mello, "Etruscan Granulation: Analysis of Orientalizing Jewelry from Marsiliana d'Albegna", *American Journal of Archaeology*, Vol. 86, No. 1, 1982, pp.118-121.

② R. Echt, W. -R. Thiele, "Sintering, Welding, Brazing And Soldering As Bonding Techniques In Etruscan And Celtic Goldsmithing", In G. Morteani and J. P. Northover (eds), *Prehistoric Gold in Europe*, Kluwer Academic Publishers, 1995, pp.435-451.

③ Duval A R, Eluère C and Hurtel L P, "Joining techniques in ancient gold jewellery", *Jewellery Study*, 1989(3), pp.5-14; Maria Filomena Guerra and Thomas Calligaro, "Gold cultural heritage objects: a review of studies of provenance and manufacturing technologies", *Measurement Science and Technology*, 2003(14), pp.1527-1537.

④ Susan La Niece and Nigel Meeks, "Diversity of Goldsmithing Traditions in the Americas and the Old World", in *Precolumbian gold: technology, style and iconography*, edited by McEwan Colin, London: British Museum Press, 2000, pp.220-239.

⑤ Susan La Niece and Nigel Meeks, "Diversity of Goldsmithing Traditions in the Americas and the Old World", in *Precolumbian gold: technology, style and iconography*, edited by McEwan Colin, London: British Museum Press, 2000, pp.220-239.

⑥ David A Scott, "Pre-hispanic Colombian Metallurgy: Studies of some Gold and Platinum Alloys", Doctoral thesis, University of London, Institute of Archaeology, 1982.

⑦ Lechtman, H.N, "Technical description", In *Andean Art at Dumbarton Oaks*, vol.1, ed. E. Hill Boone, Dumbarton Oaks Research Library and Collection, Washington, DC, 1996, pp.280-283.

⑧ Andrew Ramage and Paul Craddock, "King Croesus' Gold: Excavations at Sardis and the History of Gold Refining", Archaeological Exploration of Sardis Harvard University Art Museums in association with British Museum Press, 2000, p.32.

⑨ 黄维、陈建立、王辉、吴小红:《马家塬墓地金属制品技术研究——兼论战国时期西北地区文化交流》,北京大学出版社,2013年,第280-284页。

⑩ 黄维、陈建立、王辉、吴小红:《马家塬墓地金属制品技术研究——兼论战国时期西北地区文化交流》,北京大学出版社,2013年,第269-286页。

地区(比如甘肃东南部及陕西西北部)的原材料来源。在鄂尔多斯高原,毗邻草原地带,可能存在多元化的金制品原料来源,而且高铜含量的金制品和焊料,有可能是受到西方技术影响的结果,新疆哈密出土高铜含量的焊料,从技术上来说,能够比较好地衔接中亚、西亚与鄂尔多斯地区的这种技术联系。哈密金珠颗粒焊料的成分特征,与器物本身有显著差异,这种较高的铜含量,显然是人为技术所致。

在中国早期青铜文化中,以较高铜含量为特征的西方金制品技术,主要发现在中原文化区的外围,除上述新疆哈密和内蒙古鄂尔多斯的两例外,铜含量比较高的金制品,在西南地区也有出现,如云南江川县李家山西汉中晚期墓葬中出土的一件金片,含金81.4%、银10.4%、铜8.2%。[1] 可以明确的是,邻近欧亚草原地带的中国北方或更远地区,其金制品的生产,应该存在一个自身的技术系统,不仅仅是以较高铜含量作为技术特征之一,而且还有对金制品成色进行选择性使用的差异。

蒙古国境内一座约公元前300年至公元100年的匈奴墓葬,对两个墓中的50件金箔进行了成分检测,[2] 1号墓(皇家墓葬)的金箔含金$96.1±1.8\%$、银$3.5±1.6\%$、铜$0.21±0.16\%$;另外一座普通墓葬的金箔含金$89.7±0.6\%$、银$9.6±0.4\%$、铜$0.21±0.04\%$,为便于比较,还对2件中国的金牌饰进行检测,含金$92.0±0.5\%$、银$7.3±0.6\%$、铜$0.8±0.04\%$。该文认为所用的匈奴金箔都含较高的铁和锡,中国的金牌饰铁和锡含量相对较低,分析结果表明这些匈奴金是砂金,综合钯的分析结果,这些匈奴金与中国金牌饰的材料来源是不一样的。这一科学分析说明,当时的蒙古草原地区,存在利用金制品纯度来区别社会身份的事实,而这种现象在中国早期金制品的成分特征中尚未发现。在先秦两汉时期,虽然墓葬有等级之分,但墓主人的身份与社会等级差异主要是通过墓葬大小、随葬品的种类及其数量、不同质地材料组合的使用来体现的。

二、制作技术、艺术风格中的差异与共性

通过物质来表达对文化的认可及其相应的模仿,主要表现在器物形态上的相似,但在技术上会产生地域性的不同,除非是完全意义上的舶来品。

俄罗斯圣彼得堡艾尔米塔什博物馆藏的公元前6世纪斯基泰金牌饰(见图一),[3]表现的是虎在树下咬食动物的场景,而青海省博物馆藏海北州祁连县出土的一件公元前3世纪的狼噬牛金牌饰(见图二),整体形态和轮廓与之非常相似,后者树枝形状的图案则占到一半,猛兽的种类和攻击方式等细节之处也不尽相同。对比这两件金牌饰可以看出,

---

[1] 李晓岑、张新宁、韩汝玢、孙淑云:《云南江川县李家山墓地出土金属器的分析和研究》,《考古》2008年第8期,第84页。

[2] Maria Filomena Guerra and Thomas Calligaro, "Gold cultural heritage objects: a review of studies of provenance and manufacturing technologies", *Measurement Science and Technology*, 2003(14), pp.1527-1537.

[3] 也有学者将这件金牌饰的时代定为公元前3世纪至2世纪,见 Emma C. Bunker, *Nomadic Art of the Eastern Eurasion Steppes*, The Metropolitan Museum of Art & Yale University Press, 2002, pp.32-33.

前者边界模糊不清，无清晰、整洁的轮廓，图案线条都比较粗糙模糊，地张也不平坦。斯基泰金牌饰通体贯通又粗糙不清的状态显示，其应系手工捏塑蜡模铸造，即直接失蜡法，而中国北方系金属牌饰应是范铸工艺铸造。①

图一 俄罗斯圣彼得堡艾尔米塔什博物馆藏斯基泰金牌饰（公元前6世纪）②

图二 青海省博物馆藏海北州祁连县出土的金牌饰（公元前3世纪）③

这两件金牌饰虽然在艺术风格上十分相近，工艺细节却截然不同，说明金制品的制作技术具有强烈的地域特征，这涉及原材料来源、制作工艺、纯度的选择、器物用途等不同的生产环节，很难一概而论。金牌饰制作工艺的地域差异，在马家塬墓地与鄂尔多斯出土的金制品中表现得尤为显著。马家塬墓地的金花腰带饰（见图三），背面有界限分明的凹槽，为金薄片压制而成，这些表现动物躯干、肌肉的光滑型凹槽，互不交叉，深浅错落有致，如腹部和后腿的凹槽就比较深，从正面看就更为凸出，从而显示出强有力的身躯，这种工艺手法对艺术效果的审美刻画，非常细致考究。这种技术很可能借助了模子，英国的约翰·马歇尔在研究出自塔克西拉的金银首饰时，有过这样的描述"把薄金属片压到模子的凹陷处，使薄金属片上留下印痕，然后借助着压印器和刻刀，最终完成首饰的制作"，他认为"至少在某些情况下，石头模子是为了制造金属模子。贵重金属在金属模子（青铜铸

---

① 关于北方地区出土的战国（至西汉）时期动物纹牌饰的铸造工艺问题，历来有两种主张，即"失蜡"与"范铸"之说，特别是美国艾玛·邦克（Emma C. Bunker）提出的"失蜡失织法"一说，她认为中国古代有失蜡失织铸造工艺，而且还指出，"失蜡失织法"用于制造动物纹牌饰，见 Emma C. Bunker, Lost Wax and Lost Textile, "An Unusual Ancient Techniques for Casting Gold Belt Plaques", The Beginning of the Use of Metals and Alloys, MIT Press, 1988, pp. 222-227; Artifacts, "Regional Styles and production methods", Nomadic Art of the Eastern Eurasion Steppes, The Metropolitan Museum of Art & Yale University Press, 2002, pp.15-37；艾玛·邦克：《"失织-失蜡法"：古代渤海地区的一种铸造工艺》，河北省文物研究所编：《环渤海考古国际学术讨论会论文集》，知识出版社，1996年，第234-237页。艾玛·邦克的这一观点在一部分中国学者中得到了认可，有的研究者以借以论说中国古代的失蜡铸造历史，如谭德睿：《中国古代失蜡铸造起源问题的思考》，《文物保护与考古科学》1994年第2期。根据失蜡铸造和陶范铸造工艺逻辑的科学分析及北方系动物纹牌饰铸造工艺特征的研究，所谓的"失蜡失织法"在我国北方地区并不存在，北方系金属牌饰应是范铸工艺铸造，见周卫荣、黄维：《"失蜡失织法"商榷》，《南方文物》2016年第1期，第59-63页。而且，近些年出土的湖北随州文峰塔青铜盘上的镂空附件，也并非失蜡工艺，见黄维、周卫荣：《随州文峰塔东周青铜盘镂空耳的铸造工艺》，《故宫博物院院刊》2018年第1期，第120-129页。

② Joan Aruz, Ann Farkas, Andrei Alekseev, Elena Korolkova, The Golden Deer of Eurasia: Scythian and Sarmatian Treasures from the Russian Steppes; The State Hermitage, Saint Petersburg, and the Archaeological Museum, Ufa, Yale University Press, 2000, pp.290.

③ 河南博物院：《丝路遗珍——丝绸之路沿线六省区文物精品展》，2013年，第19页。

模)上锤打成形,然后再用手工雕刻和加工细部"。① 这些金花腰带饰的周边以及镂空处,都留有原始压印制作形成的毛边,未经过打磨修整,有未被使用过的特征。而鄂尔多斯出土的虎兽咬斗纹金饰牌(见图四),则带有明显使用过的痕迹,中间已断裂,之后用金丝进行缝合连接,虎的形态体现得是整体的庞大,而不是马家塬墓地腰带饰突出躯干和肌肉。鄂尔多斯金饰牌正面花纹比马家塬墓地的更为丰富和繁复,体现了纹饰雕刻的精细,但相对来说,背面凹槽的深浅没有产生明显的立体层次感,因此,从正面看起来的高浮雕感没

图三 甘肃马家塬墓地出土的金花腰带饰正面(左)与背面(右)②

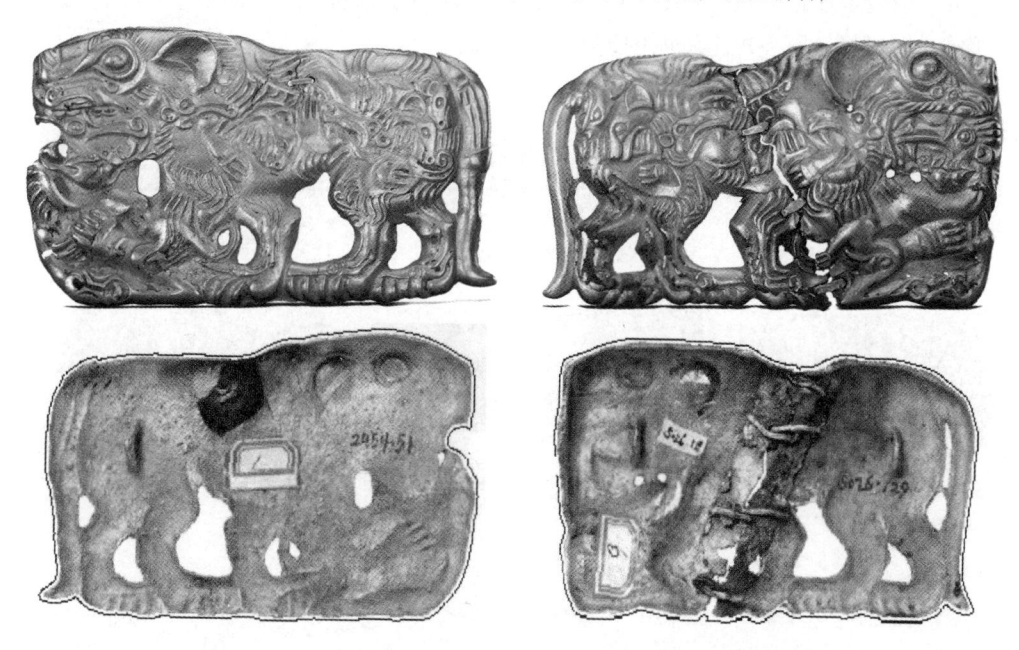

图四 鄂尔多斯地区出土的虎兽咬斗纹金饰牌正面③与背面④

---

① [英]约翰·马歇尔著,秦立彦译:《塔克西拉》,云南人民出版社,2002年,第885–886页。
② 黄维、陈建立、王辉、吴小红:《马家塬墓地金属制品技术研究——兼论战国时期西北地区文化交流》,北京大学出版社,2013年,彩版。
③ 鄂尔多斯博物馆编:《鄂尔多斯青铜器》,文物出版社,2006年,第154页。
④ 王志浩、小田木治太郎、广川守、菊地大树:《对鄂尔多斯北方青铜文化时期金银器的新认识》,《草原文物》2015年第1期,第115页。

有马家塬墓地金腰带饰那么强烈。在制作工艺上还有一个明显的差异,即鄂尔多斯金饰牌的背面有钮,这在马家塬墓地金带饰上是不存在的,钮的存在具有明显的实际用途,可以用线或绳穿起来固定在服饰或马具上,而马家塬墓地金腰带饰在出土时则是排成一圈围绕在墓主人腰间,似乎仅为殉葬装饰用。

上述这些细节,足以让人相信,鄂尔多斯与马家塬墓地的金牌饰,不可能出自同一匠人之手,虽然都以草原动物咬斗为主题,但所用工艺和艺术表现手法不同。即便这二者之间存在原材料上的关联,但在成形工艺上存在明显差异,突出的动物体格特征也不一样,如果笼统地用"技术"一词来冠以相似或不同,都有失偏颇。

制作方法上的差异,并不能完全说明这些草原边界地带金牌饰的关系,它们还存在某些特别引人注意的高度一致性。例如,鄂尔多斯(见图五)与马家塬(见图六)曾出土嵌以S形的管状金饰,都为五个管(系用薄金片卷曲而成)与四排S形金饰焊接而成。不同的是,前者的金管之间为两个S形纵向排列,还有一种用金料直接焊接而成的类型。马家塬出土的这类管状饰,还存在一端残留S形的现象,或许在制作时可以任意延长,但最后的制成品是以五个管为止。这种以管形为主要构件的金饰,在马家塬墓地还以扇形方式出现,中间以小金珠颗粒焊接。① 以上这类金管状饰件造型独特,在先秦时期考古发现的中原文化金器中很少见,表现出鲜明的地域文化特征。

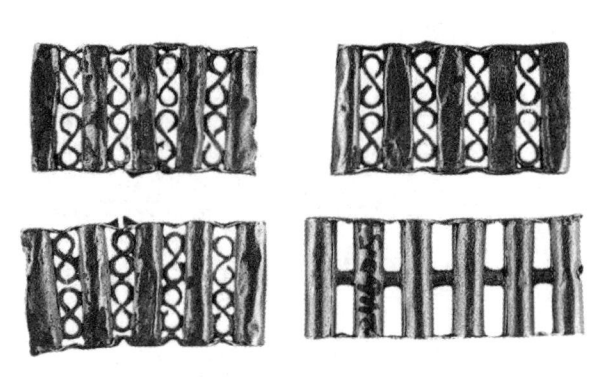

图五 鄂尔多斯出土的管状金饰件②　　　图六 马家塬墓地出土的管状金饰件③

三、区域性的货币现象与黄金流通

金制品的生产和使用涉及诸多环节,技术的区域分化更是一个比较复杂的现象,至少可以明确的是,不论是在更靠近中原文化的地区,还是在更接近草原的边界地带,例如上

---

① 早期秦文化联合考古队、张家川回族自治县博物馆:《张家川马家塬战国墓地2007-2008年发掘简报》,《文物》2009年第10期,第30、42页。
② 鄂尔多斯博物馆编:《鄂尔多斯青铜器》,文物出版社,2006年,第287页。
③ 黄维、陈建立、王辉、吴小红:《马家塬墓地金属制品技术研究——兼论战国时期西北地区文化交流》,北京大学出版社,2013年,彩版。

文述及的甘肃马家塬、内蒙古鄂尔多斯高原,金制品的生产都存在当地的艺术和技术特征,在更靠近草原的地区,从技术(例如原材料的选择和焊料的使用等)上来说,在某种程度上更容易通过欧亚草原而受到来自西方技术传统的影响。但自战国晚期,秦人对草原边界地带控制加强,与草原游牧民族的交流也进一步深化,除了政治与外交因素外,还包含商品贸易等经济往来,①这无疑促进了各个技术环节的交流甚至产品的直接交换,这方面最能说明问题的实物证据,是甘肃东南部、内蒙古等地发现的秦国货币。

马家塬墓地所处的天水市张家川县,曾出土"钻孔"半两(可能出于该县龙山韩川、大阳高庄一带),②多为战国中晚期秦半两,直径为23-33 mm、重1-8 g,这种孔洞为人工制成,并非铸造缺陷,多出现在钱体较大、肉厚的钱币中。有一种饼半两(形如饼状,背面微鼓起,边缘大部分或局部有小台阶),在陕西神木发现有40余枚,③这种特别的半两钱在甘肃天水、陕西渭南地区也都有发现,都使用了合范铸造工艺,文字风格和形态略有差异。④ 在邻近鄂尔多斯的鄂托克旗,还发现连体形的战国时期秦半两钱。⑤ 从陕西中部至甘肃东南部,到内蒙古中南部,秦半两钱都有发现,说明这些地区在当时有着广泛而深入的文化交往和技术、经济往来,所以,在金制品的成分、原材料来源、制作工艺、艺术风格等方面,既存在差异,又有共性,甚至如嵌S形管状金饰这样的产品模仿或交换,正是在保留本地文化和技术特征的基础上进行交流的结果。

以黄金为媒介的技术文化交往和产品的流通,并不限于装饰物。宁夏固原县彭堡乡侯磨村北方青铜文化春秋晚至战国初的墓葬,出土1件楔形金块,⑥侧面有刀切痕迹,长2.85厘米,大头宽1.1厘米、厚0.5厘米,小头厚0.3厘米,重12.4克,经人民银行鉴定成色为82%。这块楔形金,从切割面看当是从一个圆形金饼上切割下来的,金饼的复原直径约为5.5厘米,厚0.3-0.5厘米,边厚、中间薄,楔形金约占金饼的十三分之一,金饼的总重量应在170克左右。该墓(长方形土坑墓)同出遗物有:羊头,金耳环(文中报道成色约为80%),金花饰(梅花状,成色与金耳环相当),货贝5枚,还有绿松石珠、水晶珠、玛瑙珠等。从这些考古信息来看,这件楔形金块与其他金器同出,不仅仅是作为装饰和显示富有,本身应是可以用来交换其他物品的媒介,即具有货币的部分功能,这也以实物证据说明,当时在鄂尔多斯至甘肃东南部这一区域内,存在黄金流通的现象,结合发现的半两钱来看,商贸交往所带来的技术、文化交流现象,并不逊于通过政治或外交途径。到了西汉时期,

---

① Katheryn M. Linduff, "Production of signature artifacts for the nomad market in the state of Qin during the late Warring States period in China (4th - 3rd century BCE)", In Metallurgy and Civilisation: Eurasia and Beyond — Proceedings of the 6th International Conference on the Beginnings of the Use of Metals and Alloys (BUMA VI), Edited by Jianjun Mei and Thilo Rehren, Archetype Publications Ltd. In association with the University of Science and Technology Beijing and the Institute for Archaeo-Metallurgical Studies, London, 2009, p.95.
② 马聪:《张家川县出土"钻孔"半两》,《中国钱币》2010年第1期,第43-45页。
③ 王雪农、刘建民:《秦钱新品饼半两》,《中国钱币》1994年第2期,第3-6页。
④ 杨槐、袁林:《管窥饼半两》,中国钱币学会编:《中国钱币论文集》(第四辑),中国金融出版社,2002年,第161-169页。
⑤ 王吉祥:《内蒙古鄂托克旗发现战国连体半两》,《中国钱币》2004年第2期,第47页。
⑥ 罗丰:《析宁夏固原出土的楔形金块——兼谈我国早期金饼问题》,《中国钱币》1991年第4期,第27-33页。

与经济贸易相关的钱币类遗物——铅饼,体现了外来因素对中国内地的深入影响,可靠的考古发掘资料有:陕西扶风出土2枚外文铅饼(与五铢钱放在一起);①甘肃灵台发现外文铅饼274枚;②西安汉城故址一陶罐内装铅饼共14枚(13枚为外文铅饼);③安徽六安汉墓出土外文铅饼1枚;④据《扬州晚报》2016年11月4日的报道,带外国字铭文的铅饼在扬州蜀冈汉墓中也有发现。

四、结语:文化认同与技术选择

北方地区青铜文化的金制品,动物咬斗题材与草原文化有着密切的联系,器物结构和图案上的相似关系正是文化交流的主要物质表现形式,这种"交流"的本质,则是群体之间意识形态和价值取向的认同,制造器物的历史工匠,作为独立的个体,又有自己的思维方式和文化认知,因此,制造的器物在差异中体现共性。例如北方地区出土的小金珠颗粒金制品:新疆阿勒泰地区哈巴河县东塔勒德墓地(春秋晚期至西汉时期)金珠饰件,金花饰件,金珠花饰件,(锯齿状)金饰件;⑤新疆哈密巴里坤西沟遗址1号墓(战国晚期至西汉早期)金珠与金花饰件;⑥新疆乌拉泊水库出土的战国至西汉(公元前500-前100年)金耳坠、新疆阿合奇县库兰萨日克出土的战国至西汉(公元前500-前100年)金耳坠、新疆特克斯县出土的战国至西汉(公元前500-前100年)葡萄形金耳坠;⑦内蒙古杭锦旗阿鲁柴登出土的战国晚期金耳坠;⑧河北易县辛庄头出土的战国晚期金耳坠、金珌;⑨山东临淄商王墓出土的战国晚期金耳坠;⑩甘肃天水马家塬战国墓地出土的金管饰(见图七),⑪上述这些由小金珠球体构成堆积三角纹(或锥形)图案的金饰件,在先秦时期的中原文化中很少见。⑫

以球体状小金珠制作黄金饰件,在早期地中海地区、中亚及欧亚草原比较常见,中国

---

① 罗西章:《扶风姜塬发现汉代外国铭文铅饼》,《考古》1976年第4期,第275-276页。
② 灵台县博物馆:《甘肃灵台发现外国铭文铅饼》,《考古》1977年第6期,第427页。
③ 考古研究所资料室:《西安汉城故址出土一批带铭文的铅饼》,《考古》1977年第6期,第428页。
④ 李勇:《安徽六安市汉墓的清理》,《考古》2002年第9期,第93-95页。
⑤ 新疆文物考古研究所:《新疆哈巴河东塔勒德墓地发掘简报》,《文物》2013年第3期,第4-14页。
⑥ 西北大学文化遗产学院、哈密地区文物局、巴里坤县文物局:《新疆哈密巴里坤西沟遗址1号墓发掘简报》,《文物》2016年第5期,第30页。
⑦ 新疆文物考古研究所:《乌鲁木齐市乌拉泊古墓葬发掘研究》,新疆人民出版社,1995年,第326页;新疆文物考古研究所:《阿合奇县库兰萨日克墓地发掘简报》,新疆人民出版社,1995年,第445-446页;穆舜英:《中国新疆古代艺术》,新疆美术摄影出版社,1994年,图版140,149。
⑧ 田广金、郭素新:《内蒙古阿鲁柴登发现的匈奴遗物》,《考古》1980年第4期,第333-338页。
⑨ 河北省文物研究所:《燕下都(上、下)》,文物出版社,1996年,第715-721页,彩图九。
⑩ 临淄市博物馆、齐故城博物馆:《临淄商王墓地》,齐鲁书社,1997年,第46页。山东临淄商王墓出土的金珠焊接细金制品,可能受到了北方草原和秦文化的影响,该墓还出土秦的典型器物——战国晚期铜蒜口瓶,同出的银耳杯上均刻有秦国铭文。
⑪ 早期秦文化联合考古队、张家川回族自治县博物馆:《张家川马家塬战国墓地2007-2008年发掘简报》,《文物》2009年第10期,第42页。
⑫ 这类以球体及其金片(或箔)堆积成三角纹的方法,与单个三角形金片和金饰的艺术表现形式不同,前者系刻意以球体和单个三角体为单位,制造出连续分布且对称的锯齿状图案,有目标性很强的、引人注意的文化表达诉求,更为重要的是,球体与三角纹这两种完全不同的几何造型之间存在紧密的联系。

北方地区先秦时期球状小金珠黄金制品的出现,很可能受到了西方文化的影响。① 这种外来文化因素的印记,明显地体现在中国北方地区的金器开始接受球体及其三角纹的造型方式。甘肃马家塬墓地出土的、表面有球状小金珠装饰的金管饰即有这种特征。金管饰是先利用金箔制成中空的圆柱形管,然后在两端分别焊接小金珠,这些小金珠排列成三角形,而且上下排列的三角形均相互错开一个,在没有焊接小金珠的金管表面形成三角波折纹。这种在圆柱形管状器物两端制作三角形波折纹的现象,与西西伯利亚和西亚类似器物的造型艺术极为相似。俄罗斯西西伯利亚(Filippovka)出土的金饰件(年代约在公元前400年),②主体部分为圆柱形玛瑙(见图八),两端贴(或包)金箔,金箔上饰有小金珠,小金珠的排列方式与马家塬墓地金管饰一致,形成三角形波折纹的图案。收藏于洛杉矶盖蒂博物馆的帕提亚金饰品(年代约在公元前3世纪),主体部分呈圆柱形,两端和中间有金箔环绕一周,金箔上装饰有三角形的小金珠,形成波折纹的图案,与西西伯利亚金饰件的装饰技法如出一辙。这类器物有一些显著的造型特点:1. 主体部分大体呈圆柱体管状;2. 两端(或中间部位)有堆积成三角形的球状小金珠,呈错落有致的锯齿形分布;3. 三角纹形成的空间具有锯齿状波浪造型效果。

图七　甘肃马家塬墓地出土的金管饰　　　图八　西西伯利亚金饰件

金制品的制作技术,在欧亚草原东部边界以及邻近地区,已经表现出分化的趋势。小金珠颗粒的焊接工艺,在更靠近草原地带的新疆地区,则发现有使用与西方焊接材料相近的高铜焊料的现象,③这种铜含量比较高的金制品原料,在北方地区的草原边界地带也偶有发现。④ 但在越靠近内陆中原文化区,小金珠颗粒所用焊接材料已不同于新疆地区,甘

---

① 黄维、吴小红、陈建立、王辉:《张家川马家塬墓地出土金管饰的研究》,《文物》2009年第10期,第78-84页。
② Joan Aruz, Ann Farkas, and Elisabetta Valtz Fino, *The golden deer of Eurasia: perspectives on the steppe nomads of the ancient world*, New York: Metropolitan Museum of Art, and New Haven: Yale University Press, 2006, pp.88, Plate 17.
③ 谭盼盼、纪娟、杨军昌、王建新、马健:《新疆哈密巴里坤西沟遗址1号墓出土部分金银器的科学分析》,《文物》2016年第5期,第85-91页。
④ 王志浩、小田木治太郎、广川守、菊地大树:《对鄂尔多斯北方青铜文化时期金银器的新认识》,《草原文物》2015年第1期,第113-124页。

肃马家塬墓地小金珠颗粒以及嵌 S 形管饰所用焊料均为银含量较高的金-银-铜合金焊料。[①]

在相对小的区域范围,从鄂尔多斯高原、陕西西北部至宁夏中南部到甘肃东南部,战国晚期到西汉之际,秦人对这些地区控制加强并逐渐纳入其国家版图,秦、魏[②]等国铜质货币使用范围朝北方草原地带的扩大,可能更加有效地促进了人员往来和产品互换,货币流通带来的是人员和商品的自由流动,这种通过商贸交往而引起的社会交流形式的深化,会超过政治和外交手段。宁夏固原发现的楔形金块,不仅说明存在大宗商品交换,[③]而且说明黄金本身参与流通。在当时,物品的交换以赏赐、馈赠、贸易等形式同时存在,在不同的地域文化里,也都有各自的生产中心,这些生产体系可能在工匠、原材料、制作工艺等各个技术环节既保留自身的特点,又有互相交流。对某些特定的器形来说,比如嵌 S 形金管饰,以及两端开孔的"珠饰"(大体呈扁平球状,见图九、图十),制作工艺相似,不论是从技术层面,还是商品贸易的角度,都说明这些地区之间有紧密的联系。

图九　阿鲁柴登战国晚期金珠项饰[④]　　图十　马家塬墓地金珠[⑤]

[①] 黄维、陈建立、王辉、吴小红:《马家塬墓地金属制品技术研究——兼论战国时期西北地区文化交流》,北京大学出版社,2013年,第63-78页。

[②] 游牧民族在战国中期之前,即有接受并使用中原文化货币的现象,如陕西黄陵寨头河战国戎人墓地,考古工作者认为其年代集中在战国早中期,出土有魏国货币"阴晋半釿"、"梁半釿"桥形布,见陕西省考古研究院、延安市文物研究所、黄陵县旅游文物局:《陕西黄陵寨头河战国戎人墓地发掘简报》,《考古与文物》2012年第6期,第3-10页;孙周勇、孙战伟、邵晶:《黄陵寨头河战国墓地相关问题探讨》,《考古与文物》2012年第6期,第79-86页。

[③] 例如秦戎之间存在贸易关系,包括"奇缯物"等奢侈品,已为学界注意,见王辉:《张家川马家塬墓地相关问题初探》,《文物》2009年第10期,第75-76页。

[④] 张景明著:《中国北方草原古代金银器》,文物出版社,2005年。

[⑤] 黄维、陈建立、王辉、吴小红:《马家塬墓地金属制品技术研究——兼论战国时期西北地区文化交流》,北京大学出版社,2013年,彩版。

战国时期的成都城
——兼谈蜀国的都城规划传统

孙 华

(北京大学中国考古学研究中心)

一、绪 论

四川省的省会成都历史悠久,号称两千年城市名称未改,城市位置没变的大型都市。根据古文字的材料,该城的得名至迟可以追溯到战国晚期。[①] 根据文献记载的古史传说,成都城作为一个国家的都城,应当开始于战国之前;而根据考古发现的新材料,成都主城区出现都邑规模的遗址,还可以追溯到商代晚期。因此,秦灭蜀国前或秦统一中国前成都城的情况,是成都作为西南大都会城市历史的重要组成部分,理所当然应当进行专门的研究。

根据四川古史传说,大约在公元前 650 年前后,成都平原的政治形势发生了变化。发生这次变化的原因,据说是在这之前长期的水患等自然原因和由此带来的社会动荡。汉晋文献追记这一蜀国历史传说,都曾经竭力渲染蜀地的这个洪水时期,说这时的洪水就像是"汤汤洪水方割,荡荡怀山襄陵"(《尚书·尧典》)的帝尧时期的洪水,当时蒲卑王朝的蜀望帝没有能力治理这场洪水,其结果当然也会像尧帝时期一样,"草木畅茂,禽兽繁殖,五谷不登,禽兽逼人","蛇龙居之,民无定所"(《孟子·滕文公》)。后来蜀望帝任用来自荆楚的开明氏"鳖灵"为相,鳖灵善于治水,通过他用大禹疏导方法来治理,蜀地终于不再被洪水浸泡,人民终于能够过上正常的生活。蜀望帝因此(当然还有别的原因)将王位禅让给了鳖灵,鳖灵即位,号为"开明",建立了一个新王朝。[②] 考古材料反映的金沙村遗址

[①] 成都之名最早见于战国晚期的青川县九年吕不韦铜戈(尹显德:《四川青川出土的九年吕不韦戟》,《考古》1991年第1期,第16-17页)和荥经县同心村"成都"铜矛(四川省文物考古研究所等:《荥经县同心村巴蜀船棺葬发掘报告》,《四川考古报告集》,文物出版社,1998年,第247-248页,图五二·2、五三·2),稍后见于秦代的云梦睡虎地竹简(见《睡虎地秦墓竹简》,文物出版社,1978年,第261-262页)。这些都是秦灭蜀、筑成都城以后的材料,成都的得名应当早在秦灭蜀以前。关于这个问题,笔直曾有《成都得名考》(《成都文物》1991年第3期)一文专门进行讨论。

[②] 关于这段蜀国历史的传说,汉晋文献记载颇多。西汉扬雄《蜀王本纪》:"荆有一人名鳖灵,其尸亡去。荆人求之不得。鳖灵尸随江水上至郫,遂活,与望帝相见,望帝以鳖灵为相。时玉山出水,若尧之洪水。望帝不能治,使鳖灵决玉山,民得安处。鳖灵治水去后,望帝与其妻通,惭愧,自以薄德,不如鳖灵,乃委国授之而去,如尧之禅舜。"(《太平御览》卷八八引)来敏《本蜀论》:"荆人鳖令死,其尸随水上。荆人求之不得。令至汶山下复生。起见望帝。望帝者,杜宇也。……望帝立以为相。时巫山峡而蜀水不流,帝使令凿巫峡通水,蜀得陆处。望帝自以德不若,遂以国禅,号曰开明。"(《水经·江水注一》引)东晋常璩《华阳国志·蜀志》:"后有王曰杜宇……会有水灾,其相开明决玉垒山以除水害。帝遂委以政事,法尧舜禅授之义,遂禅位于开明。"

以后,成都平原的文化发展进入了一个衰落的时期,文化面貌不清,居址很少发现,墓葬材料缺乏,或许就是这个时期成都平原社会状况的写照。

按照汉晋文献保留的古史传说,古蜀国最后的开明时代,共经历了十二代约三百五十余年。① 开明氏首位帝王鳖灵取代蒲卑氏杜宇之后,蜀国的都城还是蒲卑氏旧都郫邑(其都城遗址现在还没有发现,具体位置不明,据说就在秦汉时期郫县范围内),直到第五代或第九代开明王才将都城从郫邑迁到成都。《华阳国志·蜀志》是这样记载这次迁都的:"开明立,号曰丛帝。丛帝生卢帝,卢帝攻秦,至雍。生保子帝,帝攻青衣,雄张獠僰。九世有开明帝,始立宗庙,以酒曰醴,乐曰荆,人尚赤,帝称王。时蜀有五丁力士,能移山,举万钧。每王薨,辄立大石,长三丈,重千钧,为墓志,今石笋是也,号曰笋里。未有谥列,但以五色为主,故其庙称青、赤、黑、黄、白帝也。开明王自梦廓移,乃徙治成都。"在这段文字中,开明王迁都成都事系在九世开明王之后,很容易使人认为迁都成都是开明九世的事迹。宋人罗泌就这样认为,"开明子孙八代都郫,九世至开明尚,始去帝号称王,治成都"。② 不过,开明氏究竟从何处迁都成都、迁都的王是否是开明九世,这在文献中还有不同的说法。传西汉扬雄的《蜀王本纪》就认为去帝号称王是开明五世而不是开明九世,开明氏是从广都樊乡(今四川双流县)迁都成都而不是自郫邑。③ 罗泌自己也认为始立宗庙的蜀王是开明五世而不是开明九世。④ 立宗庙、去帝号,这些在《华阳国志·蜀志》中都被系于九世开明之后,而在《蜀王本纪》和《路史》(《路史》所依据的材料可能也是《蜀王本纪》一类汉晋地方史)中,这些却作为五世开明的事迹。因此,《华阳国志·蜀志》中的"九世有开明帝"的"九"字可能为"五"字之误。关于这一点,温少峰等先生已从文献的角度专门进行了论证,⑤应当视为定论,笔者这里再从考古材料略做补充。我们知道,开明氏是古蜀国最后一个王朝,共经历了十二代蜀王,在秦惠王后元九年(前316年)被秦国所灭。如果是开明九世才开始以成都作为都城的话,成都作为都城的时间最多只有四代蜀王,其中只有两个蜀王在成都城度过了其整个统治时期,成都作为都城的年代就只有短短数十年最多也不可能超过一百年。这个年代范围与考古材料不尽相符。在成都市区,目前发现的战国早中期的墓葬不少,已经有规格很高的大型墓葬,成都旧城内商业街大墓就是一例。商业街大墓位置特殊,规模宏大,一般都认为其墓主是蜀王或蜀王族。关于商业街大墓的年代,有两种不同的意见,一种以为"该墓葬的年代应该是战国早期偏晚",一种意见是"商业街墓葬的时代应为春秋后期"。⑥ 无论是哪一种意见,这个蜀王的埋葬年代

---

① (晋)常璩《华阳国志·蜀志》:"周慎王五年秋,秦大夫张仪、司马错、都尉墨等从石牛道伐蜀。……开明氏遂亡。凡王蜀十二世。"任乃强先生注补:"周慎王五年,为公元前三一六年,蜀亡。以平均三十年为一世逆推,则十二世当有三百五十年左右。"

② (宋)罗泌:《路史·余论》卷一。

③ 传(汉)扬雄《蜀王本纪》:"蜀王据有巴、蜀之地,本治广都樊乡,徙居成都。"(《太平寰宇记》卷七二引);又:"开明帝下至五代有开明尚,始去帝号,复称王也。"(《后汉书·张衡传》注引)。

④ (宋)罗泌《路史·余论》卷一:"自开明五世开明尚始立宗庙于蜀。"

⑤ 温少峰、陈光表:《成都建城史研究二题》,《成都文物》1989年第1期,第15-19页。

⑥ 前者见成都文物考古研究所:《成都市商业街船棺、独木棺墓葬发掘报告》,《成都考古发现2000》,科学出版社,2002年,第78-136页;后者见宋治民:《成都市商业街墓葬的问题》,《四川文物》2003年第6期。

不会晚于公元前400年,即便这座墓就是第一位迁都成都的蜀王墓葬,他也应当在开明九世之前的某王。开明氏迁都成都是在开明五世而非开明九世,这无论从文献材料还是从考古材料,应当都是确切无疑的。

从开明五世迁都成都,到开明十二世即秦惠王时被秦国所灭,蜀开明氏以成都城(下简称"开明王城")作为统治中心共七世近二百年,也就是从春秋晚期偏晚阶段至战国中晚期之际,绝对年代约公元前500-前316年。秦灭蜀后兴筑成都城,也是在开明王城的基础上增建和扩建的。由于成都城两千余年城址未迁,古今重叠,经过历次毁坏、重建和扩建,不要说开明王城的遗迹,就连秦汉成都城的遗迹,在宋代以后都无踪迹可寻了。今天的我们要论证先秦时期开明王城的位置,除了需要通过分析当时成都的河流水系外,主要只能依靠同时期的考古资料,再结合文献记载的古史传说等信息来推测。

二、先秦成都的水系状况

成都城区位于成都平原中部的东南边缘,并不在成都平原的中央,分隔平原和丘陵的龙泉山脉就横亘在市区东南不远。岷江水在都江堰市被分为内、外两江后,内江(也就是古沱江)的两条大河流经成都市区后,因龙泉山的阻挡,在这里从东南流转为西南流。成都平原是倾向东南的冲积平原,西北边缘至东南边缘的坡降达到了接近10‰,河流水流湍急,不利于航行。当这些河流在平原东南边缘受阻转向西南后,坡降急剧减小至1‰左右,河流变得宽阔,水流也变得平缓,从成都旧城以下就可以行船。① 在交通还主要依赖于内河航运的时代,成都城下停泊着大量的商船,这些商船可以远航至长江下游,杜甫诗中"门泊东吴万里船"的诗句,就是这种状况的写照。从成都城区往西北,虽然不能沿河行船,但沿着这些河流两岸可以往来于平原的东西两侧广阔的区域。从成都城区向北,沿着龙泉山麓北上,也很方便就可到达成都平原北部的今沱江流域。相对居中的位置和便利的交通,以及山前地带多湖沼的自然环境,使得成都城区一带在商代晚期迅速发展起来,取代三星堆城成了成都平原和四川盆地中心城市的所在。

成都城区河流相对较密,湖沼数量也较多,这些河流水体给城市提供了水上交通的便利、生活用水的方便和城市防御的障碍,也从某个角度对城市进行了限制。流经成都城区的河流现在主要来自上游的走马河,另有部分水来自柏条河。走马河在都江堰下不远分为南北两派:南派是走马河正流,该河在今郫县以北的两河口又被分为清水河(南)、磨底河(中)和沱江河(北)。清水河从成都旧城以南流过称南河,磨底河在成都旧城西侧汇入清水河,沱江河则在成都旧城西北汇入北派的府河。北派为徐堰河,该河流至郫县东北石堤堰时,接纳了另一条来自都江堰的柏条河的来水,然后分出毗河和府河,府河东南流至洞子口,在那里分出成都旧城北郊和东郊另一条重要河流沙河后,继续东南流至成都旧城

---

① 肖玉律:《成都古城址的地质特征》,《成都文物》1988年第1期,第48-49页。

西北角,在那里折转,沿成都旧城北面和东面流过,最后与南派的南河在成都旧城东南角的合江亭相汇,成为汇聚岷江内江水多条河流的府河,最后向西南流至彭山县的江口,汇入岷江外江金马河。以上就是现代成都市区附近河流的基本情况。(图一)

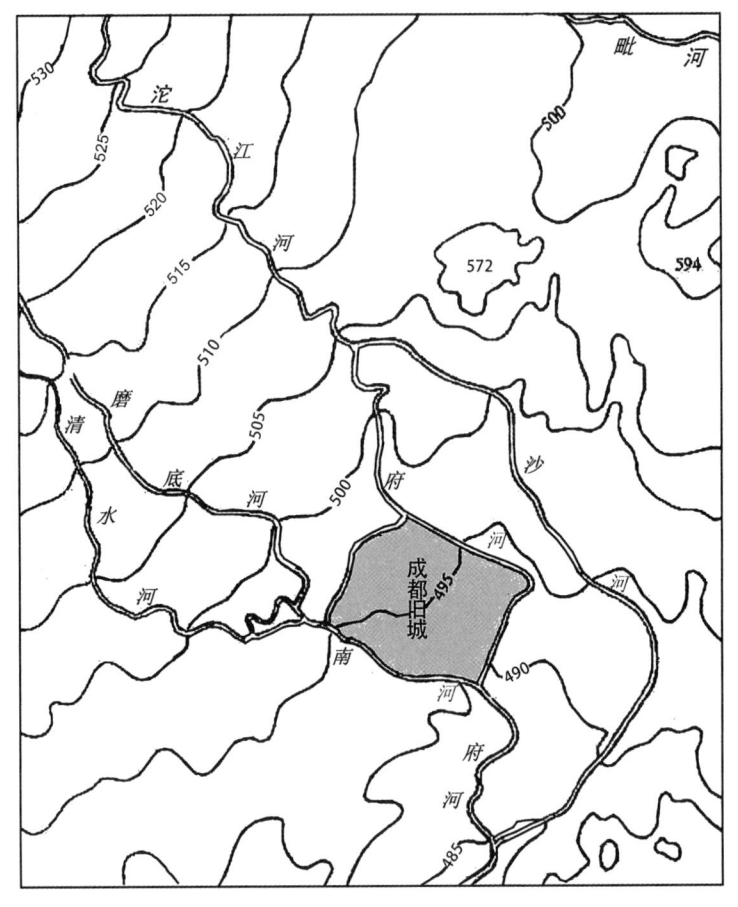

图一　成都市区地形及主要河流(采自冯举等《成都府南两河史话》43页)

然而,成都平原是经过古今高度开发的平原,历史上新开渠堰、河流改道的事情时常发生,尤其是近现代以来,在两条主河流之间每隔一段距离就开凿横向的灌溉渠,原先在主河流之间的一些并行小的河流因此上游被截断而缺水补充,下游河道因此也发生变故。流经成都市区的这些河流在历史时期的变化,历史文献有明确的记载,冯汉骥、[1]李思纯、[2]严耕

---

[1]　冯汉骥先生没有研究成都市区两江变化的专文,但他在《相如琴台与王建永陵》(原刊《史学论丛》,四川大学历史系,1956年)一文中,用了较大篇幅论唐以前成都两江及江上七桥的情况。该文没有附图,桥梁史专家潘洪萱先生1976年在四川调查古桥梁时,四川省博物馆曾给他提供过一张"七星桥示意图"(见项海帆、潘洪萱、张圣城、范立础:《中国桥梁史纲》,同济大学出版社,2009年,第22－23页),该图关于成都两江七桥的位置,应当就是根据时任该馆馆长冯汉骥先生的意见绘制的。

[2]　四川大学历史系教授李思纯先生对成都古代城市史有过很深入和系统的研究,他的关于成都城研究的专著生前未能刊布,但他的研究成果在1960年他去世之前就形成了。参看李思纯:《成都史迹考》之(三)"论成都河川桥梁",《李思纯文集·未刊专著卷》,巴蜀书社,2009年。

望、①蒙文通②诸先生都做过很好的研究,消除了一些不熟悉成都历史地理的古人和近人所造成的误解。基于上述诸位学者的研究,结合文献记载和考古资料,成都城区主要河流的古今变化状况可以归纳为:

1. 南河支流的变化

南河即清水河。在成都市区诸河中,其河道宽度最宽,水量最为丰沛。③ 该河在汉唐之间一度被视为岷江在平原内的主流,故有"检江"、"流江"、"汶江"、"大江"等名。④ 既然南河曾作为岷江在平原内的正流,其水势又很大,它应当是成都平原古老的河流之一,在流经成都市区诸河流中古今变化也最小。今南河从成都旧城(唐末至近代的成都城)的南城墙外流过,被作为成都旧城南面天然的护城河。在唐末以前,也就是秦汉时期至唐代,南河距离当时成都少城和大城的南城墙还有一段距离,在当时成都城南墙外作为天然护城河的是南河以北的古郫江。由于唐末以前成都城南有两条大河并行流过,所以汉晋时期的人们描述成都城是"两江珥其前"(传汉·扬雄《蜀都赋》)、"带二江之双流"(晋·左思《蜀都赋》)。又因为古郫江是在唐末以前的成都南墙外,南河在当时成都城南一里之外,从成都人来看,古郫江在内而大江在外,所以当时古郫江被称作"内江"而南河被称作"外江"。⑤ 还因为那时的成都城的少城和大城南面各有一座主要城门,出城的道路分别要跨越内外两江,因而每条江上需要架设两座大桥共四座大桥,故汉晋时人的记载说,"西南石牛门曰市桥,下,石犀所潜渊也;城南曰江桥;南渡流曰万里桥;西上曰夷里桥,亦曰笮桥"。⑥ 不过,南河的河道从古至今虽然变化不大,但注入南河的河流却还是有些改变。这些变化表现为:

(1) 磨底河入南河处

磨底河或作"摸底河",现为清水河即南河的一条支流。今磨底河在成都旧城西南的青羊宫二仙桥处汇入南河,这是清代以后才形成的现象。清代以前,磨底河是直接通向成都旧城的西郊河,在今通惠门北侧的水西门直接流入城内,与城内的金水河(禁河,即古郫江故道)基本在一条线上,故清人还将它作为金水河的城外部分。⑦ 这种状况是沿袭自更

---

① 严耕望:《唐五代时期之成都》,《严耕望史学论文选集》上册,联经出版事业公司,1991年,第215页。
② 蒙文通:《成都二江考——附论大城、少城、七桥、十八门》,原载《四川大学学报丛刊》第五辑(《四川地方史研究专辑》),四川人民出版社,1980年;又见《蒙文通文集·古地甄微》第四卷,巴蜀书社,1998年,第110–139页。
③ 根据现代水文观测的结果,每年冬春枯水季节,府河的平均流量是每秒4.65立方米,南河的平均流量是每秒5.7立方米。现在的两条河的河床底部宽度,府河平均为32米,南河平均为36米。无论是过流能力还是河床宽度,南河都超过府河(冯举、谭继和、冯广宏:《成都府南两河史话》,四川民族出版社,1998年,第21页)。
④ (唐)李泰:《括地志》:"大江一名汶江,一名笮桥水,一名流江,亦名外江。"参看蒙文通文。
⑤ (唐)李泰:《括地志》:"大江一名汶江,一名笮桥水,一名流江,亦名外江。""郫江一名成都江,一名市桥江,亦名中江,亦曰内江。"
⑥ (晋)常璩:《华阳国志·蜀志》语。按常璩所述成都城南两江上四桥的顺序是,先内江后外江,内江从西向东,外江从东向西。
⑦ 《皇朝经世文编》卷一百一十七(工政·各省水利)载项诚文:"此河上流,当日原通灌县。江水从灌县两河口,引入磨底河,径达成都县西门水洞入城。……计自西门外磨底河起,由西门内满城一带,三桥、青石桥、玉河沿,直至东门外府河止,共挑浚过一千五百二十六丈。"

早的时期,考古发掘已经得知,现代的磨底河穿越金沙村遗址时,正好与该遗址祭祀区的一条古河道相距很近且大致平行,这条古河道很可能就是以前的磨底河故道,换句话说,磨底河很可能在先秦时期就已存在。① 在金沙村遗址西侧,还有一座颇为壮观的汉代木桥遗址,这座桥所跨越的古河道已经干枯并被后来河流带来的沙石填埋,据推测这座汉代木桥所跨越的古河道有可能就是古磨底河道。看来,磨底河这条河流在先秦时期肯定就存在的,其河道比较宽阔,水量也相当丰沛。只是它原是古郫江的支流,而不是南河即古检江的支流罢了。

从考古材料来看,商周时期的十二桥文化至晚期巴蜀文化遗址,最密集的分布带就是今磨底河沿线,从都江堰以下一直延伸到成都旧城西南部,而在北面的今府河和南面的今清水河(进入成都旧城范围称南河)沿线却少见这一时期的遗址。如果我们将这些遗址分布视为古磨底河故道的一种指示线索的话,则古磨底河是从成都旧城西北流向东南,大致与今府江和南河平行。其具体路线大致是从今绕城高速的犀浦立交沿成灌高速向东南,穿过或擦过金沙村遗址,在今二环路东沿着今永陵路—槐树街一线,与西郊河中段会合并南转入成都旧城内,与昔日的金水河相接。今天在永陵路至西郊河间仍然有一条弯弯曲曲的小河,这条小河在上世纪70年代以前的地图上还非常显眼,应该就是古磨底河的遗留。(图二)

(2) 西郊河的南段

今南河在琴台路南与青羊正街西相交处,也就是成都旧城西南角的城墙外,有一条来自西北的、与琴台路平行的西郊河汇入。按西郊河在今通惠门以北河段是条弯曲的自然河,应该就是古郫江的故道,也就是还没有拐弯入城的古郫江西河段;通惠门以南的西郊河段,河道和城墙都变得笔直,肯定是人工开掘。根据文献资料推测,该河段开掘的时间不外乎两个,一是隋代杨秀拓展少城西南两隅之时,二是唐末高骈筑成都罗城之时。隋杨秀扩建成都旧城西南两隅见于北宋人的记载,张咏在《益州重修公宇记》中说:"隋文帝封次子秀为蜀王,因张仪旧城,增筑南西二隅,通广十里。今之官署即蜀王秀所筑之城中北也。"② 唐末高骈筑成都罗城,其城墙也就是成都旧城的城墙,这得到了考古材料的证实,现已为学术界所公认。③ 秦少城西墙和南墙沿古郫江西侧和北侧修建,如果不跨越古郫江,就不可能再拓展,如果跨越古郫江,最合理的筑城地点就是沿今南河筑南墙,并将原西墙延长至南河边。成都旧城的南墙西段曾经进行过发掘,著名的成都笮桥门址已经被揭

---

① 金沙村遗址的祭祀区也就是"梅苑"地点,现在位于磨底河以南。如果人们去金沙遗址博物馆的遗迹馆去参观,就可以看到,这里的文化堆积都是南高北低,从南向北倾斜,是一处典型的河畔地貌。在该"梅苑"发掘区的北端,地势已相当低下,还可以见到金沙村遗址以前的古河道遗迹。由于该古河道就在磨底河南侧,现代的磨底河经过治理后,河床已被约束成窄窄的一条,原先磨底河的宽度应可包括新发现的古河道。

② (宋)扈仲荣:《成都文类》卷二六。

③ 过去,有学者曾认为唐高骈所筑罗城在成都旧城(即明清成都城)内侧,此说不合情理。早在上世纪50年代,四川大学历史系教授李思纯先生就详细论证了"故今城址实沿罗城之旧"的观点。这种观点后来为考古材料所证实,为学术界所公认。惜李思纯先生在1960年就病故,他关于成都城市史的论著直至最近才刊印。参看李思纯:《成都史迹考》,《李思纯文集·未刊专著卷》,巴蜀书社,2009年。

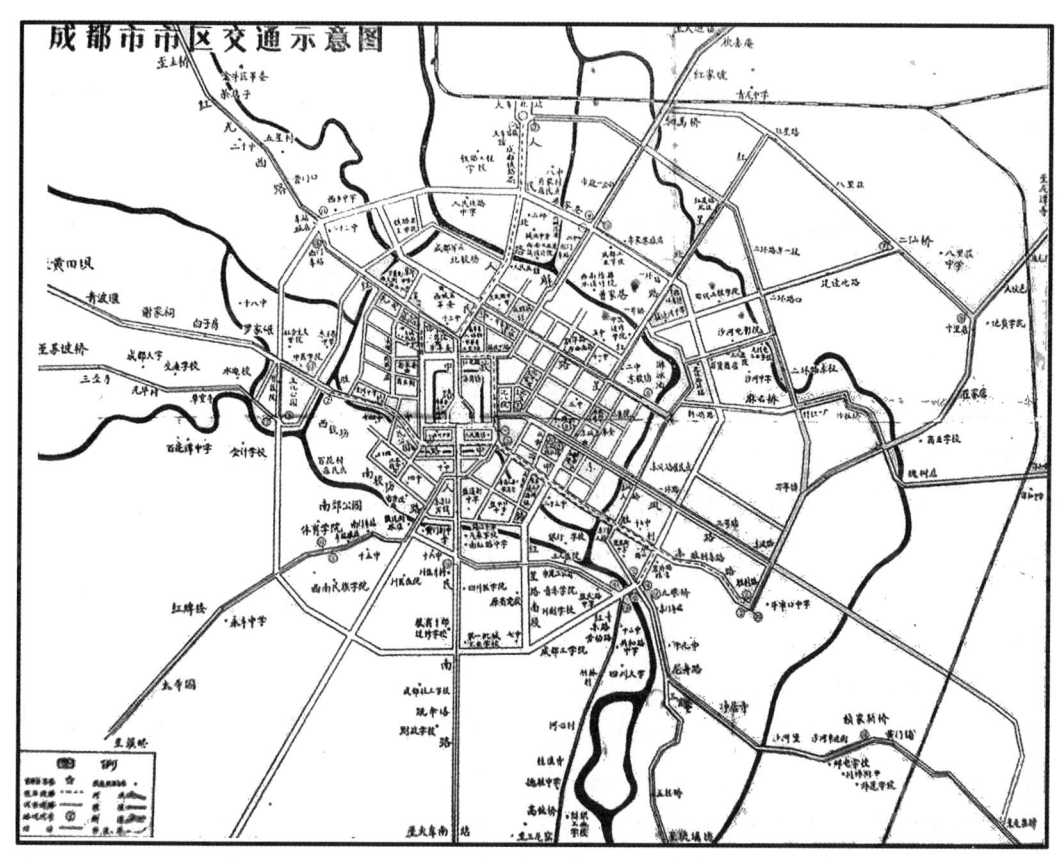

图二 成都旧城及周边河流(剪裁自 bbs.tian 古陈仓人的博客)

露并确认。① 据考古发掘简报,在明清城墙夯土之下叠压的是唐宋时期的城墙夯土,年代最早的第④层城墙夯土以及夯土下的卵石层,根据包含在里面的晚唐陶瓷器残片分析,其年代不得早于晚唐,故该段城墙肯定是唐末高骈所筑。成都旧城西南角一带的城墙既然为唐末所建,在西城墙外的西郊河南段也应为唐末所开而非隋代所开。它是高骈筑成都罗城时新开挖的护城濠,所以才这样规整笔直。

2. 府河干流的改动

府河古称"郫江",因它唐末以前只有它紧邻成都南城墙流过,故称为"成都江"。又因其分自岷江且最后在彭山县又回归岷江,故又被称作"沱江"。《尚书·禹贡》所谓"岷山导江,东别为沱",说的就是这条河。② 今天的府河是从成都旧城北城墙和东城墙外流过,但在唐末以前,该河先顺着成都旧城西城墙外东南流,然后在今老西门或通惠门附近

---

① 成都市博物馆考古队:《成都罗城 1、2 号门址发掘简报》,《南方民族考古》第三辑,四川科学技术出版社,1990 年,第 369—379 页。

② 今天的沱江古称"湔水",自清人胡渭《禹贡锥指》疑湔水亦为沱江后,沱江之名遂由郫江移至湔水。关于古沱江问题,蒙文通先生有详细的辩驳论证,参看蒙文通:《成都二江考——附论大城、少城、七桥、十八门》,原载《四川大学学报丛刊》第五辑(《四川地方史研究专辑》),四川人民出版社,1980 年。

折转流向东南,沿着唐末以前的少城和大城南城墙东南流,最后在成都旧城西南角城墙外汇入大江即南河,这已经成为公认的常识。有问题的只是唐末以前郫江古道在成都城区的具体走向和位置。

文献记载和前人研究已清楚地表明,唐末以前的成都少城和大城都是沿着古郫江北岸修建,少城的西城墙外、少城和大城的南城墙外就是古郫江。古郫江故道的确认对认识唐末以前成都城至关紧要,也与先秦古蜀国都城位置的推定关系密切,需要详细加以讨论。

(1) 古郫江西河段的位置

唐末以前的古郫江西河段在罗城即成都旧城西城墙外,这种状况可以追寻到秦筑成都城的时候,但更早的开明氏成都时的古郫江西河段的位置,目前还难以确认。罗开玉先生根据考古材料提供的信息,推断古郫江西河段"在青羊小区、抚琴小区一段,大体以今一环路偏东50-200米之间以河床为界";"开明九世在兴建新区时(孙按:罗先生认为开明氏迁都成都是开明九世),或开渠引水,或改变了郫江河道,使其在西郊一段东移了约400-500米,以适应新区的城市用水、交通和防卫的需要"。[①] 这种意见当然非常值得注意,但却不一定经得住推敲。

考古材料表明,先秦时期的人们主要居住在今磨底河沿线,早先的磨底河是在成都西郊三洞桥处汇入古郫江。如果这个推测不错,古郫江水至少来自今府河和磨底河两个方向,其中磨底河沿线的河床比较稳定且水量较小,故先秦时期的遗址集中分布在古磨底河的两岸,而今府河及其以西沿线就少见商周时期的遗址。今府河与古郫江的古道可能会略有改易,但总的流向和大致位置古今是相差不多的,在成都旧城附近有差异的主要是唐末高骈的"塞糜枣堰"改易郫江流向,使之从成都城西面和南面改变为绕成都北面和东面。在这个古郫江改道的过程中,变化最大的是在成都旧城西北角外,原先的古郫江很可能是在民国年间的"官堰"以下继续南下穿过"九里堤"地段,然后在"三洞桥"处与磨底河相会。

古郫江干流在唐末以前的情况,应该沿袭自更早的时代。由于先秦遗址都是沿着古磨底河沿线分布,古磨底河只是郫江的支流而非干流,那么,先秦遗址的分布状况反映是古磨底河的路线状况,而非古郫江西河段的路线状况。然而,清代晚期以后,磨底河在"道士堰"以东分为南北两派,次要的北派如前所述东流入西郊河,主要的南派则转折南下,在青羊宫以西流入清水河即南河,从此磨底河就从古郫江的支流变为今南河的支流。不过,无论磨底河下游如何变化,该河先前不是在成都旧城西城墙外一段距离与西城墙的走向平行南流,这是可以肯定的。唐末以前是沿着成都城的西城墙流至西南东转,再沿着南城墙向东南流去的是古郫江,二者不宜合二为一。先秦时期的古郫江西河段也应该大致沿着今西郊河的位置,不应该在其西数百米的今一环西路沿线。

---

① 罗开玉:《早期成都城初论——兼论早期南方城市的几个问题》,《四川文物》1992年第2期,第10-16页。

（2）古郫江南河段的位置

先秦时期郫江从南北向转为东西向的河段，笔者将其简称为"古郫江南河段"。关于古郫江这一河段的位置，研究者有三种不同的意见：第一种意见是清人刘沅提出的成都旧城南城的上、中、下莲池沿线为郫江故道说，①此说影响很大，龚煦春、李思纯、冯汉骥、蒙文通、刘琳、王文才、四川文史馆等先生皆主此说。② 第二种意见是任乃强先生提出的成都旧城北部的王家塘、洗马池和城外东莲池沿线为郫江故道说，信从这种观点的学者不多，好像只有任先生一人。③ 第三种意见是绍凤和石湍先生提出的金水河为郫江故道说，只不过金水河是从成都旧城通惠门北的水西门入城，此说将郫江故道推定为从大西门南入城，斜向绕过将军衙门后西南流，最后由水东门出城而已。④

在以上三种意见中，前两种思考问题的角度和方法都相同，都是连接地势低洼的池塘以复原郫江故道，成都旧城内这类地势低洼的地点分别位于城南一线和城北一线，自然就会出现两种不同的复原方案。第三种意见的思维最为平实，既然金水河是成都旧城内最大的河流，将其作为先前的郫江故道自然更为合理。

关于古郫江的故道，任乃强先生所主的成都旧城北部郫江故道说问题最大。如持此说，那么位于古郫江之北的唐末以前成都城的位置就必须北移，先秦至唐的成都城就应在成都旧城西北部及其以北地区，任先生也正是这样来处理这一时期成都城位置的。但是，从文献材料和考古材料反映的成都城的演变轨迹来看，成都城不应当也不可能位于今成都旧城北端及北郊，郫江故道肯定应当在成都旧城南部才合乎情理。不过，以清人刘沅为代表的三莲池一线为郫江故道的意见也存在明显的问题，绍凤和石湍先生已经指出："如果上莲池是郫江故道，那么，它流到这里（孙注：指上莲池），已经与'大江'（即流江、南河）相通，它的水就近入'大江'了，怎么可能又折而东，向纯化街、中莲池、下莲池方向流去呢？"如果依刘沅的"上莲池为郫江故道"说，那么，成都秦大城南墙就应在今文庙前街一线，这与秦城在文庙后的文献记载相矛盾，南移后的大城又会引发北墙位置、金水河的位置、成都与华阳县的分界等问题，因此绍凤、石湍先生对于刘沅等的"上莲池为郫江故道说"的批评是很中肯的。其实这种说法除了绍、石二先生指出的问题外，还有另外一些疑点。疑点之一，郫江故道如按照这种复原意见，它距离南河（古流江）就太近了一点，两道并列的大河横亘在成都以南，唐末的高骈扩大成都城时却不知道加以利用，硬要废弃原先修筑在郫江以北的城垣，将新的南城垣向外推一点，修筑在内、外两条江之间，这很不合情理；疑点之二，如果上、中、下莲池都是郫江故河道的话，这些河道也太宽了一点，经过上千

---

① （清）刘沅：《成都石犀记》"今之所谓上莲池、中莲池、下莲池者，即昔日之江流也。城既南扩，江流淤而不尽，留为潴泽。后人种莲其中，遂目之以是名"。见清同治年修《成都县志·艺文志》。
② 龚煦春：《成都历代沿革考》，《华西学报》1937年第5期；冯汉骥：《前蜀王建墓发掘报告》，文物出版社，1964年；蒙文通：《成都二江考——附论大城、少城、七桥、十八门》，《蒙文通文集·古地甄微》第四卷，巴蜀书社，1998年，第110－139页；王文才：《成都城坊考》，巴蜀书社，1986年，第37－43页。
③ 任乃强：《成都七桥考》，《华阳国志校补图注》，上海古籍出版社，1987年，第224页。
④ 绍凤、石湍：《"金水河"为"郫江"故道说（上）》，《成都文物》1983年第1期，第37－40页；《"金水河"为"郫江"故道说（下）》1984年第1期，第20－27页。

年的淤积填塞,上莲池(即古江渎池)在清代的文献记载还池广二十五亩,在清末采用新法绘制的成都地图上,这三个莲池的宽度也都比当时南河(古流江)宽两三倍,这也不像是河流故道的模样。成都旧城的上、中、下莲池等紧邻旧城城墙内缘,它的形成可能有多种原因,首先,这里在筑城前与南河(古流江)紧密相连,有的池塘很可能过去就是南河(古流江)水面宽阔处的一处水湾;而成都旧城的南城墙依南河而建,修筑城墙时不可能靠挖取河道的泥土来补充城墙的夯土,只能在城内就近取土筑城,集中取土处形成一些水池,这也是极有可能的事情。由于有这样一些疑问,刘沅等"上莲池为郫江故道说"肯定是不能成立的,绍凤、石湍二先生的"金水河为郫江故道说"相比起来就要合理得多。不过,金水河在流经成都旧城中心区前呈现与西、东御街平行的正东西方向,这与成都的自然河流的走势不符,却与明代修筑正南北向的蜀王府的方向一致,显然,近代金水河的中段在修建蜀王府时被改了道。此外,绍、石二先生的郫江故道复原图中将南北流向的郫江西河段画在成都旧城西垣内,这既不太合情理,也与文献记载不大相符。按照文献记载,成都旧城(即唐末以后的罗城)西城墙中段和北段外的西郊河在高骈筑城以前就已存在,高骈筑罗城时曾经利用了这段河道作为护城河,另开西南段原先没有的河道组成了完整的西墙护城濠。① 如果将郫江故道复原在城墙内,高骈筑城墙不利用与这段城墙并行的郫江故道作护城河却在江的西岸筑城,这是很难理解的。

  基于上述分析,并根据历史文献、考古资料和旧城街道和水道图的线索,笔者曾经提出,成都郫江故道的西河段大致相当于今西郊河的位置,南河段的东、西两段大致与今金水河相当,但中段则要比金水河略为偏南一些的主张。② 根据文献知道,唐末高骈增筑成都罗城,曾经在成都旧城西北角筑堰分水,将原先郫江之水引灌新开辟的罗城北城濠,郫江故道水量因此大减,河床也逐渐淤积变窄,但直至清末民国,在那时的成都城市图上还清楚标志着金水河即故郫江的河道,去掉明蜀王府前的、经过明代改道的正东西向笔直的御河,以及为了将御河东端与原先金水河东段连接起来的人工河渠,将比较自然的金水河西、东段斜向连接起来,就比较符合古郫江的走势。近年考古新发现,对唐末以前古郫江的位置提供了一些新的信息,需要综合考虑这些信息,来补充或修正先前的认识。这些新材料一是 2010 年在成都东御街南侧道路靠百货大楼路下汉代地层中出土了两通汉代石碑,其中东汉阳嘉二年的"李君碑"碑侧有"本初元年六月下旬,此石遭水顷仆"的文字,可以证明该碑应该立于距离古郫江不远的江岸;二是 2012 年在成都电信大楼钟楼下,也就是原蜀王府东南角的汉晋地层中出土了一具体量巨大的石犀,从其风格来看,有可能早到战国时期,镇水的石犀应该置于靠近江河的地方,古郫江的江岸也应该就在石兽以南不远。汉碑与石兽的出土地点距离近 300 米,如果二者都是靠近江岸的话,石犀应该在古郫江北岸而汉碑应在古郫江的南岸。换句话说,成都旧城中心地点郫江古道的位置在是明

---

  ① (唐)杜光庭《神仙感遇记》卷五:"(高骈)始筑罗城,自西北凿地,开清远江流入东南,与青城江合。复开西南濠,自阊门之南,至甘亭庙前与大江合。"

  ② 孙华:《唐末五代的成都城》,《宿白先生八秩华诞纪念文集》,文物出版社,2005 年,第 263-283 页。

蜀王府或清贡院前,也就是今天府广场的位置斜向穿过。正是因为天府广场一带原为郫江故道,前些年在这里修建地铁站和广场时,就没有发现有像样的建筑遗迹和文化堆积,也没有多少文物出土。这从另一个侧面证明了该区域是古郫江的故道,因而在这个成都旧城最为重要的中心地区才没有什么考古发现。(图三)

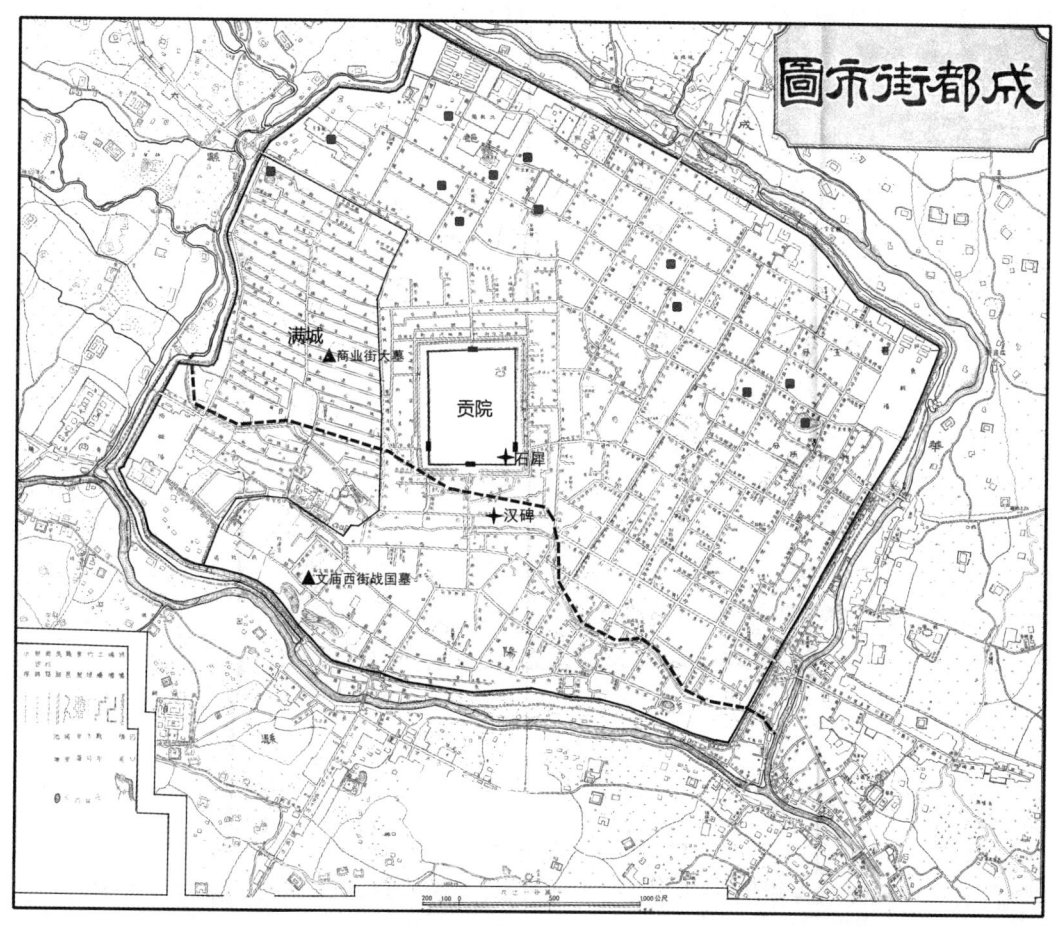

图三 成都古郫江位置推测(以民国二十二年"成都街市图"为底图)

3. 汉晋成都城北池沼水系的消失

根据文献记载,在秦筑成都城的北面及东、西面,有一系列水池湖沼,其间还有溪流相连。晋人常璩《华阳国志·蜀志》在叙述张仪与张若筑成都城后,紧接着说:"城北又有龙坝池,城东有千秋池,城西有柳池,西北有天井池,津流径通,冬夏不竭。其园囿因之。"① 这些池塘及其之间的津流,构成了秦汉成都城外的北郊及其两侧的一个半封闭水系。这个位于秦汉城北的水系,有可能是先前一条古河道的遗迹,先秦成都城和秦汉成都

---

① (晋)常璩撰、任乃强校注:《华阳国志校补图注》,上海古籍出版社,1987年,第129页。

城利用这条古水道的残余作为城市北面的护城濠；也有可能这个水系是秦国修筑成都城时取土所形成的洼地，这个洼地也可起到秦汉城护城濠的作用。由于秦国修筑的成都城是由西、东并列双城构成，西城是规模较小的少城，东城是规模较大的大城，少城规模仅一里余见方，大城规模为两里见方，两城城墙周长约十二里（秦汉里），大城比少城向北凸出不少，其北部的西侧已经是少城的郊外，故城西和西北有柳池和天井池，并有空间安排城郊园囿。如果我们这个理解不错的话，只要确定了秦汉城北的这些水池津流构成的水系的位置，就可以与西南的郫江故道一起卡定秦汉成都的范围，并进而推定开明王城的位置。

秦汉成都城北的池沼水系，在唐末扩建罗城以后，由城外转变为城内。城内土地珍贵，太多的池沼不免浪费，就会出现填埋池沼以满足建筑需要的事情。久而久之，池沼面积就会不断缩小，以至于消失。例如，隋唐时期成都子城内面积广大的摩诃池，到了宋代的时候，其北部联系城外水池的部分已经被填平成陆，只留下"水门"的名称；到了明初营建蜀王府城时，更将其余部分填平以建造王府正殿。从摩诃池这一成都名胜的消失，可以窥见成都城北部其他池沼水系消失的原因。不过，古代成都城内的这些池沼尽管已经基本消失，但还留下了一些迹象可以追寻。在成都城内，直到清末民国年间还有不少池塘，按照傅崇矩所举成都城内池塘的名单，城市南部和西南部如方池胡同大坑塘、上莲池、六家池、文庙后街吴家祠后淖塘、下莲池等，这些池塘中的一部分已有学者怀疑是先前的郫江故道的遗迹，而在城市北部和东北部，则有大塘、欢喜寺塘、王家塘、洗墨池、五担山塘、白家塘、华阳县塘、庆云庵塘、书院街潦塘、马王庙塘、桂王桥塘等，①这些池塘中的一部分或许就是唐末以前成都城北池沼水系的遗留。

一般说来，如果筑城时城墙外有河流池沼作为天然城濠的话，筑城所需之土多来自城内；如果筑城时城墙外没有河流等可以利用的话，就需要挖掘人工的环濠，挖濠所取之土正好可以作为筑城所用之土，也可省去另外取土的麻烦。成都城的西面和南面边缘都有古郫江，更南面还有古检江即今南河作为天然城濠，现在城内西南部的那些水塘有的可能是修筑城墙取土形成洼地，有的则是与古郫江等相关水渠的孑遗。成都东北部在扩建罗城时需要同时营建北、东两面的城濠与城墙，可以利用城濠挖出的泥土来夯筑城墙，无须再在城内挖坑取土，这些水塘中的一部分应与先前城北水系有关而与罗城取土无关。当然，由于千百年的不断淤积和填埋，清末民国年间的那些可能是早先城北池沼的水池肯定已经缩小了很多，基于这些池沼的内侧边缘不会超过秦汉成都少城及大城的北城墙的考虑，我们可以在这些池塘南侧画出一道界线，开明王城的北部边界在这道界线以内。

4. 石犀渠故道的位置

今南河在西郊河与合江亭之间，也就是成都旧城南墙外的地段，已再无河流注入南

---

① 傅崇矩编：《成都通览》，成都时代出版社，2006年，第6页。

河。但在唐末以前,却还有一条河渠连接古郫江和古检江(今南河),这就是见于汉晋文献的石犀渠。《华阳国志·蜀志》说:"(李冰)外作石犀五头以厌水精。穿石犀溪于江南,命曰犀牛里。后转置犀牛二头:一在府市市桥门,今所谓石牛门是也;一在渊中。"① 石犀渠因石犀而得名,其渠首在市桥下不远的故郫江南岸,大概与北岸的晋龙渊寺(即唐空惠寺,宋圣寿寺、石犀寺、石牛寺)相近,也就是成都旧城西南的西胜街东口一带。考古学家在西胜街以南的方池街一带,曾发现有战国时期的遗址,遗址中最引人注目的遗迹是原先用竹笼装卵石所形成的石埂子。这些卵石埂子共三条,东北侧的一条卵石埂最宽,由五道卵石组成,方向与河流方向相同,都为西北—东南走向;西南侧的一条卵石埂宽度最窄,仅由一道卵石组成,方向与东北一侧的相近,二者距离西北宽而东南窄,宽度从25逐渐减至12米,好似渠道两边的保坎;在二者之间有一条有三道卵石组成卵石埂,好像一道拦河坝。这些遗迹的性质,发掘者王毅先生已经指出,它可能与流经这里的郫江故道和石犀渠有关,这个推断是合理的。② 西胜街和方池街一带直到民国年间还存在的池沼,可能就是古郫江市桥下这个深渊的遗留。石犀渠的渠尾在南河什么地方,历史文献没有留下记载。从各方面的情况分析,南河北岸江渎池一带是最有可能的地方。江渎池在江渎祠前,后者是祭祀江神的场所,据文献记载该祠庙始建于隋代。③ 宋代的江渎池已经成为成都名胜,但在唐代以前却不见记载,唐诗中也不见有咏江渎池的篇章,可见该池形成于唐末以后。因此,不少研究者认为唐末高骈迁郫江于罗城以北和以东以后,旧时郫江之地因此淤积,只留下了若干水池,近代成都城南的上莲池(即江渎池)、中莲池和下莲池,就是古郫江故道的遗迹。如前所属,此说不可据信。宋陆游《重修江渎庙碑》说:"成都自唐有江渎庙,其南临江。唐末,节度使高骈大成都城,庙始与江隔。"江渎祠的前面本是大江即今南河,而不是古郫江,不得以江渎池为郫江故道的遗迹。如果江渎池不是郫江遗迹,它的形成就不外乎两种可能:一是唐末筑成都罗城取土所致;一是原先河水壅积而成。笔者以为,江渎池在唐末以前,很可能是石犀渠水汇入大江即南河之处,这里江面宽阔,且有石犀渠沟通内外两江,故隋代才把祭祀江神的江渎祠建在这里。又因为唐末筑成都罗城后,古郫江改道,无多余的水再流入石犀渠,渠道废弃淤填,但因渠口处水面宽广,于是就成了一个湖泊作为成都人们游观之地。石犀渠本来就沟通内外两江,可以当作两江的组成部分,故宋代宋祁《集江渎池》诗有"五月追凉地,沧江剩素溰"的句子,也就不奇怪了。因此,我们推测,战国至唐代的石犀渠故道是从今柿子巷东南口西侧的金水河南岸,向东南流至原江渎祠西侧的上汪家拐街南口,再转入原江渎池。在清末民初的成都地图上还能见到的

---

① (北魏)郦道元《水经·江水注》记成都市桥说:"桥下谓之石犀渊,李冰昔作石犀五头,以厌水精。穿石溪渠于南江,命之曰犀牛里。后转犀牛二头在府中,一头在市桥。一头沉之于渊也。"
② 王毅:《从考古发现看川西平原治水的起源和发展》,《华西考古研究》(一),成都出版社,1991年,第146-171页。按方池街遗址的文化堆积有三层:第③层为战国晚期文化层,第④层为战国早期文化层,第⑤层为洪水冲积形成的再生堆积,年代不早于春秋时期。在第④、⑤层之间有河卵石构成的石埂三条,"石埂剖面形状大致都呈椭圆形,部分石埂上部被破坏,但下部埂脚埋入地层,仍呈圆弧状,卵石紧紧相挤,体现了使用竹笼的特点"。
③ (唐)李景让:《南渎大江广源公庙记》,(宋)扈仲荣等:《成都文类》卷二十二。

江渎池南的城墙外，有一条小河在此转入南河，这里或许就是古石犀渠入大江的渠口残迹。

上面，笔者讨论了成都旧城一带古代水系的变迁情况，现在剩下的问题是，秦汉唐末之间成都市区的水系状况在先秦时期就是如此，还是秦汉以后才形成的？

关于成都市区这两条大江的由来，古人基本上都认为是秦灭巴蜀后蜀守李冰所开。西汉司马迁《史记·河渠书》说："蜀守冰凿离碓，辟沫水之害，穿二江成都之中。此渠皆可行舟，有余则用溉浸，百姓飨其利。"东晋常璩《华阳国志·蜀志》说："冰乃壅江作堋，穿郫江、检江，别支流双过郡下，以行舟船。"到了现代，历史研究者始论述成都两江先秦时期已经存在，"李冰不过疏浚二江之淤浅，改其正流而已"（蒙文通先生语）。现代学者这个意见有文献和传说作证据，证据之一是，在先秦古籍中，岷江东别为沱已经成为一种特有的地理现象，为人们所熟知。《诗经·召南·江有汜》已经以"江有沱"来起兴，《尚书·禹贡》早有"岷山导江，东别为沱"的说法，故汉代的《尔雅·释水》已经把"江有沱"与"河有灉，汝有濆"等并列，作为这些江河独特景观现象。证据之二是，在秦守李冰通成都二江之前，已经有蜀王杜宇之相鳖灵开沱江之说。《华阳本纪·蜀志》又说："后有王曰杜宇……会有水灾，其相开明决玉垒山以除水害。"凿山必然涉及开道引水，按照北魏郦道元《水经·江水注》"江水又东别为沱，开明之所凿也"的说法，流经成都的沱江（郫江、检江）就是开明时代第一个蜀王鳖灵所开，五世开明迁都成都时会对这些江河加以改造和利用，秦灭蜀后修筑成都城时也会对这些河流进行改造和利用。

根据成都地质研究成果，大约在距今一万年以后，在今成都市区形成了大小不等的三条河流冲刷和堆积地带。最大的一条在今九里堤——十二桥——跳伞塔——三瓦窑一带，其次是府河沿线，再其次是金河和南河沿线。至迟在东周以前，今府河沿线的那条昔日的主河道就已经废弃，在原先的河道沿线遗留下汉晋时期记载中的"龙堤池"等池塘，以及"津流相通，冬夏不竭"的溪流。远古府河水改道枯竭后，这条远古大江的江水大部分汇入古南河成为流江（检江），另一部分江水向南注入古金河成为郫江，从而形成了文献记载的秦汉至唐成都市区主要河流的状况。① 考古发现的材料也表明，在商代晚期和西周时期，成都城区就有多条大河。在今西郊金沙村遗址北面，金沙村遗址时期及其以后曾有一条大河，该河流水量很大，发大洪水时曾经溢出河道，将金沙村遗址东北部冲坏。这条大河有可能就是远古郫江或该江以南的一条并行的河流。关于古郫江故道的南江路线，曾经在成都市区做过考古调查和勘探的朱代英先生的意见，为我们的看法提供了佐证。朱先生认为，古郫江"经下同仁路口，斜穿金河街至电子研究所后折而向东是一条由西北至东南的古河道遗址。该河道遗址脉络清晰：下同仁路东、西侧为河床，东侧发现护堤的粗大木桩；金河街有船桩；电子研究所的河床也有竹、木桩，木桩并顺南壁转拐"。② 其流向基本与我们说的古郫江相同。

---

① 肖玉律：《成都古城址的地质特征》，《成都文物》1988年第1期，48—49页。
② 朱代英：《探寻郫江故道》，《文史杂志》1997年第5期，第22、23页。

这样,除去秦国李冰开凿的石犀渠外,成都城区的主要水系都在先秦时期就已经形成。这些水系对古蜀国开明王城以及后来的秦成都城的营建,都有重要的制约作用。

三、古蜀成都城位置和范围的判定

古蜀国成都城的位置,文献中没有明确的记载。只是从秦灭蜀后在开明氏成都城的基础上筑大、小二城的线索,我们可以推断古蜀国成都城就在秦城的位置;再从成都城由西北向东南移动的总体趋势,①我们知道开明氏成都城更可能就在秦大城西侧的少城及其西偏一带。至于开明氏成都城的具体位置和范围,研究者有不同的认识。

任乃强先生早就有将蜀开明氏的成都城定于成都北郊的想法,尽管任先生的《秦汉成都市郊示意图》中只标注有秦城和汉城(少城、大城)的位置范围,并没有标注古蜀国成都城的位置,但他在《华阳国志·蜀志》的注文中多次说到古蜀成都应在秦城之北。例如,在说到秦"赤里街"时这样说:"秦赤里街当在秦城之北,如今昭觉寺与磨床厂间赤土埂,或平阳山附近红土浅丘间,故名赤里。蜀王世,成都平原之冲积土部分犹洳湿,故营邑皆在赤土浅丘上,郫、新都、广都、成都皆然。平阳山今为凤凰山与狮子山间之浅丘黄土冈,就农地言为瘠土,然遗存古迹多,在成都平原中心最高平,疑是蜀王故邑所在。"②(图四,2)绍凤和石湍先生观点与任先生类似,他们认为成都有南、北二少城,开明王城"在秦大城和秦少城(即'南少城')的北面,直至武担山麓一带,是'北少城'所在"。③ 秦成都城有南、北二少城之说,只见于宋代文献记载,这时期的成都少城已经经历过了晋桓温的破坏,隋杨秀的扩展,在唐末高骈筑成都罗城后连秦大城也有了子城即小(少)城之名,形态已经与秦所筑少城发生了不小的变化,从宋代关于南、北二少城的文献记载来追寻先秦开明氏成都城的位置,还缺乏直接的证据。④ 不过,这个开明王城在北少城的说法影响却很大,为不少研究者所信从。如潘明娟女士就这样阐述开明王城:"在大城未筑之前,蜀侯国治及郡治、成都县治,就在赤里一带。'里'为居民区,有墙垣,可资防卫,大城未筑之前,赤里可能就是一座简陋的较小的城池。大城修筑之后,赤里成为官署区,后经过张若筑小城迁县治、蜀侯失国等一系列事件,赤里的官署仅剩郡治。"⑤然而,考古学家在成都旧

---

① 关于成都城从西北向东南发展的趋势,从商代晚期至西周前期金沙村遗址在成都旧城西北约 4 千米,秦汉时期的成都少城和大城在成都旧城西部和中部,而唐末以后的罗城向东向北扩展,东南直抵内外江相汇处,就可以看出其空间向东南移动和扩展的痕迹。
② 任乃强:《华阳国志校补图注》,上海古籍出版社,1987年,第131页。
③ 绍凤、石湍:《成都"南北二少城"考》,《成都文物》1985年第4期,第21-28页。
④ 李思纯先生就将南、北二少城都视为秦城,他说:"张仪所筑大城少城,其形势位置,今不易考。宋张咏《益州重修公宇记》云:'按图经,秦惠王遣张仪、陈轸伐蜀,灭开明氏,卜筑是城,方广七里,从周制也。分筑南北二少城,以处商贾。'其说本自李膺《益州记》。然则据张氏之说,是大城居中,为官舍所在,其北附以北少城,其南附以南少城。余意此说以地势考之,似能相合。""就上列诸证,综括言之,张仪所筑秦城,中为大城,南北附以二少城。大城北郭在墨池之南不远,少城南郭在石室礼殿以北不远。城为土筑,其形从周秦旧制,为方矩形,以顺江形故,方位微偏。如此推断,大体当不离事实。"(李思纯:《成都史迹考》,《李思纯文集·未刊专著卷》,巴蜀书社,2009年)按照李先生的观点,秦成都城的平面布局就如同"目"字形,中间为大城,上下为南北二少城。
⑤ 潘明娟:《秦成都城市布局初探》,《成都大学学报(社科版)》2003年第1期,第65-69页。

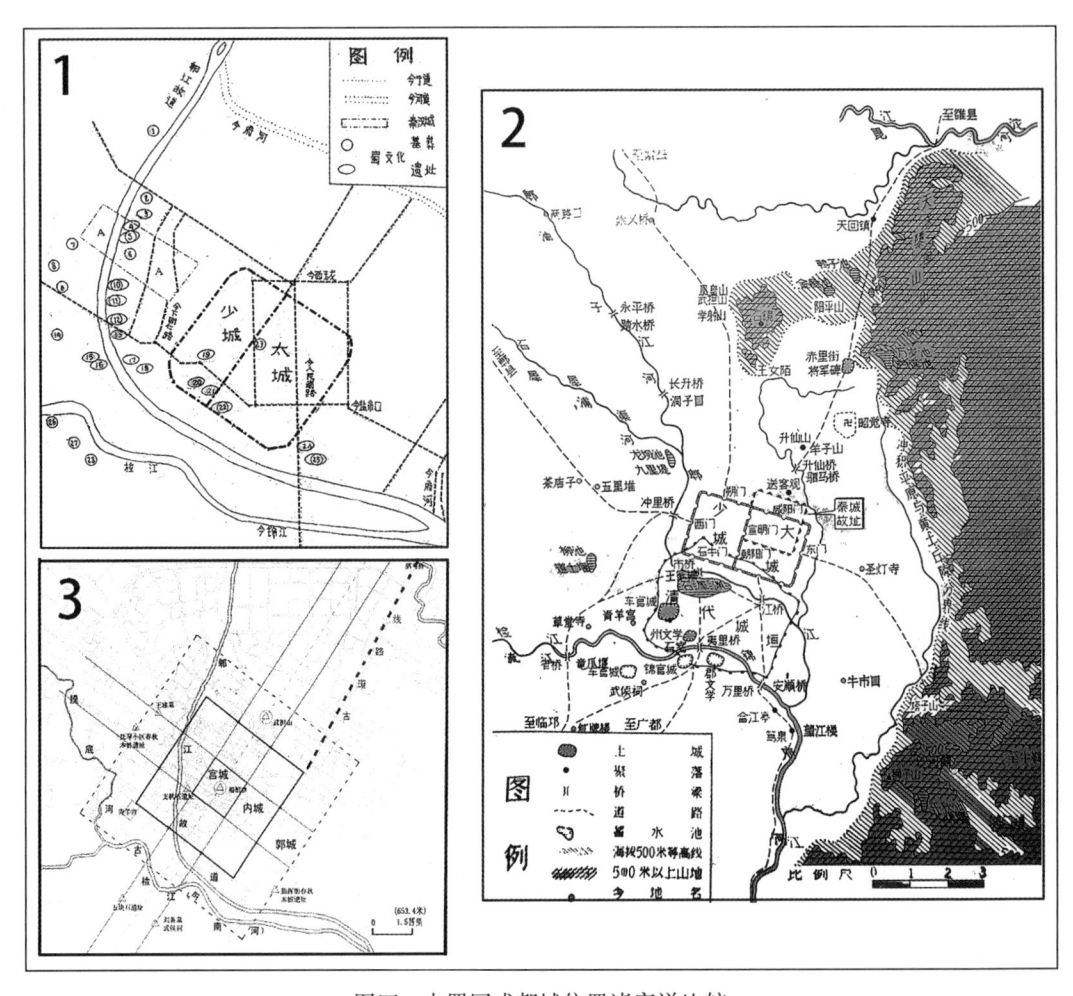

图四 古蜀国成都城位置诸家说比较
1. 罗开玉战国成都城推测图 2. 任乃强秦成都城位置图 3. 张蓉战国成都城推想图

城的北部,也就是有学者认为是开明王城的区域,一直没有发现有先秦时期的文化堆积,也没有重要遗迹和遗物的出土,开明王城在成都旧城西北部一带的说法,也得不到考古材料的支持,恐怕是难以成立的。

罗开玉先生试图通过考古材料提供的信息来论述早期成都的有关问题。罗先生认为,商代至战国早期的成都城是沿古郫江东、北岸一带作半月形布局(罗先生认为当时的郫江故道西河段在开明氏建都成都以后郫江故道以西400-500米处),中心地区在今十二桥至中医学院一带,开明氏王朝建都成都后,成都城向东扩展,原先的西城区被废弃,变成了墓地和窑场,其位置大致相当于秦汉以后少城的位置,只不过先秦时期的"少城"没有城墙。①(图四,1)罗先生的研究具有开创性,值得赞赏。存在的问题主要有两个:一是他将蜀开明氏迁都成都的时间认定在开明九世,这距离秦灭蜀国不足三世(蜀开明世连

---

① 罗开玉:《早期成都城初论——兼论早期南方城市的几个问题》,《四川文物》1992年第2期,第10-16页。

亡国之君不过十二世),这期间的成都城遗存应该很少,但偏偏成都旧城西部战国早中期前后的遗存相当丰富,不像是很短时期的景象。实际上,《华阳国志·蜀志》尽管将立宗庙、制礼乐、改称王、迁成都等同系于九世开明帝,但其他文献(如《后汉书·张衡传》注引《蜀王本纪》、《路史·余论》卷一等)却将立宗庙、改称王等事迹系于开明五世。从成都旧城区一带的考古材料来看,从战国早中期这里就有大型建筑、王族大墓的高等级遗迹,从一个方面证实了开明氏迁都成都是在五世而非九世。二是他没有对所谓古郫江沿岸的商周遗存进行具体分析,将商代晚期至春秋晚期的十二桥文化等遗存、战国晚期以后的秦汉遗存,也都作为论证战国早中期的开明王城位置的资料。事实上,在罗先生所认为的开明成都西部区域,也就是今天的西郊河与一环路间,并没有开明氏建都成都时期即战国早中期遗存(详见后),将开明王城的西界推定在今西一环路一线缺乏考古材料的根据。三是他与许多研究成都水系的学者一样,都将古郫江南河段的位置定得偏南,使得古郫江与古检江间的空间过于狭窄,原先可能紧邻古郫江南河段的一些近水的遗址,反而脱离了郫江故道。如果采纳绍凤、石沺先生关于古郫江南河段位置的意见,以明清金水河作为古郫江的线路,不仅更符合先秦遗址所指示的河道位置,也便于按照古蜀国的传统安排跨越郫江南北的开明王城。

张蓉博士试图从建筑规划学的角度,来探讨开明王城的规划。她首先以考古发现的东周时期成都旧城北郊的羊子山土台、成都旧城北部的著名蜀开明氏古迹武担山,以及成都旧城内的商业街大墓为基点,在三个具有开明王室等级的遗迹点之间做一条连线,以之作为开明王城规划的中轴线,然后基于开明王城规模十分宏伟,秦筑成都城应该利用先前的开明王城,进行了"秦城的改建遵照了开明都城的规划网格"的推断;最后根据秦筑成都城"每面各三里"的记载,以1.5"晋里"作为基本规划模数,并以"开明都城规划具有西周营国制度的九宫格图式特点",对开明氏成都城进行"复原"。复原后的开明王城为正方形,由郭城、内城、宫城三重内外相套组成,郭城南北边界大致在今南河和今府河一线,东西边界大致比成都旧城的东西城墙向西移动一里余的距离。① (图四,3)张蓉博士对开明成都规划思想的解读,相当具有新意,却不一定合乎实际情况。因为成都平原的古蜀国都城,无论是三星堆遗址还是金沙村遗址都有自己鲜明的特色(如城址分布在穿城而过的河流南北两侧、纵贯全城的隔墙将城市划分为东西两部分、宫殿区和宗教区分别相对布置在城一侧的河流两岸等),没有运用《周礼》营国制度的迹象,不宜用中心地区的都城营建理想来设定开明王城形态和尺度模数。根据文献记载,秦国兴筑的城都大城和少城加在一起才周长十二里,如果先秦的开明王城的尺度规模达到了边长7.5里,周长就达到了30里,这个规模不仅比三星堆城的周长多了一倍,达到了唐代扩建罗城以后成都城的规模,可能性不大。成都市的考古学家多年在成都城区开展考古工作,开明王城时期的遗存主要分布在成都旧城西南部以及西南相邻区域,也就是满城中部以南直至南河、以西直到文

---

① 张蓉:《探寻春秋时期成都城的规划意匠》,《营造》第5辑(第五届中国建筑史学国际研讨会文集),中国建筑工业出版社,2010年,第274-283页。

化公园西墙沿线的范围,在旧城北部和东部并没有多少这一时期的文化遗存,张蓉博士的推测难以得到考古证据的支持。

蜀开明王城的位置,我们可以根据先秦时期成都旧城一带的水系、战国早中期该区域的居址材料、战国早中期该区域的墓葬材料、古史传说的开明氏时期的古迹,以及秦汉时期成都城的位置等方面的信息来推断。

1. 从先秦成都的环境水系变迁来推断

成都市区周围的地形西北高而东南低,在商代后期至西周时期,成都旧城所在的郫江和检江两江聚汇之地,地势比较低洼,容易遭受洪水灾害。所以当时滨水居住人们的房屋往往是下部架空的"干栏式"房子,并且这些房子有的还有明显被水损坏的迹象,成都旧城通惠门外的十二桥遗址就属于这类房屋组成的聚落水毁后的遗址。① 为了防止水害,当时居住在这一地区的人们还在沿故郫江的地方修筑了一些防洪设施,如方池街的原先可能罩有竹笼的卵石堤坝、指挥街的竹木拦砂笼等。西周以后,伴随着中国气候普遍由温润向干冷的变化,四川盆地这个对气候变化相对不太敏感的地区也受到了影响,成都市区低湿而多水患的状况已经有所改观。根据指挥街遗址孢粉鉴定报告,该遗址第⑥层(原报告推测为西周中后期,恐怕有误)的"孢粉组合反映当时植被面貌是以阔叶树为主的阔叶林,代表温暖湿润的气候环境,并存在着湖沼凹地";第⑤层(原报告推测为春秋前期,显然偏早,应为战国时期)的孢粉组合"反映当时植物是很繁茂,既有针阔叶混交林,又有以菊科和水龙骨科为主的草本、蕨类植物。特别是松粉的大量出现,说明此时此地针叶林是存在的,当时的气候温热湿润"。② 成都市区气候湿润状况的变迁,从十二桥遗址的文化堆积状况可窥其一斑。十二桥遗址属于商代晚期的第⑬层,属于该层的房屋遗迹为建于水滨的干栏式建筑;属于战国晚期至秦的第⑨层,该层上建造的房屋为带散水的竹骨泥墙的地面建筑;而属于西汉早期的第⑧层,建于该层地面上的房屋却为下有夯土台基和散水的建筑。③ 成都地区这种建筑形式的变化,除了反映了建筑形式的逐渐中原化的过程,同时也反映了成都市区自然环境的变化。随着河道的逐渐下切以及气候变得不如先前湿润,再加上开明氏凿玉垒山,"江水又东别为沱"等水利工程,④成都地区的居住环境比先前有了较大的改善。在这样的情况下,古蜀国开明王朝将都城迁到成都时没有选择金沙村遗址一带,而是选择在金沙村东南的后来成都旧城西南的下游地带。

如前所述,先秦时期成都旧城及其以西的水系,古检江大致就在今天南河的位置,只是河道比现在要宽且河床与两岸的高差比现今略小。古郫江大致是从成都旧城西北九里堤的位置(如以沱江河为古郫江),或从成都城西北金沙村的位置(如以磨底河为古郫江)

---

① 四川省文物考古研究院、成都文物考古研究所编著:《成都十二桥》,文物出版社,2009年。
② 四川大学博物馆、成都市博物馆:《成都指挥街周代遗址发掘报告》,《南方民族考古》第1辑,四川大学出版社,1987年,第171–210页。
③ 四川省文物考古研究院、成都文物考古研究所编著:《成都十二桥》,文物出版社,2009年。
④ (北魏)郦道元《水经·江水注》:"江水又东别为沱,开明之所凿也。"

流向旧城老西门以南的三洞桥,然后循今西郊河往西南,在今通惠门北曲转向东南,大致沿着金水河一线流向旧城东南角,汇入古检江即今南河中;在古磨底河汇入古郫江的老西门北侧,也就是成都旧城的北部,有古河流改道或淤积后形成的(或发大水时直接冲向东南形成的)池沼和溪流,这些池沼和溪流大致沿着旧城内的西大街一线从西北向东南排列,形成秦汉成都城的城北水系。古蜀国的成都城应当在南不过今南河、北不逾古城北水系、西不至今磨底河下游、东最多抵达人民中路与小南街的连线的范围内。

根据古史传说和考古材料,古蜀国是一个传统连绵不断的古国。古蜀国都城的营建,从三星堆城址到金沙村遗址,都有两个鲜明的特点:一是都城选址紧邻大河,并有一条稍小的河流自西向东穿城而过,将城分为南、北两个部分,宫殿区居于北城,祭祀区居于南城;二是在都城的内部,还有东、西的分隔,也就是用城墙将大城划分为并列的双城,以区分不同的城市功能和社会等级。古蜀国最后一个朝代开明氏如果沿袭古蜀国都城的规划传统,那么,其都城开明王城的选址也应该是选择南临古检江(今南河),中间跨越古郫江,从而呈现南、北二城的都城形态。至于开明王城的西界,也应该不过古郫江的西河段,否则就会形成河流从北向南斜穿城邑的。这样,我们就基本确定了古蜀国成都城的南、西边界,其北、东边界可以通过其他信息来推定。

2. 从先秦相关聚落居址的兴废状况来推断

成都的考古工作主要是配合城市建设而开展的,经过多年的资料积累,成都市的考古工作者对成都市区先秦文化遗存的分布状况已经有了比较多的了解。依据这些资料,成都市区已经发掘过并公布了材料的先秦时期居住遗址并不多,只有十二桥、[①]新一村、[②]青羊宫、[③]方池街、[④]上汪家拐、[⑤]指挥街、[⑥]岷江饭店[⑦]等处。这些遗址位于古郫江及其支流的沿岸,从已经发掘的这些遗址来看,已经可以看出,在蜀开明氏迁都成都前后,这里的居住环境比起先前已经发生了很大的变化。

成都旧城的西南部是故郫江转弯的地方,这里自商代后期至春秋时期一直有居民居住。五世开明王将都城从郫县迁到这里,他选择的区域应该是今西郊河以东、今南河以北的故郫江的南北两岸。我们之所以将开明王城的西界定在今西郊河以东,而不是罗开玉

---

① 四川省文物管理委员会、四川省文物考古研究所、成都市博物馆:《成都十二桥商代建筑遗址第一期发掘简报》,《文物》1987年第12期,第1—23页。
② 成都市文物考古研究所:《成都十二桥遗址新一村发掘简报》,《成都考古发现2002》,科学出版社,2004年,第172—208页。
③ 四川省文物管理委员会:《成都青羊宫古遗址清理简报》,《考古通讯》1956年第2期,第43—46页;四川省博物馆:《成都青羊宫遗址试掘简报》,《考古》1959年第8期,第441—414页。
④ 徐鹏章:《我市方池街发现古文化遗址》,《成都文物》1984年第2期,第1—91页。
⑤ 成都市文物考古队、四川大学历史系:《成都上汪家拐街遗址发掘报告》,《南方民族考古》第5辑,上海科技出版社,1993年,第325—358页。
⑥ 四川大学博物馆、成都市博物馆:《成都指挥街周代遗址发掘报告》,《南方民族考古》第1辑,四川大学出版社,1987年,第171—210页。
⑦ 周尔泰:《我市岷山饭店工地发现古文化遗址》,《成都文物》1985年第2期,第51—68页。

先生所主的西郊河两岸,主要基于十二桥和新一村遗址的材料。

十二桥遗址位于成都旧城通惠门外,一环路以内,南北分别延伸至文化公园和成都中医药大学,东与新一村遗址相连。遗址范围东西长约142、南北宽约133米。遗址的文化堆积很厚,分为Ⅰ、Ⅱ两个发掘区,商至西周的文化堆积是⑬-⑩层,战国秦汉时期的文化堆积是⑨-⑤层。十二桥遗址商周文化遗存被报告划分为早、晚两期,早期是⑬⑫层,晚期是⑪⑩层,早期的年代约当商代晚期的殷墟三、四期,"晚期的年代推定在西周早期";十二桥遗址战国秦汉的遗存被报告划分为早、中、晚三期,早期的第⑨层"年代推定为战国晚期至秦",中期的第⑧层"年代当在西汉早期",晚期的第⑦-⑤层及相关遗迹单位,其年代为东汉时期。① 十二桥遗址在晚商至西周时期是有着多所房屋的聚落,但以后就一直荒废,直到秦灭蜀后的战国晚期才再度成为居址。这个现象说明,蜀开明氏建都成都的时期,西郊河外属于荒郊,开明王城应该在十二桥遗址以东才是。

新一村遗址也位于成都旧城通惠门外,十二桥路以南的西郊河边,西距十二桥遗址已经发掘的两个区域只有百米左右。该遗址距离十二桥遗址不远,有可能二者就是一个遗址的不同区域。遗址文化堆积厚达3.9米,共分9层,"从新一村第⑧-⑥层的器物群和陶器形态的变化看,其文化一脉相承,早晚紧密衔接,其间没有间断"。通过出土器物与十二桥遗址的比较,原简报的执笔者江章华先生等判断,新一村的年代晚于十二桥遗址第Ⅰ、Ⅱ发掘区的第⑩、⑪层,"年代上限当晚于西周早期",最晚的文化堆积第⑥层和打破第⑥层的H7,其年代分别"约当于春秋中期"和"约当春秋晚期偏早阶段"。② 新一村遗址作为居址从西周晚期一直到春秋晚期偏早阶段,其结束的时间正好相当于开明五世迁都成都之时。显而易见,开明王城营建之时,这里的聚落已经被废弃,原先居住在这里的居民已经被迁往他处。在新一村居遗址还发现了一座狭长方形的土坑墓,墓坑打破了居址最上层堆积,从墓内出土的铜器和陶器看,该墓葬的年代属于"战国中期"。新一村在开明氏迁都成都之前一直是聚落,开明氏迁都成都后却变成了城边的墓地,这个变化正好说明,今西郊河以西的区域不在开明王城之内,是当时的城外区域。

开明氏蜀国的成都城叠压在历代成都城下,其城市轮廓和城内格局的信息被揭示得很少,关于该城的位置和范围都还有不同的说法。那么,成都开明王城的四至范围和中心区域应该在哪里呢?关于这个问题,我们还是要从附近的墓葬情况寻找线索。

3. 从开明王城同时的墓葬分布来限定

开明时代的成都城的位置,笔者前面从已经从十二桥和新一村遗址所揭示的信息,得出了其西界不得西逾西郊河的结论。从这一时期墓葬的分布情况,我们也能得到大致相同的结论。

---

① 四川省文物考古研究院、成都文物考古研究所编著:《成都十二桥》,文物出版社,2009年,第1-162页。
② 成都市文物考古研究所:《成都十二桥遗址新一村发掘简报》,《成都考古发现2002》,科学出版社,2004年,第172-208页。

古人墓地往往位于聚落的旁边，尤其是喜欢先人埋葬在地势相对高亢的地方，有时聚落位置发生变化时，墓地位置往往具有怀旧性，在一定时间范围内仍然还在先前的位置。一定时期墓地分布状况，往往可以限定当时居住区域的范围。成都市区先秦时期的墓葬，基本上都分布在成都旧城以西的位置，这里地势比成都城以东高亢，符合古人通常的葬地选址规律。其中在西郊河以外、一环路以内的邻近郫江故道的区域，现已经发现战国墓葬至少有10处（图五；其中有些地点属于同一墓地）。按照从北至南的顺序，它们分别是：

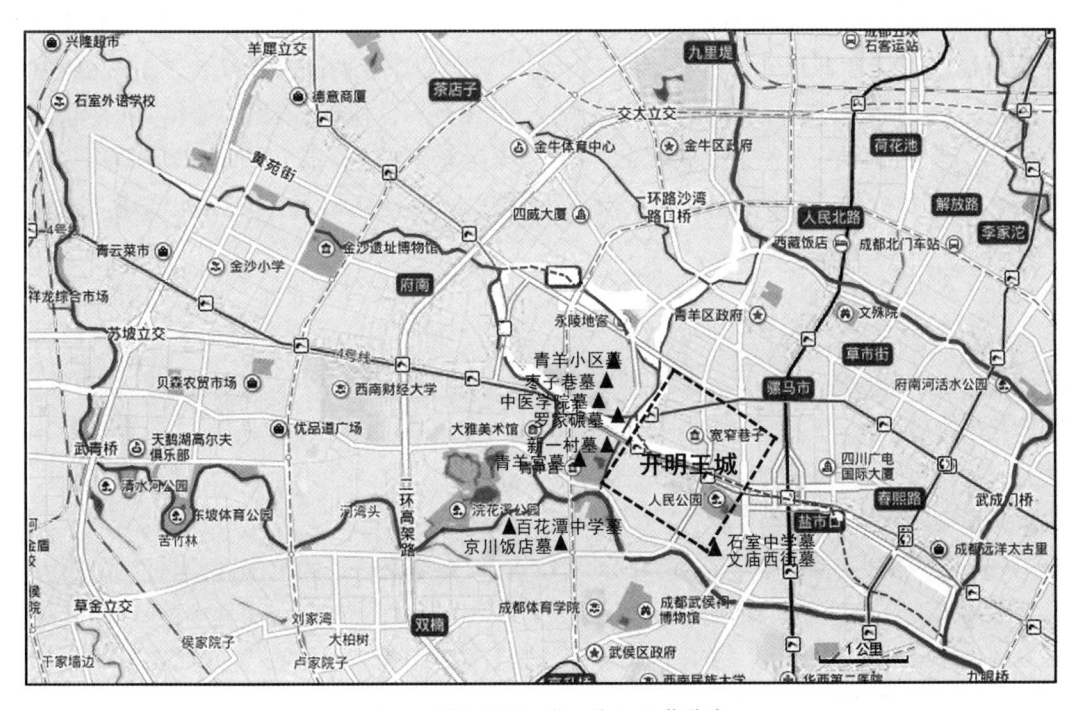

图五　成都旧城区附近战国墓葬分布

（1）青羊小区土坑墓：位于成都旧城外新、老西门之间的青羊小区西干道旁，距三洞桥约500米。1983年在这里发现墓葬4座，其中3座相邻排列。墓葬均为窄长方形的竖穴土坑墓（2.7–3.82×0.6–0.68米），葬具已朽，仅在3号墓底还保留着底板，故曾经被认为是"木板墓"。① 墓虽不大，但除了出土有铜兵器、工具和陶器外，在M1内还出土了铜鼎、铜罍等容器，鼎的年代不晚于春秋晚期，其他器物也都晚不到战国晚期，值得注意。②

（2）枣子巷土坑墓：位于成都通惠门（新西门）外枣子巷四川省政协大院内，1981年施工时发现。墓形状已不明，墓底距离地表1.4米，葬具和骨骸已朽烂，仅知墓底铺有朱砂，头骨和上肢骨还可以辨识。墓的头向正北，铜兵器一组放置在死者右侧。铜兵器仅戈、矛、剑三种，但每种数量都较多，总数达35件。其中大多铸造粗糙，推测是非实用的明

---

① 成都平原的所谓"木板墓"，是指墓穴底部仅铺一层木底板，没有椁室的周边墙板的一种墓葬，往往见于西汉晚期。由于地下水位的缘故，有的木椁墓如果只有底部长期浸泡在水中，在稳定地下水位线以上的木椁朽烂后，仅存的木椁底板就可能使人误认为是木板墓。

② 成都市文物管理处：《成都三洞桥青羊小区战国墓》，《文物》1989年第5期，第31–35页。

器。原简报推测该墓的年代为战国晚期,恐怕应为战国中期。①

（3）成都中医学院土坑墓：位于成都通惠门外十二桥路北,东距西郊河不到 0.5 千米,1980 年在成都中医学院内发现。墓为不大的窄长方形竖穴土坑墓(2.56×0.6 米),墓底距离地表 1.5 米。原先可能有红漆棺的葬具,骨架已经朽烂不辨,根据器物摆放位置,可以推测墓主头向是北偏东。墓内随葬有敦、鍪 2 件铜容器和 5 件陶容器,另有 16 件铜兵器和工具。根据随葬品推断,其年代在战国早期。②

（4）罗家碾船棺墓：位于成都旧城通惠门外西北侧的罗家碾,其西就是中医学院战国墓地。1987 年四川省水电科研所工地发现墓葬两座。两墓相距 2.5 米左右,墓为东西向,墓室为窄长方形(4.9－5.4×0.9 米)。葬具和人骨朽烂,推测为船棺,单人仰身直肢葬。随葬品均在死者头部和腰部,其中 M1 随葬铜瓿（釜甑）1 件、兵器 10 件；M2 随葬铜兵器等 4 件。简报推测其年代与百花潭中学 10 号墓相当,都是战国早期,这应该是恰当的。③

（5）新一村土坑墓：位于成都旧城通惠门外,十二桥路与西郊河交汇处西南的新一村,西南两面不远处就是十二桥遗址和文化公园。墓葬本身就埋葬在西周至春秋时期居址的文化堆积上。死者头向西(265°),墓穴呈窄长方形(7.4×1.25 米),或许也是船棺墓。随葬品丰富,计有铜器 17 件,陶器 73 件。铜器中有瓿、缶、釜、鍪等容器和戈、矛、钺、剑等兵器,以及工具,另有铜鸭首 1 件。从器物种类和形态看,其年代当在战国中期偏晚阶段,也就是秦灭蜀前后。④

（6）青羊宫土坑墓：位于成都西南郊青羊宫旁,青羊宫遗址的范围内,与百花潭战国墓地距离很近。1973 年发现,墓室呈宽长方形(4.6×2.71 米),墓底有少许木葬具的痕迹,并发现朱漆棺的迹象。死者头向西(265°),仰身直肢。随葬品主要放置于死者头部和左侧,另有带铜鞘的两柄短剑放在死者腰部。随葬铜器多件,除兵器和工具外,还有鼎、壶、缶、鍪和尖底盏。墓葬年代当为战国早期。⑤

（7）百花潭中学船棺墓：位于成都旧城西南约 1 千米的百花潭中学内。1964 年在这里发现战国时期的土坑墓一批,目前该墓地已发掘的墓葬只有公布了随葬有著名"嵌错水陆攻战图铜壶"的 10 号墓。墓为窄长方形墓室(3.06×0.9 米),头向北偏东(10°)。葬具已朽,仅存弧形的底部,推测是"船棺"。随葬品较丰富,除 1 件陶尖底盏外,还有铜鼎、瓿（釜甑）、壶、鍪和兵器、工具 47 件。该墓的年代为战国早期墓。⑥

（8）京川饭店土坑墓：位于成都旧城西南郊一环路西一段与大石路交会处的西北,

---

① 四川省文物管理委员会：《成都市出土的一批战国铜兵器》,《文物》1982 年第 8 期,第 51－52 页。
② 成都市博物馆考古队：《成都中医学院战国土坑墓》,《文物》1992 年第 1 期,第 71－75 页。
③ 罗开玉、周尔泰：《成都罗家碾发现二座蜀文化墓葬》,《考古》1993 年第 2 期,第 190－192 页。
④ 成都市文物考古研究所：《成都十二桥遗址新一村发掘简报》,《成都考古发现 2002》,科学出版社,2004 年,第 172－208 页。
⑤ 四川省博物馆：《成都西郊战国墓》,《考古》1983 年第 7 期,第 597－600 页。原简报推断该墓年代为战国中晚期,不确,当为战国早期,最迟也不得晚于战国中期前段。
⑥ 四川省博物馆：《成都百花潭中学十号墓发掘记》,《文物》1976 年第 3 期,第 40－46 页。

西距百花潭中学战国墓 0.8 千米,东、北两面距离南河不到 0.5 千米。1986 年京川饭店基建时发现一批铜器,经调查得知出自一座竖穴土坑墓。墓已经毁坏,墓室大小、葬具葬式、陈器位置皆不明。出土器物除 2 件陶纺轮外都是铜器,共 31 件,有兵器和工具。① 该墓年代也当以战国中期为宜。②

(9) 文庙西街土坑墓:位于成都旧城西南部的文庙西街,东邻石室中学,南面不远处就是南河。2003 年发现,共两座土坑墓,两墓相距 12 米,墓穴保存较好的 M2 头向为西偏北 (50°),墓室为长方形(3.72×1.18 米),墓内人骨较凌乱,疑为二次葬。M1 随葬品仅有 17 件铜器,但其中却有瑚、敦、壶、盘、尖底盛等容器,还有铜器座和铜木符合器物的铜构件,未见铜兵器。M2 出土的铜器是较常见的釜、甗(釜甑)、鍪、矛、钺等,陶器却数量不少,有小口釜、乳突罐、尖底盏、矮柄豆、簋形豆等。前者年代为战国早期,后者年代当为战国中期。③

(10) 石室中学土坑墓:位于成都旧城西南部,文庙西街与文庙东街相交处,传说中著名的文翁石室故地(实际上,汉代的文翁石室在更东北面的位置)。与上面所说的文庙西街土坑墓应该属于同一墓地。1987 年在石室中学发现战国墓一座,墓室为窄长方形 (3.8×1.2 米),底部有长方形腰坑,内置随葬铜器 5 件,具体情况不明。从该墓的位置来看,可能与文庙西街土坑墓同属战国早中期的遗存。④

以上 10 处相当于开明时代建都成都时期的墓葬,除了文庙西街和石室中学地点外,其他墓葬基本上都分布在今成都市一环西路沿线,尤其以一环路与西郊河之间最为密集。如果以古河道来做标注的话,除了百花潭中学和京川饭店战国墓外,其余这些墓地都位于故郫江以西和以南。迄今为止,在故郫江以东和以北地区,除了商业街大墓一处特别的墓地外,还没有其他同时期的墓葬发现。根据这些墓葬分布现象,再结合古河道等地理因素,我们可以认为,开明时代的成都城的范围,其西侧和南部边界是基本明确的,就在成都旧城西、南城墙以内的范围,也就是西郊河以东、南河以北的区域。至于其东部边界,如果我们将文庙西街和石室中学墓地视为开明王城西南角外的墓地的话,其东部边界大致在上汪家拐街及其向北的延长线以西。只是北部边界目前还难以判定,只能通过商业街大墓等资料做些推测。

4. 从开明王族遗迹的位置来推断

成都旧城范围内开明王朝相当于王室的高等级遗存很少,除了传说的开明王妃墓"武担山"外,就只有在清满城内的商业街大墓了。

商业街大墓位于成都旧城西部商业街南侧,也就是清代成都满城的中部偏东。船棺

---

① 成都市博物馆考古队:《成都京川饭店战国墓》,《文物》1989 年第 2 期,第 62 - 66 页。
② 关于京川饭店战国墓的年代,原简报推断"此墓的时代当在战国晚期",恐怕断代略为偏晚。该墓铜器中的双区虎豹纹镜是战国早期的晋系铜镜,这可以理解为外来铜镜输入后长期使用后再随葬;但该墓的巴蜀传统铜兵器如"烟荷包"式钺等都是战国中期的样式,此墓年代还是判断为战国中期为宜。
③ 成都市文物考古研究所:《成都市文庙西街战国墓葬发掘简报》,《成都考古发现 2003》,科学出版社,2005 年,第 244 - 265 页。
④ 谭琼:《记成都西城发现的战国墓葬》,《成都文物》1987 年第 4 期,第 40 页。

墓群的主体是长约30、宽约21米的长方形土坑墓穴,墓穴的周边用木枋加固,墓底铺有若干东西横向的木枋作垫木,以承托巨大的船棺。在墓穴外的南面,有一座同时期的以土木为台基、前面有粗大檐柱且前檐开敞的木结构殿堂,很可能是祠或寝一类建筑。殿堂的两侧有木构的耳室,耳室的东西两侧壁正好与墓穴东西两边相对应,殿堂肯定与墓穴是统一规划、作为墓地的祭祀性建筑而建立的。① 商业街船棺墓地就其整体来说,规模宏大,但这种宏大是通过一个群体来体现的,它与以前发掘的四川新都县九联墩战国中期大墓的情况有所不同。从该大墓周边钻探所获信息来看,在这座大墓附近应该还有其他类似的大墓。② 显而易见,满城中北部偏西一带,很可能是当时一处特殊的墓地。墓地的主人应是蜀开明王朝王族或亲族,当然也不能排除就是开明王本人及其配偶的可能性。做出这个推论的主要理由是:

首先,商业街大墓的位置,属于秦汉成都少城的北部,从这里按照船棺的朝向照直向东北去约1.5千米,就是传说中蜀王妃所葬的武担山,③传说蜀王还曾经登成都北城墙以观武担山。④ 武担山是成都著名的古迹,自汉晋以来,史籍不绝于书,现在仍耸立在成都北教场。商业街与传说中的蜀王族成员墓地相去不远,二者之间应当有联系。古代的成都由于地理环境的缘故,其城的形状始终保持着略为偏东的长方形的形态,商业街墓地的方向为北偏东,这正与成都旧城的方向相同。商业街船棺墓地的规划与城的规划有着相同的方位观念,说明负责二者营建的人群也很可能相同。

其次,商业街大墓规模宏大,除了墓室规模为四川先秦墓葬之冠外,墓葬内的棺木之大,出土文物之多,也是四川先秦其他墓葬所不能比拟的。大墓的棺木至少有三种,船形棺、箱形棺、匣形棺,其中主棺都是巨大的船型棺,这些船棺棺头和棺盖上,几乎都刻有"十"的符号。这应当表示的是这些使用船棺死者的族属的族名符号。从符号学的角度来看,该符号是一个与太阳或上帝都有联系的符号。根据汉晋时期的文献资料,蜀开明王朝是以太阳作为王族和王朝的名称,刻有这样族名符号的船棺墓,很可能与蜀开明氏有密切的联系。

商业街大墓墓坑大而浅,整个墓葬给人以运载死者尸体和随葬品船棺的停泊场所的印象,当初该大墓应该是没有填土的敞开水池,可能有船行于水通往死者世界的象征寓意。如果笔者的分析不错的话,开明王族的墓地就是由一个个放置着棺椁的水池、旁边还有祠庙寝殿之类的祭祀性和纪念性建筑物所组成。这样埋葬习俗的墓地不宜设置在远离王者宫殿的地方,很可能应该在开明王城以内。因为这样一个露天的墓葬暴露在郊野的话,容易遭到盗墓者的觊觎,难以保证死者的安宁,将其规划在开明王城内应该是个合理的选择。

---

① 《四川成都出土大型船棺独木棺墓葬》,国家文物局主编:《2000中国重要考古发现》,文物出版社,2001年,第51—56页。
② 此信息是成都市文物考古研究所江章华先生惠告。
③ 《华阳国志·蜀志》说:"武都有一丈夫,化为女子,美而艳,盖山精也,蜀王纳以为妃。……无几物故,蜀王哀念之,乃遣五丁之武都,担土为妃作冢,盖地数亩,高七丈,上有石镜,今成都北角武担是也。"
④ (宋)赵抃:《成都古今记》:"望妃楼,在子城西北隅,亦名西楼。开明氏以妃墓在武担山,为此楼以望之。"

开明王族的墓地应该在开明王城的城内,具体地说,是在城外郭内,这可以从蜀国古史传说中获得线索。根据文献的记载和今人的研究,秦灭巴蜀后,秦国起初是采用分封原蜀王的儿子为蜀侯的方略统治蜀地,首先分封了子通(或通国)为蜀侯。① 蜀侯通被其相陈壮所杀,蜀国反叛,秦遣甘茂等平定蜀地,另分封子恽为蜀侯。秦昭襄王六年,"蜀侯恽反,司马错定蜀",②蜀侯恽死,"蜀人葬恽郭外"。③ 据《华阳国志·蜀志》,蜀侯恽死后,"(周赧王)十五年,王封其子绾为蜀侯。十七年,闻恽无罪冤死,使使迎丧入葬之郭内。初则炎旱,三月后又霖雨。七月,车溺不得行。丧车至城北门,忽陷入地中,蜀人因名北门曰咸阳门"。咸阳门是秦汉成都城北的西侧门,④其位置当少城之北门,⑤该门是成都通向秦王朝首都咸阳的大道所出,故有咸阳门之称。蜀侯恽被杀后被埋葬在成都城北,昭雪后又从北门运往城内安葬,可知蜀国贵族死后的葬地之一是在当时城的北门外,但蜀国国君死后的正常葬地是在城内而不是城外。商业街大墓正是这样的位于开明王城内的蜀王族大墓。

秦汉成都以北的城外,有传说中蜀王妃埋葬的武担山,城内北部又有蜀侯的墓葬。据此推知,在秦汉少城的北部到城外北郊原本是蜀国王族及其亲族等高级贵族的兆域。开明王城的中心区域应当在秦汉少城北部之南,也就是成都旧城西南部一带。在古代传说中,蜀开明王曾经建造了华丽的七宝楼,梁·李膺《益州记》说:"开明氏造七宝楼,以珍珠为帘,其后蜀郡火,民家数千与七宝楼俱毁。"⑥七宝楼也称珍珠楼,该楼的故址在成都旧城西门内,秦汉以来的大城(即罗城时代的内城)西门外的石笋街,⑦其位置大约就在成都旧城满城中部偏东的仁厚街一带。颇疑今刀子巷—泡桐树街一线至蜀都大道的金河路—少城路—祠堂街一线之间,就是当时开明王城的中心宫城的所在。

通过上面四个方面的论述,我们可以推定,蜀开明氏的成都城是在成都旧城的西南部,西、南两面以西郊河和南河为界,东、北大致以祠堂街和槐树街为界,古郫江从西北向东南流过,将城市划分为南、北二城,其中北城是开明王的宫殿和墓地所在。这样,我们就可以勾画出开明王朝的成都的大致轮廓。

蜀开明世五世之时,将都城由郫邑迁到了成都,在古郫江西河段的东岸及南河段的南

---

① 秦灭蜀后所封蜀侯为蜀王子而非秦王子,关于这个问题,日本学者泷川资言和蒙文通两位先生已做过论证([日] 泷川资言考证、水泽利忠校补:《史记会注考证附校补》,上海古籍出版社,1986年;蒙文通:《巴蜀史的问题》,刊《四川大学学报》哲学社会科学版,1959年第5期),其论据充分,得到了研究者的广泛认同。

② 《史记·秦本纪》。

③ 《华阳国志·蜀志》。

④ 《后汉书·公孙述传》(上海古籍出版社影印武英殿本):"臧宫军至咸门。"(唐)李贤注:"成都北面有二门,其西者名咸门。"但李贤在注《臧宫传》"进军咸门"时,却说咸门为"成都北面东头门",二者必有一误。按《古文苑》卷四扬雄《蜀都赋》:"尔乃其都门二九,四百余间。"(宋)章樵注引《成都志》说:"大城九门,今考九门唯咸门、朔门秦汉旧名。《公孙述传》'臧宫军至咸门',注云:'成都北面二门,其西者咸门'是也。"可知咸门为成都北面西侧门是正确的。

⑤ 蒙文通先生已经指出,秦汉成都北面的咸阳门应当就是咸门,"此为往来秦蜀北出所由之门。西者曰咸门,说较可从。以唐时由长安来之官道原在成都西北,薛涛所居即在其近地,汉晋郡守皆在少城,商贾走集在少城,故官道出此"。(蒙文通:《成都二江考》,《蒙文通文集·古地甄微》第四卷,第134页)

⑥ (明)曹学佺:《蜀中名胜记》卷二引。

⑦ (明)曹学佺:《蜀中名胜记》卷二引(宋)赵清献《成都古今记》说:"真珠楼基在石笋街。一说,有大秦胡,于其地起寺,门楼十间,皆饰以真珠翠碧,贯之如帘。寺即大秦寺也。"由于七宝楼又名珍珠楼,后者的得名有先秦开明氏和后世大秦寺两种说法,该传说只能作为次要的参考材料(虽然也可以解释为先是开明氏七宝楼,后是大秦寺门楼)。

北两岸营建了新的都城。这个都城南有大江,北有池沼,地理形势相当不错。由于地理环境的缘故,也可能还有方位观念的原因,城的方向不是正南北向,而与以前和以后的成都城一样向东倾斜。城的周围是否有城垣,现在还不能确定。王文才先生认为,开明尚徙居成都,本无城郭,以木栅土垒为垣,形制简陋,秦灭蜀置郡后,始筑城郭。① 这可备一说。城的北部有王族的墓地,或许还有王室的园囿;城的中部和南部是当时的居住区,宫殿区应当也在这个位置。中、下级贵族的墓地主要集中在古郫江以西的近郊区,另在郫江以南的南郊也有少量的分布。城的手工业作坊区大概在城的西南,这里尽管只发现有陶窑等遗迹,但从后来这一带是工商业聚集之处,这种推断或许不致大错。城的东北远郊,也就是今横跨沙河的驷马桥附近,大概是蜀开明王朝的一处祭祀天地的场所,用土坯垒筑的高三层的四方形的羊子山土台就是其遗迹。②

5. 从秦汉成都城的位置范围来推测

根据汉晋文献记载的古史传说,秦灭蜀国后,张若重筑成都城,该城由西侧的少城和东侧的大城组成,从而形成了相连的大小城并列的形制,③并从秦代一直延续到唐代。秦代的成都城,除任乃强先生曾有秦汉成都城可能在后来的成都旧城北端及北郊外的设想外(任先生这种想法似乎并不确定,在他的《华阳国志校补图注》中,"秦汉成都市郊示意图"将秦汉成都城置于成都旧城北郊,"秦汉成都城址比较图"则将秦汉成都置于后来的成都旧城的范围内)④(图六,2),其他研究者都认为在成都旧城西南部及中部,如四川省文史馆、刘琳、罗开玉先生等对秦汉成都城位置范围推测图,都将秦汉成都置于古郫江以东和以北、成都旧城北部池沼水系之南⑤(图六,1、3、4)。这种推测是有道理的。秦灭蜀国,主要战场在四川北部的葭萌(今四川广元南)一带,作战失利后蜀王南逃至武阳(今四川彭山县)被秦军追及,⑥古蜀国都城成都并没有受到城市功守战大的破坏。秦国修筑成都城,应该在古蜀成都城的基础上,不应该完全脱离开明王城的既有城邑的位置和范围。秦汉成都城既然在成都西南部和中部,西、南两面都不过古郫江,而古蜀国都城从三星堆古城到金沙村遗址都有跨河修建的传统,因此可以推测古蜀国成都城也应该是跨古郫江而建。也正因为如此,在成都旧城西北部的古郫县两岸,都有战国前后古蜀文化的遗址发

---

① 王文才:《成都城坊考》,巴蜀书社,1986年,第1页。
② 四川省文物管理委员会:《成都羊子山土台清理简报》,《考古学报》1957年第4期。孙华按:羊子山土台的年代,原报告认为属于西周后期到春秋前期,林向先生根据土台下叠压有三星堆文化末期的遗存,从而将其年代提早到了商代早期(林向:《羊子山建筑新考》,《四川文物》1988年第5期),笔者通过地层分析、文化背景、废弃年代等多方面的分析,将其年代重新考订在开明氏建都成都的战国时期(孙华:《羊子山土台考》,《四川文物》1993年第1期)。
③ 《华阳国志·蜀志》:"惠王二十七年,(张)仪与(张)若城成都,周回十二里,高七丈;郫城周回七里,高六丈;临邛城周回六里,高五丈。造作下仓,上皆有屋而置楼观射兰。成都县本治赤里街,若徙置少城内。营广府舍,置盐、铁、市官并长丞;修整里阓,市张列肆,与咸阳同制。"
④ 任乃强:《华阳国志校补图注》,上海古籍出版社,1987年,第144-145、152-153页。
⑤ 四川省文史研究馆著:《成都城坊古迹考》(修订版),成都时代出版社,2006年,第18页;刘琳:《成都城池变迁史考述》,《四川大学学报(哲学社会科学版)》1978年第2期,第78-84页;罗开玉:《秦汉三国时期成都商业大都会的建成》,《成都大学学报(社科版)》2010年第6期,第102-116页。
⑥ 《史记·张仪列传》:"秦遣张仪从子午道伐蜀。王自葭萌御之,败绩,走至武阳,为秦军所害。"

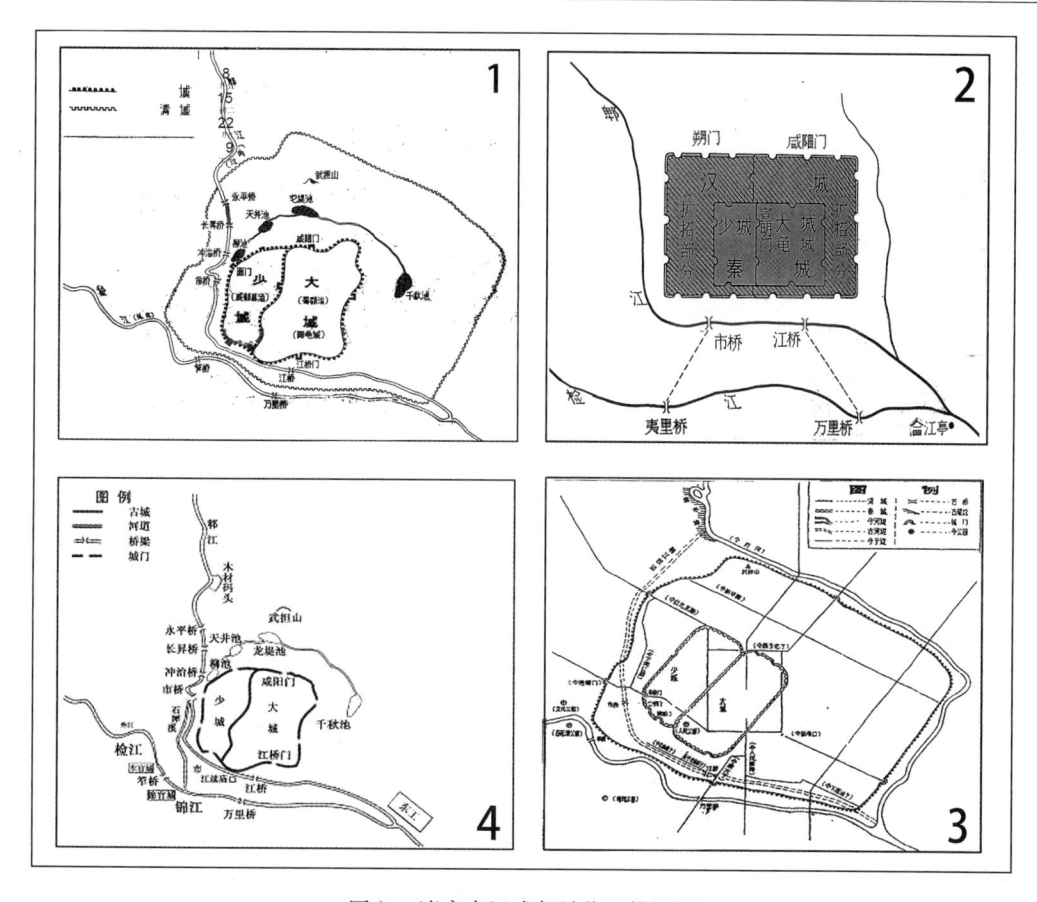

图六　诸家秦汉成都城位置推测图
1. 四川文史馆"秦代创筑大城少城图"　2. 任乃强"秦汉成都城址比较图"　3. 刘琳"成都秦城示意图"
4. 罗开玉"李冰时代成都城图"

现,如前述方池街、指挥街等遗址。基于这两方面的考虑,古蜀成都即开明王城的南部边界应该沿着古检江即今南河北岸修筑,范围比秦成都城要大一些。

通过上面的论述,我们可以比较有把握地说,蜀国最后一个时代的最后一个都城,也就是春秋晚期至战国中期的成都,其位置应该在现代成都旧城的西南部,西以今西郊河为界,东不过成都旧城的南大街及其向北的延长线,南临今南河,跨越今已无存的古郫江两岸。

四、余　　论

秦灭蜀国后修筑的成都城是大小并列双城,这种城邑形制应该沿袭自之前的古蜀国成都即开明王城的都城形制,不是秦人的创造。秦人灭国,改他国国都为郡邑,几乎都是利用原先的城邑,并缩小都城范围以符合地方城市规制,不会有扩大原都城规模另筑新城的行为。[1]　如

---

[1]　参看中国社会科学院考古研究所编著:《中国考古学·秦汉卷》,中国社会科学出版社,2010年。

果古蜀国的成都城只是单一城垣或外郭内城的形制的话,秦国的蜀守张若筑成都城不会是既沿用原先的城作为小城即少城,又在小城东侧另筑大城或沿用原先的城(或沿用原先的城邑作为大城,又在大城西面另筑小城)。秦国重筑成都城,应该是因为先前古蜀国的都城修筑技术、城墙规制不符合秦国的要求,因此在原先都城基础上进行改筑。这种改筑可能体现在两个方面:一是古蜀国的成都城原先跨越古郫江(今南河),江水横贯城邑,不便于城内生活,也不便于城市防御,故秦国废弃了古郫江以南的南城,这就需要在北城沿古郫江北岸新筑原先没有的南城墙;二是秦国废弃古蜀国都城的南城以后,原先北城的东北城部分因南面河流的限制,范围显得过于狭小,因而蜀守张若不得不向北扩建东北城,扩建后的东北城规模大于西北城,因而就有了大城之名。

  古蜀成都的城市被大河横贯,王室宫室应该与王室墓地一起位于城的北部,神庙一类祭祀场所是否位于城的南部,目前尽管还不能肯定,但该城市被河流分割为南北两部分,这却是可以肯定的。这种城市的选址和格局,与先前的成都金沙村遗址和更早的广汉三星堆城址的城市格局基本一致,三座古蜀国的大型都城遗址的布局是一脉相承的。因此,我们可以得到一个推论,从三星堆文化时期开始一直到秦灭古蜀国为止,古蜀国的都城规划都具有相同的传统。这个传统蕴含的思想意义,笔者会另文予以讨论。

  春秋晚期至战国中期的古蜀成都城,其位置在商代晚期至西周前期的成都城金沙村遗址东南,二者相距约4千米。古蜀国的都城为何会从金沙村迁往他处,其原因还有待探讨,但三四百年后古蜀国都城又迁至成都时,却没有选择在昔日故都金沙村遗址一带建城,而是向东南移动了一段距离。个中缘由,或许可从环境变迁寻找原因。流经成都旧城的几条河流,在成都旧城东侧受到龙泉山前坡地的阻碍,从西北至东南流向折转为东北至西南流向。河流的下游本来就比较低洼,其受阻转折处水流还会流淌不畅,从而在河流转弯处及其以上河段形成了湖沼等水体,这就限制了早期城市的建设。这也正是商代晚期古蜀人从广汉迁往成都时,没有选择后来成都旧城的范围而是选择在旧城西北原金沙村一带的原因。大概就在西周晚期及其稍后的一段时间,由于转弯处以上河段泥沙的淤积,成都旧城北部的河流已经淤积成为断断续续的湖沼,仅古郫江、检江(今南河)等尚保持着稳定的水势,故春秋晚期古蜀国国君开明尚将都城迁往成都时,就选择今成都旧城西南部一带作为新都城的地点,从而开创了成都城市发展史的新时代。

  也正由于成都旧城及其附近的河流,主要江河因水势较大且河床相对稳定,河床在比降较大的河水冲刷下切作用下不至淤积,而次要河流因季节性的水量变化而不稳定,淤积现象较严重。在都市及其周边高强度人为活动的影响下,自然与人为的交互作用,成都旧城东南部的地面逐渐抬升和干燥,从而为城市向东扩建提供了可能。秦灭蜀后建设的成都大城,紧接在早先的小城东面;唐末高骈扩建成都城时,主要是扩展成都的东、北两面。从此,成都城就东扩至流经成都的主要河流的聚汇和拐弯处,奠定了以后成都旧城的基本轮廓。沿着河流走向,从西北向东南发展,就成为古代成都城市发展演变的基本轨迹。

济南古城格局的复原研究

王雨晨

（北京大学考古文博学院）

济南市位于山东省中部,自古以来就是北方地区重要的交通枢纽和战略要地之一。济南古城的疆域之分定于汉,而淆于晋,命名之义定于明,而肇于元,[①]是典型的古今重叠型城市。本文在相关文献（包括方志材料、地理文献、诗文杂记等）和考古发现的基础上,结合对济南古城区域现场勘查成果,对其古城区域进行复原研究,试图厘清不同时期城市边界更迭,城市内部重要政治、文教、宗教建筑的绝对与相对位置,以及城市内外部水系情况。

一、位置、现状与历史沿革

（一）地理位置与城市现状

济南市位于山东省中部鲁中地区,东经116°11′至117°44′之间,北纬36°01′至37°32′之间。北面黄河平原,南近泰山山地,总体地势南高北低,山水环绕,地形复杂,自古以来就是北方地区重要的交通枢纽和战略要地之一。古代的城市选址一般都受到了自然环境和人文地理的限制,没有特殊的事故一般不会轻易移动（唐代以后的城市尤其如此）。因此多数城市从古至今没有发生过大的迁徙或废弃,其古代城址全部或部分叠压在今天的城市下面。[②] 济南即属于这类典型的古今重叠型城市。

济南城北为小清河,更远处是黄河,地势平坦；城南为千佛山、西姑山、兴隆山等,更远处为泰山,地势高耸；是典型的"反式风水"布局。清末民初,济南开埠之后,城市范围迅速扩大。济南古城区的范围大致相当于现在的环城公园一带,其位置基本遵从明清城墙及护城河沿线,城内历史建筑除去少部分对公众开放作为景点公园,以及部分重要官署建筑现用作政府机关大院之外,剩下的大部分历史建筑不存,基址已经被叠压在新建建筑之下。

[①] （清）成瓘：《济南府志》,清道光二十年刻本。
[②] 宿白：《现代城市中古代城址的初步考察》,《文物》2001年第1期,第56-63页。

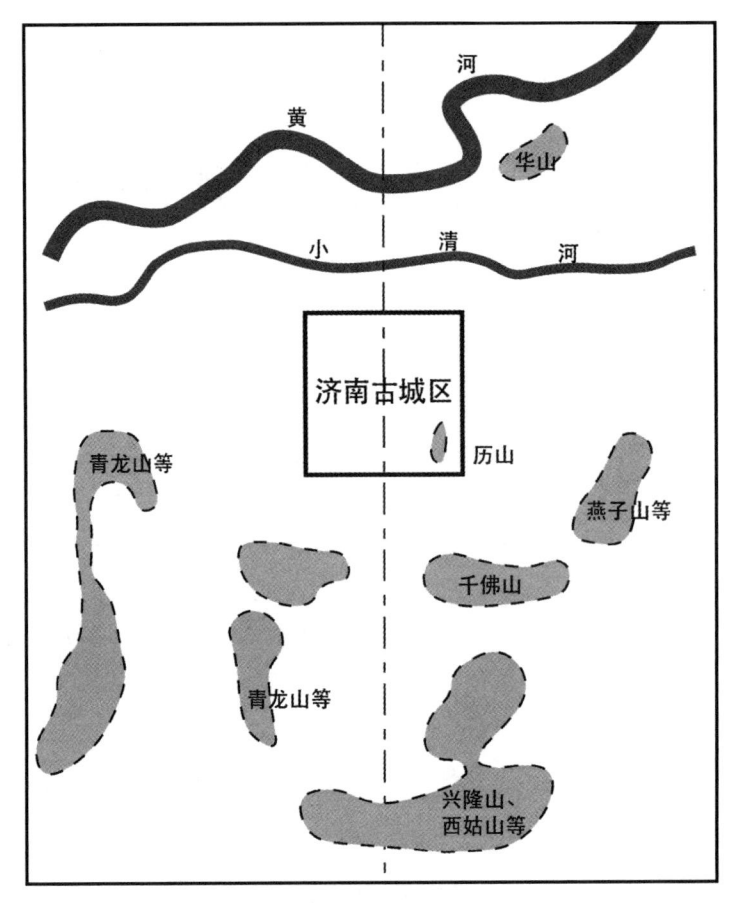

图一　济南市周边山水分布基本情况

（二）历史沿革

"济南"一名源自汉初济南国。据文献记载，济南古城的疆域之分定于汉，而渚于晋，命名之义定于明，而肇于元。① 在一统志、新旧通志及历城县志之中均记录当时"济南治历城"，而历城之前又有东平陵。历城指我们今天看到的济南古城区域，也就是本文研究的对象，而东平陵的具体方位已经无从考证了。至于治所何时由东平陵移至历城，大多志书均记载为"永嘉末自平陵移历下"，但根据道光本"济南府志"考，②永嘉实际应为元嘉，即自南朝刘宋时期济南郡始治历城。③ 宋代开始有济南府，金因宋治，明代济南府是山东布政使司治，明洪武改济南路为济南府。④ 由此可知历城，即今天的济南古城区域所在地

---

① （清）成瓘：《济南府志》，清道光二十年刻本。
② （清）成瓘：《济南府志》，清道光二十年刻本："按晋史永嘉丧乱，青州沦没于石勒……是时济南正属青州部，且史明载济南郡治在平寿。……永嘉末无几时遂归于南宋矣，至南宋孝建二年乃有移治历城之事。至大明八年又还治东阳。然则诸志之所谓晋永嘉末者即元嘉末之讹耳。自有此讹，于是沿革相传晋济南国首历城，南宋济南郡亦首历城，讹以承讹。"
③ （清）李文藻：《历城县志》，清乾隆三十八年刻本："文帝元嘉九年又分青州，立历城。割土置郡县，领郡九。"
④ （清）岳濬：《山东通志》，雍正七年修，清四库馆：《文渊阁四库全书》，上海古籍出版社，2003年。

自南北朝以来的绝大多数时间一直是济南地区的行政中心。

历城南面历山,城在山下,因此得名历城,或称历下。① "历"这个名称最早出现在春秋时期,史记中记载"齐晋战于历下"。夏商周时历下这片区域属于青州,春秋时为谭子国。战国时历下属于齐郡,《史记》中记载韩信伐齐至历下。汉代历城县属济南国,后属济南郡。② 后汉时历城县属济南国。③ 三国时,东平陵、台、历城三县都属于济南郡青州部。南北朝时,宋属济南郡在孝建二年从广城移治历城。④ 北魏时历城为齐州部济南郡的治所。⑤ 晋时历城属济南郡。⑥ 隋时改济南郡为齐郡,治所仍在历城。⑦ 唐代历城为齐州济南郡郡首。⑧ 五代时为齐州地。⑨ 宋时济南沿称齐州,徽宗时升州为府,历城县为京东东路济南府治,这是历城第一次成为府治。⑩ 金历城为山东东西路提邢司治,山东东路济南府治。⑪ 元为山东东西道济南路总管府。⑫ 明洪武九年山东省省治由青州移治济南,济南成为山东首府,是山东布政使司、都指挥使司和按察使司的驻地。清因之为山东布政使司济南府治。1897年德国侵占胶州湾,后修胶济路;1904年济南开埠,城市区域也随之扩大。中华民国成立后,济南最初属于岱北道,1914年改称济南道;1929年设立济南市;新中国成立后沿称济南市。

二、古城形态及布局变迁

凯文·林奇《城市意象》一书中,将构成城市物质形态的要素归结为边界、路径、区域、节点和地标五大要素。掌握城市的这些要素,就可以有效地归纳出城市内部的空间关系,这种分类方法对于历史时期的中国城市的复原研究也大有借鉴意义。本文针对其中的边界、节点与地标三个要素(分别对应城市范围,政治、文教、宗教建筑和重要的水体),

---

① (清)岳濬:《山东通志》,雍正七年修,清文渊阁四库全书本:"附郭县在历山之阴,春秋战国谓之历下。"
② (清)成瓘:《济南府志》,清道光二十年刻本:"初属齐国,文帝十六年改为济南国,景帝二年废国为郡。县志云,汉青州部济南郡东平陵台历城,此县历之始。"
③ (清)成瓘:《济南府志》,清道光二十年刻本:"东汉建武初亦为国。顺帝时改。县志云,东汉青州部济南郡东平陵台历城。"
④ (清)成瓘:《济南府志》,清道光二十年刻本:"至南宋孝建二年乃有移治历城之事,至大明八年又还治东阳。然则诸志之所谓晋永嘉末者即未元嘉末之讹耳。"
⑤ (清)成瓘:《济南府志》,清道光二十年刻本:"《魏书·地形志》云,齐州治历城。刘义隆置冀州,皇兴三年更名。文帝改冀州为齐州,与济南郡并理。东魏郡刘骏置,魏因之治历城,后徙台城。"
⑥ (清)成瓘:《济南府志》卷六十八,清道光二十年刻本:"晋之济南回治平寿。"
⑦ (清)成瓘:《济南府志》,清道光二十年刻本:"《隋书·地理志》云,齐郡旧曰齐州,历城旧济南郡,开皇初废。大业初置齐郡。"
⑧ (清)成瓘:《济南府志》,清道光二十年刻本:"历城初分平陵置谭州,太宗时改平陵县为全节,废谭州。宪宗时省全节入历城属齐州。通志云县仍属齐州济南郡。武德二年于平陵置谭州,并置平陵县寻废。贞观十七年,齐王祐反平陵,人不从,因复置更名全节。元和十五年省全节入历城县,志云唐河南道,齐州营县历城全节,见元和郡图志。"
⑨ (清)成瓘:《济南府志》,清道光二十年刻本:"五代齐州地。县志云,五代史职方考。齐州梁唐晋汉周皆有。"
⑩ (清)成瓘:《济南府志》,清道光二十年刻本。
⑪ (清)叶圭绶:《续山东考古录》卷一《济南府上》,清咸丰元年刻本,山东文艺出版社,1997年。
⑫ (清)成瓘:《济南府志》,清道光二十年刻本。

对历史时期的济南古城区做进一步探讨研究。

济南历代方志中有不少地图,如明崇祯六年刻本《历乘》中"城图",明崇祯十三年刻本《历城县志》中"城图",清乾隆三十八年刻本《历城县志》中"城图",道光二十年刻本《济南府志》中"城图"。这些方志地图与其他中国古代志书中地图一样,均"不采用'制图六体'和'计里画方'法则绘制……其图注只能具有相对位置而没有绝对位置",①但是它们可以反映出城市中重要建筑的相对关系,部分城图还表现有主要道路体系,是开展城市复原工作的重要依据。

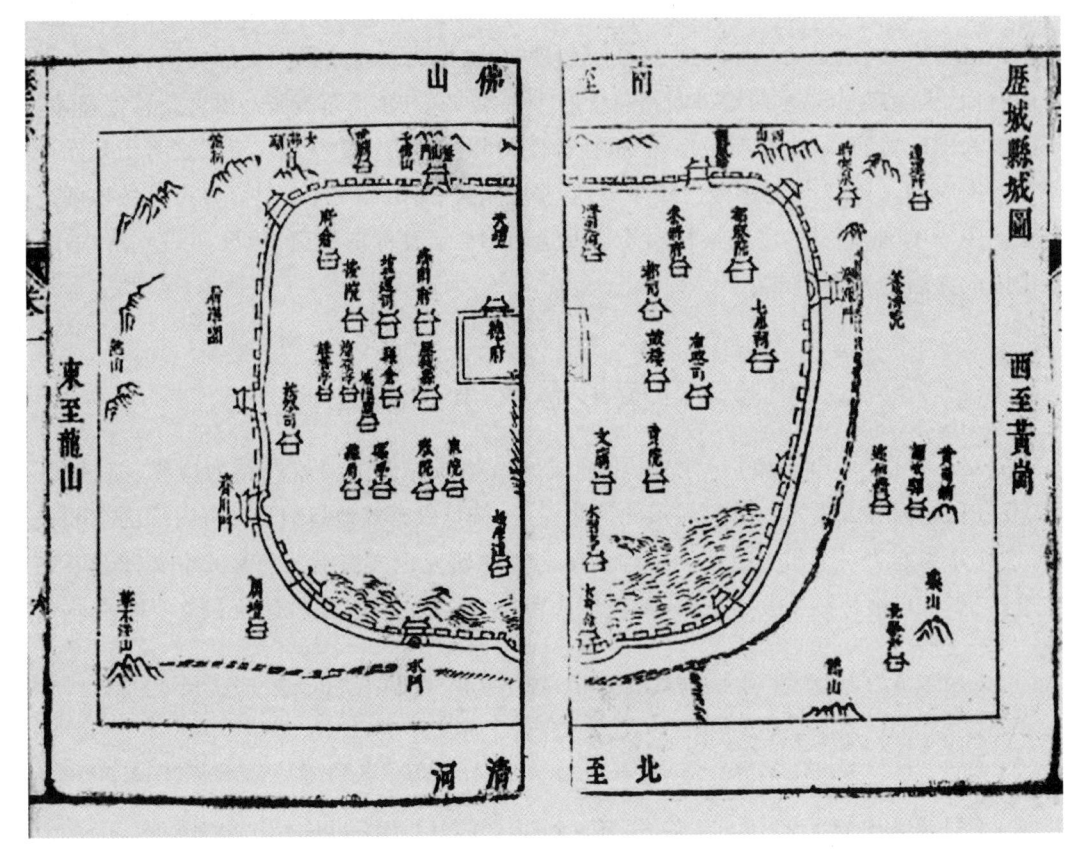

图二　明崇祯六年刻本《历乘》中的"城图"

进入民国时期,济南先后有几份更为详细和相对精准的地图:1902年的省城街巷全图,1926年《民国续修历城县志》中的济南城市地图,1928年的济南街巷全图,1947年的济南市街道详图等,另有几份德文地图资料。从这些地图中可以发现原有的街道布局与现有的大致无二。这些地图也是重要的复原材料。本文中笔者绘制的历史时期推断地图所用底图,为现代卫星地图结合1947年版本的济南市街道详图绘制,在此基础上对城内基本街道布置做出复原。

---

① 阙维民:《中国古代志书地图绘制准则初探》,《自然科学史研究》1996年第4期,第338页。

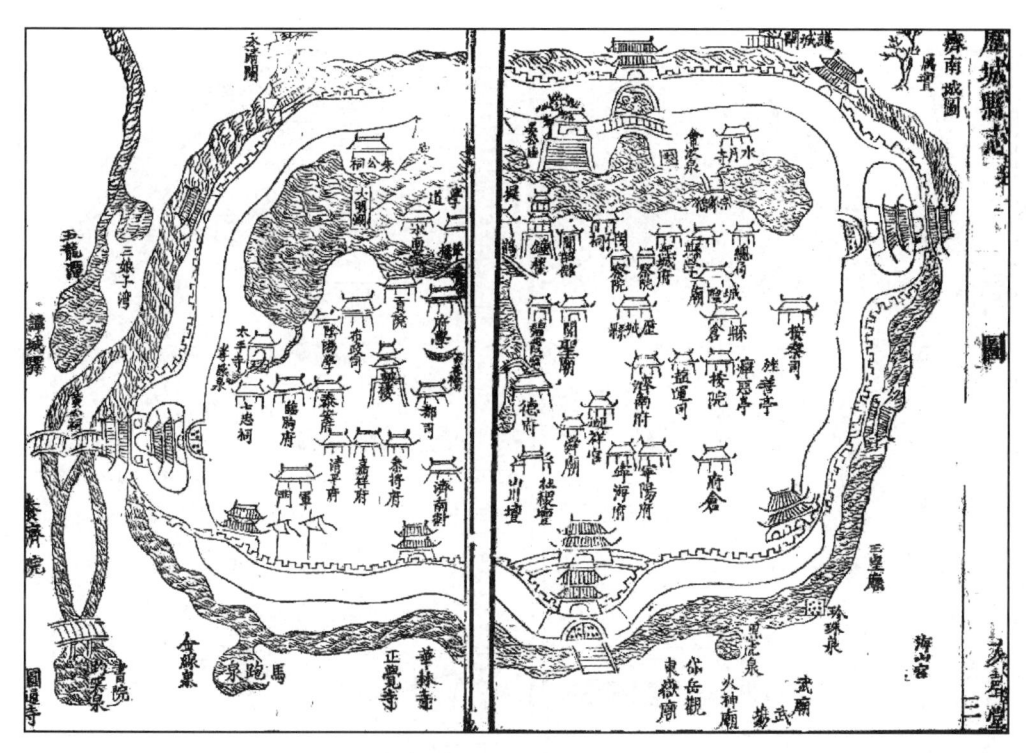

图三　明崇祯十三年刻本《历城县志》中"城图"

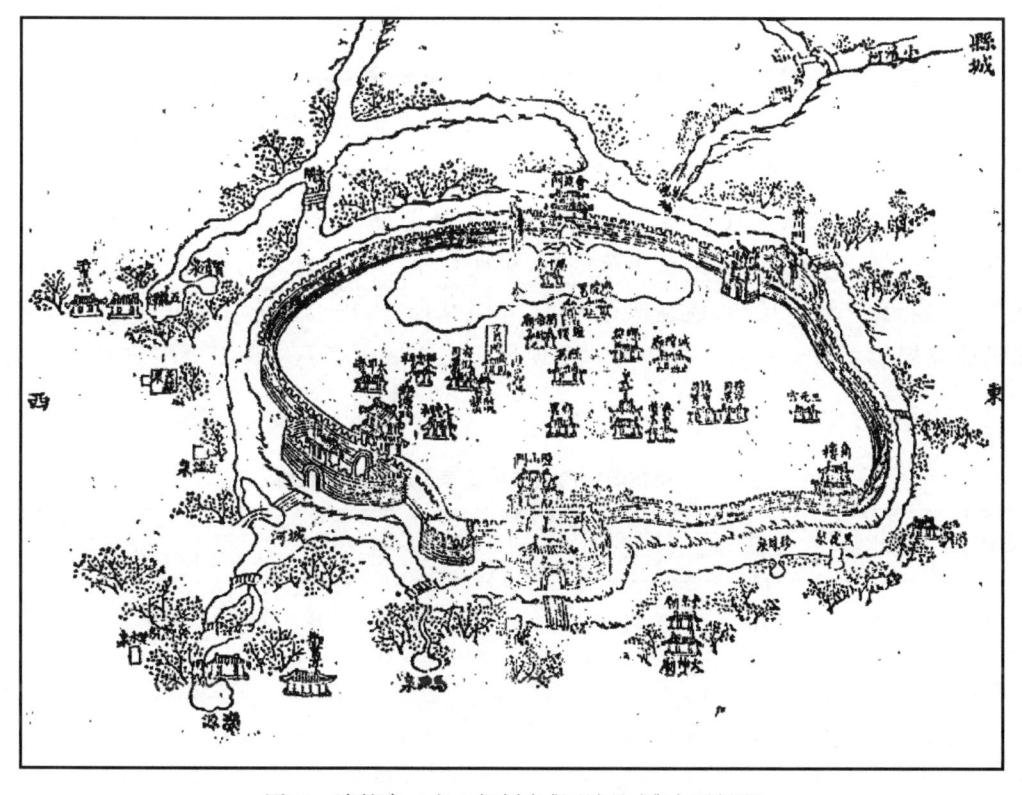

图四　清乾隆三十八年刻本《历城县志》中"城图"

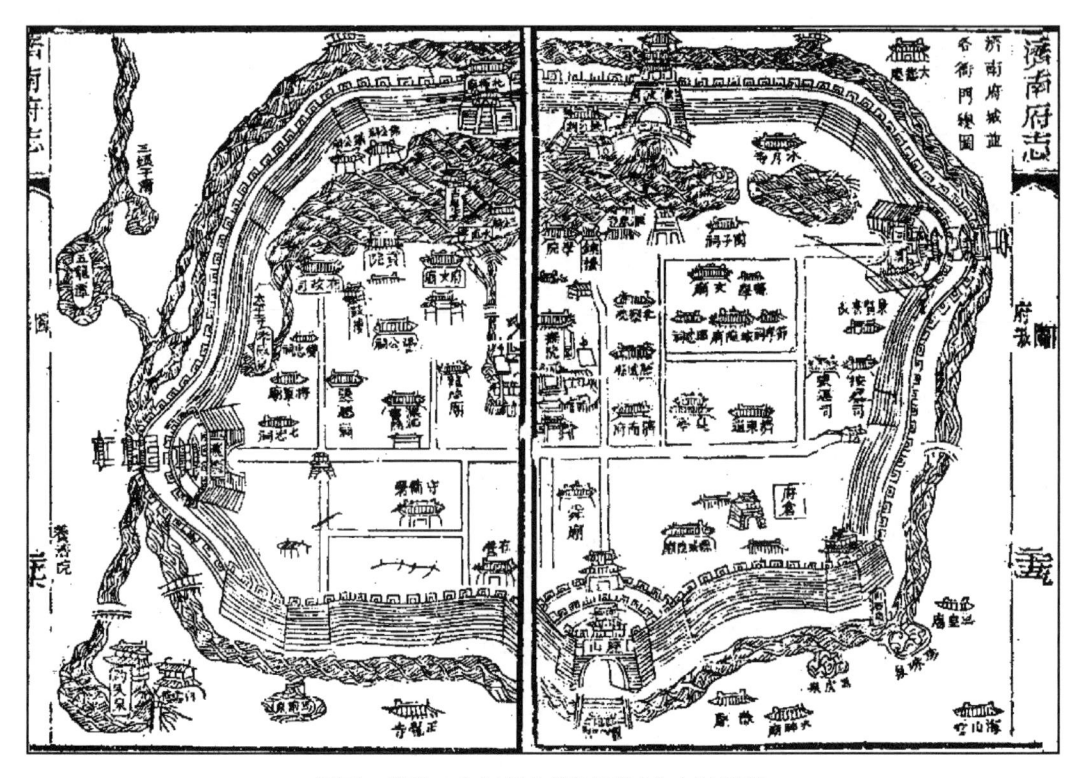

图五　道光二十年刻本《济南府志》中"城图"

近二十年济南古城区配合基建工程进行了大量考古发掘工作,如县西巷遗址前后六次发掘,发现了宋代砖雕地宫、佛教宗教仪式坛以及大量佛教造像和唐代经幢构件,确定了开元寺迁出城外之前的旧址,辅证了济南在中国佛教史中的地位;按察司街遗址和运署街遗址发现了规模较大的汉代铁器冶炼遗址,为研究汉代冶金史提供了重要的实物材料,辅证了当时的城市范围;两处明代小王府建筑群的发现确定了文献记载中宁阳府和宁海府位置,遗址保存完整,建筑基址、给排水系统清晰可见,为郡王府布局研究提供了重要资料。这些考古发现均为济南城市复原工作提供了宝贵的实物资料。

表一　济南古城区内相关重要考古发现汇总表格

编号	发掘名称	发掘时间	今所在地	性质判定	遗址年代
1	皇亭元碑	1980 2008	皇亭体育馆	重修山东东路都转运使司记碑	元代至元十五年
2	高都司巷遗址	2002	悦荟购物广场	路面、水井、窑址、窖藏大量遗物	春秋战国至明清

续表

编号	发掘名称	发掘时间	今所在地	性质判定	遗址年代
3	县西巷遗址Ⅰ	2003	县西巷,近齐汇维景大酒店	出土残佛像二十余尊,原开元寺所在地	北朝至宋代
4	县西巷遗址Ⅱ	2003	县西巷,近县前巷	出土北朝至隋唐佛教造像若干,发现宗教仪式"坛",原开元寺所在地	北朝至隋唐
5	按察司街遗址	2004	按察司街,近皇亭体育馆	汉代冶炼遗址,汉代陶窑,唐墓,宋元遗迹遗物	汉唐宋元
6	府学文庙遗址	2004	文庙	府学文庙月台、碑亭等遗址	据志书载为北宋熙宁年间
7	运署街遗址	2004	运署街,近济南泉城中学	汉代冶炼遗迹遗物	汉代
8	清巡抚大堂北侧建筑遗址	2005	珍珠泉宾馆内	清巡抚衙门后堂	明清
9	县西巷遗址ⅠⅢ	2006	县西巷政协大厦	原开元寺所在地	北朝至隋唐
10	古城墙遗址	2007	趵突泉北路6号蓝石集团商务中心	一段古城墙及相关遗迹遗物若干	宋元明清
11	卫巷遗址	2008	四至:北泉城路,东天地置业,西榜棚街,南黑虎泉路	房屋基址、灰坑若干,大量遗迹遗物	两周延续至明清时期
12	钟楼寺遗址	2008	大明湖畔钟楼寺钟楼台基	钟楼基址	明代
13	小明湖遗址	2010	大明湖西南门对面,西侧紧邻护城河	发现多处唐宋时期遗迹和少量器物	唐宋
14	县西巷遗址Ⅳ	2010	县西巷,近山东省政协	原开元寺所在地	北朝至隋唐
15	明代小王府遗址	2011	宽厚所片区	揭露建筑基址和清晰的排水系统,为明代宁海王府、宁阳王府	明代

以下篇幅中重点针对清(清末扩城之前)、明、金元、唐宋、南北朝时期的城市进行复原研究。

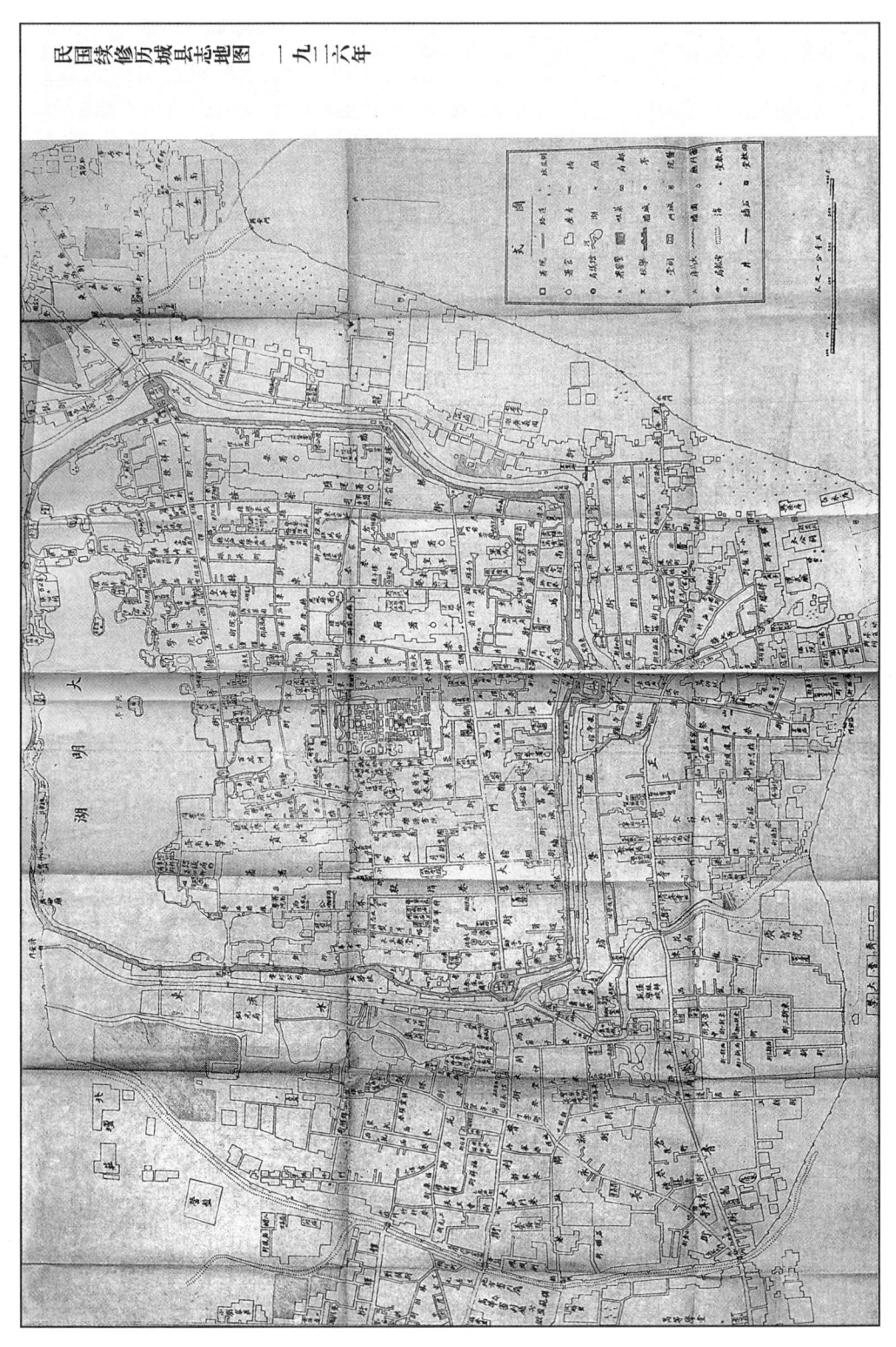

图六 1926年《民国续修历城县志》中的济南城市地图

图七　1947年济南市街道详图

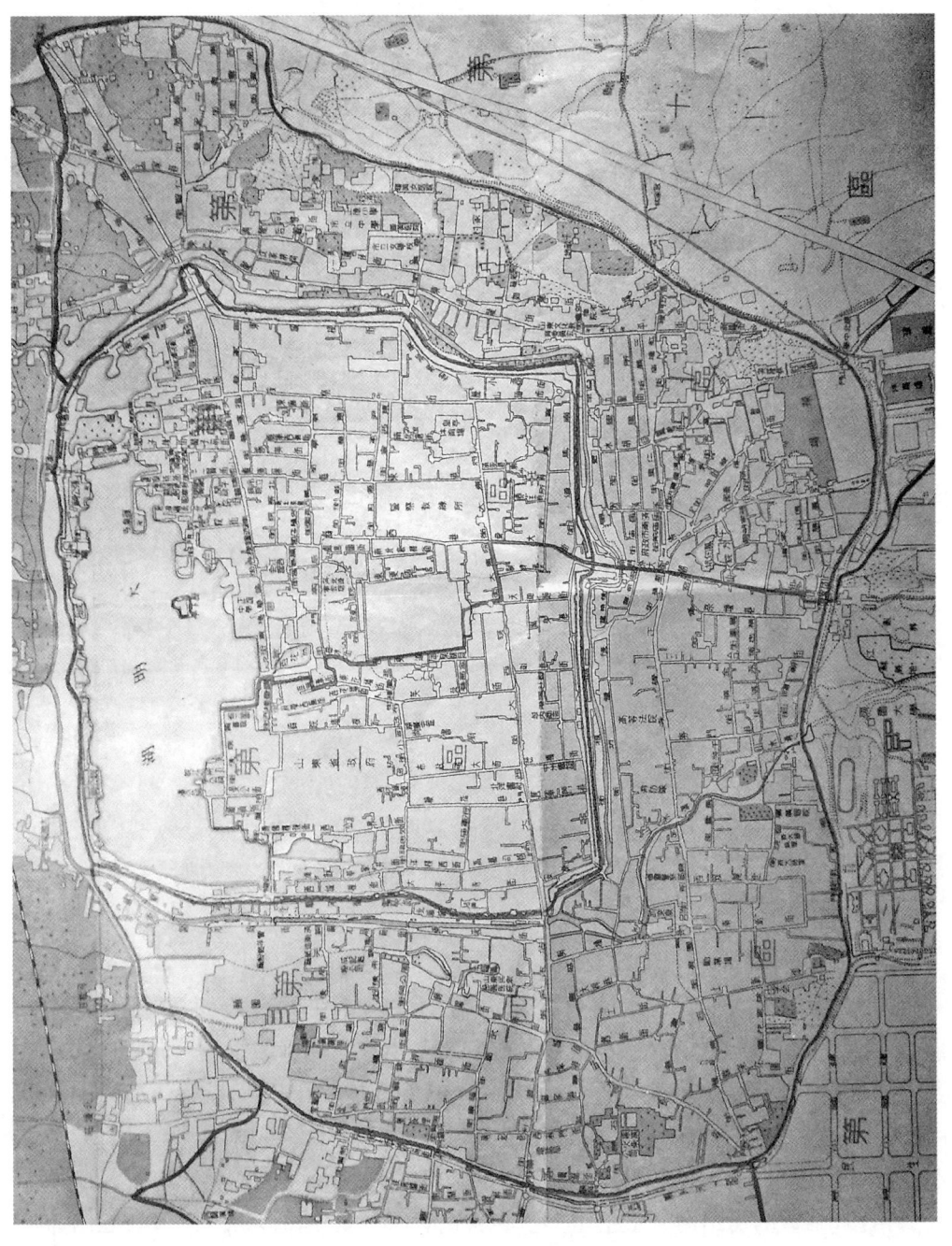

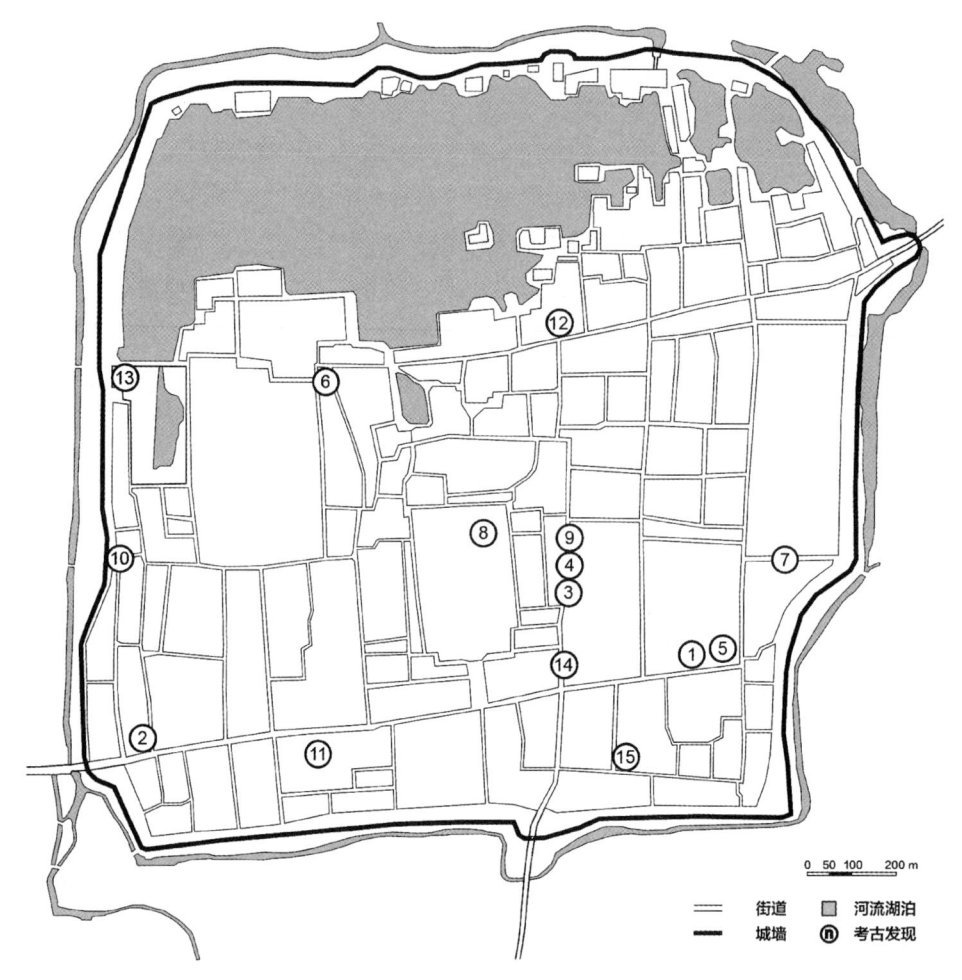

图八　济南古城区内相关重要考古发现汇总图示

（一）明 清 时 期

1. 城市范围

明、清两代济南的城市范围大略一致。明代修筑的城墙至1950年拆除之前，地表还有相对完整的遗存。现在的济南古城区护城河，是基本与原城墙的位置走向相同的。道光时《济南府志》有载："本土城，明洪武四年（1371年）内外甃以砖石。……周围十二里四十八丈，高三丈二尺，池阔五丈，深三丈。"洪武年间城墙内外"甃以砖石"之后，城墙又经过历代重修，①但形制并未有太大变化。城墙开四门，城楼四门四座，东齐川门，西泺源门，南舜田门（后改为历山门），北会波门。东西南各有重关，有瓮城敌楼三座，北门为水

---

① （清）成瓘：《济南府志》，清道光二十年刻本："成化四年分巡济南道佥事张珩重修。十九年巡按御史宋经重修。万历二十年，巡抚宋应昌重修。天启五年，巡抚吕纯如重修。崇祯七年，巡抚朱大典重修。国朝康熙十四年巡抚赵祥星重修。二十七年巡抚钱钰重修。"

门,无瓮城。而东南两座瓮城各有两子门。东西南北四门各不相对。初建时城墙四角各有一座城楼,各侧城墙上又另有观风楼等数座城楼,有旗台、敌台数座,垛口若干。城墙外有护城河,初建时"池阔五丈深三丈",至道光时东西南门外池深一丈六尺至一丈七尺不等,北门外坊前河岸至河底六尺五寸,推测应是历城地势南高北低的原因。①

清代时,济南城防系统遭到了一定程度的破坏或废弃。比如前文提到的东、南两座瓮城的子门,至道光时东瓮城的两个子门及南瓮城的东子门均被堵塞,城墙四隅的角楼也仅存一座,是道光五年重修的东南隅三角楼。②

2007年,趵突泉北路6号今蓝石集团商务中心处发现一段古城墙及相关的遗迹遗物若干,城墙和城基部分为宋元至明清时遗迹。修筑城墙的条石中发现8块元代墓碑,均处于外墙底部。推测应是明初整修城墙时砖石材料有限,就近取材所使用的替代品。根据土层叠压关系和出土包含物来推断,这段城墙的修建年代上限为宋代。③ 这一考古材料确立了宋代以来至明清年间西城墙中段的延续关系,并辅证了明初砖石包筑城墙的史料记载。

2. 城内布局

继洪武四年城墙内外"甃以砖石"之后,洪武九年(1376年)山东承宣布政使司由青州府迁至济南府,从此济南不仅是济南府、历城县驻地,也是山东省首府驻地,另有中央政府驻山东的机构。根据志书记载,可知明清两代济南城城市内部布局在此期间并没有太大变化,仅部分府署与祠寺的位置有过更替。

就城市内部功能来说,建筑可分为政治、文教、宗教、经济、居住等多种类型。以下主要结合志书记载和近年来考古发掘情况,从政治、文教、宗教这三种不同功能的建筑类型出发,对明清时期的济南城市进行复原。

(1)政治功能

根据文献记载,将明清时期济南城内主要政治建筑信息汇总成表,并根据该表总结比对明清建制的具体情况。

表二 明清时期济南主要政治建筑情况汇总表

官署名称	后续更名/别名	志载地点（明代）	志载地点（清代）	今所在地	文献出处
山东承宣布政使司署	——	洪武九年由青州移驻济南府,建于西门内府署之西北,为宋时郡守故制也	同前朝	山东省政府	《历乘》④卷2 明《历城县志》⑤卷3 清《历城县志》⑥卷10 《济南府志》⑦卷9

---

① (清)成瓘:《济南府志》,清道光二十年刻本。
② 毛承霖:《续修历城县志》卷十三《建制考·城池》,民国十五年铅印本。
③ 郭俊峰:《济南趵突泉北路6号发现一段古城墙》,《齐鲁文史》2008年第3期。
④ (明)贵养性:《历乘》,明崇祯六年刻本。
⑤ (明)《历城县志》,明崇祯十三年刻本。
⑥ (清)李文藻:《历城县志》,清乾隆三十八年刻本。
⑦ (清)成瓘:《济南府志》,清道光二十年刻本。

续表

官署名称	后续更名/别名	志载地点（明代）	志载地点（清代）	今所在地	文献出处
济南府署	——	旧在布政司署故基，明洪武初，居城之中近南（搬到开元寺后原址用作按察司署），复因开元寺驿舍重建	同前朝	山东省政协	《历乘》卷2 明《历城县志》卷3 清《历城县志》卷10 《济南府志》卷9 《续修历城县志》①卷13
府仓	广丰仓，广储仓	城东南隅，府治东南	同前朝	世贸国际广场前商业街	《历乘》卷2 明《历城县志》卷3 清《历城县志》卷10 《济南府志》卷9
提刑按察司署	按察司	明洪武九年建于城西南隅，成化九年移府治东，近东城垣，提学道在按察司内东，旧设济南道、海右道在按察司东，清军道、驿转道在按察司南	同前朝	泉城中学	《历乘》卷2 明《历城县志》卷3 清《历城县志》卷10 《济南府志》卷9
提督学院署	提学道署，提督学政署即本府校士馆	旧在县之南，罗姑泉东，后迁至按察司署内，嘉靖二十一年移建大明湖之南，府治之北，至道书院旧址	同前朝	大明湖南岸帝国茶庄	《历乘》卷2 明《历城县志》卷3 清《历城县志》卷10 《济南府志》卷9 《续修历城县志》卷13
济南兵巡道	——	提刑按察司署外迤西，后该地改为盐运司	——	大明湖小学	《历乘》卷2 明《历城县志》卷3
分守济东道署	——	旧本在布政司署东、贡院东，时驻泰安	康熙三十七年移建在府治东	皇亭体育馆、中国平安人寿保险股份有限公司	《历乘》卷2 明《历城县志》卷3 清《历城县志》卷10 《济南府志》卷9
巡按御史察院	巡按察院，总督署，提督署，提督军门	洪武三十年建于历山顶	府城内府治东，顺治十七年裁，顺治十八年增设总督，改为总督察院，康熙三年裁总督，五年提督自青州移镇于此	皇亭体育馆、中国平安人寿保险股份有限公司	《历乘》卷2 明《历城县志》卷3 清《历城县志》卷10 《济南府志》卷9
巡视盐政行署	巡盐御史察院，巡盐察院	嘉靖三年建于清军察院东，钟楼寺街南	同前朝	明湖小区东区2区	《历乘》卷2 明《历城县志》卷3 清《历城县志》卷10 《济南府志》卷9

---

① 毛承霖：《续修历城县志》卷十三，民国十五年铅印本。

续表

官署名称	后续更名/别名	志载地点（明代）	志载地点（清代）	今所在地	文献出处
都转盐运使司署	盐运司	洪武元年建于府治东	按察司西,顺治十八年,巡道旧署改建在府治东	大明湖小学	《历乘》卷2 明《历城县志》卷3 清《历城县志》卷10 《济南府志》卷9
历城县署	——	济南府治北,南至济南府北,北至巡盐察院,东至塔行街,西至东华门	济东道署之西,原盐运司旧署	山东省人民政府宿舍	明《历城县志》卷3 清《历城县志》卷10 《济南府志》卷9 《续修历城县志》卷13
县仓	——	按察司街西	县西巷西,康熙雍正间再建县仓,并在县西巷	明湖小区东区4区	明《历城县志》卷3 清《历城县志》卷10 《济南府志》卷9
巡抚部院署	巡抚都察院,万历间改督抚军门、济南巡署	明成化元年建于府城西南隅,正德八年重建,改名为督抚军门	清顺治初迁明德王府旧邸	山东省人大常委会	《历乘》卷2 明《历城县志》卷3 清《历城县志》卷10 《济南府志》卷9 《续修历城县志》卷13
抚标左营参将署	——	——	巡抚部院署东,乾隆十二年移于尹家巷	明湖小区东区3区	清《历城县志》卷10 《济南府志》卷9
左营守备署	——	——	历山顶	明湖小区东区3区	清《历城县志》卷10 《济南府志》卷9
抚标右营游击署	——	——	巡抚部院署西,乾隆十二年移南城下	恒隆广场	清《历城县志》卷10 《济南府志》卷9
右营守备署	——	——	卫巷	恒隆广场	清《历城县志》卷10 《济南府志》卷9
济南城守营参将署	——	——	县东巷	明湖小区东区3区	清《历城县志》卷10 《济南府志》卷9
城守营守备署	——	——	城隍庙街	明湖小区东区3区	清《历城县志》卷10 《济南府志》卷9
贡院	——	洪武初建成,在布政司东	同前朝,清宣统元年建山东图书馆于贡院之狭地	山东省政府东侧地块	《历乘》卷2 明《历城县志》卷3 清《历城县志》卷12 《济南府志》卷9 《续修历城县志》卷13

续表

官署名称	后续更名/别名	志载地点（明代）	志载地点（清代）	今所在地	文献出处
都指挥司署	山东都指挥使司	成化二年建于府治西，分司建于塔巷街	按都司雍正三年裁，旧址改为泺源书院，同前朝	红尚坊、泰府广场山东省外事服务大厅、芙蓉商街西侧	《历乘》卷2 明《历城县志》卷3 清《历城县志》卷10
济南卫署	济南卫	洪武十九年建于南门内，舜庙西	同前朝	恒隆广场	《历乘》卷2 明《历城县志》卷3 清《历城县志》卷10
德王府	德府	成化二年建于府治西，居会城中占十之三	后改为巡抚部院署	山东省人大常委会	《历乘》卷2 明《历城县志》卷3
泰安府	泰安王府	西门内	——	藩雄岱海小区	《历乘》卷2 明《历城县志》卷3
临朐府	临朐王府	西门内	——	藩雄岱海小区西侧	《历乘》卷2 明《历城县志》卷3
宁海府	宁海王府	南门内，舜庙东	——	世茂国际广场西座	《历乘》卷2 明《历城县志》卷3
临清府	——	尹家巷	——	不明	明《历城县志》卷3
纪城府	纪城王府	县庠西	——	明湖小区东区2区	《历乘》卷2 明《历城县志》卷3
嘉祥府	嘉祥王府	府馆街	——	济南恒隆广场	《历乘》卷2 明《历城县志》卷3
清平府	清平王府	嘉祥府西，府馆街	——	天业国际浦发大厦	《历乘》卷2 明《历城县志》卷3
宁阳府	宁阳王府	南门内，旧安陵府西	——	世贸国际广场	《历乘》卷2 明《历城县志》卷3
清军察院	清军御史属，北察院	县治北，成化十二年建	同前朝	济南市第一人民医院	《历乘》卷2 明《历城县志》卷3 清《历城县志》卷10

根据上表整理的材料，可以绘制出道光和崇祯年间济南城市内部政治功能的建筑分布推断图——分别代表清代和明代济南城区情况。对比两朝代分布图，结合相关文献可知：

a. 清代时,政治建筑主要分布在城市偏东部,主要有巡抚部院署、府署、县署、按察司、济东道、盐运司、清军御史署等。

b. 明代时各政治建筑并未有明显分布规律。德府占地面积很大,另有八处主要王府建筑。其中的宁阳府和宁海府在2011至2012年的考古发掘中可确定具体位置。① 其他王府位置根据《历城县志》(明崇祯十三年刻本)可确定相对位置,在图上相应处标示。清代时各王府均被撤销。

c. 清代府署、县署、布政司、按察司等主要政治建筑沿用前朝位置。巡抚部院署在德府的原址上修建,但范围大大缩减。

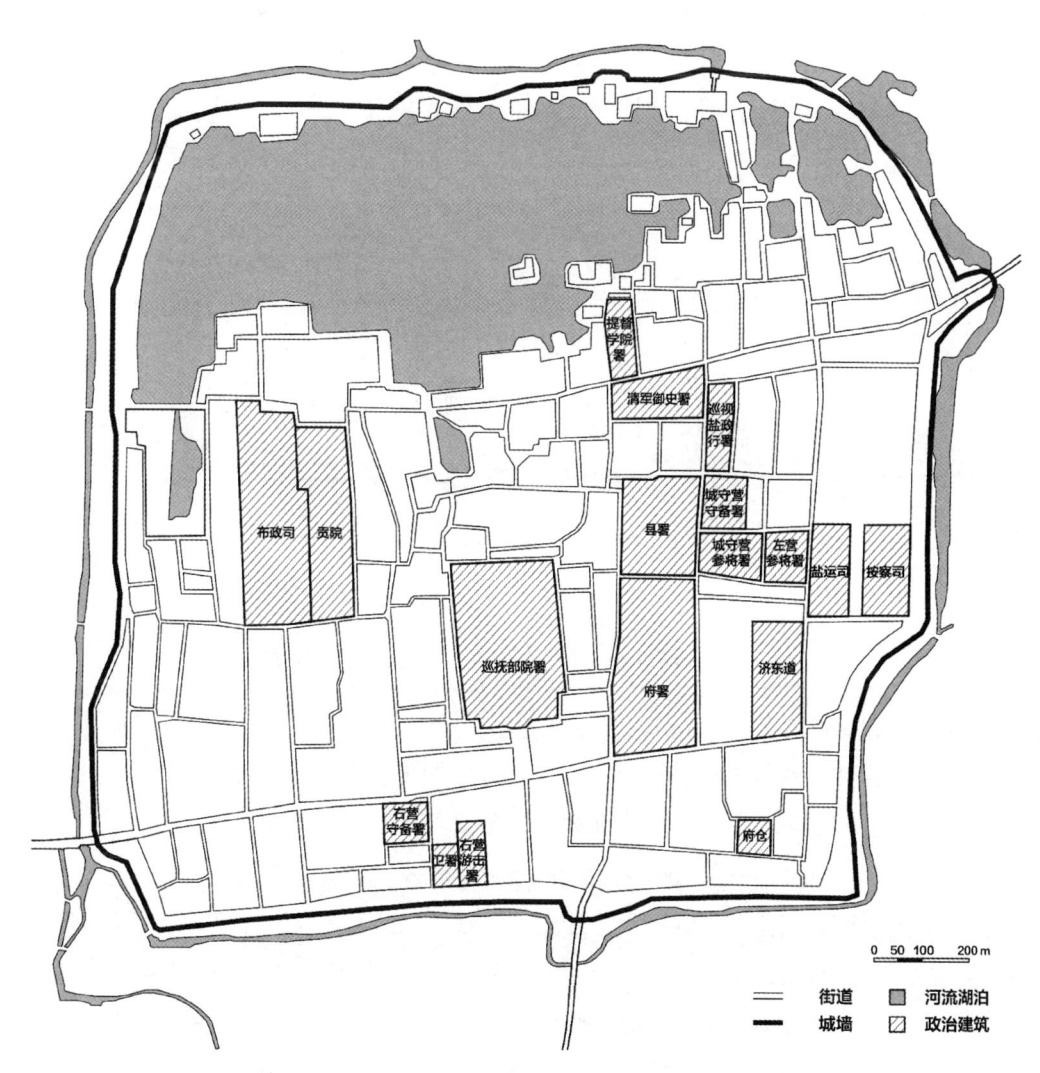

图九 道光年间济南城市内部政治功能的建筑分布推断图

---

① 高继习:《济南古城内发现明代郡王府基址》,《中国文物报》2012年5月11日,第八版。

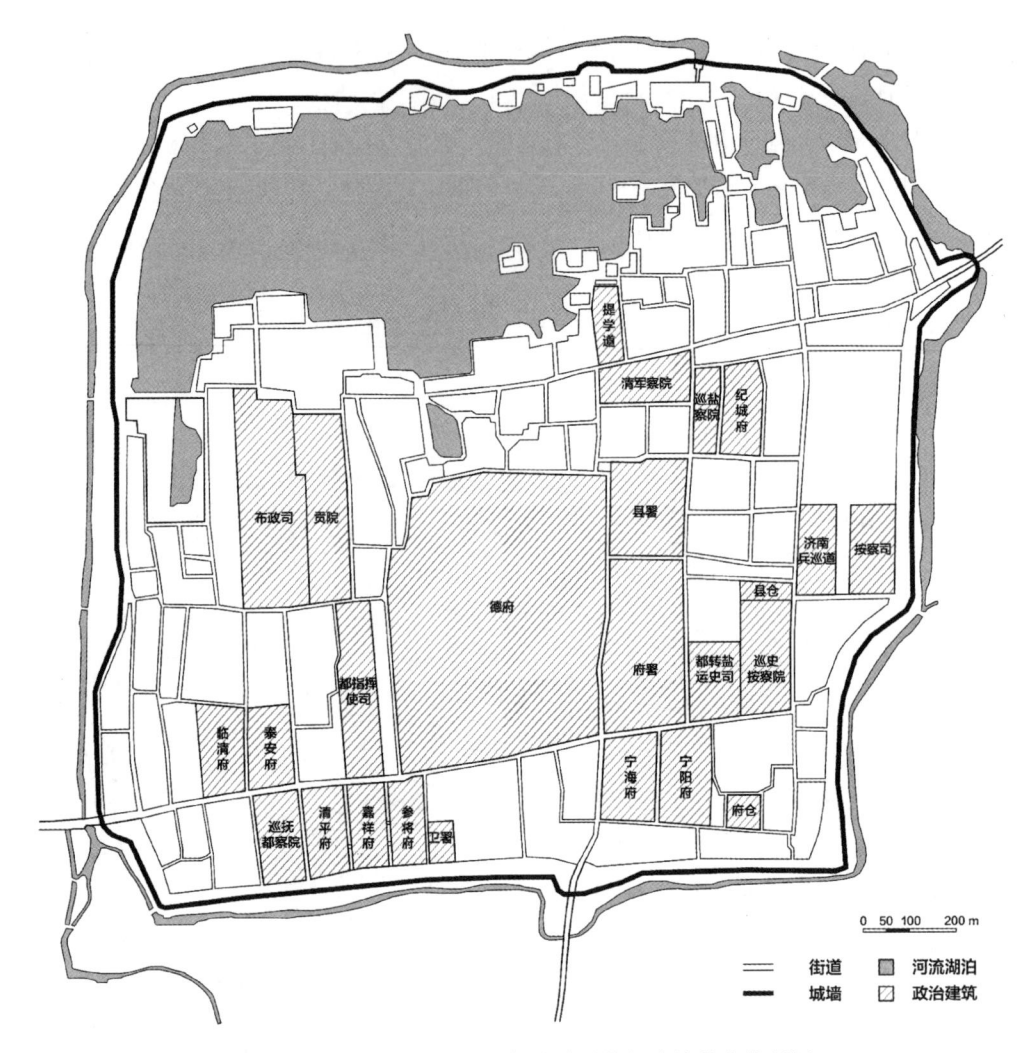

图十　崇祯年间济南城市内部政治功能的建筑分布推断图

（2）文教功能

将历代志书中有明确的位置记载，且能对应地图方位的；或者虽然不能确定具体方位，但在志书中反复多次出现，且具有重要意义的文教建筑统计如下表。

表三　明清时期济南主要文教建筑情况汇总表

官署名称	后续更名/别名	志载地点（元与元之前）	志载地点（明）	志载地点（清）	今所在地	文献出处
济南府学	——	宋熙宁间初建于府治西北，大明湖南，金贞祐间城空二十余年废置，元至元间重建	万历庚子引芙蓉泉水入外泮池，又引明湖水为一池，穆宗毅皇帝修济南府学	同前朝	文庙	《历乘》卷2 清《历城县志》卷12 《济南府志》卷17 《续修历城县志》卷15

续表

官署名称	后续更名/别名	志载地点（元与元之前）	志载地点（明）	志载地点（清）	今所在地	文献出处
县学	历城县儒学	不详	旧在府治北，县治东隘巷，成化十四年迁县治东北，正德八年拓学路通南街	同前朝，扩建：自照墙东至东口，再转北至东西指挥巷东口，除临街屋宇外，凡路北路东余地皆属学。自照墙西至南北指挥小巷北口转东，至东西指挥巷东口，凡路西路南房地皆属学。自照墙南至泮宫坊，宽阔大街亦属学	明湖小区东区2区	清《历城县志》卷12《济南府志》卷17《续修历城县志》卷15
至道书院	湖南书院	不详	大明湖上，万历间改提学道署，张江陵时改提学道	改为提学道署	大明湖南岸帝国茶庄	清《历城县志》卷12《济南府志》卷17
闵子书院	讲孝堂	县东五里闵子墓前，元天历间建	同前朝	今废	已改为大明湖畔绿化带	清《历城县志》卷12《济南府志》卷17
历山书院	白雪书院	——	万历甲寅年建于趵突泉东	白雪书院，清康熙建于趵突泉西，原址用作李沧溟先生祠	不明	清《历城县志》卷12《济南府志》卷17
景贤书院	振英书院，蒿庵书院	——	——	康熙五十七年建于东城根下，光绪二十七年废书院改为东运学堂	建金大厦	清《历城县志》卷12《济南府志》卷17《续修历城县志》卷15
泺源书院	——	——	——	雍正十一年建西门内大街，县治西南，光绪二十七年废书院，改为山东高等学堂，后移建高等学堂于杆石桥西，又改为师范学堂	红尚坊、泰府广场山东省外事服务大厅、芙蓉商街西侧	清《历城县志》卷12《济南府志》卷17《续修历城县志》卷15

续表

官署名称	后续更名/别名	志载地点（元与元之前）	志载地点（明）	志载地点（清）	今所在地	文献出处
济南书院	——	——	——	乾隆五十九年改改藩署西寿佛楼为江园，嘉庆九年改为济南书院，《续修历城县志》时改为济南中学堂，后改为第一中学，移建于贡院故址。	明湖湾购物中心东侧	《济南府志》卷17 《续修历城县志》卷15

（三）宗教功能

将历代志书中有明确的位置记载，且能对应地图方位的；或者虽然不能确定具体方位，但在志书中反复多次出现，且具有重要意义的宗教建筑统计如下表。

表四 明清时期济南主要宗教建筑情况汇总表

官署名称	后续更名别名	志载地点（元与元之前）	志载地点（明）	志载地点（清）	今所在地	文献出处
社稷坛	——		德府前西，坛南向	现在南门外，城南星宿庙前	不明	明《历城县志》卷4 清《历城县志》卷11 《济南府志》卷18
风雨雷雨坛	——	——	——	南门外，城南星宿庙前	不明	清《历城县志》卷11 《济南府志》卷18
山川坛	——		德府前东，坛北向	南门外，城南星宿庙前	不明	明《历城县志》卷4 清《历城县志》卷11 《济南府志》卷18
府城隍庙	城隍庙	元在龙兴寺东	洪武二年由府城西移置县治东	同治九年新建于将军庙东	明湖小区东区3区	《历乘》卷2 《齐乘》①卷4 明《历城县志》卷4 清《历城县志》卷11 《济南府志》卷18 《续修历城县志》卷14
县城隍庙	——			嘉庆十五年创建于南关东舍坊玉皇宫内东偏，道光六年移建城内广丰仓之西	世贸国际广场	《济南府志》卷18 《续修历城县志》卷14

---

① （元）于钦：《齐乘》，清四库馆：《文渊阁四库全书》，上海古籍出版社，2003年。

续表

官署名称	后续更名别名	志载地点（元与元之前）	志载地点（明）	志载地点（清）	今所在地	文献出处
五龙坛	五龙潭神祠		府城西门外,旧有龙潭祈雨于此	同前朝	五龙潭公园	明《历城县志》卷4 清《历城县志》卷11 《济南府志》卷18
舜庙	舜祠	古舜祠在庙山,宋元丰间修于府城第二坊	南门内,府治西南	同前朝	齐鲁国际大厦	《齐乘》卷5 明《历城县志》卷4 清《历城县志》卷11 《济南府志》卷18 《续修历城县志》卷14
娥英庙	娥皇女英祠,二妃祠,二妃宫	趵突泉侧,今废	搬于帝庙大殿	同前朝	趵突泉公园	《齐乘》卷5 明《历城县志》卷4 清《历城县志》卷11 《济南府志》卷18 《续修历城县志》卷14
关帝庙	关公庙,汉前将军汉寿亭侯庙,英烈庙,关圣庙	宋建,厚载门街德府后	位置同前朝,明初复汉寿亭侯关公庙,万历二十二年赐额曰英烈庙	清初为关圣庙,今武庙	县西巷与后宰门街小岔路口西北角	《历乘》卷2 明《历城县志》卷4 清《历城县志》卷11 《济南府志》卷18 《续修历城县志》卷14
福齐惠应龙王庙	龙王庙,龙神庙	——	——	府治西,芙蓉街东,雍正五年奉送神像设祠堂	芙蓉商业街东侧,近王府池子	清《历城县志》卷11 《济南府志》卷18
刘猛将军庙（有二）	——	不详	不详	一在布政司东街,今废;一在鞭子巷	将军庙街北侧	清《历城县志》卷11 《济南府志》卷18
闵子祠	——	宋熙宁七年墓前立碑,于府城东门外五里	万历建第二个闵子祠在府城东门内,县治北	同前朝	不明	《齐乘》卷5 《历乘》卷2 明《历城县志》卷4 清《历城县志》卷11 《济南府志》卷18 《续修历城县志》卷14
张文忠公祠	——	不详	明初由云庄移于城内,在布政司街,七聘堂故处	藩司署南	不明	《历乘》卷2 明《历城县志》卷4 清《历城县志》卷11 《济南府志》卷18 《续修历城县志》卷14

续表

官署名称	后续更名别名	志载地点（元与元之前）	志载地点（明）	志载地点（清）	今所在地	文献出处
七忠祠	——	——	明嘉靖元年建于西门内	同前朝	悦荟广场	《历乘》卷2 明《历城县志》卷4 清《历城县志》卷11 《济南府志》卷18
薛王二公祠	三公祠	不详	水面亭南	同前朝	大明湖畔，近历下亭	《历乘》卷2 明《历城县志》卷4 清《历城县志》卷11 《济南府志》卷18 《续修历城县志》卷14
朱公祠	——	——	闵子祠东	同前朝	已改为大明湖畔绿化带	明《历城县志》卷4 清《历城县志》卷11 《济南府志》卷18
遗爱祠	——	——	运司署西	同前朝	明湖小区东区4区，近大明湖小学西门	《历乘》卷2 明《历城县志》卷4 清《历城县志》卷11 《济南府志》卷18
铁公祠	——	——	——	明湖西北隅	铁公祠	《济南府志》卷18 《续修历城县志》卷14
万寿宫	许真君祠	——	——	钟楼街西，济东道署之西。本盐运司旧署	明湖新坊巷	《济南府志》卷18
李公祠	——	——	——	光绪三十年建于贡院后	辛稼轩纪念祠	《续修历城县志》卷14
潘公祠	——	——	——	光绪年建于李公祠西	辛稼轩纪念祠	《续修历城县志》卷14
开元寺	佛慧山寺，唐和尚院，镇安院，钟楼寺，正觉寺	唐建于府治北	大明湖南，成化间移舜田门外，明初改为府治，后改湖南书院，又改为提学院公署，洪武建元山东行省提刑按察司皆设于此	同前朝	正觉寺小区2区	《历乘》卷2 《齐乘》卷5 明《历城县志》卷4 清《历城县志》卷18
钟楼寺	——	不详	旧在正觉寺，成化间由正觉寺旧址移于城内钟楼之侧，钟楼位于提学道南	同前朝	大明湖畔钟楼寺钟楼台基	明《历城县志》卷4 清《历城县志》卷18

续表

官署名称	后续更名别名	志载地点（元与元之前）	志载地点（明）	志载地点（清）	今所在地	文献出处
华林寺	——	唐天宝十年建，位于正觉寺东	同前朝	同前朝	正觉寺小区2区	《历乘》卷2 明《历城县志》卷4
水月禅寺	水月寺	晋天福建于北门内东	同前朝	同前朝	闻韶驿	《历乘》卷2 明《历城县志》卷4 清《历城县志》卷18
东岳庙	天齐庙	宋建于历城城南，宋元皆有碑记，南门外岳庙街	同前朝	同前朝	南门商城	《历乘》卷2 明《历城县志》卷4 清《历城县志》卷18 《济南府志》卷18
迎祥宫	——	府治西南，舜庙北，元至元十年建，明永乐重修	同前朝	同前朝	齐鲁国际大厦	《历乘》卷2 明《历城县志》卷4 清《历城县志》卷18
岱岳观	——	元建于南门外岳庙东，大德重修	同前朝	同前朝	南门商城	《历乘》卷2 明《历城县志》卷4 清《历城县志》卷18
孝感寺	太平寺，西寺	不详	府城内西，西寺内，寺前有孝感泉	同前朝	山东省工业展览馆、谷志运动办公专业超市	《历乘》卷2 明《历城县志》卷4 清《历城县志》卷18
北极庙	元帝庙	不详	宫北土，山之阳，北城内，元武祠旧基	同前朝	北极庙	《历乘》卷2 明《历城县志》卷4 清《历城县志》卷18
十方院	——	——	万历甲辰建于南门外	同前朝	佛山苑2区	明《历城县志》卷4 清《历城县志》卷18
三皇庙	先医庙	——	明建于城外东南隅，南关黑虎泉东	同前朝	太平街西侧济南教师之家	明《历城县志》卷4 清《历城县志》卷18 《济南府志》卷18
火神庙	——	——	崇祯建于南门外	同前朝	玉泉森信大酒店	《历乘》卷2 明《历城县志》卷4 清《历城县志》卷11、卷18 《济南府志》卷18

续表

官署名称	后续更名别名	志载地点（元与元之前）	志载地点（明）	志载地点（清）	今所在地	文献出处
张仙庙	张公祠	——	明建于北极庙东,一在岳庙后,一在龙潭西	同前朝	大明湖管理处	《历乘》卷2 明《历城县志》卷4 清《历城县志》卷18
黑虎庙	——	——	明代建于东南城壕上,悬崖下有泉汇为池	同前朝	虎泉阁	明《历城县志》卷4 清《历城县志》卷18
二郎庙	二郎神庙	——	明建于东门内两隅头西北,二郎庙街	同前朝	二郎神庙	明《历城县志》卷4 清《历城县志》卷18 《济南府志》卷18
慈仁院	——	——	——	康熙初建于布政司街	泰府广场	清《历城县志》卷18
准提庵	——	——	——	康熙初建于西门内	不明	清《历城县志》卷18
圆通庵	——	——	——	康熙初建于抚院前	贵和商厦	清《历城县志》卷18
天主堂	——	——	——	清建于高都司巷,今废	天主堂	清《历城县志》卷18
碧霞宫	泰山行宫,娘娘庙	——	——	大明湖南	百花洲历史文化街区	《济南府志》卷18
水官庙	——	——	——	乾隆五十八年创建于厚载门街北,今在泰山行宫东,碧霞宫东	百花洲历史文化街区	《济南府志》卷18 《续修历城县志》卷14
风神庙	——	——	——	嘉庆六年创于水官庙东,光绪年间移建于县东巷	不明	《济南府志》卷18 《续修历城县志》卷14
昭忠祠	忠孝祠	——	——	清末建,一在督城隍庙西,县学外,一在南关太公庙东	明湖小区东区3区	清《历城县志》卷11 《续修历城县志》卷14
节义祠	节孝祠	——	——	县学外	明湖小区东区3区	清《历城县志》卷11

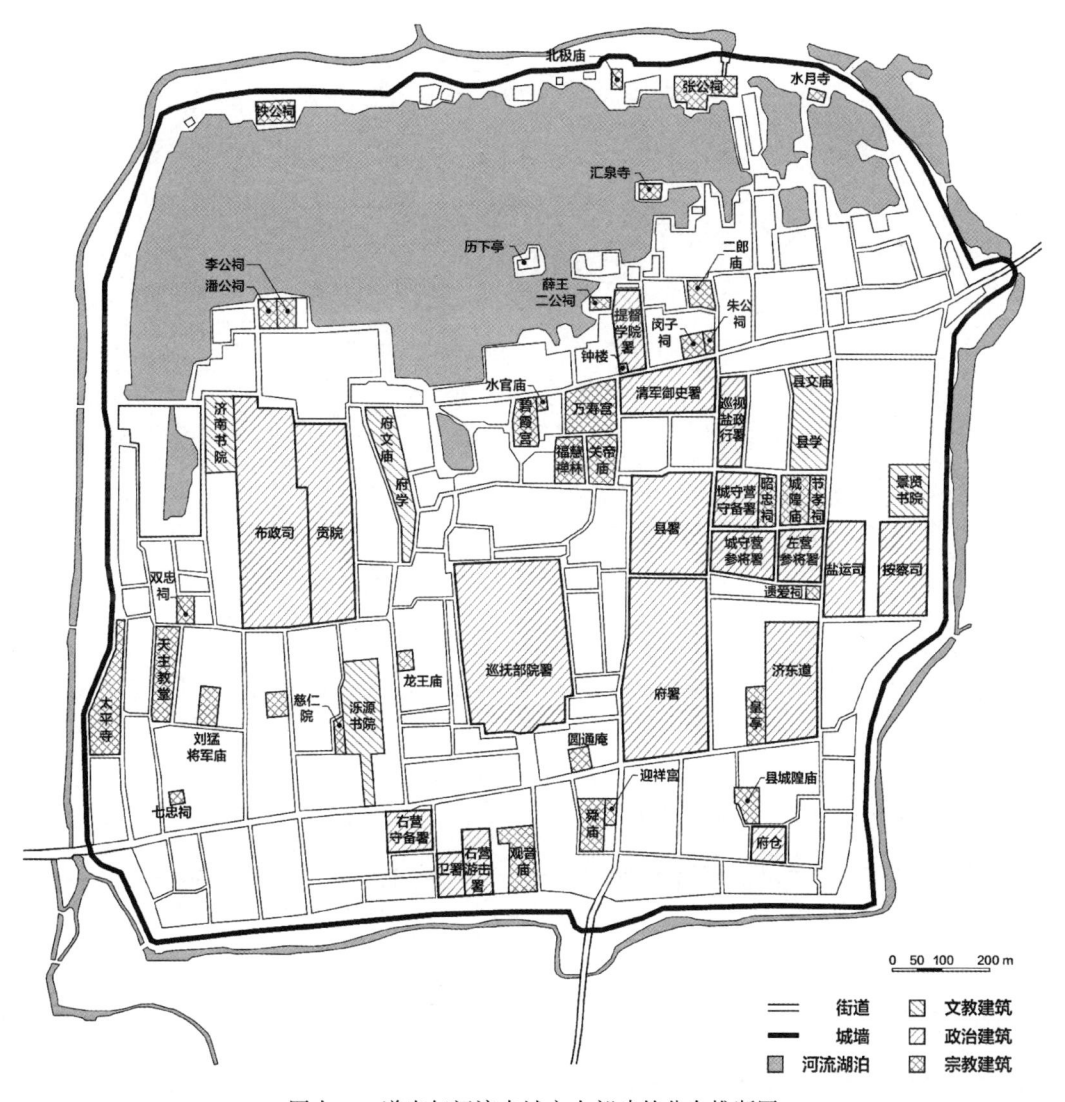

图十一　道光年间济南城市内部建筑分布推断图

根据以上表格整理的材料,结合上文已推断的政治建筑情况,可以绘制出道光、崇祯年间济南城市内部建筑分布推断图——分别代表清代和明代济南城区情况。对比两朝代分布图,结合相关文献可知:

a. 明清两代宗教建筑变化较少。关帝庙、太平寺、府城隍庙、北极庙、舜庙等重要宗教建筑位置基本没有变化,清代新增了天主教堂、观音庙、县城隍庙等寺庙和多处祠院,分布较为分散,没有明确分布特点;但总的来说,城内北部要多于南部,西部又多于东部。

b. 城内文教建筑数量上,清代相对前朝增多。原明都指挥使司署改为泺源书院,又新增济南书院和景贤书院。府学、县学位置没有变化。

c. 城墙四门不相对,加之北门为水门,所以城内东西向主要干道有两条,一条连通城

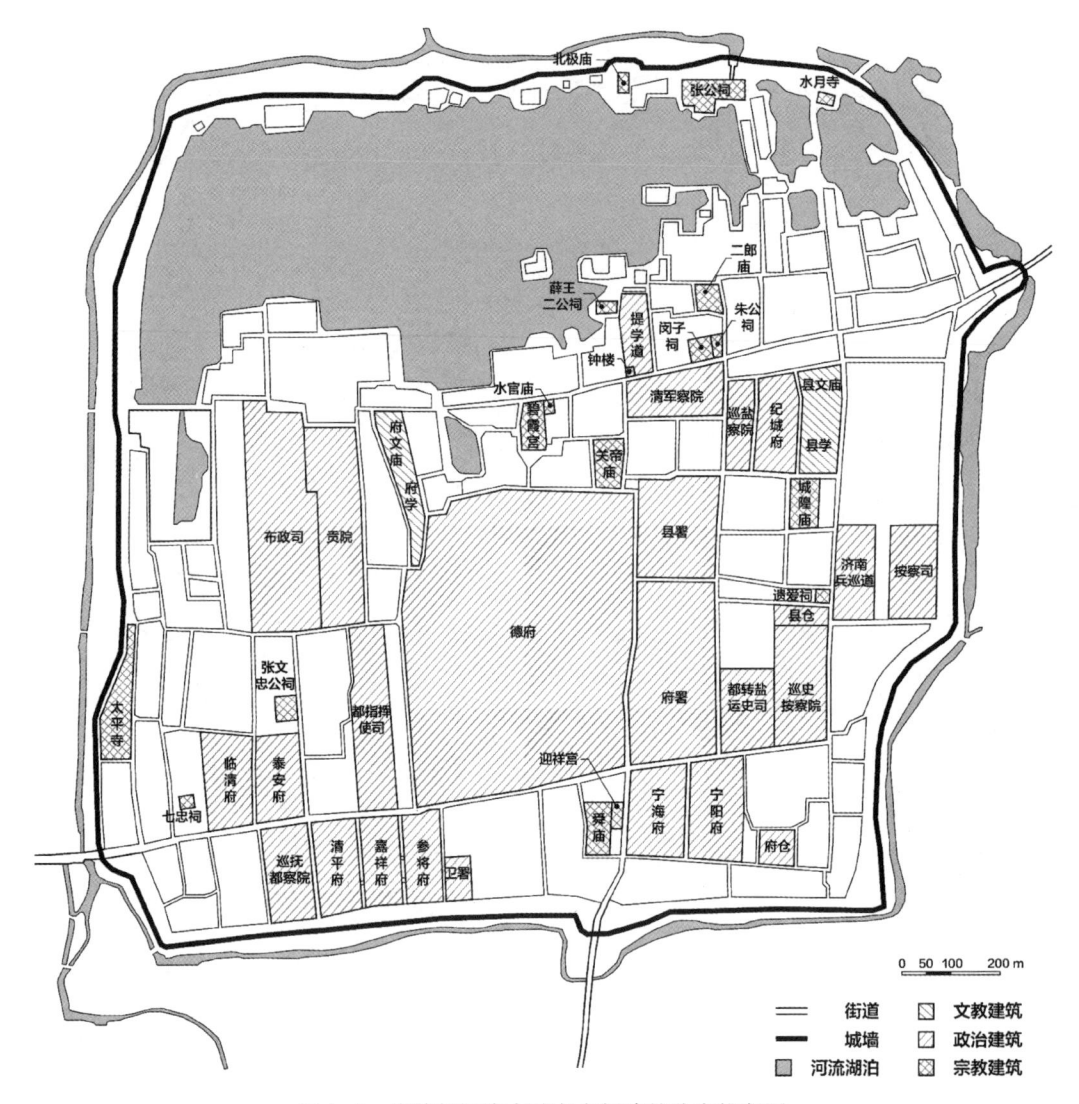

图十二 崇祯年间济南城市内部建筑分布推断图

墙西门,一条连通城墙东门;南北向主干道为县西巷,连通南门,但于1926年的地图中可以看出县署西北角县西巷有错位,并非由南门直通钟楼位置;另有一条主干道由城内连接北水门。据乾隆《历城县志》记载,济南城内五处马道,除东西南北各一处外,崇祯年间在抚院前创设一处。清光绪末年,济南老城区又增开四门,以疏导交通。增开后西城墙设三门,东城墙南城墙各设二门。

d. 清代广丰、广储两座粮仓皆在城内东南隅。东、西、南关均形成了商业街市,其中以西关最为繁盛,是当时的手工业集散地,也是明清济南最为重要的水运码头所在地。

e. 南关外有不少军事相关建筑,至今仍留有教场、演武场、后营房等地名。南关也是宗教建筑集中的区域。原城内重要寺庙开元寺在明初迁出至城南舜田门外;另有华林寺、岱岳观、东岳庙、十方院、火神庙等宗教活动场所也在南关外集中分布。

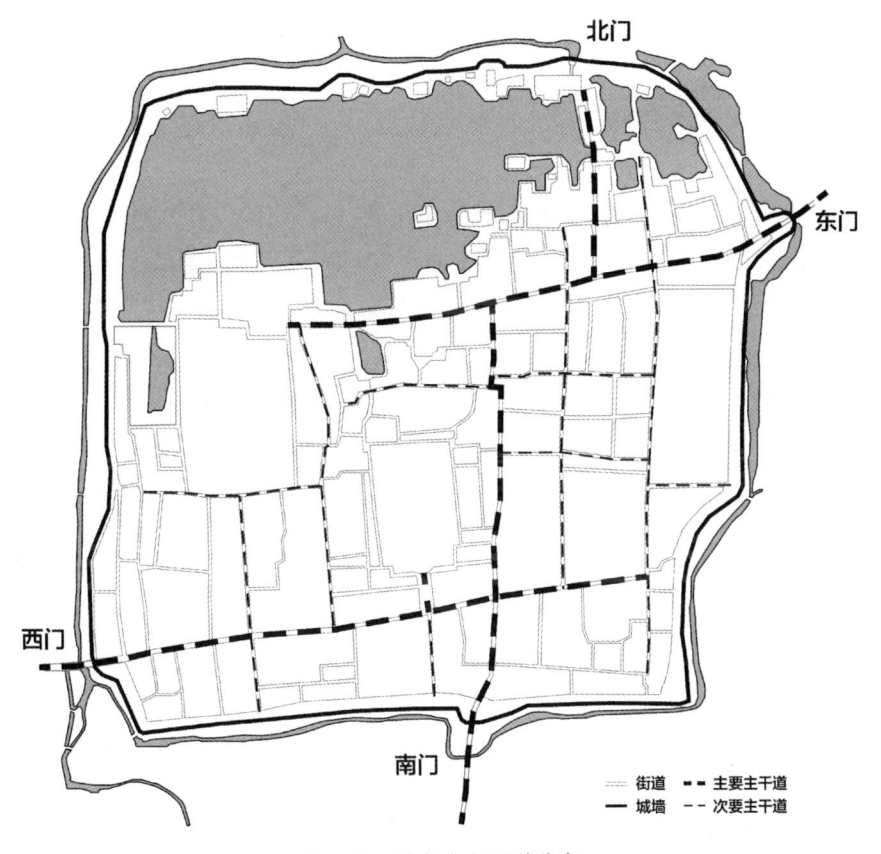

图十三　城市内主干道分布

f. 城北部围绕大明湖的是城市内的风景园林区，明清两代大肆营建修整，形成了一批园林建筑。

（二）金元时期

济南在金的统治期间（1157年）改原京东东西路为山东东西路，济南府被划为山东东路，辖历城、临邑、齐河、章丘、禹城等县。金元朝代交替之际，济南地区战事频繁，率遭破坏。《济南府志》卷十七（道光二十年刻本）：金贞祐板荡，济南府城空二十余年。元太祖二十一年（1226年）张荣在抵抗蒙军十几年后率军民50万降蒙古，其后济南维持了一段相对稳定的时期，众多河南民在此时北徙济南。蒙古灭金的第二年，公元1235年，元好问作《济南行记》。其中有描述济南城池的语句："大概承平时，济南楼观天下莫与为比，丧乱二十年，惟有荆榛瓦砾而已。"[1]

此时的城市大小范围不变，但对于城内建筑具体方位的记载较少。根据现有材料，可做以下推断：

---

[1] （金）元好问：《济南行记》，元太宗七年（1235年）：《遗山集》，吉林出版集团，2005年。

1. 济南府署①位于明德王府处,珍珠泉畔另有张荣修建的府邸,明代延续作为德王府的一部分。

2. 济南府学于宋熙年间建于府治西北,元代至元年间重建,所以元代府学文庙的位置与明清时相同。

3. 舜庙、迎祥宫、关帝庙、水月禅寺,城外东岳庙、岱岳庙的位置与明清时同。

4. 1980年和2008年两次在皇亭体育馆附近发现的元碑为"重修山东东路都转运使司碑记",上有明确纪年为至元十五年。可证元代时此处(即明都转盐运史司处)为都转运使司。

5. 2003、2006和2010年多次对于县西巷遗址的考古发掘,辅以历代志书记载,可以确定明代府署位置为原开元寺所在地。这片区域西至县西巷,北至县前街,东至县东巷,南至府东大街(今泉城路)。开元寺于明成化年间(一说永乐)迁至舜田门外,明初改为府治。②

(三)唐宋时期

1. 城市范围

根据相关艺文考可知,北宋中期济南城的规模已经基本与明清济南府城相同。据曾巩《齐州北水门记》(熙宁五年):"北城之下疏为门以泄之。"此门指明清志书上记载的北水门即会波门,表明此时大明湖的北界已经基本与明清时大明湖北界即历城北界相同。另有苏辙《齐州泺源石桥记》(熙宁八年):"城之西门跨而为桥。"与明清志书上记载的西门外桥位置相符。在考古发掘中也有直接证据:2007年济南考古研究所在老城区趵突泉北路6号发现了古城墙一段,判断为宋元至清代遗址。③ 可知宋代与明清时期的城墙于邻近西门处有叠压现象。

2004年对于按察司街遗址的发掘中,在靠近今皇亭体育馆处发现唐墓两座,④说明唐代时这片区域还处于城市之外不远处,可证唐时历下城小于明清济南府城,即扩城的时间上限可以卡在唐代。

至于扩城前历城的四至范围和具体年代,北宋初年《太平寰宇记》中有如下相关词句:"历山在县南五里。……华不注山在县东北十五里。……金舆山奎山在县西南十五里。……历水在县东门外十步。孝感水在县北门。泺水在县西南二百步。……舜井在县东一百步。……四望湖在县西二百步,其水分流入县城至街中,与孝感水合流入州城。……鲍城在县东三十四里。"

---

① (元)于钦:《齐乘》,清文渊阁四库全书本:"国朝置济南路总管府。属山东东路。"
② (明)宋祖法:《历城县志》卷四,明崇祯十三年刻本;(清)李文藻:《历城县志》卷一十八,清乾隆三十八年刻本。
③ 郭俊峰:《济南趵突泉北路6号发现一段古城墙》,《齐鲁文史》2008年第3期。
④ 房道国:《济南按察司街遗址发掘报告》,《海岱考古》第九辑,科学出版社,2016年,第238-280页。

其中关于舜井和孝感水的地理位置描述与其后的文献描述有所差异。《寰宇记》中称"舜井在县东一百步";而苏辙的《舜泉诗并叙》(作于他任齐州掌书记的熙宁六年至熙宁九年[1073-1076]):"城南舜祠有二泉,今竭矣。"另有清乾隆本《历城县志》载:"舜庙,济南府城第二坊。"并由书中记载可知,苏辙作文时舜井与舜庙的位置已相差无几。① 对比几处文献,可以得知:北宋初年舜井在城外以东,到北宋中期,自苏辙诗文中可知此时舜祠已位于城内偏南位置,这之间历城应该有一次东扩的过程。此后至清乾隆年间,舜井(舜庙)在城内的相对位置几乎不变。所以向东的城市扩展应发生在北宋早中期,《寰宇记》一书成书之后,苏辙行文之前。这也与前文所述按察司街遗址的考古发现推断出的结论相符。

《寰宇记》中称"孝感水在县北门","四望湖在县西二百步,其水分流入县城至街中,与孝感水合流入州城"。可知孝感水此时在历城县北门,与西边的四望湖支流合流入州城。而清乾隆本《历城县志》载:"孝感寺明初改名太平寺,太平寺在府城内西,寺前有孝感泉汇而为池,曲折引流入僧厨,复流出垣,达于北渚。"对比几处文献可知:北宋初年孝感泉在北门附近,到清乾隆年间已位于府城内偏西位置,说明历城曾向北扩城。《历城县志》(清乾隆三十六年刻本)中也根据孝感泉的相对位置变化推测出"盖其时县城小于今城也"。②

然而对照明清时太平寺(西寺)位置发现,如果当时的历城故城北界在孝感泉南,东界在舜庙西一百步,那么故城的轮廓就是一个比例接近1∶2的扁长方形,似乎并不符合一般城市的营建比例。另外,如果北门是在孝感水附近的话,对应的位置似乎也过于偏西了一些,所以该时期历城的具体城市轮廓还有待商榷。目前能够确认的是历城故城在北宋早中期发生过城市范围的东扩和北扩,并且这两次扩城应当发生在同一时间段内。前文已经根据相关文献推知历城故城的东扩发生在北宋早中期,熙宁九年(1076年)之前。而北宋中期曾巩作于熙宁五年(1072年)的《齐州北水门记》:"北城之下疏为门以泄之。"可知此时的北门位置已经与北宋之后的北水门会波门相同了。所以向北的城市扩展也应发生在北宋早中期,《寰宇记》一书成书之后,熙宁五年之前。

关于向北与向东的扩城,另有辅证两则:既然孝感水宋初年位于城市北方,而后并入城市内西。那么城市除去向北扩展,一定也有向东扩展。同理,舜井原位于城外以东,而后并入城南,那城市除去向东扩展,一定也有向北扩展。

历城北有大片水系湖区,南有历山,西有泺水,最适宜扩城的只有东边。根据现有材料,并不能确定对于原初历城城市扩建的具体年代。但根据前文推知,上限应在《太平寰宇记》成书即宋太宗太平兴国年间(976年-984年),下限取《齐州北水门记》和《齐州泺

---

① (清)李文藻:《历城县志》,清乾隆三十八年刻本:"舜庙,济南府城第二坊,按图经古舜祠在庙山,舜井在此。今庙在井旁,有宋碑。……舜庙南门内,宋元丰重修,天顺间重修(旧志)。"知最早的舜祠不在舜井边,至迟北宋中期搬迁至此处。

② (清)李文藻:《历城县志》,清乾隆三十八年刻本:"按今孝感泉在太平寺内,去西门半里许。《寰宇记》云在县北门,盖其时县城小于今城也。"

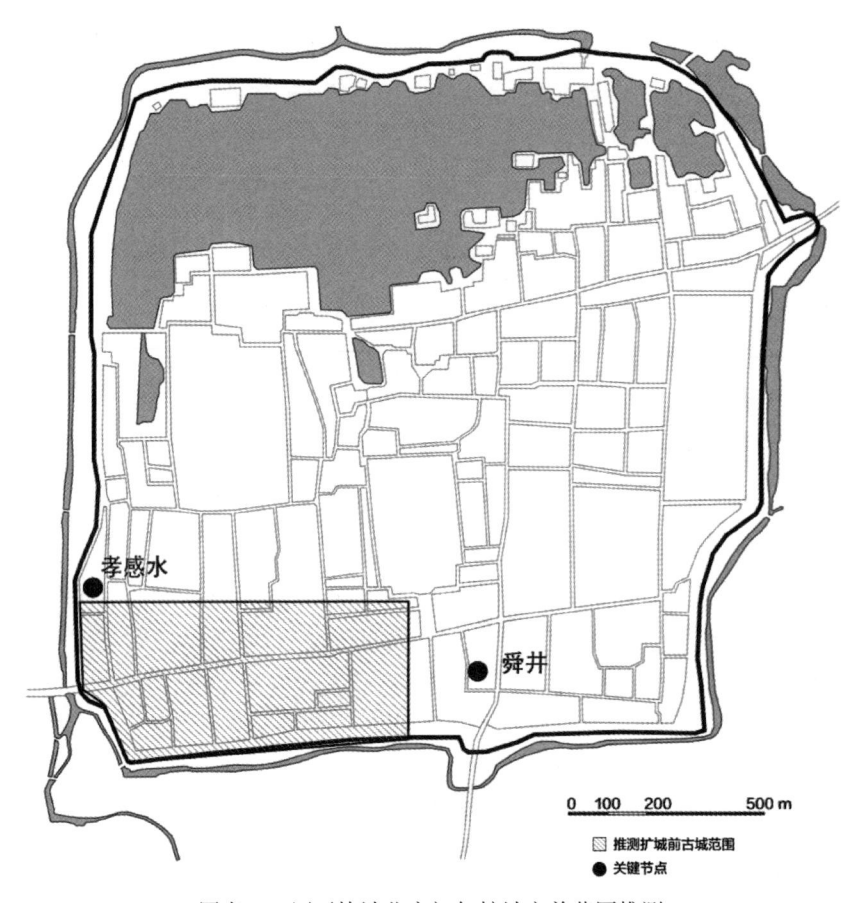

图十四　历下故城北宋初年扩城之前范围推测

源石桥记》、《舜泉诗并叙》几篇的最早成文时间。《齐州北水门记》成文时间是在熙宁五年（1072年），而苏辙的相关诗文是在他时任齐州掌书记期间所作，即熙宁六年至熙宁九年（1073年－1076年）。故扩城年代应在976年至1072年近一百年之间。

关于具体的扩城时间，另有一种说法是在元和十五年。志书记载，"隋唐州郡并理东平陵，后改全节县，元和后省全节入历城，始为郡治焉"。① 即唐太宗时平陵县改为全节，宪宗时全节并入历城。《济南府志》道光二十年刻本中认为济南故城小于今城，而其扩城年代在"元和十五年，并全节入历城之时"，②这段文字的前半段对于"故城小于今城"的推断循序渐进，有理有据；但文末仅草草一句，猜测扩城年代为唐宪宗年间，则显得有些随意了。结合志书中关于全节县的叙述可知，这种猜测主要源自史书中拆全节县城而营历城的记载，③但却没有相关实证，由此得出的结论有待商榷。

---

① （元）于钦：《齐乘》卷三，清四库馆：《文渊阁四库全书》，上海古籍出版社，2003年。
② （清）成瓘：《济南府志》，清道光二十年刻本："县志云，按城邑考府城唐宋以来旧址也，则唐宋以前之城与今不同。而《方舆纪要》以历下城在府城西，今城西不闻有故城。《水经注》泺水出历县故城西南，又似故城即今城。及细读《水经注》，诸水俱在城外，城内不闻有水，乃知故城小于今城。《纪要》曰在府城西者，在今府城之西偏也。其扩而大之意在元和十五年，并全节入历城之时乎。"
③ （清）李文藻：《历城县志》，清乾隆三十八年刻本："人肩立数十里中，以手递运，其成甚速。"

2. 城内外水体

历城地势南高北低,在平日里的城市排水是没有问题的。而《齐州北水门记》中写道:"若岁水溢,城之外流潦暴集,则常取荆苇为蔽,纳土于门,以防外水之入。"可以看出,每当发洪水时,城外洪水由北门涌入城内,涌入后又被北城墙所围,不能及时宣泄行洪,于是便在城北、城西北地势低洼处形成了面积广阔的洪泛区,也就是今天的大明湖。杜甫于唐天宝四年(745年)在济南写下《同李太守登历下古城员外新亭》一诗,诗中言及登高北望,"负郭喜粳稻,安时歌吉祥",① 由诗句中可知,自历城故城向北至郭城——如今的大明湖位置,彼时都还是一片稻田。可以推测明清大明湖广阔水面的形成,虽然并非是刻意设计而成,但也是由于人们对于原始地貌的改造工程而形成的,带有某种人工湖的性质;其形成年代约在北宋初年,与当时的扩城活动息息相关。

北宋年间济南城市园林建设也达到了顶峰。济南水资源丰富,园林营造多围绕区域水环境展开;此时大明湖的形成,也为园林建设提供了天然的场地和营建中心。曾巩作为时任地方官员,主持修筑了百花洲、百花堤、北渚亭、环波亭、凝香斋、芙蓉台、历山泺源二堂等一系列景观园林建筑,同时整治城北水门水患,为济南的城市风貌做出了不小贡献。

(四)南北朝时期

1. 城市范围

北魏时期的《水经注》② 提供了有关历城扩城前位置规模的关键信息,根据其他相关文献可推知:历城故城在北宋以后历城的西南角,并另有一东城与之隔历水相望,两城外另有郭城。北宋初年的扩建便是利用该郭城,改郭为城。

《三齐记》有载:"历下城南对历山,城在山下,因名,俗亦呼为子城,其后通谓之历城。"③ 按各朝志书城邑考,唐宋以来的历城城址基本没有变化。而《读史方舆纪要》中记载历下城在府城西,而乾隆本《历城县志》中提及"城西不闻有古城",所以历城故城应在明清所见的历下城之内。更可以通过《水经注》中对历城故城周边水系的详细描述,推知历城故城,以及东城与郭城的大致方位与大小。

《水经注》中对于历城周边水系有较为详细的记载:"其水北为大明湖,西即大明寺,寺东北两面侧湖,此水便成净池也。池上有客亭……湖水引渎东入西郭,东至历城,西而侧城,北注陂水。上承东城历祠下泉,泉源竞发。其水北流径历城东,又北引水为流杯池。州僚宾燕,公私多萃其上,分为二水。右水北出,左水西径历城北,西北为陂,谓之历水,与泺水会,又北,历水枝津首受历水于历城东,东北径东城西而北出郭,又北注泺水,又北,听

---

① (清)李文藻:《历城县志》卷十五"古迹考",清乾隆三十八年刻本。
② (清)赵一清注,郦道元原著:《水经注释》,清四库馆:《文渊阁四库全书》,上海古籍出版社,2003年。本文提及的《水经注》皆是该版本卷八"济水卷"。
③ (清)顾祖禹:《读史方舆纪要》,清康熙三十一年刻本。

水出焉。泺水又北流注于济,谓之泺口也。济水又东北,华不注山。"对于上文的理解,基本可以总结为下图,即趵突泉出泺水,经"大明湖"(有别于明清大明湖,现称五龙潭)向东进入郭城,之后沿西城墙向北注入陂水(即后来的明清大明湖)。另有一条陂水的上游源自东城历祠之下的泉眼,泉水北流形成历水,汇入流杯池。之后分左水右水,左水汇入陂水,右水向北出城郭注入泺水。

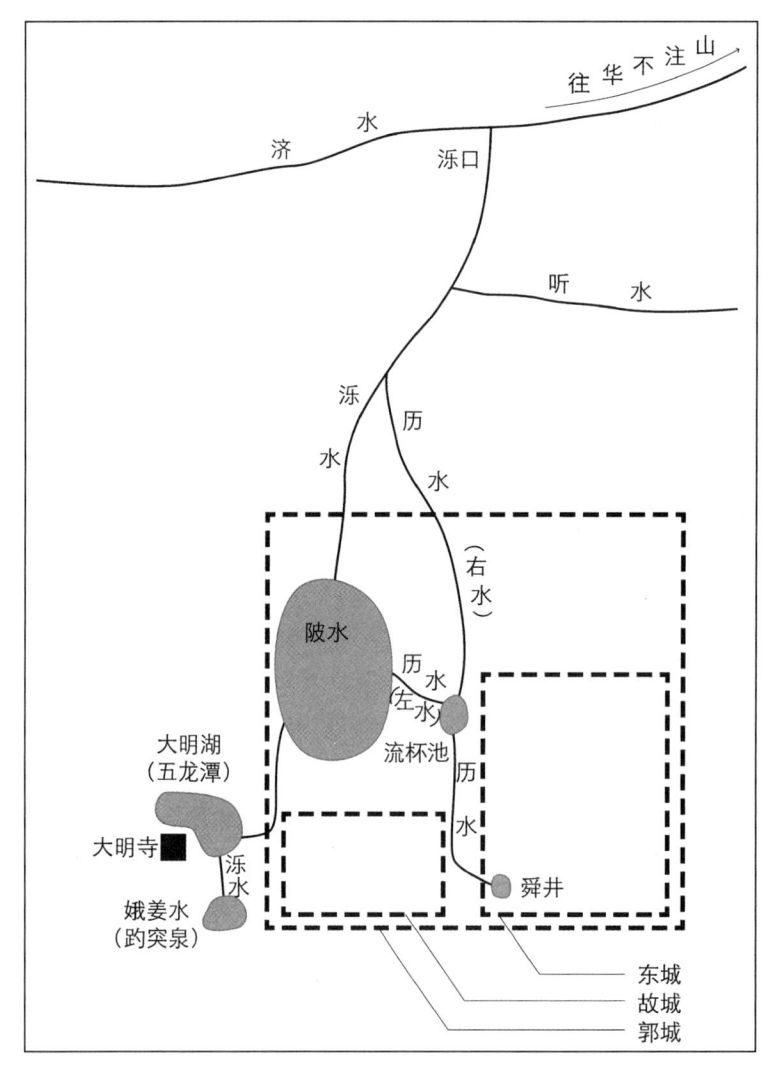

图十五 南北朝时期水体与城市范围示意图

关于当时的城市范围,《水经注》:"水出历城县古城西南,泉源上奋,水涌若轮。春秋桓公十八年公会齐侯于泺是也,俗谓之为娥姜水也,以泉源有舜妃娥英庙故也。"这里的古城指的便是扩城前的历城故城。据乾隆本《历城县志》考证,娥皇女英祠在趵突泉。① 上

---

① （清）李文藻:《历城县志》卷十一"建置考二",清乾隆三十八年刻本:"娥皇女英祠在趵突泉,今废。"

文"泉源上奋,水涌若轮"的词句也能辅证。所以扩城前的历城故城西南角与北宋以后的历城西南角位置基本相同。《水经注》中又有"东至历城,西而侧城,北注陂水",可知古城的北界被限定在陂水之南。结合上文对于北宋扩城前北界的推断,北界应在孝感泉之南。又因"其水(历水)北流径历城东",所以古城东界一定不会超过历水。

根据《水经注》中"上承东城历祠下,泉源竞发",可知当时还有一个东城,历祠在东城之内。历祠即舜庙,在北宋后历城南门内——说明东城的西界在舜庙以西,应是大致与北宋扩城后南门位置相对。历水是发于舜庙附近的泉源——北宋年间苏辙作《舜泉诗并叙》:"城南舜祠有二泉,今竭矣。"又有乾隆本《历城县志》辅证,①可知靠近舜庙原有舜祠二泉,即历水的源头。

《水经注》中又有:"首受历水于历城东,东北径东城西而北出郭。"可知历水经由历城故城与东城之间(历城故城东侧),流经古城东北角外,而又经东城西侧而向北出郭城。所以东城的北界一定比古城偏北一段距离,在流杯池的北侧。乾隆本《历城县志》中也引《太平寰宇记》来证明"双子城"的存在。② 至《太平寰宇记》成书时,都是以"县东"为参照坐标;而唐代关于济南的诗文中,杜甫《同李太守登历下古城员外新亭》、李邕《登历下古城员外孙新亭》、卢象《追凉历下古城西北隅,此地有清泉乔木》诗中都有"历下古城"字样,也提到了郭,却唯独没有提到过东城;唐《元和郡县图志》中也有记载:"州理城,古历下城也",其中也并没有提到东城。可以推测至唐宋年间东城已经不复存在了,所以前文论述的北宋早中期扩城工程之前的城市范围并不包括南北朝时期的东城区域。

另,《水经注》中提到"湖水引渎东入西郭,东至历城,西而侧城,北注陂水",可推知历城还有郭城。关于郭城的范围,笔者基本认同《续山东考古录》中提出的论点:扩建的历下城应是沿用了原有的郭。③ 即北宋之后北郭在历城北门会波门一带,而西郭如上文所述应在历水陂与古大明湖之间。南郭、东郭具体位置不详,但不应超过北宋之后的南、东城墙。郭城将历下故城、东城包裹在内。

2. 城内外水体

《水经注》中提及的历城内外水系主要有四条:泺水、历水(左水和右水)、听水和济水;其中听水和济水在历城北较远处,与城市布局关系并不如泺水和历水紧密。另有开阔水面四处:娥姜水、大明湖、历水陂和流杯池,其中娥姜水上文已述,是北宋以后所称趵突泉;流杯池后世记载较少,是一处公共宴饮场所,根据有限的材料,疑为今珍珠泉一带。以

---

① (清)李文藻:《历城县志》卷九"山水考",清乾隆三十八年刻本:"又按古城小于今城。《寰宇记》谓历水在县东门外,此必宋以前地理书中语。则以今舜井及北珍珠诸泉为历水,亦与遗山所谓大明湖其源出于舜者相合。"

② (清)李文藻:《历城县志》,清乾隆三十八年刻本:"又按太平寰宇记。……又云齐州理古历下城,当时县城即在州城内与若然,则《方舆纪要》所云在府城西者,二城并存时之言也,其去县城而合为一,则其时不可考矣。"下文又有:"历下故城在今历城县治西,春秋时齐邑也(大清一统志)按西当作西南乃与寰宇记合。"

③ (清)叶圭绶:《续山东考古录》卷一"济南府上",清咸丰元年刻本:"但县城之东又有东城。《寰宇记》:四望湖在县西二百步,其水分流入县城至街中,与孝感泉合流入州城。盖州城即东城,宋初犹有两城也。历水出郭之处,即今会波门下,知今之城即古之郭。"

下对大明湖、历水陂、泺水和历水做详细说明。

南北朝时期的大明湖与明清大明湖并不是指同一片水域。由《水经注》可知,泺水源头为娥姜水,今趵突泉。泺水北流,入大明湖,湖西南侧为大明寺。"湖水引渎东入西郭,东至历城",所以南北朝时大明湖在历城故城和郭城的西边,池上有客亭。按乾隆本《历城县志》,大明湖客亭疑为唐时历下亭。①《齐乘》"《水经注》泺水北为大明湖,西有大明寺,水成净池,池上有亭,即北渚也,今名五龙潭,潭上有五龙庙,亭则废矣",可推知至迟在元代,原大明湖已经改称为五龙潭。

陂水即历水陂,宋时称西湖,宋之后称大明湖。②《水经注》中提到了与历水陂相连的三条主要水流:一条为泺水枝津,一条为由古大明湖流至历水陂,还有一条由流杯池流至历水陂。其中历水枝津既是枝津,则一定是由外流向历水陂的,可知连接历水陂的三条主干基本是只向其进水而不出水的状态。这也导致了历水陂水面于后世的不断扩大,加之北宋扩城后北水门处常倒灌洪水,于是至北宋初年才形成了明清大明湖般广阔的水面。历水陂周边的三条水系均是枝津,单一由自然营力产生的概率较小,而泺水、历水右水和历水陂形成了对历城故城的合围,据此,笔者推测这可能是早年利用天然水系人工加工开凿而成的护城水系。

泺水发于娥姜水(趵突泉),向北流至古大明湖(五龙潭),再由古大明湖东去,穿西郭,到达历城故城西城墙外转向北流,至历水陂(今大明湖)。历水发于东城西南角舜泉,东北向出东城后,在历城故城与东城间一路向北,至流杯池,于流杯池处分为左水和右水两条支流,左水向西北方向流入历水陂,右水向北沿东城西流出郭。在郭外与泺水枝津相交后继续北流,交听水后北流至泺口处,汇入济水。济水东流至华不注山方向。

三、小　　结

综上所述,历史时期济南古城区的边界发展主要经过了如下几个阶段:

1. 南北朝之前的历城故城单城,时间上限不明。
2. 南北朝时期故城、东城并置(即双子城),外围有郭城环绕。至唐宋时期东城不复存在。
3. 北宋初年扩郭为城。北宋至明清年间城市边界范围没有大的变化。
4. 明洪武年间以砖石包筑加固城墙。
5. 清末民初在原济南古城区外扩建城市新区。

---

① (清)李文藻:《历城县志》卷十五"古迹考",清乾隆三十八年刻本:"《水经注》泺水北为大明湖,湖水并未入城,则此亭(历下亭)非宋元以来城内之历下亭。故诗曰:北渚凌清河,即《水经注》所谓泺水又北流注于济;曰交流空涌波,即水经注所谓历水与泺水会也。唐去魏不远,以《水经注》所述水道之。"

② (清)李文藻:《历城县志》卷八"山水考",清乾隆三十八年刻本:"盖是时历县故城甚小,其地不过今城三分之一。所云左水西经历城北西北为陂,此则宋以后所称为大明湖者。"

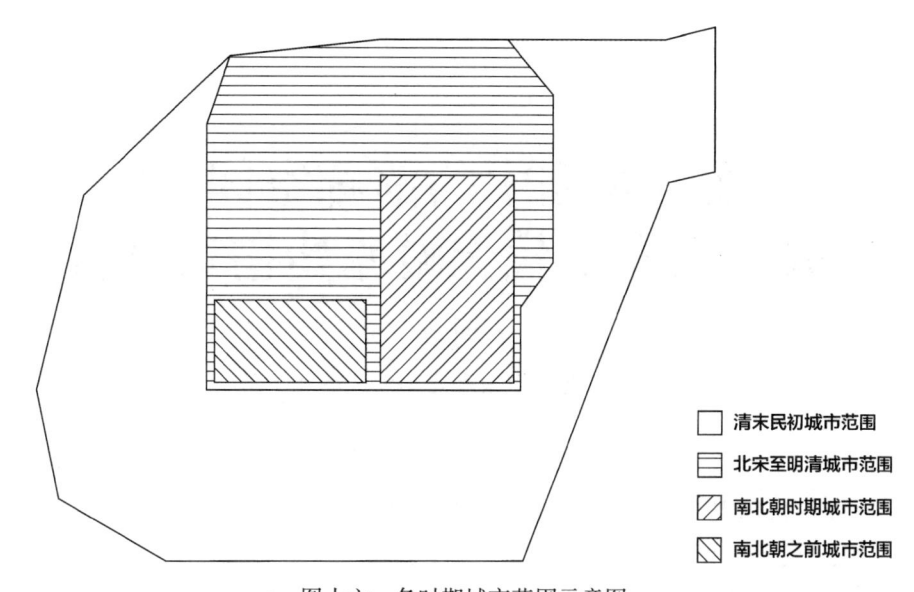

图十六　各时期城市范围示意图

注：每一阶段的城市区域都包括该次扩城前区域

济南城市的发展主要受地理因素制约。最早的历城故城西有大明湖(今五龙潭)，西南有娥姜水(今趵突泉)，北有陂水(今大明湖雏形)，东有历水，东北有流杯池(今珍珠泉)，四面均受制约，所以选择在东侧另设东城。东城北侧不受陂水限制，故北界超过原故城北界。2004年在今按察司街和运署街位置发现两处汉代冶炼遗址。两处遗址位置，位于南北朝时期东城范围内。冶炼作坊污染严重，占地面积较大，在城区较小的情况下不会放置在城市内部。所以推测汉代东城的位置尚未营城，或者东城已经营建，但处于次级地位，当时的行政中心仍在历城故城位置。

北宋初年的扩郭为城，基本奠定了之后的济南城市形态特征，其后近千年城市范围没有大的变化。北宋时的西湖(今大明湖)由于这一次城市营建活动而形成后期广阔的水面，为景观园林建筑的营造提供了天然的优质场地。城市北部成了北宋及之后各朝的城内园林休憩区域。

自金元以来城市内部的主要建制没有颠覆性的变化，几处明代郡王府在清代均被废弃，而各政治建筑功能之间也有一定的置换。同时城市内部的发展也沿着出城道路向城外辐射。南关外在之后城市发展的过程中逐步形成了以宗教、军事活动为主体的区域；西关外则逐步形成了手工业集中的区域。

地方祠庙中的前廊空间：
晋城二仙庙宋代大殿原始格局分析[①]

彭明浩

（北京大学中国考古学研究中心）

晋东南早期建筑中，祠庙主殿多前出敞廊，而佛寺主殿多周檐围合，这一现象背后，或可能牵涉寺、庙建筑使用功能的根本区别。本文选取纪年明确且木构、塑像、神龛均完整保存至今的晋城二仙庙大殿为案例，通过大殿柱网、梁架、斗栱等遗存现象，推知其现状周檐围合的格局为后期改造，其原当出有前廊，与晋东南宋金祠庙主殿普遍采用的空间格局相同，结合大殿内部陈设，可进一步探讨前廊与殿内空间的功能关系。

一、问题的提出

我国现存的早期建筑，以晋东南地区（山西长治、晋城两市）最为丰富。这一区域不仅保存有大量早期佛寺，也有宋金时期逐渐流行的成汤、炎帝、二仙、三嵕、崔府君等民间祠庙。寺、庙崇奉对象有别，但在我国建筑体系中常常合称，作为宗教场所，它们的组织、布局与单体建筑结构、形制多有相通之处。关注这些共性的同时，研究工作也需要"存同求异"，共性之中的特殊差异，或可能牵涉寺、庙建筑使用功能的根本区别，而建筑前廊，正是这样一个寺、庙有别的空间元素。

晋东南宋金寺庙多为民间建筑，等级较低，其绝大多数主殿，都是面阔三间、平面近方的单檐小殿，殿内进深多为四架椽或六架椽，较少通檐设梁，常设内柱承托前后两段梁栿，这样殿内的空间，就以内柱为界划分为前后两部分，按内柱的分位，常见以下两种格局（图一）：

（一）内柱设于殿内前部，分六架椽屋为前乳栿对后四椽栿，或分四架椽屋为前劄牵对后三椽栿，这种情况下，内柱间多设墙并安置门窗，分隔出开敞的前廊空间。

（二）内柱设于殿内后部，分六架椽屋为前四椽栿对后乳栿，或分四架椽屋为前三椽栿对后劄牵，这种情况下，周圈檐柱间多设墙与门窗，整体围合，内柱间设照壁墙，划分殿内的前后空间。

---

① 教育部人文社科重点研究基地重大项目（16JJD780003）。

地方祠庙中的前廊空间：晋城二仙庙宋代大殿原始格局分析

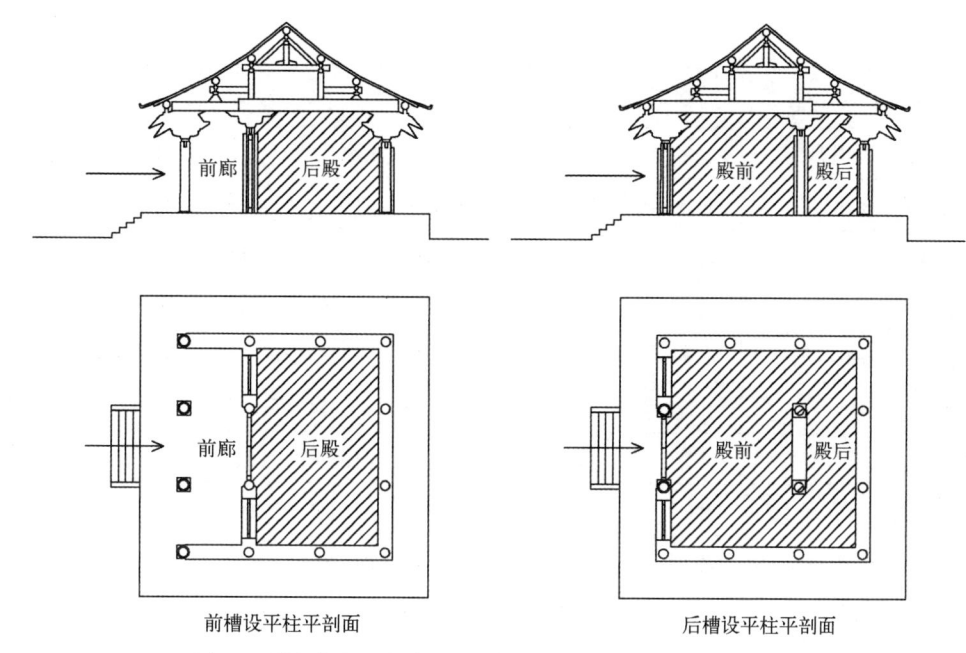

图一 晋东南宋金寺庙三间殿常见平面与剖面对应关系示意

这两种格局，虽只是在建筑柱网和梁架结构上前后对调，但功能空间却差异较大，在宋金时期的晋东南地区，前者多见于地方祠庙主殿，后者多见于佛寺主殿①（表一）。这一大体规律，在历史研究的语境下不乏特例，其中一个典型的案例即为晋城二仙庙大殿，该殿纪年明确，木构单纯，殿内柱设于前部，却没有分隔出前廊，现状是周檐围合的格局。这样一座重要建筑的原始空间格局如何？就值得细化分析：若其确为特例，则需要充分说明；而若种种迹象，均指向大殿原有前廊，则进一步反映出上述规律的普遍意义。

表一　晋东南五代宋金时期有明确纪年三间殿空间格局

名　称	时代	纪年	面阔进深	梁　架	空间格局	性质
平顺天台庵大殿②	五代	932	三间四椽	通檐	周檐围合	佛寺
平顺大云院弥陀殿③	五代	940	三间六椽	前四椽栿后乳栿	周檐围合	佛寺
高平崇明寺大殿④	北宋	968－991	三间六椽	通檐	周檐围合	佛寺
长子崇庆寺千佛殿⑤	北宋	1016	三间六椽	前四椽栿后乳栿	周檐围合	佛寺

---

① 大殿柱网和梁架布局，根据功能的不同有明确的做法差别，与当时佛寺和民间祠庙礼拜祭祀活动不同相关，其对应的使用功能需结合文献另文探讨。参看喻梦哲：《晋东南五代、宋、金建筑与〈营造法式〉》，中国建筑工业出版社，2017年，第104－107页。
② 帅银川、贺大龙：《平顺天台庵弥陀殿修缮工程年代的发现》，《中国文物报》2017年3月3日、17日。
③ 杨烈：《山西平顺县古建筑勘察记》，《文物》1962年第2期，第40－51页。
④ 古代建筑修整所：《晋东南潞安、平顺、高平、晋城四县的古建筑》，《文物参考资料》1958年第3期，第35－36页。
⑤ 杨烈：《长子县崇庆寺千佛殿》，《历史建筑》1959年第1期，第119－129页。

续表

名　称	时代	纪年	面阔进深	梁　架	空间格局	性质
陵川南吉祥寺中殿①	北宋	1030	三间六椽	通檐	周檐围合	佛寺
高平游仙寺毗卢殿②	北宋	1040	三间六椽	前四椽栿后乳栿	周檐围合	佛寺
高平开化寺大殿③	北宋	1073	三间六椽	前四椽栿后乳栿	周檐围合	佛寺
高平资圣寺毗卢殿④	北宋	1082	三间六椽	前四椽栿后乳栿	周檐围合	佛寺
泽州青莲寺释迦殿⑤	北宋	1089	三间六椽	前四椽栿后乳栿	周檐围合	佛寺
平顺龙门寺大殿⑥	北宋	1098	三间六椽	前四椽栿后乳栿	周檐围合	佛寺
晋城二仙庙大殿	北宋	1107	三间四椽	前劄牵后三椽栿	周檐围合	祠庙
泽州河底成汤庙大殿⑦	北宋	1107	三间四椽	前劄牵后三椽栿	前廊后殿	祠庙
泽州北义城玉皇庙大殿⑧	北宋	1110	三间四椽	前劄牵后三椽栿	前廊后殿	祠庙
泽州崇寿寺大殿⑨	北宋	1119	三间六椽	前四椽栿后乳栿	周檐围合	佛寺
陵川龙岩寺大殿⑩	金	1129	三间六椽	前四椽栿后乳栿	周檐围合	佛寺
陵川西溪二仙庙后殿⑪	金	1142	三间六椽	前乳栿后四椽栿	前廊后殿	祠庙
高平西李门二仙庙大殿⑫	金	1157	三间六椽	前乳栿后四椽栿	前廊后殿	祠庙
高平中坪二仙宫⑬	金	1172	三间六椽	前乳栿后四椽栿	前廊后殿	祠庙
壶关三嵕庙正殿⑭	金	1175	三间六椽	前乳栿后四椽栿	前廊后殿	祠庙

① 寺内《吉祥院碑文并序》载宋天圣八年(1030年)修建纪年与梁下大木形制结构相符。
② 古代建筑修整所:《晋东南潞安、平顺、高平、晋城四县的古建筑》,《文物参考资料》1958年第3期,第38-39页;李会智、李德文:《高平游仙寺建筑现状及毗卢殿结构特征》,《文物世界》2006年第5期,第31-38页。
③ 古代建筑修整所:《晋东南潞安、平顺、高平、晋城四县的古建筑》,《文物参考资料》1958年第3期,第42页;徐怡涛:《长治、晋城地区的五代、宋、金寺庙建筑》,北京大学考古文博学院博士论文,2003年。
④ 古代建筑修整所:《晋东南潞安、平顺、高平、晋城四县的古建筑》,《文物参考资料》1958年第3期,第37-38页;刘畅、姜铮、徐扬:《算法基因:高平资圣寺毗卢殿外檐铺作解读》,《中国建筑史论汇刊》2016年第2期,第147-181页。
⑤ 古代建筑修整所:《晋东南潞安、平顺、高平、晋城四县的古建筑》,《文物参考资料》1958年第4期,第44-45页。
⑥ 郭黛姮、徐伯安:《平顺龙门寺》,《科技史文集》第五辑·建筑史专辑(2),上海科学出版社,1980年,第71-83页。
⑦ 庙内碑文载大观元年(1107年)重修与大殿石门框大观二年(1108年)捐助纪年与现存大木形制结构相符。
⑧ 前檐石柱上大观四年(1110年)重修题记与现存大木形制结构相符。
⑨ 古代建筑修整所:《晋东南潞安、平顺、高平、晋城四县的古建筑》,《文物参考资料》1958年第4期,第46页;徐怡涛:《长治、晋城地区的五代、宋、金寺庙建筑》,北京大学考古文博学院博士论文,2003年。
⑩ 张驭寰:《陵川龙岩寺金代建筑及金代文物》,《文物》2007年第3期,第82-85页。
⑪ 李会智、赵曙光、郑林有:《山西陵川西溪真泽二仙庙》,《文物季刊》1998年第2期,第3-29页;刘畅、张荣、刘煜:《西溪二仙庙后殿建筑历史痕迹解析》,《建筑史》(第23辑),清华大学出版社,2008年,第119-134页。
⑫ 古代建筑修整所:《晋东南潞安、平顺、高平、晋城四县的古建筑》,《文物参考资料》1958年第3期,第39页;杨澍:《山西高平西李门二仙庙的历史沿革与建筑遗存》,《中国建筑史论汇刊》2016年第1期,第202-220页。
⑬ 郑宇、王帅、姜铮、张光玮、何孟哲:《高平北诗镇中坪二仙宫正殿修缮中的记录及研究》,《2013年保国寺大殿建成1000周年系列学术研讨会论文合集》,科学出版社,2015年。
⑭ 庙内碑文金大定十五年(1175年)重修纪年与现存大木形制结构相符。

续表

名　称	时代	纪年	面阔进深	梁架	空间格局	性质
泽州冶底岱庙大殿①	金	1187	三间六椽	前乳栿后四椽栿	前廊后殿	祠庙
襄垣昭泽王庙大殿②	金	1187	三间四椽	前剳牵后三椽栿	前廊后殿	祠庙
沁县普照寺大殿③	金	1161-1189	三间六椽	前四椽栿后乳栿	周檐围合	佛寺
阳城下交汤帝庙正殿④	金	1210	三间六椽	前乳栿后四椽栿	前廊后殿	祠庙
襄垣灵泽王庙大殿⑤	金	1210	三间四椽	前剳牵后三椽栿	前廊后殿	祠庙
陵川白玉宫正殿⑥	金	1212	三间四椽	前剳牵后三椽栿	前廊后殿	祠庙

二、晋城二仙庙概况

晋城二仙庙位于市区东南约12公里的金村镇小南村，沿中轴线由南至北设有山门、前殿、献殿、大殿，山门两侧设耳房，院落东西设廊房，大殿两侧设耳殿(图二)。据庙内宋碑记载，⑦二仙庙创建于宋绍圣四年(1097年)，至政和七年(1117年)工毕，历时二十年，建成大殿及"挟屋、行廊、门楼、玉道，周以垣墙"(宋政和七年《新修二仙庙记》)，对照二仙庙现状格局，其原始院落布局基本保存至今，现前殿位置或另有创设，而献殿为后代加构。⑧ 庙内大殿建成于大观元年(1107年)，殿内砌筑神坛，"命其名手塑像彩绘"(宋大观元年《二仙庙记》)，建成时塑像露明，其后不久即在塑像外修造结构精巧的天宫楼阁式神龛。⑨ 现大殿宋代木构及殿内神坛、塑像、神龛均完整地保留了下来，即使在早期建筑丰富的晋东南地区也绝无仅有，为探讨当时建筑与其内部陈设的空间关系，提供了重要实例。

大殿面阔三间，进深四椽，单檐歇山顶。周檐设石柱，柱上置阑额、普拍枋承托斗栱，斗栱布局疏朗，不设补间铺作，柱头斗栱均五铺作单杪单下昂，前后檐计心重栱、山面偷心。殿内四架椽屋前剳牵对后三椽栿用三柱。大殿两山和后檐围墙，前檐柱间设门扇，殿内靠后檐墙设神台，神台上方与前方两侧置塑像，神龛加建于神台之上，龛前各立一神阁，其上连以阁道(图三)。

---

① 李玉民、刘宝兰:《晋城冶底岱庙天齐殿建筑与艺术风格浅析》,《文物世界》2008年第6期,第50-54页。
② 李碧、胡柏彦:《山西郭庄村昭泽王庙建筑形制探析》,《中外建筑》2012年第4期,第54-55页。
③ 滑辰龙:《沁县普照寺大殿勘察报告》,《文物世界》1996年第1期,第36-43页。
④ 中国先秦史学会、《析城山文化丛书》编委会编:《阳城汤庙》,文物出版社,2012年,第14-23页。
⑤ 殿前石柱上金大安二年(1210年)施柱题记与现存大木形制结构相符。
⑥ 庙内金崇庆元年(1212年)《重修东海神祠记》与现存大木形制结构相符。
⑦ 现大殿东西檐下各存一宋碑,分别为宋大观元年(1107年)《二仙庙记》和宋政和七年(1117年)《新修二仙庙记》,两碑时代相近,大观碑载大殿新建事宜,政和所记内容略同,但另载有其他附属建筑落成,反映了施工的两个阶段。
⑧ 徐怡涛:《长治、晋城地区的五代、宋、金寺庙建筑》,北京大学考古文博学院博士论文,2003年。
⑨ 殿内小木作神龛具有宋末金初的形制特征,而宋政和《新修二仙庙记》未记载新修神龛一事,或有所缺漏,参看注28,后经清华大学全面勘察,通过形制比较、空间关系分析、碳14检测等方法综合考察,认为神龛营造稍晚于大殿,最可能在金初,不晚于金中期,参看吕舟、郑宇、姜铮:《晋城二仙庙小木作帐龛调查研究报告》,科学出版社,2017年。

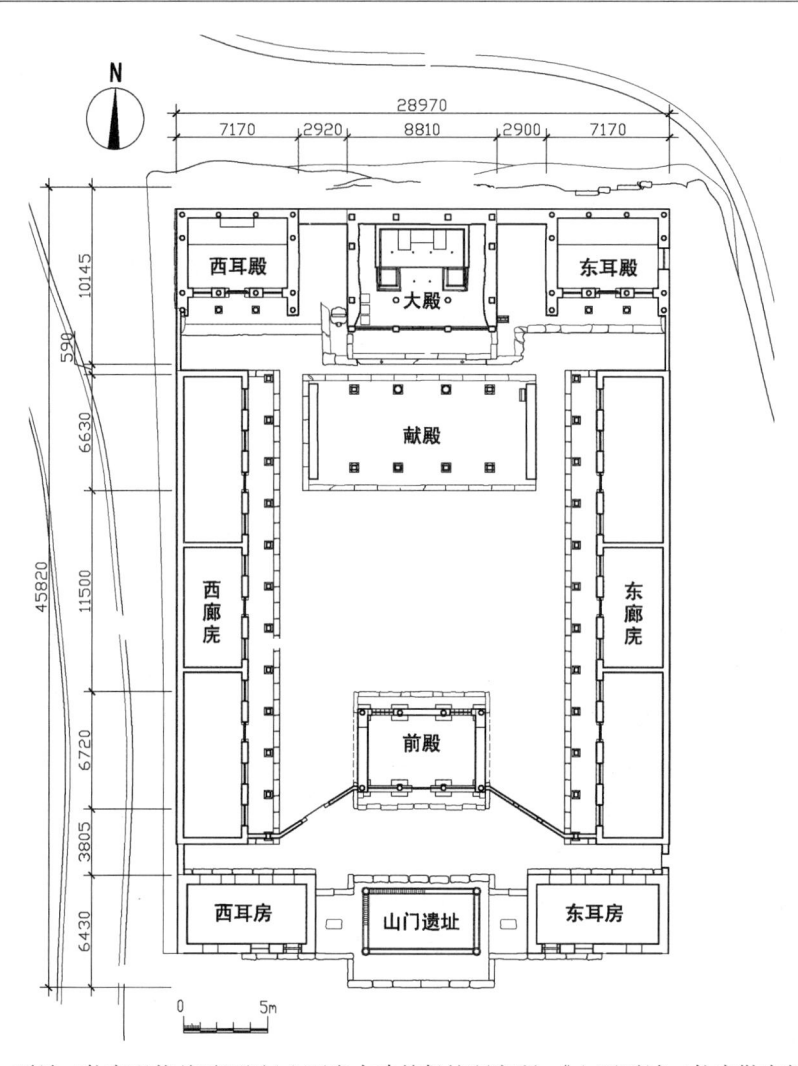

图二 晋城二仙庙现状总平面图（山西省古建筑保护研究所：《山西晋城二仙庙勘察报告》）

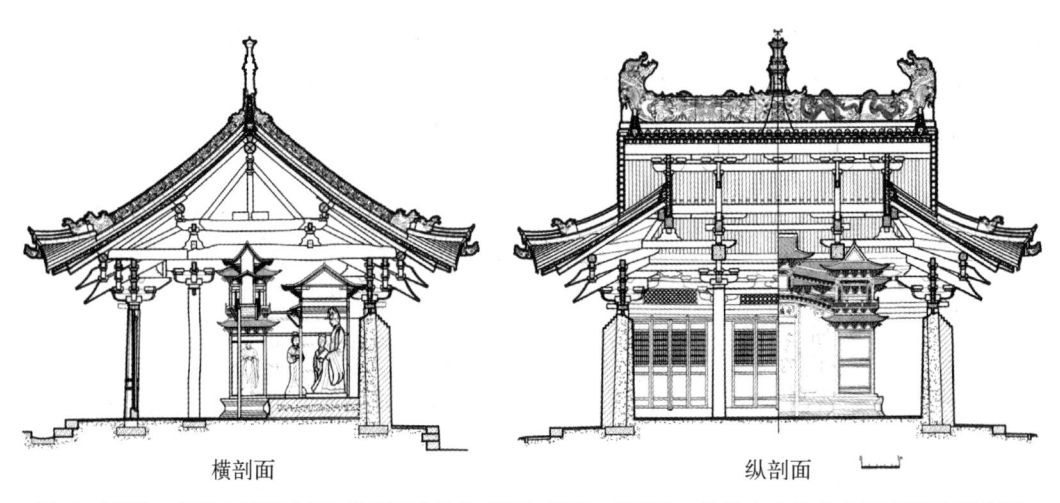

图三 晋城二仙庙大殿横剖面、纵剖面（吕舟、郑宇、姜铮：《晋城二仙庙小木作帐龛调查研究报告》）

三、大殿遗存现象所反映的原始空间格局

大殿原来是否出有前廊，可通过以下四方面遗存现象综合说明：

1. 石檐柱

宋金时期，由于优质木材的匮乏，约从宋代中后期始，晋东南地区主体建筑渐多使用石柱，以解决屋身竖向承力问题。[①] 二仙庙大殿12根檐柱均采用石材，石材加工较木材困难，因此隐藏于墙体的部分，古人多作简单的处理，而只把外露的石面加工平整。大殿现包砌于山墙中的石柱，表面均加工粗糙，但大殿前檐的四根石柱，表面平整光滑，特别是石柱的侧面和背面，也都与正面进行了同等加工（图四）。对比该区域同一时期的其他建筑，如开化寺大雄宝殿（1073年）与青莲寺释迦殿（1089年），其前檐石柱正面露明，均打磨光滑，但两侧接墙或门窗的部分，只略做处理，其上还留有粗疏的錾痕（图五），二仙庙大殿前檐石柱与此不同，侧面也打磨光滑，则石柱间很可能没有门窗设置。

图四　晋城二仙庙大殿墙内石柱与前檐石柱

[①] 彭明浩：《山西南部早期建筑大木作选材研究》，北京大学考古文博学院硕士论文，2011年。

图五　青莲寺释迦殿与开化寺大雄宝殿前檐石柱侧面

大殿前檐间现有的门扇，均为后代添加：在现代修缮之前，大殿前檐柱向内倾斜严重，但柱间设置的门扇却垂直于地平安置，说明增设门扇时石柱即已歪闪（图四），其上额，插入石柱原接阑额的榫口，其下方地栿，看似插入石柱之中，但经现场勘察，却是紧贴石柱放置，柱上没有榫口（图六）。由此可见，大殿前檐四柱侧面除柱顶开有接阑额的榫口外，再没有任何其他的榫口，且石面打磨光滑，说明前檐石柱原当周身露明，不接墙与门窗。

图六　晋城二仙庙大殿前檐石柱侧面与地栿的交接关系

2. 木内柱

大殿内柱使用槐木，与斗栱和梁架的主体用料一致①（图七），但槐树树干绕曲，加工为较小的栱、枋等构件，尚能保证规则方直，而用于梁柱等长构件，则只能顺应其自然材身，做灵活的处理。大殿内柱较为弯曲，且其表面还保留有明显的铲锄痕迹，仅做粗略的加工（图八），与前檐精细打磨的石柱对比，则说明它最初并不意在外露，而当包砌于墙体之中。

---

① 彭明浩：《山西南部早期建筑大木作选材研究》，北京大学考古文博学院硕士论文，2011年。

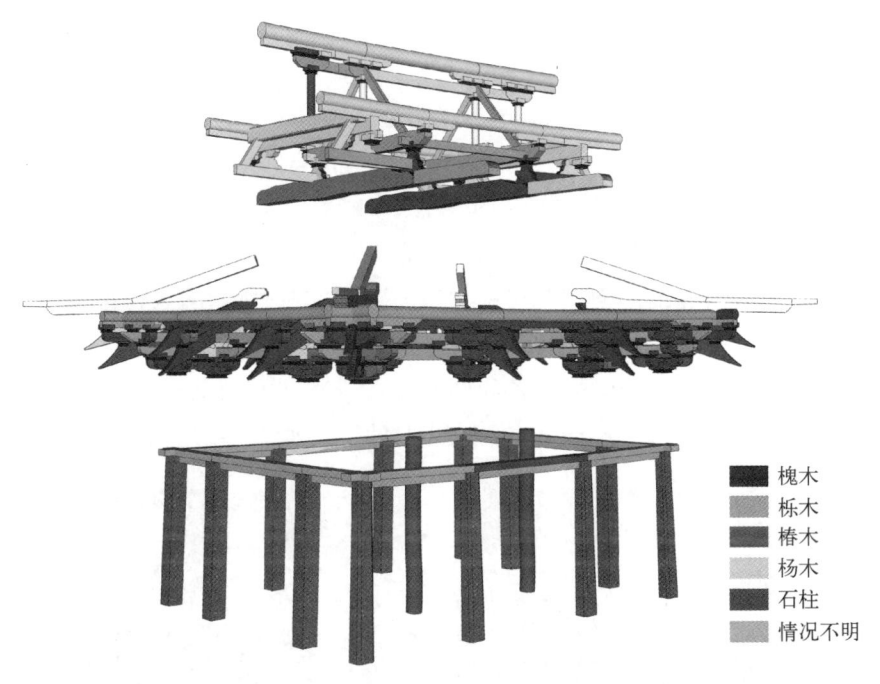

地方祠庙中的前廊空间：晋城二仙庙宋代大殿原始格局分析 ·297·

槐木
栎木
椿木
杨木
石柱
情况不明

图七　晋城二仙庙大殿选材图

西侧内柱　　　　　东侧内柱

图八　晋城二仙庙大殿内柱

3. 山面斗栱里转

大殿各铺斗栱里转结构基本一致，一般均出单杪承楂头状压跳，再于其上设鞾楔承托斜出的下昂后尾（图九左）。而只有山面南侧柱头铺作里转结构有两点不同（图三右）：一是在本应设置鞾楔的位置横出枋木与内柱上斗栱交构，这也见于同时期龙门寺大雄宝殿等建筑，是加强檐柱与内柱间横向拉接的处理；二是在单杪承托的压跳前部，截去了探出的楂头（图九右），直截的断面较为粗糙，是针对单个构件所做的人为锯截改造。若大殿内柱间设墙、前出敞廊，则山面南侧柱头铺作里转正在内外分隔墙上，这一高度位置，一般均敷泥填塞为栱眼壁，壁上或素面，或绘图案装饰，若于此位置设挑出的楂头，则向内干扰了整块栱眼壁的构图，可能出于这一考虑，当时的工匠才将凸出的楂头直截。

图九　晋城二仙庙大殿山面南北侧柱头铺作里转对比

4. 东西挟屋

大殿东西两侧，即宋碑中所载"挟屋"位置，现为东西耳殿。两殿均面阔三间，进深四椽，单檐悬山顶，前檐通额，其上柱头四铺作单昂，昂头较厚，中间起棱，昂下隐刻华头子，昂上令栱间出爵头状耍头，具有金代中后期的形制特点，[①]也是重要的早期建筑实例。殿内梁架前剳牵托后三椽栿用三柱，内柱间设墙与门窗分隔内外，形成前廊后殿的空间格局。

将大殿与左右两耳殿做一比较：大殿居中，规模略大，采用歇山顶，耳殿居两侧，起辅助烘托作用，规模略小，采用悬山顶，有明确的主次设计。两耳殿虽非宋代原构，但重修年代不晚，且三殿的空间格局统一，均采用方形的地盘格局，面阔均为三间，进深均四椽，特别是两山面进深方向的柱网，均采用中间宽、两侧窄的布局，其殿内梁架，也都采用了前剳牵对后三椽栿的结构，反映了整体的统一设计，说明两耳殿很可能在宋代挟屋的地盘上重修，其与大殿的关系以及建筑规模、布局当有所延续。因此，两耳殿现状所采用的前廊后殿的空间格局形式，对大殿的原状当有参考意义（图十）。

---

① 徐怡涛：《长治、晋城地区的五代、宋、金寺庙建筑》，北京大学考古文博学院博士论文，2003年。

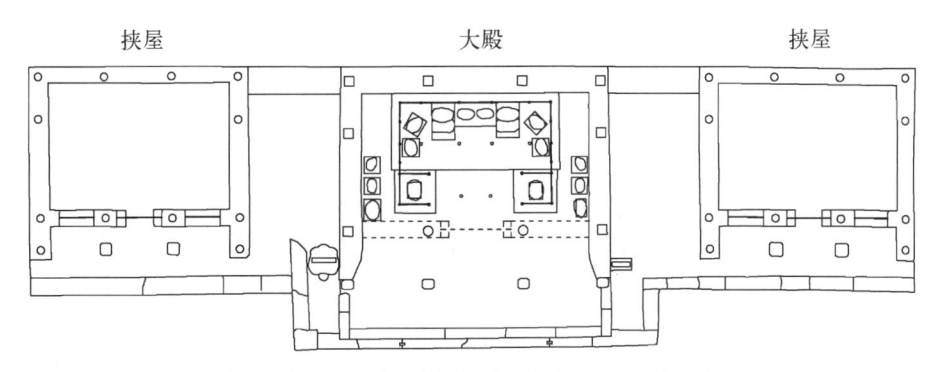

图十　晋城二仙庙大殿与东西挟屋平面格局示意

以上四方面，可综合说明大殿原当在内柱间设墙与门窗，分隔出前廊后殿的空间格局（图十一），以此为基础，再考虑大殿内部陈设，则与现状有很大差别。

图十一　晋城二仙庙大殿宋代空间格局复原示意

四、大殿与其内部陈设的空间关系演变

1. 宋末创建时期

二仙庙大殿初设神台塑像时，并没有设置小木作神龛，[①]当时由前廊进入殿内，神台与殿门之间的礼拜空间深约2米，虽不宽裕，但较现状所见却明显通透，不仅没有神龛的遮挡，也不受内柱的干扰，神台两侧的塑像可直接看到，还可近前礼拜，人与像的空间关系较为直接。神台上塑像的位置当变化不大，但值得注意的是，神台外侧现尚存有6尊塑

---

① 吕舟、郑宇、姜铮：《晋城二仙庙小木作帐龛调查研究报告》，科学出版社，2017年。

像,其摆放位置较为随意,且其中一尊塑像靠后墙放置,基座已毁,说明塑像历久,后人调整了周边像塑的原始设置,参考晋祠圣母殿神台两侧的像设模式,推测二仙庙殿内像设和礼拜空间视线如下图所示(图十二)。

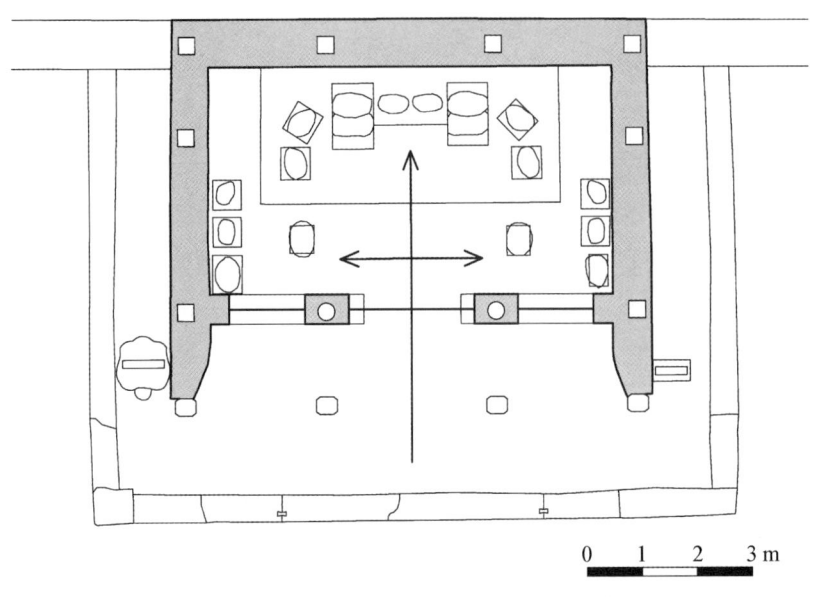

图十二　晋城二仙庙宋末大殿与内部陈设空间关系

2. 加建神龛时期

其后不久,宋末或金初时期,神台上加建了小木作神龛,下覆塑像,上抵殿顶,基本占满了殿内空间,特别是在神台前方两侧,各建一阁,其上连以阁道,形成了三面围合,仅正面开放的礼拜空间。总体而言,入殿所见与殿外前廊所见已无大异(图十三),主要的礼拜对象,是在神龛之下的二仙神像,其他侍从若隐若现,已无完整视角,两侧贴墙放置的塑像也难以得见,更无法进前。由于殿内空间过于局促,大多数人已无法入殿礼拜,人与像之间拉开了距离,前廊当承接更多的祭献礼拜功能。

3. 加建献殿时期

上述空间格局至清进行了大规模改造,在大殿之前,加建献殿,与大殿紧紧相贴,献殿的建设反映了明清时期人们祭献活动更为丰富,其紧贴前廊加构,也反映出献殿空间依托于前廊扩展,或可视为前廊空间的延续。可能也正是由于献殿的建设,使大殿自身前廊解放了出来,才将内柱间墙体前移至檐柱,将原来的前廊囊入殿内,扩展局促的内部空间,在内柱与神龛之间,也摆设了部分像设,人进入殿内,主要在原前廊空间活动。这一系列改造反映出当时所做的整体功能空间调整,将祭献和礼拜活动从原来集于一殿分离为两个场所分别进行(图十四)。

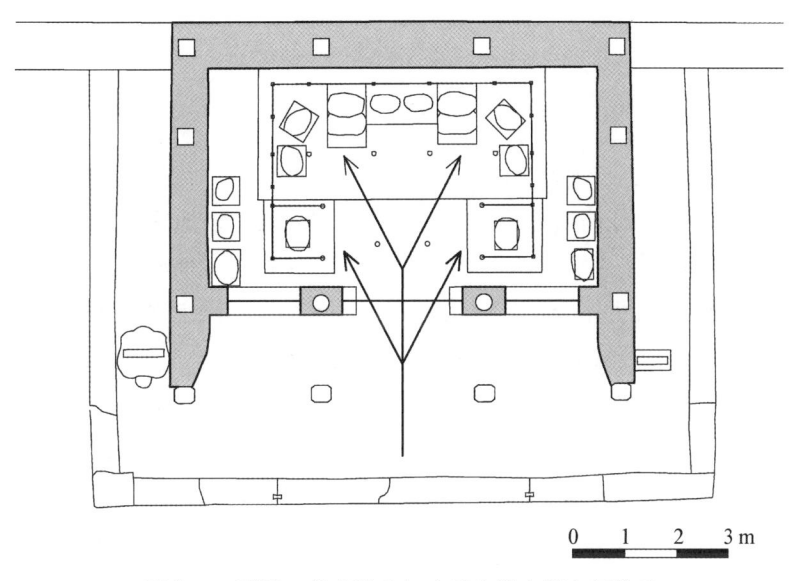

图十三　晋城二仙庙神龛加建后大殿内部空间关系

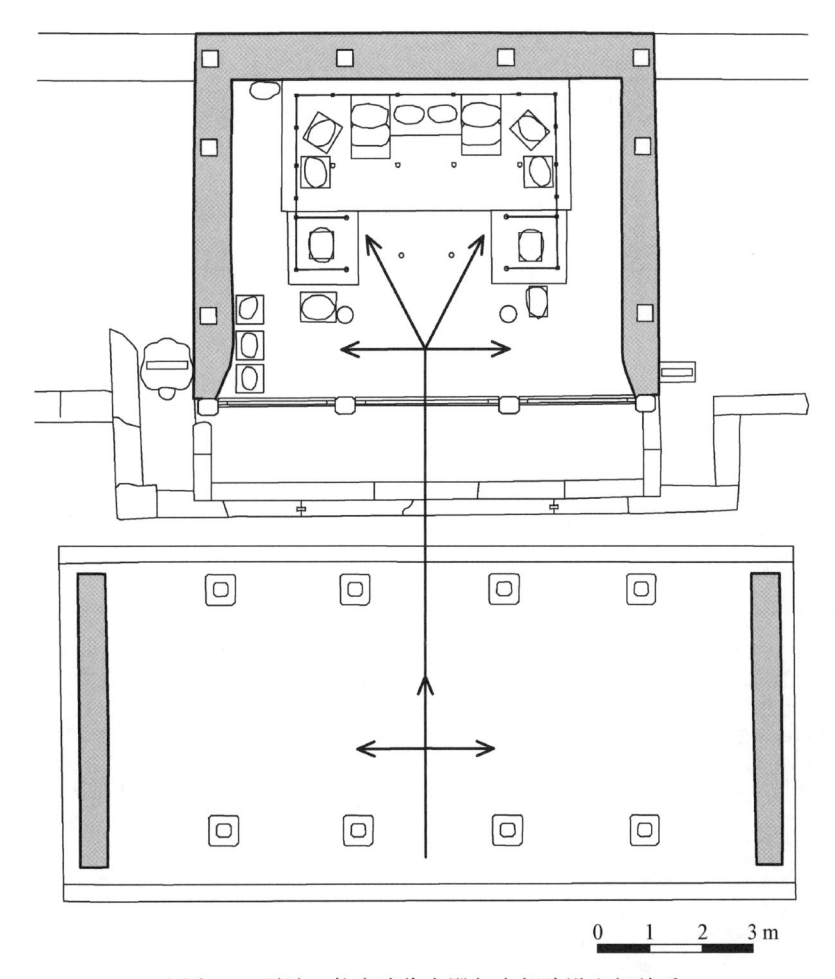

图十四　晋城二仙庙清代大殿与内部陈设空间关系

五、结　语

综上可见，二仙庙大殿今昔变化较大，其原当出有前廊，殿内空间紧促，前廊当承担特别的使用功能，尤其是二仙庙后期在大殿前加构献殿，也是该地区明清祠庙的普遍做法，前廊与献殿紧密的空间关系，指向两者功能的关联。因此，二仙庙大殿虽现状改变，但通过对其原始格局的分析，更充分地体现出晋东南地区祠庙主殿前廊空间的普遍性，其后期演变也生动地反映出增设献殿对拓展前廊和殿内空间的作用。

前廊布局在晋东南地区虽多见于祠庙，但在其他地区其他时代，却并非如此。如北魏云冈石窟，其第9、10、12窟均设有仿木构前廊，①这种做法也一直影响到响堂山、②麦积山、③天龙山④等石窟，唐代佛光寺东大殿，也推测有前廊设置，⑤五代华林寺大殿、⑥北宋保国寺大殿，⑦原也当出有前廊。可见前廊空间设计最早出现于佛寺建筑，并至少流行至北宋时期，但晋东南宋金佛寺主殿却普遍放弃了这一做法，反而是祠庙主殿广泛采用前廊格局，从这一角度看，晋东南宋金祠庙主殿的前廊设置虽具有小区域的普遍性，却是大时代的特殊转变，前廊空间如何适应于地方信仰活动并发挥其作用？晋城二仙庙大殿作为少有的完整保存的建筑内部陈设的遗构，对深入探讨这一问题提供了难得的佳例。

---

① 梁思成、林徽因、刘敦桢：《云冈石窟中所表现的北魏建筑》，《中国营造学社汇刊》1933年第4卷第3、4期；水野清一、长广敏雄：《云冈石窟：西历五世纪における中国北部佛教窟院の考古学的调查报告》，东方文化研究所调查，卷1-卷16，京都大学人文科学研究所，1951-1956年。
② 邯郸市峰峰矿区文管所、北京大学考古实习队：《南响堂石窟新发现窟檐遗迹及龛像》，《文物》1992年第5期，第1-15页；钟晓青：《响堂山石窟建筑略析》，《文物》1992年第5期，第19-31页。
③ 傅熹年：《麦积山石窟中所反映出的北朝建筑》，《傅熹年建筑史论文集》，文物出版社，1998年，第103-135页。
④ 李裕群：《天龙山石窟调查报告》，《文物》1991年第1期，第32-55页。
⑤ 清华大学建筑设计研究院、北京清华城市规划设计研究院文化遗产保护研究所：《佛光寺东大殿建筑勘察研究报告》，文物出版社，2011年，第52-54页。
⑥ 钟晓青：《福州华林寺大殿复原》，《钟晓青中国古代建筑史论文集》，辽宁美术出版社，2012年，第18-105页。
⑦ 张十庆：《宁波保国寺大殿：勘测分析与基础研究》，东南大学出版社，2012年，第81-86页。

一部"中国"诞生史的活剧
——张光直《历史时期前夜的中国》述评

许鑫城

(中国社会科学院考古研究所)

作为享誉世界考古人类学界的著名学者——张光直,以其渊博的知识、广阔的视野和巨大的人格魅力,为他本人,也为中国考古学在全球赢得了尊重。相当长一段时期,他的名字在西方世界即是中国考古学的代名词,但他的研究绝不限于中国一地,也绝不限于考古一域。一方面,这与他出身人类学①的背景密切相关,另一方面,他终生致力于中国上古史②的研究,学科的特点在客观上又要求他必须具备宏阔的视野与卓荦的能力。他辗转多地,③受多位名师亲炙,④同时接受了中国传统历史学与西方考古人类学的系统训练,加之他过人的天分与勤奋的钻研,张光直,不仅对西方考古人类学产生了巨大影响,更为二十世纪后半叶的中国考古学带来了巨大变革,并且,这种变革的影响只会随着时间的推移而愈发清晰。2001年逝世的张光直,以他瘦弱的身躯,撑起了中国考古学新世纪的未来。

本文无意对张光直的一生学术做出全面而系统的评价,仅围绕张氏所著的一篇文献,即作为《剑桥中国上古史》(后文凡引自该书均简称"原书")第一章的《历史时期前夜的中国》,⑤分析这篇文献的材料、结构与观点,以及作者得出这些观点所运用的理论与方

---

① 张光直1954年毕业于台湾大学考古人类学系,1960年获得哈佛大学人类学系博士学位,相继在耶鲁与哈佛两校人类学系任教,并出任系主任(1970-1973;1981-1984)。他在一篇探讨考古学与人类学关系的文章里提到人类学的两大特点:系统性和世界性。见氏著:《考古学与"如何建设具有中国特色的人类学"》,《中国考古学论文集》,生活·读书·新知三联书店,2013年,第3页。

② 张光直认为,中国远古史和上古史(或统称为先秦史)的研究需要结合考古学、文献学、古文字学、古地理学、古人类学、古生物学、古植物学、生态学等众多人文、社会、自然学科,更需运用世界性的眼光处理不同的材料。见氏著:《对中国先秦史新结构的一个建议》,《中国考古学论文集》,生活·读书·新知三联书店,2013年,第30-43页。又见《要是有个青年考古工作者来问道》,《考古人类学随笔》,生活·读书·新知三联书店,2013年,第127页。

③ 他生于北平,在台湾接受大学教育,又负笈美国,受到系统完整的西方人类学与考古学的训练。改革开放后又与大陆考古学界进行合作,有力促进了中西方学术的交往。

④ 张光直在台大主要受业于人类学家李济,民族学家凌纯声、芮逸夫,考古学家高去寻,历史学家李宗侗,语言学家董同龢等。张光直的治学特点,与他的老师的老师——著名汉学家葛兰言——凌纯声与李宗侗的老师,非常相似。他在哈佛的导师是旧石器时代考古学权威莫维斯(Hallam L. Mioius)、聚落考古研究的创始人戈登·威利(Gordon R. Willey)以及文化人类学理论家克拉克洪(Clyde Kluckhohn)。有关张氏所受业师友以及对其成长的影响,可参见李卉、陈星灿编:《传薪有斯人:李济、凌纯声、高去寻、夏鼐与张光直通信集》,生活·读书·新知三联书店,2005年;罗泰:《追忆张光直》,《四海为家——追念考古学家张光直》,生活·读书·新知三联书店,2002年。

⑤ "China on the Eve of the Historical Period", In Michael Loewe and Edward Shaughnessy (eds.), *The Cambridge History of Ancient China: From the Origins of Civilization to 221B.C.*, Cambridge and New York: Cambridge University Press, 1999, pp.37-73.

法。《剑桥中国上古史》各章于1995年12月交稿,①1999年正式出版。因此,张光直所作这篇文献,应可全面反映他晚年对中国历史时期②之前的"历史",亦即我们通常所称之"史前史"有关问题的系统认识。尽管受篇幅所限,它只是一个概略性的介绍。深入研读这篇文献,不仅可以对张光直晚年的学术观点有一个较为综合的了解,而且对于深入理解中西学术差异,思考学者如何受时代、民族、国家等因素的影响,以及这些影响又是如何呈现在学者们的研究中,有着思想史研究的一般意义。这也是本文力图达到的目的。

在正式展开对这篇文献分析之前,这里有必要先介绍一下《剑桥中国上古史》这部著作。这不仅是必要的,更是必须的,因为它为我们认识张光直的作品提供了一个历史与学术的背景。作为《剑桥中国史》系列的"第○卷",这部书探讨的是"中国"自有人类出现以来直至秦统一的漫长历史,核心是有关商、周、春秋和战国的八章。两位主编鲁惟一(Michael Loewe)和夏含夷(Edward Shaughnessy)面对所谓"新信息的浪潮"③——考古发现对中国古代史学所引起的史学改观,采取了传世文献与考古材料并重的方式。但需要注意的是,这种所谓的"并重",是在"各行其道、双轨并进"的编辑思路下践行的,因此,每一个历史时期,都同时收入分别从考古和文献两个不同的角度进行论述的章节。面对漫长的时间跨度与浩如烟海的资料,这绝不能叫作失败,但是文献材料与考古材料在本质上都是建构历史的素材,并无本质差别,理应互相征引、互证互校,因此从这个意义上讲,也绝不是成功,只能算作一种妥协,这种妥协在形式上割裂了历史的完整性,也使得本书并不适合当作一部完整的学术著作进行阅读,而只能抽取其中的部分章节进行具体而微的分析。各章的这种相对独立性与此书在《剑桥中国史》系列里的相对独立性暗相契合。同时,这种妥协也带来了随处可见的重复与自相矛盾。④ 当然,两位主编并不是没有意识到这种问题,只是,他们略显纠结的自我辩护,⑤仿佛将这种"问题"变成了一种特色,这种所谓的特色也只有在中国上古史这一领域才有其存在的意义:研究中国上古史的材料的性质决定了只能采取双轨制的方法,任何试图强行融合两种材料的行为只能是徒劳且有害的。

由此引出了一系列问题:是否存在一个独立的学科叫作"中国上古史"或"中国先秦史"?如果存在,这个学科有什么样的独特内涵和理论方法?它与传统的历史学研究有何不同?如果不存在,假以时日的话,现有"中国上古史"研究的种种分歧与矛盾有无解决的希望?我们是否应该和应该如何利用传世文献以研究上古历史,不管是同时地抑或错时地;我们该如何看待现代中国与历史中国的关系,"中国"的形成应该上溯到哪一个历

---

① 原书第 xxv 页。
② "历史时期"是相对"史前时期"而言,指有文字记载以来的历史。在《剑桥中国上古史》中,指的是殷商以来的历史时期。
③ [英]鲁惟一、[美]夏含夷:《西方汉学的古史研究——〈剑桥中国古代史〉序言》,《中华文史论丛》2007年第2期。
④ 史嘉柏对这一问题有比较全面的论述。见[美]史嘉柏(David Schaberg)著、张瀚墨译:《文本与文物:〈剑桥中国古代史〉书评》,《国学学刊》2017年第2期。
⑤ 原书第 xxiv 页。

史时期,或者根本不应该上溯？如此种种,共同构成了当代中国上古史研究的多元样态。

《历史时期前夜的中国》共分七节进行论述,分别是东亚古代地理环境及人类的定居；农耕生业的开始；早期农人的区域文化；中国相互作用圈的形成与区域文化的发展；历史时期前夜的"万国"；神话、中国的起源与夏朝；夏朝：作为一个问题。这七部分相互衔接,彼此照应,虽然面对的是跨度长达几百万年的历史,其中更是涉及众多自然学科的相关知识,以及纷繁复杂的神话传说,然而这些都在作者的笔下得到了恰如其分的处理。张光直好似一位优秀的导演,布置舞台、编排剧目、挑选演员,①将"中国"诞生史这部活剧一幕一幕地呈现在我们眼前,洗练的语言,跌宕的情节,也显示出他更是一位擅长讲故事的人。

以下,笔者将逐一分析这部历史活剧的各幕。需要指出的是,距离这篇文献的完成已过去二十余年,相关考古发现可谓日新月异,不断改写着我们对历史的认识。因此,在分析原始文本的同时,我们也会顺带介绍学界对有关问题的最新认识。作为后继者,这也给我们提供了一个检视考古学发展的机会。寻找其中的变与不变,及时修订自己的观点,这不仅是张光直学术研究的一大特点,更是作为考古学——这门靠材料吃饭的学科,重要的学术规范。

甫一开篇,张光直就引出了如何理解"中国"的问题。这不仅因为作为剑桥中国史一卷的《剑桥中国上古史》在书名里用到了"中国"这个词,而且连张光直自己撰写的这章,题目中也提到了"中国"。"中国"作为研究的对象,该如何理解与界定,就显得十分重要了。但是,与近几年中国学界热烈讨论何为"中国"不同,②上个世纪八九十年代,中国学界并不认为这是一个需要被讨论的问题,诸事言中国,理所当然也。而张光直在一篇写于1990年前后的文章里却已经将这个问题说得很清楚了："谈中国文明起源的问题,第一步是决定'文明'该如何界说,下一步便要决定什么是'中国'文明。"③并且提到了当时两种关于中国文明起源模式的认识,即"满天星斗说"④与"中原中心说",⑤指出双方所认为的"中国文明"不是一回事,一为广义界说,一为狭义界说,本质上还是对于什么是"中国"没有达成共识。这些精辟的论断,放在今天的学术语境下重温,不得不让我们由衷地赞叹张光直的远见卓识。

张光直在这篇文献里说,中国(China)是一个很晚近才产生的现代国家名,而与这个国家相关的文明在几千年前就已形成,从地理范围来看,二者并不重合。因此,我们需要

---

① 张光直认为公元前3000年的中国相互作用圈,奠定了中国历史发展的舞台,从此,中国历史有了清晰界定的演员、事件、动力和发展线索。见原书第59页。本文借用这个比喻。
② 举其重要者,有葛兆光：《宅兹中国——重建有关"中国"的历史论述》,中华书局,2011年；许宏：《何以中国：公元前2000年的中原图景》,生活·读书·新知三联书店,2014年；许倬云：《说中国：一个不断变化的复杂共同体》,广西师范大学出版社,2015年；李零：《我们的中国》,生活·读书·新知三联书店,2016年。
③ 张光直：《论"中国文明的起源"》,《文物》2004年第1期。又载氏著：《考古学专题六讲》,生活·读书·新知三联书店,2013年。
④ 苏秉琦、殷玮璋：《关于考古学文化的区系类型问题》,《文物》1981年第5期。
⑤ 安志敏：《试论文明的起源》,《考古》1987年第5期。

牢记的是,本章所言"中国",仅是一个为了表述方便,便于理解而使用的临时名称,它所指代的是这样一个地理范围:东亚大陆之一部,阿尔泰山与青藏高原的东部。如此一来,张光直巧妙地化解了因对"中国"理解不同而带来的学理上的认知差异,以地理言中国,一定程度上也避免了文化和民族的种种纠葛。但是,在另一篇约略写于同时的文章里,张光直又坦言,"'中国'这两个字在今天看来是无法脱离文化、民族上的意义的……要讲秦代以前的'中国'历史,要包括哪些地区的资料,是一个需要考虑、说明的问题,而不是(像很多中国史学者所假定的)不言自明的"。① 这样的表述看似矛盾,实则反映了张光直的学术旨趣。什么时候可以言中国,什么时候不可言中国,什么时候取地理意涵,什么时候取文化、民族意涵,在他的头脑里清晰而又明确,而这也就是张光直对"中国"诞生史提供的宝贵智慧。

张光直放眼整个世界,从古代人类(包括人类以前的灵长类,如黑猩猩、大猩猩)的出现开始讲起。这一历史时期,在考古学上归属于旧石器时代,又与古人类学、古地质学、古气候学等自然科学紧密联系。东亚旧石器时代考古学,正是他读博士期间的兴趣所在,他在哈佛大学的主要指导老师莫维斯(Movius)就是著名的旧石器时代考古学家。张光直对这一时段始终抱有痴迷似的热情,尽管最后主攻的方向并不在此,但也丝毫没有妨碍他用简洁明快的语言为我们勾勒出人类初现的历史:从灵长目的分化到猿的分化,从黑猩猩、大猩猩的出现,到南方古猿、能人的出现。而以上这些演化的历程全部发生于非洲大陆。随后,张光直的目光移回东亚,叙述了印尼爪哇人和周口店北京人的发现过程,并指出这两个发现的意义:证实了直立人作为人类演化链条上一个关键环节的存在。他快速地介绍了关于直立人起源的争论,接着,便迅速转移到关于智人起源的争论上,毕竟后者才是争论的焦点。关于现代人类起源的观点主要分为两种:非洲起源说②与多地区起源说。③ 张光直提醒我们,中国的化石材料对于探讨这个问题可能至关重要,尽管没有直接言明立场,他最后还是借人类学家坡朴(Geoffrey G. Pope)之口暗示了对于多地区起源说的青睐。

张光直又说,不管哪种假说成立,在晚更新世末期的东亚大陆,包括现今被叫作"中国"的这片地区,已经被一群有着高超的石器和小石片制作技术的人们所占据。而他们,正是日后在这片土地上创造文明的人类的祖先。

第二部分主要讲述农耕生业的开始,主要包括植物的驯化与动物的饲养。与人类起源问题相似,谈农业起源,亦无法抛开全球的背景,但同时,地区性的特点也逐渐显露,因为农业与不同地区特定的生态系统紧密相关。因而,他提醒我们,此时的"中国"依旧是地理意义上的。

---

① 张光直:《对中国先秦史新结构的一个建议》,《中国考古学论文集》,生活·读书·新知三联书店,2013年。
② 主要基于分子 DNA 技术,通过研究现代人基因的演变,由后向前追溯基因的演化过程。该假说认为:世界各地的现代人,大约在10万年至30万年前起源于非洲,然后走出非洲前往世界各地,成为现代人的祖先。
③ 主要基于人类化石特征、石器打制特点等证据,认为各地区的现代人都是由本地直立人平行演化而来,并没有发生外来人口的大规模替代,但同时也承认曾发生基因交流。

接着,他为我们描绘了一幅东亚全新世初期温暖湿润、水草丰茂的美丽画卷,为下文介绍植物的栽培和动物的饲养打定了画稿。在提到谷物栽培前的植物利用时,张光直特别强调了草本药用在中国的重要性,并联系"神农尝百草"的传说以支持自己的论断。他说,发生于距今一万年左右的全球性大事件——农业起源,迄今并无令人满意的理论去解释其中的原因或机制,但如下的观点被普遍接受:农业起源是在人类已经具备对植物进行管理、控制的知识的情况下,由人口的增加、适宜的气候和植物性状的变异等综合作用于生态系统的结果。

在这一部分的最后,张光直立足于北方和南方两个地区简略介绍了由考古材料所得到的关于农业起源的认识。北方地区,他选取了磁山、裴李岗、南庄头、贾湖等四个遗址,重点介绍了粟黍的栽培、猪狗的驯化、贾湖骨笛和刻符龟甲的发现,并把6000多年后的殷墟甲骨卜辞与其关联。面对磁山、裴李岗遗址发现的大量栽培粟黍,张光直提出假设:栽培粟与黍均起源于北方黄河流域。而最近的一项发现可能对这一假设提出挑战。① 南方地区,张光直把更多的注意力放在了栽培水稻的起源上,他提到了河姆渡、甑皮岩、仙人洞、彭头山等几个遗址,并特别介绍了中美联合考古队在江西万年仙人洞遗址的工作。以上遗址的年代多集中在公元前7000—前5000年,甚至更早,按现在的分期方法,属于新石器时代早期与中期。

在第三部分"早期农人的区域文化"里,张光直关注的是公元前5000—前3000年的新石器时代文化。他这样说:"到公元前5000年,从考古材料中我们可以发现,许多清晰可辨的新石器区域文化出现了。"② 他所说的考古材料主要指陶器,依据陶器形态建立分期谱系,并区分不同区域文化传统的方法被称为类型学——中国考古学的看家本领。他也同时探讨了新石器时代的定义,认为农业(定居生活)、陶器和磨光石器这几项可以作为新石器时代出现的标志,并且,基于生活需要,这几项往往都是同时出现的,但世界很多地方的实例证明这也不是绝对的。回到中国的材料,张光直认为,虽然从狩猎采集经济到农业经济的转变机制并不十分清楚,但根据已有的证据,我们可以认为,农业、陶器和磨光石器在中国北方和南方大约同时出现,年代约在一万年前。现在,我们知道,新发现的证据已经可以推翻上述认知,③ 由此带来的一系列新认识迫使我们必须反思现有的解释框架,④ 而不是因循守旧。

张光直将这一时期的区域文化分为六大块:辽河流域的兴隆洼文化、新乐文化和红山文化;黄河中游的仰韶文化;黄河下游的大汶口文化;长江下游的马家浜文化和河姆渡文化;长江中游的大溪文化;东南沿海的大坌坑文化。

---

① 赵志军:《从兴隆沟遗址浮选结果谈中国北方旱作农业起源问题》,南京师范大学文博系编:《东亚古物》,文物出版社,2004年,第188-199页。
② 原书第48页。
③ Xiaohong Wu et al., "Early Pottery at 20,000 Years Ago in Xianrendong Cave, China", Science, vol.336, issue.6089(Jun., 2012), pp.1696-1700.
④ 刘莉:《中国新石器时代的产生与早期特征问题初探》,《东亚考古学的再思——张光直先生逝世十周年纪念论文集》,中研院史语所,2013年,第181-205页。

辽河流域：张光直更多着眼于这一地区的生态环境变化，从史前到汉代再到现代，时代跳跃性极大，这也因应了此地动荡不稳的气候环境和由此带来的农业、牧业交错的经济形态，而这种生态与经济特点，也为这一地区新石器时代文化的发展奠定了基本的特质。此外，他也重点提及了玉器和龙形图像。

黄河中游：这一地区文化以仰韶文化为代表。仰韶文化是中国最早发现的史前文化，又是资料积累最多，认识最为丰富的一支文化。张光直在以往的工作中，对仰韶文化的研究也投入了巨大的精力，取得了许多富有启发性的成果。他从文化分布范围、陶器形态、农业发展、聚落形态、埋葬习俗、宗教信仰等诸方面予以概貌性的介绍。着重论述了当时社会流行的萨满信仰与习俗，并举出骨骼式（X射线）艺术图像、双性人体形象、濮阳西水坡蚌塑龙虎图像等来支持自己的观点。他用公元三世纪的道教经典《抱朴子》和《三蹻经》来解释濮阳西水坡龙、虎、鹿蚌图，认为M45的墓主是一个仰韶文化社会中的巫师，蚌塑的龙、虎、鹿则是巫师借以上天入地的"三蹻"。依据分别在仰韶文化、兴隆洼文化和大溪文化发现的大型龙形图像，张光直相信，这代表了一种萨满文化分布的底层特征。

黄河下游：以大汶口文化为代表。他重点关注了大汶口文化的墓葬形制和埋葬习俗，丰富的随葬品成为这一文化的显著特征，其中包括陶器、骨器、象牙器以及龟甲制成的响器，陶器中的鼎、豆、壶、高柄杯让人印象深刻。

长江下游：马家浜文化和河姆渡文化第一次让我们对黄河流域以外的新石器时代文化有了直观而丰富的认识。张光直着重介绍了这两个文化以水为生的经济形态和居住形态。陶器以灰黑陶为主，其上多抽象或写实的纹样。腰沿釜是这一文化的代表性陶器。张光直也不忘提及那些陶器刻画纹样里，有些是萨满信仰的反映。

长江中游：张光直对大溪文化的介绍所费笔墨最少，寥寥数语，只是简要提及了大溪文化的农业、石器、陶器等，并重复了上文对龙形图像的介绍。

东南沿海：这一地区以大坌坑文化为代表，张光直对它的介绍最为详尽，不仅因为他曾专门研究过这一文化，对资料相当熟稔，而且因为他是台湾人，对于家乡的文化有一种天然的依恋与偏好。大坌坑文化因1964年发掘台北大坌坑遗址而命名。类似的文化遍布在台湾海峡西岸，北至浙江南部，经福建、广东、广西直至越南都有分布。大坌坑文化陶器以粗绳纹为主，也有贝齿纹、篦纹或刻划纹。石器有磨制石锄、石斧、石锛、三角形有孔石镞和树皮布打棒。大坌坑文化的人们过着海滨生活，以采集、渔猎为生，可能已经有农耕。张光直特意指出，此一文化对于研究太平洋史前史有重要意义，即探究南岛语族的起源问题。在另一篇文章里，他提出了一个重要假设："大坌坑文化是台湾南岛语族在公元前5000－前2000年之间的具体表现，也可以说就是后者在那个时期的祖先。"① 此外，他还关注大坌坑文化是否延伸到大陆以及南岛语族在中国大陆的下落问题。为此，他提出

---

① 张光直：《中国东南海岸考古与南岛语族起源问题》，《中国考古学论文集》，生活·读书·新知三联书店，2013年，第212页。

要打破省界、①国界,做多学科联合研究。张光直之所以如此关注这一地区的考古学,除了上面讲过的两点原因外,我认为,还有以下两方面的原因。首先,这与他的学术兴趣密切相关。张光直受民族学家凌纯声影响巨大,凌氏即十分关注中国古代环太平洋文化,②这一兴趣很可能也影响到了张光直。其次,这与张光直"玛雅—中国连续体"的主张息息相关,因为这一连续体正是环太平洋文化的底层。③所以,研究东南沿海的大坌坑文化,是为了研究环太平洋文化,更是为建构一个文明的连续体做铺垫。④再次,大坌坑文化首先发现于台湾,但影响遍及海峡两岸,研究这个文化,不仅具有学术上的重要意义,它在政治、民族上的意义也是不言而喻的。海峡西岸的大陆学者,早已借由这种文化上的相似性为政治问题张本,⑤而张光直,作为一个拥有特殊经历和身份的著名学者,更是深知这其中的利害关系。⑥明晓这层道理,我们更加深切地体会到了张光直的用心良苦,也更能对他抱以了解之同情。

如果我们将张光直的这"六大块"与苏秉琦的"六大块"放在一起对比,就会发现一个有意思的现象:两人对于中国史前文化的"庖丁解牛"惊人得相似,区别仅在于两处。一是苏秉琦将四川盆地也纳入了论述的范围,将它与长江中游文化合并为一大块;二是苏秉琦将南方地区的文化表述为"以鄱阳湖—珠江三角洲为中轴的南方"。⑦前者不难理解,因为苏氏着眼的是整个中国新石器时代的文化,从全局出发,总结、归纳的意味更强。而张光直只是针对公元前 5000—前 3000 年的新石器时代文化做了一个阶段性概括,两者的着眼点并不一样,所得的结论自然也有所差异。但这不妨碍我们在一般性的层面去比较二者,这种差异其实反映了两人学术考量的不同。张氏从大坌坑文化出发理解东南沿海地区就体现了这一点。

众所周知,张光直认为,中国古代文明是萨满式(shamanistic)的文明,这是中国古代文明最主要的一个特征。古代巫即萨满,掌握着通神的权力,后来逐渐被少数人独占,并成为积累财富、攫取权力的重要手段。可以说,萨满在张光直学术研究中占有极其重要的地位,是一连串思想观点的枢纽和关键。纲举则目张,我们有必要对他的萨满理论做一梳理和分析。

张光直巫即萨满的想法并不是从一开始就有的,或者说,他的萨满理论有一个发展变化的过程。在早年发表的一篇文章里,他这样说:"仰韶期的农村里已经有了巫师(至少是兼任

---

① 张光直坦言,这在目前的海峡局势下只能是一个梦想,见张光直:《中国东南海岸考古与南岛语族起源问题》,《中国考古学论文集》,生活·读书·新知三联书店,2013 年,第 221 页。
② 凌纯声:《中国边疆民族与环太平洋文化》,联经出版事业公司,1979 年。
③ 张光直:《中国古代文明的环太平洋的底层》,《中国考古学论文集》,生活·读书·新知三联书店,2013 年。
④ 张光直:《连续与破裂:一个文明起源新说的草稿》,《美术、神话与祭祀》,生活·读书·新知三联书店,2013 年。
⑤ 中国科学院考古研究所全体人员:《抗议书》,《考古通讯》1958 年第 10 期。
⑥ 张光直:《台湾省原始社会考古概述》,《考古》1979 年第 3 期,后收入氏著:《中国考古学论文集》,生活·读书·新知三联书店,2013 年。
⑦ 张光直:《论"中国文明的起源"》,《文物》2004 年第 1 期,又载氏著:《考古学专题六讲》,生活·读书·新知三联书店,2013 年。

的)的可能性也很大……至今在西伯利亚的渔猎民族,这种巫师,称为萨满(Shaman)的,即常以鹿角或羊角为头饰。中国远古有巫,其性能与今之萨满相近,似乎是大家公认的事实。"①张光直还引用《说文》和《山海经》有关巫的记载,说中国远古的巫和北亚的萨满,行为和事迹都很相似。这篇文章主要论证仰韶和龙山时期的社祭和祖祭,对于萨满并没有过多发挥,只是略有提及,表述上也不很坚定。如果说这时候的张光直对于巫即萨满已有倾向性的认识,但还没有加以肯定的话,我们看他1994年发表的文章,情况已截然不同。他用新发现的考古资料分析完仰韶文化的巫觋信仰后,最后说:"以上各种特征在本质上是与近现代原始民族中常见的巫觋宗教或称萨满教(Shamanism)是相符合的。仰韶时代萨满教的证据是全世界萨满教历史上有强烈证据表现的最早期的形式之一,对世界原始宗教史的研究上有无匹的重要性。"②可以看出,此时的张光直已经完全坚定了这样的认识:中国古代的巫就是萨满,由此出发,许多考古现象可以得到圆满的解释,诸如中国古代文明起源的机制、动力,文明演进形态的特点等重大问题都可以以萨满为基点得到回答。

从这两篇文章的注释我们得知,张光直这种观点的成形和确立离不开两个人,伊利亚德(Mircea Eliade)和佛斯特(Peter T. Furst)。作为西方著名宗教史家,伊利亚德的名著《萨满教:古老的入迷技术》③为其赢得了极高的声誉,也将萨满教的研究带入了一个崭新的阶段。在他之前,萨满教一般被限定在西伯利亚、美洲等个别地区,伊利亚德则将广大非西方世界的类似宗教信仰全部纳入萨满教的名下,包括美洲、中亚、北亚、南亚、远东、西藏甚至印欧语系民族都在论述范围内,可以说,伊利亚德将萨满教全球化、普遍化,也因此招致了许多非议。但不管怎样,他的学说在当时引起了巨大反响,也带动了世界各地的学者关注、研究本民族萨满教的热情。这其中,考古学者也深受影响,萨满教为他们解释古老的岩画、绘画、图像、雕塑提供了参照。④ 身处西方世界,熟悉人类学理论的张光直不可能不受到影响。从中国古代文献中的巫、考古发现的遗迹遗物联想到民族学、人类学中的萨满应该是很自然的事情,伊利亚德的研究,打消了张光直此前的顾虑。但这种影响,至多只能算作是一种合理的推测,张光直并没有明确表示过。但是,他对于受到佛斯特所谓"亚美巫教底层"(Asian—American Shamanism)的影响而建立"玛雅—中国连续体"是明确表示过的:"尤其值得注意的是他(佛斯特)在上面所说的几乎全部可以适用于古代中国。在近年来发表的一系列的文章里,我详细地讨论了巫教(或萨满教)在中国古代文明中的重要性,可以说是把佛斯特的重建工作加以支持并且将他的亚美巫教底层扩充到旧大陆的东部的古代。"⑤在一次访谈中,他坦言,第一次读到佛斯特的书,完全惊呆了。

---

① 张光直:《中国远古时代仪式生活的若干资料》,《中国考古学论文集》,生活·读书·新知三联书店,2013年。
② 张光直:《仰韶文化的巫觋资料》,《中国考古学论文集》,生活·读书·新知三联书店,2013年。
③ Mircea Eliade, *Shamanism: Archaic Techniques of Ecstasy*, Translated from the French by Willard R. Trask, Princeton University Press, 2004. 该书最初以法文于1951年出版,1964年出版英文版。
④ 孟慧英:《伊利亚德萨满教研究的基本特点及其影响》,《世界民族》2010年第6期。
⑤ 张光直:《中国古代文明的环太平洋的底层》,《辽海文物学刊》1989年第2期,后收入氏著:《中国考古学论文集》,生活·读书·新知三联书店,2013年。

古代及现代玛雅人的萨满文明不用多加更改就可以适用于古代中国人的符号和形式。① 佛斯特是美国人类学家,他本人就深受伊利亚德的影响,在承认萨满教的基础上,他又发挥了人与动物的关系理论,认为动物是萨满的助手与伙伴、宇宙是分层的、萨满具有沟通各层的能力等等,而这恰好也是张光直建构自己学说的关键要素。

其实,张光直完全不需要借助萨满教理论,中国古代文献里记载的"巫"足以解释这些考古现象。笔者认为,这里有着他特别的考虑。首先,作为一个在台湾和美国接受教育的考古人类学家,人类学"以今证古"的思维习惯使得张光直无法回避这样的类比;其次,从古代的巫,到近现代的萨满,行为方式如此相似,也可说明中国文明的连续性特征;最后,也是最重要的,是将中国古代文明纳入世界文明体系的努力。把巫与萨满建立联系,中国的文明就可以放在世界文明的大背景下理解,玛雅—中国连续体的论断为这种理解做了最好的注脚。

正如伊利亚德招致众多批评一样,张光直中国萨满式文明的理论也让他非议不断。② 与伊利亚德不同的是,对他的批评更多集中在他利用近现代的民族学材料、历史时期的文献记载解释新石器时代和商代的遗迹遗物,而他的这种"错时"在西方很多学者看来是无法接受的,也被视为他学术研究的最大硬伤。

第四部分叫作"中国相互作用圈的形成与区域文化的发展",目光仍然聚焦在公元前5000-前3000年的新石器时代文化,与上一部分不同的是,张光直在这里特别强调了公元前4000年与公元前3000年这两个关键节点,前者是"中国相互作用圈"开始形成的时间,后者是最初的中国最终确立的时刻。

他首先概述了中国悠久的史学编纂传统。由于文字书写的发达,河南西部、山西南部和陕西渭河流域,也就是通常所说的中原地区,成为古代史家眼中的文明摇篮,三皇五帝夏商周,这些古代圣王、英雄和统治者都立足于中原,所谓"昔三代之居,皆在河洛之间"。③ 接着,他回顾了现代考古学初入中国的历史。安特生1921年发现仰韶文化,认为彩陶与磨光石器来源于西亚,这动摇了中国文明的传统观点——中原为中心,四周是蛮夷,文明由中心向边缘传播。这种由考古学论证所谓的"中国文明西来说",在当时响应者寥寥。④ 十年后龙山文化城子崖遗址的发掘,让中国学者重新建立起文明本土起源的自信。甲骨占卜与夯土筑城技术和当时已经取得重要发现的殷墟——晚商都城——所代表的商代文明可以建立确切的联系,因此,傅斯年的名著《夷夏东西说》认为,"三代及近于三代之前期,大体上有东西不同的两个系统。这两个系统,因对峙而生争斗,因争斗而

---

① 张光直、海基·菲里著,冷健译:《与张光直交谈》,《考古人类学随笔》,生活·读书·新知三联书店,2013年,第217页。
② David N. Keightley, "Shamanism, Death, and the Ancestors: Religious Mediation in Neolithic and Shang China (ca.5000 – 1000 B.C.)", *Asiatische Studien* 1998(52), pp.763 – 831.
③ 司马迁:《史记·封禅书》,中华书局,2014年,第1649页。
④ 孙江对"中国文明西来说"的传播与流行有很好的分析,指出这是一种具有政治色彩的知识。在安特生发现仰韶文化之前,"西来说"已经在中国流行多年,考古学的发现让这一问题重新成为话题。见孙江:《拉克伯里"中国文明西来说"在东亚的传布与文本之比较》,《历史研究》2010年第1期。

起混合,因混合而文化进展。夷与商属于东系,夏与周属于西系"。① 这种夷夏东西二元对立的观点成为二十世纪三十至五十年代的不易之论。1956年河南陕县庙底沟遗址的发掘带来了全新的改观,这里庙底沟二期文化——仰韶文化到龙山文化的过渡期文化的发现,促使学者重新思考中国文明起源的模式,最终中原中心说取代了东西对立说,包括张光直本人在内的多位学者几乎同时发表了中国文明由中原起源的观点。② 这一模式直到八十年代初才被取代。张光直反思这种中原中心的观念来源于传统的史学倾向——汉族中心主义(sinocentrism),并说国外的学者就少有这种史观的束缚。③

随着七十年代以来考古资料的增多,周边地区的史前文化相继发现,且年代并不比中原晚,文化发展程度也不低,有些甚至高出中原。面对这种情况,中原中心的观点无论如何也站不住脚了。他详细介绍了由苏秉琦提出的"区系类型"学说,并引用了苏文的原话。④ 苏秉琦把中国新石器时代文化分为六大区,每一区都有各自的文化发展谱系,中国文明的起源是多元的,而非中原一个中心。张光直对此评价说,苏的划分体系只是一个过渡性的方案,它很容易受到日益增加的考古资料的修正和扩充,因此也就需要更加完善的方法。⑤ 但是不管怎样,它还是使得周边的"蛮夷"纳入了文明的范围,中国文明并不遵循从中心向四周扩展的模式。此后,"多中心"、"多元主义"、"多样化"、"交流互动"等词汇成为中国考古学的流行语。这实际上一针见血地指出了苏秉琦"区系类型"学说的实质——一种根据考古类型学进行的分区编年体系,这种体系终有一天会被取代,因为,它太依赖考古材料了,而材料是不断增加的。至于那些所谓的流行语,俨然成了一种考古学上的"政治正确",那个年代是,今天依然是。

张光直对苏秉琦略带批评的口吻使人联想到,这种分类体系不也是他自己曾经做过的吗?但张光直之所以要说这种体系面对今后增加的考古资料有被修正的必要,是因为他自己的亲身经验告诉他,这是一定的。张光直的代表作《古代中国考古学》闻名世界,从1963年出版以来,已经修订到第四版,这四版用他自己的话来说是"被狠狠地改了两次",⑥也就是第二版(1968年)到第三版(1977年)和第三版到第四版(1986年)。前两版的框架基本不变,第三版因为材料的增加而不得不改变原有的基本方法,而第四版几乎把

---

① 傅斯年:《夷夏东西说》,《傅斯年全集》(第三卷),湖南教育出版社,2003年。
② 张光直:《中国新石器时代文化断代》,《中研院历史语言研究所集刊》,1959年第30本上册,后收入氏著:《中国考古学论文集》,生活·读书·新知三联书店,2013年;安志敏:《试论黄河流域新石器时代文化》,《考古》1959年第10期;石兴邦:《黄河流域原始社会考古研究上的若干问题》,《考古》1959年第10期;许顺湛:《关于中原新石器时代文化的几个问题》,《文物》1960年第5期。
③ 有关中外考古学家的互动与文明起源范式演变的关系,请参考陈星灿:《考古学对于认识中国早期历史的贡献——中外考古学家的互动及中国文明起源范式的演变》,《南方文物》2011年第2期。
④ 苏秉琦、殷玮璋:《关于考古学文化的区系类型问题》,《文物》1981年第5期。
⑤ 在另一篇文章里,张光直说:"我的六个区域文化,与苏秉琦先生的区系文化相似,但很有枝节上的不同。再过两年,就是20世纪的结束,我们只能根据现有材料,随时检查这六个区域文化或增或减改用其他方式研究中国文明的形成。"见张光直:《二十世纪后半的中国考古学》,《考古学专题六讲》,生活·读书·新知三联书店,2013年,第176页。
⑥ 张光直:《二十世纪后半的中国考古学》,《考古学专题六讲》,生活·读书·新知三联书店,2013年,第173页。

全书重写了一遍。面对新增加的材料，最终完全放弃了坚持已久的中原中心的观念，而采用了一个全新的概念——中国相互作用圈，来解释这些新石器时代文化的动态发展过程。

张光直观察到，到公元前4000年左右时，各地域文化在分布上变得更加广泛，彼此的影响也越来越强化，这一趋势随着时间的推移越发清楚。他的证据是陶器的风格在更大范围内开始趋同，而不是呈若干地方范围的分布。他举出鼎和豆两类陶器来说明这个变化：从只流行于大汶口文化和大溪文化，到现在大量分布于所有地区。方形和半月形的穿孔石刀、某些陶器和玉器纹饰的分布同样显示了这一变化，纹饰的这种趋同性还反映了更加久远的文化底层。

他说，凭借"相互作用圈"的概念，我们终于可以开始讨论"中国"这一名称。他建议从此时，也就是公元前4000年左右开始，这个相互作用圈可以被称为"中国相互作用圈"，因为这个圈子形成了中国最重要的地理区域，并且，由苏秉琦"六大块"地方文化所构成的文化共同体在汉代时就已经成为中国文化的核心。他认为，除了"中国的"（Chinese）这个词，找不出其他如此恰当的词汇了。到公元前3000年，这个"中国相互作用圈"可以被恰当而合适地称为"中国"（China），因为它形成了中国历史发生的舞台，有着被清楚界定的演员、事件、动力和线索。

值得注意的细节是，张光直在表述这个"相互作用圈"应该冠以"中国的"（Chinese）命名时，用了"may be"这样不很肯定的字眼，而在他自己翻译的中文文章里，他却用了"径直"这样极其肯定的词汇。① 个中原因，很值得细细品味。罗泰说："无论英文中文，他的文风优雅，不事渲染，而且常常蕴含机智。然而，正如他自己注意到的一样，每种语言不同的节奏感常常使他在讨论问题时产生稍微不同的语气。他大部分的重要作品，都是为特定的读者而写的，未必都宜于相互翻译。"②我们或许可以从罗泰的话中得到启发。

"中国相互作用圈"是张光直最重要的理论模式之一，经常和苏秉琦的"区系类型"模式、严文明的"重瓣花朵"③模式一同被提及，共同成为二十世纪八十年代考古学家解释中国文明起源的三大多元模式。它们有许多相似之处，比如都产生于周边地区考古大发现的年代；从本质上说都是一种多元论；从方法上来讲，均是基于陶器类型学的一种划分，因而从划分结果来看则是大同小异。但是仔细推敲，三者也有些许差异。苏秉琦特别喜欢对考古现象做提炼、概括和总结，他所用的"区系"一词是借鉴植物学和动物学。④ 因而，他是站在中国新石器时代文化发展的全局去建构自己的体系，"中原给各地以影响，各地也给中原以影响"，⑤中原与周边的互动关系依旧是他关注的重点，尽管他把中原拉下了

---

① 张光直：《中国相互作用圈与文明的形成》，《庆祝苏秉琦考古五十五年论文集》，文物出版社，1989年；后收入氏著：《中国考古学论文集》，生活·读书·新知三联书店，2013年。
② 罗泰：《追忆张光直》，《四海为家——追念考古学家张光直》，生活·读书·新知三联书店，2002年，第269页。
③ 严文明：《中国史前文化的统一性与多样性》，《文物》1987年第3期。
④ 李零：《帝系、族姓的历史还原——读徐旭生〈中国古史的传说时代〉》，《文史》2017年第3辑，第9页。
⑤ 苏秉琦、殷玮璋：《关于考古学文化的区系类型问题》，《文物》1981年第5期。

"神坛",但中原文化影响的巨大惯性并没有在苏秉琦的头脑里完全消失。这一点在严文明的模式里看得更加清楚。

严氏从史前文化的地理背景着眼,结合旧石器时代和新石器时代早期的文化传统,将中国史前文化分为三个经济文化区,在此基础上,他把新石器时代文化进一步划分为六大文化区,与苏秉琦不同,他赋予了中原文化区核心和领导的地位,其余五个文化区分布于中原周围,与其他两位不一样的是,他并没有给长江以南的广大南方地区单独设立文化区,取而代之的是西北的甘青文化区,这或许和他对于仰韶文化的系统研究有莫大的关系。他是这样解释的:"由于这个地区(甘青地区)的新石器文化与中原新石器文化关系十分密切,在某种意义上甚至可视为仰韶文化特异化的产物,故应作为一个亚区。"①我想,也有可能是由于南方地区距离中原太远,第二个层次或者第一重花瓣的位置决定了其不可能再在遥远的南方单独划分文化区,否则,"重瓣花朵"的设计就显得不太协调。因此,他把诸如昙石山文化、大坌坑文化、石峡文化等都归入了第三个层次,也即第二重花瓣,这样,中原文化区的东西南北四个方向都有文化拱卫,"重瓣花朵"的设计也就显得完美而又和谐。这样的设计体现了严文明的良苦用心。"现代中国是一个以汉族为主体并结合着五十多个少数民族的统一的多民族国家。这样一个既有主体,又有众多兄弟,既是统一的,又保持各民族特色的社会格局乃是长期历史发展的结果,它的根基深植于遥远的史前时期。这一历史根基的探索和认识是近年来中国史前考古学研究的一项重要成果……由于中国史前文化已形成一种重瓣花朵式的向心结构,进入文明时期以后,很自然地发展为以华夏族为主体,同周围许多民族、部族或部落保持不同程度关系的政治格局,奠定了以汉族为主体的、统一的多民族国家的基石"。文章的开头和结尾如此表述,我们也就不难理解他在叙述各个文化区的时候要同时联系在该区域活动的,见于古史传说中的各部落集团了。因为这些都和他的目的有关:为现代统一多民族国家的形成寻找出史前文化的依据。② 就像歌里唱的那样,"五十六个星座,五十六枝花。五十六族兄弟姐妹是一家"。想必,这首家喻户晓的歌曲《爱我中华》③在创作时,也参考了严文明"重瓣花朵"的譬喻吧!

反观张光直的"中国相互作用圈",既不像苏秉琦的全局性概括总结,也不像严文明设定出一个有中心的多元格局。尽管这样,笔者以为,他的"作用圈"理论是最富有活力,也是最有效的。

我们需要把他的"作用圈"放在文化发展的动态过程中理解。先看看张光直自己是如何表述的:"假如我们将大约公元前7000−公元前6000年期间、公元前5000年和公元前4000−公元前3000/2000年期间的新石器时代文化和它们的地理分布比较一下,我们

---

① 严文明:《中国史前文化的统一性与多样性》,《文物》1987年第3期,第48页。
② 最近,严文明对早期中国又有比较全面的界说,见氏著:《早期中国说》,《高明先生九秩华诞庆寿论文集》,科学出版社,2016年。
③ 《爱我中华》是为1991年召开的第四届中国少数民族运动会创作的会歌。乔羽填词,徐沛东谱曲。

就会发现一件有意义的事实：起初，有好几处互相分立的新石器时代文化，我们实在没有什么特别的理由把这几处文化放在一起来讨论——我们所以把它们放在一起来讨论是鉴于后来的发展，但在公元前7000年时并没有人会知道这种情况的。后来，在公元前5000年左右，有新的文化出现，而旧有的文化继续扩张。到了约公元前4000年，我们就看见了一个会持续一千多年的有力的程序的开始，那就是这些文化彼此密切联系起来，而且它们有了一个共同的考古上的成分，这些成分把它们带入了一个大的文化网，网内的文化相似性在质量上说比网外的为大。到了这个时候我们便了解了为什么这些文化要在一起来叙述：不但它们的位置是在今天的中国的境界之内，而且因为它们便是最初的中国。"①张光直并没有局限在某一历史时期，而是放眼整个新石器时代文化发展的全过程，将这一过程按照文化间的联系程度分为几大阶段。一开始的阶段，各区域文化并没有发生多少联系，地方性特征显著，而随着时间推移，文化与文化间的密切程度越来越强，最终，都被编入了史前文化的一张大网里。陈星灿这样评价："如果说中原中心说特别强调了中原地区在中国文明形成中的决定性作用，以'区系类型'理论为代表的'满天星斗'说则反其道而行之，着意强调了各地区文化自成体系的独特发展道路，那么张光直先生的交互作用圈理论，则在肯定地区文化发展的基础上，更强调中国古代文明是通过区域文化不断增强的交往和互动形成的。"②这张各地文化编成的大网并没有中心，似乎暗示着张光直这样的观念：中国相互作用圈的这张网，奠定了中国历史发展的舞台，而这个舞台与秦汉帝国的版图基本相合，这已经可以被叫作中国的核心，因此，是否需要在这个核心中再找一个核心也就显得无足轻重了。这又引出了另一个话题，不只是张光直，还有其余两位学者的方案，他们的考古学文化区的设定都在所谓的中国本部（China Proper）或者汉地十八省，这一地区与四大边疆③相对，主要是汉人聚居区。由此再看严文明的"重瓣花朵"理论，便多了几分反讽的意味。杜正胜在上个世纪末已经点明这个问题："区系划分法虽因人而异，但现在提出的说法尚限于中国本部。如果说青藏高原、戈壁沙漠真的起阻隔作用，那么区域类型所勾画出来的蓝图是可以支持中国文明独立起源于东亚的理论的；可是如果中国本部与外界仍有交通孔道，它在整个亚洲地区'区系类型'的位置，与其他区系的关系是重译而来，还是直接传递？这些问题至今犹缺乏比较清楚的看法。现有的理论架构仍达不到李济的视野——以欧亚大陆作为中国考古学的基盘。"④这样的论断可谓一针见血。三位考古学家不可谓不伟大，他们理论建构的能力也不可谓不高超，但面对"中国"这样一个复杂而又多变的共同体的时候，我们的视野是否过于偏狭？我们的格局是否还不够高远？我们该如何重建中国的上古史，才能真正把我们民族、我们文明的根基筑牢夯实？

---

① 张光直：《中国相互作用圈与文明的形成》，《庆祝苏秉琦考古五十五年论文集》，文物出版社，1989年；后收入氏著：《中国考古学论文集》，生活·读书·新知三联书店，2013年。
② 陈星灿：《从"龙山形成期"到"相互作用圈"——张光直先生对中国文明起源研究的认识和贡献》，《东亚考古学的再思——张光直先生逝世十周年纪念论文集》，中研院史语所，2013年，第224页。
③ 通常指东北、蒙古、新疆、西藏四大边疆地区，也是非汉人最主要的分布区。
④ 杜正胜：《新史学与中国考古学的发展》，《文物季刊》1998年第1期。

前辈帮我们做了太多的工作,站在他们的肩上,二十一世纪的中国考古学家需要对这些问题做出回答。

张光直特别善于从西方人类学丰富的理论中寻找解释中国材料的"蓝图",前述萨满式文明是这样,这里的"相互作用圈"也是这样。他自己说,"相互作用圈"的概念是自葛德伟(Joseph R. Caldwell)那里借来使用的。"葛氏用这个名词主要来指称各区域之间在葬仪上或宗教上的相互作用,但他也很明显地暗示说,相互作用圈也可以建立在他种的相互作用活动的基础之上。这里所谈的中国相互作用圈似乎牵涉范围远较广泛的诸种活动。我们可以借用的另一个概念是本奈特(Wedall C. Bennett)初用于秘鲁的所谓'地域共同传统'(area cotradition)。他的定义是:'文化史的总单位……在这里面其构成文化在一段时期之间彼此发生关系。'我这里选用葛德伟的名词,因为它比较有叙述性,并且不言自明"。① 诸如这种"他山之石"还有很多,② 总是可以给我们带来全新的启发。这真正体现了张光直作为一个西方人类学出身的考古学家无匹的视野与高度。

但这也同时注定了他成为一些西方学者攻击的靶子。在同一本书的第三章,著名艺术史家贝格利(Robert Bagley)在批评中国学者所谓"多元一体"模式的时候,认为把周边地区的新石器时代考古学文化不加分辨地直接与内涵和外延仍很模糊的"中国式文明"相联系是不正确的。他比较克制地在脚注里批评了张光直的"中国相互作用圈",认为他的做法,把现在中国国境之内发现的新石器时代考古学文化,如红山、良渚文化等,不考虑它们是否与中国文明有关,关系有多大,而直接予以关联,这样的假设无法令人接受。他认为,研究中国古代史的学者扭曲了一个问题:不去关心在中国这个地区里文明的兴起(the rise of civilization in China),而去关心所谓中国式文明的兴起(the rise of Chinese civilization),后者通常出于后世词汇的想象,作为一个实体,其实并没有真正被定义过。③ 这样的批评与后来他和巫鸿的论战相比,显然是小巫见大巫了。巫鸿是张光直的弟子,矛头虽然对准巫鸿,背后的老师才是真正所指。④

好像预感到会惹来争议,早在1986年第四版《古代中国考古学》中,张光直定义他的"中国相互作用圈"的时候已经做了说明:"现在该是对'Chinese'一词做出慎重注释的时候了。在英语中,'Chinese'一词既有文化地理方面的含义,也有语言学方面的含义。在语言学的含义方面'Chinese'仅是指中国人中的汉族人所讲的语言,即汉语。就词义的解释而言,人们可以就用该词去形容史前文化的相互作用圈的做法提出质疑,因为中国汉语

---

① 张光直:《中国相互作用圈与文明的形成》,《庆祝苏秉琦考古五十五年论文集》,文物出版社,1989年;后收入氏著:《中国考古学论文集》,生活·读书·新知三联书店,2013年。
② 他的学生蒋祖棣曾说,在殷商二分制的研究中,张光直不仅直接利用了布朗的研究成果,从中还可以捕捉到马凌诺夫斯基关于两合组织内婚制的见解的痕迹,看到列维-斯特劳斯"二元对峙"的影子。见蒋祖棣:《中国古代文明的全新观察:读张光直先生的两部考古学论文集》,《读书》1987年第3期。
③ 原书第135页。
④ Wu Hung, *Monumentality in Early Chinese Art and Architecture*, California: Stanford University Press, 1995; Robert Bagley, Review of *Monumentality in Early Chinese Art and Architecture*, *Harvard Journal of Asiatic Studies* 1998(58);李零称这场论战为"学术科索沃",相关介绍与讨论见《中国学术》2000年第2期。

及讲汉语的人完全可能是地域现象,而不是整体现象。在这里,我用该词从文化地理的角度去形容相互作用圈。在欧洲也有相似的例子,我们可以有目的地想,要在欧洲考古学中提出一个'欧洲文化相互作用范围',说印欧语系语言的人的文化只是其中的一部分。这儿不会有何模糊之处,因为我们有了两个不同的术语。我联想到中国的情况亦有与此相似之处:Chinese 一词是文化地理方面的说明性略语,而 Han Chinese 一词是语言学方面的说明性略语。"①但显然,这样的解释无法令贝格利们满意。

何为中国(China),何为中国人(Chinese),何为中国性(Chineseness),这些剪不断理还乱的问题可能永远都不会取得共识。

进入下一部分,张光直带我们领略的是风云激荡、波澜壮阔的龙山时代。② 作为三代文明的真正"前夜",这一时代的发现用变革来形容丝毫也不过分。他用"龙山转折期"(Longshan transition)描述这种变化,而这个概念被李旻进一步发挥。③ 张光直借用明代文献里的"万国"(Ten thousand states)④来指代这一时期的政治形势,认为"万国林立"是分层社会的必要前提。这里他没有详细论述"万国"向文明社会演进的具体方式,只是说玉器和铜器上的动物纹饰体现了这种方式的内涵。我们都知道,他指的还是萨满式文明这一中国文明最主要的特质。所谓"动物伙伴"理论,是他解释文明产生、王权形成的重要一环。而龙山时代"万国"之间的敌对斗争关系,则是中国国家文明起源的关键。⑤ 于是,他从"万国"中挑选了两个作为案例探讨:陶寺和良渚遗址。

陶寺遗址位于山西省临汾市襄汾县,二十世纪五十年代初发现。1978 年-1987 年,中国社会科学院考古研究所对该遗址进行多次发掘,取得重要收获。发掘的墓葬明显可以分成大中小三级。占墓葬总数不到1%的大型墓葬随葬有陶器、鳄鱼皮蒙成的木质乐器、铜铃,另外还有彩绘龙盘、漆器等;中级墓葬随葬有木棺、陶器、木器、玉石器等,其中玉琮和猪下颌骨可能代表一定的宗教含义;占墓葬 90%以上的是没有任何随葬品的小型墓。这些墓葬在分布上显示出按区域分组的特征,很像亲族社会里宗法制度的图解。他在其他场合这样说:"墓葬的组显然是亲族的宗,而组内的墓葬等级便代表宗族内不同等级的成员。"⑥他同时举出山东龙山文化呈子墓地和殷墟西区墓地来说明这种现象并不是偶然的,商代文字上的证据对解释龙山文化的现象也很有帮助。

陶寺遗址在经过七十年代末八十年代初的发掘后便陷入了长期的停滞状态,因而张光直在九十年代后期引用的资料依旧是十几年前的。就在他晚年弥留之际,陶寺遗址迎

---

① 张光直:《古代中国考古学》,生活·读书·新知三联书店,2013 年,第 274 页。
② 严文明:《龙山文化和龙山时代》,《文物》1981 年第 6 期。
③ Li Min, "The Longshan Transition: Expanded Horizon and Political Experimentation", Paper presented at the SAA 78th Annual Meeting, Society for American Archaeology, Honolulu, Hawaii, 2013.
④ "传称禹会诸侯于涂山,执玉帛者万国",顾祖禹:《读史方舆纪要》卷 1,中华书局,2005 年。
⑤ 张光直:《中国古代王的兴起与城邦的形成》,张光直、徐苹芳主编:《中国文明的形成》,新世界出版社,2004 年;后收入张光直:《中国考古学论文集》,生活·读书·新知三联书店,2013 年。
⑥ 张光直:《中国古代王的兴起与城邦的形成》,张光直、徐苹芳主编:《中国文明的形成》,新世界出版社,2004 年;后收入张光直:《中国考古学论文集》,生活·读书·新知三联书店,2013 年。

来了第二轮大规模发掘。世纪之交的陶寺,再次得到世人的瞩目。其中最重要的发现是规模达280万平方米中期城址的确认,①在中华文明探源工程的支持下,陶寺遗址成为中国文明起源研究的重要对象。②

千里之外的良渚遗址,位于浙江省余杭区良渚镇。1936年,西湖博物馆的施昕更在这里发掘和调查了以黑陶为特征的新石器时代遗址,1959年,夏鼐正式提出了良渚文化的命名。此后的七八十年代,随着大批高等级贵族墓葬的发现,良渚文化迎来研究的热潮。③ 张光直重点提及了反山和瑶山大型墓葬的发现,墓主陪葬的大量玉器被张光直形容为"瑞玉"——一个记载在文献里的古物学术语。他进而强调,拥有这些玉器的墓主就是当时社会的宗教领袖——萨满,很有可能也是政治和军事领导。他通过玉璧和玉琮来说明这个问题,认为璧和琮从形状上来讲就是象征着天和地,因此也被作为萨满沟通天地的法器。玉器上的纹饰自然而然充当了助手的角色。《左传》有言"国之大事,在祀与戎",张光直认为,当时的政治权力就是通过祭祀和战争来体现的,而良渚文化的玉器则是这种权力物化的代表。

讲述完这两个遗址后,张光直把我们的视线又逐渐拉远,鸟瞰整个龙山社会。他说,最近在山东和河南的考古调查不断发现龙山文化的城址,它们等级分明,形成不同的聚落群,类似的聚落群在中国其他地方肯定也会有发现,这就证实了这样的推测:龙山时期,也即公元前三千年后段到公元前两千年早期,对应古代传说中的"万国"时代。这些带有夯土城墙的城邑,彼此联系、交战、竞争,使得这一时期成为中国古史中最为动荡活跃的时代。政治组织、分层聚落、萨满信仰以及文字符号都产生于这个时代。而同时,它也成为中国最早的文明社会——夏商周三代产生的背景,它们是在"万国"中取得权力的胜利者。

接着,张光直没有直接进入三代的论述,反而在此加入了略显突兀的一节:神话、中国的起源和夏朝。这让我们联想到那本他最喜爱的书——《美术、神话与祭祀》,④探讨中国文明起源过程中艺术与政治的关系。

他说,在科学的考古学传入中国以前,古代神话、传说和历史典籍中的记载,有一整套完整的关于文明起源的说法:远古时代、出现社会组织和发明的古代、王权时代。第一个时代是神统治的时代,第二个时代是半人半神统治,第三个时代则是传说中的圣王主宰。

他引用了其他学者的话,说从基督教传统而言,中国整体上缺乏神话,尤其是创世神话。确实,如果从《创世记》看,中国的确没有从"虚无"中创造天、地、人、动物的造物主,

---

① 何驽、严志斌:《黄河流域史前最大城址进一步探明》,《中国文物报》2002年2月8日,第1版。
② 有关陶寺遗址的综合研究参见解希恭主编:《襄汾陶寺遗址研究》,科学出版社,2007年;正式出版的考古报告为我们披露了更多细节。中国社会科学院考古研究所、山西省临汾市文物局编著:《襄汾陶寺——1978-1985年考古发掘报告》,文物出版社,2015年。
③ 有关良渚文化的最新综合性论著,可参考浙江省文物考古研究所、南京博物院、上海博物馆编著:《良渚考古八十年》,文物出版社,2016年。
④ 张光直:《美术、神话与祭祀》,生活·读书·新知三联书店,2013年。

但是也要看到，远古时代存在一些超自然的神，他们擅长转化（transform）世界，而非创造（create）世界。盘古就是其中最有名的一位。然后，他引述了公元三世纪初，三国时代的徐整整理的两部书《三五历纪》和《五运历年纪》中有关盘古事迹的两个故事，它们大同小异，都是有关世界的转化。他也坦言，我们不知道这样的故事多大程度反映了原生的中国文化。他提到《山海经》里的烛阴，暗示它可能是盘古的前身。尽管如此，他还是把我们的视线引向了考古材料，表示商代甲骨刻辞和濮阳西水坡仰韶文化墓葬就反映了天地分隔的宇宙观的真实存在。

张光直在接下来的部分为我们讲述了后羿射日、共工怒触不周山和女娲补天的故事，并引用管东贵和一位外国学者的研究成果，暗示十日神话的古老。最终，他表露心声："盘古和十日神话至少可以早到三代，我甚至认为，可以追溯到旧石器时代晚期。现在中国人和新大陆的人们的祖先，那时居住在亚洲北部和东部，他们无疑拥有相同的宇宙观：天圆地方。大地向四个方向延伸，每一个方向都有不同的名称和颜色。宇宙的各层之间有中央之柱，有神树，萨满在动物、音乐、舞蹈和迷幻剂的帮助下，从这些神柱、神树上下天地，沟通人神。这些萨满非常擅于转化世界。"①这其实就是他所谓亚美巫教底层，或者建构玛雅—中国连续体的核心内容。

然后他单辟一小节，专门介绍了中国神话中的最大一类神话——英雄神话。张光直相信，那些拥有神力的英雄故事是旧石器时代和新石器时代人们传说的残留。这些英雄故事如今都保留在《世本·作篇》中，原书散佚严重，现存有多种辑录的版本。然后他列举了一长串古代传说英雄人物的姓名和他们的主要事迹和发明创造。因版本不一，不同版本之间多有舛误。但伏羲、燧人、神农三者没有争议，他们分别是狩猎、用火和农业的始祖，在他们之后紧接着就是黄帝。汉代时，这些英雄人物被整理成了"三皇五帝"的系统。

英雄人物的事迹一般都被作为文明的标志。比如黄帝和他的属下被看作律历、文字的发明者。五帝中的第二位——颛顼，则以"绝地天通"的神话闻名。这个被记载在《国语·楚语》和《尚书·吕刑》中的故事多次被张光直提及，成为他学术体系中的重要一环。张光直在《美术、神话与祭祀》中这样说："这则神话是有关古代中国巫觋最重要的材料，它为我们认识巫觋文化在古代中国政治中的核心地位提供了关键的启示。"②他引用著名学者徐旭生和杨向奎的观点支持自己的论断：在"民神异业，敬而不渎，故神降之嘉生，民以物享，祸灾不至，求用不匮"的第一阶段，民间有专业的巫觋，有降神的本领，巫术还是社群生活的一部分，为家庭服务。到了第二阶段，即"九黎乱德，民神杂糅，不可方物，夫人作享，家为巫史……颛顼受之，乃命南正重司天以属神，命火正黎司地以属民，使复旧常，无相侵渎，是谓绝地天通"。颛顼改变了人人可以通神的局面，巫觋最终被统治者独占，通天地成为统治者的特权。张光直认为，前一阶段相当于仰韶文化的时代，后一阶段是龙山文化的代表。他这样说是有考古依据的：仰韶时代的巫术法器是散布的，到了龙山时代则

---

① 原书第68页。
② 张光直：《美术、神话与祭祀》，生活·读书·新知三联书店，2013年，第36页。

变得更加集中。他进而将此发挥成通天地手段的独占导致政治与巫术的结合,从而产生了权力,因为天、神是知识的源泉,掌握了知识,便可以领导他人。由此出发,他的中国文明产生、演变主要是政治程序的论断也就水到渠成了。

不只是关于"绝地天通"的理解,许多人对他这种对待神话传说的态度都有不满。我想这里有必要回顾一下张光直发表于1959年的一篇有关神话研究的文章。他说:"神话和历史确有一个最大的区别:即神话所代表的'时间深度'(time depth)远比历史的为大。历史所记的过去,只是不久以前的过去……但神话则自古十口相传,历无数世代之演变。它包含原始社会中口口相传之一切对过去的记录、对现在的说明与对将来的展望。它是一个时代的(synchronic),又是历诸时代的(diachronic);它还不仅是这两者,且是两者混合、掺杂、压挤在一起的表现。"①时隔三年,在另一篇文章里谈及神话材料的特征时,他说:"第一,我们的神话材料必须要包含一件或一件以上的'故事'。故事中必定有个主角,主角必定要有行动……其次,神话的材料必须要涉及'非常'的人物或事件或世界——所谓超自然的,神圣的,或者是神秘的……但神话从说述故事的人或他的同一个文化社会的人来看却决然不是谎!他们不但坚信这些'假'的神话为'真'的史实——至少就社会行为的标准而言——而且以神话为其日常生活社会行动仪式行为的基础。这也是我给神话材料所下的第三个标准。"可见,他把神话当成了一种当时真实而又神圣的叙事来看待,那么,这样的"真实"到底是怎样的一种真实呢?他又说:"从一个考古学者的立场来说,这些史学家(指前述蒙文通、徐旭生、傅斯年等利用先殷神话重建先殷古史的史学家——笔者按)对考古研究所能达到的'境界'的怀疑是有根据的,因为先殷的考古学恐怕永远是不能全部说明中国上古神话史的……我们说先殷考古中,很难有先殷神话的地位,主要的理由是:所谓先殷神话,就我们所有的文献材料来说,实在不是先殷的神话,而是殷周时代的神话……殷周人的神话无疑是殷周文化的一部分,但它们未必就是先殷的史实,甚至不一定包括先殷的史料在内……因此,我们觉得,研究中国古代神话的一个基本出发点,乃是:殷周的神话,首先是殷周史料。殷周的神话中,有无先殷史料,乃是第二步的问题……好几位前辈的学者(徐旭生、蒙文通等人——笔者按),很严肃认真地在东周文献中的这些家谱上下功夫,把这些英雄先祖分成若干集团,把他们当作中国先殷时代的几个不同的民族看。这一类的工作自然不失其重要性,但就其目的来说,似乎是上了东周古人的一个大当。"他主张对东周社会文化进行全面研究,以究明神话在东周历史化的过程,关键在于亲属制度。他最后说:"我想证明,中国古代的神话在根本上是以亲族团体为中心的;亲族团体不但决定个人在亲属制度上的地位,而且决定他在政治上的地位;从商到周末,亲属制度与政治制度之间的密切联系关系发生了剧烈的变化,而神话史上的演变是这种政治与亲属制度之演进所造成的。"②

之所以大段原文征引张光直的话,是因为这个问题在中国上古史研究领域的至关重

---

① 张光直:《中国创始神话之分析与古史研究》,《中研院民族学研究所集刊》1959年总第8期。
② 张光直:《商周神话之分类:中国古代神话研究之二》,《中研院民族学研究所集刊》1962年总第14期。

要：我们该如何看待神话与历史的关系？是历史神话化还是神话历史化？古代文献的记载是否可信，多大程度上可信？上个世纪二三十年代，"古史辨派"的学者们冲破三皇五帝夏商周的古史体系，将中国上古信史砍去了一大半。这种客观上为考古学所做的扫除工作，受到考古学家们的热烈欢迎，因为，这让考古学家可以放开手脚，重建上古史的天地变得无限广阔。但是没有想到的是，现代意义上的科学考古学并没有摆脱传统史学（包括金石学）的影响。起初考古学很不情愿，时间长了，便也习以为常，形成"你中有我，我中有你"的独特局面。上个世纪九十年代以来，随着考古发现的日益增多，尤其是西周金文、战国秦汉简牍帛书的出土，这些新材料没有推翻，反而证实了古史记载的可靠性。由此，一股对于疑古思潮的反动重新从幕后走到前台，从者越来越多，直到今天影响依旧很大。但是，我们需要仔细揣摩，疑古派的主张在今天过时了吗？抛开疑古过甚的瑕疵（笔者认为这种"矫枉过正"放在当时的历史情境下完全可以理解），他们处理材料的态度、方法永远值得我们肯定和坚持，得到的结论在今天出土文献大量增加的情况下依然没有过时。限于篇幅，笔者只讲一个问题。

除去甲骨文，现在大量发现的出土文献材料最早只能到西周早期，而距离三代的开端，也就是古史记载的夏朝，仍有一千多年的时间跨度，怎么能把一千多年后的文献记载不加辨别地用于解释、重建一千多年前的历史呢？那些记载中的人物、事件是千年前真实存在过的吗？诚然，即使过了一千多年，文献材料中依然会保留久远的历史记忆和文化基因，但是，我们该如何看待这些记忆和基因，如何把西周的语言翻译成夏的语言（如果夏朝真的存在），却正是我们今天该努力做的。

李零在最近的一篇文章结尾里这样说："考古和文献，在不同历史时期，如何此消彼长，我们应如何理解和利用古史传说，这是需要慎重对待的问题。我认为，古史传说只是一种文献参考，越往下越实，越往上越虚。到目前为止，'二重史证'的适用范围，从下往上推，逐步递减，两周时期仍然是个坎儿。商代主要靠考古和甲骨文，文献的作用十分有限。夏代还是个值得探讨的问题。五帝的话题，跟司马迁时一样，仍然是个很难谈论的话题。"[①]这样的论断实在是振聋发聩。

颛顼之后的尧、舜和禹，张光直只是一笔带过，三者禅让的传说故事千百年来被人们津津乐道，但他也提到了艾兰的不同看法，认为这其中蕴涵着政治阴谋。[②]

虽然这一节的标题里提到了"夏朝"，但他并没有对其展开实质性的论述，有趣的是，他单列名为"夏朝：作为一个问题"的一节，显示出这一问题的至关重要。我们已经在前文稍许涉及了这一问题。这里先来看看他自己是怎样说的。

张光直从五帝的最后一位"禹"讲起，大禹治水的丰功伟绩让他得到了天下，并把王位传给了儿子，由此开启了夏王朝。司马迁《史记·夏本纪》也是从"禹"开始，并且赋予了"禹"及其后继者和商周统治者同等的地位，因此，夏被当作了一个"朝代"。张光直认

---

① 李零：《帝系、族姓的历史还原——读徐旭生〈中国古史的传说时代〉》，《文史》2017年第3期，第33页。
② [美]艾兰：《世袭与禅让——古代中国的王朝更替传说》，商务印书馆，2010年。

为,"夏"只是"万国"中的一个,司马迁只记载"夏"而缺载了其他邦国,所以我们今天只知道有"夏",并不代表当时没有其他与"夏"共存的邦国。接着,他介绍了"三代一系"的传统史观与古史辨派的观点,又特意强调了他的发现——"三代平行论"。他认为,夏、商、周三个邦国大致同时存在于黄河流域,它们不是一个取代一个的单线条式发展。① 夏和早商、早周都是"万国"里的成员,最终有多少邦国被记载下来取决于史学家的判断。司马迁选择"夏"作为三代的开端,体现了他的史观。张光直说,这样的看法越来越被考古资料所证明:河南偃师二里头遗址的发现,为"夏"的存在找到了证据。他简要介绍了二里头的考古发现,但这里给出的年代有误。二里头一至四期最新的测年数据表明,二里头第一期的年代约为公元前1735-前1705年,年代上限应不早于公元前1750年,第四期年代约为公元前1565-前1530年。② 年代框架的调整促使学者们重新思考二里头遗址的性质。③ 而上个世纪九十年代,由于二里头遗址年代、地域、规模、等级等因素都符合古史记载中的"夏朝",不仅是张光直,当时许多学者做出二里头是夏朝都城的判断也就不难理解了。

今天,我们该如何理解"夏"呢?古史记载是否可信呢?就像前文已经述及的那样,这仍然是关系到该如何理解文献和考古两种材料的问题。

首先,我们先要厘清"夏"的概念。当我们在问"夏"是否存在时,应该界定清楚,这个"夏"是指什么?如果"夏"指夏朝,类似于商朝和周朝一样的王朝,那么现有的证据无法让我们得出夏朝存在的结论,因为考古材料不会说话,会说话的文献材料又是晚了一千多年的西周史料,这就在可信度上打了一个大大的折扣——一千多年的时间长河里,历史可能会面目全非。如果"夏"指夏的观念,那么无疑,夏是存在的。它至少存在于西周、东周人的观念里:华夏、诸夏、区夏……夏变成了一种历史文化符号,代表着正统和文明,代表着天命和权力。因此,在试图解决问题前,要看我们"想要"解决什么问题,以及是否对此统一了认识。

最近,加州大学洛杉矶分校的李旻运用社会记忆理论,对夏问题做出了新颖的解释,他认为:夏王朝的记载,在公元前两千年到公元前一千年的不同时期中,是一种文化建构的过程,涉及历史记忆和政治操作。④ 我们期待这种利用社会科学理论解决历史和考古问题的研究越来越多。

行文至此,我们跟随张光直观赏了在"中国"这片神奇的土地上所上演的一幕幕悲喜剧,感受了"最初的中国"前世今生的壮阔波澜,也领略了早期中国文明的独特魅力。此

---

① 在一次访谈里,张光直提出应该用"万邦考古"的理念理解三代考古。李永迪:《与张光直先生谈夏文化考古》,《古今论衡》2001年第6期;后收入《四海为家——追念考古学家张光直》,生活·读书·新知三联书店,2002年。
② 张雪莲、仇士华等:《新砦—二里头—二里冈文化考古年代序列的建立与完善》,《考古》2007年第8期。
③ 许宏:《关于二里头为早商都邑的假设》,《南方文物》2015年第3期。
④ Li Min, "Settling on the Ruins of Xia: Archaeology of Social Memory in Early China", In Geoff Emberling (eds.), Social Theory in Archaeology and Ancient History, Cambridge and New York: Cambridge University Press, 2016, pp.291-327;李旻:《重返夏墟:社会记忆与经典的发生》,《考古学报》2017年第3期。

时,《历史时期前夜的中国》在这部皇皇巨著中的位置,我们也可以有一个客观且平和的认知。虽然作为首篇,但它更多的是作为一种点缀或陪衬的角色登场,这就好比一场丰盛晚宴开席之前的小菜,不管这小菜如何精致,其本质终究只是次要的序曲——好戏还在后头。巧合的是,这也和"前夜"颇有异曲同工之妙:"前夜"是暗淡的,是漫长的,注定也是孤独的,但谁又能说,沉沉的夜不孕育着光明的希望呢?

在正式结束前,我想,是不是应该思考这样一个问题——今天的我们,该如何理解张光直?

李零说,评价张先生,应该把他放进学术史,特别是最近50年的学术史,包括中国和中国以外。仅仅一个地区、一个国家、一种学派、一种观点是不够的。因为他既北京又台湾,既中国又美国,有多种人生经历和学术背景,我们单挑哪一方面讲,可能都是片面的。[1] 我没有李先生的高度,无法全面评价张光直。不过,作为一名考古学的初学者,我还是想从"中国"和"中国人"的角度谈谈我心中的张光直。

张光直生于北京、去了台湾、定居美国,一生都在边缘游走。

他戏称自己是"文化难民"。年轻时的家国离合让他不得不离家远游。功成名就之日,却是有家难回之时。但这位游子依旧怀抱拳拳赤子之心,渴望以热忱的生命绽放最后一道光芒。为的是学术,为的是情怀,为的是对得起自己是一个"中国人"。

他一生研究中国,一生为了中国。他渴望终有一天,中国的学术可以屹立于世界。

他的一生毫无保留,最后把自己也献给了中国。

李零先生说,他四海为家。

但我要说,他的家永远在中国。

附记:2017年春季学期本人参加了北京大学人文社会科学研究院读书会:《中国上古史导读》,并主讲了第一讲《历史时期前夜的中国》。本文是在这次讲演的基础上整理而来的。在写作过程中,得到了李零、陈星灿、许宏、孙庆伟、李旻、张瀚墨等先生及参与讨论的同学们的指导与帮助。在此,谨向他们表示衷心的感谢!

---

[1] 李零:《我心中的张光直先生》,《四海为家——追念考古学家张光直》,生活·读书·新知三联书店,2002年。

谁之学派，何种考古学？
——20世纪90年代俞伟超与张忠培先生之争的语境再释*

刘一楠

（北京大学考古文博学院）

引言：了了，仍未了

二十多年前的一场关于"中国考古学向何处去"的争论，似乎早已烟消云散了。随着今年张忠培先生的故去，参与争论的核心主角俞伟超、张忠培以及调停者张光直三先生均已化归尘土。然而，那一场争论至今仍有回响，猛然让人想起了2003年张忠培先生悼念俞伟超先生的文章标题：《了了，仍未了》。先生们的考古事业是如此，中国考古学之路何尝又不是如此！在那篇情真意切的怀念文章中，张忠培回顾了上世纪七八十年代，他和俞伟超一同为发扬苏秉琦"两论"做的几件大事。他们进行了亲密无间的合作，共同扛起了考古学"中国学派"的大旗。随后他笔锋一转，又写到了上世纪九十年代的那场争论：

> 伟超和我都是苏门弟子，属于同一学派，彼此从来认为任何一学派的生命力，在于学派内部的争鸣，学术见解上的分歧，过去我和伟超之间经常存在，相互之间，从不苟同，有的或通过谈话交流解决，有的则见诸文章，各人讲各人的，从不正面交锋。在这次中国考古学走向何方的问题上，伟超和我也有不同的认识，交锋争鸣，这显示了我们从业之道。①

作为走在世人前面的探路者，从来都不缺乏胸襟气度。张忠培试图用一句话来结束那场争论，他说，90年代以后他和俞伟超的著述，"**形异而质同**"。② 最早试图调和两位中国考古学权威的观点，是另一位考古学界执牛耳的人物张光直先生，1994年他专门就以"从俞伟超、张忠培二先生论文谈考古学理论"为题写了一篇文章，发表在《中国文物报》

---

* 本文是在孙庆伟老师的鼓励和督促下，将一篇简短的读书随感改写成的粗浅习作。其实以个人学力，笔者本无力看清一场过去不到30年且几乎涉及考古学所有核心问题的争论，更难以把握中国考古学发展演变的脉络。文章标题也不顾效颦之嫌，取自麦金太尔名著《谁之正义，何种合理性》，此前学界亦有效仿者。恳请各位方家批评指正。

① 张忠培：《了了，仍未了——沉痛悼念伟超兄》，《中国文物报》2004年1月9日。
② 当时就有学者对两人思想进行了较为全面的比较，参见查晓英：《20世纪末关于中国考古学走向的争论——以俞伟超和张忠培的观点为中心》，《四川大学学报》（哲学社会科学版）2003年第1期。

的专栏上。① 二十多年过去,中国考古学的新成果层出不穷,各个领域的考古学者仍在从各个角度来回应和延续这一争论。从某种意义上,这也正是张忠培所希望看到的——**以争鸣延续学脉,借分歧繁荣学派**。因此,我们也许可以说,这场争论也貌似了了,仍未了。

作为一个初涉考古学的新人,笔者试图努力从更广阔的视角,去"同情地理解"那场争论的当代语境,并从历史背景、个人性情乃至学风思潮的角度略加以分析。当然,这只是意图勾勒出前辈学人观点异同的一个**"思想侧影"**,还远不足以清晰地展现中国考古学发展的全貌,尽管如此,也权且算作是后学追寻前贤的脚印、向前辈中国考古学者致敬的一份读书笔记吧。

第一部分"谁之学派",对"考古学中国学派"的提出背景进行回顾,实际上这也是俞伟超、张忠培思考的共同起点,属"求同",还原中国马克思主义考古学主流下提出"中国学派"所面对质疑和压力。第二部分"何种考古学",讨论两人在探索考古学"中国学派"新方向上的分歧,梳理他们在考古学基本理论方法、学科性质、发展阶段等"存异"的若干争点。第三部分"语境阐释",从个人性情、学风思潮即心理和历史的双重语境,对这场论战略加辩证解读。

一、谁之学派?

(一) 中国考古学主体意识的高涨

由俞伟超、张忠培二人联署的"《苏秉琦考古学论述选集》的编后记"(以下简称《编后记》)写于1983年,是两位苏门弟子珠联璧合的标志。直到多年以后,俞伟超在提及撰写这篇《编后记》缘起时,心情仍难以平静,他回忆到,"写作时,我的心情十分激动,回想起我们学科几十年来所走过的道路,最后我甚至流下了眼泪"。② 花了二十天的时间写出的这篇《编后记》,名之为"追求与探索",既是苏秉琦一生学术思想的写照,也借以暗示其中的所遭遇的曲折。尽管有些小插曲,但此文于1984年一经发表,无疑成为当代中国考古学史上一个重大事件。俞伟超的泪水既是对恩师的感念,也是对自己数十年亲身参与和见证这个学科所走过的道路和命运的喟叹。共同署名的张忠培,也从不讳言中国考古学需要回答"扛什么旗"、"走什么路"的问题,他一直把苏秉琦视为"中国考古学的旗帜与永远屹立着的丰碑"。③ 这篇《编后记》,可以说处处积蓄着一种以建立"考古学中国学派"为己任的情怀和担当。

"考古学的中国学派"一词,是极具**主体意识**的提法。苏秉琦和两位苏门弟子无疑是

---

① 张光直:《考古人类学随笔》,联经出版事业公司,1995年,第132-140页。
② 曹兵武、戴向明:《中国考古学的现实与理想——俞伟超先生访谈录》,俞伟超:《考古学是什么:俞伟超考古学理论文选》,中国社会科学出版社,1996年,第230页。
③ 张忠培:《中国考古学的旗帜与永远屹立着的丰碑》,《中国文物报》2009年10月30日。

扛旗者。在上世纪80年代初学术研究百废待兴之际,考古学界能率先提出这一极具主体意识的概念,远早于其他学科,这本身就是一个值得玩味的现象。要知道,据说直到1988年的"两会"上,戴逸还以"哲学贫困"、"史学危机"、"法学幼稚"、"经济学混乱"来形容当时哲学社会科学的状况,①成为当时学界广为流传的一个断语,这其实是中国人文社科界的"集体焦虑"。不过早在1983年,北大考古专业就从历史系独立出来,所以考古学似乎也无须划入面临"危机"的史学。而在某种意义上,清史专家戴逸教授所不甚了解的考古学,不得不说是中国人文社会科学发展中的一个"例外"。

苏门师徒之所以敢于率先树起"考古学中国学派"的大旗,从客观上说,也是由于考古学本身的特殊性所致,考古发掘在建国后占尽地利、独享材料。尽管与其他学科一样,与海外学术交流也是基本中断,只能闭门研学,但考古学却不至于像其他学科完全为政治挂帅左右,虽也有影响波及,但尚能保持其自身的主体性,而且还能有所发展。② 而历史学就没有那么幸运了,因其服务于现实政治而成为任人装扮的小姑娘,由于最高领袖的史学偏好,学术完全沦为"影射史学"的政治斗争工具。此外,法学、经济学、政治学这些社会科学,由于学科性质本身,改革开放后才大量移植西方学术概念、理论、体系,直到二十一世纪第一个十年过去,才逐步开始反思各自学科作为中国学术的主体性问题。

其实,早在20世纪50年代,苏秉琦就展露出了"建立马克思主义考古学体系"的理论雄心,在经历30多年思考之后,更明确提出"建设一个无愧于我们这个伟大时代的、马克思主义的、具有中国特色的、现代化的中国考古学"。③ 而俞伟超、张忠培合署的《编后记》,则首次将考古学的"中国学派"归结为三大特点。想必大家已经耳熟能详,在此仅略述之。第一个特征,是以马列主义和毛泽东思想为指导,观察分析考古现象和材料,这是具有明显时代烙印的方法论。第二大特点,是区系类型理论,从分期分型分式到分区分系,极大拓展发展了考古类型学方法,这一条被认为是考古学"中国学派"的最核心特征,也是苏秉琦最大的理论创见。第三个特点,是中国文化源远流长,强调考古学是以揭示历史本来面貌为目的。这一条其实写得比较笼统,用"激发爱国主义、国际主义、民族团结思想情感"等相对政治性的话语来表达。或许我们可以稍微深一层次的理解为,这一条,意味着考古学"中国学派"既是对"五四"以来"疑古"思潮的回应,也是开启了后来苏秉琦对中国文明起源的一系列理论探讨,也不免被目为"民族主义"倾向的考古学特点。**但是这三大特征,是否足以支撑起一个考古学"中国学派"的提法呢?**

---

① 龚津航:《我国法学研究的纵向思考——与杜飞进一席谈》,《法学》1988年第7期。以法学为例,迟至2011年才由商务印书馆出版邓正来《中国法学向何处去》,引发学科主体性问题的讨论。又比如经济学,林毅夫2012年出版《新结构经济学:反思经济发展与政策的理论框架》一书,被称为"经济学中国学派"的破冰之作。可见一个学科理论发展的内在理路与时代背景息息相关。

② 夏鼐引用日本学者的话:"当然,中国是以马克思列宁主义为基本的社会主义国家,因而在考古学方面也贯穿着一条马克思主义的线。……虽说是民族主义,但他们关于原始社会的发展是信奉摩尔根、马克思的单线进化论的。然而,在野外考古学调查、发掘现场,却是尊重事实。那种以理论歪曲解释事实的倾向虽不能说绝对没有,但确实是罕见的。"夏鼐:《三十年来的中国考古学》,《考古》1979年第5期。

③ 苏秉琦:《建国以来中国考古学的发展》,《史学史研究》1981年第4期。

（二）夏鼐的一盆冷水：中国学派特色在哪里？

毋庸置疑，建国后的中国考古学发展，无论其问题意识、思想方法，都是来自中国化马克思主义的基本框架，即大家所熟知的生产力和生产关系、经济基础与上层建筑的分析，以及毛泽东的"矛盾论"等等。对考古学理论没有太大兴趣的夏鼐都承认，以马列主义和毛泽东思想作为指导考古学思想，是"中国考古学这个新阶段的标志"。① 既然如此，俞、张两人把"以马列主义和毛泽东思想为指导"，作为考古学的"中国学派"的首要特征，就不可单纯看作只是符合"政治正确"的修辞书写，而是中国考古学发展的一个真实写照。面对以这两位苏门弟子为代表的学术"主体意识"的冲动，夏鼐却对"中国学派"的提法泼了一盆冷水。在1984年的夏鼐日记中，我们看到接连几天记录了他对俞、张两人的稿子以及所谓"中国学派"的看法：

2月19日　星期日

……阅新出的《文物》1984年第1期，主要为张忠培、俞伟超的《探索与追求》（《苏秉琦考古学论述选集》的"编后记"）。其中有些论据颇有问题，用铅笔注于旁……写信给张忠培同志。

2月20日　星期一

……与他们（安志敏与王仲殊）二人谈及《文物》这一期《探索与追求》一文，他们都有些意见，尤其认为关于考古学"中国学派"一称的提法，很不恰当。②

又过了一天，2月22日夏鼐甚至直接找到苏秉琦，谈俞伟超、张忠培的稿子，劝苏秉琦"最好写信表示自己的意见，不要让以误传误"。③ 可见夏鼐还是颇为郑重其事，认为"中国学派"的提法很不恰当，有必要当面指出。其实据俞伟超回忆，夏鼐在1983年郑州考古学会上，就否定了考古学会的年会应讨论理论问题的提议。正是这一刺激，才促使了《探索与追求》那篇文章的产生。探讨夏鼐和苏秉琦在考古学研究学术背景、方法进路等方面上的异同，并不是本文的主要任务。④ 如果我们暂且忽略两位前辈大家私人之间的微妙关系，那么，夏鼐认为"中国学派"提法究竟"不恰当"在什么地方？过了半个月，在参加成都会议期间的日记中，夏鼐又进一步对苏秉琦在会议提出的"考古学发展已进入一个新时代"进行了全面质疑：

（苏秉琦说）我国的考古工作及考古学发展已进入一个新时代，它的主要标

---

① 夏鼐：《三十年来的中国考古学》，《考古》1979年第5期。
② 夏鼐：《夏鼐日记》（卷九），华东师范大学出版社，2011年，第325－326页。张忠培1984年4月2日的回信，夏鼐在4月8日的日记中抄录了两段。在信中张忠培含蓄地表达了对夏鼐不同意见，最后的表态是："至于'中国学派'问题，比较复杂，我想请先生以后面示。总之，感到先生的意见应引起我深思。"夏鼐：《夏鼐日记》（卷九），华东师范大学出版社，2011年，第340－341页。
③ 夏鼐：《夏鼐日记》（卷九），华东师范大学出版社，2011年，第325页。
④ 目前对两人思想方法做比较的研究似不多，可参见汤惠生：《夏鼐、苏秉琦考古学不同取向辨析》，《中国社会科学》2017年第6期。

志是：

一、已有相当数量的一批比较系统而不是零星的、扎扎实实的而不是草率的田野考古工作、工地和原始资料（鼐按：这只是相对而言，"新时代"是质变而不是量变。从量变到质变，什么数量才算是"新时代"呢？）。

二、已经初步形成具有中国特色的学科体系（鼐按：曾问过这与所谓"中国学派的考古学"是否一回事？所谓"特色"是体系的特色，或仅只内容是中国材料，犹是中国特色的历史，即中国史。他说这是后者）。

三、已有一批在建国后新培养成长起来的专家学者（鼐按：要有新人，是必要的，但有新人并不便是新时代，还要新人的学术思想及拿出的成果，是否足以代表一个新时代）。①

夏鼐针锋相对的按语值得玩味，尤其是第二条则颇为击中要害。其实，后来张光直对此也有过和夏鼐一样的逻辑质疑，他在为陈星灿的《中国史前考古学研究（1895-1949）》一书写的序言里问道："马克思主义考古学应有什么样的重要特征？1949年以后的中国有没有马克思主义的考古学？"② 由于张光直的疑问并不针对具体的个人，也许更能说明这的确是一个需要反思的问题。与夏鼐的质疑相比，张光直的问题不可谓不尖锐。尽管夏鼐也承认，考古学研究对象毕竟是社会现象，"需要通过实物来研究社会组织、经济状况和文化面貌，也便是由生产方式到意识形态，以探求人类社会发展的规律"。但夏鼐只是十分谨慎的认为，"我们从前曾号召要建立马克思主义体系的中国考古学，但是现在仍是不能认为已有这样一个体系"。③ 也许可以将夏鼐和张光直的疑问换成一种更加直白的表述：**是不是考古学"中国学派"的特色主要在于内容是中国的材料？而"体系"即问题意识、分析框架以及研究方法则是来自马克思主义的？**

（三）苏秉琦"一个人的学派"？

当时，俞伟超、张忠培无疑都直接感受到了来自夏鼐的压力，毕竟夏鼐对考古学"中国学派"的质疑至少在逻辑上说不无道理。因为，如此若可称之为考古学"中国学派"的话，那么，同时代的历史学乃至其他学科只要研究对象是中国的、框架体系是马克思主义的，似乎也可以称之为某某学"中国学派"了。④

而张光直的追问则包含了另一个视角，暗示着中西马克思主义考古学的对比，换言

---

① 夏鼐：《夏鼐日记》（卷九），华东师范大学出版社，2011年，第334页。
② 陈星灿：《中国史前考古学研究（1895-1949）》，生活·读书·新知三联书店，1997年，第4页。
③ 夏鼐：《回顾和展望——〈考古〉二百期纪念》，《考古》1984年第5期。承蒙刘绪老师指出，最早提出"马克思主义考古学"的是尹达，夏鼐当时作为二把手，只是跟着提。
④ 比如，史学家戴逸总结二十世纪中国史学的五大特征，一是以进化史观为显著标志，二是以马克思主义为指导，三是发扬理性精神，四是建立全面系统的学科体系，五是爱国主义精神。这些提法似与俞、张《编后记》提出的考古学"中国学派"三点特色大体相同，但似乎史学界没有人会认为存在一个历史学的"中国学派"。参见戴逸：《二十世纪中国史学的特征》，《中国特色社会主义研究》2000年第1期。

之,如果建国以来中国考古学以马克思主义为基本特征,那么除了研究对象不同之外,与西方其他受马克思主义方法影响的考古学研究有什么区别？比如柴尔德就接受了苏联的影响,也被认为是马克思主义考古学家。① 又与所谓的新马克思主义考古学派有何不同之处？② 当然,从源流上说,1949年后中国马克思主义考古学所受的影响,主要还是来自苏联学者,比如苏秉琦就回忆吉谢列夫的报告给他留下了深刻印象,报告指出苏联考古学与旧俄罗斯、英法美考古的区别在于两个方面:即马克思主义辩证历史唯物主义和历史主义。一方面,"历史唯物论是抽象的灵魂,可是不能代替历史,历史是真实的,要有血有肉",另一方面"论又不能离开史,史就要讲理论"。③ 但实际上,这也还不足以成为考古学"中国学派"的标识。何况此后,苏秉琦很快意识到,"当时以为一手拿着马克思主义的经典理论,一手拿着考古实物资料,两者一结合,就会成为马克思主义的中国考古学",但结果谁都不满意,他经过反复思考后感到,"马克思主义的历史唯物论与考古学专业理论属于不同层次,发展中国考古学并没有现成模式,只有开辟自己的路"。④ 直到晚年,他还强调"把马克思提出的社会发展规律看成是历史本身",和中国"大一统"观念一样,是考古学理论研究需要打破的"两个怪圈"之一。⑤

其实,俞伟超后来也不得不承认,尽管"中国考古学的野外能力和器物分期能力都具有国际水平",但"'中国学派'的真正内涵(或其特征)仍未得到真正的确立或被认可",所以他认定"中国学派"的重点还是"区系类型理论"。⑥ 苏秉琦对考古学"中国学派"的问题也一直念兹在兹,1995年他到南开大学演讲时说,也回归到自己最具创见的区系类型理论：

> 1975年我为吉林大学考古专业的毕业生讲解区系类型说时,就提出过(中国学派)这一问题。之后,在1981年和1987年分别提出来过,认为经过几十年的实践探索,一个考古学上的"中国学派"已经开始出现了。有人反对这样的说法。说什么中国学派,不就是你的学派!⑦

苏秉琦对此不以为意,可见他对自己以区系类型的方法论为核心的思想充满信心,并

---

① 关于柴尔德受到苏联马克思主义理论影响的一个简要介绍,参见陈淳:《考古学研究与信息提炼——谈考古学范例的演变》,陈淳:《考古学的理论与研究》,学林出版社,2003年,第10-11页。另可参见[英]戈登·柴尔德:《考古学导论》,安志敏、安家瑗译,上海三联书店,2008年,第185-195页。
② 俞伟超其实已经意识西方新马克思主义考古学理论,是新考古学的五大流派之一。"他们清算了'假说-演绎法'的'庸俗唯物主义'",虽然在西方考古学界不占主流,无疑跟中国学者理解的马克思主义考古学是有着巨大的差别的。参见中国历史博物馆考古部编:《当代国外考古学理论与方法》"序言",三秦出版社,1991年,第7页。关于新马克思主义考古学的简要评述,参见安·吉尔曼:《美国考古学中的马克思主义》,王纪潮译,《东南文化》1994年第3期。限于篇幅和能力,本文无法深入探讨张光直的这一问题。
③ 苏秉琦:《圆梦之路》,《东南文化》1995年第4期。
④ 邵望平、俞伟超:《百万年连绵不断的中华文化——苏秉琦谈考古学的中国梦》,《草原文物》1997年第2期。
⑤ 苏秉琦:《中华文明起源新探》,生活·读书·新知三联书店,2000年,第5-6页。
⑥ 张爱冰:《考古学是什么——俞伟超先生访谈录》,俞伟超:《考古学是什么:俞伟超考古学理论文选》,中国社会科学出版社,1996年,第213页。
⑦ 苏秉琦:《建立有中国特色的考古学派》,《考古》1995年第6期。

在后来不断推演到对中国文明起源"满天星斗"多元论等创建,他以一己之力创设区系类型理论固然已载于中国考古学术史册。后来,张忠培选取了六个标志性事件对中国考古学史进行分期,这六个标志分别是:

1. 1921年,安特生主持的仰韶村发掘。
2. 1931年,梁思永揭示的后冈三叠层。
3. 1948年,苏秉琦发表的《瓦鬲的研究》。
4. 1959年,夏鼐发表《关于考古学文化的定名问题》。
5. 1975年,苏秉琦《关于考古学文化的区系类型问题》学术讲演。
6. 1984年,苏秉琦发表《辽西古文化古城古国——试论当前考古工作重点和重大课题》讲演。①

他以此作为关键节点,将中国考古学发展分为六个阶段,基本上以10-15年为一个发展阶段。这一划分标准中,选了苏秉琦三篇文章,占了一半,具有明显的苏门色彩,因此要说是苏秉琦"一个人学派"恐怕并不为过。不过,与其说所谓"一个人的学派"有着俞伟超、张忠培为其坐师开宗立派的目的,不如说这也促进了两人对超越区系类型理论本身的所做的尝试和努力。因为,如果说考古学"中国学派"这只是苏秉琦"一个人的学派",则必然会遭遇瓶颈,依靠一个人开创的时代终将会过去。此后,俞伟超、张忠培朝着不同的方向努力,于是也才有了两人在发展中国学派究竟需要"何种考古学"上的分歧。但实际上,他们的目标始终是一致的,就是不断延续和发展他们老师的考古学"中国学派"。对于这一点,两人有着清晰而坚定的认识,与俞伟超撰写《编后记》时动情落泪相比,张忠培在2009年纪念苏秉琦百年诞辰演讲时的结语,则显得掷地有声:"当今中国考古学仍处于苏秉琦所开创的时代,我们仍要高举苏秉琦的旗帜,才能将中国考古学推向前进,才能超越苏秉琦,走出苏秉琦时代。"②

二、何种考古学?

如何走出苏秉琦时代?两位苏门高弟开始分道扬镳,张忠培持论谨慎,始终在固守原有的阵地;相比之下,俞伟超的步子则迈得很远,不断向前拓展考古学的前沿,终于导致了两人的那场公开争论。论争的高潮是1992年俞伟超发表了《考古学新理解论纲》,以及随后张忠培没有点名、却针锋相对的回应——《考古学当前讨论的几个问题》。简言之,俞伟超趋新求变,张忠培谨守务实。但如果仅给两位当代中国考古学权威贴上"开新"或"守旧"的简单标签,似乎不足以将二人争论的学术史意义充分显露出来。更重要的是,

---

① 张忠培:《中国考古学的几点认识》,张忠培:《中国考古学:走近历史的真实之道》,科学出版社,1999年,第63页。
② 张忠培:《中国考古学的旗帜与永远屹立着的丰碑》,《中国文物报》2009年10月30日。

中国考古学至今也尚未走出这一争论的"当代语境",让我们来看一看两人的争点在哪些方面。

(一) 考古学方法论是"车之两轮",还是"多元一体"?

以考古研究方法论创新为核心,是苏门"中国学派"的一个重要特色。张忠培在多个场合反复强调,确定考古遗存时空关系的**地层学**与**类型学**,是考古学的最基本的理论和方法,必须坚持和发展。他用了一个比喻,认为两者是近代考古这部车子的**"两轮"**,没有车轮,车子便不能向前行驶,近代考古学也不能向前发展。① 张忠培强调"层位学和类型学是考古学的两大支柱"这一论断并不是没有经过反思,实际上,他此前在大学期间就对此产生过疑问。但急于在考古研究中"见人"的他在写实习报告时却很快发现,"考古学研究光靠马克思主义的一般原理还不够,还要有适合考古学的研究对象的具体方法和手段",此后他1964年在苏秉琦指导下完成了《元君庙仰韶墓地》的编写,在史前墓葬研究方面分期分类上取得了重要突破,这也让张忠培切身感到这两大方法确实发挥了关键作用,并意识到,"层位学和类型学并不是仅仅研究一些表象问题,它能够透过遗存现象去探讨深层次的历史社会问题"。②

与张忠培一样,俞伟超同样就地层学和类型学写过专门的长篇讲义,成为发展这两种研究方法的经典文章。但是俞伟超似乎一直更倾向于认为,考古学最基本的方法论有"三个"。这第三种方法究竟是什么? 他的认识经历了从模糊的感觉到深化运用的过程。早在1984年他在国家文物局主办的田野考古领队培训班讲课时就认为,还应该增加"另外一种方法论",但这种方法论"现在还没有形成一个固定的名称,总的内容就是根据实物来恢复历史面貌"。③ 随着俞伟超将研究重心逐步投入到楚文化之后,他试图归纳出一个新方法论名称,将之称为**"文化因素分析"**。他最开始的观点是,文化因素分析"本是考古类型学的一部分内容",是指"源自于不同考古学文化的那些互相有区别的特征"。④ 不过,俞伟超并不满足于此,《考古学新理解论纲》他终于将"文化论"上升到考古学理论中的**"本体论"**,甚至强调"文化论是考古学理论的核心",与层位论和形态论成为考古学的"老三论"。⑤ 此外,在考古学方法论层面,俞伟超还总结归纳出了"环境论"、"聚落论"、"计量论"、"技术论"乃至"全息论"等新的方法论。他认为"层位论"和"形态论"仅是"传统考古学"的两大支柱,也就意味着,新考古学的方法论已经变成了"四梁八柱",颇有意

---

① 张忠培:《地层学与类型学的若干问题》,《中国考古学:走近历史真实之道》,科学出版社,1999年,第177页。
② 张忠培:《中国考古学的思考与展望——答〈东南文化〉记者》,张忠培:《中国考古学:走近历史真实之道》,科学出版社,1999年,第245、251-254页。
③ 俞伟超:《关于"考古地层学"问题》,俞伟超:《考古学是什么:俞伟超考古学理论文选》,中国社会科学出版社,1996年,第1页。
④ 俞伟超:《楚文化的研究与文化因素的分析》,俞伟超:《考古学是什么:俞伟超考古学理论文选》,中国社会科学出版社,1996年,第119-120页。
⑤ 俞伟超、张爱冰:《考古学新理解论纲》,《中国社会科学》1992年第6期。

在打破分型、分式、分期在考古学研究中那种"至高无上的地位"。

对于俞伟超这种考古学的"新理解",张忠培仍然坚持认为,层位学和类型学两大方法论之所以能成为考古学的理论基础,"不是由哪一位考古学家的主观意愿所规定的,而是由考古学遗存自身存在的两大特点所决定的——考古学遗存总是有序地存在于一定的时空中,其一它存在于一定的层位中,其二它各自具备一定的形态"。如果以为层位学、类型学仅仅只能搞清楚具体的考古学文化,建立一定时空范围的考古学文化序列和谱系,这种观点"不是对考古学的误解,就是对考古学的贬低"。①

张忠培并非不愿意去了解俞伟超《考古学新理解论纲》提出的"中间四论"的新方法,比如就聚落考古而言,俞伟超谈聚落形态研究的落脚点还是在文化内涵上,除了聚落的经济、社会因素之外,他还突出了审美因素,甚至将苏秉琦提出的"古文化、古城、古国"的概念列入聚落论,这其实已经拓展了聚落研究的最初外延。② 张忠培则专门写了一篇"聚落考古初论",谨慎地指出这是一种跨学科研究方法,是"考古学引进社会学及人文地理学原理以聚落为单位进行的考古学研究",只不过落脚点仍是一直以来他对于考古学"以物论史、透物见人"的思考,同意聚落考古的目的是"探讨居住于一聚落中的人与人之间的关系(或曰聚落的社会结构)",这其实又回到了他研究元君庙墓地的基点,他认为半坡、元君庙搞的就是"聚落考古",至少在字面上,他并不认为"聚落考古"能够达到与层位学、类型学相提并论的高度,但也承认这"在考古学研究处于较高的层次或层面"。③ 如果说张忠培在方法论的认同上,尝试向前迈出半步的话,这半步也许就是"聚落考古"。

至于环境论、计量论、科技论也好,张忠培觉得这尽管能给考古学研究增加不少新的信息,但"是否称得上考古学上的方法论,很值得怀疑",而且用科技手段鉴定、测试古代遗存,"其结论和评价仍需接受层位学及类型学的检验与评估"。④ 总之,张忠培依然坚持自己对考古学理论基础的基本认识,认为"至今还没有任何一种新方法能与两大支柱相提并论,因为现有的新技术、新方法、新理论,并没有让考古学的产生实质性改变"。⑤

应该说,俞伟超与张忠培都未否认类型学与层位学是考古学的两大支柱,区别只是在于需不需要将"两大支柱"拓展为"四梁八柱"。除此之外,特别值得关注的,是二人在对考古类型学的思想认识上,都十分尊崇苏秉琦《关于考古学文化的区系类型问题》的主

---

① 张忠培:《中国考古学的思考与展望——答〈东南文化〉记者》,张忠培:《中国考古学:走近历史真实之道》,科学出版社,1999年,第245页。
② 张光直:《谈聚落形态考古》,张光直:《考古学专题六讲》,文物出版社,1986年,第82-93页。也许是张光直在讲座中探讨"聚落在较大区域之间的连接"给了俞伟超启发,从考古技术上,张光直描述了聚落的"多面性分群关系",但从未提及聚落研究可以探讨所谓的"审美观念因素"。
③ 张忠培:《聚落考古初论》,张忠培:《中国考古学:走近历史真实之道》,科学出版社,1999年,第200页。
④ 张忠培:《考古学当前讨论的几个问题》,张忠培:《中国考古学:走近历史真实之道》,科学出版社,1999年,第222页。
⑤ 张忠培:《中国考古学的思考与展望》,张忠培:《中国考古学:走近历史真实之道》,科学出版社,1999年,第245页。

张,并致力于发展师说。张忠培认为,此文的方法"只有一种",就是"考古学文化的谱系分析法"。① 其实,苏秉琦自己对类型学不是没有过有担忧和反思,他指出,"如果僵化地、一成不变地采用形而上学的方法看待它,无疑会束缚中国考古学的进步。一个学科本身是个多面体,仅从一个方面着手势必要有尽头。繁琐到终极必然导致简单,这也是否定之否定"。② 为避免考古学"分型分式"简单化的不良倾向,苏秉琦在生命的最后一年提出"要有个新的开始",即"动态考古学",但他没能来得及展开论述。③

实际上,俞伟超、张忠培都已在区系类型学的动态发展方向了进行探索。一方面,他们都赞成考古学文化不应只是区系类型学分析的结果,而是要实现从静态到动态的"谱系分析过程"。如俞伟超关于早期中国的"九大文化区和四大联盟集团"的动态分析,就是将区系类型学下推至早期国家形成的夏商周时期。④ 张忠培更是极大深化了"考古学文化的谱系分析法",发展出了"亲族文化区"的概念,对中国北方、黄河以及长江流域的"亲族文化区"都进行了具体的文化谱系区分,指出亲族考古学文化区的具体地理范围,会随着不同时代的考古学文化的强弱及其势力消长,而出现变动。⑤ 另一方面,如果从"学科多面体"的角度,也许俞伟超方法上的"多元论"要比张忠培更贴近老师苏秉琦的思路。也许他已经意识到,类型学方法早已被苏秉琦推演到极致,由分析一种器物(瓦鬲)到一种考古学文化(仰韶),再由中华文化的六大区系类型到探索中华文明起源的辩证法,⑥运用得至臻纯熟,业已达到其顶点。其理论创新的核心在于此,但其局限也在于此。在这个意义上,如果说考古学还只是从不同角度变换提出新的分类的标准,继续运用于不同研究对象、不同时空尺度、不同地域,然后具体是一分为二、一分为三或是一分为若干谱系,只能说是对区系类型理论的认识深化了、细致了,但恐怕就谈不上对他们的老师苏秉琦在方法论上超越。

---

① 张忠培:《关于中国考古学的过去、现在与未来的思考》,张忠培:《中国考古学:走近历史真实之道》,科学出版社,1999年,第111页。
② 李水城:《春风化雨的智者——忆苏公二三事》,中国考古学会、朝阳市人民政府编:《苏秉琦先生百年诞辰纪念文集》,科学出版社,2012年,第98-107页。应该说,俞伟超和张忠培对作为考古学方法支柱之一的类型学本身并没有过多的反思,当然其中原因也在于,尽管类型学存在这样那样的缺陷,但仍是考古学文化研究中尚无可替代的重要方法。虽然有学者借助非线性的复杂系统理论、热力学演化理论出发,对类型学方法的逻辑根基(所谓"线性传递/进化模式")进行质疑,但属于只破不立,尚不能对此产生根本的动摇。参见李科威:《考古类型学的进化观与文化动力学问题》,《东南文化》1992年第2期。
③ 苏秉琦:《关于学科建设的思考》,《辽海文物学刊》1997年第2期。苏秉琦之前曾一度乐观地认为,"区系类型理论不只可用于分析远古中国,也是认识秦汉以后中国,甚至是整个古代世界的理论"。参见邵望平、俞伟超:《百万年连绵不断的中华文化——苏秉琦谈考古学的中国梦》,《内蒙古考古》1987年第2期。其实将区系类型理论泛化存在的危险,在于削弱了自身的解释力。尽管区系类型方法在中国考古学文化研究是一极大创见,但实际上,以地理区域划分和比较思想文化差异其实是中国历史地理学研究一个源远流长的传统,如传统史学著作如黄宗羲的《明儒学案》就已将地域作为主要区分标准,只不过是近代以来,才由王国维、傅斯年、蒙文通等人推衍至古史研究。
④ 俞伟超:《早期中国的四大联盟集团》,俞伟超:《古史的考古学探索》,文物出版社,2002年,第124-137页。
⑤ 张忠培:《中国北方考古文集》"编后记",文物出版社,1990年,第265页。关于"亲族文化区"的一系列研究论文,具体代表作有张忠培:《河北考古学研究与展望》,《文物春秋》1991年第2期,收入张忠培:《中国考古学:走向与推进文明的进程》,紫禁城出版社,2004年。
⑥ 孙庆伟:《有心栽花与无心插柳——先周文化探索的早期阶段》,孙庆伟:《追迹三代》,上海古籍出版社,2016年,第498页。

（二）考古学文化内涵变了么？其研究对象包括精神领域吗？

对于"考古学文化"定义和内涵的不同理解，①可以说是俞伟超、张忠培两人争论的又一个核心争点。

张忠培对考古学文化的定义，基本上是接受了夏鼐的主张，也即延续了柴尔德建立在器物分类特征之上的经典思想，主要依据陶器的组合来确定一个考古学文化。张忠培指出，考古学研究的对象就是考古学文化，而考古学文化反映了"人类活动遗存的类别或不同群体的区分与联系，以及由它表述的人们共同体的历史演进进程"。当然，张忠培也突出强调，这实际上是对人群的区分的一个手段，考古学文化是开放系统，存在大量的文化传播和迁徙。②

上文已经提及，俞伟超在《考古学新理解论纲》中，更进一步将**"文化论"**作为考古学理论的**"本体论"**鲜明地提了出来，一下凌驾于层位论和形态论"两大支柱"之上，已经不仅仅是一种"文化因素分析法"。这就涉及了考古学的研究对象或研究范畴的问题。无疑，俞伟超所提到的"文化"内涵，是已经改造过了的"文化论"，其范畴被赋予了与先前的"考古学文化"概念全然不同的新解释。这种新理解来自吸收了人类学"文化"概念的新考古学，其范畴包含**物质的、社会的和精神的**三个方面，这三个方面是一个整体。根据以宾福德为代表的新考古学观点，考古学应以研究人类文化的"进化发展过程"和"文化动力法则"为目标，并应对此提出系统性的解释。③ 俞伟超在多篇文章中反复强调了这一观点，比如，他提出文物研究既要研究"物"，又要研究"文"，而把"文物"理解为"文化遗物"，就包含着"文化"方面的东西，所以"应该追寻它所含有的社会组织和精神世界的奥秘"。④ 俞伟超也由对楚文化研究引申开去，而写了一篇"关于考古学文化的范畴问题"，虽然不如张忠培论述得系统，着眼点也不一样，无非是坚持**"文化三分法"**，强调"文化特征"包括了人类群体一切物质文明、精神文化和社会关系的特征。而他所指的"精神领域"，是一种决定同一区域内的哲学、文学、艺术乃至政治体制等方面有相同特点的**"文化观念"**，俞伟超举了一些比较笼统的例证试图对此进行说明，如楚文化的幻想色彩要高于

---

① 最近关于中国考古学界对考古学文化问题讨论的一个系统梳理，可参见王巍：《考古学文化及其相关问题的探讨》，《考古》2014 年第 12 期。
② 张忠培：《研究考古学文化需要探索的几个问题》《当代考古学问答》，张忠培：《中国考古学：走近历史真实之道》，科学出版社，1999 年，第 162、172、235 页。关于柴尔德的分类理论，可参见布鲁斯·崔格尔：《考古学思想史》，徐坚译，岳麓书社，2008 年，第 143－147 页。
③ 俞伟超、张爱冰：《考古学新理解论纲》，《中国社会科学》1992 年第 6 期。由中国历史博物馆考古部编的《当代国外考古学理论与方法》（三秦出版社，1991 年），收入了路易斯·宾福德《作为人类学的考古学》和《考古学的系统论与文化进程研究》。俞伟超为此书写的序言以《考古学思潮的变化》为题，收入《考古学是什么：俞伟超考古学理论文选》。
④ 俞伟超：《文物研究既要研究"物"，又要研究"文"》，俞伟超：《考古学是什么：俞伟超考古学理论文选》，中国社会科学出版社，1996 年，第 135 页。

黄河流域，鲁地的工艺风格平淡和拘谨等等。①

我们发现，如果说，俞伟超、张忠培两人关于考古学研究对象的看法，都源自"透物见人"的回应和思考，却又因人而异，二人对"考古学文化"概念范畴及考古学研究对象的看法并不相同，**不同的关节点之一，就是在于考古学"透物见人"的"人"，只是止步于人类的"社会组织或社会结构领域"，还是包括人类的"精神领域"呢？**

首先，应该说，对于考古学"透物见人"，需通过考古学文化分析，进而对古代社会组织、社会结构以及社会制度等领域进行研究，俞、张两人在这点上是没有异议的，而且分别在各自的领域做出了开创性的贡献。其次，至于"精神领域"是否属于考古学的研究对象，又在何种意义上可以成为"考古学文化"的内涵，两人意见相左。为此，俞伟超专门写了《考古学研究中探索精神领域活动的问题》，文章中并不讳言他受到了新考古学的影响，并对新考古学"意在探讨人类文化进程的规律"给了高度评价，认为这把考古学研究提升了到一个更高的层次，解答了许多传统考古学无力回答的新问题。② 俞伟超认为，考古学文化的概念应做大的拓展，要用"大文化概念"来进行思考，因为物质遗存的特征是个总体，包括了最广泛的含义，而"决定这些特征的，主要是精神方面的因素"。由于对不同地理环境影响的不同应对方式，以及历史文化传统的多样性的原因，处于同一物质水平的若干文化，"心理因素"存在差别。因此，考古学文化定义的基础是三分法，即是一个特定的人类共同体在精神、社会关系、物质生活能力等方面所表现出来的一个"综合体"，而其中"最难也是最精彩的部分是它的精神特征"。③ 张忠培也有探求背后社会规律的思想冲动，只是他务实的认为，需清晰地划定考古学研究对象即考古学文化的界限。在他眼中，俞伟超的**"三分法"**不过是马克思主义生产力与生产关系、物质基础与上层建筑"另一种形式的表达"。④ 张忠培指出，考古学文化界定反映考古学遗存的两方面特征，即**"两分法"**，一是社会性，二是体现组成社会的人们开发自然的能力。⑤ 而所谓的"精神领域"则虚无缥缈，张忠培对此的批评可以归结为一句话"要以研究人的'精神'为目的，是给考古学提出了超负荷的任务"。⑥

当然，两人侧重的研究领域的时段差别，也是导致他们分歧的原因之一，毕竟是否有文字记录如一条鸿沟，横亘在史前和历史时期考古之间，张忠培重在前者，俞伟超则长于

---

① 俞伟超：《关于考古学文化的范畴问题》，俞伟超：《考古学是什么：俞伟超考古学理论文选》，中国社会科学出版社，1996年，第144－145页。
② 俞伟超：《考古学研究中探索精神领域活动的问题》，俞伟超：《考古学是什么：俞伟超考古学理论文选》，中国社会科学出版社，1996年，第139页。
③ 张爱冰：《考古学是什么——俞伟超先生访谈录》，俞伟超：《考古学是什么：俞伟超考古学理论文选》，中国社会科学出版社，1996年，第213页。
④ 张忠培：《考古学当前讨论的几个问题》，张忠培：《中国考古学：走近历史真实之道》，科学出版社，1999年，第219页。
⑤ 张忠培：《关于考古学的几个问题》，张忠培：《中国考古学：走近历史真实之道》，科学出版社，1999年，第156页。
⑥ 张忠培：《中国考古学的思考与展望——答〈东南文化〉记者》，张忠培：《中国考古学：走近历史真实之道》，科学出版社，1999年，第247页。

后者,而无文字可考,确实似不足以谈"精神领域"研究。不过,值得一提的是,在俞、张之争过去二十多年后,张忠培提出了**"考古学文化的文化"**概念,似乎又在一定程度接受了俞伟超的观点。所谓"考古学文化的文化",是指考古学家从已经界定的考古学文化中观察到的物质文化和物质遗存所表述的"精神文化"。他指出,需要认识到,考古学家研究精神遗存的能力是有限的,因为人类的诸多精神、思想、理念是无法用物质来表达的。当然,考古学家可以通过类似绘画等遗存来研究物质遗存所表述的精神文化。① 尽管他强调"考古学文化的文化"不等同于考古学文化的概念,但是这一表述依然有着多年前那场争论的痕迹。其实,晚年张忠培对考古"文化论"的兴趣,丝毫不比俞伟超当年少,除了前文提及的"亲族文化区"谱系研究之外,他还致力于对考古学意义上的文化更新形式进行探讨,由所谓"文化杂交"进而提出文化"传承、吸收、融合、创新"之道。② "文化论"最终也成为他"两学三论"重要的学术贡献之一,③这或可以看作他对亡友俞伟超一个超越时空的回应吧。

(三) 考古学的性质是科学的,还是艺术的?

由考古学研究对象的争论,又引发出了另一个问题,即考古学的性质是什么?这一争论隐含着对李济以来考古学科学化传统的反思。

俞伟超在《考古学新理解论纲》中提出了"艺术论",他提出,"考古学是科学,也可以理解为艺术"。为什么说考古学可以理解为艺术呢?俞伟超给出了三个方面的理由:第一,考古学不仅是对古代物质文化资料的积累、检验,还是对古代文化实体、现象和过程的解释,是带着解释者的主观愿望的,所以可以说是属于艺术的。甚至在某种意义上,考古学家眼里的世界可以类比为艺术家眼里的世界;第二,考古学的研究对象往往是艺术的;第三,考古学研究的结果可以有启迪心灵的教育功效。所以,考古学是"科学与艺术的一种完美统一"。④ 张忠培对此论颇不以为然,他坚持认为,考古学只能是科学,是一门"解释、研究遗存及其呈现的时空矛盾,并依此探索人类以往社会历史规律的科学",而把考古学视为艺术,使得主观性解释与研究客体不符,则只能导致谬误并美化谬误,这是一条"科学工作者力求回避的歧路"。⑤

关于考古学的"科学和艺术之争",其实两人的核心分歧在于,如何看待考古学研究的**"客观性"**,因为客观性意味着认识真理的科学性。如果说俞伟超属于考古学者中的

---

① 张忠培:《对考古学文化的文化之认识》,故宫微信公众号,2016 年 5 月 7 日。
② 张忠培:《文化杂交:广州的过去与未来》,《南方文物》2012 年第 2 期;张忠培:《文化·人物·考古——贺宿白先生九十华诞》,《中国国家博物馆馆刊》2012 年第 3 期。
③ 高蒙河:《学术张忠培:考古人生八十年》,《中国文物报》2014 年 10 月 21 日。
④ 俞伟超、张爱冰:《考古学新理解论纲》,《中国社会科学》1992 年第 6 期。
⑤ 张忠培:《考古学当前讨论的几个问题》,张忠培:《中国考古学:走近历史真实之道》,科学出版社,1999 年,第 223-224 页。

"史观派",张忠培则属于典型的"史料派"。① 常常被张忠培挂在嘴边的一句话是,"要被材料牵着鼻子走",他认为这才是"科学研究的根本原则",②实有接续傅斯年"史学即史料学"一脉的深意。③ 要恰切理解张忠培的观点,需从正、反两方面加以辨析。

先说反的方面,张忠培强调从材料出发,则主要是针对俞伟超引入的新考古学方法。他将新考古学的"假设—验证"的演绎法实质称为"模式论",他对此颇为反感,认为按照一定模式进行考古学研究,会导致一种新的教条主义,所以他反对俞伟超倡导的新考古学那样当一个"模式论者",强调"研究者只是材料的代言人","作结论,不能从模式出发,只能从材料出发",④考古材料是主证,其他材料只能是辅证,如果颠倒过来,"反客为主"就不是考古学,⑤而必须在确保材料的真实性的基础上,客观地解释材料的内涵,不能主观臆断。

再从正的方面来看,张忠培的理由也是非常充分的,他认为这其实是考古学的客观需要,因为考古学的研究对象"本身不会说话",所以必须依靠排列、分类等方法,从物、人、时、空的四维关系入手,寻找它们之间差异与矛盾,从具体走向抽象,找到其内在联系及演变逻辑,从而实现客观地解释材料的内涵规律。此后,张忠培只是不断强调和深化自己的这一主张,他提出"要创新就得让材料牵着鼻子走",只有这样才能摒弃任何成见和先验论,保持研究者的"无我立场",这是接近历史真实的唯一途径,更是作为"走近历史真实之道"的考古学的"真谛"。⑥ 张忠培四处大声疾呼"到田野中去,到资料中去,让材料牵着鼻子走",甚至不惜对此下了一条断语,"只有让材料牵着鼻子走,才会有原创性。没有原创性的学者,不可能成为一流学者,要想成为一流学者,一定要在资料中、田野中找到课题"。⑦

当然,张忠培也不是没有意识到这其中的"考古学局限性":因为考古见到的遗存,是不完整的东西,所以考古学只能研究历史的一个侧面,只能解释出一部分信息。⑧ 所以说,俞伟超从引入新考古学,乃至提出被张忠培讥笑为不啻于是"神话般呓语"的"全息论",⑨其

---

① 关于中国近代历史学术中"史料学派"和"史观学派"的区分,可参见许冠三:《新史学九十年》卷四、卷五和卷六,岳麓书社,2003年。
② 张忠培:《中国考古学的思考与展望——答〈东南文化〉记者》,张忠培:《中国考古学:走近历史真实之道》,科学出版社,1999年,第247页。
③ 张忠培曾提到,傅斯年古史"重建派"针对顾颉刚"疑古派"提出要有新材料,以"上穷碧落下黄泉,动手动脚找东西"为口号,"这就是考古"。参见张忠培:《关于中国考古学以物论史:透物见人的探索与思考——〈史学史研究〉访谈记》,张忠培:《中国考古学:走近历史真实之道》,科学出版社,1999年,第278页。
④ 张忠培:《关于考古学研究的几个问题》,张忠培:《中国考古学:走近历史真实之道》,科学出版社,1999年,第215-217页。
⑤ 张忠培:《中国考古学的思考与展望——答〈东南文化〉记者》,张忠培:《中国考古学:走近历史真实之道》,科学出版社,1999年,第244页。
⑥ 张忠培:《关于考古学创新的几点认识——2006年6月2日在大连召开的〈辽河流域文明化进程学术研讨会〉上的讲话》,《考古与文物》2007年第1期,第8页。
⑦ 张忠培:《在"东北及内蒙古东部地区考古的过去、现在与未来"学术研讨会闭幕式上的讲话》,《北方文物》2011年第1期,第110页。
⑧ 张忠培:《关于中国考古学的过去、现在与未来的思考》,张忠培:《中国考古学:走近历史真实之道》,科学出版社,1999年,第113-118页。
⑨ 俞伟超自称他提出"全息论",是受到生物学、物理学乃至中医学的启发,全息规律是"部分能够映射整体",因而用在考古学上自然也是可行的,他甚至认为"全息考古学是考古学的最高阶段,也是最后阶段"。参见俞伟超:《考古学新理解论纲》、《中国考古学的现实与理解——俞伟超先生访谈录》,俞伟超:《考古学是什么:俞伟超考古学理论文选》,中国社会科学出版社,1996年,第182-186、235-256页。

所有目的不过都是想突破这一局限。俞伟超对考古学研究"客观性"的认识也是十分清醒的,"分类工作本身是一种主观观念的设置,是一个心理过程,而任何心理过程都不能完全等同实在本身"。因此,分类的属性只是思维的自身形式,应该承认其"主观性和任意性",但又不能看作是"杂耍技巧",是物品形态演化轨道的一种"逻辑抽象"。于是俞伟超认为,"考古学在总体上比量子物理学有更多猜测,更依靠直觉,更需要大量的解释,而解释则因解释者的文化价值观和心理倾向具有选择性"。① 所以在这个意义上,考古学既然也需依赖直觉,自然也就可以将它视之为艺术。俞伟超在晚年的病中谈话说,"考古学不是技术,其核心是思想",他还将克罗齐的"一切历史都是当代史"和柯林武德的"一切历史都是思想史"结合在一起思考,②在精神的意义上,他其实与两位前哲深为相契,因为这两句名言可以理解为,只有把个体精神融入研究的历史对象之中,才能达到对真正的历史理解,主观精神因素越是强有力,对历史的认识和理解才越是客观。③

在这个问题上,如果我们试图调停俞、张二先生之争,也许须将之放在更大的视野中来审视,追问考古学是科学还是艺术的实质,可以转换为对**"考古学诠释学"**的哲学思考。其实,考古学的解释方法问题,深刻影响着现代西方考古学思潮的脉动,无论是柴尔德的经典之作《历史的重建——考古材料的阐释》,还是宾福德的名著《追寻人类的过去——解释考古材料》,④这两书暗中呼应的副标题("阐释/诠释"interpretation,"译解/解释"decoding)都已然表明,对考古材料采取何种解释方法,始终是萦绕在西方现代考古学家脑海中的一个核心论题。也许我们可以套用张忠培的断语,考古学发展史上**"凡是具有原创性的一流学者,都提出了一套新的考古学诠释学理论"**。在哲学意义上,诠释学是关于"人对世界理解如何可能"的考察,诠释学理论集大成者伽达默尔从本体论的意义上扭转了传统解释学的方法论角度,打破了主客观世界的二元区分,指出"真正的历史对象根本就不是对象,而是自己与他者的统一体,或一种关系,在这种关系中同时存在着历史的实在和历史理解的实在",诠释学必须在理解本身中显示历史的实在性,这称为"效果历史",并指出"理解其实总是这样一些被误认为是独自存在的视域的融合过程",各种"视域融合"就是理解主体的"前见"和被理解客体叠加互动,是一个不断形成、不断创造的"诠释学循环"过程,所以精神科学的真理永远处于悬而未决之中。⑤ 应该说,俞伟超对此的理解是十分到位的,他在谈及法国新史学注重"理解"和"解释"时曾说过,"古代文化有没有价值,关键在于现代人理解,理解以后就会转化成今天的东西,今天的人就可以和古人对话,就像今天朋友之间的对话一样,通过对话,今天的人得到启示,古代文化就在今人

---

① 俞伟超、张爱冰:《考古学新理解论纲》,《中国社会科学》1992年第6期。
② 刘文锁:《渐中语类——俞伟超先生晚年思想随录》,《东南文化》2005年第4期。
③ 彭刚:《精神、自由与历史:克罗齐历史哲学研究》,清华大学出版社,1999年,第109-111页。
④ [美]戈登·柴尔德:《历史的重建——考古材料的阐释》,方辉、方堃杨译,陈淳审校,上海三联书店,2012年;[美]路易斯·宾福德:《追寻人类的过去——解释考古材料》,陈胜前译,上海三联书店,2009年。
⑤ [德]汉斯-格奥尔格·加达默尔:《真理与方法——哲学诠释学的基本特征》,洪汉鼎译,上海译文出版社,1999年,第384-385、393-394页。

中间得到重生而永葆青春"。①

在希冀考古学的解释必须符合客观这一点上，俞伟超和张忠培是一致的，他们也都意识到了，考古学寻找的因果关系只能无限逼近所谓的"客观真理"，而不可能完全掌握客观真理。也就是说，**在对考古材料的解释问题上，无论考古学者如何"被材料牵着鼻子走"**，又怎会不存在理解主体那无可避免的"前见"呢？其实，在张忠培反复强调考古材料的真实性和解释的客观性时，西方史学研究领域的所谓"客观性"早已遭到了强烈的挑战，"历史科学"的神话也被后现代"叙事的转向"解构得体无完肤，②西方"新考古学"运动也几乎与此同时发生，代表人之一戴维·克拉克的短文《考古学纯洁性的丧失》与海登·怀特的史学大著《元史学：19世纪欧洲的历史想象》于1973年同年发表，克拉克对考古"科学化"的倾向用一句晦涩的话进行了暗中反讽："就本质而言，考古学是根据不完整并扭曲了的标本中的间接痕迹去复原不能被直接观测到的人类行为模式的那种理论与实践的科学。"③

无疑，作为译介西方新考古学理论最积极先行者的俞伟超，是最早感受到这种"危机"终将来临。面对新潮流的冲击，无论是被中国学界"实证主义化"的兰克，抑或是自贴"史学即史料学"标签的傅斯年，都已成明日黄花，与历史学天生有着亲缘关系的中国考古学自然也难以幸免。在情感上，俞伟超甚至比克拉克走得更远，他对考古学的艺术和审美价值的反思，也许可以与海登·怀特《元史学》的结论相互印证："对史学科学化的要求，仅仅代表达了对一种特殊的历史概念形态的某种偏好，其基础要么是美学的，要么是道德的，而它在认识论上的论证仍然有待确立。"④从这个角度，关于考古学是科学还是艺术之争并没有对错，或许更应该如此理解，正是由于俞、张两人的不同偏好引发相互之间的辩驳思考，开启了构建"中国学派"的**"考古学诠释学"**的一个新起点，也为后来者探求中国意义上的**"元考古学"**留下了无尽的空间。

（四）考古学发展是成熟了，还是丧失了纯洁性？

学科的性质往往牵连着学科方法的发展方向、互动融合问题。与上世纪六十年代西方新考古学兴起之初一样，俞伟超、张忠培二位先生在争论中，也对考古学学科的独立性问题给了较多的关注。由于中国现代考古学的诞生和发展，始终伴随着与金石学、历史学等学术源流的纠葛，好不容易才形成了具有特色的学科体系，却又面临着以人类学为代表的新考古学方法的渗透。与俞伟超的开放心态相比，张忠培在维护考古学科独立性上，可以说是态度鲜明，颇为激进。

---

① 谷建祥：《中国考古学的新阶段——俞伟超先生访谈录》，《东南文化》1997年第3期。
② 关于对当代西方史学理论中"历史客观性"问题一个深入的梳理分析，可参见彭刚：《叙事的转向：当代西方史学理论的考察》第五章，北京大学出版社，2009年，第157页以下。
③ 戴维·克拉克：《考古学纯洁性的丧失》，陈铁梅译，中国历史博物馆考古部编：《当代国外考古学理论与方法》，三秦出版社，1991年，第149页。
④ ［美］怀特：《元史学：19世纪欧洲的历史想象》，陈新译，译林出版社，2004年，第4页。

在考古学和历史学的关系方面，尽管张忠培自己《中国考古学》一书的副标题是"走近历史真实之道"，但他声称，"我们就是要同过去传统的史学观念决裂"，认为考古学并不需要像史书《三国志》那样写得活灵活现，达到所谓"纯粹历史学"的高度。① 当然，这也说明他能够正视自己研究的领域主要是史前时期，存在无文字材料这样的根本性局限。而俞伟超对先秦两汉考古用力甚深，似擅长将文献与出土材料互证的"二重证据法"，更近于近代史家所倡导的学术方法，他也认为，自己的研究在"史学领域"有"两条半新的贡献"。② 也许这在张忠培的眼中看来，自然就会觉得历史时期考古依旧是史学的附庸。

在考古学和人类学的关系方面，张忠培的观点更是丝毫不让，牢牢守住考古学自身的阵脚，强调不能把人类学无限扩大，更不能混淆人类学与包括考古学在内的其他学科的关系，"人类学不是考古学的统率，也不应变成考古学材料解释的模式"，③坚持认为考古学发展的出路在于自身理论和方法的拓展。相反，受到西方"新考古学"影响的俞伟超则并不排斥人类学的解释模式和概念，并不否认他的在考古学研究中使用"文化"概念与人类学一致，并多处表示了对宾福德观点的接受和认可，同意考古学的目的与人类学的目的一致，都是探索人类行为的过程和人类文化进程的动力。④

在考古学和民族学的关系方面，主要是关系到考古学文化的族属问题。张忠培认为"民族考古学"这一概念缺乏独立的研究对象，不足以支撑成为一个学科或一个学科内相对独立的分支。考古学和民族学相互独立，各有其功能，只是一种互补性的关系，民族志资料只具有空间的区域性质，观察的是活的社会；考古学资料则具有时间的历史性，研究的是已消亡的社会遗存。两者研究有交集，但不可混为一谈。由于同一民族有可能包含着不同的考古学文化，比如以考古学文化做族属研究的探讨，因此，在进行类比研究的过程中，必须以考古学遗存为内证或主证，民族学资料为外证或辅证，最后需接受考古学的检验。⑤ 俞伟超对考古学文化的族属问题，似乎略过了民族学方面，他直接提出使用人体遗骸的DNA测定新方法，为判断考古学文化与族群关系如何提供新证据。⑥

---

① 张忠培：《当代考古学问题答问》，张忠培：《中国考古学：走近历史真实之道》，科学出版社，1999年，第232 – 233页。
② 俞伟超认为自己在史学领域的二条半新贡献是：一是提出封建制生产力的条件是"轮作制"；二是中国奴隶制的特点是大量使用"罪犯奴隶"；三是人类早期（新石器时代）大部分地区是锄耕农业，青铜时代以后开始分化。张爱冰：《考古学是什么——俞伟超先生访谈录》，俞伟超：《考古学是什么：俞伟超考古学理论文选》，中国社会科学出版社，1996年，第210页。
③ 张忠培：《中国考古学的思考与展望》，张忠培：《中国考古学：走近历史真实之道》，科学出版社，1999年，第244 – 245页。
④ 俞伟超：《考古学研究中探索精神领域活动的问题》，俞伟超：《考古学是什么：俞伟超考古学理论文选》，中国社会科学出版社，1996年，第140 – 141页。有意思的是，宾福德1985年来访中国时，对夏鼐表示，他与"新考古学"无关。夏鼐在1985年5月29日的日记中记到："（宾福德）承认60年以后，他的门徒所提倡的考古学，走了偏向的道路，表示他与这种'新考古学'无关。至于他原来的主张，强调方法论，强调理论，仍是未变。但承认他自己和他们一派仍没有得出社会或文化发展的新规律。"夏鼐：《夏鼐日记》（卷九），华东师范大学出版社，2011年，第470页。
⑤ 张忠培：《民族学与考古学的关系》，张忠培：《中国考古学：走近历史真实之道》，科学出版社，1999年，第125 – 147页。
⑥ 俞伟超：《夏文化探索引发的考古学文化与族群关系的争论》，俞伟超：《古史的考古学探索》，文物出版社，2002年，第118 – 119页。

张忠培对西方新考古学的时髦方法一向无多大兴趣,认同度不高,为此他对将"传统考古学"描绘成保守的"小人国"和"土包子"感到十分愤慨。他并不认为新考古学方法能够动摇考古学的根基,新考古学的所谓"新论",都已基本包含在"传统考古学"方法中,与其说传统考古学理论"尚未成熟",张忠培反唇相讥新考古学才是"尚未成熟"。① 当然,他在强调考古学独立性的同时,也主张要"主动地吸引不同的学科来参加对考古学材料的研究","进行全面、系统、科学的深层次合作,才能使考古学发生质的变化"。但这种跨学科合作是有两个基本前提的:第一,是以学科分界为前提,如丢弃考古学自身理论和方法,则非常不利于考古学发展。第二,考古学的跨学科研究要经得起行家检验,对其他学科的现状、理论和方法都要有较深的理解,应用得准确适宜。②

而俞伟超的心态就显得更为开放一些,他对考古学、人类学、历史学始终秉持一种"合流"的态度,认为至少在理论上,考古学和人类学已呈现出合拢的趋势。直到他生命的最后,他还坚持认为,考古学作为一个独立学科的地位,当然可以争取,但是千万不要拒绝多学科的综合,尤其是历史学和人类学的渗入,当然还要争取做到融合式的渗入。③ 并始终坚信,"这三个学科最终还是会重新合为一体的",成为一门"人的科学",因为研究"人"始终是三门学科共同的目标,而维系三门学科共同研究的纽带则是人类"文化"。④ 因此,俞伟超坚持这种融合是一种理论进步观点,新考古学通过运用新理论、新方法探讨文化发展规律,"决不是对其本身性质的迷惑,更非学科纯洁性的丧失"。⑤

(五)中国考古学当前处于哪个发展阶段?

对考古学科性质和走向的不同判断,必然对俞伟超、张忠培对中国考古学所处发展阶段的认识产生影响,因此,两人对中国考古学术史的分期的视角,也存在明显的差异。

俞伟超把全球考古学的发展分为三大阶段,第一阶段是考古学的萌芽期,石器、铜器和铁器三阶段的发现,奠定了近代考古学发展的基础;第二阶段被称为"传统考古学"时期,即从地质学和生物学中分别引进了地层学和类型学两大方法,时间跨度为十九世纪初至二十世纪五十年代;第三阶段,是二十世纪六十年代后开始考古学的新阶段,俞伟超关注的典型代表包括美国的瓦特·特勒、路易斯·宾福德以及英国的伦福儒等人。尽管中国近代考古学肇始于上世纪二十年代,但俞伟超是把中国考古学的发展放在世界考古学发展的宽阔视野来认识,故而才会有"中国学派"的自信。他认为建国后向苏联学习,已

---

① 张忠培:《考古学当前讨论的几个问题》,张忠培:《中国考古学:走近历史真实之道》,科学出版社,第221页。
② 张忠培:《中国考古学的思考与展望——答〈东南文化〉记者》,张忠培:《中国考古学:走近历史真实之道》,科学出版社,1999年,第242、258页。
③ 俞伟超:《为更多学科服务是考古学的宗旨吗》,《中国文物报》2002年6月21日。
④ 俞伟超:《望世纪内外》,《读书》1997年第6期;刘文锁:《渐中语类——俞伟超先生晚年思想随录》,《东南文化》2005年第4期。俞伟超也因此被称为是同代人中"中国考古学理论的建设最主要的鼓吹者、力行者","中国考古学方法多样化上最主要的倡导者和推行者",参见李伯谦:《俞伟超与中国考古学学科建设》,李伯谦:《感悟考古》,上海古籍出版社,2015年,第266-271页。
⑤ 俞伟超、张爱冰:《考古学新理解论纲》,《中国社会科学》1992年第6期。

意在着意探索古代的社会关系和精神活动,总之他对中国考古学发展阶段的判断是,建国后四十年的中国考古学研究,"尽管其目标已经达到欧美考古学的第三阶段的水平,具体工作主要还是走在第二阶段的路上"。也就是说,俞伟超的标杆是世界考古学的发展,所以他所忧心的是,进入第三阶段后,为什么西方考古学"会出现那么多的理论、那么多的流派",而我国却没有呢?他认为可能的原因,一方面是同学科发展程度有关,另一方面是西方国家"没有统一的指导性的社会理论",而我国考古学界习惯于用历史唯物论概念来解释考古学现象,因此导致忽略了中间理论。① 而且俞伟超曾应张光直先生之邀,到哈佛大学讲学。这一经历,无疑给他留下深刻的印象。他提及自己的感受,认为美国学者的作风是喜欢、探索解释文化的精神面貌,而且"任何国家任何地区的东西,都要放在全球背景来考虑,视野很开阔",因此在哈佛这样的学府,新理论、新流派出现的速度很快,"99%可能错了,但是1%还是比你多"。他认为尽管这些理论流派有过头的地方,但也正是我们所缺乏的。② 于是他迫不及待地希望引进新考古学的种种方法,推动考古学研究从文化特征的描述逐步走向解释历史的第三阶段。

张忠培对俞伟超考古学史的"三阶段说"是不满意的,这也体现了他对考古学科独立性的执着。他并不打算将中国考古学放到世界范围内比较,也许在他看来这种划分既不科学,又无法体现中国考古学发展的特点。毕竟在他看来,俞伟超所谓的第三阶段"考古学新阶段"虽然议论很多,但却拿不出范例,根本就难以成立。对这一点,俞伟超也是承认的。不过,他后来也强调,第三阶段的主要标志,从表面看来是大量新技术、新方法的应用,弥补了地层学和类型学这两大传统方法论对许多领域难以涉及的不足,但是"这些都不是我们认为中国考古学已经开始进入第三阶段的主要理由",问题的实质是,第三阶段的中国考古学的思考,"其研究内容和目标都已经超出了区系类型理论的深度和高度"。③

在本文的第一部分中,已经引用了张忠培在《中国考古学史的几点认识》一文中提出的中国考古学发展中的"六个标志性事件"的考古学史分期法,这里不再赘述。他的这一划分,是针对俞伟超将中国考古学的发展阶段置于世界"新阶段的考古学"之下来认识的,张忠培觉得俞伟超的三阶段分期法,是没有顾及时代和中国实情,因此是缺乏根据的。从这一点上看,张忠培对中国近代考古学史的分期,应该是更切近考古学"中国学派"的演进阶段划分。

后来,张忠培又将中国考古学发展历程的"六阶段说"进一步提炼为"三阶段说",称"安特生、梁思永和苏秉琦各自为中国考古学所作出的贡献,是矗立着的标志中国考古学

---

① 俞伟超:《考古学思潮的变化》,俞伟超:《考古学是什么:俞伟超考古学理论文选》,中国社会科学出版社,1996年,第154-162页。
② 参见张爱冰:《考古学是什么——俞伟超先生访谈录》,俞伟超:《考古学是什么:俞伟超考古学理论文选》,中国社会科学出版社,1996年,第217页。
③ 谷建祥:《中国考古学的新阶段——俞伟超先生访谈录》,《东南文化》1997年第3期。

肇始期、形成期和成熟期的三座丰碑"。① 我们可以借助已经被广泛运用的库恩科学革命"范式"理论来对此稍加评判，不过，与其用大家公认比较含糊科学"范式"概念来讨论中国考古学史分期，不如用更早期的相对容易理解的**"知识硬核"**或**"概念图示"**来比拟。库恩在其科技史著作《哥白尼革命》中指出，"科学的基本概念的可变性并不是否定它的论据。每一个新的科学理论都是要维持一个由前人提供的知识硬核，同时对其进行增补"。② 如果以此为标准，张忠培关于中国考古学史发展"三阶段说"的划分是有较为充分依据的，如同库恩对天文学史的分析一样，他把各个阶段代表"知识硬核"和"概念图示"都拎了出来。第一个阶段，以安特生先生为代表的中国考古学肇始期，安特生创立了中国考古学，作为"起源于欧洲的考古学移植于中国历史研究的第一人"，也为中国史前考古学文化的演变提出了"体系性的认识"。第二个阶段是以梁思永先生为代表的中国考古学形成期，张忠培评价了梁思永的贡献，其"知识硬核"就在于开辟了中国化的田野考古理论与方法，对中国文化与中国文明提出了颇为系统的认识，动摇和突破了安特生的识知系统，成了新的路标。如果按照是否建立起新的理论范式的标准，在这一个阶段，张忠培也许是有意回避了夏鼐，毕竟夏鼐所称的"黄金时代"偏重的是建国三十年的重大考古发现以及技术进步等方面，而在理论模式研究似乎停滞和僵化，张忠培甚至是认为只有到了苏秉琦才迎来了真正的"黄金时代"。③ 所以，他才将第三个阶段称为"是以苏秉琦先生为代表的中国考古学成熟期"，自是由于诞生了极具"知识硬核"的新理论"范式"，即突出表现为提出了考古学文化的区、系、类型的考古学理论与方法，以及推衍到中华文明起源的古文化—古城—古国"三历程"、国家形态发展的"古国—方国—帝国"的三步曲以及国家形成的原生型、次生型和续生型"三模式论"。这些都是在第三阶段才建立起的"概念图示"。而根据库恩的观点，概念图示是综合的，甚至具有某种预言式的性质，能为未来的研究提供更有前景的方向。所以，也正如张忠培在与俞伟超论战中指出的，"真正有生命力的还在中国成长起来的"，在他看来，"影响中国考古学基本过程的，既不是宾福德，也不是'新阶段的考古学'，而是夏鼐和苏秉琦"。④ 在俞、张之争二十多年后，张忠培愈发坚信，苏秉琦的理论仍是当前中国考古学的主流，当今的中国考古学仍然处在苏秉琦时代。

三、语境试析：个性与学风的视角

欲解三十年前俞伟超与张忠培之争这场考古学史上不大不小的"公案"，也许可以

---

① 张忠培：《再谈梁思永先生与中国考古学——"纪念梁思永先生发掘昂昂溪遗址80周年暨昂昂溪文化学术研讨会"上的发言》，《文物》2013年第7期。
② [美]托马斯·库恩：《哥白尼革命》，吴国盛等译，北京大学出版社，2003年，第3页。
③ 夏鼐：《中国考古学的黄金时代》，《考古》1984年第10期；张忠培：《瞭望中国考古学的黄金时代——读〈中国文明起源新探〉》，《东南文化》2000年第3期。
④ 张忠培：《考古学当前讨论的几个问题》，张忠培：《中国考古学：走近历史真实之道》，科学出版社，1999年，第238、223页。

借助"语境论"方法,从个体性情经历、学术思潮的历史背景的"双重视角"分析原因,或许才能对两位先生之间异同有更多"同情的理解"。就如顾颉刚在《古史辨自序》中,谈及自己之所以走上古史研究的学术道路,"原是由于我的时势、我的个性、我的境遇的凑合而来"。① 其实,对于绝大数学人的学术思想史研究,无外乎也是时势、个性、境遇这三个方面,即所谓"颂其诗,读其书,不知其人可乎",中国考古学史研究也同样需要"知人论世"。②

(一)学有天性:考古学的"科学与人生观"论战?

清人章学诚《文史通义》以"性请论"判别"朱陆异同",强调学有天性又有至情,"有入识最初而终身不可变易者",又有"欣慨会心而忽焉不知歌泣何从者是也"。从近代西方心理史学的研究角度,章氏的论断无疑有其深刻的心理学依据。③ 俞伟超、张忠培二先生的考古学思想形成,又何尝不是如此?张忠培从18岁起学习考古而"终身不可变易",俞伟超为老师写编后记"忽焉不知歌泣何从"。两人性情有别,所以一度导致思想相左。

俞伟超长于江浙文士之乡,生性敏感,长于思辨,心绪细密丰富。据其个人自述,早年欲读南京大学中文系,不想而入北大考古门下。在历次运动中曾精神崩溃消沉,一天三度自杀未遂,可见其诗人气质。④ 这一经历难免让人想起陈梦家先生,陈梦家不到20岁还在中央大学当学生时,就以新月派诗人名世,后入燕大宗教系最终转向古文字研究,却终不免于诗人性情,在大时代中导致人生悲剧。俞伟超晚年与学生张承志的对话题为"诗的考古学",足见其精神寄托。以诗人追问人生意义的感性落到考古学术研究上。在他心中,考古学无疑是有"诗性"的。那么,考古的"诗性"何在呢? 俞伟超有如追问"诗人何为"的荷尔德林,发出了"考古学何为"的呐喊,他给出了自己的答案,就是要有"对人类命运的关怀"。所以他认为考古学是人的科学,又把考古学理解为艺术,希冀获得审美的人生意义。而"艺术的根本问题是人性",那么考古学也和文学艺术乃至人类学一样,目标都在于"改造人的世界观"。确如他对自己的评价,"我是一个理想主义者"。⑤ 因此他始终听从命运的召唤,不断地往前走。

张忠培是湖南人士,近代湖湘学风以经世致用的"务实"著称,他本人口述青少年成长历史,讲到他与同学、学校"斗争"的故事细节,以及后来不少学生的印象中他"脾气大、

---

① 关于对顾颉刚古史研究思想形成的学术史分析,可参见孙庆伟:《个性、时势和境遇——顾颉刚如何走上"古史辨"道路》,孙庆伟:《追迹三代》,上海古籍出版社,2016年。
② 罗志田曾指出,"'论世知人'之法本是双向且非单向的,论世与知人两者带有互补意味,不仅知人需要论世,知人本身也有助于论世"。参见罗志田:《日记中的民初思想、学术与政治——20世纪20年代一位学人的观察》,罗志田:《近代中国史学十论》,复旦大学出版社,2003年,第130页。
③ 章学诚:《文史通义校注》,叶瑛注解,中华书局,1985年,第161-162页。从心理史学的角度对学人学术与心态的精彩分析范例,可参见余英时:《论戴震与章学诚》第五章,生活·读书·新知三联书店,2000年。
④ 张承志:《诗的考古学——俞伟超张承志对话录》,俞伟超:《考古学是什么:俞伟超考古学理论文选》,中国社会科学出版社,1996年,第200-201页。
⑤ 刘文锁:《渐中语类——俞伟超先生晚年思想随录》,《东南文化》2005年第4期。

说话直,对的就是对的,不对就是不对",湘人性格跃然纸上。① 如果说这对张忠培日后的学术品格带来什么影响,恐怕最大的一点,就是"脚踏实地、务实求真"的扎实学风。② 他提出的"被材料牵着鼻子走",就是他务实学风的最大的体现,前文已略述之。而且,他十分注重田野考古实践,强调"问题的根子在田野考古,同时,是否正确地回答了问题,也得受田野考古检验","优秀的考古学者,首先应该是田野考古工作者",要长时间到田野一线中去,规范发掘操作,扎实地占有资料,再运用层位学和类型学的考古学基本方法,进行科学整理,目标就是要建立"科学"的考古学文化谱系。③

应该说,方法论的探讨,更多的只是事关一门学科的意义。如梁漱溟先生论为学的意义,在于解决人生问题与社会两大问题,俞伟超则认为考古学不仅能探寻社会规律,更将考古学的价值延展到了解决人生问题的层面。对照冯友兰《新原人》将人生分为自然、功利、道德、天地四重境界。如果说,"中国考古学"之于张忠培,为传承远古文明,已跃升到了道德境界。那么,"诗的考古学"之于俞伟超,则或可以视为其内心追寻"天人合一、古今一体"的天地境界,事关的生命意义和精神自由的安身立命之所,一如古文字研究之于陈梦家,古器物研究之于建国后的沈从文。④ 又根据章学诚《文史通义》的"性情说",学者一般可以分为"高明"和"沉潜"两类,一个人在学问方面究竟是倾向于"高明"或"沉潜"的路数,基本上由他的先天气质决定的。⑤ 由此或可以做一推论,俞伟超似切近**"高明"**,是一个有着诗性情怀**"理想主义者"**;而张忠培则属**"沉潜"**一类,是一个脚踏实地的**"实用主义者"**。俞伟超像是考古学家中的**"诗人"**,向内探求人生意义;张忠培则更像是考古学者中的**"科学家"**,则侧重向外探求客观规律和科学真理。这似乎又让我们联想起了19世纪20年代,由丁文江与张君劢引发的"科学与人生观"的那场牵连颇广论战,⑥用个不太恰当的类比,俞、张之争似可看作是若干年后"科学与人生观"之争在考古学上的回响。如果假设俞、张二人穿越时空参与那场论战的话,也许张忠培更接近张君劢的观点,科学无论如何发达,面对人生观问题是无能为力的;而俞伟超恐怕会支持丁文江的观点,认为应用科学的研究方法,去寻求普遍承认的真理,能够使各个不同的人生观统一起来,最终

---

① 赵辉主编:《记忆——北大考古口述史(一)》,北京大学出版社,2012年,第405-418页。
② 高蒙河:《学术张忠培:考古人生八十年》,《中国文物报》2014年10月21日。
③ 张忠培:《关于考古学创新的几点认识——2006年6月2日在大连召开的"辽河流域文明化进程学术研讨会"上的讲话》,《考古与文物》2007年第1期。
④ 俞伟超其实是沈从文的私淑弟子,他曾回忆自己在大一时,每周有一两个晚上到沈从文家里求教。他深情地谈道,苏秉琦和沈从文二师给他最大恩赐,就是对生命意义的理解。俞伟超:《生命的幸福——记苏秉琦老师的最后留言》,《辽海文物学刊》1997年第2期。
⑤ "高明者由大略而功求,沉潜者循度数而徐达",参见章学诚:《文史通义校注》,叶瑛注解,中华书局,2004年,第165页。详细的辨析可参见余英时:《论戴震与章学诚》,生活·读书·新知三联书店,2000年,第80-85页。但在清代学术思想史的语境下,"高明"取约,"沉潜"尚博。本文只是在相反的意义上借用两词,因为一般从考古学的角度看来,俞伟超属于尚博的路数,张忠培属于取约路数。海外考古学者、俞伟超的学生之一罗泰则评论俞伟超的学术风格兼具"科学家的严密、诗人的视角和音乐家的感悟力,他对考古学的认识有着非同寻常的整体观念,对考古学的理解是全局性的……",罗泰、王睿:《俞伟超先生学术评传》,《中国历史文物》2009年第3期。
⑥ 关于这场论战,可参见林毓生:《民初"科学主义"的兴起与含意——对"科学与玄学"之争的研究》,林毓生:《中国意识的危机:"五四"时期激烈的反传统主义》,穆善培译,贵州人民出版社,1986年;罗志田:《从科学与人生观之争看后五四时期对五四基本理念的反思》,罗志田:《二十世纪的中国思想与学术掠影》,广东教育出版社,2001年。

可以解决人生观问题。

（二）影响的焦虑：中国考古学"现代性"的三次浪潮？

学人的天性气质对个体学术偏好的影响，固然是一层重要的心理因素，但对大多数学人而言，时代学术风气的影响更不可小觑，因为在思想史的每一发展阶段往往是一种风气占主导地位，风气之所向，往往使得一些学者在压力中不断调试自己为学路径的选择。在中国近代考古学发展中，同样不能回避这一问题。就像俞伟超、张忠培这样的学术大家，其实终其一生，也都在摆脱学术传统带来的焦虑。俞伟超、张忠培都清楚地认识到，中国考古学的发展与传统的金石学、甲骨学以及与二十世纪初的"疑古"思潮有着密切的关联，以地下出土材料的大发现为基础，其学术研究的对象和问题意识始终就是"中国"的，但现代中国考古学的诞生与形成，又在理论和方法上无法摆脱作为西方学术舶来品的身份。

这种"影响的焦虑"是来自多方面的，或许可以用一个时髦的词来概括，就是中国考古学自身同样所必须面临的**"现代性"问题**。[①] 本文无力处理这一宏大主题，仅略为俞、张之争背后的学术思潮提供若干粗线条的语境。简言之，现代中国考古学的诞生，本身就是一个知识社会学意义上的"现代现象"，而关于中国考古学自身的"现代性"嬗变，也无非在于古今中西之争中何为"体用"的两个方面问题，一方面，考古学研究需要以何种态度面对由强大的史学传统衍生出来的这一事实，即如何才成为"现代的"、"科学的"学科？另一方面，中国考古学兴起的历史语境，与诞生于进化论及科学传统的西方近代考古学完全不同，那么，作为舶来品的西方考古学理论和方法，在中国考古学研究的实践中将处于何种位置，又以何种方式产生影响？

当然，中国考古学"现代性"的叙事无疑"复线"或者说是"复调"的，[②]但是如果我们仅从历时性发展的语境来看，或许可以暂且认为，中国考古学的"现代性"经历了三波来自不同方向又相互叠加的浪潮冲击，第一波从传统史学和金石学被科学考古学方法的取代，第二波是马克思主义的全面统领，主要受苏联影响；第三波则是以新考古学为代表的欧美西学再次冲击。从共时性的语境，科学主义和民族主义成为穿梭于"三次浪潮"之中的两条千里伏线，尤其是民族主义的激流，[③]无论是早期对"中华文化西来说"的回应，还是苏秉琦对中华文明的起源、中华民族的形成等系列问题的深度思考，都是它激起的一朵朵浪花。俞伟超、张忠培可以说是第二波和第三波的亲历者，两人在共同的学术思潮语境

[①] 汪晖认为，"对现代性的研究至少包括两个相互联系的层面。第一个方面是对现代性的知识的检讨，第二个方面是对现代社会过程的检讨。这两个方面不能完全分离开来看"。中国考古学的"现代性"更多属于第一方面的。见汪晖：《关于现代性问题答问——答柯凯军先生问》，《天涯》1999年第1期。

[②] 关于对多元化考古学史写法的探讨和范例，可参见徐坚：《暗流：1949年之前安阳之外的中国考古学传统》，科学出版社，2012年，第14-16页。

[③] 近代民族主义的话语本身就是复线的，是交互穿插、矛盾的、含混的声音。可参见杜赞奇：《从民族国家拯救历史：民族主义话语与中国现代史研究》，王宪明译，社会科学文献出版社，2003年，第5-8页。

下,思想经历了由合到分的历程。对三波浪潮进行学术史的叙事和书写,是本文这样一篇习作不可能完成的任务。本文只是想借对学术思潮的多重观照,探讨对俞、张两人的所可能带来的学术思想上的"位移变换"。

第一波浪潮带来的无疑是考古"科学主义"的影响。以"中国考古学"之父李济为代表的第一代考古学人,一直把将考古学的方法、材料和目标与传统史学研究范畴区分开来作为努力的方向,尽管当时的古史研究对考古学抱有很大的期望,但李济主持殷墟发掘时,就力主超越只是注重取甲骨文字的狭隘观念,欲求"近代考古更有其他的重大问题",形成了"科学主义至上"的特点。① 张忠培对此的评价是,"打破以文献为研究对象和附以金石学的狭义历史学的治学传统,开拓新的史学领域,冲破当时史学随同'疑古'步入的困境,使得古史研究出现了革命性的转化"。张忠培对梁思永主持发掘的后冈遗址的评价也是一样的,认为是"开拓了新的历史学领域,显示了这门新兴学科的生命力"。② 而俞伟超开创的水下考古和航空遥感技术的实践,以及对计算机应用的推广,则是在实践意义上看作是对第一波浪潮"科学主义"的隔代回响。

作为第二波的马克思主义思潮对考古学的全面统领,尤其值得多加分析。建国后不久,在第一代考古学人刚刚建立起独立的考古学学科基础上,又带来了新一重更加深远的焦虑,即所谓摆脱了古史传统的考古学,如何才能符合马列主义的要求,其研究的最终意义何在? 这对当时还是青年学生的俞伟超、张忠培在思想上的冲击可以说是巨大的。据张忠培回忆说,刚上北大头两年,一度对考古学习劲头不大,认为它"理论贫乏、枯燥无味,尽是些坛坛罐罐,只是一些历史陈迹表象的叙述,而不探究事物的内在原因"。③ 在政治挂帅影响下产生的学术焦虑,促使中国考古学迅速地拥抱马克思主义,与马克思主义基本原理结合,成为中国考古学"现代性"的第二次转折。这一阶段,考古学在理论方法上可以说又与历史学合流上了,马克思主义史学以郭沫若、翦伯赞、范文澜为三大家,即以唯物史观研究中国古史的分期、社会形态以及社会变革因素等等重大问题,一时蔚为大宗。④ 考古学则以类型学推演论证马克思主义古代社会演变规律。在这一波浪潮中,正如本文第一部分已经指出的,在当时具有压倒性优势的马克思主义学风影响下,苏秉琦自觉选择将构建"中国马克思主义考古学"作为目标,这种焦虑也深深影响了俞伟超、张忠

---

① 关于以科学工具建立中国考古学的研究,可参见杜正胜《新史学与中国考古学的发展》,《文物季刊》1998 年第 1 期;孙庆伟:《著史与分期——李济与邹衡的殷墟文化研究比较》,孙庆伟:《追迹三代》,上海古籍出版社,2015 年,第 394－403 页;罗志田:《史料的尽量扩充与不看二十四史——民国新史学的一个诡论现象》,罗志田:《近代中国史学十论》,复旦大学出版社,2003 年,第 84－125 页。

② 张忠培:《国人考古发掘工作的开端——李济先生发掘西阴遗址 70 周年纪念》、《梁思永先生与中国现代考古学——纪念安阳后冈遗址发掘 50 周年》,张忠培:《中国考古学:走近历史真实之道》,科学出版社,1999 年,第 4、8 页。

③ 张忠培:《中国考古学的思考与展望——答〈东南文化〉记者》,张忠培:《中国考古学:走近历史真实之道》,科学出版社,1999 年,第 247 页。

④ 建国前马克思主义唯物史观前就已对中国史学研究产生极大影响,成为一大史学流派。可参见谢保成:《民国史学述论稿》第十一章,上海人民出版社,2011 年;许冠三:《新史学九十年》卷六,岳麓书社,2003 年。顾颉刚 1947 年 9 月就在给白寿彝的信中说:"范文澜、翦伯赞们编的书各处畅销,为什么我们不能与之争锋呢?"顾颉刚:《顾颉刚全集·顾颉刚书信集·卷三》,中华书局,2011 年,第 164 页。

培,成为他们思考"中国学派"的起点,并在各自领域努力建立中国马克思主义考古学的研究"范式"。马克思主义的影响在中国考古学身上打下了全方位的、异常清晰的烙印。

烙印之一,是对"见物不见人"批判的焦虑与回应。当时中国考古学的发展尽管"没有完全受到政治化极端影响"(张光直语),但是同样无法疏离于政治运动,而《编后记》则给出了一个相对客观的评判——"一场批判类型学方法的高潮,促进了类型学方法的进步"。苏秉琦"搞陶器排队"的类型学受到了青年学生"见物不见人"的激烈批判,却刺激了他将类型学方法"推进到进一步分析文化序列和为探索社会面貌做好基础的高度"。① 这种批判不仅影响了老师,也萦绕于好学深思学生的脑海中。张忠培回忆了他当学生时的那种希望"透物见人"的冲动,他说当时已朦胧地意识到,对类型学的批评只是理论性,还需要事实的佐证。而带着这样的焦虑,他在苏秉琦的指导下开启了元君庙墓地研究,逼得他深入思考了如何"以物论史"、"透物见人"。②

烙印之二,考古研究的"问题意识"主要来自马克思主义的经典学说。尽管对"古史重建"的问题意识曾是考古学诞生的原动力,但建国以来马克思主义唯物史观的影响无疑是压倒性的,马克思主义思潮给中国考古学"现代性"带来的最大影响,无疑是"问题意识"的全面转换,对国家起源、私有制的起源、母系父系的社会形态等一系列唯物史观问题的探讨,在相当长的时期里占据了主导优势。问题意识多与马克思主义经典著作对标,诸如"为恩格斯《家庭、私有制和国家的起源》写续篇"的提法,被苏秉琦称为"穿鞋戴帽",③当然这也导致了后来遭到许多诟病。④ 直到张忠培晚年的思考框架仍然不离于此,他同样关注文明起源与国家问题,反复提及摩尔根、恩格斯以人类社会文化进步状况区分时代和阶段,并以此将中国文明的形成分为"三期(方国—王国—帝国)五段",尤其从氏族松散、社会分工、聚落分化、神权王权并立等方面,重点论述并发展了其师的国家形态发展"三步曲"中古国到方国的一段。⑤

烙印之三,对于考古材料的分析所运用的类型学方法,主要目的是为了论证社会组织形态演进。《编后记》讲述了苏秉琦的类型学方法的来源,受蒙德柳斯的影响,运用进化论建立了陶鬲的类型谱系,并由此进一步发展到在1965年发表的《关于仰韶文化的若干问题》(1965年)文中,专门将"社会发展阶段(或性质)和民族文化关系"作为研究的"中心问题",通过研究生活和生产工具等典型器物组合的变化,划分不同社会发展阶段的性质。⑥ 在老师的影响下,张忠培在《元君庙仰韶墓地》取得成功之后,又连续发表了《母权

---

① 俞伟超、张忠培:《〈苏秉琦考古学论述选集〉编后记》,苏秉琦:《苏秉琦考古学论述选集》,文物出版社,1984年,第317-318页。
② 张忠培:《关于中国考古学以物论史、透物见人的探索与思考》,张忠培:《中国考古学:走近历史真实之道》,科学出版社,1999年,第267-269页。
③ 苏秉琦:《中国文明起源新探》,生活·读书·新知三联书店,2001年,第20页。
④ 对这些研究模式的一个反思,参见童恩正:《摩尔根模式与中国的原始社会史研究》,《中国社会科学》1998年第3期。
⑤ 张忠培:《中国古代的文化与文明》,《考古与文物》2001年第1期。
⑥ 苏秉琦:《苏秉琦考古学论述选集》,文物出版社,1984年,第186页。

制时期私有制问题的考察》《中国父系氏族制度发展阶段的考古学考察》,是通过墓葬材料的类型学分析,以埋葬制度研究为起点,进一步系统分析了从母权制到父系制确立阶段的社会性质情况。① 俞伟超同样也由此发力,他最看重的两篇文章——《古史分期问题的考古学观察》,以及自称用力最多、前后思考了三十年才写成的《中国古代公社组织的考察——论先秦两汉的"单—僤—弹"》,跨度从石器时代一直到秦汉魏晋,综合了墓葬材料、历史文献、文字学等方法,对基层社会组织演变进行了分析,②与张忠培的研究在时间上形成了几乎完美的延续。

从马克思主义辩证唯物主义出发,对考古学"见物不见人"批判引发的学术焦虑,对考古学者的心理影响极其深远,这种焦虑一直延续到改革开放以后新考古学的输入,直接与考古学现代性的第三波浪潮叠加共振。而俞伟超的焦虑远比张忠培要来得严重得多,在一次访谈中他描述了这种心底的焦虑感:

> 作为一个考古工作者,我经常感到自己的渺小,我们所接触的,总是人类文化的一个局部,一个时段,有时甚至是不成样子的碎片,而却总是心怀着追求人类文化发展的总规律的理想。这个愿望不管强烈与否,在每个人的潜意识中都是存在的,而且不管有意还是无意,我们一直都在这么做着。然而,我们能够做到吗? 这个问题使我苦恼了很久……③

每个人应对"影响的焦虑"的方式是不同,借助史学研究上的"冲击—回应"模式,俞、张之争也可以视为中国考古学面对又一次"西学东进"时的一种"应激性反应"。正如前文第二部分对两人争点的对比梳理,张忠培处于守势、不轻易接招;俞伟超则主动出击,颇有"师夷长技"的意味。但有意思的是,作为海外中国考古学灵魂人物的张光直先生,在看到了俞伟超和张忠培的争论后,专门写了一篇文章来表达自己的观点。照常理来看,他和俞伟超更熟悉,有过非常良好的合作,交流很多,但在文章中却对西方"新考古学"颇多微词,看起来观点立场却似乎更接近于张忠培。张光直评论说,新考古学发明新名词,不一定有新内容,不过是"国王的新衣",搬来新术语,搞得读者看不懂,其实作者也不一定懂。他坦言,自己就看不懂英国新考古代表人物克拉克的《分析考古学》。他甚至认为,

---

① 张忠培:《母权制时期私有制问题的考察》,《史前研究》1984年第1期;张忠培:《中国父系氏族制发展阶段的考古学考察——对含男性居本位的合葬墓墓地的若干分析》,《吉林大学学报》1987年第1期。两文均收入张忠培:《中国北方考古论集》,文物出版社,1990年。有关述评文章可参见严文明:《从埋葬制度探讨社会制度的有益尝试——〈元君庙仰韶墓地〉读后》,《史前研究》1984年第4期;王强:《张忠培教授的史学研究》,《史学史研究》1992年第2期。但都是述得多,评得少。对考古材料反映社会组织的有效性问题的反思,则是另一个值得探讨深入的问题,本文限于篇幅和学力,只能点到为止。可参见杜正胜:《考古学与中国古代史研究——一个方法学的探讨》,《考古》1992年第4期。

② 俞伟超:《古史分期问题的考古学观察》,《文物》1981年第5、6期;俞伟超:《中国古代公社组织的考察——论先秦两汉的"单—僤—弹"》,文物出版社,1988年。不过张忠培、俞伟超的这些具有代表性的文章论著,不少酝酿已久,但由于种种原因,发表大多都在20世纪80年代之后,有些文章夏鼐生前未及看到,也无怪乎当时他认为系统的新成果数量不多,还不足以代表苏秉琦认为的考古学"中国学派"已经形成了。

③ 曹兵武、戴向明:《中国考古学的现实与理想——俞伟超先生访谈录》,俞伟超:《考古学是什么:俞伟超考古学理论文选》,中国社会科学出版社,1996年,第235页。

新考古学最大的吸引力,不过只是"情绪上的",试图狂热煽动对传统琐碎考古学的超越,以达到理解人类行为的一般原理。由此,张光直先生反而认为,中国考古学大可不必紧跟这种"时髦而毫不务实"的风气,更多的是要吸取教训,以免重蹈覆辙。① 因此,新考古学作为中国考古学现代性的第三波,其实是俞伟超**"想象的异邦"**,②却也是一个躲不过也绕不开的"他者",而张忠培更担心的**"他者"**最终会消解掉中国考古学的**"主体性"**。其实这也近代中国学术的集体焦虑,正如有论者指出,当代中国人对自己的文化认同和政治(也包括学术)自主性的思考,"不能不从这个由他人的历史性和自我认识界定的现代性历史境遇开始",而"古代中国的未来意义只能取决于我们在什么程度上成为世界的主体而不是客体",而正是在这种对历史性和主体性的辨析和批判过程中,学术才能完成自身意识的超越。③

(三)考古学的辩证法:超越普遍性与特殊性

张光直在考古学发展上一向目光如炬,指出"传统、新和后新考古学的演变,正合乎正、反、合的三段论法。传统考古学是正,新考古学是反,后新考古学是把新考古学作了一番扬弃,又回到传统考古学的主题上去"。④ 诚然如此,任何一个学科方法,新也好,旧也好,都是辩证的,往往越是"趋新",就越容易"过时","守旧"反而可能在未来的某一时刻,又会重新焕发出新的生命力。

其实,所谓"保守"与"激进"都是相对的,俞伟超、张忠培二先生之争的内在理路,基本无法摆脱黑格尔哲学"普遍性"与"特殊性"的辩证法。如果说张忠培的观点看似"截断众流"、"画地为牢",虽保守,实激进,无非强调考古学的特殊性;俞伟超的考古学新理解十条论纲"涵盖乾坤",开放兼收,其目的也不过是想借助普遍性,建立一种"更高的综合",让中国考古学不落后于时代,方有立足之地。从这个意义上说,两人在建设考古学的"中国学派"上殊途同归,又回到了给他们的老师苏秉琦先生写《编后记》时的路上。其实,俞、张二位先生心中共同念念不忘的,都是如何力保考古学"中国学派"大旗不坠,如何实现在苏秉琦 1997 年就提出来的考古学"中国梦"。⑤

在张忠培生命的最后几年,他以亲身经历的中国考古学发展历程为经纬,精选其一生的文章论著,继续以"中国考古学"为名,以"走出自己的路"、"说出自己的话"和"尽到自

---

① 张光直:《从俞伟超、张忠培二先生论文谈考古学理论》,张光直:《考古人类学随笔》,联经事业出版社公司,1995 年,第 132-140 页。
② 借用陈寅恪的"预流"之说,也许可认为俞伟超把新考古学视为"预流"。葛兆光指出,"预流"其实是体现了陈寅恪的一种"焦虑","学术的国际化和学术的民族性始终是在他心里交战的",而这又不仅仅是进入世界学术之"预流",因为中国学者的中国研究必然不能简单等同于国外学者的"汉学",它必须逐渐建立中国的立场、问题和方法。在考古学上,俞伟超同样有这种焦虑。参见葛兆光:《预流、立场与方法——追求文史研究的新视野》,《复旦学报》2007 年第 2 期;葛兆光:《预流的学问:重返学术史看陈寅恪的意义》,《文史哲》2015 年第 5 期。
③ 张旭东:《全球化时代的文化认同:西方普遍主义话语的历史批判》,北京大学出版社,2006 年,第 11 页。
④ 唐际根、曹音:《张光直谈中国考古学的问题与前景》,《考古》1997 年第 9 期。
⑤ 俞伟超:《考古学的中国梦》,《读书》1998 年第 8 期;邵望平、俞伟超:《百万年连绵不断的中华文化——苏秉琦谈考古学的中国梦》,《草原文物》1997 年第 2 期。

己的心"为副标题,编成他最后的三卷书稿。书题很朴实,都是大白话。书的自序有那么一段话,或可以视作他和同门俞伟超一直以来曾经共同思考、争论的考古学"中国学派"的最后总结:

> 对中国来说,考古学是输入的舶来品,人们将考古学输来中国,用它的一般理论、方法和技术研究中国考古遗存,就有一个用这考古学的一般理论、方法、技术同中国考古遗存及研究中国考古学遗存的实践相结合的问题。结合得不好,则考古学是考古学,中国考古遗存还是中国考古遗存,依然是两张皮,没有成为中国考古学,只有结合好了,才能长成为中国考古学。①

张忠培的这一段话,其实是没有画上句号的总结,也是俞伟超所说的"一个永无结尾的过程"。② 中国考古学一直在路上。

---

① 高蒙河:《"考古大先生"张忠培的最后三卷书》,中国社会科学网网站(http://sky.cssn.cn/kgx/kgsb/201707/t20170707_3573142.shtml),2017 年 7 月 6 日。
② 曹兵武、戴向明:《中国考古学的现实与理想——俞伟超先生访谈录》,俞伟超:《考古学是什么:俞伟超考古学理论文选》,中国社会科学出版社,1996 年,第 236 页。